민법

- **천 영** 법학박사 / 감정평가사 / 건국대 부동산대학원 교수
- **조천조** 법학전공 / 서울법대 / 한국지식재단연수원 교수
- **조재영** 법학박사 / 한양대학교 교수
- **박준석** 변호사 / 건국대 / 수원지방법원 판사
- **이기우** 법학박사 / 부동산학 / 건국대 / 호남대학교 교수 / 대학원장역임
- **정재근** 법학전공 / 서울법대 / 부동산학 / 감정평가법인대표
- **조정환** 법학박사 / 건국대 / 대진대학교 교수 / 법무대학원장역임
- **윤황지** 법학박사 / 건국대 / 강남대학교 부동산학과 교수
- **박기원** 법무사 / 건대행정대학원 / 한국부동산학회이사
- **조형래** 변호사 / 한국부동산학회학술위원
- **주영민** 감정평가사 / 부동산학전공 / 경일감정평가법인
- **김성은** 법학박사 / 고려대법학연구원연구위원
- **이춘호** 공학박사 / 강남대학교 이공대학 교수
- **윤준선** 건축학박사 / 강남대학교 건축공학과 교수
- **이면극** 공학박사(건축) / 여주대학교 교수
- **김영렬** 한국지식재단 건축공학 전공 · 교수 외

주택관리관계법규

- **김용민** 법학박사 / 강남대학교 부동산학과 교수
- **성연동** 행정학박사 / 부동산학 / 목포대학교 사회과학대학 교수
- **조정환** 법학박사 / 건국대 / 대진대학교 교수 / 법무대학원장 역임
- **임호정** 감정평가사 / 국토교통부 전토지과장 / 감정평가법인대표
- **백연기** 부동산공법전문 / 한국부동산학회 연구위원
- **김필두** 행정학박사 / 한국지방행정연구원 수석연구원
- **김상현** 법학박사 / 신한대학교 교수
- **김갑열** 행정학박사 / 강원대학교 사회과학대학장 / 부동산학과 교수
- **정상철** 경제학박사 / 창신대학교 지식융합대학 부동산대학원장 교수
- **홍길성** 경영학박사 / 감정평가사 / 성균관대학교 경영행정대학원 부동산학담당교수
- **김 준** 주택관리연구원 교수 / 국토교통부공무원연수강사
- **오현진** 법학박사 / 부동산학 / 청주대학교 사회과학대학장
- **우 경** 행정학박사 / 김포대학교 부동산경영과 교수
- **홍성지** 행정학박사 / 백석대학교 부동산전공 교수 외

공동주택관리실무

- **정상철** 경제학박사 / 창신대학교 지식융합대학 부동산대학원장 교수
- **홍길성** 경영학박사 / 감정평가사 / 성균관대학교 경영행정대학원 부동산학담당교수
- **김 준** 주택관리연구원 교수 / 국토교통부공무원연수강사
- **오현진** 법학박사 / 부동산학 / 청주대학교 사회과학대학장
- **우 경** 행정학박사 / 김포대학교 부동산경영과 교수
- **김갑열** 행정학박사 / 강원대학교 사회과학대학장 / 부동산학과 교수
- **홍성지** 행정학박사 / 백석대학교 부동산전공 교수
- **김용민** 법학박사 / 강남대학교 부동산학과 교수
- **성연동** 행정학박사 / 부동산학 / 목포대학교 사회과학대학 교수
- **조정환** 법학박사 / 건국대 / 대진대학교 교수 / 법무대학원장 역임
- **임호정** 감정평가사 / 국토교통부 전토지과장 / 감정평가법인대표
- **백연기** 부동산공법전문 / 한국부동산학회 연구위원
- **김필두** 행정학박사 / 한국지방행정연구원 수석연구원
- **김상현** 법학박사 / 신한대학교 교수
- **정신교** 법학박사 / 목포해양대학교 교수 외

그 밖에 시험출제위원 활동중인 교수그룹 등은 참여생략

알고 보니 경록이다

우리나라 부동산전문교육의 본산 경록 1957

한방에 합격은
경록이다

제1회 시험부터 수많은 합격자를 배출한 전문성 - 경록

별☆이☆일☆곱☆개

경록 부동산학·부동산교육 최초 독자개척 고객과 함께, 68주년 기념

1957

적중 실전모의고사는 이렇게 출제되었습니다

경록의 문제는 시험출제기관의 프로세스와 전문성을 능가하는 경록만의 출제시스템과 한국 최고·최대 중진출제위원급 저자그룹이 엄선출제한 문제입니다.

경록의 부동산전문교육 68년의 전통과 그 동안 축적된 전문성, 대한민국 최고·최대 중진출제위원급 명교수진의 긴 세월의 참여는 실전을 방불케 합니다.

〉〉 주안점

- 실제 시험에서 5배수 1,000제에서 출제되지만, 경록은 10배수 중 엄선 2,000제 문제를 출제, 더 이상 빠져나갈 문제가 없다.
- '시험장까지 들고 가는 엄선 핵심카드'를 수록하였다. 실제 시험장에 1분에 1문제를 완벽한 훈련이 되도록 하는 난이도와 풍부한 해설을 한다.

〉〉 저자 특징

- 한국부동산학계를 이끌어가고 있는 대한민국 최고·최대 중진출제위원급 저자교수그룹이 참여한 가장 규모 있는 기획교재이다.
- 오랜 출제 경력의 중진출제위원급의 출제, 풍부한 집필경력 그리고 섬세한 학술지도와 수험지도의 전문성의 결정체이다.

〉〉 대상독자

- 시험의도에 따른 가장 적중도 있는 학습을 원하시는 분
- 쏙 뽑은 모의문제를 통해 완벽하게 공부하시려는 분
- 시험준비를 마무리 하시려는 분
- 지금까지 다른 교재로 공부하신 분

"경록" 주택관리사보시험 출제프로세스

>> 출제과정   시험출제기관의 프로세스와 전문성을 능가하는 경록만의 출제시스템!!

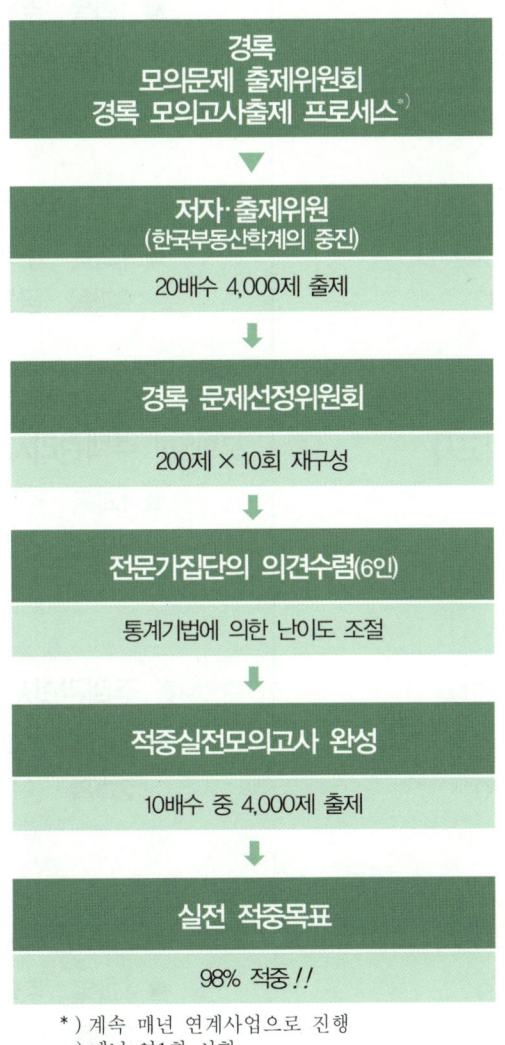

경록 모의문제 출제위원회
경록 모의고사출제 프로세스*)

▼

저자·출제위원
(한국부동산학계의 중진)
20배수 4,000제 출제

▼

경록 문제선정위원회
200제 × 10회 재구성

▼

전문가집단의 의견수렴(6인)
통계기법에 의한 난이도 조절

▼

적중실전모의고사 완성
10배수 중 4,000제 출제

▼

실전 적중목표
98% 적중!!

*) 계속 매년 연계사업으로 진행
*) 매년 연1회 시험

이 문제는 곧 합격의 길로 인도할 것입니다. 감사합니다.

차 례

모의1회 주택관리사보 적중 실전모의고사
- 1과목 주택관리관계법규 / 2
- 2과목 공동주택관리실무 / 11

모의2회 주택관리사보 적중 실전모의고사
- 1과목 주택관리관계법규 / 22
- 2과목 공동주택관리실무 / 32

모의3회 주택관리사보 적중 실전모의고사
- 1과목 주택관리관계법규 / 41
- 2과목 공동주택관리실무 / 50

모의4회 주택관리사보 적중 실전모의고사
- 1과목 주택관리관계법규 / 60
- 2과목 공동주택관리실무 / 70

모의5회 주택관리사보 적중 실전모의고사
- 1과목 주택관리관계법규 / 79
- 2과목 공동주택관리실무 / 89

모의6회 주택관리사보 적중 실전모의고사
- 1과목 주택관리관계법규 / 100
- 2과목 공동주택관리실무 / 109

모의7회 주택관리사보 적중 실전모의고사
- 1과목 주택관리관계법규 / 119
- 2과목 공동주택관리실무 / 129

모의8회 주택관리사보 적중 실전모의고사
- 1과목 주택관리관계법규 / 139
- 2과목 공동주택관리실무 / 150

모의9회 주택관리사보 적중 실전모의고사
- 1과목 주택관리관계법규 / 159
- 2과목 공동주택관리실무 / 170

모의10회 주택관리사보 적중 실전모의고사
- 1과목 주택관리관계법규 / 178
- 2과목 공동주택관리실무 / 191

■ 모의고사 정답 및 해설

핵심카드 시험장까지 들고 가세요.

01 주택관리관계법규

점선에 따라 오리시면 손안의 카드가 됩니다.
시험장에 꼭 들고 가셔서 여백시간에 반드시 참고하세요.
※ 반드시 절취하여 사용하십시오.

01 주택법

- 국민주택이란 다음에 해당하는 주택으로서 국민주택규모 이하인 주택을 말한다.
  1) 국가·지자체, 한국토지주택공사 또는 지방공사가 건설하는 주택
  2) 국가·지자체의 재정 또는 주택도시기금으로부터 자금을 지원받아 건설되거나 개량되는 주택
- 리모델링이란 건축물의 노후화 억제 또는 기능향상 등을 위하여 대수선 또는 사용검사일 또는 사용승인일부터 15년이 지난 공동주택을 각 세대의 주거전용면적의 30% 이내(세대의 주거전용면적이 85㎡ 미만인 경우에는 40% 이내)에서 증축하는 행위. 증축행위에 따른 각 세대의 증축 가능 면적을 합산한 면적의 범위에서 기존 세대수의 15% 이내에서 세대수를 증가하는 증축행위. 다만, 수직증축형 리모델링은 최대 3개층(기존 층수가 14층 이하인 경우에는 2개층) 이하에서 증축하고 기존 건축물의 신축 당시 구조도를 보유하고 있을 것

- 주택을 공급받거나 공급받게 하기 위하여 입주자저축증서 등을 양도 또는 양수[매매·증여 그 밖에 권리의 변동을 수반하는 일체의 행위를 포함하되, 상속 및 저당의 경우는 제외] 또는 이를 알선하거나 양도·양수 또는 이를 알선할 목적으로 하는 광고를 하여서는 아니 된다.
- 사업주체는 주택건설사업에 의하여 건설된 주택 및 대지에 대하여는 입주자모집공고승인신청일 이후부터 입주예정자가 그 주택 및 대지의 소유권이전등기를 신청할 수 있는 날 이후 60일까지의 기간동안 입주예정자의 동의없이 당해 주택 및 대지에 저당권 등을 설정할 수 없다.
- 국토부장관은 국토부령으로 정하는 기준을 충족하는 지역을 주거정책심의위원회의 심의를 거쳐 조정대상지역으로 지정할 수 있다.
- 사업주체는 당사자 간의 계약에 따른 공사감리비를 국토부령으로 정하는 바에 따라 사업계획승인권자에게 예치하여야 한다.

☑ 주택조합의 종류

1) 지역주택조합	동일한 생활권 지역에 거주하는 주민이 주택을 마련하기 위하여 설립한 조합
2) 직장주택조합	같은 직장의 근로자가 주택을 마련하기 위하여 설립한 조합
3) 리모델링 주택조합	공동주택의 소유자가 그 주택을 리모델링하기 위하여 설립한 조합

☑ 진입도로

주택단지의 총세대수	기간도로와 접하는 폭 또는 진입도로의 폭
300세대 미만	6m 이상
300세대 이상 500세대 미만	8m 이상
500세대 이상 1천세대 미만	12m 이상
1천세대 이상 2천세대 미만	15m 이상
2천세대 이상	20m 이상

- 장기수선충당금은 해당 공동주택의 사용검사(사용승인)를 받은 날부터 1년이 경과한 날이 속하는 달부터 매달 적립하여야 한다.
- 어린이놀이터는 매분기 1회 이상 안전진단과 연 2회 이상 위생진단을 실시하여야 한다.
- 공동주택 관리방법의 결정은 입주자대표회의 의결 또는 전체 입주자등의 1/10 이상이 서면으로 제안하고, 전체 입주자등의 과반수가 찬성하는 방법으로 한다.
- 하자보수보증금을 용도 외의 목적으로 사용한 자는 2천만원 이하의 과태료부과대상이다.
- 주택관리사 등의 자격을 취득하지 아니한 자가 관리사무소장의 업무를 수행하거나 이를 수행하게 한 자는 1년 이하의 징역 또는 1천만원 이하의 벌금에 처한다.
- 주택관리사 등을 배치하지 아니한 자는 1천만원 이하의 벌금에 처한다.
- 하자보수에 대한 시정명령을 이행하지 아니한 자는 5백만원 이하의 과태료부과대상이다.

경비비	용역시에는 용역금액, 직영시에는 경비원인건비·피복비 등 경비에 직접 소요된 비용
소독비	용역시에는 용역금액, 직영시에는 소독용품비 등 소독에 직접 소요된 비용
승강기 유지비	용역시에는 용역금액, 직영시에는 제부대비·자재비 등. 다만, 전기료는 공동으로 사용되는 시설의 전기료에 포함한다.
지능형 홈네트워크 설비유지비	용역시에는 용역금액, 직영시에는 지능형 홈네트워크 설비 관련 인건비, 자재비 등 지능형 홈네트워크 설비의 유지 및 관리에 직접 소요되는 비용. 다만, 전기료는 공동으로 사용되는 시설의 전기료에 포함한다.
난방비	난방 및 급탕에 소요된 원가(유류대·난방비 및 급탕용수비)에서 급탕비를 뺀 금액
급탕비	급탕용 유류대 및 급탕용수비

☑ 주택관리업의 등록기준

구 분		등록기준
자본금		2억원 이상
기술인력	전기분야기술자	전기산업기사 이상의 기술자 1명 이상
	연료사용기기 취급 관련 기술자	에너지관리산업기사 이상의 기술자 또는 에너지관리기능사 1명 이상
	고압가스 관련 기술자	가스기능사 이상의 자격을 가진 사람 1명 이상
	위험물취급 관련 기술자	위험물기능사 이상의 기술자 1명 이상
주택관리사		주택관리사 1명 이상
시설·장비		• 5마력 이상의 양수기 1대 이상 • 절연저항계(누전측정기를 말함) 1대 이상 • 사무실

- ☑ 리모델링 주택조합이나 소유자 전원의 동의를 받은 입주자대표회의가 시장·군수·구청장의 허가를 받아 리모델링을 할 수 있다.
- ☑ 리모델링을 하는 경우 설립인가를 받은 리모델링 주택조합의 총회 또는 소유자 전원의 동의를 받은 입주자대표회의에서 건설업자 또는 등록사업자를 시공자로 선정하여야 한다.
- ☑ 주택상환사채를 발행하려는 자는 주택상환사채발행계획을 수립하여 국토교통부장관의 승인을 받아야 한다.
- ☑ 주택상환사채는 기명증권으로 한다.
- ☑ 주택상환사채의 상환기간은 3년을 초과할 수 없다.
- ☑ 협회에 관하여는 「주택법」에 규정한 것을 제외하고는 「민법」 중 사단법인에 관한 규정을 준용한다.

- ☑ 주택이란 세대의 구성원이 장기간 독립된 주거생활을 할 수 있는 구조로 된 건축물의 전부 또는 일부 및 그 부속토지를 말하며, 주택을 단독주택과 공동주택으로 구분한다.
- ☑ 주택조합과 등록사업자가 공동으로 주택을 건설하고자 하는 경우에는 주택조합이 주택건설대지의 95%이상의 소유권을 확보하여야만 사업계획승인을 신청할 수 있다.
- ☑ 시장·군수·구청장은 주택조합이 「주택법」에 따른 명령이나 처분을 위반한 경우 설립인가를 취소할 수 있다.
- ☑ 330만㎡ 이상의 규모로 택지개발사업 또는 도시개발사업을 추진하는 지역 안에서 주택건설사업을 시행하는 경우 국토교통부장관의 사업계획승인을 받아야 한다.
- ☑ 사용검사권자는 신청일로부터 15일 이내에 사용검사를 하여 사용검사의 대상인 주택 또는 대지가 사업계획의 내용에 적합한지 여부를 확인하여야 한다.
- ☑ 사업주체를 대신하여 사용검사를 받은 자의 구분에 따라 시공보증자 또는 세대별 입주자의 명의로 건축물관리대장 등재 및 소유권보존등기를 할 수 있다.

02 공동주택관리법

- ☑ 입주자 등의 10분의 1 이상이 요청하는 때에는 입주자대표회의 회장은 해당일부터 14일 이내에 입주자대표회의를 소집하여야 한다.
- ☑ 관리주체는 장기수선충당금 및 안전진단 실시비용에 대하여는 이를 관리비와 구분하여 징수하여야 한다.
- ☑ 주택관리사등의 결격사유
  1) 피성년후견인 또는 피한정후견인
  2) 파산선고를 받은 사람으로서 복권되지 아니한 사람
  3) 금고 이상의 실형을 선고받고 그 집행이 끝나거나(집행이 끝난 것으로 보는 경우를 포함한다) 집행이 면제된 날부터 2년이 지나지 아니한 사람
  4) 금고 이상의 형의 집행유예를 선고받고 그 유예기간 중에 있는 사람
  5) 주택관리사등의 자격이 취소된 후 3년이 지나지 아니한 사람

☑ 관리비의 세부내역

관리비 항목	구성내역
일반관리비	• 인건비 : 급여·제수당·상여금·퇴직금·산재보험료·고용보험료·국민연금·국민건강보험료 및 식대 등 복리후생비 • 제사무비 : 일반사무용품비·도서인쇄비·교통통신비 등 관리사무에 직접 소요되는 비용 • 제세공과금 : 관리기구가 사용한 전기료·통신료·우편료 및 관리기구에 부과되는 세금 등 • 피복비 • 교육훈련비 • 차량유지비 : 연료비·수리비·보험료 등 차량유지에 직접 소요되는 비용 • 그 밖의 부대비용 : 관리용품구입비·회계감사비 그 밖에 관리업무에 소요되는 비용
청소비	용역시에는 용역금액, 직영시에는 청소원인건비·피복비 및 청소용품비 등 청소에 직접 소요된 비용

수선유지비	• 장기수선계획에서 제외되는 공동주택의 공용부분의 수선·보수에 소요되는 비용으로 보수용역 시에는 용역금액, 직영 시에는 자재 및 인건비 • 냉난방시설의 청소비·소화기충약비 등 공동으로 이용하는 시설의 보수 유지비 및 제반 검사비 • 건축물의 안전점검비용 • 재난 및 재해 등의 예방에 따른 비용
위탁관리 수수료	주택관리업자에게 위탁하여 관리하는 경우로서 입주자대표회의와 주택관리업자 간의 계약으로 정한 월간비용

- ☑ 장기수선계획의 수립대상
  다음의 어느 하나에 해당하는 공동주택을 건설·공급하는 사업주체(건축허가를 받아 주택 외의 시설과 주택을 동일 건축물로 건축하는 건축주를 포함) 또는 리모델링을 하는 자는 그 공동주택의 공용부분에 대한 장기수선계획을 수립한다.
  1) 300세대 이상의 공동주택
  2) 승강기가 설치된 공동주택
  3) 중앙집중식 난방방식 또는 지역난방방식의 공동주택
  4) 「건축법」에 따른 건축허가를 받아 주택 외의 시설과 주택을 동일 건축물로 건축한 건축물

03 민간임대주택에 관한 특별법

- ☑ 장기일반민간임대주택이란 임대사업자가 공공지원 민간임대주택이 아닌 주택을 10년 이상 임대할 목적으로 취득하여 임대하는 민간임대주택[아파트(「주택법」 제2조 제20호의 도시형 생활주택이 아닌 것을 말한다)를 임대하는 민간매입임대주택은 제외한다]을 말한다.
- ☑ 시장·군수·구청장은 주택임대관리업 등록의 말소 또는 영업정지 처분을 하려면 처분 예정일 1개월 전까지 해당 주택임대관리업자가 관리하는 주택의 임대인 및 임차인에게 그 사실을 통보하여야 한다.
- ☑ 자기관리형 주택임대관리업을 하는 주택임대관리업자는 임대인 및 임차인의 권리보호를 위하여 보증상품에 가입하여야 한다.
- ☑ 토지등을 우선 공급받은 자는 토지등을 공급받은 날부터 2년 이내에 민간임대주택을 건설하여야 한다.

- ☑ 임대사업자가 민간임대주택을 자체관리하려면 시장·군수·구청장의 인가를 받아야 한다.
- ☑ 「민간임대주택에 관한 특별법 시행령」에서 규정한 사항 외에 특별수선충당금의 사용방법, 세부사용절차, 그 밖에 필요한 사항은 장기수선계획으로 정한다.

04 공공주택 특별법

- ☑ 행복주택이란 국가나 지방자치단체의 재정이나 주택도시기금의 자금을 지원받아 대학생 사회초년생, 신혼부부 등 젊은 층의 주거안정을 목적으로 공급하는 공공임대주택을 말한다.
- ☑ 국토교통부장관은 공공주택지구 조성사업을 추진하기 위하여 필요한 지역을 공공주택지구로 지정하거나 지정된 공공주택지구를 변경 또는 해제할 수 있다. 공공주택사업자가 임대차계약을 체결할 때 임대차 계약기간이 끝난 후 임대주택을 그 임차인에게 분양전환할 예정이면 「주택임대차보호법」에도 불구하고 임대차계약기간을 2년 이내로 할 수 있다.

- ☑ 용적률이란 대지면적에 대한 건축물의 연면적의 비율을 말하며, 용적률의 산정에 있어서는 지하층과 지상의 주차용으로 사용하는 면적, 초고층 건축물과 준초고층 건축물에 설치하는 피난안전구역의 면적, 대피공간의 면적은 연면적에서 제외한다.
- ☑ 지하층이란 건축물의 바닥이 지표면 아래에 있는 층으로서 바닥에서 지표면까지 평균높이가 해당 층 높이의 1/2 이상인 것을 말한다.
- ☑ 도로란 보행과 자동차 통행이 가능한 너비 4m 이상의 도로로서 관계법령에 의하여 고시된 도로 또는 시장 등이 그 위치를 지정하여 공고한 도로를 말한다.
- ☑ 건축물의 종류를 유사한 구조, 이용 목적 및 형태별로 묶어 분류한 것을 건축물의 용도라 한다.
- ☑ 개축이란 기존 건축물의 전부 또는 일부를 철거하고 그 대지에 종전과 같은 규모의 범위에서 건축물을 다시 축조하는 것을 말한다.
- ☑ 「건축법」에서 증축·개축 또는 재축에 해당되지 않으면서 내력벽의 벽면적을 원칙적으로 30㎡ 이상 수선 또는 변경하는 것은 대수선이다.

- ☑ 허가대상인 경우로서 용도변경하고자 하는 부분의 바닥면적의 합계가 500㎡ 이상인 용도변경의 설계에 관하여는 「건축법」 제23조(건축물의 설계)의 규정을 준용한다.
- ☑ 허가권자는 사용승인신청을 받은 경우에는 그 신청서를 받은 날부터 7일 이내에 사용승인을 위한 현장검사를 실시하여야 한다.
- ☑ 건축허가나 건축물의 착공을 제한하는 경우 제한기간은 2년 이내로 한다. 다만, 1회에 한하여 1년 이내의 범위에서 제한기간을 연장할 수 있다.

☑ 대지 관련 건축기준의 허용오차

항 목	허용되는 오차의 범위
건축선의 후퇴거리	3% 이내
인접대지 경계선과의 거리 및 인접건축물과의 거리	3% 이내
건폐율	0.5% 이내(건축면적 5㎡를 초과할 수 없음)
용적률	1% 이내(연면적 30㎡를 초과할 수 없음)

- 4) 처마높이가 9m 이상인 건축물
- 5) 기둥과 기둥 사이의 거리가 10m 이상인 건축물
- 6) 건축물의 용도 및 규모를 고려한 중요도가 높은 건축물로서 국토교통부령으로 정하는 건축물
- 7) 국가적 문화유산으로 보존할 가치가 있는 건축물로서 국토교통부령으로 정하는 건축물
- 8) 특수구조 건축물(영 제2조 18호) 중 가목, 다목 및 라목의 건축물
- 9) 단독주택 및 공동주택

- ☑ 정비구역의 지정·고시가 있는 경우 당해 정비구역 및 정비계획 중 지구단위계획의 내용에 해당하는 사항은 지구단위계획구역 및 지구단위계획으로 결정·고시된 것으로 본다.
- ☑ 재개발사업은 정비구역에서 인가받은 관리처분계획에 따라 건축물을 건설하여 공급하거나 환지로 공급하는 방법으로 한다.
- ☑ 재건축사업은 정비구역에서 법 제74조에 따라 인가받은 관리처분계획에 따라 건축물을 건설하여 공급하는 방법으로 한다.
- ☑ 재건축사업은 조합이 시행하거나 조합이 조합원의 과반수의 동의를 받아 시장·군수등, 토지주택공사등, 건설업자 또는 등록사업자와 공동으로 시행할 수 있다.
- ☑ 정비사업조합을 설립하고자 하는 경우에는 토지등소유자 과반수의 동의를 받아 위원장을 포함한 5인 이상의 위원으로 조합설립추진위원회를 구성하여 시장·군수등의 승인을 받아야 한다.
- ☑ 재개발사업의 조합설립추진위원회가 조합을 설립하고자 하는 때에는 토지등소유자의 3/4 이상 및 토지면적의 1/2 이상의 토지소유자의 동의를 받아야 한다.

- ☑ 우선 분양전환자격이 있다고 통보받은 임차인이 우선 분양전환에 응하려는 경우에는 그 통보를 받은 6개월(임대의무기간이 10년인 공공건설 임대주택의 경우에는 12개월을 말한다) 이내에 우선 분양전환 계약을 하지 아니한 경우 공공주택사업자는 해당하는 경우 해당 임대주택을 임차인에게 통보한 분양전환 가격 이하의 가격으로 국토교통부령으로 정하는 바에 따라 제3자에게 매각할 수 있다.

05 건축법

- ☑ 건폐율이란 대지면적에 대한 건축면적의 비율을 말한다.
- ☑ 대지면적은 원칙적으로 대지의 수평투영면적을 의미한다.
- ☑ 건축면적은 원칙적으로 건축물의 외벽의 중심선으로 둘러싸인 부분의 수평투영면적을 의미한다.

☑ 건축물 관련 건축기준의 허용오차

항 목	허용되는 오차의 범위
건축물 높이	2% 이내(1m를 초과할 수 없음)
평면길이	2% 이내(건축물 전체길이는 1m를 초과할 수 없고, 벽으로 구획된 각실의 경우 10cm를 초과할 수 없음)
출구너비, 반자높이	2% 이내
벽체두께, 바닥판두께	3% 이내

☑ 구조안전 확인서류의 제출 대상건축물
 1) 층수가 2층(주요구조부인 기둥과 보를 설치하는 건축물로서 그 기둥과 보가 목재인 목구조 건축물의 경우에는 3층) 이상인 건축물
 2) 연면적이 200m²(목구조 건축물의 경우에는 500m²) 이상인 건축물. 다만, 창고, 축사, 작물 재배사는 제외한다.
 3) 높이가 13m 이상인 건축물

- ☑ 조합원의 수가 100인 이상인 조합은 대의원회를 두어야 한다.
- ☑ 정비사업조합에 관하여는 「도시 및 주거환경정비법」에 규정된 것을 제외하고는 「민법」 중 사단법인에 관한 규정을 준용한다.
- ☑ 주민대표회의는 5명 이상 25명 이하로 구성한다.
- ☑ 조합은 조합설립인가를 받은 후 건설업자 또는 등록사업자를 시공자로 선정하여야 한다.
- ☑ 정비계획의 입안권자는 정비계획 입안의 제안이 있는 경우에는 제안일부터 60일 이내에 정비계획의 반영여부를 제안자에게 통보하여야 한다. 다만, 부득이한 사정이 있는 경우에는 한 차례만 30일을 연장할 수 있다.
- ☑ 사업시행자는 분양신청기간이 종료된 때에는 분양신청의 현황을 기초로 관리처분계획 내용이 포함된 관리처분계획을 수립하여 시장·군수등의 인가를 받아야 한다.
- ☑ 분양신청기간은 분양신청기간 등을 통지한 날부터 30일 이상 60일 이내로 하여야 한다.
- ☑ 청산금을 지급받을 권리는 소유권이전의 고시일 다음날부터 5년간 이를 행사하지 아니하면 소멸한다.

- ☑ 임대사업자는 임대의무기간 동안에도 시장·군수·구청장에게 신고한 후 민간임대주택을 다른 임대사업자에게 양도할 수 있다.
- ☑ 임대사업자가 임대의무기간 동안에 임대료의 증액을 청구하는 경우에는 임대료의 5%의 범위에서 주거비 물가지수, 인근 지역의 임대료 변동률, 임대주택 세대 수 등을 고려하여 대통령령으로 정하는 증액 비율을 초과하여 청구해서는 아니 된다.
- ☑ 국가·지방자치단체·한국토지주택공사 또는 지방공사는 그가 조성한 토지 중 3% 이상을 임대사업자에게 우선 공급하여야 한다.
- ☑ 일정한 임대사업자는 시·도지사에게 「공익사업을 위한 토지 등의 취득 및 보상에 관한 법률」에 따른 공익사업자 지정을 요청할 수 있다.
- ☑ 공공지원 민간임대주택 공급촉진지구가 지정·고시된 경우 「국토의 계획 및 이용에 관한 법률」에 따른 도시지역과 지구단위계획구역으로 결정되어 고시된 것으로 본다.
- ☑ 장기일반민간임대주택의 최초 임대료(임대보증금과 월임대료를 포함한다)는 임대사업자가 정한다.

- ☑ 연면적 합계가 2,000m²(공장인 경우에는 3,000m²) 이상인 건축물의 대지는 너비 6m 이상인 도로에 4m 이상 접하여야 한다.
- ☑ 건축선은 원칙적으로 도로와 대지의 경계선으로 한다.
- ☑ 중앙건축위원회는 위원장 및 부위원장 각 1명을 포함하여 70명 이내의 위원으로 구성한다.
- ☑ 건축물이란 토지에 정착하는 공작물 중 지붕과 기둥 또는 벽이 있는 것을 말한다.
- ☑ 연립주택이란 주택으로 쓰이는 1개동의 바닥면적의 합계가 660m²를 초과하고, 층수가 4개층 이하인 주택
- ☑ 건축이란 건축물을 신축·증축·개축·재축 또는 이전하는 것을 말한다.
- ☑ 층의 구분이 명확하지 아니한 건축물은 당해 건축물의 높이 4m마다 하나의 층으로 산정한다.
- ☑ 사전결정신청자는 사전결정을 통지받은 날부터 2년 이내에 건축허가를 신청하여야 한다.
- ☑ 허가권자는 허가를 받은 날부터 2년(공장은 3년) 이내에 공사에 착수하지 아니하면 허가를 취소하여야 한다.

---

06 도시 및 주거환경정비법

- ☑ 재개발사업이란 정비기반시설이 열악하고 노후·불량건축물이 밀집한 지역에서 주거환경을 개선하거나 상업지역·공업지역 등에서 도시기능의 회복 및 상권활성화 등을 위하여 도시환경을 개선하기 위한 사업이다.
- ☑ 토지등소유자란 주거환경개선사업 및 재개발사업의 경우에는 정비구역에 위치한 토지 또는 건축물의 소유자 또는 그 지상권자를 말한다.
- ☑ 도시·주거환경정비기본계획의 작성기준 및 작성방법은 국토교통부장관이 정하여 고시한다.
- ☑ 특별시장·광역시장·특별자치시장·특별자치도지사 또는 시장은 기본계획에 대하여 5년마다 그 타당성 여부를 검토하여 그 결과를 기본계획에 반영하여야 한다.
- ☑ 시장·군수등은 재건축진단의 결과와 도시계획 및 지역여건 등을 종합적으로 검토하여 사업시행계획인가 여부(법 제75조에 따른 시기 조정을 포함한다)를 결정하여야 한다.

- ☑ 정비사업전문관리업자에게 업무를 위탁하거나 자문을 요청한 자와 정비사업전문관리업자 사이의 관계에 관하여 「도시 및 주거환경정비법」에 규정된 사항을 제외하고는 「민법」 중 위임에 관한 규정을 준용한다.

07 도시재정비 촉진을 위한 특별법

- ☑ 재정비촉진지구 중 노후·불량주택과 건축물이 밀집한 지역으로서 주로 주거환경의 개선과 기반시설의 정비가 필요한 지구는 주거지형이다.
- ☑ 「도시재정비 촉진을 위한 특별법」은 재정비촉진지구에서는 다른 법률보다 우선하여 적용한다.
- ☑ 시장·군수·구청장은 특별시장·광역시장 또는 도지사에게 재정비촉진지구의 지정을 신청할 수 있다.

08 소방기본법

- ☑ 소방대상물이란 건축물, 차량, 선박으로서 항구에 매어둔 선박, 선박건조구조물, 산림, 그 밖의 인공 구조물 또는 물건을 말한다.
- ☑ 한국소방안전원은 정관을 변경하려면 소방청장의 인가를 받아야 한다.
- ☑ 소방대란 화재를 진압하고 화재, 재난·재해 그 밖의 위급한 상황에서 구조·구급활동 등을 하기 위하여 구성된 조직체를 말한다.
- ☑ 산불에 대한 예방·진압 등 지원활동,집회·공연 등 각종 행사 시 사고에 대비한 근접대기 등 지원활동은 소방지원활동에 속한다.
- ☑ 붕괴, 낙하 등이 우려되는 고드름, 나무, 위험 구조물 등의 제거활동, 위해동물, 벌 등의 포획 및 퇴치 활동은 생활안전활동에 속한다.

10 화재의 예방 및 안전관리에 관한 법률

- ☑ 화재예방강화지구란 시·도지사가 화재발생 우려가 크거나 화재가 발생할 경우 피해가 클 것으로 예상되는 지역에 대하여 화재의 예방 및 안전관리를 강화하기 위해 지정·관리하는 지역을 말한다.
- ☑ 소방관서장은 화재예방강화지구 안의 소방대상물의 위치·구조 및 설비 등에 대한 화재안전조사를 연 1회 이상 실시해야 한다.
- ☑ 소방청장은 화재예방정책을 체계적·효율적으로 추진하고 이에 필요한 기반 확충을 위하여 화재의 예방 및 안전관리에 관한 기본계획을 5년마다 수립·시행하여야 한다.
- ☑ 아파트를 제외한 30층 이상(지하층을 포함한다)이거나 지상으로부터 높이가 120미터 이상인 특정소방대상물은 특급 소방안전관리대상물이다.

- ☑ 승강기의 제조·수입업자는 승강기안전인증을 받은 승강기가 승강기안전인증기준에 맞는지를 확인하기 위하여 승강기안전인증을 받은 날부터 3년마다 행정안전부장관이 실시하는 승강기에 대한 심사를 정기적으로 받아야 한다.
- ☑ 관리주체는 승강기의 안전에 관한 자체점검을 월 1회 이상 하고, 그 결과를 자체점검실시일 부터 10일 이내에 승강기안전종합정보망에 입력하여야 한다.
- ☑ 설치검사를 받은 날부터 15년이 지난 경우에는 정밀안전검사를 받고, 그 후 3년마다 정기적으로 정밀안전검사를 받아야 한다.
- ☑ 제조업 또는 수입업 등록을 하려는 자는 자본금(법인인 경우에는 납입자본금을 말하고, 개인인 경우에는 자산평가액을 말한다)이 2억원 이상이어야 한다.

13 시설물의 안전 및 유지관리에 관한 특별법

- ☑ 16층 이상의 공동주택은 제2종 시설물이고, 공동주택외의 21층 이상 또는 연면적 5만㎡ 이상의 건축물은 제1종시설물이다.
- ☑ 국토교통부장관은 시설물이 안전하게 유지관리될 수 있도록 하기 위하여 5년마다 시설물의 안전 및 유지관리에 관한 기본계획을 수립·시행하고, 이를 관보에 고시하여야 한다.
- ☑ 제1종 및 제2종 시설물 중 D·E등급 시설물의 정기안전점검은 해빙기·우기·동절기 전 각각 1회 이상 실시한다.
- ☑ 최초로 실시하는 정밀안전진단은 준공일 또는 사용승인일 후 10년이 지난 때부터 1년 이내에 실시하여야 한다.
- ☑ 관리주체는 제1종 시설물에 대하여 정기적으로 정밀안전진단을 실시하여야 한다.
- ☑ 정밀안전진단은 안전진단전문기관 또는 국토안전관리원이 대행하여야 한다.

- ☑ 구분소유자가 10인 이상일 때에는 관리단을 대표하고 사무를 집행할 관리인을 선임하여야 한다.
- ☑ 관리단집회를 소집하려면 관리단회일 1주일 전에 회의의 목적사항을 구체적으로 밝혀 각 구분소유자에게 통지하여야 한다.
- ☑ 관리단집회는 구분소유자 전원이 동의하면 소집절차를 거치지 아니하고 소집할 수 있다.
- ☑ 재건축의 결의는 구분소유자 및 의결권의 각 4/5 이상의 결의에 따른다.
- ☑ 각 공유자는 공용부분을 그 용도에 따라 사용할 수 있다.
- ☑ **의결 방법**(「집합건물의 소유 및 관리에 관한 법률」 제38조)
  관리단집회의 의사는 다음의 의결사항 또는 규약에 특별한 규정이 없으면 구분소유자의 과반수 및 의결권의 과반수로써 의결한다.
  1) 구분소유자 및 의결권의 각 5분의 4 이상의 찬성으로 의결할 사항
      가) 재건축의 결의
      나) 멸실된 공용부분의 복구(건물가격의 2분의 1 초과 멸실)

09 소방시설 설치 및 관리에 관한 법률

- ☑ 소방시설이란 소화설비, 경보설비, 피난구조설비, 소화용수설비, 그 밖에 소화활동설비로서 대통령령으로 정하는 것을 말한다.
- ☑ 소방시설 등이란 소방시설과 비상구, 그 밖에 소방 관련 시설로서 대통령령으로 정하는 것을 말한다.
- ☑ 무창층이란 지상층 중 개구부의 면적의 합계가 해당 층의 바닥면적의 30분의 1 이하가 되는 층을 말한다.
- ☑ 피난층이란 곧바로 지상으로 갈 수 있는 출입구가 있는 층을 말한다.
- ☑ 특정소방대상물이란 건축물 등의 규모·용도 및 수용인원 등을 고려하여 소방시설을 설치하여야 하는 소방대상물로서 대통령령으로 정하는 것을 말한다.
- ☑ 우수품질인증의 유효기간은 5년의 범위에서 행정안전부령으로 정한다.

- ☑ 시·도지사 또는 대도시 시장은 재정비촉진지구를 지정하는 때에는 「국토의 계획 및 이용에 관한 법률」에 따라 수립된 도시·군기본계획과 「도시 및 주거환경정비법」에 따라 수립된 도시·주거환경정비기본계획을 고려하여야 한다.
- ☑ 재정비촉진지구의 면적은 10만m² 이상으로 한다.
- ☑ 재정비촉진지구 지정을 고시한 날부터 2년이 되는 날까지 재정비촉진계획이 결정되지 않은 경우, 그 2년이 되는 날의 다음날에 재정비촉진지구 지정의 효력이 상실된다.
- ☑ 사업시행자는 세입자의 주거안정과 개발이익의 조정을 위하여 해당 재정비촉진사업으로 증가되는 용적률의 75% 범위에서 대통령령으로 정하는 바에 따라 임대주택 및 분양주택(임대주택 등)으로 공급하여야 한다.

12 전기사업법

- ☑ 배전사업이란 발전소로부터 송전된 전기를 전기사용자에게 배전하는데 필요한 전기설비를 설치·운용하는 것을 주된 목적으로 하는 사업을 말한다.
- ☑ 전기설비란 발전·송전·변전·배전 또는 전기사용을 위하여 설치하는 기계·기구·댐·수로·저수지·전선로·보안통신선로 등으로 전기사업용 전기설비, 일반용 전기설비, 자가용 전기설비를 말한다.
- ☑ 전기사업이란 발전사업·송전사업·배전사업·전기판매사업 및 구역전기사업을 말한다.
- ☑ 전기설비의 임시사용기간은 3개월 이내로 한다. 다만, 1년을 초과하지 아니하는 범위에서 임시사용기간을 연장할 수 있다.
- ☑ 저압이란 직류에서는 1,500볼트 이하의 전압을 말하고, 교류에서는 1,000볼트 이하의 전압을 말한다.

- ☑ 「건축법 시행령」 별표 1에 따른 아파트 중 300세대 이상인 아파트는 추가로 소방안전관리보조자를 선임해야 하는 소방안전관리대상물이다.
- ☑ 소방관서장은 화재예방강화지구 안의 관계인에 대하여 소방에 필요한 훈련 및 교육을 연 1회 이상 실시할 수 있다.
- ☑ 소방안전관리대상물의 관계인이 소방안전관리자 또는 소방안전관리보조자를 선임한 경우에는 행정안전부령으로 정하는 바에 따라 선임한 날부터 14일 이내에 소방본부장 또는 소방서장에게 신고하여야 한다.

11 승강기 안전관리법

- ☑ 승강기 제조·수입업자는 관리주체로부터 승강기 유지관리용 부품 등의 제공을 요청받은 경우에는 특별한 이유가 없으면 2일 이내에 그 요청에 따라야 한다.
- ☑ 승강기의 품질보증기간은 3년 이상으로 한다.

다) 권리변동 있는 공용부분의 변경
2) 구분소유자 및 의결권의 각 4분의 3 이상의 찬성으로 의결할 사항
  가) 규약의 설정·변경·폐지
  나) 구분소유자의 사용금지의 청구
  다) 구분소유권의 경매청구
  라) 전유부분의 점유자에 대한 인도청구
3) 보통의 공용부분의 변경은 구분소유자 및 의결권의 각 3분의 2 이상 결의로써 결정한다.

- ☑ 관리주체는 시설물의 하자담보책임기간(동일한 시설물의 각 부분별 하자담보책임기간이 다른 경우에는 시설물의 부분 중 주요 부분의 하자담보책임기간을 말한다)이 끝나기 전에 마지막으로 실시하는 정밀안전점검의 경우에는 안전진단전문기관이나 국토안전관리원에 의뢰하여 실시하여야 한다.

14 집합건물의 소유 및 관리에 관한 법률

- ☑ 공용부분에 대한 공유자의 지분은 그가 가지는 전유부분의 처분에 따른다.
- ☑ 대지사용권을 가지지 아니한 구분소유자가 있을 때에는 그 전유부분의 철거를 청구할 권리를 가진 자는 그 구분소유자에 대하여 구분소유권을 시가(時價)로 매도할 것을 청구할 수 있다.
- ☑ 체납관리비 채권 전체에 대하여 입주자의 지위를 승계한 특별승계인에게는 그 효력이 없다고 할 것이나, 전 입주자의 체납관리비 중 공용부분에 관하여는 이를 승계하여야 한다.

02 공동주택관리실무

01 공동주택관리의 기초이론

- 다중주택은 1개동의 주택으로 쓰이는 바닥면적의 합계가 660㎡ 이하이고 주택으로 쓰는 층수(지하층은 제외한다)가 3개층 이하일 것
- 아파트형형주택은 세대별로 독립된 주거가 가능하도록 욕실 및 부엌을 설치하고, 지하층에는 세대를 설치하지 않아야 한다.
- 도시형 생활주택과 주거전용면적이 85㎡를 초과하는 주택 1세대를 함께 건축하는 경우에는 하나의 건축물에 도시형 생활주택과 그 밖의 주택을 함께 건축할 수 있다.
- 단지형 연립주택은 연립주택이다. 다만, 건축위원회의 심의를 받은 경우에는 주택으로 쓰는 층수를 5개층까지 건축할 수 있다.
- 단지형 다세대주택은 다세대주택이다. 다만, 건축위원회의 심의를 받은 경우에는 주택으로 쓰는 층수를 5개층까지 건축할 수 있다.

- 하나의 건축물에는 단지형 연립주택 또는 단지형 다세대주택과 아파트형 주택을 함께 건축할 수 없다.
- 공동관리의 경우 단지별로 입주자등 과반수의 서면동의를 받아야 한다.
- 사업계획의 승인을 받아 건설하는 세대구분형 공동주택의 경우(신축,리모델링 공동주택 설치기준) 세대구분형 공동주택의 세대수가 해당 주택단지 안의 공동주택 전체 세대수의 3분의 1을 넘지 않아야 한다.

02 공동주거관리

- 동별 대표자는 동별 대표자 선출공고에서 정한 각종 서류 제출 마감일을 기준으로 해당 공동주택단지 안에서 주민등록을 마친 후 계속하여 3개월 이상 거주하고 있어야 하고, 해당 선거구에 주민등록을 마친 후 거주하고 있어야 한다.
- 감사는 입주자대표회의에서 의결한 안건이 관계 법령 및 관리규약에 위반된다고 판단되는 경우에는 입주자대표회의에 재심의를 요청할 수 있다.

- 입주자등이 새로운 주택관리업자 선정을 위한 입찰에서 기존 주택관리업자의 참가를 제한하도록 입주자대표회의에 요구하려면 전체 입주자등 과반수의 서면동의가 있어야 한다.
- 입주자대표회의는 의결사항에 대하여 입주자대표회의 구성원 과반수의 찬성으로 의결한다.
- 서류 제출 마감일을 기준으로 「공동주택관리법」을 위반한 범죄로 금고의 실형 선고를 받고 그 집행이 끝난 날부터 2년이 경과하지 않은 입주민은 동별 대표자로 선출될 수 없다.
- 관리규약준칙에는 입주자등이 아닌 자의 기본적인 권리를 침해하는 사항이 포함되어서는 아니 된다.
- 500세대 이상인 공동주택의 선거관리위원회는 입주자등 중에서 위원장을 포함하여 5명 이상 9명 이하의 위원으로 구성한다.

03 회계관리

- 의무관리대상 공동주택 중 300세대 미만인 공동주택의 관리주체는 해당 연도에 회계감사를 받지 아니하기로 입주자등의 과반수의 서면동의를 받은 경우 그 연도에는 「주식회사 등의 외부감사에 관한 법률」에 따른 감사인의 회계감사를 받을 의무가 없다.
- 공동주택으로서 50세대 이상 100세대(주택 외의 시설과 주택을 동일 건축물로 건축한 건축물의 경우 주택을 기준으로 한다) 미만인 공동주택의 관리인은 공동주택관리정보시스템 공개를 생략할 수 있다.
- 장기수선충당금을 사용하는 공사는 입주자대표회의가 사업자를 선정하고 관리주체가 집행하는 사항이다.
- 의무관리대상 공동주택의 관리주체는 관리비, 사용료 등, 장기수선충당금과 그 적립금액, 잡수입을 다음 달 말일까지 해당 공동주택단지의 인터넷 홈페이지 및 동별 게시판과 공동주택관리정보시스템에 공개해야 한다.

04 사무관리

- 퇴직급여 중간정산 관련 증명서류, 주택관리업자 및 사업자 선정 관련 증빙서류, 관리비 등의 징수·보관·예치·집행 등 모든 거래 행위에 관하여 월별로 작성한 장부 및 그 증빙서류는 해당 회계연도 종료일부터 5년간 보관하여야 한다.
- 관리사무소장은 업무 중에서 입주자대표회의에서 의결하는 공동주택의 운영관라유자보수교체개량업무 및 이 업무를 집행하기 위한 관리바장기수선충당금이나 그 밖의 경비의 청구·수령·지출 및 그 금액을 관리하는 업무와 관련하여 입주자대표회의를 대리하여 재판상 또는 재판 외의 행위를 할 수 있다
- 노동조합은 쟁의행위 기간에 대한 임금의 지급을 요구하여 이를 관철할 목적으로 쟁의행위를 하여서는 아니된다.
- 퇴직금을 받을 권리는 3년간 행사하지 않으면 시효로 인하여 소멸한다.
- 상시 10명 미만의 근로자를 고용하는 사업의 사업주는 근로자가 알 수 있도록 홍보물을 게시하거나 배포하는 방법으로 직장 내 성희롱 예방교육을 할 수 있다.

- 퇴직급여제도의 일시금을 수령한 사람은 개인형 퇴직연금제도를 설정할 수 있다.
- 확정기여형 퇴직연금제도의 가입자는 적립금의 운용방법을 스스로 선정할 수 있고, 반기마다 1회 이상 적립금의 운용방법을 변경할 수 있다.
- 도급으로 사업을 행하는 경우 도급인이 책임져야 할 사유로 수급인이 근로자에게 최저임금액에 미치지 못하는 임금을 지급한 경우 도급인은 해당 수급인과 연대(連帶)하여 책임을 진다.
- 신체장애로 근로능력이 현저히 낮은 자에 대해서는 사용자가 고용노동부장관의 인가를 받은 경우 최저임금의 효력을 적용하지 아니한다.
- 가족돌봄휴직 기간은 연간 최장 90일로 하며, 이를 나누어 사용할 수 있다. 이 경우 나누어 사용하는 1회의 기간은 30일 이상이 되어야 한다.
- 직장 내 성희롱 예방 교육을 실시해야 하는 사업주는 그 교육을 연 1회 이상 하여야 한다.

- ☑ 세대구분형 공동주택의 설치의 허가를 받거나 신고를 하고 설치하는 공동주택의 경우(기존 공동주택 설치 기준)에 구분된 공간의 세대수는 기존 세대를 포함하여 2세대 이하이어야 한다.
- ☑ 사업주체는 입주예정자의 과반수가 입주하였을 때에는 입주자등에게 관리방법을 결정할 것을 요구하고, 입주자등은 관리요구를 받은 날로부터 3개월 이내에 입주자대표회의를 구성하고 관리방법을 결정하여 30일 이내에 사업주체에게 통지하고, 관할시장·군수·구청장에게 신고하여야 한다.
- ☑ 입주자대표회의 구성원 1/3 이상이나 입주자등의 1/10 이상, 전체 입주자의 1/10 이상이 요청하는 때(비용지출을 수반하는 장기수선계획의 수립 또는 조정에 관한 사항만 해당한다)에는 요청일 등으로부터 14일 이내에 회의를 소집하여야 한다.
- ☑ 동별 대표자의 피선거권은 서류제출 마감일 기준으로 자격요건을 판단한다.
- ☑ 입주자대표회의의 감사가 입찰과정 참관을 원하는 경우에는 참관할 수 있도록 하여야 한다.

- ☑ 관리규약의 개정안은 입주자등의 1/10 이상 또는 입주자대표회의가 제안하여 입주자등 과반수의 서면동의를 얻어 결정한다.
- ☑ 관리방법의 결정 및 변경은 입주자대표회의 또는 입주자 등의 10분의 1 이상이 제안하고, 입주자 등의 과반수가 서면동의하는 방법에 의한다.
- ☑ 공동주택의 파손·철거는 노약자나 장애인의 편리를 위한 계단의 단층 철거 등 경미한 행위로서 입주자대표회의의 동의를 받은 경우 시장·군수·구청장등에게 신고하여야 한다.
- ☑ 공동주택의 파손·철거는 물막이설비를 철거하는 경우로서 입주자대표회의의 동의를 받은 경우 시장·군수·구청장등에게 신고하여야 한다.
- ☑ 공동주택의 입주자등은 관리주체 및 관리사무소장의 업무, 자치관리기구의 구성 및 운영, 시설물의 안전관리에 해당하는 경우 전체 입주자등의 10분의 2 이상의 동의를 받아 지방자치단체의 장에게 입주자대표회의나 그 구성원, 관리주체, 관리사무소장 또는 선거관리위원회나 그 위원 등의 업무에 대하여 감사를 요청할 수 있다.

- ☑ 산업재해보상보험법상 업무상 사유로 인한 부상 또는 질병이 3일 이내의 요양으로 치유될 수 있으면 근로자에게 요양급여를 지급하지 아니한다.
- ☑ 사업주가 산재보험의 보험가입자가 되며, 일괄 적용사업의 사업주는 그 사업의 개시일부터 14일 이내에 보험가입을 근로복지공단에 신고하여야 한다.
- ☑ 고용보험법령상 조기재취업 수당의 금액은 구직급여의 소정급여일수 중 미지급일수의 비율에 따라 구직급여일액에 미지급일수의 2분의 1을 곱한 금액으로 한다.
- ☑ 고용보험법상 구직급여는 이 법에 따로 규정이 있는 경우외에는 그 구직급여의 수급자격과 관련된 이직일의 다음 날부터 계산하기 시작하여 12개월 내에 소정급여일수를 한도로 하여 지급한다.
- ☑ 국민건강보험법상 보험료 납부의무가 있는 자는 가입자에 대한 그 달의 보험료를 그 다음 달 10일까지 납부하여야 한다. 다만, 직장가입자의 소득월액보험료 및 지역가입자의 보험료는 보건복지부령으로 정하는 바에 따라 분기별로 납부할 수 있다.

- ☑ 통상임금이란 근로자에게 정기적·일률적으로 소정근로 또는 총 근로에 대하여 지급하기로 정하여진 시급, 일급, 주급, 월급, 도급금액 등의 임금을 말한다.
- ☑ 평균임금이란 사유가 발생한 날 이전 3개월간에 근로자에게 지급된 임금총액을 그 기간의 일수로 나눈 금액이다.
- ☑ 상시 30인 이상 근로자를 사용하는 사업 또는 사업장에는 노사협의회를 구성하여야 한다.
- ☑ 사업주는 육아휴직 중인 근로자로부터 영유아의 사망 등에 대한 사실을 통지받은 경우에는 통지받은 날부터 30일 이내로 근무개시일을 지정하여 그 근로자에게 알려야 한다.
- ☑ 사업주는 근로자가 배우자의 출산을 이유로 휴가(이하 "배우자 출산휴가"라 한다)를 청구하는 경우에 20일의 휴가를 주어야 한다. 이 경우 사용한 휴가기간은 유급으로 한다. 배우자 출산휴가는 근로자의 배우자가 출산한 날부터 120일이 지나면 청구할 수 없다. 배우자 출산휴가는 3회에 한정하여 나누어 사용할 수 있다.

- ☑ 근로자퇴직급여 보장법상 급여 수준은 가입자의 퇴직일을 기준으로 산정한 일시금이 계속근로기간 1년에 대하여 30일분 이상의 평균임금이 되도록 하여야 한다.
- ☑ 주요구조부의 하자담보책임기간은 10년이다.
- ☑ 리모델링 건축물의 노후화 억제 또는 기능 향상 등을 위한 다음에 해당하는 행위를 말한다.
  가. 대수선
  나. 사용검사일 또는 사용승인일부터 15년이 경과된 공동주택을 각 세대의 주거전용면적의 10분의 3 이내(세대의 주거전용면적이 85제곱미터 미만인 경우에는 10분의 4 이내)에서 증축하는 행위. 이 경우 공동주택의 기능향상 등을 위하여 공용부분에 대하여도 별도로 증축할 수 있다.
- ☑ 세대수가 증가되는 리모델링을 하는 경우에는 권리변동계획을 수립하여 사업계획승인 또는 행위허가를 받아야 한다.

05 기술적 관리의 총론

- ☑ 콘크리트 침하 및 블리딩은 콘크리트의 재료적 성질상의 균열발생 원인이다.
- ☑ 습공기선도에서 상대습도가 100%일 경우 건구온도 = 습구온도=노점온도가 된다.
- ☑ 열전도율이 낮을수록 우수한 단열재이다.
- ☑ 발포 폴리스틸렌, 중공층은 대표적 저항형 단열재이다.
- ☑ 방재지구 또는 자연재해위험지구에서 연면적 1만 제곱미터 이상의 건축물을 건축하려는 자는 빗물 등의 유입으로 건축물이 침수되지 아니하도록 해당 건축물의 지하층 및 1층의 출입구(주차장의 출입구를 포함한다)에 물막이판 등 해당 건축물의 침수를 방지할 수 있는 설비를 설치하여야 한다.
- ☑ 특별피난계단 및 비상용승강기의 승강장에 설치하는 배연 및 배연풍도는 불연재료로 하고, 화재가 발생한 경우 원활하게 배연시킬 수 있는 규모로서 외기 또는 평상시에 사용하지 아니하는 굴뚝에 연결해야 한다.

06 건축물 관리실무

- 외기에 접한 창의 경우 일반유리보다 로이(Low-E) 복층유리를 사용하면 표면결로 발생을 줄일 수 있다.
- 폭 1.5미터 이상의 보도를 포함한 폭 7미터 이상의 도로(보행자전용도로, 자전거도로는 제외한다)를 설치하여야 한다.
- 해당 도로를 이용하는 공동주택의 세대수가 100세대 미만이고 해당 도로가 막다른 도로로서 그 길이가 35m 미만인 경우 도로의 폭을 4미터 이상으로 할 수 있다.
- 비상용승강기의 승강장은 각층의 내부와 연결될 수 있도록 하되, 그 출입구(승강로의 출입구를 제외한다)에는 갑종방화문을 설치한다. 다만, 피난층에는 갑종방화문을 설치하지 아니할 수 있다.
- 방화구조란 화염의 확산을 막을 수 있는 성능을 가진 구조로서 국토교통부령으로 정하는 기준에 적합한 구조를 말한다.
- 대피공간의 바닥면적은 각 세대별로 설치하는 경우 1.5제곱미터 이상으로 한다.

- 공동주택의 자주식주차장으로서 지하식 노외주차장에서 주차구획(벽면에서부터 50센티미터 이내를 제외한 바닥면)의 최소 조도는 10럭스 이상, 최대 조도는 최소 조도의 10배 이내이어야 한다.
- 주택단지 안의 도로에는 50m 이내마다 보안등을 설치하여야 한다.
- 공동주택 층간소음의 범위와 기준에 관한 규칙상 직접충격 소음의 1분간 등가소음도는 주간 39dB(A), 야간 34dB(A)이다.
- 식재시기는 낙엽활엽수가 3월과 11월이고 침엽상록수는 3월이 적기이다.
- 신축 공동주택의 실내공기질 권고기준에서 라돈은 148Bq/㎥ 이하이다.
- 가을에 식재한 묘목 및 어린묘는 짚싸주기를 하여야 한다.
- 신축공동주택의 실내공기질 측정항목은 폼알데하이드, 벤젠, 톨루엔, 에틸벤젠, 자일렌, 스틸렌이다.
- 신축 공동주택의 시공자는 실내공기질을 측정한 경우주택 공기질 측정결과 보고를 작성하여 주민 입주 7일 전까지 특별자치시장·특별자치도지사·시장·군수·구청장에게 제출하여야 한다.

- 광속(F) × 조명률(U) × 조명기구수(N) = 조도(E) × 면적(A) × 감광보상율(D)
- 피뢰설비의 재료는 최소 단면적이 피복이 없는 동선을 기준으로 수뢰부, 인하도선 및 접지극은 50제곱밀리미터 이상이거나 이와 동등 이상의 성능을 갖추어야 한다.
- 역률을 개선하면 무효전력이 줄어들어 소비전력이 감소하며, 파상전류가 줄어든다.
- 주택의 부엌·욕실 및 화장실에 설치하는 배기설비의 배기구는 반자 또는 반자아래 80센티미터이내의 높이에 설치하고, 항상 개방될 수 있는 구조로 한다.
- [온수보일러의 가스소비량(㎥/h)] = (매시간 소비량 × 온도차)/(가스발열량 × 보일러 열효율)
- 방열기의 상당방열면적은 표준상태에서 전 방열량을 표준 방열량으로 나눈 값이다.
- 증기난방은 증기의 잠열을 이용하는 방식이다.
- 오수정화시설의 시설 및 관리에서 소독에는 염소계통의 약제를 사용한다.

- [온수보일러의 가스소비량(㎥/h)]
 = (매시간 소비량 × 온도차)/(가스발열량 × 보일러 효율) ,
 { * 매시간 소비량 = 온수생산량(kg/h) × 물의 비열(4.2 kJ/kg · K)}
- 건축물의 설비기준 등에 관한 규칙상 개별난방설비의 보일러실의 윗부분에는 그 면적이 0.5제곱미터 이상인 환기창을 설치해야 한다. 다만, 전기보일러의 경우에는 그러하지 아니하다.
- 증기난방은 증기의 잠열을 이용하는 방식이다.
- 보일러의 출력표시방법에서 난방부하와 급탕부하를 합한 용량을 정미출력으로 표시하며 난방부하, 급탕부하, 배관부하, 예열부하를 합한 용량을 정격 출력으로 표시한다.
- 부등률 = 각 부하 최대수요전력의 합/ 합성 최대수요전력의 합
- 변압기의 절연유는 오래 사용할 때 산화가 되며 산가가 0.2mgKOH/g 이하이면 양호하다. 절연유의 보호장치로서는 컨서베이터(conservator)가 있다.

- 양정은 회전수의 제곱에 비례하여 변화하고, 양수량은 회전수에 비례하여 변화한다.
- LNG(액화천연가스)는 공기보다 가볍기 때문에 가스누설경보장치를 천장에서 30cm 높이에 설치한다.
- 지상배관은 부식방지도장 후 표면색상을 황(노란)색으로 도색한다.
- 입상관은 화기(자체화기 제외)와 2m 이상의 우회거리를 유지하고 환기가 양호한 장소에 설치한다.
- 가스누설시 즉시 콕크와 차단 밸브를 잠근다.
- 소화활동설비로는 제연설비, 연결살수설비, 연소방지설비, 비상콘센트설비, 연결송수관설비 및 무선통신보조설비가 있다.
- 소형 소화기는 보행거리 20m 이내마다 1개 이상을 배치하여야 한다.
- 옥외소화전은 지상 1층 및 2층의 바닥면적의 합계가 9,000㎡ 이상인 건축물에 설치한다.

- 연소시에 발생하는 유리탄소가 응결하여 입자의 지름이 1마이크론 이상이 되는 입자상 물질을 검댕이라 한다.
- 신축 공동주택의 실내공기질 법정 측정항목 6가지는 폼알데히드, 벤젠, 스티렌, 톨루엔, 에틸벤젠, 자일렌, 라돈(Rn)이다.
- 폼알데하이드의 실내공기질 권고기준은 210㎍/㎥ 이하이다.
- 신축 공동주택의 시공자는 작성한 주택 공기질 측정결과 보고(공고)를 주민 입주 3일 전부터 60일간 공동주택 관리사무소 입구 게시판, 각 공동주택 출입문 게시판, 시공자의 인터넷 홈페이지 등에 주민들이 잘 볼 수 있도록 공고하여야 한다.
- 공동주택 층간소음의 범위와 기준에 관한 규칙상 직접충격 소음의 1분간 등가소음도의 주간 층간소음 기준은 39dB 이하이다.
- 주택건설기준 등에 관한 규정상 공동주택의 세대 내의 층간바닥(화장실의 바닥은 제외한다) 콘크리트 슬래브 두께는 210 밀리미터[라멘구조의 공동주택은 150 밀리미터] 이상으로 할 것. 다만, 법 제51조 제1항에 따라 인정받은 공업화주택의 층간바닥은 예외로 한다.

- 어린이 놀이시설 안전관리법령상 관리주체는 안전점검을 월1회 이상 실시하여야 한다.
- 어린이 놀이시설 안전관리법령상 안전관리자가 변경된 경우, 변경된 날부터 3개월 이내에 안전교육을 받도록 하여야 한다.
- 어린이 놀이시설 안전관리법령상 관리주체는 어린이놀이시설을 인도받은 날부터 30일 이내에 어린이놀이시설 사고배상책임보험에 가입하여야 한다.
- 어린이 놀이시설 안전관리법령상 안전관리자의 안전교육의 주기는 2년에 1회 이상으로 하고, 1회 안전교육 시간은 4시간 이상으로 한다.
- 시설물의 안전 및 유지관리에 관한 특별법 시행령의 D·E등급 건축물 정밀안전점검은 2년에 1회 이상 실시한다.
- 시설물의 안전 및 유지관리에 관한 특별법상 정밀안전진단이란 시설물의 물리적·기능적 결함을 발견하고 그에 대한 신속하고 적절한 조치를 하기 위하여 구조적 안전성과 결함의 원인 등을 조사·측정·평가하여 보수·보강 등의 방법을 제시하는 행위를 말한다.

관리주체의 안전관리진단

구 분	대상시설	점검횟수
해빙기진단	석축·옹벽·법면·교량·우물·비상저수시설	연 1회(2월 또는 3월)
우기진단	석축·옹벽·법면·담장·하수도 및 주차장	연 1회(6월)
월동기진단	연탄가스배출기, 중앙집중식 난방시설, 노출배관의 동파방지, 수목보온	연 1회(9월 또는 10월)
안전진단	변전실, 고압가스시설, 도시가스시설, 액화석유가스시설, 소방시설, 맨홀(정화조의 뚜껑을 포함함), 유류저장시설, 펌프실, 인양기, 전기실, 기계실, 어린이놀이터, 주민운동시설 및 주민휴게시설	매분기 1회 이상
	승강기	승강기제조 및 관리에 관한 법률
	지능형 홈네트워크 설비	매월 1회 이상
위생진단	저수시설, 우물, 어린이놀이터	연 2회 이상

08 건축설비 관리실무

- 급수방식 중 수도직결식은 정전시에도 급수가 가능하다.
- 스트레이너는 배관도중에 설치하여 유체에 혼입된 토사·쇠부스러기 등을 여과시켜 오물을 제거하기 위한 밸브이다.
- 수도에 의한 음용수의 수질기준 중 수소이온농도는 pH 5.8 내지 8.5이어야 한다.
- 음용수의 수질기준에서 색도는 5도를 넘지 아니하여야 한다.
- 「수도법」의 규정에 따라 저수조를 매월마다 1회 이상 위생점검하여야 한다.

16

- 지하실 방수층보다 옥상 방수층에서는 아스팔트 침입도가 크고 연화점이 높은 것을 사용한다.
- 방수공사시 루핑의 이음새는 엇갈리게 하고 가로 세로 각각 9cm 이상 겹쳐 포개 붙인다.
- 지붕의 아스팔트방수는 연화점이 높은 것을 사용하고, 수압이 큰 지하실은 바깥방수법이 유리하다.
- 소규모의 방수는 방수제를 섞은 시멘트모르타르 액체방수로 한다.
- 지붕의 방수에서 방수층 보호 모르타르의 균열은 코킹로 때운다.

07 토목 및 조경시설 관리실무

- 도로 및 주차장의 라인마킹(line marking) 재도장은 3년에 1회가 원칙이다.

14

- 공동주택의 공동시청 안테나 시설과 종합유선방송 구내전송설비를 할 경우 세대단자함까지 분리해서 배선한다.
- 축전지의 보충액 비중은 1.4 이하로 한다.
- 자가발전설비는 비상사태 발생 후 10초 이내에 가동하여 규정전압을 30분 이상의 전력공급이 가능해야 한다.
- 돌침은 건축물에 맨 윗부분으로부터 25cm 이상 돌출시켜 설치하되 풍하중에 견딜 수 있는 구조로 한다.
- 피뢰설비의 재료는 최소 단면적이 피복이 없는 동선(銅線)을 기준으로 수뢰부, 인하도선 및 접지극은 50㎟ 이상이거나 이와 동등 이상의 성능을 갖추어야 한다.
- 승강기의 관리주체는 자체점검을 월 1회 이상 하고, 그 결과를 승강기안전종합정보망에 입력하여야 한다. 자체점검을 하지 아니한 자 또는 자체점검 결과를 승강기안전종합정보망에 입력하지 아니하거나 거짓으로 입력한 자는 500만원 이하의 과태료를 부과한다.

20

- BOD(생물화학적 산소요구량)는 물 안의 유기물이 미생물에 의해서 산화될 때 소비하는 산소량으로서 물 속의 유기성 오염, 혼탁물질의 농도를 나타내고 있다.
- COD는 용존유기물을 화학적으로 산화시키는데 필요한 산소량을 말한다.
- 1일 처리대상 인원이 500명 이상인 정화조에서 배출되는 방류수는 염소 등으로 소독하여야 한다.
- 열병합발전 시스템이란 연료를 이용하여 전기를 만듦과 동시에 그때 발생하는 배열을 냉·난방이나 급탕, 증기 등의 용도로 이용하는 에너지절약형 시스템을 말한다.
- 보일러는 매년 1회 계속 사용의 안정성능검사를 받아야 한다.
- 6층 이상인 공동주택의 난방설비는 중앙집중난방방식(지역난방공급방식을 포함)으로 하여야 하는 것이 원칙이다.
- 증기드레인이란 증기의 응축수·냉각코일에서 생기는 결로수를 말한다.
- 경수(硬水)는 보일러 내에 스케일(물때)을 발생시켜 보일러의 효율 저하, 수명 단축, 과열 등의 원인이 되므로 경수사용은 피해야 한다.

18

10 안전관리실무

- 석축과 옹벽, 법면은 해빙기 진단 연 1회(2월 또는 3월)와 우기진단 연 1회(6월)가 이루어지도록 안전관리계획을 수립하여야 한다.
- 시설물의 안전 및 유지관리에 관한 특별법령상 16층 이상의 공동주택은 2종 시설물이다.
- 관리주체는 반기마다 안전점검을 실시한다.
- 공동주택관리법령상 16층 이상의 공동주택 및 사용연수, 세대수, 안전등급, 층수 등을 고려하여 대통령령으로 정하는 15층 이하의 공동주택에 대하여는 대통령령으로 정하는 자로 하여금 안전점검을 실시하도록 하여야 한다.
- 방범교육은 연 2회 이내에서 매회당 4시간을 시장·군수·구청장이 관할 경찰서장 또는 공동주택관리 지원기구를 지정하여 위탁한다.
- 어린이 놀이시설 안전관리법령상 정기시설검사는 안전검사기관으로부터 2년에 1회 이상 받아야 한다.

24

- 연결송수관설비의 송수구는 지면으로부터 높이가 0.5미터 이상 1미터 이하의 위치에 설치하며, 구경 65밀리미터의 쌍구형으로 설치해야 한다.
- 스프링클러설비의 화재안전성능기준상 일제개방밸브란 일제살수식스프링클러설비에 설치되는 유수검지장치를 말한다.
- 소방시설등이 신설된 특정소방대상물, 스프링클러설비가 설치된 특정소방대상물은 종합점검 대상 특정소방대상물이다.

09 환경관리실무

- 감염병의 예방 및 관리에 관한 법령상 300세대 이상인 공동주택은 4월부터 9월까지는 3개월에 1회 이상 감염병 예방에 필요한 소독을 하여야 한다.
- 소독에 이용되는 방법으로는 소각, 증기소독, 끓는 물 소독, 약물소독, 일광소독이 있다.
- 대기 중에 떠다니거나 흩날려 내려오는 입자상 물질을 먼지라 한다.

22

■ 관리비 산정방식별 장·단점

구 분	연간 예산제	월별 정산제
장 점	• 계산이 간편 • 세대별 부담의 균형 • 초과분 발생시 긴급사용 가능 • 인건비 절약 가능 • 관리비 사용의 사전통제·예측가능	• 매월 정산으로 회계처리에 대한 민원 배제 • 수혜자부담원칙에 적합 • 물가변동에 따른 탄력적 운용 가능
단 점	• 연말결산시 회계처리에 대한 민원발생 가능 • 수혜자부담원칙에 위배 • 물가변동에 대한 부적응	• 정산사무의 번잡 • 계절별 관리비 불균형·세대별 부담의 불균형 • 긴급비용 발생시 별도 징수·인건비 절약 어려움 • 짜임새 없는 관리비 사용 가능

■ 관리규약 및 관리방법

관리규약의 제정	• 제안 : 관리계약 체결시 관리규약준칙에 따라 사업주체 • 결정 : 입주자예정자의 과반수의 서면동의
관리규약의 개정	• 제안 : 입주자대표회의 또는 입주자등의 10분의 1 이상 • 결정 : 입주자등의 과반수 찬성
관리방법의 결정	• 제안 : 입주자대표회의 또는 입주자등의 10분의 1 이상 • 결정 : 입주자등의 과반수 찬성
관리방법의 변경	• 제안 : 입주자대표회의 또는 입주자등의 10분의 1 이상 • 결정 : 입주자등의 과반수 찬성

■ 의무관리대상 공동주택 전환, 제외신고

의 의	의무관리대상 공동주택 전환 신고를 하려는 자는 입주자등의 동의(전체 입주자등 3분의 2 이상 서면 동의)를 받은 날부터 30일 이내에 관할 시장·군수·구청장에게 신고서를 제출해야 한다.
관리방법 결정	1. 의무관리대상 전환 공동주택의 입주자등은 관리규약의 제정 신고가 수리된 날부터 3개월 이내 입주자대표회의를 구성해야 하며, 입주자대표회의 구성 신고가 수리된 날부터 3개월 이내 공동주택의 관리 방법을 결정하여야 한다. 2. 의무관리대상 전환 공동주택의 입주자등이 공동주택을 위탁관리할 것을 결정한 경우 입주자대표회의는 구성 신고가 수리된 날부터 6개월 이내에 전자입찰방식 등의 기준에 따라 주택관리업자를 선정하여야 한다.
제외신고	의무관리대상 공동주택 제외 신고를 하려는 입주자대표회의의 회장은 입주자 등의 동의(전체 입주자등 3분의 2 이상 서면 동의)를 받은 날부터 30일 이내에 시장·군수·구청장에게 신고서를 제출해야 한다.

■ 하자보수보증금

예치 의무자	① 원 칙 ㉠ 분양주택 : 사업주체 및 「건설산업기본법」에 의한 하자담보책임이 있는 자 (건축법상의 건축주 및 신축·증축·개축·대수선 또는 리모델링하는 행위를 한 시공자 포함) ㉡ 임대주택 : 건설임대주택을 분양전환하고자 하는 자 ② 예외 : 국가·지자체·LH 및 지방공사인 사업주체
시기별 반환금액	① 사용검사일(임시사용승인일을 포함)부터 2년이 경과한 때 : 100분의 15 ② 사용검사일부터 3년이 경과한 때 : 100분의 40 ③ 사용검사일부터 5년이 경과한 때 : 100분의 25 ④ 사용검사일부터 10년이 경과한 때 : 100분의 20
예치방법	① 현 금 ② 대한주택보증주식회사가 발행하는 보증서 ③ 건설공제조합이 발행하는 보증서 ④ 이행보증보험 증권 ⑤ 금융기관의 지급보증서

■ 신에너지 및 재생에너지

의 의	① 신에너지 : 기존의 화석연료를 변환시켜 이용하거나 수소·산소 등의 화학 반응을 통하여 전기 또는 열을 이용하는 에너지로서 다음의 어느 하나에 해당하는 것 - 수소에너지/ 연료전지/ 석탄을 액화·가스화한 에너지 및 중질잔사유를 가스화한 에너지로서 대통령령으로 정하는 기준 및 범위에 해당하는 에너지/ 그 밖에 석유·석탄·원자력 또는 천연가스가 아닌 에너지로서 대통령령으로 정하는 에너지 ② 재생에너지 : 햇빛·물·지열·강수·생물유기체 등을 포함하는 재생 가능한 에너지를 변환시켜 이용하는 에너지로서 다음의 어느 하나에 해당하는 것 - 태양에너지/ 풍력/ 수력/ 해양에너지/ 지열에너지/ 생물자원을 변환시켜 이용하는 바이오에너지로서 대통령령으로 정하는 기준 및 범위에 해당하는 에너지/ 폐기물에너지(비재생폐기물로부터 생산된 것은 제외한다)로서 대통령령으로 정하는 기준 및 범위에 해당하는 에너지/ 그 밖에 석유·석탄·원자력 또는 천연가스가 아닌 에너지로서 대통령령으로 정하는 에너지

■ 신축 공동주택의 공기질 측정 등

☑ 신축 공동주택의 시공자가 실내공기질을 측정하는 경우에는 「환경분야 시험·검사 등에 관한 법률」에 따라 실시하여야 한다.

☑ 신축 공동주택의 실내공기질 측정항목과 권고기준은 다음과 같다.

1. 폼알데하이드 210$\mu g/m^3$ 이하
2. 벤젠 30$\mu g/m^3$ 이하
3. 톨루엔 1,000$\mu g/m^3$ 이하
4. 에틸벤젠 360$\mu g/m^3$ 이하
5. 자일렌 700$\mu g/m^3$ 이하
6. 스티렌 300$\mu g/m^3$ 이하
7. 라돈 148Bq/m^3 이하

■ 공동주택 위탁관리와 주택관리업자 선정

주택관리업자 선정방법	의무관리대상 공동주택의 입주자 등이 공동주택을 위탁관리할 것을 정한 경우 입주자대표회의는 다음 각 호의 기준에 따라 주택관리업자를 선정하여야 한다.
	㉠ 전자입찰방식으로 선정할 것. 다만, 수의계약 예외 있음
	㉡ 다음 각 목의 구분에 따른 사항에 대하여 전체 입주자등의 과반수의 동의를 얻을 것
	  가. 경쟁입찰: 입찰의 종류 및 방법, 낙찰방법, 참가자격 제한 등 입찰과 관련한 중요사항
	  나. 수의계약: 계약상대자 선정, 계약 조건 등 계약과 관련한 중요사항

입찰참가 제한	입주자 등은 새로운 주택관리업자 선정을 위한 입찰에서 기존 주택관리업자의 참가를 제한하도록 전체 입주자 등 과반수의 서면동의로써 입주자대표회의에 요구할 수 있다. 이 경우 입주자대표회의는 그 요구에 따라야 한다.

■ 시설공사별 담보책임기간

구 분	세부공종	기 간
시설공사	미장공사/수장공사/도장공사/도배공사/타일공사/석공사(건물내부공사)/옥내가구공사/주방기구공사/가전제품	2년
	나머지	3년
	대지조성공사/철근콘크리트공사/철골공사/조적공사/지붕공사/방수공사	5년
	기초공사 / 지정공사/지반공사	10년
내력구조부	바닥, 지붕틀, 보, 주계단(主階段) 내력벽(耐力壁), 기둥. 다만, 사이기둥, 최하층 바닥, 작은 보, 차양, 옥외 계단, 그 밖에 이와 유사한 것으로 건축물의 구조상 중요하지 아니한 부분은 제외한다.	10년

■ 내력구조부의 하자보수

하자범위	• 공동주택 구조체의 일부 또는 전부가 붕괴된 경우 • 공동주택의 구조안전상 위험을 초래하거나 그 위험을 초래할 우려가 있는 정도의 균열·침하(沈下) 등의 결함이 발생한 경우
하자보수기간	10년
보수절차	사업주체 하자보수절차 적용
안전진단	시장·군수·구청장이 실시

■ 공동주택 소독관리내용

시장 등의 소독 의무	특별자치도지사 또는 시장·군수·구청장은 감염병을 예방하기 위하여 보건복지부령으로 정하는 바에 따라 청소나 소독을 실시하거나 쥐, 위생해충 등의 구제조치(이하 "소독"이라 한다)를 하여야 한다. 특별자치도지사 또는 시장·군수·구청장은 소독을 실시하여야 할 경우에는 그 소독업무를 소독업자가 대행하게 할 수 있다.
공동주택 등의 관리·운영자의 소독 의무	• 「주택법」에 의한 공동주택(300세대 이상의 공동주택에 한함)을 관리·운영하는 자는 보건복지부령이 정하는 바에 의하여 감염병예방에 필요한 소독을 실시하여야 한다. 이 경우 위 소독업의 신고를 한 자로 하여금 소독하게 하여야 한다. • 이 경우 소독횟수는 4월부터 9월까지는 1회 이상/3월, 10월부터 3월까지 1회 이상/6월 실시하여야 한다.
위반시 처분	공동주택 등의 관리·운영자로서 소독을 실시하지 아니한 자는 100만원 이하의 과태료에 처한다.

■ 층간소음의 기준

 공동주택의 입주자 및 사용자는 공동주택에서 발생하는 층간소음을 기준 이하가 되도록 노력하여야 한다.

층간소음의 구분		층간소음의 기준[단위 : dB(A)]	
		주 간 (06:00~22:00)	야 간 (22:00~06:00)
1. 제2조제1호에 따른 직접충격 소음	1분간 등가소음도(Leq)	39	34
	최고소음도(Lmax)	57	52
2. 제2조제2호에 따른 공기전달 소음	5분간 등가소음도(Leq)	45	40

폐기물의 배출과 처리

1) 폐기물의 처리기준 등 : 폐기물처리 신고자와 광역 폐기물처리시설 설치·운영자는 30일. 다만, 폐기물처리 신고자가 고철을 재활용하는 경우에는 60일 이내에 폐기물을 처리함이 원칙이다.
2) 생활폐기물 처리의 기준 및 방법
   ① 재활용이 가능한 폐기물은 재활용하여야 한다.
   ② 매립 시 공간이 최소화되도록 해체·압축·파쇄·절단 또는 용융한 후 매립하여야 하며, 오니의 경우에는 탈수·건조 등에 의하여 수분함량 85퍼센트 이하로 사전처리를 한 후에 매립하여야 한다.
   ③ 가연성폐기물, 폐의약품과 폐농약은 소각하여야 한다.
   ④ 사용이 끝난 폐가전제품 중에 염화불화탄소 등의 냉매물질 (오존층 파괴지수가 0인 물질은 제외)이 함유된 경우 이를 안전하게 회수하여야 한다.

■ 분양된 공동주택의 관리비 비목과 구성내역

관리사무소장의 보증설정 및 변경 등	관리사무소장의 손해배상책임	주택관리사등은 관리사무소장의 업무를 집행함에 있어서 고의 또는 과실로 인하여 입주자에게 재산상의 손해를 발생하게 한 때에는 그 손해를 배상할 책임이 있다.
	손해배상책임의 보장	손해배상책임을 보장하기 위하여 주택관리사등은 보증보험 또는 협회의 공제사업에 따른 공제에 가입하거나 공탁을 하여야 한다. ① 관리사무소장으로 배치된 주택관리사등은 다음의 구분에 따른 금액을 보장하는 보증보험 또는 공제에 가입하거나 공탁을 하여야 한다. 　㉠ 500세대 미만의 공동주택 : 3천만원 　㉡ 500세대 이상의 공동주택 : 5천만원 ② 주택관리사등은 위 손해배상책임을 보장하기 위한 조치(이하 "보증설정"이라 한다)를 한 후 해당 공동주택의 입주자대표회의를 대표하는 자에게 보증설정을 입증하는 서류를 제출하여야 한다.
	보증설정의 변경	① 보증설정을 한 주택관리사등은 그 보증설정을 다른 보증설정으로 변경하려는 경우에는 보증설정의 효력이 있는 기간 중에 다른 보증설정을 하여야 한다. ② 공제 또는 보증보험에 가입한 주택관리사등으로서 보증기간이 만료되어 다시 보증설정을 하려는 자는 그 보증기간 만료일까지 다시 보증설정을 하여야 한다.
	보증보험금 등의 지급 등	① 입주자대표회의에서 손해배상금으로 보증보험금·공제금 또는 공탁금을 지급받으려는 경우에는 입주자대표회의와 주택관리사등 간의 손해배상합의서, 화해조서 또는 확정된 법원의 판결문 사본, 그 밖에 이에 준하는 효력이 있는 서류를 첨부하여 보증보험회사, 공제사업자 또는 공탁기관에 손해배상금의 지급을 청구하여야 한다. ② 주택관리사등은 공제금·보증보험금 또는 공탁금으로 손해배상을 한 때에는 15일 이내에 보증보험 또는 공제에 다시 가입하거나 공탁금 중 부족하게 된 금액을 보전하여야 한다.
	공탁금의 회수	위에 따라 공탁한 공탁금은 주택관리사등이 당해 공동주택의 관리사무소장의 직책을 사임·해임 또는 사망한 날부터 3년 이내에는 회수할 수 없다.

■ 최저주거기준

최저주거기준의 설정 등	① 국토교통부장관은 국민이 쾌적하고 살기좋은 생활을 영위하기 위하여 필요한 최저주거기준을 설정·공고하여야 한다. ② 국토교통부장관이 최저주거기준을 설정·공고하고자 하는 경우에는 미리 관계중앙행정기관의 장과 협의하고 주택정책심의위원회의 심의를 거쳐야 한다. 공고된 최저주거기준을 변경하고자 하는 경우에도 또한 같다. ③ 최저주거기준에는 주거면적, 용도별 방의 개수, 주택의 구조·설비·성능 및 환경요소 등 다음 사항이 포함되어야 하며, 사회적·경제적인 여건변화에 따라 그 적정성이 유지되어야 한다. 　㉠ 가구구성별 최소 주거면적 　㉡ 용도별 방의 개수 　㉢ 전용부엌·화장실 등 필수적인 설비의 기준 　㉣ 안전성·쾌적성 등을 고려한 주택의 구조·성능 및 환경기준
최저주거기준 미달가구에 대한 우선 지원 등	① 국가 또는 지방자치단체는 최저주거기준에 미달되는 가구에 대하여 우선적으로 주택을 공급하거나 국민주택기금을 지원하는 등 혜택을 부여할 수 있다. ② 국가 또는 지방자치단체가 주택정책을 수립시행하거나 사업주체가 주택건설사업을 시행하는 경우에는 최저주거기준에 미달하는 가구를 줄이기 위하여 노력하여야 한다. ③ 국토교통부장관 또는 지방자치단체의 장은 주택의 건설과 관련된 인·허가 등을 함에 있어 그 건설사업의 내용이 최저주거기준에 미달되는 경우에는 당해 기준을 충족하도록 사업계획승인신청서의 보완지시 등 필요한 조치를 취할 수 있다. ④ 국토교통부장관 또는 지방자치단체의 장은 최저주거기준에 미달되는 가구가 밀집한 지역에 대하여는 우선적으로 임대주택을 건설하거나 「도시 및 주거환경정비법」이 정하는 바에 따라 우선적으로 주거환경정비사업을 시행할 수 있도록 하기 위하여 필요한 조치를 할 수 있다.

■ 어린이 놀이시설의 안전관리

정기시설 검사	관리주체는 설치검사를 받은 어린이놀이시설이 법정시설기준 및 기술기준에 적합성을 유지하고 있는지를 확인하기 위하여 다음의 방법 및 절차에 따라 안전검사기관으로부터 2년에 1회 이상 정기시설검사를 받아야 한다. ① 정기시설검사를 받으려는 자는 정기시설검사의 유효기간이 끝나기 1개월 전(최초로 정기시설검사를 받으려는 경우에는 해당 어린이놀이시설에 대한 설치검사의 유효기간이 끝나기 1개월 전)까지 신청 서류를 갖추어 안전검사기관에 제출하여야 한다. ② 신청을 받은 안전검사기관은 신청을 받은 날부터 1개월 이내에 해당 어린이놀이시설이 시설기준등에 적합한지 여부를 확인하여야 한다. ③ 안전검사기관은 정기시설검사의 결과를 문서로 작성하여 소관 중앙행정기관의 장과 신청인에게 알려야 하고, 정기시설검사에 합격한 어린이놀이시설에 대하여만 정기시설검사합격증을 신청인에게 내주어야 한다. ④ 통보를 받은 정기시설검사의 결과에 대하여 이의가 있는 자는 검사 결과를 통보받은 날부터 15일 이내에 행정안전부령으로 정하는 서류를 갖추어 재검사를 신청할 수 있다.
시설의 이용금지	① 설치자는 설치검사를 받지 아니하였거나 설치검사에 불합격된 어린이놀이시설을 이용하도록 하여서는 아니 된다. ② 관리주체는 정기시설검사를 받지 아니하였거나 정기시설검사에 불합격된 어린이놀이시설을 이용하도록 하여서는 아니 된다.
유지·관리	관리주체는 어린이놀이시설의 기능 및 안전성이 지속적으로 유지되도록 이 법에서 정하는 바에 따라 당해 어린이놀이시설에 대한 유지관리를 실시하여야 한다. 다만, 이 법에 규정이 없는 경우에는 해당 어린이놀이시설이 설치된 장소별 소관 중앙행정기관의 장이 정하는 바에 따라 유지·관리를 실시하여야 한다.
안전점검	① 관리주체는 설치된 어린이놀이시설의 기능 및 안전성 유지를 위하여 다음의 주기·방법 및 절차 등에 따라 당해 어린이놀이시설에 대한 안전점검을 실시하여야 한다. 　㉠ 관리주체는 안전점검을 월 1회 이상 실시하여야 한다. 　㉡ 안전점검의 항목 및 방법은 다음과 같다. 　　ⓐ 안전점검의 항목 　　　가. 어린이놀이시설의 연결 상태 　　　나. 어린이놀이시설의 노후(老朽) 정도 　　　다. 어린이놀이시설의 변형 상태 　　　라. 어린이놀이시설의 청결 상태 　　　마. 어린이놀이시설의 안전수칙 등의 표시 상태 　　　바. 부대시설의 파손 상태 및 위험물질의 존재 여부 　　ⓑ 안전점검의 방법 : 어린이놀이시설의 관리주체는 위 ⓐ의 점검항목에 대하여 다음의 기준에 따라 구분하여 안전점검을 한 후, 그 결과를 안전점검 실시대장에 기록하여야 한다. 　　　가. 양호 : 어린이놀이시설의 이용자에게 위해(危害)·위험을 발생시킬 요소가 없는 경우 　　　나. 요주의 : 어린이놀이시설의 이용자에게 위해·위험을 발생시킬 요소는 발견할 수 없으나, 어린이놀이기구와 그 부분품의 제조업체가 정한 사용연한이 지난 경우 　　　다. 요수리 : 어린이놀이시설의 이용자에게 위해·위험을 발생시킬 요소가 되는 틈, 헐거움, 날카로움 등이 생길 가능성이 있거나, 어린이놀이시설이 더럽거나 안전 관련 표시가 훼손된 경우 　　　라. 이용금지 : 어린이놀이시설의 이용자에게 위해·위험을 발생시킬 수 있는 틈, 헐거움, 날카로움 등이 있거나 위해가 발생한 경우 　㉢ 산업통상자원부장관은 위 ⓐ와 ⓑ에 따른 안전점검의 항목 및 방법에 관하여 필요한 세부적인 사항을 정하여 고시할 수 있다. ② 관리주체가 해당 어린이놀이시설에 대하여 위 ①에 따른 안전점검을 실시할 수 없는 경우에는 서면계약에 의한 대리인을 지정하여 안전점검을 하게 할 수 있다. ③ 관리주체는 위 ①에 따른 안전점검 결과 해당 어린이놀이시설이 어린이에게 위해를 가할 우려가 있다고 판단되는 경우에는 그 이용을 금지하고 1개월 이내에 안전검사기관에 어린이놀이시설의 배치도(사진을 포함한다), 어린이놀이시설의 설치 장소에 관한 약도를 첨부하여 안전진단을 신청하여야 한다. 다만, 해당 어린이놀이시설을 철거하는 경우에는 안전진단 신청을 생략할 수 있다.
안전진단	① 관리주체로부터 안전점검 결과 해당 어린이놀이시설이 어린이에게 위해를 가할 우려가 있다고 판단되어 안전진단 신청을 받은 안전검사기관은 산업통상자원부령이 정하는 절차 및 방법에 따라 안전진단을 실시하고 그 결과를 신청인 및 해당 어린이놀이시설의 소관 중앙행정기관의 장에게 통보하여야 한다. ② 위 ①에 따라 안전진단 결과를 통보받은 관리주체는 해당 어린이놀이시설이 법정시설기준 및 기술기준에 적합하지 아니한 경우에는 수리·보수 등 필요한 조치를 실시하고 안전검사기관으로부터 해당 어린이놀이시설의 재사용 여부를 확인받아야 한다. ③ 관리주체는 어린이놀이시설을 이용 금지·폐쇄·철거하는 경우에는 어린이 등이 출입하지 못하도록 조치를 하고 해당 어린이놀이시설의 소관 중앙행정기관의 장에게 그 사실을 통보하여야 한다.
기록보관	관리주체는 안전점검 또는 안전진단을 한 결과에 대하여 안전점검실시대장 또는 안전진단 실시대장을 작성하여 최종 기재일부터 3년간 보관하여야 한다.

■ 폐기물관리제도

모든 폐기물의 공통사항	누구든지 폐기물을 수집·운반·보관·처리하려는 자는 다음과 같은 기준과 방법을 따라야 한다. ① 폐기물의 종류와 성질·상태별로 재활용 가능성 여부, 가연성이나 불연성 여부 등에 따라 구분하여 수집·운반·보관할 것. 다만, 다음의 어느 하나에 해당하면 그러하지 아니하다. ㉠ 처리기준과 방법이 같은 폐기물로서 같은 폐기물처리시설이나 장소에서 처리하는 경우 ㉡ 폐기물의 발생이나 배출 당시 2종류 이상의 폐기물이 혼합되어 발생되거나 배출되는 경우 ㉢ 시(특별시와 광역시를 제외한다. 이하 같다)·군·구(자치구를 말한다. 이하 같다)의 분리수집 계획 또는 지역적 여건 등을 고려하여 시·군·구의 조례에 따라 그 구분을 다르게 정하는 경우 ② 수집·운반·보관의 과정에서 폐기물이 흩날리거나 누출되지 아니하도록 하고, 침출수(沈出水)가 유출되지 아니하도록 하며, 침출수가 생기는 경우에는 환경부령으로 정하는 바에 따라 처리할 것 ③ 해당 폐기물을 적정하게 처리 또는 보관할 수 있는 장소 외의 장소로 운반하지 아니할 것 ④ 중간처리 후 발생하는 폐기물은 새로 폐기물이 발생한 것으로 보아, 법 제17조 제2항에 따른 신고 또는 법 제19조 제1항에 따른 확인 등의 조치를 하고, 해당 폐기물의 처리방법에 따라 적정하게 처리할 것 ⑤ 폐기물은 폐기물처리시설에서 처리할 것 ⑥ 폐기물을 처리하는 자가 폐기물을 보관하는 경우에는 그 폐기물처리시설과 같은 사업장에 있는 보관시설에 보관할 것 ⑦ 폐기물재활용 신고자와 광역 폐기물처리시설 설치·운영자(법 제5조 제2항에 따라 설치·운영을 위탁받은 자를 포함한다)는 폐기물을 30일(의료폐기물은 7일) 이내에 처리하여야 한다. ⑧ 2종류 이상의 폐기물이 혼합되어 있어 분리가 어려우면 다음의 방법으로 처리할 것 ㉠ 폐산(廢酸)이나 폐알카리와 다른 폐기물이 혼합된 경우에는 중화처리한 후 적정하게 처리할 것 ㉡ 일반소각대상 폐기물과 고온소각대상 폐기물이 혼합된 경우에는 고온소각할 것 ⑨ 폐기물을 매립하는 경우에는 침출수와 가스의 유출로 인한 주변환경의 오염을 방지하기 위하여 차수시설(遮水施設), 집수시설(集水施設), 침출수 유량조정조(流量調整槽), 침출수 처리시설을 갖추고, 가스 소각시설이나 발전·연료화 처리시설을 갖춘 매립시설에서 처리할 것 ⑩ 분진·소각재·오니류(汚泥類) 중 지정폐기물이 아닌 폐기물로서 수소이온 농도지수가 12.5 이상이거나 2.0 이하인 것은 관리형 매립시설의 차수시설과 침출수 처리시설의 성능에 지장을 초래하지 아니하도록 하여 매립할 것 ⑪ 재활용이 가능한 폐기물은 재활용하도록 할 것 ⑫ 위에 따른 폐기물의 수집·운반·보관·처리에 관한 구체적인 기준과 방법은 환경부령으로 정한다.
시장 등의 생활 폐기물의 처리 등	① 특별자치도지사, 시장·군수·구청장은 관할구역에서 배출되는 생활폐기물을 수집·운반·처리하여야 한다. ② 특별자치도지사, 시장·군수·구청장은 해당 지방자치단체의 조례로 정하는 바에 따라 대통령령으로 정하는 자에게 위 ①에 따른 수집·운반 또는 처리를 대행하게 할 수 있다. ③ 특별자치도지사, 시장·군수·구청장은 생활폐기물을 수집·운반·처리할 때에 해당 지방자치단체의 조례로 정하는 바에 따라 수수료를 징수할 수 있다. ④ 환경부장관은 위 ③에 따른 수수료를 정하려는 지방자치단체에 폐기물 배출량에 따라 수수료를 차등 징수하도록 권고할 수 있다.
생활 폐기물 배출자의 처리 협조 등	① 생활폐기물이 배출되는 토지나 건물의 소유자·점유자 또는 관리자(이하 "생활폐기물배출자"라 한다)는 관할 특별자치도, 시·군·구의 조례로 정하는 바에 따라 생활환경 보전상 지장이 없는 방법으로 그 폐기물을 스스로 처리하거나 양을 줄여서 배출하여야 한다. ② 생활폐기물배출자는 특별자치도, 시·군·구의 조례로 정하는 바에 따라 위 에 따라 스스로 처리할 수 없는 생활폐기물을 종류별, 성질·상태별로 분리하여 보관하여야 한다. ③ 생활폐기물배출 중 환경부령으로 정하는 음식물류 폐기물(농·수·축산물류 폐기물을 포함한다. 이하 같다) 배출자는 특별자치도지사, 시장·군수·구청장에게 음식물류 폐기물의 배출감량계획 및 처리실적을 제출하고, 발생량과 처리실적 등을 기록·보존하는 등 음식물류 폐기물의 배출량을 줄이기 위하여 관할 특별자치도, 시·군·구의 조례로 정하는 사항을 지켜야 한다.

■ 공동주택의 가스설비

가스의 종류	고 압 (단위: Pa)	• 도시가스 : 1 이상 • 액화석유가스 : 1 이상
	중 압	• 도시가스 : 0.1 이상 1 미만 • 액화석유가스 : 0.01 이상 0.2 미만
	저 압	• 도시가스 : 0.1 미만 • 액화석유가스 : 0.01 미만
가스의 특성		• 도시가스 : 공기보다 비중이 작아 누설시 안전, 가스누설경보기는 천장쪽에 설치 • 액화석유가스 : 공기보다 비중이 커서 누설시 위험. 누설경보기는 바닥쪽에 설치
특정가스 사용시설		• 도시가스 : 연소기 각각의 소비량을 합산한 월 사용예정량이 2천m³(제1종 보호시설 안에 있는 경우에는 1천m³) 이상인 가스사용시설 • 액화석유가스 : 공동으로 저장능력 250kg(자동절체기를 사용하여 용기를 집합하는 경우에는 500킬로그램으로 함) 이상의 저장설비를 갖추고 사용하는 가스사용시설
도시가스		• 특정가스사용시설의 사용자는 그 특정가스사용시설에 대하여 정기 또는 수시로 산업자원부장관 또는 시장·군수·구청장의 검사를 받아야 한다. • 정기검사는 완성검사증명서를 받은 날을 기준으로 매 1년(가스사용시설 중 경로당과 가정어린이집은 10년)이 되는 날의 전후 30일 이내에 받아야 한다. 다만, 특정가스시설의 정기검사일은 공사와 특정가스사용시설의 사용자와 협의하여 따로 정할 수 있다.
액화석유가스		• 특정사용자는 액화석유가스 특정사용자는 완성검사필증을 교부받은 날을 기준으로 매 1년(제1종 보호시설 중 액화석유가스저장설비의 저장능력이 100kg 이하인 경로당에서 액화석유가스를 사용하는 자 및 「건축법」 제18조의 규정에 의하여 건축물에 대한 사용승인을 얻어야 하는 건축물 중 액화석유가스를 사용하는 단독주택·공동주택 및 오피스텔(주거용에 한함)의 건축주인 액화석유가스 특정사용자 등은 매 10년)이 되는 날의 전후 30일 이내에 정기검사를 받아야 한다. • 다만, 다중이용시설의 액화석유가스 특정사용자는 매 6월이 되는 날의 전후 30일 이내에 정기검사를 받아야 한다.

■ 퇴직연금제도

용어의 정의	• 급여 : 퇴직급여제도에 의하여 근로자에게 지급되는 연금 또는 일시금 • 퇴직급여제도 : 퇴직금제도 및 퇴직연금제도 • 확정급여형(DB : Defined Benifit) : 근로자가 퇴직시에 지급받는 급여가 현행 퇴직금과 동일하게 정하여져 있고, 이를 지급하기 위한 적립금은 외부 금융기관(퇴직연금사업자)에 사용자가 적립하여 이를 관리하여 운용하는 제도 • 확정기여형(DC : Definded Contribution) : 매년 연간임금총액의 12분의 1 이상을 근로자 개인계좌에 넣어주면 사용자책임은 종료되고, 적립된 적립금은 근로자 개인이 자기책임하에 금융상품 등에 운용하는 제도 • 개인퇴직계좌(IRA : Individual Retirement Account) : 상시 10인 미만의 사업장에서 도입할 수 있는 제도로서, 그 내용은 확정기여형 퇴직연금과 동일하나 퇴직연금규약을 작성하거나 노동부장관에 신고하지 아니하는 점에서 다르다. • 퇴직연금사업자 : 사업자에는 운용관리기관과 자산관리기관이 있다. 금융기관, 증권회사, 보험회사 등 운용관리기관은 노사에 운용방법을 제시하는 등 퇴직연금설계에 관한 컨설팅을 담당하는 기관이며, 신탁회사, 보험회사 등 자산관리기관은 자산관리업무를 이행하는 기관
적용범위	근로자를 사용하는 모든 사업 또는 사업장에 적용. 다만, 동거의 친족만을 사용하는 사업 및 가사사용인에 대하여는 적용하지 아니한다.
사용자의 퇴직급여제도 설정의무	퇴직급여제도 중 하나 이상의 제도를 설정하여야 하는 의무. 다만, 계속 근로기간이 1년 미만인 근로자, 4주간을 평균하여 1주간의 소정근로시간이 15시간 미만인 근로자에 대하여는 그러하지 아니하다. 퇴직급여제도를 설정함에 있어 하나의 사업안에 차등을 두어서는 아니 된다.
퇴직급여제도의 미설정에 따른 처리	사용자가 퇴직급여제도를 설정하지 아니한 경우 다음의 퇴직금제도를 설정한 것으로 간주
퇴직금제도	• 퇴직금제도의 설정 : 사용자는 계속근로기간 1년에 대하여 30일분 이상의 평균임금을 퇴직금으로 퇴직하는 근로자에게 지급할 수 있는 제도 설정의무 • 퇴직금의 지급 : 사용자는 근로자가 퇴직한 경우에는 그 지급사유가 발생한 날부터 14일 이내에 퇴직금을 지급의무. 다만, 당사자간의 합의에 의하여 지급기일을 연장 가능 • 퇴직금의 시효 : 퇴직금을 받을 권리는 3년간의 시효로 소멸

■ 관리방식별 장단점 비교

구 분	특 징	장 점	단 점
사업주체관리	과도기적 관리방법	• 부실공사 예방 • 체계적·효율적 관리	• 관리활동의 형식화 • 건설·관리비용의 중복 • 사업주체와 입주자 간의 갈등 • 관리사무소의 사업주체 옹호 • 입주자의 관리체계상의 소외 • 입주자 하자점검능력의 미비
자치관리	전통적 관리방법	• 입주자 통제권한 강화에 따른 친절한 서비스 확보(입주자 요구에 대한 순응도 높음) • 입주자 상호간 친목증대 • 관리직원의 공동주택에 대한 애착 • 보안유지 용이	• 입주자대표회의의 전횡 • 회의 성원의 어려움·의사소통의 비원활화·회의 결정사항의 집행곤란 • 입주자대표회의 책임 및 권한의 불분명 • 소수에 의한 관리독점 부정의 발생가능성 • 전문성 부족 • 업무의 타성화 및 인사의 정체 • 연공서열체계시 인건비 상승
위탁관리	진보적 관리방법	• 규모의 경제원칙에 의한 관리비 절감 • 전문기술인력 확보적 관리 • 합리적·효율적 관리 • 입주자의 본업에 전념할 기회의 확보 • 관리업무의 타성화 방지	• 전문업자로서의 신뢰도 저하, 부실관리 가능성 • 보안유지의 어려움 • 잦은 인사이동으로 인한 업무의 비일관성 • 법인세 등이 입주자에 전가 가능성
혼합관리	과도기적 관리방법	• 필요부분만 위탁관리, 비용절감 • 소유자 통제권 유지	• 책임소재의 불분명 • 비협조와 갈등 • 자치관리와 위탁관리의 단점만 노출될 가능성

■ 최저임금제 내용

적용대상		① 최저임금은 근로자를 사용하는 모든 사업 또는 사업장에 적용한다. ② 동거하는 친족만을 사용하는 사업과 가사사용인에게는 적용하지 아니한다. 「선원법」의 적용을 받는 선원과 선원을 사용하는 선박의 소유자에게는 적용하지 아니한다.
최저임금	최저임금액	최저임금액은 시간·일·주 또는 월을 단위로 하여 정한다. 이 경우 일·주 또는 월을 단위로 하여 최저임금액을 정할 때에는 시간급으로도 표시하여야 한다.
	최저임금의 결정기준과 구분	최저임금은 근로자의 생계비, 유사 근로자의 임금, 노동생산성 및 소득분배율 등을 고려하여 정한다. 이 경우 사업의 종류별로 구분하여 정할 수 있다. 사업의 종류별 구분은 최저임금위원회의 심의를 거쳐 고용노동부장관이 정한다.
최저임금액의 특례	수습 중에 있는 근로자	1년 이상의 기간을 정하여 근로계약을 체결하고 수습 중에 있는 근로자로서 수습을 시작한 날부터 3개월 이내인 사람에 대해서는 시간급 최저임금액에서 100분의 10을 뺀 금액을 그 근로자의 시간급 최저임금액으로 한다.
	도급제 등의 경우	임금이 도급제나 그 밖에 이와 비슷한 형태로 정해진 경우에 근로시간을 파악하기 어렵거나 그 밖에 최저임금액을 정하는 것이 적합하지 않다고 인정되면 해당 근로자의 생산고 또는 업적의 일정단위에 의하여 최저임금액을 정한다.
최저임금의 효력 및 처벌	효 력	사용자는 최저임금의 적용을 받는 근로자에 대하여 최저임금액 이상의 임금을 지급하여야 한다. 사용자는 이 법에 의한 최저임금을 이유로 종전의 임금수준을 저하시켜서는 아니 된다.
	처 벌	위 사항에 위반한 자는 3년 이하의 징역 또는 2천만원 이하의 벌금에 처하거나 이를 병과할 수 있다.
저임금의 주지의무 및 처벌	주지의무	최저임금의 적용을 받는 사용자는 다음과 같이 당해 최저임금을 그 사업의 근로자가 쉽게 볼 수 있는 장소에 게시하거나 그 외의 적당한 방법으로 이를 근로자에게 주지시켜야 한다. ① 사용자가 근로자에게 주지시켜야 할 최저임금의 내용은 다음과 같다. 　㉠ 적용을 받는 근로자의 최저임금액 　㉡ 최저임금에 산입하지 아니하는 임금 　㉢ 당해 사업에서 최저임금의 적용을 제외할 근로자의 범위 　㉣ 최저임금의 효력발생 연월일 ② 사용자는 위 최저임금의 내용을 최저임금의 효력발생일 다음 연도 1월 1일의 전일까지 근로자에게 주지시켜야 한다.
	처 벌	위반시에는 100만원 이하의 과태료에 처한다.

■ 자원재활용제도

의 의	재활용 가능 자원	사용되었거나 사용되지 아니하고 버려진 후 수거된 물건과 제품의 제조·가공·수리·판매나 에너지공급 또는 토목·건축공사에서 부수적으로 생겨난 물품(부산물이라 함) 중 원재료로 이용할 수 있는 것(회수 가능한 에너지 및 폐열을 포함하되, 방사성 물질과 방사성 물질에 의하여 오염된 물질을 제외함)
	재활용 제품	재활용 가능 자원을 이용하여 만든 제품으로서 환경부령이 정하는 제품
자원재활용 등의 대상자		「폐기물관리법」에 의한 폐기물을 배출하는 토지·건물의 소유자·점유자 또는 관리자 중 다음에 해당하는 자(이하 '폐기물배출자'라 함)는 배출되는 폐기물 중 재활용할 수 있는 폐기물을 일정한 기준에 따라 재활용하거나 종류·성상별로 분리보관하여 재활용할 수 있도록 하여야 한다. 여기서 폐기물이라 함은 「폐기물관리법」 제2조 제1호의 규정에 의한 폐기물을 말한다. • 각층 바닥면적의 합계가 1천㎡ 이상인 건물의 소유자(공동주택 입주자)·점유자(세입자) 또는 관리자(관리사무소장) • 폐기물을 1일 평균 300kg 이상 배출하거나 또는 일련의 공사·작업 등으로 인하여 폐기물을 5톤 이상 배출하는 토지의 소유자·점유자 또는 관리자 위의 경우 연접부지 위에 있는 건물로서 소유자가 같은 2 이상의 건물은 이를 동일한 건물로 본다.
재활용 이행 기준	소유자·관리자 또는 점유자(위 건물 또는 토지의 전체를 점유한 자에 한함)	• 시설규모 및 폐기물의 발생형태 등을 감안하여 분리수집이 용이한 위치에 적정규모의 분리수집소를 확보하여야 한다. • 분리수집장소에 적정하게 분리·보관하여야 한다. • 분리수집된 재활용 가능 자원을 스스로 재활용하거나 수거기관 또는 재활용하고자 하는 자에게 공급하여 재활용되도록 하여야 한다. • 음식물류 폐기물을 재활용하거나 감량화처리하여야 하는 대상시설의 경우에는 사료·퇴비 등으로 감량화할 수 있는 설비를 설치하거나 효율적으로 재활용하는 방법을 강구하여 자원화하도록 노력하여야 한다.
	점유자	• 점유하고 있는 시설 안에서 배출되는 폐기물 중 종이류·유리병·캔류·플라스틱류 또는 고철류 등 분리수거되는 재활용 가능 자원을 소유자 또는 관리자가 확보한 분리수집장소로 운반하여 품목별로 분리·보관되도록 배출하여야 한다. • 시설 안에서 배출되는 종이류는 종이에 따라 복사용지(백상지·중질지·아트지 및 크라프트지를 포함함)·신문용지 또는 판지 등으로 분리수집하여야 한다. • 재활용대상이 아닌 폐기물을 재활용대상 폐기물과 혼합하여 배출하여서는 아니된다. • 시설 안에서 배출되는 유리병은 무색·청색(녹색을 포함함) 또는 갈색의 3색으로 분리배출되도록 노력하여야 한다.

■ 실내배관

도시가스	• 가스계량기와 화기(그 시설 안에서 사용하는 자체화기는 제외한다) 사이에 유지하여야 하는 거리는 2m 이상이어야 한다. • 공동주택의 대피공간, 방·거실 및 주방 등으로서 사람이 거처하는 곳 및 가스계량기에 나쁜 영향을 미칠 우려가 있는 장소는 가스계량기를 설치하여서는 안된다. • 가스계량기와 전기계량기 및 전기개폐기와의 거리는 60cm 이상, 비단열 굴뚝, 전기점멸기 및 전기접속기와의 거리는 30cm 이상, 비절연 전선과의 거리는 15cm 이상의 거리를 유지할 해야 한다. • 가스계량기(30㎥/hr 미만인 경우만을 말한다)의 설치높이는 바닥으로부터 1.6m 이상 2m 이내에 수직·수평으로 설치하고 밴드·보호대 등 고정 장치로 고정시킬 것. 다만, 격납상자에 설치하는 경우, 기계실 및 보일러실(가정에 설치된 보일러실은 제외한다)에 설치하는 경우와 문이 달린 파이프 덕트 안에 설치하는 경우에는 설치 높이의 제한을 하지 아니한다. • 입상관과 화기(그 시설 안에서 사용하는 자체화기는 제외한다) 사이에 유지하여야 하는 우회거리 2m 이상으로 하고, 환기가 양호한 장소에 설치해야 하며 입상관의 밸브는 바닥으로부터 1.6m 이상 2m 이내에 설치할 것. 다만, 보호상자에 설치하는 경우에는 그러하지 아니하다.
액화석유가스	• 배관은 노출하여 시공할 것. 다만, 스테인레스강관, 금속제 보호관 또는 보호판으로 보호조치를 한 동관·금속플렉시블호스를 이음매(용접이음매를 제외함) 없이 설치하는 경우에는 매몰하여 설치할 수 있다. • 배관은 환기가 잘 되지 아니하는 천정·벽·바닥·공동구 등에 설치하지 아니할 것. 다만, 스테인레스강관, 동관(보호관으로 보호조치를 한 경우에 한함), 금속플렉시블호스(못박음 등에 의하여 배관의 손상우려가 있는 부분은 금속제의 보호관 또는 보호판으로 보호조치를 한 경우에 한함)를 이음매(용접이음매를 제외함)없이 설치하는 경우에는 천정·벽·바닥에 설치할 수 있다. • 배관이음부(용접이음매를 제외함)와 전기계량기 및 전기개폐기, 전기점멸기 및 전기접속기, 절연조치를 하지 아니한 전선과는 적절한 거리를 유지할 것

■ 승강기 관리내용

정기검사	설치검사 후 정기적으로 하는 검사 이 경우 검사주기는 2년 이하로 하되, 행정안전부령으로 정하는 바에 따라 승강기별로 검사주기를 다르게 할 수 있다. ① 승강기의 종류 및 사용연수 ② 중대한 사고 또는 중대한 고장의 발생 여부 ③ 그 밖에 행정안전부령으로 정하는 사항
수시검사	다음 각 목의 어느 하나에 해당하는 경우에 하는 검사 ① 승강기의 종류, 제어방식, 정격속도, 정격용량 또는 왕복운행거리를 변경한 경우(변경된 승강기에 대한 검사의 기준이 완화되는 경우 등 행정안전부령으로 정하는 경우는 제외한다.) ② 승강기의 제어반(制御盤) 또는 구동기(驅動機)를 교체한 경우 ③ 승강기에 사고가 발생하여 수리한 경우(제3호 나목의 경우는 제외한다) ④ 관리주체가 요청하는 경우
정밀 안전검사	다음 각 목의 어느 하나에 해당하는 경우에 하는 검사. 이 경우 ③에 해당할 때에는 정밀안전검사를 받고, 그 후 3년마다 정기적으로 정밀안전검사를 받아야 한다. ① 정기검사 또는 수시검사 결과 결함의 원인이 불명확하여 사고 예방과 안전성 확보를 위하여 행정안전부장관이 정밀안전검사가 필요하다고 인정하는 경우 ② 승강기의 결함으로 중대한 사고 또는 중대한 고장이 발생한 경우 ③ 설치검사를 받은 날부터 15년이 지난 경우 ④ 그 밖에 승강기 성능의 저하로 승강기이용자의 안전을 위협할 우려가 있어 행정안전부장관이 정밀안전검사가 필요하다고 인정한 경우
관리주체의 사고보고 의무	승강기의 관리주체(자체점검을 대행하는 유지관리업자를 포함한다)는 그가 관리하는 승강기로 인하여 다음 각 호의 어느 하나에 해당하는 사고 또는 고장이 발생한 경우에는 행정안전부령으로 정하는 바에 따라 한국승강기안전공단에 통보하여야 한다. 한국승강기안전공단은 사고 또는 고장을 통보받은 내용을 행정안전부장관, 시·도지사 및 승강기사고조사위원회에 보고하여야 한다. ① 사망자가 발생한 사고 ② 사고 발생일부터 7일 이내에 실시된 의사의 최초 진단 결과 1주 이상의 입원 치료가 필요한 부상자가 발생한 사고 ③ 사고 발생일부터 7일 이내에 실시된 의사의 최초 진단 결과 3주 이상의 치료가 필요한 부상자가 발생한 사고
정기검사의 검사주기	① 정기검사의 검사주기는 1년(설치검사 또는 직전 정기검사를 받은 날부터 매 1년을 말한다)으로 한다. ② 위 ①에도 불구하고 다음 각 호의 어느 하나에 해당하는 승강기의 경우에는 정기검사의 검사주기를 직전 정기검사를 받은 날부터 다음 각 호의 구분에 따른 기간으로 한다. ㉠ 설치검사를 받은 날부터 25년이 지난 승강기: 6개월 ㉡ 승강기의 결함으로 중대한 사고 또는 중대한 고장이 발생한 후 2년이 지나지 않은 승강기: 6개월 ③ 정기검사의 검사기간은 정기검사의 검사주기 도래일 전후 각각 30일 이내로 한다. 이 경우 해당 검사기간 이내에 검사에 합격한 경우에는 정기검사의 검사주기 도래일에 정기검사를 받은 것으로 본다. ④ 정기검사의 검사주기 도래일 전에 수시검사 또는 정밀안전검사를 받은 경우 해당 정기검사의 검사주기는 수시검사 또는 정밀안전검사를 받은 날부터 계산한다. 안전검사가 연기된 경우 해당 정기검사의 검사주기는 연기된 안전검사를 받은 날부터 계산한다.

■ 평균임금과 통상임금

구 분	평균임금	통상임금
의 의	산정하여야 할 사유가 발생한 날 이전 3월간에 그 근로자에 대하여 지급된 임금의 총액을 그 기간의 총일수로 나눈 금액. 이와 같이 산출된 금액이 당해 근로자의 통상임금보다 저액인 경우에는 그 통상임금액을 평균임금으로 한다.	근로자에게 정기적·일률적으로 소정근로 또는 총근로에 대하여 지급하기로 정하여진 시간급금액·일급금액·주급금액·월급금액 또는 도급금액. 여기서 소정근로시간이란 「근로기준법」상의 근로시간의 범위 안에서 근로자와 사용자가 정한 근로시간
적용 사항	• 휴업수당 : 평균임금의 100분의 70 이상이 원칙. 다만, 이 수당이 통상임금을 초과하는 경우에는 통상임금을 휴업수당으로 지급 가능 • 퇴직금 : 계속근로연수 1년에 대하여 30일분 이상의 평균임금	• 해고예고수당 : 30일분 이상의 통상임금 • 연장근로수당 : 연장근로와 오후 10시부터 오전 6시까지 사이의 야간근로 또는 휴일근로에 대하여는 통상임금의 100분의 50 이상을 가산하여 지급(단, 최초의 4시간은 100분의 25가산)

■ 공동주택 등의 안전점검

관리 주체 등의 안전 점검	시 행	16층 이상인 공동주택 등의 안전점검은 다음에 해당하는 자에게 「시설물의 안전 및 유지관리에 관한 특별법」에 의한 지침에 따라 실시하도록 하여야 한다. • 「시설물의 안전 및 유지관리에 관한 특별법 시행령」에 의한 책임기술자로서 당해 공동주택 단지의 관리직원인 자 • 당해 공동주택의 관리사무소장으로서 배치된 주택관리사 또는 주택관리사보로서 「시설물의 안전 및 유지관리에 관한 특별법 시행령」에 의한 안전점검교육을 이수한 자 • 「시설물의 안전 및 유지관리에 관한 특별법」에 의하여 국토교통부장관으로부터 지정받은 안전진단전문기관 • 「건설산업기본법」에 의하여 시·도지사에게 등록한 유지·관리업자
	보고 및 조치	관리주체는 안전점검의 결과 건축물의 구조·설비의 안전도가 취약하여 위해의 우려가 있는 경우에는 다음 사항을 시장·군수 또는 구청장에게 보고하고, 그 보고내용에 따른 조치를 취하여야 한다. • 점검대상 구조·설비 • 취약의 정도 • 발생 가능한 위해의 내용 • 조치할 사항
	시장등의 조치	시장 등은 관리주체로부터 위의 내용을 보고받은 공동주택 등에 대하여는 다음의 조치를 하고 매월 1회 이상 점검을 실시하여야 한다. • 공동주택 단지별 점검책임자 지정 • 공동주택 단지별 관리카드 비치 • 공동주택 단지별 점검일지 작성 • 공동주택 단지 내 관리기구와 관계행정기관 간의 비상연락체계 구성
시장등의 안전진단		시장 등은 10년의 범위 안에서 공동주택의 구조안전에 중대한 하자가 있다고 인정하는 경우에는 안전진단을 실시할 수 있다.

■ 분양주택의 각종 통지 및 신고사항 등

항 목	통지 등의 사항
사업주체의 요구사항	• 총입주예정세대수 및 총입주세대수 • 동별 입주예정세대수 및 동별 입주세대수 • 공동주택관리방법에 관한 결정의 요구 • 사업주체의 성명·주소(법인인 경우에는 명칭 및 소재지를 말함)
관리업무 인계사항	• 설계도서·장비내역·장기수선계획 및 안전관리계획 • 관리비·사용료의 부과·징수현황 및 이에 관한 회계서류 • 장기수선충당금의 적립현황 • 관리비 예치금의 명세 • 전유부분 인도한 날의 현황 • 관리규약 그 밖에 관리업무에 필요한 사항
관리사무소장 의 배치신고	① 배치 내용과 업무의 집행에 사용할 직인을 신고하려는 관리사무소장은 배치된 날부터 15일 이내에 별지 제33호 서식의 신고서에 다음 각 호의 서류를 첨부하여 주택관리사단체에 제출하여야 한다. ㉠ 관리사무소장 교육 또는 주택관리사등의 교육 이수현황(주택관리사단체가 해당 교육 이수현황을 발급하는 경우에는 제출하지 아니할 수 있다) 1부 ㉡ 임명장 사본 1부. 다만, 배치된 공동주택의 전임 관리소장이 배치종료 신고를 하지 아니한 경우에는 배치를 증명하는 다음 각 목의 구분에 따른 서류를 함께 제출하여야 한다. 가. 자치관리인 경우 : 근로계약서 사본 1부 나. 위탁관리인 경우 : 위·수탁 계약서 사본 1부 ㉢ 주택관리사보자격시험 합격증서 또는 주택관리사 자격증 사본 1부 ㉣ 주택관리사등의 손해배상책임을 보장하기 위한 보증설정을 입증하는 서류 1부 ② 신고한 배치 내용과 업무의 집행에 사용하는 직인을 변경하려는 관리사무소장은 변경사유(관리사무소장의 배치가 종료된 경우를 포함한다)가 발생한 날부터 15일 이내에 [별지 제33호 서식]의 신고서에 변경내용을 증명하는 서류를 첨부하여 주택관리사단체에 제출하여야 한다. ③ 신고 또는 변경신고를 접수한 주택관리사단체는 관리사무소장의 배치 내용 및 직인 신고(변경신고는 경우를 포함한다) 접수 현황을 분기별로 시장·군수·구청장에게 보고하여야 한다. ④ 주택관리사단체는 관리사무소장이 신고 또는 변경신고에 대한 증명서 발급을 요청하면 즉시 증명서를 발급하여야 한다.

2025년도 제28회 주택관리사보 2차 국가자격시험 대비

적중 실전모의고사

교시	문제형별	시 간	시험과목
1교시	A	100분	① 주택관리관계법규 ② 공동주택관리실무

수험번호		성 명	

【수험자 유의사항】

1. 시험문제지는 **단일 형별(A형)**이며, 답안카드 형별 기재란에 표시된 형별(A형)을 확인하시기 바랍니다. 시험문제지의 **총면수, 문제번호 일련순서, 인쇄상태** 등을 확인하시고, 문제지 표지에 수험번호와 성명을 기재하시기 바랍니다.

2. 답은 각 문제마다 요구하는 **가장 적합하거나 가까운 답 1개**만 선택하고, 답안카드 작성 시 시험문제지 **마킹착오**로 인한 불이익은 전적으로 **수험자에게 책임**이 있음을 알려 드립니다.

3. 답안카드는 국가전문자격 공통 표준형으로 문제번호가 1번부터 125번까지 인쇄되어 있습니다. 답안 마킹 시에는 반드시 **시험문제지의 문제번호와 동일한 번호**에 마킹하여야 합니다.

4. **감독위원의 지시에 불응하거나 시험시간 종료 후 답안카드를 제출하지 않을 경우** 불이익이 발생할 수 있음을 알려 드립니다.

5. 시험문제지는 시험 종료 후 가져가시기 바랍니다.

제1회 적중 실전모의고사

| 문제지
유 형 | 적중실전
모의고사 | 문제수 | 80문제 | 시험시간 | 09:30~11:10
(100분) | 응시번호 | | 성 명 | |

1 주택관리관계법규

01 다음은 공동주택관리법령상 자치관리기구에 의한 관리 등에 관한 설명이다. 옳은 것은?

① 입주자대표회의가 공동주택을 자치관리하려는 경우에는 사업주체로부터 공동주택의 관리를 요구받았을 때 그 요구가 있었던 날부터 3개월 이내에 자치관리기구를 구성한다.
② 주택관리업자에게 위탁관리하다가 자치관리로 변경할 경우에는 위탁관리의 종료 1월 전까지 자치관리기구를 구성하면 된다.
③ 입주자대표회의는 자치관리기구의 관리사무소장을 그 구성원 과반수의 찬성으로 선임한다.
④ 자치관리기구의 대표자는 입주자대표회의의 회장이 된다.
⑤ 입주자대표회의 구성원은 자치관리기구의 직원을 겸할 수 있다.

02 다음은 주택법령에서 규정한 내용이다. 옳은 것을 모두 고른 것은?

㉠ 한국토지주택공사가 주택건설사업계획의 승인을 받으려면 해당 주택건설대지의 소유권을 확보하여야 한다.
㉡ 사업계획승인을 받은 사업주체는 승인을 받은 사업계획대로 사업을 시행하여야 하며 승인을 받은 날부터 3년 이내에 공사에 착수하여야 한다.
㉢ 사업주체는 사업계획승인을 받아 시행하는 주택건설사업을 완료한 경우에는 주택에 대하여 사업계획승인권자의 사용검사를 받아야 한다.
㉣ 주택조합은 주택조합의 설립인가를 받은 날부터 3년이 되는 날까지 사업계획승인을 받지 못하는 경우 대통령령으로 정하는 바에 따라 총회의 의결을 거쳐 해산 여부를 결정하여야 한다.
㉤ 국토교통부장관은 등록사업자가 거짓 그 밖의 부정한 방법으로 등록한 경우와 등록증의 대여를 한 경우에는 그 등록을 말소할 수 있다.
㉥ 주택조합설립 인가신청일부터 해당 조합주택의 입주가능일까지 주택을 소유하지 아니하거나 주거전용면적 85m² 이하의 주택 1채를 소유한 세대주인 자가 지역주택조합 조합원이 될 수 있다.

① ㉠, ㉡　② ㉣, ㉥　③ ㉣, ㉤
④ ㉡, ㉢　⑤ ㉢, ㉥

03 다음 주택법령상 복리시설에 해당하는 것은 모두 몇 개인가?

> ㉠ 유치원
> ㉡ 다중생활시설
> ㉢ 어린이놀이터
> ㉣ 주차장
> ㉤ 경로당

① 1개 ② 2개 ③ 3개
④ 4개 ⑤ 5개

04 주택법령상 주택의 공급에 관한 설명으로 옳은 것은?

① 공공주택사업자가 사업주체로서 입주자를 모집하려는 경우에는 시장·군수·구청장의 승인을 받아야 한다.
② 「관광진흥법」에 따라 지정된 관광특구에서 건설·공급하는 층수가 51층이고 높이가 120m인 아파트는 분양가상한제의 적용대상이다.
③ 시·도지사는 주택가격상승률이 물가상승률보다 현저히 높은 지역으로서 주택가격의 급등이 우려되는 지역에 대해서 분양가상한제 적용지역으로 지정할 수 있다.
④ 주택의 사용검사 후 주택단지 내 일부의 토지 소유권을 회복한 자에게 주택소유자들이 매도청구를 하려면 해당 토지의 면적이 주택단지 전체 대지면적의 5% 미만이어야 한다.
⑤ 사업주체가 투기과열지구에서 건설·공급하는 주택은 매매하거나 상속할 수 없다.

05 주택법령상 사업계획승인을 받은 사업주체에게 인정되는 매도청구권에 관한 설명으로 옳은 것은?

① 사업주체가 리모델링 주택조합인 경우 리모델링 결의에 찬성하지 아니하는 자의 주택에 대하여는 매도청구를 할 수 없다.
② 사업주체는 매도청구일 전 60일부터 매도청구대상이 되는 대지의 소유자와 협의를 진행하여야 한다.
③ 사업주체가 주택건설대지면적 중 100분의 90에 대하여 사용권원을 확보한 경우, 사용권원을 확보하지 못한 대지의 모든 소유자에게 매도청구를 할 수 있다.
④ 사업주체가 주택건설대지면적 중 100분의 80에 대하여 사용권원을 확보한 경우, 사용권원을 확보하지 못한 대지의 소유자 중 지구단위계획구역 결정고시일 10년 이전에 해당 대지의 소유권을 취득하여 계속 보유하고 있는 자에 대하여는 매도청구를 할 수 없다.
⑤ 주택건설대지에 사용권원을 확보하지 못한 건축물이 있는 경우 그 건축물은 매도청구의 대상이 되지 않는다.

06 공동주택관리법령상 하자분쟁조정위원회의 권한 등과 관련된 설명으로 옳지 않은 것은?

① 하자분쟁조정위원회는 그 신청을 받은 날부터 하자심사 및 분쟁조정은 60일(공용부분의 경우 90일로 하고, 흠결보정기간 및 하자감정기간은 제외한다) 이내에 그 절차를 완료하여야 한다.
② 하자보수 등에 대한 사업주체 등과 입주자대표회의 등간의 분쟁의 조정 및 재정을 한다.
③ 하자분쟁조정위원회 위원장은 전체위원회, 분과위원회 또는 소위원회 회의를 소집하려면 특별한 사정이 있는 경우를 제외하고는 회의 개최 5일 전까지 회의의 일시·장소 및 안건을 각 위원에게 알려야 한다.
④ 하자진단을 의뢰받은 안전진단기관은 하자진단을 의뢰받은 날부터 20일 이내에 그 결과를 사업주체등과 입주자대표회의등에 제출하여야 한다. 다만, 당사자 사이에 달리 약정한 경우에는 그에 따른다.
⑤ 국토교통부장관은 하자분쟁조정위원회의 운영 및 사무처리를 국토안전관리원에 위탁할 수 있다.

07 공동주택관리법령상 공동주택의 하자보수와 관련한 다음 설명 중 옳은 것은?

① 하자의 책임범위 등에 대하여 사업주체등·설계자 및 감리자 간에 발생하는 분쟁의 조정 및 재정은 하자분쟁조정위원회의 사무에 속한다.
② 관리주체는 하자담보책임기간 이내에 발생한 하자에 대한 사업주체의 담보책임이 종료된 때에는 예치한 하자보수보증금을 지체없이 사업주체에게 전액 반환하여야 한다.
③ 입주자대표회의는 하자보수보증금을 사용한 때에는 그 날부터 15일 이내에 그 사용명세를 사업주체에게 통보하여야 한다.
④ 내력구조부별 하자에 대한 담보책임기간은 5년 또는 10년이다.
⑤ 사업주체는 주택의 미분양 등으로 인하여 관리업무의 인계·인수서에 인도일의 현황이 누락된 세대가 있는 경우에는 주택의 인도일부터 30일 이내에 인도일의 현황을 입주자대표회의등에게 인계하여야 한다.

08 공동주택관리법령상 주택관리업에 대한 다음의 설명 중 올바른 것은?

① 공동주택의 관리를 업으로 하려는 자는 국토교통부장관에게 등록하여야 한다.
② 주택관리업자가 주택법령에 의하여 그 등록이 말소되고 3년이 경과되지 아니한 때에는 다시 등록할 수 없다.
③ 시장·군수·구청장은 주택관리업자가 최근 3년간 2회 이상의 영업정지처분을 받은 자로서 그 정지처분을 받은 기간이 합산하여 12개월을 초과한 경우에는 그 등록을 말소하여야 한다.
④ 시장·군수·구청장은 주택관리업자가 고의 또는 과실에 의한 공동주택관리상의 하자로 입주자 및 사용자에게 재산상의 손해를 가한 때에는 그 등록을 말소하여야 한다.
⑤ 시장·군수·구청장은 주택관리업자가 거짓 그 밖의 부정한 방법으로 등록을 한 때에는 대통령령이 정하는 바에 의하여 등록말소에 갈음하여 2천만원 이하의 과징금을 부과할 수 있다.

09 공동주택관리법령상 시·도지사가 주택관리사등의 자격을 반드시 취소해야 하는 경우는?

① 업무와 관련하여 금품수수 등 부당이득을 취한 경우
② 의무관리대상 공동주택에 취업한 주택관리사등이 다른 공동주택단지에 취업한 경우
③ 공동주택관리에 관한 감독을 위해서 하는 지방자치단체장의 자료제출명령에 대해 자료의 제출을 거부한 경우
④ 중대한 과실로 주택을 잘못 관리하여 입주자 및 사용자에게 재산상의 손해를 입힌 경우
⑤ 지방자치단체 소속 공무원이 영업소·관리사무소 등에 출입하여 공동주택의 시설·장부·서류 등을 조사할 때 이를 방해하는 경우

10 다음 중 민간임대주택에 관한 특별법령상 공공지원민간임대주택 통합심의위원회에 대한 설명 중 틀린 것은?

① 지정권자는 도시계획·건축·환경·교통·재해 등 지구계획 승인과 관련된 사항을 검토 및 심의하기 위하여 공공지원민간임대주택 통합심의위원회(이하 "통합심의위원회"라 한다)를 둔다.
② 통합심의위원회는 위원장 1명, 부위원장 1명을 포함하여 24명 이내의 위원으로 구성한다.
③ 통합심의위원회의 검토 및 심의를 거친 경우에는 중앙건축위원회(국토교통부장관이 촉진지구를 지정한 경우에 한정한다) 및 시·도건축위원회의 검토 및 심의를 거친 것으로 본다.
④ 위원장은 제 위원들이 도시계획·건축·교통·환경·재해 분야 등의 전문가로서 택지개발 및 주택사업에 관한 학식과 경험이 풍부한 사람 중 지정권자가 위촉하는 사람 중 호선하는 사람으로 한다.
⑤ 통합심의위원회의 회의는 재적위원 과반수의 출석으로 개의하고, 출석위원 과반수의 찬성으로 의결한다.

11 다음은 공공주택 특별법령상 공공임대주택의 임대조건 등에 관한 내용이다. 틀린 것은?

① 분납임대주택의 임대료는 임차인이 미리 납부한 분양전환가격에 해당하는 금액(분양전환금) 등을 고려하여 국토교통부장관이 따로 정하여 고시하는 표준임대료를 초과할 수 없다.
② 공공임대주택의 공공주택사업자가 임대료 증액을 청구하는 경우에는 임대료의 5/100 이내의 범위에서 주거비 물가지수, 인근 지역의 주택임대료 변동률 등을 고려하여 증액하여야 한다. 이 경우 증액이 있은 후 1년 이내에는 증액하지 못한다.
③ 임차인은 증액된 임대보증금이 적용된 임대차계약을 체결한 날부터 1년 이내에 2회에 걸쳐 임대보증금의 증액분을 분할하여 납부할 수 있다.
④ 공공주택사업자는 공공임대주택의 임대조건 등 임대차계약에 관한 사항을 시장·군수 또는 구청장에게 신고하여야 한다.
⑤ 장기전세주택으로 공급하는 공공임대주택의 최초의 임대보증금은 해당 임대주택과 그 유형, 규모, 생활여건 등이 비슷한 인근 주택의 전세계약금액을 고려하여 산정한 금액을 초과할 수 없다.

12 공공주택 특별법령상 공공주택사업자로 지정될 수 없는 자는?

① 「국가철도공단법」에 따른 국가철도공단
② 「한국철도공사법」에 따른 한국철도공사
③ 「한국자산관리공사 설립 등에 관한 법률」에 따른 한국자산관리공사
④ 지방자치단체가 시설물 관리를 목적으로 총지분의 100분의 50 이상을 출자·설립한 지방공단
⑤ 「공무원연금법」에 따른 공무원연금공단

13 도시재정비 촉진을 위한 특별법상 재정비촉진사업에 해당하지 않는 것은?

① 「빈집 및 소규모주택 정비에 관한 특례법」에 따른 가로주택정비사업, 소규모재건축사업 및 소규모재개발사업
② 택지개발촉진법에 따른 택지개발사업
③ 도시 및 주거환경정비법에 따른 주거환경개선사업, 재개발사업 및 재건축사업
④ 전통시장 및 상점가 육성을 위한 특별법에 따른 시장정비사업
⑤ 국토의 계획 및 이용에 관한 법률에 따른 도시·군계획시설사업

14 소방시설 설치 및 관리에 관한 법령상 건축허가 등을 할 때에 미리 소방본부장 또는 소방서장의 동의를 받아야 하는 건축물 등의 범위는 다음 기준 이상인 건축물로 한다. 이 중 기준이 옳지 않은 것은?

① 학교시설 : 200제곱미터
② 일반 건축물 : 400제곱미터
③ 「정신건강증진 및 정신질환자 복지서비스 지원에 관한 법률」 제3조제5호에 따른 정신의료기관 : 300제곱미터
④ 장애인복지법 제58조제1항제4호에 따른 장애인 의료재활시설 : 300제곱미터
⑤ 노유자(老幼者) 시설 및 수련시설 : 200제곱미터

15 건축법령상 건축행위에 대한 설명으로 가장 옳은 것은?

① 건축물이 있는 대지에 새로이 건축물을 축조하는 것은 신축이다.
② 기존 건축물을 전부 철거하고 그 대지 안에 종전 규모보다 큰 규모로 축조하는 것은 증축이다.
③ 건축물의 주요구조부를 해체하고 동일한 대지 안의 다른 위치로 옮기는 것은 이전이다.
④ 기존 건축물의 층수를 증가시키는 것은 증축에 해당한다.
⑤ 건축물이 천재지변으로 멸실된 경우 그 대지에 종전과 동일한 규모의 범위에서 다시 축조하는 것이 개축이다.

16 다음 중 건축법령상 미리 특별자치시장·특별자치도지사 또는 시장·군수·구청장에게 신고로서 건축허가를 받은 것으로 볼 수 없는 것은?

① 관리지역에서 연면적 200m² 미만이고 3층 미만인 건축물의 신축(지구단위계획구역, 방재지구, 붕괴위험지역에서의 건축은 제외)
② 소규모 건축물로서 건축물의 높이를 3m 이하의 범위에서 증축하는 건축물
③ 공업지역에서 건축하는 2층 이하인 건축물로서 연면적의 합계가 500m² 이하인 공장의 신축
④ 연면적이 200m² 미만이고 3층 미만인 건축물의 대수선
⑤ 2층인 건축물의 바닥면적의 합계가 85제곱미터 넘는 증축·개축 또는 재축

17 건축법령상 건축허가에 관한 설명으로 옳지 않은 것은?

① 건축허가대상 건축물의 사전결정신청자는 사전결정을 통지받은 날부터 2년 이내에 건축허가를 신청하여야 한다.
② 「건축법」이 적용되는 건축물을 대수선하려는 자는 건축신고 또는 허가를 받아야 한다.
③ 건축물을 건축하려는 자는 국토교통부장관의 허가를 받아야 한다.
④ 21층 이상의 건축물 등 대통령령으로 정하는 용도 및 규모의 건축물을 특별시나 광역시에 건축하려면 특별시장이나 광역시장의 허가를 받아야 한다.
⑤ 건축허가를 받아 착수기간 이내에 공사에 착수하였으나 공사의 완료가 불가능하다고 인정되는 경우에는 그 허가를 취소하여야 한다.

18 건축법령상 다음은 시·도지사가 특별건축구역을 지정할 수 있는 지역이다. 틀린 것은?

① 「도시재정비 촉진을 위한 특별법」에 따른 재정비촉진구역
② 「도시 및 주거환경정비법」에 따른 정비구역
③ 「도시개발법」에 따른 도시개발구역
④ 「지역문화진흥법」에 따른 문화지구
⑤ 「공공주택 특별법」에 따른 공공주택지구

19 도시 및 주거환경정비법령상 정비사업의 청산에 관한 설명이다. 옳지 않은 것은?

① 재개발사업의 경우 기존에 소유하고 있던 토지 또는 건축물의 가격과 분양받은 대지 또는 건축물의 가격은 감정평가업자 중 시장·군수 등이 선정·계약한 감정평가법인등 2인 이상이 평가한 금액을 산술평균하여 산정한다.
② 시장·군수등이 아닌 사업시행자는 시장·군수등에게 청산금의 징수를 위탁할 수 있다. 이 경우 사업시행자는 징수한 금액의 4/100에 해당하는 금액을 해당 시장·군수등에게 교부하여야 한다.
③ 청산금은 분할하여 징수 또는 납부할 수 있다.
④ 청산금을 지급받을 자가 받을 수 없거나 받기를 거부한 때에는 사업시행자는 그 청산금을 공탁할 수 있다.
⑤ 청산금을 지급받을 권리 또는 이를 징수할 권리는 소유권이전 고시일로부터 5년간 이를 행사하지 아니하면 소멸한다.

20 소방기본법상 일정한 지역에서 화재로 오인할 만한 우려가 있는 불을 피우려는 자는 관할 소방본부장 또는 소방서장에게 신고하여야 한다. 이에 해당하지 않는 지역은? (단, 시·도 조례로 정하는 지역 또는 장소는 고려하지 않음)

① 목조건물이 밀집한 지역
② 위험물의 저장 및 처리시설이 밀집한 지역
③ 공장·창고가 밀집한 지역
④ 산업입지 및 개발에 관한 법률에 따른 산업단지
⑤ 석유화학제품을 생산하는 공장이 있는 지역

21 화재의 예방 및 안전관리에 관한 법령상 지상으로부터의 높이가 135미터이고 층수가 30층(지하층은 제외한다)인 아파트가 해당되는 소방안전관리대상물은?

① 특급 소방안전관리대상물
② 공동 소방안전관리대상물
③ 1급 소방안전관리대상물
④ 2급 소방안전관리대상물
⑤ 3급 소방안전관리대상물

22 승강기 안전관리법령상 승강기의 자체점검 및 안전검사에 관한 설명으로 옳은 것을 모두 고른 것은?

> ㉠ 안전검사에 불합격한 승강기에 대해서는 자체점검의 전부 또는 일부를 면제할 수 있다.
> ㉡ 승강기 자체점검을 담당하는 사람은 자체점검을 마치면 지체없이 자체점검 결과를 양호, 주의관찰 또는 긴급수리로 구분하여 관리주체에 통보해야 하며, 관리주체는 자체점검 결과를 자체점검 실시일부터 5일 이내에 승강기 안전종합정보망에 입력해야 한다.
> ㉢ 승강기 관리주체는 설치검사를 받은 날부터 10년이 지난 승강기에 대하여 정밀안전검사를 받아야 한다.
> ㉣ 관리주체는 자체점검을 스스로 할 수 없다고 판단하는 경우에는 승강기의 유지관리를 업으로 하기 위하여 등록을 한 자로 하여금 이를 대행하게 할 수 있다.

① ㉠, ㉣ ② ㉡, ㉢ ③ ㉢, ㉣
④ ㉠, ㉡, ㉣ ⑤ ㉠, ㉡, ㉢, ㉣

23 전기사업법령상 전력수급의 안정에 관한 설명 중 옳지 못한 것은?

① 산업통상자원부장관은 전력수급의 안정을 위하여 전력수급기본계획을 수립·공고하여야 한다.
② 전력수급기본계획은 5년 단위로 이를 수립·시행한다.
③ 산업통상자원부장관은 전력수급기본계획을 수립하거나 변경하고자 하는 경우에는 전력정책심의회의 심의를 거쳐야 한다.
④ 전기사업자는 매년 12월말까지 계획기간을 3년 이상으로 한 전기설비의 시설계획 및 전기공급계획을 작성하여 산업통상자원부장관에게 신고하여야 한다.
⑤ 산업통상자원부장관은 명령에 의하여 전기사업자 및 자가용 전기설비를 설치한 자가 손실을 입은 경우에는 정당한 보상을 하여야 한다.

24 「집합건물의 소유 및 관리에 관한 법률」상 관리인의 권한 또는 의무가 아닌 것은?

① 규약으로 정하여진 행위
② 전유부분의 보존을 위한 행위
③ 공용부분의 관리를 위한 행위
④ 관리단의 사업시행에 관하여 관리단을 대표하여 행하는 재판상의 행위
⑤ 관리단의 사무집행을 위한 부담금액 및 각 구분소유자에게 청구·수령하는 행위

25 공동주택관리법령상 장기수선계획 수립에 관한 내용이다. ( )에 들어갈 용어를 쓰시오.

> 300세대 이상의 공동주택을 건설·공급하는 사업주체는 대통령령으로 정하는 바에 따라 그 공동주택의 (㉠)에 대한 장기수선계획을 수립하여 사용검사 또는 사용승인을 신청할 때에 사용검사권자에게 제출하고, 사용검사권자는 이를 그 공동주택의 관리주체에게 인계하여야 한다.

26 공동주택관리법 시행령상 관리사무소장의 결원 시 배치 등에 대한 설명이다. ( )에 알맞은 아라비아 숫자를 차례로 적으시오.

> ① 주택관리업자는 관리하는 공동주택에 배치된 주택관리사등이 해임 그 밖의 사유로 결원이 된 때에는 그 사유가 발생한 날부터 (㉠)일 이내에 새로운 주택관리사 등을 배치하여야 한다.
> ② 자치관리시 입주자대표회의는 선임된 관리사무소장이 해임되거나 그 밖의 사유로 결원이 되었을 때에는 그 사유가 발생한 날부터 (㉡)일 이내에 새로운 관리사무소장을 선임하여야 한다.

27 주택법령상 장수명 주택 인증제도에 따른 완화 내용이다. ( )에 들어갈 아라비아 숫자를 순서대로 각각 쓰시오.

> 장수명 주택 인증제도에 따라 우수 등급 이상의 등급을 인정받은 경우 「국토의 계획 및 이용에 관한 법률」에도 불구하고 장수명 주택의 건폐율·용적률은 다음의 구분에 따라 조례로 그 제한을 완화할 수 있다.
> (1) 건폐율 : 조례로 정한 건폐율의 100분의 (㉠)을(를) 초과하지 아니하는 범위에서 완화
> (2) 용적률 : 조례로 정한 용적률의 100분의 (㉡)을(를) 초과하지 아니하는 범위에서 완화

28 주택법령상의 내용이다. ( )에 들어갈 아라비아 숫자를 쓰시오.

> 사업주체가 (㉠)세대 이상의 공동주택을 공급할 때에는 주택의 성능 및 품질을 입주자가 알 수 있도록 「녹색건축물 조성지원법」에 따라 다음의 공동주택성능에 대한 등급을 발급받아 국토교통부령으로 정하는 방법으로 입주자 모집공고에 표시하여야 한다. 이 경우 공동주택성능등급 인증서는 쉽게 알아볼 수 있는 위치에 쉽게 읽을 수 있는 글자 크기로 표시해야 한다.
> 1. 경량충격음·중량충격음·화장실소음·경계소음 등 소음 관련 등급
> 2. 리모델링 등에 대비한 가변성 및 수리 용이성 등 구조 관련 등급
> 3. 조경·일조확보율·실내공기질·에너지절약 등 환경 관련 등급
> 4. 커뮤니티시설, 사회적 약자 배려, 홈네트워크, 방범안전 등 생활환경 관련 등급
> 5. 화재·소방·피난안전 등 화재·소방 관련 등급

29 민간임대주택에 관한 특별법 제2조(정의) 규정의 일부이다. ( )에 들어갈 용어와 아라비아 숫자를 쓰시오.

> (㉠)이란 임대사업자가 공공지원민간임대주택이 아닌 주택을 (㉡)년 이상 임대할 목적으로 취득하여 임대하는 민간임대주택[아파트(「주택법」 제2조제20호의 도시형 생활주택이 아닌 것을 말한다)를 임대하는 민간매입임대주택은 제외한다]을 말한다.

30 다음에서 설명하고 있는 건축법령상의 용어를 쓰시오.

> 자기의 책임(보조자의 도움을 받는 경우를 포함한다)으로 「건축법」으로 정하는 바에 따라 건축물, 건축설비 또는 공작물이 설계도서의 내용대로 시공되는지를 확인하고, 품질관리·공사관리·안전관리 등에 대하여 지도·감독하는 자를 말한다.

31 건축법령상 아래와 같은 조건을 갖는 건축물의 용적률은 몇 %인가?

> • 대지면적 : 1,000m²
> • 지하 2층 : 주차장(500m²)
> • 지하 1층 : 제1종 근린생활시설(500m²)
> • 지상 1층 : 필로티 구조로 전부를 상층부 공동주택의 부속용도인 주차장으로 사용(500m²)
> • 지상 2~5층 : 공동주택(각 층 500m²)

32 건축법 제80조(이행강제금)와 건축법 시행령 제115조의3(이행강제금의 탄력적 운영)의 규정에 따를 때, 신고를 하지 아니하고 건축된 건축물에 부과하는 이행강제금의 산정방식이다. ( )에 들어갈 용어와 아라비아 숫자를 쓰시오. (단, 특례 및 조례는 고려하지 않음)

> 「지방세법」에 따라 해당 건축물에 적용되는 1제곱미터의 시가표준액의 100분의 50에 해당하는 금액에 (㉠)(을)를 곱한 금액 이하의 범위에서 100분의 (㉡)을 곱한 금액

33 건축법 시행령 [별표 1]의 용도별 건축물의 종류에 관한 규정의 일부이다. ( )에 들어갈 용어와 아라비아 숫자를 쓰시오.

> ○ 다중주택: 다음의 요건을 모두 갖춘 주택을 말한다.
> 1)~2) 생략
> 3) 1개 동의 주택으로 쓰이는 바닥면적(부설 주차장 면적은 제외한다. 이하 같다)의 합계가 (㉠)제곱미터 이하이고 주택으로 쓰는 층수(지하층은 제외한다)가 3개 층 이하일 것. 다만, 1층의 전부 또는 일부를 (㉡) 구조로 하여 주차장으로 사용하고 나머지 부분을 주택 외의 용도로 쓰는 경우에는 해당 층을 주택의 층수에서 제외한다.
> 4) 생략

34 주택법령상 ( )에 들어갈 용어와 아라비아숫자를 순서대로 각각 쓰시오.

> • (㉠)와 등록사업자는 액면 또는 할인의 방법으로 주택으로 상환하는 사채(주택상환사채)를 발행할 수 있다.
> • 주택상환사채의 상환기간은 (㉡)년을 초과할 수 없다.

35 공공주택 특별법령상 용어에 관한 내용이다. ( )에 들어갈 용어를 쓰시오.

> (㉠)이란 국가나 지방자치단체의 재정이나 주택도시기금의 자금을 지원받아 최저소득 계층, 저소득 서민, 젊은 층 및 장애인·국가유공자 등 사회 취약계층 등의 주거안정을 목적으로 공급하는 공공임대주택을 말한다.

36 승강기 안전관리법령상 승강기의 설치 및 안전관리에 관한 내용이다. ( )에 들어갈 아라비아 숫자를 순서대로 각각 쓰시오.

> (1) 설치공사업자는 승강기의 설치를 끝냈을 때에는 끝낸 날부터 (㉠)일 이내에 한국승강기안전공단에 승강기의 설치신고를 하여야 한다.
> (2) 관리주체는 승강기 안전관리자를 선임하였을 때에는 행정안전부령으로 정하는 바에 따라 (㉡)개월 이내에 행정안전부장관에게 그 사실을 통보하여야 한다.

37 도시 및 주거환경정비법령상의 내용이다. ( )에 들어갈 아라비아 숫자를 쓰시오.

> 사업시행자는 사업시행계획인가의 고시가 있은 날(사업시행계획인가 이후 시공자를 선정한 경우에는 시공자와 계약을 체결한 날)부터 (㉠)일 이내에 다음의 사항을 토지등소유자에게 통지하고, 분양의 대상이 되는 대지 또는 건축물의 내역 등 대통령령으로 정하는 사항을 해당 지역에서 발간되는 일간신문에 공고하여야 한다.

38 공동주택관리법령상의 내용이다. ( )에 들어갈 용어를 쓰시오.

> (㉠)는 주택관리업자가 공동주택을 관리하는 경우에는 주택관리업자의 직원인사·노무관리 등의 업무수행에 부당하게 간섭하여서는 아니 된다.

39 시설물의 안전 및 유지관리에 관한 특별법령상의 내용이다. ( )에 들어갈 아라비아 숫자를 순서대로 각각 쓰시오.

> 최초로 실시하는 정밀안전점검은 시설물의 준공일 또는 사용승인일(구조형태의 변경으로 시설물로 된 경우에는 구조형태의 변경에 따른 준공일 또는 사용승인일을 말한다)을 기준으로 (㉠)년 이내[건축물은 (㉡)년 이내]에 실시한다. 다만, 임시 사용승인을 받은 경우에는 임시 사용승인일을 기준으로 한다.

40 「전기사업법」상 전력산업기반 조성계획에 대한 내용이다. ( )에 알맞은 용어와 아라비아 숫자를 차례로 쓰시오.

> (㉠)은 전력산업의 지속적인 발전과 (㉡)의 안정을 위하여 전력산업의 기반조성을 위한 계획을 (㉢)년 단위로 수립·시행하여야 한다.

- 다음면에 계속 -

제1회 적중 실전모의고사

2 공동주택관리실무

41 주택에 대한 다음 설명 중 틀린 것은? (단, 건축연면적에는 필로티, 지하주차장 면적을 제외한다)

① 다중주택은 1개동의 주택으로 쓰이는 바닥면적(부설 주차장 면적은 제외한다)의 합계가 330㎡ 이하이고 주택으로 쓰는 층수(지하층은 제외한다)는 3개층 이하이다.
② 단독주택의 형태를 갖춘 가정어린이집·공동생활가정·지역아동센터·공동육아나눔터·작은도서관(「도서관법」 제4조제2항제1호가목에 따른 작은도서관을 말하며, 해당 주택의 1층에 설치한 경우만 해당한다) 및 노인복지시설(노인복지주택은 제외한다)은 단독주택에 해당한다.
③ 다가구주택은 19세대(대지 내 동별 세대수를 합한 세대를 말한다) 이하가 거주할 수 있어야 한다.
④ 국가·지방자치단체의 재정 또는 주택도시기금으로부터 자금을 지원받아 건설되거나 개량되는 주택으로서 국민주택규모를 초과하는 주택은 민영주택이다.
⑤ 다세대주택에서 층수를 산정할 때 1층의 전부 또는 일부를 필로티 구조로 하여 주차장으로 사용하고 나머지 부분을 주택 외의 용도로 쓰는 경우에는 해당 층을 주택의 층수에서 제외한다.

42 주택법령상 사업계획의 승인을 받아 건설하는 세대구분형 공동주택에 관한 설명으로 옳지 않은 것을 모두 고른 것은?

㉠ 하나의 세대가 통합하여 사용할 수 있도록 세대간에 연결문 또는 경량구조의 경계벽 등을 설치하여야 한다.
㉡ 세대구분형 공동주택의 세대수가 해당 주택단지 안의 공동주택 전체 세대수의 3분의 1을 넘지 않을 것
㉢ 세대별로 구분된 각각의 공간마다 별도의 욕실, 부엌과 현관을 설치할 것
㉣ 구분된 공간의 세대수는 기존 세대를 포함하여 2세대 이하일 것
㉤ 세대구분형 공동주택의 세대수가 해당 주택단지 안의 공동주택 전체 세대수의 10분의 1과 해당 동의 전체 세대수의 3분의 1을 각각 넘지 않을 것

① ㉠, ㉡
② ㉠, ㉤
③ ㉡, ㉢
④ ㉢, ㉣
⑤ ㉣, ㉤

43 「민간임대주택에 관한 특별법」상의 주택임대관리업에 관한 다음 설명 중 옳지 않은 것은?

① 공동주택을 100세대 이상으로 자기관리형 주택임대관리업을 하려는 지방공사는 시장·군수·구청장에게 등록을 신청할 의무가 없다.
② 주택임대관리업 등록사항 변경신고를 받은 시장·군수·구청장은 신고를 받은 날부터 5일 이내에 신고수리 여부를 신고인에게 통지하여야 한다.
③ 시장·군수·구청장이 등록말소신고 수리여부 통지기간 내에 신고수리 여부 또는 민원처리 관련 법령에 따른 처리기간의 연장을 신고인에게 통지하지 아니하면 그 기간이 끝난 날의 다음날에 신고를 수리한 것으로 본다.
④ 임대사업자인 임대인이 자기관리형 주택임대관리업자에게 임대관리를 위탁한 경우 주택임대관리업자는 위탁받은 범위에서 이 법에 따른 임대사업자의 의무를 이행하여야 한다.
⑤ 자기관리형 주택임대관리업자가 가입한 보증상품은 임대인의 권리보호를 위한 보증내용으로 약정한 임대료의 2개월분 이상의 지급을 책임진다.

44 「공동주택관리법령」상의 공동주택 관리에 관한 일반적인 설명이다. 다음 중에서 틀린 것은?

① 관리주체는 하자보수청구 등의 대행업무를 수행한다.
② 관리주체는「주식회사의 외부감사에 관한 법률」에 따른 감사인의 회계감사를 받은 경우 감사보고서 등 회계감사의 결과를 제출받은 날부터 1개월 이내에 입주자대표회의에 보고하고 해당 공동주택단지의 인터넷 홈페이지 및 공동주택관리정보시스템에 공개하여야 한다.
③ 관리사무소장은 공동주택의 운영·관리·유지·보수·교체·개량 및 리모델링에 관한 업무와 관련하여 입주자대표회의를 대리하여 재판상 또는 재판 외의 행위를 할 수 있다.
④ 입주자등은 전기자동차의 이동형 충전기를 이용하기 위한 차량무선인식장치[전자태그(RFID tag)]를 콘센트 주위에 부착하는 행위를 하려는 경우에는 관리주체의 동의를 받아야 한다.
⑤ 입주자대표회의와 관리주체는 장기수선계획을 3년마다 검토하고 필요한 경우 이를 조정하여야 하며, 수립 또는 조정된 장기수선계획에 따라 주요시설을 교체하거나 보수하여야 한다.

45 지속가능한 공동주거관리를 위한 기준과 제도에 관한 다음 설명 중 옳지 않은 것은?

① 사업주체가 500세대 이상의 공동주택을 공급할 때에는 주택의 성능 및 품질을 입주자가 알 수 있도록「녹색건축물 조성 지원법」에 따라 공동주택성능에 대한 등급을 발급받아 입주자 모집공고에 표시하여야 한다.
② 사업주체가 1,000세대 이상의 주택을 공급하고자 하는 때에는 장수명 주택 인증제도에 따라 일반 등급 이상의 등급을 인정받아야 한다.
③ 조경·일조확보율·실내공기질·에너지절약 등은 공동주택성능등급 중 생활환경 관련 등급에 해당한다.
④ 공동주거관리는 주민들의 삶에 대한 사고의 전환을 기반으로 관리주체, 민간기업, 지방자치단체, 정부와의 네트워크를 체계적으로 활용하는 관리개념이다.
⑤ 500세대 이상의 공동주택을 건설하는 경우에는 건강친화형 주택으로 건설하여야 한다.

46 세대수 증가형 리모델링에 관한 다음 설명 중 <u>틀린</u> 것은?

① 시장·군수·구청장은 50세대 이상으로 세대수가 증가하는 리모델링을 허가하려는 경우에는 시·군·구도시계획위원회의 심의를 거쳐야 한다.
② 세대수가 증가되는 리모델링을 하는 경우에는 권리변동계획을 수립하여 사업계획승인 또는 행위허가를 받아야 한다.
③ 조합원 외의 자에 대한 분양계획도 권리변동계획의 내용에 해당한다.
④ 세대수 증가형 리모델링으로 인한 도시과밀, 이주수요 집중 등을 체계적으로 관리하기 위하여 특별시장·광역시장 및 대도시의 시장은 관할구역에 대하여 리모델링 기본계획을 10년 단위로 수립하여야 한다.
⑤ 리모델링 주택조합이 동을 리모델링하려는 경우에는 그 동의 구분소유자 및 의결권의 각 80% 이상의 동의를 받아야 한다.

47 4대 보험의 심사 및 재심사 청구에 관한 내용이다. 맞지 <u>않는</u> 것은?

① 「고용보험법」상 피보험자격의 취득·상실 확인에 대한 심사의 청구는 근로복지공단을, 실업급여 및 육아휴직 급여와 출산전후휴가 급여등에 관한 처분에 대한 심사의 청구는 직업안정기관의 장을 거쳐 고용보험심사관에게 하여야 한다.
② 「고용보험법」상 직업안정기관 또는 근로복지공단은 심사청구서를 받은 날부터 5일 이내에 의견서를 첨부하여 심사청구서를 심사관에게 보내야 한다.
③ 「산업재해보상보험법」상 보험급여결정에 대하여 불복이 있는 자는 보험급여에 관한 결정이 있음을 안 날부터 90일 이내에 당해 보험급여에 관한 결정을 행한 공단의 소속기관을 거쳐 공단에 심사청구가 가능하다.
④ 「국민연금법」상 심사청구에 대한 결정에 불복하는 자는 그 결정통지 있음을 안 날부터 90일 이내에 국민연금재심사위원회에 재심사를 청구할 수 있다.
⑤ 「국민건강보험법」상 이의신청은 처분이 있음을 안 날부터 90일 이내에 문서로 이를 하여야 하며, 처분이 있은 날부터 180일을 경과하면 이를 제기하지 못한다.

48 국민건강보험법령상 피부양자가 될 수 <u>없는</u> 자는?

① 직장가입자의 배우자
② 직장가입자의 직계존속
③ 직장가입자의 배우자의 직계비속
④ 직장가입자의 직계비속의 배우자
⑤ 직장가입자의 형제의 배우자

49 공동주택관리법령상 의무관리대상 공동주택의 관리주체는 입주자등이 납부하는 대통령령으로 정하는 사용료 등을 입주자등을 대행하여 그 사용료 등을 받을 자에게 납부할 수 있다. 그 대상이 되는 사용료 등으로 옳은 것으로만 짝지어진 것은?

㉠ 장기수선충당금
㉡ 공동으로 사용하는 수도료
㉢ 정화조오물수수료
㉣ 선거관리위원회 운영경비
㉤ 하자의 원인이 사업주체 외의 자에게 있는 경우에 그 자가 부담하는 안전진단 실시비용

① ㉠, ㉡, ㉢
② ㉠, ㉡, ㉤
③ ㉠, ㉣, ㉤
④ ㉡, ㉢, ㉣
⑤ ㉢, ㉣, ㉤

제1회 적중 실전모의고사

50 공동주택 계약관리에 관한 다음 설명 중 옳지 <u>않은</u> 것은?

① 의무관리대상 공동주택의 관리주체 또는 입주자대표회의는 선정한 주택관리업자 또는 공사, 용역 등을 수행하는 사업자와 계약을 체결하는 경우 계약 체결일부터 1개월 이내에 그 계약서를 해당 공동주택단지의 인터넷 홈페이지 및 동별 게시판에 공개하여야 한다.
② 입주자등은 기존 사업자(용역사업자만 해당한다)의 서비스가 만족스럽지 못한 경우에는 전체 입주자등의 과반수의 서면동의로 새로운 사업자의 선정을 위한 입찰에서 기존 사업자의 참가를 제한하도록 관리주체 또는 입주자대표회의에 요구할 수 있다.
③ 장기수선충당금을 사용하는 공사는 입주자대표회의가 사업자를 선정하고 관리주체가 집행하는 사항이다.
④ 의무관리대상 공동주택의 관리주체 또는 입주자대표회의가 관리비등을 집행하기 위하여 사업자를 선정하려는 경우 전자입찰방식으로 사업자를 선정하고 국토교통부장관이 정하여 고시하는 경우 외에는 경쟁입찰로 하여야 한다.
⑤ 주민공동시설의 위탁, 물품의 구입과 매각, 잡수입의 취득(공동주택의 어린이집·다함께돌봄센터·공동육아나눔터 임대에 따른 잡수입의 취득은 제외한다), 보험계약 등은 입주자대표회의가 사업자를 선정(계약의 체결을 포함한다)하고 집행하는 사항이다.

51 다음 조건에 따라 계산된 급수 펌프의 양정(MPa)은?

- 부스터방식이며 펌프(저수조 낮은 수위)에서 최고 수전까지 높이는 30.0mAq
- 배관과 기타 부속의 소요 양정은 펌프에서 최고 수전까지 높이의 40%
- 수전 최소 필요압력은 6.0mAq
- 수주 1.0은 0.01mAq MPa로 한다.
- 그 외의 조건은 고려하지 않는다.

① 0.30 ② 0.39 ③ 0.48
④ 0.58 ⑤ 0.67

52 다음 중 수격작용의 방지대책으로 적합하지 <u>않은</u> 것은?

① 관 지름을 크게 하여 양액의 유속을 줄이고, 관성력을 증가시킨다.
② 조압수조를 설치하여 축적된 에너지를 방출하거나 관내의 에너지를 흡수한다.
③ 펌프에 플라이휠을 붙여 회전수와 관내 유속의 변화를 느리게 한다.
④ 공기실(Air Chamber)을 설치함으로써 충격을 완화시킨다.
⑤ 밸브는 펌프 송출구 가까이 설치하고, 적당한 밸브(도피밸브 등)로 제어하거나 스탠드파이프를 설치한다.

53 급배수 위생설비에 관한 내용으로 옳지 않은 것은?

① 탱크가 없는 부스터방식은 펌프의 동력을 이용하여 급수하는 방식으로 저수조가 필요하다.
② 수격작용이란 급수전이나 밸브 등을 급속히 폐쇄했을 때 순간적으로 급수관 내부에 충격압력이 발생하여 소음이나 충격음, 진동 등이 일어나는 현상을 말한다.
③ 매시 최대 예상급수량은 일반적으로 매시 평균 예상급수량의 1.5~2.0배 정도로 산정한다.
④ 배수수평주관의 관경이 100mm일 경우 원활한 배수를 위한 배관 최소구배는 1/100로 한다.
⑤ 공용통기관은 배수수직관과 통기수직관을 접속하는 것으로 배수수직관 내의 압력변동을 완화하기 위해 설치한다.

54 도시가스사업법령상의 가스안전관리자에 관한 설명이다. 옳지 않은 것은?

① 특정가스사용시설의 사용자는 특정가스사용시설의 안전유지 및 운용에 관한 직무를 수행하게 하기 위하여 사용 전에 안전관리자를 선임하여야 한다.
② 특정가스사용시설의 사용자는 안전관리자를 선임 또는 해임하거나 안전관리자가 퇴직한 경우에는 지체없이 산업통상자원부장관, 시·도지사 또는 시장·군수·구청장에게 신고하고, 해임되거나 퇴직한 날부터 30일 이내에 다른 안전관리자를 선임하여야 한다.
③ 안전관리자를 선임한 자는 안전관리자가 여행·질병, 그 밖의 사유로 일시적으로 그 직무를 수행할 수 없으면 대리자를 지정하여 그 직무를 대행하게 하여야 한다.
④ 안전관리자에는 안전관리총괄자, 안전관리부총괄자, 안전관리책임자, 안전관리원, 안전점검원이 있다.
⑤ 특정가스사용시설의 월 사용예정량이 4천m³를 초과하는 경우에는 안전관리총괄자 1명과 안전점검원 1명 이상이 선임되어야 한다.

55 주택건설기준 등에 관한 규정상의 주택단지 안의 도로에 관한 다음 내용 중 옳지 않은 것은?

① 공동주택 건설단지에는 해당 도로를 이용하는 공동주택의 세대수가 100세대 미만이고 막다른 도로인 경우로서 그 길이가 35m 미만인 경우에는 그 폭을 6m 이상으로 할 수 있다.
② 주택단지 안의 도로는 유선형 도로로 설계하거나 도로 노면의 요철 포장 또는 과속방지턱의 설치 등을 통하여 도로의 설계속도(도로설계의 기초가 되는 속도를 말한다)가 시속 20km 이하가 되도록 하여야 한다.
③ 500세대 이상의 공동주택을 건설하는 주택단지 안의 도로에는 어린이 통학버스의 정차가 가능하도록 국토교통부령으로 정하는 기준에 적합한 어린이 안전보호구역을 1개소 이상 설치하여야 한다.
④ 지하주차장의 출입구, 경사형·유선형 차도 등 차량의 속도를 제한할 필요가 있는 곳에는 높이 7.5cm 이상 10cm 이하, 너비 1m 이상인 과속방지턱을 설치하고, 운전자에게 그 시설의 위치를 알릴 수 있도록 반사성 도료로 도색한 노면표지를 설치하여야 한다.
⑤ 승강기에 설치하는 폐쇄회로 텔레비전 카메라의 해상도는 130만 이상 화소 이상이어야 한다.

56 전기안전관리법령상 전기안전관리자 등에 관한 다음 설명 중 옳지 않은 것은?

① 전기안전관리자를 선임한 자는 정당한 사유 없이 안전관리교육을 받지 아니한 전기안전관리자를 해임하여야 한다.
② 용량 500kW 미만의 전기사업용 신재생에너지 발전설비 중 연료전지발전설비(원격감시·제어기능을 갖춘 것으로 한정한다)는 안전공사, 전기안전관리대행사업자가 안전관리업무를 대행할 수 있는 전기설비의 규모이다.
③ 안전공사 및 대행사업자는 소속 기술인력 간에 담당하는 전기설비가 변경된 경우 기술인력별 전기설비대행 현황을 그 변경이 있는 날부터 30일 이내에 전력기술인단체에 신고하여야 한다.
④ 전기안전관리자가 선임기간이 5년 이상인 경우 3년마다 1회 이상 전기안전관리기술교육(Ⅱ)을 받아야 한다.
⑤ 교육기관은 교육신청이 있을 때에는 교육실시 10일 전까지 교육대상자에게 교육장소와 교육날짜를 통보하여야 하며, 교육과정별 1회 교육은 각각 21시간 이상이어야 한다.

57 소방시설 등의 자체점검에 관한 다음 내용 중 틀린 것은?

① 50층 이상(지하층은 제외한다)의 아파트 또는 높이 200m 이상의 아파트는 작동점검을 반기에 1회 이상 실시하여야 한다.
② 관계인은 자동화재탐지설비가 설치된 특정소방대상물의 작동점검을 할 수 있는 기술인력에 해당한다.
③ 소방시설 등이 신설된 특정소방대상물, 스프링클러설비가 설치된 특정소방대상물 또는 물분무등소화설비(호스릴 방식의 물분무등소화설비만을 설치한 경우는 제외한다)가 설치된 연면적 5,000m² 이상인 특정소방대상물(제조소 등은 제외한다)은 종합점검 대상이다.
④ 관리업자등으로부터 자체점검 실시결과 보고서를 제출받은 관계인은 자체점검이 끝난 날부터 15일 이내에 소방시설등 자체점검 실시결과 보고서에 소방시설등의 자체점검 결과 이행계획서, 점검인력 배치확인서를 첨부하여 소방본부장 또는 소방서장에게 서면이나 소방청장이 지정하는 전산망을 통하여 보고해야 한다.
⑤ 소방본부장 또는 소방서장에게 자체점검 실시결과 보고를 마친 관계인은 소방시설등 자체점검 실시결과 보고서(소방시설등점검표를 포함한다)를 점검이 끝난 날부터 2년간 자체 보관해야 한다.

58 승강기 안전관리법령상 행정안전부장관의 승강기 안전검사에 관한 설명이다. 옳지 않은 것은?

① 정기검사의 검사주기는 1년(설치검사 또는 직전 정기검사를 받은 날부터 매 1년을 말한다)으로 한다.
② 설치검사를 받은 날부터 25년이 지난 승강기는 정기검사의 검사주기를 직전 정기검사를 받은 날부터 매 6개월로 한다.
③ 정기검사의 검사기간은 정기검사의 검사주기 도래일 전후 각각 30일 이내로 한다. 이 경우 해당 검사기간 이내에 검사에 합격한 경우에는 정기검사의 검사주기 도래일에 정기검사를 받은 것으로 본다.
④ 설치검사를 받은 날부터 15년이 지난 경우에는 정밀안전검사를 받고, 그 후 2년마다 정기적으로 정밀안전검사를 받아야 한다.
⑤ 승강기 관리주체는 안전검사에 불합격한 승강기에 대하여 안전검사에 불합격한 날부터 4개월 이내에 안전검사를 다시 받아야 한다.

59 「건축물의 설비기준 등에 관한 규칙」상의 피뢰설비에 관한 설명 중 옳은 것은?

① 피뢰설비는 높이 20m 이상의 건축물에만 설치한다.
② 돌침은 건축물의 맨 윗부분으로부터 15cm 이상 돌출시켜 설치한다.
③ 피뢰설비의 재료는 최소 단면적이 피복이 없는 동선을 기준으로 수뢰부, 인하도선 및 접지극은 50mm² 이상이거나 이와 동등 이상의 성능을 갖추어야 한다.
④ 피뢰설비의 인하도선을 대신하여 철골조의 철골구조물과 철근콘크리트조의 철근구조체 등을 사용하는 경우에는 건축물 금속구조체의 최상단부와 지표레벨 사이의 전기저항이 0.3Ω 이하가 되도록 전기적 연속성이 보장되어야 한다.
⑤ 측면낙뢰를 방지하기 위하여 높이가 60m를 초과하는 건축물에는 지면에서 건축물 높이의 4분의 3이 되는 지점부터 최상단부분까지의 측면에 수뢰부를 설치하여야 하며, 지표레벨에서 최상단부의 높이가 150m를 초과하는 건축물은 120m 지점부터 최상단부분까지의 측면에 수뢰부를 설치하여야 한다.

60 「건축물의 설비기준 등에 관한 규칙」상 공동주택에 설치하는 온돌 및 난방설비의 설치기준에 대한 설명으로 틀린 것은?

① 온수온돌은 바탕층, 단열층, 채움층, 배관층(방열관을 포함한다) 및 마감층 등으로 구성된다.
② 방열관은 잘 부식되지 아니하고 열에 견딜 수 있어야 하며, 바닥의 표면온도가 균일하도록 설치하여야 한다.
③ 단열층은 바닥난방을 위한 열이 바탕층 아래 및 측벽으로 손실되는 것을 막을 수 있도록 단열재를 방열관과 바탕층 사이에 설치하여야 한다.
④ 배관층은 방열관에서 방출된 열이 마감층 부위로 최대한 균일하게 전달될 수 있는 높이와 구조를 갖추어야 한다.
⑤ 바탕층이 지면에 접하는 경우에는 바탕층 아래와 주변 벽면에 높이 10cm 이상의 방수처리를 하여야 하며, 단열재의 아랫부분에 방습처리를 하여야 한다.

61 온수난방을 증기난방과 비교한 것 중 틀린 것은?

① 온수난방은 외기온도의 급변에 따른 방열량 조절이 곤란하다.
② 온수난방은 온수의 온도를 변화시킬 수 있으나, 증기난방은 온도를 변화시킬 수 없는 단점이 있다.
③ 난방을 처음 시작할 때의 가열량은 증기난방 쪽이 온수난방보다 적어도 된다.
④ 증기난방에서는 방열기가 증기보일러보다 높은 경우에 응축수의 회수를 원만하게 하기 위하여 진공펌프를 흔히 사용한다.
⑤ 증기난방은 보일러에서 공급되는 열매의 상태와 보일러로 들어오는 열매의 상태가 같지만, 온수난방은 보일러에서 공급되는 쪽은 응축수로 열매의 형태가 변화한다.

62 결로에 관련된 다음 내용 중 틀린 것은?

① 겨울철 외벽의 내부결로 방지를 위해서는 내단열보다 외단열이 유리하다.
② 열관류율의 값이 작아질수록 열손실이 줄어들고 냉·난방에 소요되는비용이 절감되며 결로 현상의 빈도나 그 양을 줄일 수 있다.
③ 열관류율의 값에 따라 물체 표면의 온도가 달라지므로 결로현상의 온도 차이에 대한 발생 요인은 열관류율의 값이 작은 재료를 사용하여 감소시킬 수 있다.
④ 단기간의 공사는 자체 수분의 발산으로 인하여 내부의 습도를 낮아지게 해 결로가 생기지 않게 한다.
⑤ 급속한 난방은 주변의 습기를 전부 끌어 모으게 되므로 필요한 만큼의 환기를 동반하거나 지속적으로 천천히 가열하여 포화상태의 공기를 들지 않아야 한다.

63 공동주택의 시설물에 대한 안전관리진단기준이다. 적합한 것은?

① 주민휴게시설의 안전진단 : 주 1회
② 주차장의 우기진단 : 매반기 1회
③ 저수시설의 위생진단 : 매 분기 1회 이상
④ 옹벽의 해빙기진단 : 월 1회
⑤ 중앙집중식 난방시설의 월동기진단 : 연 2회

64 다음은 공동주택관리법령상 시설공사별 하자에 대한 담보책임기간이다. 옳게 연결되지 않은 것은?

① 옥내가구공사 : 2년
② 토목옹벽공사 : 4년
③ 경량철골공사 : 5년
④ 지붕공사 중 홈통 및 우수관공사 : 5년
⑤ 제연설비공사 : 3년

65 공동주택관리법령상 다음 ( )에 적합한 숫자를 순서대로 쓰시오.

- 사업주체는 입주자대표회의의 회장으로부터 주택관리업자의 선정을 통지받은 경우에 해당하게 된 날부터 (㉠)개월 이내에 해당 공동주택의 관리주체에게 공동주택의 관리업무를 인계하여야 한다.
- 기존 관리의 종료일까지 인계·인수가 이루어지지 아니한 경우 기존 관리주체는 기존 관리의 종료일(기존 관리의 종료일까지 새로운 관리주체가 선정되지 못한 경우에는 새로운 관리주체가 선정된 날을 말한다)부터 (㉡)개월 이내에 새로운 관리주체에게 공동주택의 관리업무를 인계하여야 한다.

66 다음은 주택임대관리업의 필수 등록말소사유를 정한 「민간임대주택에 관한 특별법」상의 규정의 일부이다. ( )에 들어갈 용어 및 숫자를 순서대로 각각 쓰시오.

- 거짓이나 그 밖의 부정한 방법으로 (㉠)을(를) 한 경우
- 최근 3년간 (㉡)회 이상의 영업정지처분을 받은 자로서 그 정지처분을 받은 기간이 통산 하여 12개월을 초과한 경우

67 다음은 공동주택관리 분쟁조정위원회에 관한 설명이다. ( )에 들어갈 적합한 숫자를 순서대로 써 넣으시오(정수가 아닌 경우에는 분수로 쓰시오).

- 중앙분쟁조정위원회는 위원장 1명을 포함한 (㉠)명 이내의 위원으로 구성한다.
- 주택관리사로서 공동주택의 관리사무소장으로 (㉡)년 이상 근무한 사람은 중앙분쟁조정위원회의 위원이 될 수 있다.
- 공동주택 관리사무소장으로 (㉢)년 이상 근무한 경력이 있는 주택관리사는 지방분쟁조정위원회의 위원이 될 수 있다.

68 공동주택관리법령상 공동주택은 다음 각호의 구분에 따라 전체 입주자 등의 보통·평등·직접·비밀선거를 통하여 동별 대표자 중에서 회장과 감사를 선출한다. ( )에 적합한 회장 선출방법을 순서대로 쓰시오.

> 회장 선출방법
> - 후보자가 2명 이상인 경우 : 전체 입주자등 1/10 이상이 투표하고 후보자 중 최다득표자 선출
> - 후보자가 1명인 경우 : 전체 입주자등 (㉠) 이상이 투표하고 투표자 (㉡) 찬성으로 선출
> - 후보자가 없거나 선출된 자가 없는 경우, 500세대 미만의 공동주택 단지에서 관리규약으로 정하는 경우 : 입주자대표회의 구성원 과반수의 찬성으로 선출하며, 입주자대표회의 구성원 과반수 찬성으로 선출할 수 없는 경우로서 최다득표자가 2인 이상인 경우에는 (㉢)으로 선출한다.

69 공동주택관리법령상의 주택관리업자 등에 관한 교육에 대한 내용이다. 다음 ( )에 들어갈 숫자를 순서대로 쓰시오.

> - 주택관리업자(법인인 경우에는 그 대표자)는 주택관리업의 등록을 한 날부터 (㉠)개월 이내에 교육수탁기관으로부터 공동주택관리에 관한 교육과 윤리교육을 받아야 한다.
> - 관리사무소장은 관리사무소장으로 배치된 날(주택관리사보로서 관리사무소장이던 사람이 주택관리사의 자격을 취득한 경우에는 그 자격 취득일)부터 (㉠)개월 이내에 공동주택관리에 관한 교육과 윤리교육을 받아야 한다.
> - 주택관리업자 등에 대한 교육기간은 (㉡)일로 한다.
> - 공동주택의 관리사무소장으로 배치받아 근무 중인 주택관리사는 주택관리교육을 받은 후 (㉢)년 마다 국토교통부령이 정하는 바에 따라 공동주택관리에 관한 교육과 윤리교육을 받아야 한다.

70 공동주택관리법령상의 공동주택의 회계감사에 관한 설명이다. ( )에 알맞은 수를 분수로 쓰시오.

> - 300세대 이상인 공동주택의 관리주체는 대통령령으로 정하는 바에 따라 「주식회사의 외부감사에 관한 법률」에 따른 감사인의 회계감사를 매년 1회 이상 받아야 한다. 다만, 해당 연도에 회계감사를 받지 아니하기로 입주자등의 (㉠) 이상의 서면동의를 받은 경우 그 연도에는 그러하지 아니하다.
> - 회계감사를 받아야 하는 공동주택의 관리주체는 매 회계연도 종료 후 (㉡) 개월 이내에 재무상태표, 운영성과표, 이익잉여금처분계산서(또는 결손금처리계산서), 주석(註釋)에 대하여 회계감사를 받아야 한다.

71 주택법령상의 수직증축형 리모델링의 허용요건에 관한 사항이다. 다음 ( )에 적합한 내용을 순서대로 쓰시오.

> 수직증축형 리모델링의 대상이 되는 건축물의 기존 층수가 15층 이상인 경우에는 최대 (㉠)개층 범위에서 증축하여야 한다.

72 노동조합 및 노동관계조정법령상 구제신청에 관한 내용이다. ( )에 들어갈 숫자를 쓰시오.

> 중앙노동위원회의 재심판정에 대하여 사용자나 근로자는 재심판정서를 송달받은 날부터 (㉠)일 이내에 「행정소송법」의 규정에 따라 소를 제기할 수 있다.

73
국민건강보험의 이의신청·심판청구에 관한 설명이다. ( )에 알맞은 숫자를 순서대로 쓰시오.

> 「국민건강보험법」상 이의신청에 대한 결정에 불복하는 자는 (㉠)에 심판청구를 할 수 있다. 이 경우 심판청구는 이의신청에 대한 결정이 있음을 안 날부터 90일 이내에 문서로 이를 하여야 하며 처분이 있은 날부터 180일을 경과하면 이를 제기하지 못한다.

74
전기안전관리자의 선임 및 해임과 관련한 사항이다. ( )에 알맞은 내용을 쓰시오.

> - 안전공사 및 대행사업자는 소속 기술인력 간에 담당하는 전기설비가 변경된 경우에는 기술인력별 전기설비담당 현황을 그 변경이 있은 날부터 (㉠)일 이내에 전력기술인단체에 통보해야 한다.
> - 전력기술인단체는 선임 또는 해임신고를 한 자가 선임 또는 해임신고증명서의 발급을 요청하면 (㉡) 전기안전관리자 선임(해임)신고증명서를 발급해야 한다.

75
다음은 하자보수보증금의 반환비율이다. ( )에 알맞은 수를 순서대로 쓰시오.

> - 사용검사일부터 2년이 경과된 때 : 하자보수보증금의 100분의 (㉠)
> - 사용검사일부터 3년이 경과된 때 : 하자보수보증금의 100분의 (㉡)
> - 사용검사일부터 5년이 경과된 때 : 하자보수보증금의 100분의 (㉢)

76
지능형 홈네트워크설비 설치 및 기술기준에 관한 설명이다. ( )에 용어를 쓰시오.

> (㉠)란 세대 내 홈게이트웨이와 단지서버간의 통신 및 보안을 수행하는 장비로서, 백본(back-bone), 방화벽(Fire Wall), 워크그룹스위치 등 단지망을 구성하는 장비를 말한다.

77
「주택건설기준 등에 관한 규정」상의 공동주택의 세대 내의 층간바닥(화장실의 바닥은 제외한다) 기준에 관한 설명이다. ( )에 적합한 수(분수는 분수로 기입)를 쓰시오.

> - 콘크리트 슬래브 두께는 (㉠)mm[라멘구조(보와 기둥을 통해서 내력이 전달되는 구조를 말한다)의 공동주택은 150mm] 이상으로 할 것
> - 각 층간 바닥충격음이 경량충격음(비교적 가볍고 딱딱한 충격에 의한 바닥충격음을 말한다)은 (㉡)dB 이하, 중량충격음(무겁고 부드러운 충격에 의한 바닥충격음을 말한다)은 49dB 이하의 구조가 되도록 할 것. 다만, 라멘구조의 공동주택과 그 외의 공동주택 중 발코니, 현관 등 국토교통부령으로 정하는 부분의 바닥은 그러하지 아니하다.

78
스프링클러설비의 화재안전성능기준(NFPC 103) 상의 용어의 정의이다. ( )에 해당되는 용어를 쓰시오.

> (㉠)란 정상상태에서 방수구를 막고 있는 감열체가 일정온도에서 자동적으로 파괴·용해 또는 이탈됨으로써 방수구가 개방되는 스프링클러헤드를 말한다.

79 「주택건설기준 등에 관한 규칙」상의 6층 이상인 공동주택에 설치하는 승용승강기의 설치기준에 관한 설명이다. ( )에 적합한 숫자를 순서대로 쓰시오.

> 복도형인 공동주택에는 1대에 100세대를 넘는 (㉠)세대마다 1대를 더한 대수 이상을 설치하되, 그 탑승인원수는 4층 이상인 층의 세대당 (㉡)명(독신자용주택의 경우에는 0.1명)의 비율로 산정한 인원수 이상일 것

80 어린이놀이시설 안전관리법령에 관한 설명이다. ( )에 알맞은 내용을 순서대로 쓰시오(단, 분수인 경우에는 분수로 기입하시오).

> 관리주체는 안전점검 결과 어린이놀이시설이 어린이에게 위해를 가할 우려가 있다고 판단되는 경우 그 이용을 금지하고 (㉠)개월 이내에 안전검사기관에 (㉡)을 신청한다. 다만, 어린이놀이시설을 철거하는 경우에는 안전진단 신청을 생략할 수 있다.

― 본 회차 시험 종료 ―

# 제2회 적중 실전모의고사

| 문제지 유형 | 적중실전 모의고사 | 문제수 | 80문제 | 시험시간 | 09:30~11:10 (100분) | 응시번호 | | 성 명 | |

1 주택관리관계법규

01 다음은 공동주택관리법령상 500세대의 공동주택단지에서 관리방법 등에 관한 설명이다. 틀린 것은?

① 입주자는 사업주체로부터 자치관리하거나 주택관리업자에게 위탁관리할 것을 요구를 받은 때에는 요구를 받은 날로부터 3개월 이내에 입주자대표회의를 구성하고, 당해 공동주택의 관리방법을 결정하여 이를 사업주체에게 통지하고 관할 시장·군수·구청장에 신고하여야 한다.
② 사업주체는 입주예정자의 과반수가 입주할 때까지 당해 공동주택을 관리하여야 한다.
③ 공동주택의 관리주체는 대통령령으로 정하는 바에 따라 「주식회사 등의 외부감사에 관한 법률」에 따른 감사인의 회계감사를 매년 1회 이상 받아야 한다.
④ 배치권자는 500세대 미만인 경우는 주택관리사보를, 500세대 이상인 경우는 주택관리사를 관리사무소장으로 배치하여야 한다.
⑤ 사업주체는 주택관리업자가 선정된 경우에는 해당하게 된 날부터 1개월 이내에 해당 관리주체에게 공동주택의 관리업무를 인계하여야 한다.

02 주택법령상 다음은 주택건설기준 등에 관한 내용이다. 옳은 것은?

① 공동주택, 어린이놀이터, 경로당 등은 시내버스 차고지에 설치된 자동차용 천연가스 충전소로부터 25미터 이상 떨어진 곳에 배치할 수 있다.
② 어린이집은 위험물저장 및 처리시설 중 주유소로부터 25미터 이상 떨어진 곳에 배치할 수 있다.
③ 공동주택을 건설하는 주택단지에는 폭 1미터 이상의 보도를 포함한 폭 8미터 이상의 도로를 설치하여야 한다.
④ 7층 이상의 공동주택에는 적재하중이 0.6톤 이상인 화물용 승강기를 설치하여야 한다.
⑤ 주택단지 안의 건축물에 설치하는 난간의 각 부위별 치수 중 난간의 간살의 간격은 중심치수 10센티미터 이상으로 하여야 한다.

03 다음은 주택법령상 사용검사에 관한 설명이다. 틀린 것은?

① 사용검사는 그 신청일로부터 15일 이내에 사용검사의 대상인 주택 또는 대지가 사업계획의 내용에 적합한지 여부를 확인하여야 한다.
② 시공보증자가 없거나 시공보증자가 파산 등으로 시공을 할 수 없는 경우에는 입주예정자대표회의가 시공자를 정하여 잔여공사를 시공하고 사용검사를 받아야 한다.
③ 사업주체가 파산 등으로 주택건설사업을 계속할 수 없는 경우에는 시공을 보증한 자가 시공을 하여야 한다.
④ 시공보증자, 해당 주택의 시공자 또는 입주예정자가 사용검사를 신청하는 경우 사용검사권자는 사업주체에게 사용검사를 받지 아니하는 정당한 이유를 제출할 것을 요청하여야 한다. 이 경우 사업주체는 요청을 받은 날부터 15일 이내에 의견을 통지하여야 한다.
⑤ 입주예정자는 입주예정자 과반수의 동의를 얻어 10인 이내의 입주예정자로 구성된 입주예정자대표회의를 구성하여야 한다.

04 주택법령상 투기과열지구에 관한 설명으로 옳은 것은?

① 투기과열지구는 시장·군수·구청장이 지정한다.
② 투기과열지구 지정해제를 요청받은 국토교통부장관 또는 시·도지사는 40일 내에 주거정책심의위원회의 심의를 거쳐 투기과열지구 지정해제 여부를 결정하여야 한다.
③ 투기과열지구는 도시계획위원회의 심의를 거쳐 지정하여야 한다.
④ 투기과열지구 안에서 전매제한을 위반하여 주택을 전매한 경우 그 전매계약은 무효가 된다.
⑤ 국토교통부장관은 2년마다 주거정책심의위원회의 회의를 소집하여 투기과열지구 지정의 계속 여부를 재검토하여야 한다.

05 주택법상 용어의 정의로 옳지 않은 것은?

① "주택"이란 세대의 구성원이 장기간 독립된 주거생활을 할 수 있는 구조로 된 건축물의 전부 또는 일부를 밀하며 그 부속토지는 제외한다.
② "건강친화형 주택"이란 건강하고 쾌적한 실내환경의 조성을 위하여 실내공기의 오염물질 등을 최소화할 수 있도록 대통령령으로 정하는 기준에 따라 건설된 주택을 말한다.
③ "장수명 주택"이란 구조적으로 오랫동안 유지·관리될 수 있는 내구성을 갖추고, 입주자의 필요에 따라 내부 구조를 쉽게 변경할 수 있는 가변성과 수리 용이성 등이 우수한 주택을 말한다.
④ "간선시설"이란 도로·상하수도·전기시설·가스시설·통신시설 및 지역난방시설 등 주택단지(둘 이상의 주택단지를 동시에 개발하는 경우에는 각각의 주택단지를 말한다) 안의 기간시설을 그 주택단지 밖에 있는 같은 종류의 기간시설에 연결시키는 시설을 말한다.
⑤ "도시형 생활주택"이란 300세대 미만의 국민주택규모에 해당하는 주택으로서 대통령령으로 정하는 주택을 말한다.

06 공동주택관리법령상 다음은 공동주택관리 분쟁조정위원회에 관한 내용이다. 틀린 것은?

① 공동주택관리 분쟁(공동주택의 하자담보책임 및 하자보수 등과 관련한 분쟁을 제외한다)을 조정하기 위하여 국토교통부에 중앙분쟁조정위원회를 두고, 시·군·구에 지방분쟁조정위원회를 둔다.
② 중앙분쟁조정위원회는 위원장 1명을 포함한 10명 이내의 위원으로 구성한다.
③ 중앙분쟁조정위원회의 위원장은 위원회의 회의를 소집하려면 특별한 사정이 있는 경우를 제외하고는 회의개최 3일 전까지 회의의 일시·장소 및 심의안건을 각 위원에게 서면으로 알려야 한다.
④ 분쟁당사자가 지방분쟁조정위원회의 조정결과를 수락한 경우에는 당사자 간에 조정조서와 같은 내용의 합의가 성립된 것으로 본다.
⑤ 공동주택의 층간소음에 관한 사항도 공동주택관리 분쟁조정위원회의 심의·조정사항이다.

07 공동주택관리법령상 주택관리업자 등의 교육에 관한 내용 중 옳은 것은?

① 교육수탁기관은 교육실시 15일 전에 교육의 일시·장소·기간·내용·대상자 등을 공고하거나 대상자에게 통보하여야 한다.
② 관리사무소장으로 배치받으려는 주택관리사등이 배치예정일로부터 직전 3년 이내에 관리사무소장으로서 종사한 경력이 없는 경우에는 시장·군수 또는 구청장이 실시하는 관리사무소장의 직무에 관한 보수교육을 이수하여야 관리사무소장으로 배치받을 수 있다.
③ 관리사무소장은 관리사무소장으로 배치된 날부터 30일 이내에 4일 이상의 교육을 받아야 한다.
④ 주택관리업자 및 관리사무소장으로 배치받은 주택관리사등은 시장·군수·구청장으로부터 주택관리에 관한 교육을 받아야 한다.
⑤ 공동주택의 관리사무소장으로 배치받아 근무 중인 주택관리사등은 교육을 받은 후 3년마다 국토교통부령으로 정하는 바에 따라 공동주택관리에 관한 교육과 윤리교육을 받아야 한다.

08 공동주택관리법령상 관리규약 등에 관한 설명으로 틀린 것은?

① 관리규약은 입주자등의 지위를 승계한 사람에 대하여도 그 효력이 있다.
② 시·도지사가 공동주택의 관리 또는 사용에 관하여 준거가 되는 관리규약의 준칙을 정하여야 한다.
③ 공동주택 층간소음의 범위와 기준은 국토교통부와 환경부의 공동부령으로 정한다.
④ 의무관리대상 전환 공동주택의 관리인이 관리규약의 제정 신고를 하지 아니하는 경우에는 입주자등의 2분의 1 이상이 연서하여 신고하여야한다.
⑤ 의무관리대상 공동주택의 입주자대표회의는 동별 대표자를 선출하는 등 공동주택의 관리와 관련한 의사결정에 대하여 전자적 방법을 우선적으로 이용하도록 노력하여야 한다.

09 공동주택관리법령상 다음의 하자보수대상 시설공사 중에서 하자담보책임기간이 다른 것은?

① 소방시설공사
② 승강기설비공사
③ 철근콘크리트공사
④ 지능형 홈네트워크 설비 공사
⑤ 창호공사

10 공동주택관리법령상 장기수선계획에 관한 설명 중 옳은 것은?

① 입주자대표회의 및 관리주체는 수립 또는 조정된 장기수선계획에 따라 주요시설을 교체하거나 보수하여야 한다.
② 입주자대표회의 및 관리주체는 장기수선계획을 5년마다 검토하고 필요한 경우 이를 국토교통부령으로 정하는 바에 따라 조정하여야 한다.
③ 장기수선계획의 수립대상 공동주택과 의무관리대상 공동주택의 대상범위는 동일하다.
④ 관리주체는 주요시설을 신설하는 등 관리여건상 필요하여 입주자대표회의의 구성원 과반수의 동의를 받은 경우에는 5년이 경과하기 전에 장기수선계획을 조정할 수 있다.
⑤ 장기수선계획은 공동주택의 전유부분과 입주자의 공동소유인 부대시설을 대상으로 수립한다.

11 시설물의 안전 및 유지관리에 관한 특별법령상 시설물의 관리주체가 실시하는 안전점검 등의 실시 시기에 관한 설명으로 틀린 것은?

① 제1종 및 제2종 시설물 중 D·E등급 시설물의 정기안전점검은 해빙기·우기·동절기 전 각각 1회 이상 실시한다.
② 최초로 실시하는 정밀안전점검은 시설물의 준공일을 기준으로 3년 이내(건축물은 4년 이내)에 실시한다.
③ 리모델링을 위하여 공사 중인 시설물로서, 사용되지 않는 시설물에 대해서는 국토교통부장관과 협의하여 정밀안전점검을 생략하거나 그 시기를 조정할 수 있다.
④ 정밀안전점검, 긴급안전점검 및 정밀안전진단의 실시 완료일이 속한 반기에 실시하여야 하는 정기안전점검은 생략할 수 있다.
⑤ 정기안전점검 결과 안전등급이 E등급(불량)으로 지정된 제3종시설물의 최초 정밀안전점검은 해당 정기안전점검을 완료한 날부터 6개월 이내에 실시하여야 한다.

12 민간임대주택에 관한 특별법령상 민간임대주택의 관리에 관한 기술 중 가장 옳은 것은?

① 의무관리대상 민간임대주택에 대하여는 다른 임대사업자에게 관리를 위탁하거나 자치관리하여야 한다.
② 의무관리대상 민간임대주택을 임대사업자가 직접 관리하고자 할 경우에는 시장·군수·구청장의 인가를 받지 아니하여도 된다.
③ 공동관리하는 둘 이상의 민간임대주택단지에 기술인력 및 장비 기준을 적용할 때에는 둘 이상의 민간임대주택단지를 각각의 민간임대주택단지로 본다.
④ 회계감사 비용은 임대사업자가 부담한다.
⑤ 임대사업자는 국토교통부령으로 정하는 바에 따라 임차인으로부터 민간임대주택을 관리하는 데에 필요한 경비를 받을 수 있다.

13 공공주택 특별법령상 표준임대차계약서 등에 관한 설명으로 틀린 것은?

① 표준임대차계약서에는 공공임대주택의 수선·유지 및 보수에 관한 사항이 포함되어야 한다.
② 공공임대주택에 대한 임대차계약을 체결하려는 자는 국토교통부령이 정하는 표준임대차계약서를 사용하여야 한다.
③ 표준임대차계약서에는 분양전환 공공임대주택의 분양전환시기 및 분양전환가격 산정기준(전용면적이 60제곱미터를 초과하는 경우에는 분양전환가격 산정기준을 포함하지 아니할 수 있다)이 포함되어야 한다.
④ 공공주택사업자는 임차인이 표준임대차계약서상의 의무를 위반한 경우에는 임대차계약을 해제 또는 해지하거나 재계약을 거절할 수 있다.
⑤ 공공주택사업자가 임대차계약을 체결할 때 임대차계약기간이 끝난 후 임대주택을 그 임차인에게 분양전환할 예정이면 임대차계약기간을 2년 이내로 할 수 있다.

14 건축법령상 허가대상 건축물이라 하더라도 미리 특별자치시장·특별자치도지사 또는 시장·군수·구청장에게 국토교통부령으로 정하는 바에 따라 신고를 하면 건축허가를 받은 것으로 보는 경우에 해당하지 않는 것은?

① 기존 2층 건축물의 바닥면적 중 85제곱미터의 증축
② 바닥면적의 합계가 100제곱미터인 건축물의 재축
③ 주요구조부의 해체가 없는 기둥을 3개 이상 수선하는 대수선
④ 「국토의 계획 및 이용에 관한 법률」에 따른 관리지역에서 연면적이 180제곱미터이고 2층인 건축물의 건축(다만, 지구단위계획구역, 방재지구, 붕괴위험지역에서의 건축은 제외)
⑤ 주요구조부의 해체가 없는 주계단·피난계단 또는 특별피난계단을 수선하는 대수선

15 건축법령상 지하층에 관한 설명 중 가장 옳은 것은?

① 지하층의 바닥면적은 용적률을 산정할 경우에 연면적에 포함한다.
② 지하층은 건축물의 층수에 산입한다.
③ 건축주는 대통령령이 정하는 용도 및 규모의 건축물을 건축하는 경우에는 지하층을 설치하여야 한다.
④ 지하층은 건축물의 바닥이 지표면 아래에 있는 층으로서 그 바닥으로부터 지표면까지의 평균높이가 해당 층 높이의 1/2 이상이 되는 것을 말한다.
⑤ 지하층의 바닥으로부터 지표면까지의 높이가 다른 경우에는 가장 낮은 높이를 기준으로 하여 지하층 여부를 판단한다.

16 다음은 건축법령상 건축허가 등에 관한 설명이다. 틀린 것은?

① 허가권자는 건축허가를 받은 자가 착수기간 이내에 공사에 착수하지 아니하는 경우에는 허가를 취소하여야 하는데 정당한 사유가 있는 경우에는 1년의 범위 안에서 공사의 착수기간을 연장할 수 있다.
② 허가권자는 연면적이 1천제곱미터 이상으로서 조례로 정하는 건축물에 대하여는 착공신고를 하는 건축주에게 장기간 건축물의 공사현장이 방치되는 것에 대비하여 예치금을 건축공사비의 1퍼센트의 범위 안에서 예치하게 할 수 있다.
③ 특별시장·광역시장·도지사가 건축허가 또는 건축물의 착공을 제한하는 경우 그 제한기간은 1년 이내로 한다.
④ 특별자치시장·특별자치도지사 또는 시장·군수·구청장으로부터 공장의 건축허가를 받은 경우에는 「산업집적 활성화 및 공장설립에 관한 법률」에 의한 허가 등을 받은 것으로 본다.
⑤ 건축신고를 한 자가 신고일부터 1년 이내에 공사에 착수하지 아니한 경우에는 그 신고의 효력은 상실된다.

17 건축법령상 건축법을 명시적으로 적용하지 않는 건축물을 모두 고른 것은?

ㄱ. 군사시설
ㄴ. 「문화유산의 보존 및 활용에 관한 법률」에 따른 지정문화유산이나 임시지정문화유산
ㄷ. 철도 또는 궤도의 선로부지에 있는 운전보안시설
ㄹ. 주거용 건축물의 대지에 설치한 이동이 쉬운 컨테이너를 이용한 간이창고
ㅁ. 고속도로 통행료 징수시설

① ㄱ, ㄹ
② ㄴ, ㄷ
③ ㄴ, ㄷ, ㅁ
④ ㄷ, ㄹ, ㅁ
⑤ ㄴ, ㄷ, ㄹ, ㅁ

18 건축법령상 승강기 설치에 관한 설명 중 틀린 것은?

① 건축주는 6층 이상으로서 연면적 2,000제곱미터 이상인 건축물을 건축하고자 하는 경우에는 승강기를 설치하여야 한다.
② 높이 31미터를 넘는 각층의 바닥면적 중 최대 바닥면적이 1,500제곱미터 이하인 건축물에는 1대 이상의 비상용 승강기를 설치하여야 한다.
③ 층수가 6층인 건축물로서 각층 거실의 바닥면적 300제곱미터 이내마다 1개소 이상의 직통계단을 설치한 건축물을 건축하고자 하는 경우에는 승강기를 설치하지 아니할 수 있다.
④ 2대 이상의 비상용 승강기를 설치해야 하는 경우에는 화재시 소화에 지장이 없도록 일정한 간격을 두고 설치하여야 한다.
⑤ 높이 21미터를 초과하는 건축물에는 대통령령이 정하는 바에 따라 비상용 승강기를 설치하여야 한다.

19 도시 및 주거환경정비법령상 재건축사업을 위하여 조합을 설립하는 경우 토지등 소유자의 동의자 수 산정 방법으로 옳지 않은 것은?

① 토지의 소유권을 여럿이서 공유하는 경우 공유하는 대표자 1인을 토지등소유자로 산정한다.
② 1인이 둘 이상의 소유권을 소유하고 있는 경우 소유권의 수에 맞추어 토지등소유자 수를 산정한다.
③ 국·공유지에 대해서는 그 재산관리청 각각을 토지등소유자로 산정한다.
④ 조합의 설립에 동의한 자로부터 건축물을 취득한 자는 조합의 설립에 동의한 것으로 본다.
⑤ 둘 이상의 소유권을 소유한 공유자가 동일한 경우에는 그 공유자 여럿을 대표하는 1인을 토지등소유자로 한다.

20 도시재정비 촉진을 위한 특별법령상 내용 중 옳은 것은?

① 존치지역이란 재정비촉진구역 중 재정비촉진사업의 활성화, 소형주택의 공급확대, 주민의 이주대책 지원 등을 위하여 다른 구역에 우선하여 개발하는 구역으로서 재정비촉진계획으로 결정되는 구역을 말한다.
② 재정비촉진지구의 종류는 주거지형, 도심지형, 고밀복합형으로 구분한다.
③ 교지 확보를 위하여 지방자치단체가 소유하는 토지 등을 임대하는 경우에는 임대기간을 30년으로 하고, 30년의 갱신기간의 범위 내에서 이를 연장할 수 있다.
④ 재정비촉진지구 지정을 고시한 날부터 2년이 되는 날까지 재정비촉진계획이 결정되지 않은 경우, 그 2년이 되는 날의 다음 날에 재정비촉진지구 지정의 효력이 상실된다.
⑤ 전통시장 및 상점가 육성을 위한 특별법에 의한 시장정비사업은 재정비촉진사업에 속하지 않는다.

21 화재의 예방 및 안전관리에 관한 법령상 ( )에 차례로 들어갈 내용으로 맞는 것은?

- 소방관서장은 화재안전조사를 실시하려는 경우 사전에 관계인에게 조사대상, 조사기간 및 조사사유 등을 우편, 전화, 전자메일 또는 문자전송 등을 통하여 통지하고 이를 대통령령으로 정하는 바에 따라 인터넷 홈페이지나 법 제16조제3항의 전산시스템 등을 통하여 ( )일 이상 공개하여야 한다.
- 화재안전조사 결과에 따른 조치명령으로 인하여 손실보상을 하여야 하는 경우, 손실보상금의 지급 또는 공탁의 통지에 불복하는 자는 지급 또는 공탁의 통지를 받은 날부터 30일 이내에 관할 ( )에 재결을 신청할 수 있다.

① 5, 토지수용위원회
② 7, 토지수용위원회
③ 5, 중앙토지수용위원회
④ 7, 중앙토지수용위원회
⑤ 7, 토지수용위원회 또는 중앙토지수용위원회

22 승강기 안전관리법령상 승강기의 유지관리업에 대한 설명이다. 가장 올바른 것은?

① 유지관리업의 등록기준이 되는 자본금(개인인 경우에는 자산평가액을 말한다)은 2억원 이상이어야 한다.
② 시·도지사는 유지관리업의 사업정지를 명하여야 하는 경우로서 그 사업의 정지가 이용자 등에게 심한 불편을 주거나 공익을 해칠 우려가 있는 경우에는 사업정지처분을 갈음하여 1천만원 이하의 과징금을 부과할 수 있다.
③ 과징금 통지를 받은 자는 30일 이내에 과징금을 시·도지사가 정하는 수납기관에 납부해야 한다.
④ 승강기 유지관리를 업으로 하려는 자는 시·도지사에게 등록하여야 한다.
⑤ 유지관리업자는 그 사업을 폐업 또는 휴업하거나 휴업한 사업을 다시 시작한 경우에는 그 날부터 15일 이내에 시·도지사에게 신고하여야 한다.

23 전기사업법령상 다음은 전기판매사업자가 전기의 공급을 거부할 수 있는 사유이다. 잘못된 것은?

① 전기사용자가 표준전압 또는 표준주파수 외의 전압 또는 주파수로 전기의 공급을 요청하는 경우
② 시장·군수·구청장 또는 그 밖의 행정기관의 장이 전기공급의 정지를 요청하는 경우
③ 전기요금을 납기일까지 납부하지 아니한 전기사용자가 납기일의 다음날부터 공급약관에서 정하는 기한까지 해당 요금을 납부하지 아니하는 경우
④ 발전용 전기설비의 정기적인 보수기간 중 전기의 공급을 요청하는 경우
⑤ 일반용 전기설비의 사용전점검을 받지 아니하고 전기공급을 요청하는 경우

24 「집합건물의 소유 및 관리에 관한 법률」상 집합건물에 관한 다음 설명 중 옳지 <u>않은</u> 것은?

① 구조상 구분소유자 전원 또는 일부의 공용에 제공되는 건물부분은 구분소유권의 목적으로 할 수 없다.
② 하자로 인하여 건물이 멸실되거나 훼손된 경우에는 그 멸실되거나 훼손된 날부터 1년 이내에 권리를 행사하여야 한다.
③ 공용부분을 변경함에는 구분소유자 및 의결권의 각 3/4 이상의 결의와 그로 인하여 특별한 영향을 받게 될 구분소유자의 승낙이 있어야 한다.
④ 관리인은 매년 회계연도 종료 후 3개월 이내에 정기 관리단집회를 소집하여야 한다.
⑤ 공용부분은 원칙적으로 구분소유자 전원의 공유에 속하며, 구분소유자는 그에 대한 지분을 전유부분과 분리하여 처분하지 못한다.

25 주택법령상 토지임대부 분양주택의 일부 내용이다. 다음 ( )에 알맞은 법률명을 쓰시오.

> 토지임대부 분양주택에 관하여 「주택법」에서 정하지 아니한 사항은 「집합건물의 소유 및 관리에 관한 법률」, (㉠) 순으로 적용한다.

26 주택법령상 다음의 ( )에 들어갈 용어를 기술하시오.

> (㉠)은 주요 구조부의 전부 또는 일부를 국토교통부령으로 정하는 성능기준 및 생산기준에 따라 맞춤식 등 공업화공법으로 건설하는 주택을 (㉡)으로 인정할 수 있다.

27 「공동주택관리법 시행령」상 하자보수보증금의 순차적 반환시점과 반환비율에 관한 설명이다. ( )에 들어갈 아라비아 숫자를 차례로 적으시오.

> ① 다음의 구분에 따른 날(이하 이 조에서 '사용검사일'이라 한다)부터 2년이 경과된 때: 하자보수보증금의 100분의 (㉠)
> ㉠ 「주택법」제49조에 따른 사용검사(공동주택단지 안의 공동주택 전부에 대하여 같은 조에 따른 임시 사용승인을 받은 경우에는 임시 사용승인을 말한다)를 받은 날
> ㉡ 「건축법」제22조에 따른 사용승인(공동주택단지 안의 공동주택 전부에 대하여 같은 조에 따른 임시 사용승인을 받은 경우에는 임시 사용승인을 말한다)을 받은 날
> ② 사용검사일부터 3년이 경과된 때: 하자보수보증금의 100분의 40
> ③ 사용검사일부터 5년이 경과된 때: 하자보수보증금의 100분의 (㉡)
> ④ 사용검사일부터 10년이 경과된 때: 하자보수보증금의 100분의 (㉢)

28 주택법령상의 매도청구에 관한 내용이다. ( )에 들어갈 아라비아 숫자를 쓰시오.

> 주택건설사업계획승인을 받은 사업주체는 해당 주택건설대지 중 사용할 수 있는 권원을 확보하지 못한 대지(건축물을 포함)의 소유자에게 그 대지를 시가로 매도할 것을 청구할 수 있다. 이 경우 매도청구대상이 되는 대지의 소유자와 매도청구를 하기 전에 (㉠)개월 이상 협의를 하여야 한다.

29 공동주택관리법령상 주택관리사단체의 설립에 관한 내용이다. ( )에 들어갈 용어를 쓰시오.

> 주택관리사단체를 설립하려면 공동주택의 관리사무소장으로 배치된 자의 5분의1 이상을 발기인으로 하여 정관을 마련한 후 창립총회의 의결을 거쳐 (㉠)의 인가를 받아야 한다.

30 공공주택 특별법령상 공공임대주택의 임대료에 관한 내용이다. ( )에 들어갈 용어를 쓰시오.

> 공공임대주택의 최초의 임대보증금과 월 임대료는 임차인이 동의한 경우에 임대차계약에 따라 상호 전환할 수 있다. 이 경우 최초의 임대보증금은 해당 임대주택과 그 부대시설에 대한 건설원가에서 (㉠)의 융자금을 뺀 금액을 초과할 수 없다.

31 다음은 공동주택관리법령상 입주자대표회의 소집에 관한 내용이다. ( )에 들어갈 아라비아 숫자와 용어를 순서대로 각각 쓰시오.

> 입주자대표회의는 관리규약이 정하는 바에 따라 회장이 그 명의로 소집한다. 다만, 다음에 해당하는 때에는 회장은 해당 일부터 14일 이내에 입주자대표회의를 소집하여야 하며, 회장이 회의를 소집하지 아니하는 경우에는 관리규약으로 정하는 (㉠)이(가) 그 회의를 소집하고 회장의 직무를 대행한다.
> ① 입주자대표회의 구성원 (㉡)분의 1 이상이 청구하는 때
> ② 입주자 등의 10분의 1 이상이 요청하는 때
> ③ 전체 입주자의 (㉢)분의 1 이상이 요청하는 때(입주자대표회의 의결사항 중 장기수선계획의 수립 또는 조정에 관한 사항만 해당한다)

32 「건축법 시행령」 제2조(정의)의 내용이다. ( )에 들어갈 아라비아 숫자와 용어를 순서대로 각각 쓰시오.

> "특수구조 건축물"이란 다음 각 목의 어느 하나에 해당하는 건축물을 말한다.
> 가. 생략
> 나. 기둥과 기둥 사이의 거리(기둥의 중심선 사이의 거리를 말하며, 기둥이 없는 경우에는 내력벽과 내력벽의 중심선 사이의 거리를 말한다)가 (㉠)미터 이상인 건축물
> 다. 무량판 구조(보가 없이 바닥판·기둥으로 구성된 구조를 말한다. 이하 같다)를 가진 건축물로서 무량판 구조인 어느 하나의 층에 수직으로 배치된 주요구조부의 전체 단면적에서 보가 없이 배치된 기둥의 전체 단면적이 차지하는 비율이(㉡)분의 1 이상인 건축물
> 라. 특수한 설계·시공·공법 등이 필요한 건축물로서 (㉢)이 정하여 고시하는 구조로 된 건축물

33 건축법령상 건축민원전문위원회에 관한 내용이다. ( )에 들어갈 아라비아 숫자를 순서대로 각각 쓰시오.

> 건축민원전문위원회는 신청인의 질의민원을 받으면 (㉠)일 이내에 심의절차를 마쳐야 한다. 다만, 사정이 있으면 건축민원전문위원회의 의결로 (㉡)일 이내의 범위에서 기간을 연장할 수 있다.

34 승강기 안전관리법령상 승강기의 사후관리에 관한 설명이다. ( )에 들어갈 아라비아숫자와 용어를 순서대로 쓰시오.

> (1) 제조·수입업자는 관리주체 등으로부터 해당하는 부품 등의 제공을 요청받은 경우에는 특별한 이유가 없으면 (㉠)일 이내에 그 요청에 따라야 한다(법 제8조 제2항).
> (2) 승강기 또는 승강기부품의 품질보증기간은 3년 이상으로 하며, 그 기간에 구매인 또는 양수인이 사용설명서에 따라 정상적으로 사용·관리했음에도 불구하고 고장이나 결함이 발생한 경우에는 제조·수입업자가 (㉡)으로 유지관리용 부품 및 장비 등을 제공(정비를 포함한다)하여야 한다.

35 소방시설 설치 및 관리에 관한 법령상 다음의 ( )에 들어갈 용어와 아라비아 숫자를 쓰시오.

> (㉠)이란 지상층 중 다음의 요건을 모두 갖춘 개구부(건축물에서 채광·환기·통풍 또는 출입 등을 위하여 만든 창·출입구, 그 밖에 이와 비슷한 것을 말한다)의 면적의 합계가 해당 층의 바닥면적(「건축법 시행령」제119조제1항제3호에 따라 산정된 면적을 말한다. 이하 같다)의 (㉡)분의 1 이하가 되는 층을 말한다.
> 가. 크기는 지름 (㉢)센티미터 이상의 원이 통과할 수 있을 것
> 나. 해당 층의 바닥면으로부터 개구부 밑부분까지의 높이가 1.2미터 이내일 것
> 다. 도로 또는 차량이 진입할 수 있는 빈터를 향할 것
> 라. 화재시 건축물로부터 쉽게 피난할 수 있도록 창살이나 그 밖의 장애물이 설치되지 아니할 것
> 마. 내부 또는 외부에서 쉽게 부수거나 열 수 있을 것

36
공동주택관리법령상 하자심사·분쟁조정위원회에 관한 내용이다. ( )에 들어갈 용어를 쓰시오.

> 하자 여부 판정 결과에 대하여 이의가 있는 자는 하자 여부 판정서를 송달받은 날부터 30일 이내에 (㉠) 또는 「변호사법」에 따라 등록한 변호사가 작성한 의견서를 첨부하여 국토교통부령으로 정하는 바에 따라 이의신청을 할 수 있다.

37
다음은 민간임대주택에 관한 특별법령상 규정에 대한 내용이다. ( )안에 알맞은 아라비아 숫자를 차례로 쓰시오.

> (1) 임차인이 부담하는 임대보증금의 보증수수료는 (㉠)퍼센트를 부담한다.
> (2) 원칙적으로 임대사업자가 (㉡)세대 이상의 민간임대주택을 공급하는 공동주택단지에 입주하는 임차인은 임차인대표회의를 구성할 수 있다.
> (3) 시·도지사가 지정하는 촉진지구 면적기준 중 국토의 계획 및 이용에 관한 법률 제6조 제1호에 따른 도시지역의 경우는 (㉢) 천제곱미터 이상이다.

38
도시 및 주거환경정비법령상의 내용이다. ( )에 들어갈 아라비아 숫자를 쓰시오.

> 사업시행자는 관리처분계획이 인가·고시된 다음 날부터 (㉠)일 이내에 인가된 관리처분계획에 따라 분양대상에서 제외된 자와 토지, 건축물 또는 그 밖의 권리의 손실보상에 관한 협의를 하여야 한다.

39
다음은 전기사업법령상 복수허가가 가능한 경우이다. ( )에 알맞은 용어를 순서대로 각각 쓰시오.

> - (㉠)과 전기판매사업을 겸업하는 경우
> - 도서지역에서 전기사업을 하는 경우
> - 「집단에너지사업법」에 따라 (㉡)의 허가를 받은 것으로 보는 집단에너지사업자가 전기판매사업을 겸업하는 경우. 다만, 허가받은 공급구역에 전기를 공급하려는 경우로 한정한다.

40
다음의 ( )에 들어갈 용어를 쓰시오.

> 「시설물의 안전 및 유지관리에 관한 특별법」상 안전점검등과 성능평가에 드는 비용은 (㉠)가(이) 부담한다. 다만, 하자담보책임기간 내에 시공자가 책임져야 할 사유로 정밀안전진단을 실시하여야 하는 경우 그에 드는 비용은 (㉡)가 부담한다.

- 다음면에 계속 -

제2회 적중 실전모의고사

2 공동주택관리실무

41 공동주택관리법령상 공동주택관리에 관한 설명으로 옳지 <u>않은</u> 것은?

① 관리사무소는 공동주택 공용부분인 부대시설에 해당한다.
② 140세대인 지역난방방식 공동주택은 의무관리대상 공동주택에 해당되지 않는다.
③ 일반인에게 분양되는 복리시설은 공동주택관리의 대상인 공동주택에서 제외된다.
④ 입주자대표회의는 자치관리기구 관리사무소장이 해임되거나 그 밖의 사유로 결원이 되었을 때에는 그 사유가 발생한 날부터 30일 이내에 새로운 자치관리기구 관리사무소장을 선임하여야 한다.
⑤ 입주자대표회의 또는 관리주체는 공동주택 전유부분과 공용부분의 유지·보수 및 관리 등을 위하여 공동주택관리기구를 구성하여야 한다.

42 민간임대주택법령상 민간임대주택의 관리에 관한 설명으로 옳지 <u>않은</u> 것은?

① 임대사업자는 입주예정자의 과반수가 입주한 때에는 과반수가 입주한 날부터 15일 이내에 입주현황과 임차인대표회의를 구성할 수 있다는 사실 또는 구성하여야 한다는 사실을 입주한 임차인에게 통지하여야 한다.
② 임대사업자가 공급하는 150세대 이상의 민간임대공동주택으로서 승강기가 설치된 공동주택단지에 입주하는 임차인은 임차인대표회의를 구성하여야 한다.
③ 임대사업자는 민간임대주택이 150세대 이상의 공동주택으로서 승강기가 설치된 공동주택에 해당하면 「공동주택관리법」에 따른 주택관리업자에게 관리를 위탁하거나 자체관리하여야 한다.
④ 임대사업자가 민간임대주택을 자체관리하려면 대통령령으로 정하는 기술인력 및 장비를 갖추고 국토교통부령으로 정하는 바에 따라 시장·군수·구청장의 인가를 받아야 한다.
⑤ 임대사업자는 임차인이 임차인대표회의를 구성하지 않는 경우에 임차인대표회의를 구성해야 한다는 사실과 협의사항 및 임차인대표회의의 구성·운영에 관한 사항을 반기 1회 이상 임차인에게 통지해야 한다.

43 다음 중에서 동별 대표자가 될 수 있는 자는?

① 결격사유 없는 공동주택의 소유자에게 서면으로 위임받은 대리권이 있는 소유자의 배우자
② 동별 대표자로서 임기 중에 관리비 등을 최근 3개월 이상 연속하여 체납한 사람에 해당하여 당연히 퇴임한 사람으로서 그 남은 임기(남은 임기가 1년을 초과하는 경우에는 1년을 말한다) 중에 있는 사람
③ 「민간임대주택에 관한 특별법」을 위반한 범죄로 금고 이상의 실형선고를 받고 그 집행이 면제된 날부터 2년이 지나지 아니한 사람
④ 「공동주택관리법」을 위반한 범죄로 20만원의 벌금을 선고받은 후 2년이 지나지 아니한 사람
⑤ 해당 공동주택의 동별 대표자를 사퇴한 날부터 1년이 지나지 않은 사람

44 주택관리업 등록 및 주택관리업자에 대한 행정처분에 관한 다음 내용 중 옳지 않은 것은?

① 입주자대표회의 및 관리주체가 관리비를 이 법에 따른 용도 외의 목적으로 사용한 경우에는 영업정지에 갈음하여 과징금을 부과할 수 없다.
② 공동주택 관리와 관련하여 부정하게 재물 재산상의 이익을 취득하거나 제공한 경우에는 1년 이내의 기간을 정하여 영업의 전부 또는 일부의 정지를 명할 수 있으며, 이 경우 과징금으로 갈음할 수 있다.
③ 시장·군수 또는 구청장은 주택관리업자에 대하여 등록말소처분을 하려는 때에는 처분일 1개월 전까지 해당 주택관리업자가 관리하는 공동주택의 입주자대표회의에 그 사실을 통보하여야 한다.
④ 등록사항 변경신고를 하려는 자는 변경사유가 발생한 날부터 15일 이내에 주택관리업 등록사항 변경신고서에 변경내용을 증명하는 서류를 첨부하여 시장·군수·구청장에게 제출하여야 한다.
⑤ 최근 3년간 2회 이상의 영업정지처분을 받은 자로서 그 정지처분을 받은 기간이 통산하여 12월을 초과한 때는 등록을 말소하여야 하며, 이 경우 청문을 거쳐야 한다.

45 다음 사항 중 연결이 잘못된 것은?

① 100세대로서 승강기가 설치된 의무관리대상 전환 공동주택 : 주택관리사 등의 필수채용
② 220세대의 공동주택으로서 승강기가 설치되지 않은 중앙집중식 난방방식인 공동주택 : 주택관리사 또는 주택관리사보의 의무채용
③ 승강기가 설치되거나 중앙집중식 난방방식의 공동주택으로서 150세대인 자치관리방식의 공동주택 : 주택관리사 또는 주택관리사보의 의무채용
④ 승강기가 설치되지 않은 개별난방방식인 270세대의 공동주택 : 주택관리사 또는 주택관리사보의 임의채용
⑤ 승강기가 설치되지 않은 개별난방방식인 650세대의 임대공동주택 : 주택관리사 또는 주택관리사보의 의무채용

46 다음은 증축형 리모델링의 안전진단에 관한 내용이다. 옳지 않은 것은?

① 증축형 리모델링을 하려는 자는 시장·군수·구청장에게 안전진단을 요청하여야 하며, 안전진단을 요청받은 시장·군수·구청장은 해당 건축물의 증축 가능 여부의 확인 등을 위하여 안전진단을 실시하여야 한다.
② 시장·군수·구청장은 안전진단을 실시하는 비용의 전부 또는 일부를 리모델링을 하려는 자에게 부담하게 할 수 있다.
③ 일부 주거전용면적 증축은 사용검사일 또는 사용승인일부터 15년[15년 이상 20년 미만의 연수 중 시·도의 조례로 정하는 경우 그 연수]이 경과된 공동주택을 각 세대의 주거전용면적이 85㎡ 미만인 경우에는 10분의 5 이내에서 증축하는 행위를 말한다.
④ 시장·군수·구청장이 안전진단으로 건축물 구조의 안전에 위험이 있다고 평가하여 「도시 및 주거환경정비법」에 따른 주택재건축사업의 시행이 필요하다고 결정한 건축물에 대하여는 증축형 리모델링을 하여서는 아니 된다.
⑤ 시장·군수·구청장은 수직증축형 리모델링을 허가한 후에 해당 건축물의 구조안전성 등에 대한 상세 확인을 위하여 안전진단을 실시하여야 한다.

47 공동주택의 문서 중 3년 보관대상이 아닌 것은?

① 임금대장
② 직장 내 성희롱 예방교육을 하였음을 확인할 수 있는 서류
③ 어린이놀이시설 안전점검실시대장 또는 안전진단 실시대장
④ 급수관의 세척·갱생·교체 등 조치결과 및 관련된 자료
⑤ 퇴직금 중간정산 관련 증명서류

48 다음과 같은 조건의 A시 소재 甲아파트에 근무하는 관리사무소장이 행한 업무처리로 옳지 않은 것은?

- A시는 특별시광역시 및 특별자치시가 아닌 인구 20만명의 시
- 甲아파트의 세대수 : 600세대
- 甲아파트의 관리방식 : 위탁관리
- 경비업무는 별도 업체에게 용역시행
- 관리사무소 직원 수 : 10명
- 보일러실 근무자는 근로기준법령상 단속적 근로자로 고용노동부장관의 승인을 얻음

① 경비업체에서 채용한 만 60세 경비원에 대하여 「경비업법」상 채용이 불가능한 고령자라며 젊은 사람으로 교체를 요구하였다.
② 「동물보호법」 제16조 제2항 제1호, 제2호 및 제3호에 따라서 등록대상동물에게 안전조치를 하지 않거나 인식표를 부착하지 아니한 소유자등 또는 배설물을 수거하지 아니한 소유자 등의 경우 50만원 이하의 과태료가 부과될 수 있다고 게시판에 공고하였다.
③ 지하주차장에 장기간 무단으로 방치된 차량을 「자동차관리법」에 의거 A시 시장에게 견인을 요청하였다.
④ 오후 6시부터 오전 10시까지 연장근로한 보일러실 근무 직원에 대해 「근로기준법」에 의거 통상임금의 100분의 50을 가산하여 임금을 산정하였다.
⑤ 「주택관리업자 및 사업자 선정지침」에 의거 외부 도색을 위해 매각업체를 경쟁입찰로 선정하였다.

49 근로자퇴직급여보장법령에 관한 설명이다. 옳지 않은 것은?

① 급여란 퇴직급여제도나 개인형 퇴직연금제도에 의하여 근로자에게 지급되는 연금 또는 일시금을 말한다.
② 사용자는 퇴직하는 근로자에게 급여를 지급하기 위하여 퇴직급여제도 중 하나 이상의 제도를 설정하여야 하지만, 계속근로기간이 1년 미만인 근로자, 4주간을 평균하여 1주간의 소정근로시간이 15시간 미만인 근로자에 대하여는 그러하지 아니하다.
③ 상시 10명 미만의 근로자를 사용하는 사업의 경우 사용자가 개별 근로자의 동의를 받거나 근로자의 요구에 따라 개인형 퇴직연금제도를 설정하는 경우에는 해당 근로자에 대하여 퇴직급여제도를 설정한 것으로 본다.
④ 퇴직연금제도(중소기업퇴직연금기금제도를 포함한다)의 급여를 받을 권리는 양도 또는 압류하거나 담보로 제공할 수 없다.
⑤ 확정급여형 퇴직연금제도에 가입한 근로자는 주택구입 등 대통령령으로 정하는 사유가 발생하면 적립금을 중도인출할 수 있다.

50 고용보험법령에 관한 다음 내용 중 올바르지 못한 것은?

① 「고용보험법」은 연면적이 100㎡ 이하인 건축물의 건축 또는 연면적이 200㎡ 이하인 건축물의 대수선에 관한 공사사업장의 근로자에게는 적용되지 않는다.
② 65세 이후에 고용(65세 전부터 피보험자격을 유지하던 사람이 65세 이후에 계속하여 고용된 경우는 제외한다)되거나 자영업을 개시한 사람에게는 실업급여 및 육아휴직급여 등을 적용하지 아니한다.
③ 보험관계의 성립 및 소멸에 대하여는 「고용보험법」으로 정하는 바에 따른다.
④ 피보험자가 이직한 경우에는 이직한 날의 다음날에 피보험자격을 상실한다.
⑤ 실업급여는 구직급여와 취업촉진수당으로 구분하고, 취업촉진수당에는 조기재취업수당, 직업능력개발수당, 광역구직활동비, 이주비가 있다.

51 수도법령상 급수설비의 소독 등 위생조치 또는 급수관의 상태검사 및 조치 등에 관한 내용으로 옳지 않은 것은?

① 아파트의 저수시설이나 우물은 연 2회 이상 위생진단을 실시하여야 한다.
② 대형건축물 등의 소유자 또는 관리자는 반기 1회 이상 저수조를 청소하여야 하고, 월 1회 이상 저수조의 위생상태를 점검하고 그와 관련된 자료를 2년 이상 보존하여야 한다.
③ 급수관 내 정체수 수질검사 중 수소이온농도의 기준은 5.8 이상 8.5 이하이다.
④ 현장조사 중 유속은 건물 안의 가장 높은 층의 냉수 수도꼭지 하나 이상에서 유속을 측정한다.
⑤ 소유자등은 세척·갱생·교체 등의 조치를 하였을 때에는 그 결과를 일반수도사업자에게 보고하고, 그와 관련된 자료를 2년 이상 보존하여야 한다.

52 공동주택의 최상층 샤워기에서 최저필요수압을 확보하기 위한 급수펌프의 전양정(m)을 다음 조건을 활용하여 구하면 얼마인가?

- 지하 저수조에서 펌프직송방식으로 급수하고 있다.
- 펌프에서 최상층 샤워기까지의 높이는 51m, 배관마찰, 국부저항 등으로 인한 손실양정은 9m이다.
- 샤워기의 필요압력은 70kPa로 하며, 1mAq = 10kPa로 환산한다.
- 저수조의 수위는 펌프보다 6m 높은 곳에서 항상 일정하다고 가정한다.
- 그 외의 조건은 고려하지 않는다.

① 51 ② 56 ③ 61
④ 66 ⑤ 71

53 펌프의 회전수 변화에 따른 유량, 양정, 축동력, 소비전력의 변화를 설명한 내용 중 옳은 것은?

① 회전수를 50% 줄이면, 유량은 50% 증가한다.
② 회전수를 50% 줄이면, 양정은 75% 감소한다.
③ 회전수를 50% 줄이면, 축동력은 25% 감소한다.
④ 회전수를 50% 줄이면, 소비전력은 50% 감소한다.
⑤ 회전수를 50% 줄이면, 유량은 75% 증가한다.

54 개인하수처리시설의 관리기준에 관한 설명이다. 틀린 것은?

① 1일 처리용량이 200㎥ 이상인 오수처리시설과 1일 처리대상인원이 2천명 이상인 정화조는 6개월마다 1회 이상 그 시설로부터 배출되는 방류수의 수질을 자가측정하거나 측정대행업자가 측정하게 하고, 그 결과를 기록하여 3년 동안 보관한다.
② 1일 처리용량이 50㎥ 이상 200㎥ 미만인 오수처리시설은 연 1회 이상 배출되는 방류수의 수질을 자가측정하거나 측정대행업자가 측정하게 하고, 그 결과를 기록하여 3년 동안 보관한다.
③ 내부청소의 경우에 오수처리시설은 연 1회 이상, 정화조는 6개월마다 1회 이상 내부청소를 하여야 한다.
④ 1일 처리대상인원이 500명 이상인 정화조에서 배출되는 방류수는 염소 등으로 소독하여야 한다.
⑤ 개인하수처리시설의 소유자나 관리자는 정화조에 수세식 변기에서 나오는 오수가 아닌 그 밖의 오수를 유입시키는 행위를 하여서는 아니 된다.

55 특정소방대상물의 관계인이 특정소방대상물의 규모·용도 및 수용인원 등을 고려하여 갖추어야 하는 소방시설 등의 종류에 관한 설명이다. 옳지 않은 것은?

① 아파트 및 오피스텔 모든 층에는 주거용 주방자동소화장치를 설치하여야 한다.
② 연립주택 및 다세대주택은 자동화재탐지설비를 설치하여야 하고, 아파트나 기숙사는 모든층에 단독경보형 감지기를 설치하여야 한다.
③ 연면적 3,000㎡ 이상이거나 지하층·무창층(축사는 제외) 또는 층수가 4층 이상인 것 중 바닥면적이 600㎡ 이상인 층이 있는 것에는 옥내소화전설비를 설치하여야 한다.
④ 층수가 6층 이상인 아파트의 경우에는 모든 층에 스프링클러설비를 설치하여야 한다.
⑤ 연면적 33㎡ 이상인 것은 화재안전기준에 따라 소화기구를 설치하여야 하는 특정소방대상물이다.

56 보일러, 난로, 전기시설의 화재예방을 위한 설명 중 옳은 것은?

① 보일러를 설치하는 장소로 보일러 본체와 벽, 천장 사이의 거리가 0.5m 이상 되도록 하여야 한다.
② 난로를 설치할 때 연통은 천장으로부터 0.5m 이상 떨어지고, 연통의 배출구는 건물 밖으로 0.5m 이상 돌출되도록 설치하여야 한다.
③ 보일러, 난로가 설치된 장소에는 소화기 1개 이상을 갖추어 두어야 한다.
④ 주택에서 사용하는 가정용 보일러도 적용대상이다.
⑤ 경유 등 액체연료를 사용하는 보일러의 연료탱크는 보일러 본체로부터 수평거리 1.5미터 이상의 간격을 두어 설치하여야 한다.

57 다음은 온수난방에 관한 설명이다. 틀린 것은?

① 증기난방에 비하여 방열기변의 제어특성이 좋아 용량제어가 잘 된다.
② 증기난방에 비하여 예열시간이 길지만 열용량이 적기 때문에 연료소비량이 적다.
③ 증기난방에 비하여 소음이 적고 증기트랩 등 고장이 많은 기구가 불필요하다.
④ 증기난방에 비하여 수격작용이 생기지 않으므로 소음이 없다.
⑤ 방열기나 배관이 증기난방에 비하여 커지며, 복관식 강제순환방식(상향공급식)에서 온수공급주관은 올림구배로 하고, 온수반환주관은 내림구배로 한다.

58 30세대 이상의 신축 또는 리모델링하는 공동주택의 기계환기설비에 대한 설명 중 틀린 것은?

① 적정단계의 필요 환기량은 신축 공동주택등의 세대를 시간당 0.5회로 환기할 수 있는 풍량을 확보하여야 한다.
② 공기여과기의 경우 한국산업표준(KSB 6141)에 따른 입자 포집률이 계수법으로 측정하여 60% 이상이어야 한다.
③ 기계환기설비에서 발생하는 소음의 측정위치는 대표길이 1m(수직 또는 수평 하단)에서 측정하여 소음이 45dB 이하가 되어야 하며, 암소음은 보정하여야 한다.
④ 에너지절약을 위하여 열회수형 환기장치를 설치할 경우, 열회수형 환기장치의 유효환기량이 표시용량의 90% 이상이어야 한다.
⑤ 자연환기와 기계환기가 동시 운용될 수 있는 혼합형 환기설비가 설계도서 등을 근거로 필요환기량 확보가 객관적으로 입증되는 경우에는 기계환기설비를 갖춘 것으로 인정할 수 있다.

59 냉동기 등에 관한 다음 설명 중 틀린 것은?

① 냉동기의 성적계수(COP)가 작을수록 냉방능력이 좋다.
② 냉동기의 냉동은 증발기에서 이루어진다.
③ 냉각 열량과 증발 압력을 크게 하고 응축압력을 낮게 하면 커진다.
④ 냉동기의 증발 압력을 크게 하고 응축압력을 낮게 하면 커진다.
⑤ 히트펌프의 성적계수는 냉동기로서의 성적계수에 1을 더한 값이다.

60 「다중이용시설 등의 실내공기질관리법」상 실내공기질 관리에 관한 다음 설명 중 옳지 않은 것은?

① 이 법의 적용대상이 되는 공동주택은 100세대 이상으로 신축되는 아파트, 연립주택, 기숙사이다.
② 신축 공동주택의 시공자는 실내공기질을 측정한 경우 주택 공기질 측정결과 보고(공고)를 작성하여 주민 입주 7일 전까지 특별자치시장·특별자치도지사·시장·군수·구청장에게 제출하여야 한다.
③ 신축 공동주택의 시공자는 작성한 주택 공기질 측정결과 보고(공고)를 주민입주 7일 전부터 60일간 주민들이 잘 볼 수 있도록 공고하여야 한다.
④ 시·도지사 또는 시장·군수·구청장은 실내공기질 측정결과를 공보 또는 인터넷 홈페이지 등에 공개할 수 있다.
⑤ 신축 공동주택의 쾌적한 공기질 유지를 위한 실내공기질 유지기준은 환경부령으로 정한다.

61 전기안전관리법령상 전기사고의 재발방지를 위하여 전기사고의 원인·경위 등에 관한 조사대상에 해당되는 화재사고의 기준으로 옳은 것은? (단, 전기에 의한 화재사고로 추정되는 사고에 한하며, 재산피해가액은 해당 화재사고에 대하여 경찰관서나 소방관서에서 추정한 가액에 따른다)

① 사망자 1명
② 사망자 2명
③ 부상자 2명
④ 재산피해가액 1억원
⑤ 재산피해가액 2억원

62 전기안전관리법상 선임된 전기안전관리자의 직무의 범위에 관한 설명이다. 틀린 것은?

① 전기설비의 공사·유지 및 운용에 관한 업무 및 이에 종사하는 사람에 대한 안전교육
② 공사계획의 인가신청 또는 신고에 필요한 서류의 검토
③ 전기안전관리에 관한 기록의 작성·보존
④ 비상용 예비발전설비의 설치·변경공사로서 총공사비가 1억원 미만인 공사의 감리업무
⑤ 전기설비로 인한 중대한 사고발생시 통보

63 「주택건설기준 등에 관한 규정」상 900세대인 공동주택단지에 설치하여야 할 주민공동시설의 면적은?

① 15,000m² 이상   ② 1,850m² 이상
③ 2,250m² 이상   ④ 2,550m² 이상
⑤ 2,750m² 이상

64 「주택건설기준 등에 관한 규칙」상 영상정보처리기기의 설치기준에 관한 규정의 일부이다. (   )에 들어갈 숫자는?

> 제9조(영상정보처리기기의 설치기준)
> 1. 승강기, 어린이놀이터 및 각 동의 출입구마다 영상정보처리기기의 카메라를 설치할 것
> 2. 카메라는 전체 또는 주요 부분이 조망되고 잘 식별될 수 있도록 설치하되, 카메라의 해상도는 (㉠)만 화소 이상일 것

① 120   ② 130   ③ 140
④ 150   ⑤ 160

65 하나의 건축물에는 도시형 생활주택과 그 밖의 주택을 함께 건축할 수 없으며, 단지형 연립주택 또는 단지형 다세대주택과 아파트형 주택을 함께 건축할 수 없다. 다만, 다음의 경우는 예외로 한다. (   )에 알맞은 내용을 순서대로 쓰시오.

> 1. 도시형 생활주택과 주거전용면적이 (㉠)m²를 초과하는 주택 1세대를 함께 건축하는 경우
> 2. (㉡)지역 또는 상업지역에서 아파트형 주택과 도시형 생활주택 외의 주택을 함께 건축하는 경우

66 공동주택관리법령상 관리주체 선정방법에 관한 규정이다. (   )에 들어갈 용어와 숫자를 순서대로 각각 쓰시오. (단, 숫자는 분수로 쓸 것)

> 의무관리대상 공동주택의 입주자 등이 공동주택을 위탁관리할 것을 정한 경우에는 입주자대표회의는 다음 각 호의 기준에 따라 주택관리업자를 선정하여야 한다.
> ㉠ 생략
> ㉡ 다음 각 목의 구분에 따른 사항에 대하여 전체 입주자등의 (   )의 동의를 얻을 것
>   가. 경쟁입찰: 입찰의 종류 및 방법, 낙찰 방법, 참가자격 제한 등 입찰과 관련한 중요사항
>   나. 수의계약: 계약상대자 선정, 계약 조건 등 계약과 관련한 중요사항
> ㉢ 생략

67 공동주택관리법령상 관리주체 또는 입주자대표회의는 다음의 구분에 따라 사업자를 선정(계약의 체결을 포함한다)하고 집행하여야 한다. (   )에 들어갈 사업자의 선정주체를 순서대로 쓰시오.

> 1. 주민공동시설의 위탁, 물품의 구입과 매각, 잡수입의 취득, 보험계약 등 → (㉠)
> 2. 하자보수보증금을 사용하여 직접 보수하는 공사 → (㉡)
> 3. 장기수선충당금을 사용하는 공사 → (㉢)
> 4. 전기안전관리를 위한 용역 → (㉣)

68 「근로기준법」상의 임산부의 보호에 관한 내용이다. ( )에 들어갈 숫자를 순서대로 쓰시오.

> - 사용자는 임신 중의 여성에게 출산 전과 출산 후를 통하여 한 번에 둘 이상 자녀를 임신한 경우에는 (㉠)일의 출산전후휴가를 주어야 한다. 이 경우 휴가기간의 배정은 출산 후에 (㉡)일 이상이 되어야 한다.
> - 사용자는 임신 중인 여성 근로자가 유산의 경험 등 대통령령으로 정하는 사유로 출산휴가를 청구하는 경우 출산 전 어느 때라도 휴가를 나누어 사용할 수 있도록 하여야 한다. 이 경우 출산 후의 휴가기간은 연속하여 한 번에 둘 이상 자녀를 임신한 경우에는 (㉢)일 이상이 되어야 한다.
> - 출산휴가 중 한 번에 둘 이상 자녀를 임신한 경우에는 최초 (㉣)일은 유급으로 한다.

69 300세대 미만인 의무관리대상 공동주택의 관리주체가 해당 연도에 회계감사를 받지 않을 수 있는 경우에 필요한 입주자등의 동의요건이다. ( )에 알맞은 용어를 쓰시오.

> 300세대 미만인 공동주택 :
> 해당 연도에 회계감사를 받지 아니하기로 입주자등의 ( )의 서면동의를 받은 경우 그 연도

70 「발코니 등의 구조변경절차 및 설치기준」에 관한 설명이다. ( )에 적합한 내용을 쓰시오.

> - 대피공간은 (㉠)시간 이상의 내화성능을 갖는 내화구조의 벽으로 구획되어야 하며, 벽·천장 및 바닥의 내부마감재료는 준불연재료 또는 불연재료를 사용하여야 한다.
> - 대피공간에 창호를 설치하는 경우에는 폭 (㉡)m, 높이 (㉢)m 이상은 반드시 개폐가능하여야 하며, 비상시 외부의 도움을 받는 경우 피난에 장애가 없는 구조로 설치하여야 한다.

71 하자 관련 분쟁조정제도에 관한 내용이다. ( )에 들어갈 공통적인 내용을 쓰시오.

> 사용자인 동별 대표자가 과반수인 입주자대표회의가 있는 공동주택의 공용부분에 대한 하자보수가 끝난 때에는 사업주체는 (㉠) 이상의 입주자와 공동으로 담보책임 종료확인서를 작성해야 한다. 그리고 그 결과를 입주자대표회의등에 통보해야 한다.

72 공동주택관리법령상 장기수선계획 수립에 관한 내용이다. ( )에 들어갈 숫자를 순서대로 각각 쓰시오.

> 건물 내부 페인트칠의 전면도장 수선주기는 (㉠)년이고, 전기자동차의 고정형 충전기의 전면교체 수선주기는 (㉡)년이다.

73 다음과 같은 조건에서 아파트 공급면적이 100㎡인 세대의 월간 세대별 장기수선충당금을 구하시오.

> - 총세대수 : 총 400세대(공급면적 100㎡ 200세대, 200㎡ 200세대)
> - 총공급면적 : 50,000㎡
> - 장기수선계획기간 중의 연간 수선비 : 6천만원
> - 계획기간 : 10년(단, 연간 수선비는 매년 일정하다고 가정함)

74 지능형 홈네트워크설비 설치 및 기술기준에서 용어의 정의에 관한 설명이다. ( )에 들어갈 용어를 쓰시오.

> (㉠)란 전유부분에 설치되어 세대 내에서 사용되는 홈네트워크 사용기기들을 유무선 네트워크로 연결하고 세대망과 단지망 혹은 통신사의 기간망을 상호 접속하는 장치를 말한다.

75 신축 공동주택의 실내공기질 관리에 관한 내용이다. ( )에 알맞은 내용을 순서대로 각각 쓰시오.

> • 적용대상인 공동주택은 아파트, 연립주택, 기숙사로서 (㉠)세대 이상으로 신축되는 것
> • 신축 공동주택의 시공자는 주택 공기질 측정결과 보고를 작성하여 주민입주 (㉡)일 전까지 시장·군수·구청장에게 제출하고, 주민입주 7일 전부터 (㉢)일간 공동주택관리사무소 입구 게시판 등에 주민들이 잘 볼 수 있도록 공고해야 한다.

76 건축물의 에너지절약설계기준상 기계설비 부문에 관한 용어의 정의이다. ( )에 들어갈 숫자를 쓰시오.

> 중앙집중식 냉·난방설비 : 건축물의 전부 또는 냉난방 면적의 (㉠)% 이상을 냉방 또는 난방함에 있어 해당 공간에 순환펌프, 증기난방설비 등을 이용하여 열원 등을 공급하는 설비를 말한다. 단, 산업통상자원부 고시 「효율관리기자재 운용규정」에서 정한 가정용 가스보일러는 개별 난방설비로 간주한다.

77 옥외소화전의 「화재안전성능기준」에 관한 것이다. ( )에 들어갈 숫자를 순서대로 쓰시오.

> 옥외소화전 노즐선단
> • 최저 방수압력 (㉠) MPa
> • 최소 방수량 (㉡) ℓ/min

78 다음은 공동주택관리법령상 공동주택의 시설물 안전관리진단 대상시설이다. 각각의 연간 최소점검 횟수를 합산한 경우 총 몇 회인가?

> • 위생진단(저수시설, 우물)
> • 안전진단(지능형 홈네트워크 설비)
> • 우기진단(석축, 주차장, 담장)

79 폐기물관리법령상 폐기물재활용 신고자와 광역폐기물처리시설 설치·운영자의 일반폐기물 처리기준에 관한 설명이다. ( )에 적합한 숫자를 순서대로 쓰시오.

> 폐기물처리신고자와 광역폐기물처리시설 설치·운영자는 원칙상 (㉠)일 이내에 폐기물을 처리할 것. 다만, 폐기물처리 신고자가 고철을 재활용하는 경우에는 (㉡)일을 말한다.

80 다음 ( )에 적합한 내용을 순서대로 쓰시오.

> 공동주택이 「국토의 계획 및 이용에 관한 법률」에 따른 도시지역(주택단지면적이 30만㎡ 미만인 경우로 한정한다) 또는 「소음·진동관리법」에 따라 지정된 지역에 건축되는 경우로서 다음 각 호의 기준을 모두 충족하는 경우에는 그 공동주택의 (㉠)층 이상인 부분에 대하여는 방음시설을 설치하여 해당 공동주택의 건설지점의 소음도가 (㉡)dB 미만이 되도록 할 의무가 없다.
> 1. 세대 안에 설치된 모든 창호를 닫은 상태에서 거실에서 측정한 소음도(이하 실내소음도)가 (㉢)dB 이하일 것
> 2. 공동주택의 세대 안에 「건축법 시행령」에 따라 정하는 기준에 적합한 환기설비를 갖출 것

― 본 회차 시험 종료 ―

제3회 적중 실전모의고사

| 문제지유형 | 적중실전모의고사 | 문제수 | 80문제 | 시험시간 | 09:30~11:10 (100분) | 응시번호 | | 성 명 | |

1 주택관리관계법규

01 다음은 주택법령상 공동주택의 리모델링의 허가 요건 등을 설명한 것이다. 옳은 것은?

① 주택단지의 주택소유자 5분의4 이상의 동의를 얻은 입주자대표회의는 시·도지사의 허가를 받아 리모델링을 할 수 있다.
② 사용검사를 받은 후 10년이 경과된 공동주택에 대하여 증축리모델링을 할 수 있다.
③ 리모델링 주택조합이 주택단지 전체를 리모델링하고자 하는 경우에는 주택단지 전체 구분소유자 및 의결권의 각 과반수의 동의와 각 동별 구분소유자 및 의결권의 각 과반수의 동의를 얻어야 리모델링을 허가할 수 있다.
④ 내력벽의 철거에 의하여 세대를 합치는 리모델링이 허용된다.
⑤ 리모델링 주택조합이 해당 동을 리모델링하고자 하는 경우에는 그 동의 구분소유자 및 의결권의 각 75퍼센트 이상의 동의를 얻어야 리모델링을 허가할 수 있다.

02 주택법령상 주택건설사업에 대한 사업계획의 승인에 관한 설명으로 틀린 것은?

① 사업계획 승인을 받은 사업주체가 공사를 시작하려는 경우에는 국토교통부령으로 정하는 바에 따라 사업계획승인권자에게 신고하여야 한다.
② 사업계획승인권자는 사업주체가 경매·공매 등으로 인하여 대지소유권을 상실한 경우에는 그 사업계획의 승인을 취소하여야 한다.
③ 사업주체가 주택건설대지의 소유권을 확보하지 못하였으나 해당 대지를 사용할 수 있는 권원을 확보한 경우에도 사업계획승인을 받을 수 있다.
④ 주택조합이 승인받은 총사업비의 10퍼센트를 감액하는 변경을 하려면 사업계획승인권자로부터 변경승인을 받아야 한다.
⑤ 지역 주택조합은 설립 인가를 받은 날부터 2년 이내에 법 제15조에 따른 사업계획 승인을 신청하여야 한다.

03 주택법령상 주택의 건설기준에 관한 설명으로 옳지 않은 것은?

① 경계벽을 철근콘크리트조 또는 철골 철근콘크리트조로 할 경우 그 두께는 15센티미터 이상으로 하여야 한다.
② 경계벽을 조립식 주택부재인 콘크리트판으로 할 경우 그 두께는 12센티미터 이상으로 하여야 한다.
③ 경계벽을 무근콘크리트조로 할 경우 그 두께는 30센티미터 이상으로 하여야 한다.
④ 경계벽은 이를 지붕밑 또는 바로 윗층 바닥판까지 닿게 하여야 하며, 소리를 차단하는 데 장애가 되는 부분이 없도록 설치하여야 한다.
⑤ 공동주택의 3층 이상인 층의 발코니에 세대간 경계벽을 설치하는 경우에는 경계벽의 구조를 파괴하기 쉬운 경량구조 등으로 할 수 있다.

04 공동주택관리법령상 다음은 입주자대표회의의 의결사항이다. 바르지 못한 것은?

① 관리비등의 결산의 승인
② 자치관리를 하는 경우 자치관리기구 직원의 임면에 관한 사항
③ 공동주택에 대한 리모델링의 제안 및 리모델링의 시행
④ 관리규약의 제정안의 제안
⑤ 비용지출을 수반하는 경우 장기수선계획 및 안전관리계획의 수립 또는 조정

05 공동주택관리법령상 관리주체의 업무 등에 관한 내용이다. 틀린 것은?

① 관리주체는 업무수행에 필요한 범위 안에서 공동주택의 공용부분을 사용할 수 있다.
② 관리주체는 입주자대표회의를 개최한 때에 회의록을 작성하여 보관하여야 한다.
③ 관리주체는 관리비등의 징수·사용·보관 및 예치 등에 관한 장부를 공동주택의 입주자등이 이의 열람을 청구하거나 자기의 비용으로 복사를 요구하는 때에는 관리규약이 정하는 바에 따라 응하여야 한다.
④ 관리주체는 월별로 관리비·사용료 및 장기수선충당금의 징수·사용·보관 및 예치 등에 관한 장부를 작성하여 이를 그 증빙자료와 함께 보관한다.
⑤ 관리주체는 입주자대표회의의 소집 및 그 회의에서 의결한 사항을 그 공동주택의 인터넷 홈페이지에 공개하거나 입주자등에게 개별 통지하여야 한다.

06 다음은 공동주택관리법령상 하자보수에 관한 설명이다. 가장 옳지 않은 것은?

① 입주자대표회의는 사업주체가 예치한 하자보수보증금을 사용검사일부터 3년이 경과된 때 하자보수보증금의 100분의25를 사업주체에게 반환하여야 한다.
② 사용검사권자는 입주자대표회의가 구성된 때에는 지체없이 하자보수보증금의 예치명의를 당해 입주자대표회의의 명의로 변경하여야 한다.
③ 하자보수보증금은 대지조성을 하지 아니하고 공동주택을 건설하는 경우에는 사업계획승인서에 기재된 당해 공동주택의 총사업비에서 대지가격을 뺀 금액의 100분의3에 해당하는 금액으로 한다.
④ 한국토지주택공사인 사업주체의 경우에는 하자보수보증금의 예치의무가 없다.
⑤ 입주자대표회의등은 사업주체가 조정결과에 따라 하자보수를 이행하지 아니한 경우에는 하자보수보증금을 사용하여 직접 보수하거나 제3자에게 보수하게 할 수 있다.

07 공동주택관리법령상 주택관리사 등이 될 수 있는 자격을 갖추고 있는 경우는?

① 금고 이상의 실형의 선고를 받고 그 집행이 면제된 날로부터 1년이 경과되지 아니한 사람
② 파산선고를 받은 후 복권되어 3년이 경과되지 아니한 사람
③ 금고 이상의 실형의 선고를 받고 그 집행이 종료된 날로부터 2년이 경과되지 아니한 사람
④ 금고 이상의 형의 집행유예선고를 받고 그 유예기간 중에 있는 사람
⑤ 주택관리사의 자격이 취소된 후 3년이 경과되지 아니한 사람

08 공동주택관리법령상 주택관리업자에 관한 설명이다. 다음 ( )에 들어갈 내용을 순서대로 고르면?

> (1) 공동주택의 관리를 업으로 하려는 자는 ( )에게 등록하여야 한다. 등록을 하지 아니하고 주택관리업을 운영한 자 또는 거짓이나 그 밖의 부정한 방법으로 등록한 자에 대하여는 ( )년 이하의 징역 또는 ( )천만원 이하의 벌금에 처한다.
> (2) ( )은(는) 공동주택단지를 모범적으로 관리한 사례를 발굴·전파하기 위하여 매년 공동주택 모범관리단지를 선정할 수 있다.

① 시장·군수·구청장 - 1 - 2 - 시·도지사
② 시장·군수·구청장 - 2 - 2 - 시·도지사
③ 시장·군수·구청장 - 1 - 2 - 시장·군수·구청장
④ 시·도지사 - 2 - 2 - 시장·군수·구청장
⑤ 시·도지사 - 2 - 1 - 시·도지사

09 공공주택 특별법령상 공공주택사업자가 임대차계약을 해제 또는 해지하거나 재계약을 거절할 수 있는 사유에 해당하지 <u>않는</u> 것은?

① 공공임대주택 및 그 부대시설을 공공주택사업자의 동의를 받지 아니하고 개축·증축 또는 변경하거나 본래의 용도가 아닌 용도로 사용하는 경우
② 공공주택사업자의 귀책사유 없이 표준임대차계약서상의 임대차계약기간이 시작된 날부터 6개월 이내에 입주하지 아니한 경우
③ 임차인이 해당 주택에서 퇴거하거나 다른 공공임대주택에 당첨되어 입주하는 경우
④ 분납임대주택의 분납금을 3개월 이상 연체한 경우
⑤ 공공임대주택(전용면적이 85m²를 초과하는 주택은 제외한다)의 임대차계약기간 중 다른 주택을 소유하게 된 경우

10 다음은 민간임대주택에 관한 특별법령상의 규정을 설명한 것이다. 옳은 것은?

① 회계감사에 따른 비용은 임대사업자가 부담하여야 한다.
② 임대사업자는 임대보증금 보증수수료를 2년 단위로 재산정하여 분할납부할 수 있다.
③ 임대사업자가 100세대의 민간임대주택을 공급하는 공동주택단지에 입주하는 임차인은 임차인대표회의를 구성하여야 한다.
④ 임대사업자가 민간임대주택을 자체관리하려면 대통령령으로 정하는 기술인력 및 장비를 갖추고 국토교통부령으로 정하는 바에 따라 시장·군수·구청장의 인가를 받아야 한다.
⑤ 임대보증금에 대한 보증에 가입한 임대사업자가 가입 후 6개월이 지났으나 재산정한 보증수수료를 보증회사에 납부하지 아니하는 경우에는 보증회사는 그 보증계약을 해지할 수 있다.

11 「시설물의 안전관리에 관한 특별법」상 안전점검 및 정밀안전진단에 관한 설명으로 옳은 것은?

① 시설물의 하자담보책임기간이 끝나기 전에 마지막으로 실시하는 정밀안전점검의 경우에는 관리주체가 직접 실시할 수 없으며, 안전점검전문기관으로 하여금 실시하게 하여야 한다.
② 안전점검은 정기안전점검과 긴급안전점검의 두 가지로 구분된다.
③ 관리주체는 16층 이상의 공동주택에 대하여 정기적으로 정밀안전진단을 실시하여야 한다.
④ 민간관리주체가 어음·수표의 지급불능으로 인한 부도(不渡) 등 부득이한 사유로 인하여 안전점검을 실시하지 못하게 될 때에는 관할 시장·군수·구청장이 민간관리주체를 대신하여 안전점검을 실시할 수 있다. 이 경우 안전점검에 드는 비용은 시장·군수·구청장이 부담하여야 한다.
⑤ 국토교통부장관은 대통령령으로 정하는 바에 따라 안전점검·정밀안전진단 및 긴급안전점검의 실시 시기·방·절차 등의 안전점검 등에 관한 지침을 작성하여 관보에 고시하여야 한다.

12 건축법령상의 건축선에 관한 설명 중 옳지 않은 것은?

① 소요너비에 미달되는 너비의 도로인 경우에는 그 중심선으로부터 해당 소요너비의 2분의1에 상당하는 수평거리를 후퇴한 선을 건축선으로 한다.
② 당해 도로의 반대쪽에 경사지·하천·철도·선로부지 기타 이와 유사한 것이 있는 경우에는 당해 경사지 등이 있는 쪽 도로경계선에서 소요너비에 상당하는 수평거리의 선을 건축선으로 한다.
③ 도로면으로부터 4.5미터 이하의 높이에 있는 출입구나 창문은 열고 닫을 때 건축선의 수직면을 넘는 구조로 하여서는 아니 된다.
④ 지표아래의 부분은 건축선의 수직면을 넘을 수 있다.
⑤ 특별자치시장·특별자치도지사 또는 시장·군수·구청장은 건축물의 위치를 정비하거나 환경을 정비하기 위하여 지구단위계획구역에서는 6미터 이내의 범위 안에서 건축선을 따로 지정할 수 있다.

13 다음은 건축법령상 건축물의 안전관리 등에 관한 규정들이다. 틀린 것은?

① 옥상광장 또는 2층 이상의 층에 있는 노대 기타 이와 유사한 것의 주위에는 높이 1.2미터 이상의 난간을 설치하여야 한다.
② 구조안전을 확인한 건축물 중 처마높이가 9미터 이상인 건축물의 건축주는 해당 건축물의 설계자로부터 구조안전의 확인서류를 받아 착공신고를 하는 때에 그 확인서류를 허가권자에게 제출하여야 한다.
③ 다중이용 건축물이 건축되는 대지에는 그 안의 모든 다중이용 건축물에 「소방기본법」에 따른 소방자동차의 접근이 가능한 통로를 설치하여야 한다.
④ 특수구조 건축물의 설계자는 해당 건축물에 대한 구조의 안전을 확인하는 경우에는 건축구조기술사의 협력을 받아야 한다.
⑤ 층수가 10층 이상인 건축물로서 10층 이상인 층의 바닥면적의 합계가 1만제곱미터 이상인 건축물의 옥상에는 헬리포트등의 설치 공간을 확보하여야 한다.

14 다음과 같은 조건의 건축물의 용적률은 얼마인가?

- 대지면적 : 500제곱미터
- 지하 2층 : 주차장용도 200제곱미터
- 지하 1층 : 근린생활시설의 용도 300제곱미터
- 지상 1층 : 필로티 구조로 전부를 주차장으로 사용 400제곱미터
- 지상 2~6층 : 근린생활시설로 사용, 각 층의 바닥면적 400제곱미터

① 80퍼센트 ② 400퍼센트 ③ 480퍼센트
④ 500퍼센트 ⑤ 580퍼센트

15 다음 중 건축법령상 대지 안의 공지기준에서 인접대지경계선으로부터 건축물의 각 부분까지 띄어야 하는 거리의 기준이 잘못된 것은?

① 상업지역이 아닌 지역에 건축하는 건축물로서 해당 용도로 쓰는 바닥면적의 합계가 1,000제곱미터 이상인 판매시설 : 1.5미터 이상 6미터 이하
② 연립주택(상업지역에서 건축하는 공동주택으로서 스프링클러나 그 밖에 이와 비슷한 자동식 소화설비를 설치한 공동주택은 제외) : 2미터 이상 5미터 이하
③ 다세대주택(상업지역에서 건축하는 공동주택으로서 스프링클러나 그 밖에 이와 비슷한 자동식 소화설비를 설치한 공동주택은 제외) : 0.5미터 이상 4미터 이하
④ 전용주거지역에 건축하는 건축물(공동주택은 제외) : 1미터 이상 6미터 이하
⑤ 아파트(상업지역에서 건축하는 공동주택으로서 스프링클러나 그 밖에 이와 비슷한 자동식 소화설비를 설치한 공동주택은 제외) : 2미터 이상 6미터 이하

16 도시 및 주거환경정비법령상 도시·주거환경정비 기본계획에 관한 설명으로 옳은 것은?

① 시장은 도시·주거환경정비 기본계획에 대하여 10년마다 그 타당성 여부를 검토하여 그 결과를 도시·주거환경정비 기본계획에 반영하여야 한다.
② 시장은 도시·주거환경정비 기본계획을 수립하고자 하는 때에는 30일 이상 주민에게 공람하고 지방의회의 의견을 들은 후(이 경우 지방의회는 시장이 도시·주거환경정비 기본계획을 통지한 날부터 60일 이내에 의견을 제시하여야 하며, 의견제시 없이 60일이 도과한 경우 이의가 없는 것으로 본다) 지방도시계획위원회의 심의를 거쳐야 한다.
③ 도시·주거환경정비 기본계획의 작성기준 및 작성방법은 특별시장·광역시장·특별자치시장·특별자치도지사 또는 시장이 이를 정한다.
④ 시장은 도시·주거환경정비 기본계획을 고시한 때에는 국토교통부령이 정하는 방법 및 절차에 따라 국토교통부장관에게 보고하여야 한다.
⑤ 도시·주거환경정비 기본계획은 20년 단위로 수립하여야 한다.

17 주택법령상 용어의 뜻에 의할 때 '주택'에 해당하지 않는 것을 모두 고른 것은?

㉠ 건축법 시행령상 용도별 건축물의 종류에 따른 다중생활시설
㉡ 건축법 시행령상 용도별 건축물의 종류에 따른 다중주택
㉢ 건축법 시행령상 용도별 건축물의 종류에 따른 오피스텔
㉣ 건축법 시행령상 용도별 건축물의 종류에 따른 기숙사

① ㉠㉢   ② ㉠㉡
③ ㉠㉡㉣   ④ ㉠㉢㉣
⑤ ㉠㉡㉢

18 주택법령상 리모델링 기본계획의 수립권자 및 대상지역 등에 관한 설명으로 옳지 않은 것은?

① 특별시장·광역시장 및 대도시의 시장은 5년마다 리모델링 기본계획의 타당성 여부를 검토하여 그 결과를 리모델링 기본계획에 반영하여야 한다.
② 리모델링 기본계획에는 리모델링 대상 공동주택 현황 및 세대수 증가형 리모델링 수요 예측이 포함되어야 한다.
③ 세대수 증가형 리모델링에 따른 도시과밀의 우려가 적은 경우 등 대통령령으로 정하는 경우에는 리모델링 기본계획을 수립하지 아니할 수 있다.
④ 대도시가 아닌 시의 시장은 세대수 증가형 리모델링에 따른 도시과밀이나 일시집중 등이 우려되어 도지사가 리모델링 기본계획의 수립이 필요하다고 인정한 경우 리모델링 기본계획을 수립하여야 한다.
⑤ 리모델링 기본계획은 작성기준 및 작성방법 등은 대통령령으로 정한다.

19 소방시설 설치 및 관리에 관한 법령상 소화설비가 아닌 것은?

① 강화액소화설비   ② 옥내소화전설비
③ 비상벨설비   ④ 옥외소화전설비
⑤ 스프링클러설비

20 소방기본법령상 소방장비 및 소방용수시설 등에 관한 설명으로 옳지 <u>않은</u> 것은?

① 소방본부장 또는 소방서장은 소방력의 기준에 따라 관할구역 안의 소방력을 확충하기 위하여 필요한 계획을 수립하여야 한다.
② 「수도법」에 따라 소화전을 설치하는 일반수도사업자는 관할 소방서장과 사전협의를 거친 후 소화전을 설치하여야 하며, 설치 사실을 관할 소방서장에게 통지하고, 그 소화전을 유지·관리하여야 한다.
③ 시·도지사는 소방활동에 필요한 소화전·급수탑·저수조(소방용수시설)를 설치하고 유지·관리하여야 한다.
④ 소방업무의 응원을 요청받은 소방본부장 또는 소방서장은 정당한 사유없이 이를 거절하여서는 아니 된다.
⑤ 소방업무의 응원을 위하여 파견된 소방대원은 응원을 요청한 소방본부장 또는 소방서장의 지휘에 따라야 한다.

21 승강기 안전관리법령상 자체점검에 관한 설명으로 옳지 <u>않은</u> 것은?

① 관리주체는 자체점검을 스스로 할 수 없다고 판단하는 경우에는 승강기의 유지관리를 업으로 하기 위하여 등록을 한 자로 하여금 이를 대행하게 할 수 있다.
② 자체점검을 담당하는 사람은 자체점검을 마치면 지체없이 자체점검 결과를 양호, 주의관찰 또는 긴급수리로 구분하여 관리주체에 통보해야 하며, 관리주체는 자체점검 결과를 자체점검 실시일 부터 10일 이내에 승강기 안전종합정보망에 입력해야 한다.
③ 관리주체는 자체점검 결과 승강기에 결함이 있다는 사실을 알았을 경우에는 즉시 보수하여야 하며, 보수가 끝날 때까지 해당 승강기의 운행을 중지하여야 한다.
④ 법 제32조 제1항에 따른 안전검사에 불합격한 승강기에 대하여는 자체점검의 전부 또는 일부를 면제할 수 없다.
⑤ 관리주체는 승강기의 안전에 관한 자체점검을 월 1회 이상 하고, 그 결과를 승강기 안전종합정보망에 입력하여야 한다.

22 전기사업법령상 용어에 관한 설명으로 옳지 <u>않은</u> 것은?

① 전기사업은 구역전기사업을 포함한다.
② 자가용 전기설비란 전기사업용 전기설비 및 일반용 전기설비 외의 전기설비를 말한다.
③ 전력계통이란 전기의 원활한 흐름과 품질유지를 위하여 전기의 흐름을 통제·관리하는 체제를 말한다.
④ 발전사업이란 전기를 생산하여 이를 전기판매사업자와 전기사용자에게 공급하는 것을 주된 목적으로 하는 사업을 말한다.
⑤ 배전사업이란 발전소로부터 송전된 전기를 전기사용자에게 배전하는 데 필요한 전기설비를 설치·운용하는 것을 주된 목적으로 하는 사업을 말한다.

23 시설물의 안전 및 유지관리에 관한 특별법령상 제2종 시설물에 해당하는 것은?

① 21층의 공동주택
② 공동주택 외 연면적 5만m²의 건축물
③ 도시철도 터널
④ 연장 1천m인 교량
⑤ 광역상수도

24 다음은 「집합건물의 소유 및 관리에 관한 법률」상 집합건물의 재건축에 관한 규정이다. 틀린 것은?

① 재건축의 결의가 있은 때에는 집회를 소집한 자는 지체없이 그 결의에 찬성하지 아니한 구분소유자에 대하여 그 결의 내용에 따른 재건축에의 참가여부를 회답할 것을 최고하여야 한다.
② 재건축에의 참여여부에 대한 회답의 최고기간이 경과한 때에는 재건축의 결의에 찬성한 각 구분소유자등은 최고기간 만료일로부터 2월 이내에 재건축에 참가하지 아니하는 뜻을 회답한 구분소유자에 대하여 구분소유권 및 대지사용권을 시가에 따라 매도할 것을 청구할 수 있다.
③ 집합건물의 건축 후 상당한 기간이 경과되어 건물이 훼손 또는 일부 멸실되는 등 일정한 사유가 있으면 「집합건물의 소유 및 관리에 관한 법률」 소정의 절차를 거쳐서 재건축할 수 있다.
④ 하나의 단지 내에 있는 여러 동의 건물 전부를 일괄하여 재건축하고자 하는 경우에는 개개의 각 건물마다 「집합건물의 소유 및 관리에 관한 법률」 소정의 재건축 결의를 할 필요가 없다는 것이 판례이다.
⑤ 집합건물을 재건축하기 위하여는 관리단집회에서 구분소유자 및 의결권의 각 5분의4 이상의 다수에 의한 결의가 있어야 한다.

25 다음은 주택법령상 지역주택조합·직장주택조합의 토지의 사용권원 등 확보에 관한 내용이다. ( )에 알맞은 아라비아 숫자와 용어를 차례로 쓰시오.

주택을 마련하기 위하여 주택조합설립인가를 받으려는 자는 다음의 요건을 모두 갖추어야 한다. 다만, 인가내용의 변경이나 주택조합의 해산의 경우에는 그러하지 아니하다.
(1) 해당 주택건설대지의 (㉠)퍼센트 이상에 해당하는 토지의 사용권원을 확보할 것
(2) 해당 주택건설대지의 15퍼센트 이상에 해당하는 토지의 (㉡)을 확보할 것

26 공동주택관리법령상 안전점검에 관한 내용이다. 다음 ( )에 알맞은 용어를 쓰시오.

의무관리대상 공동주택의 관리주체는 그 공동주택의 기능유지와 안전성 확보로 입주자 및 사용자를 재해 및 재난 등으로부터 보호하기 위하여 시설물의 안전 및 유지관리에 관한 특별법에 따른 지침에서 정하는 안전점검의 실시방법 및 절차 등에 따라 공동주택의 안전점검을 (㉠)마다 실시하여야 한다.

27 주택법령상 용어에 관한 내용이다. ( )에 들어갈 용어를 쓰시오.

(㉠)이란 세대수 증가형 리모델링으로 인한 도시과밀, 이주수요 집중 등을 체계적으로 관리하기 위하여 수립하는 계획을 말한다.

28 공동주택관리법령상 손해배상책임의 보장에 관한 내용이다. ( )에 들어갈 아라비아 숫자를 쓰시오.

관리사무소장으로 배치된 주택관리사등은 손해배상책임을 보장하기 위하여 다음의 구분에 따른 금액을 보장하는 보증보험 또는 공제에 가입하거나 공탁을 하여야 한다.
1. 500세대 미만의 공동주택 : 3천만원
2. 500세대 이상의 공동주택 : (㉠)천만원

29 공동주택관리법 시행령 제20조(관리규약의 제정 등) 규정의 일부이다. ( )에 들어갈 용어를 차례로 쓰시오.

(1) 법 제18조 제2항에 따라 공동주택 분양 후 최초의 관리규약은 (㉠)가 제안한 내용을 해당 입주예정자의 과반수가 서면으로 동의하는 방법으로 결정한다.
(2) 의무관리대상 전환 공동주택의 관리규약 제정안은 의무관리대상 전환 공동주택의 (㉡)이 제안하고, 그 내용을 전체 입주자등 과반수의 서면동의로 결정한다.

30 주택법령상 주택상환사채에 관한 내용이다. ( )에 들어갈 용어를 쓰시오.

> 주택상환사채를 발행하려는 자는 주택상환사채발행계획을 수립하여 (㉠)의 승인을 받아야 한다.

31 건축법령상 다음 ( )에 들어갈 용어를 쓰시오.

> 허가권자는 위반건축물에 대한 시정명령을 받은 후 시정기간 내에 시정명령을 이행하지 아니한 건축주·공사시공자·현장관리인·소유자·관리자 또는 점유자에 대하여는 그 시정명령의 이행에 필요한 상당한 이행기한을 정하여 그 기한까지 시정명령을 이행하지 아니하면 (㉠)을 부과한다.

32 다음은 건축법령상 가설건축물의 연장에 관한 규정이다. ( )에 들어갈 아라비아 숫자를 각각 순서대로 쓰시오.

> 건축법령상 존치기간을 연장하려는 가설건축물의 건축주는 다음의 구분에 따라 특별자치시장·특별자치도지사 또는 시장·군수·구청장에게 허가를 신청하거나 신고하여야 한다.
> (1) 허가대상 가설건축물: 존치기간 만료일 (㉠)일 전까지 허가신청
> (2) 신고대상 가설건축물: 존치기간 만료일 (㉡)일 전까지 신고

33 건축법령상 지하층이 2개층이고 지상층은 전체가 층의 구분이 명확하지 아니한 건축물로서, 건축물의 바닥면적은 500제곱미터이며 바닥면적의 250제곱미터에 해당하는 부분은 그 높이가 16미터이고 나머지 250제곱미터에 해당하는 부분의 높이는 20미터이다. 이러한 건축물의 층수는? (단, 건축물의 높이는 건축법령에 의하여 산정한 것이고, 지표면의 고저차는 없으며, 건축물의 옥상에는 별도의 설치물이 없음)

34 공공주택사업자는 특별수선충당금을 사용검사일(임시사용승인을 받은 경우에는 임시사용승인일을 말한다)부터 1년이 지난 날이 속하는 달부터 매달 적립하되, 적립요율은 다음의 비율에 따른다. ( )에 들어갈 용어와 아라비아 숫자를 순서대로 각각 쓰시오.

> (1) 영구임대주택, 국민임대주택, 행복주택, (㉠) 및 장기전세주택: 국토교통부장관이 고시하는 표준건축비의 1만분의 (㉡)
> (2) 위 (1)에 해당하지 아니하는 공공임대주택: 「주택법」 제15조 제1항에 따른 사업계획승인 당시 표준건축비의 1만분의 (㉢)

35 도시재정비 촉진을 위한 특별법령상 ( )에 들어갈 용어를 쓰시오.

> 재정비촉진계획 수립권자는 필요한 경우 중심지형 또는 (㉠) 재정비촉진지구에 대하여 「초·중등교육법」에 따른 학교시설기준과 「주택법」 및 「주차장법」에 따른 주차장설치기준을 완화하는 내용으로 재정비촉진계획을 수립할 수 있다.

36 승강기 안전관리법령상 ( )에 들어갈 아라비아 숫자를 쓰시오.

> 승강기 안전인증이 취소된 승강기의 제조·수입업자는 취소된 날부터 (㉠)년 이내에는 같은 모델의 승강기에 대한 승강기 안전인증을 신청할 수 없다.

37 화재의 예방 및 안전관리에 관한 법령상 소방안전관리자에 대한 설명이다. ( )에 들어갈 아라비아 숫자를 순서대로 각각 쓰시오.

> 소방안전관리대상물의 관계인은 소방안전관리자를 소방안전관리자의 해임, 퇴직 등으로 해당 소방안전관리자의 업무가 종료된 경우는 소방안전관리자가 해임된 날, 퇴직한 날 등 근무를 종료한 날부터 (㉠)일 이내에 선임해야 하고, 소방안전관리대상물의 관계인이 소방안전관리자를 선임한 경우에는 선임한 날부터 (㉡)일 이내에 소방본부장이나 소방서장에게 신고하여야 한다.

38 도시 및 주거환경정비법령상 ( )에 들어갈 아라비아 숫자를 쓰시오.

> 청산금을 지급(분할지급을 포함한다)받을 권리 또는 이를 징수할 권리는 법 제86조 제2항에 따른 이전고시일의 다음 날부터 (㉠)년간 이를 행사하지 아니하면 소멸한다.

39 전기사업법령상의 내용이다. ( )에 들어갈 아라비아 숫자를 쓰시오.

> 산업통상자원부장관은 전력수급의 안정을 위하여 전력수급기본계획을 수립하고 공고하여야 한다. 전력수급기본계획을 변경하는 경우에도 또한 같다. 전력수급기본계획은 (㉠)년 단위로 수립·시행한다.

40 다음은 시설물의 안전 및 유지관리에 관한 특별법령상 정밀안전진단 시기에 관한 내용이다. ( ) 안에 알맞은 아라비아 숫자를 적으시오.

> 최초로 실시하는 정밀안전진단은 준공일 또는 사용승인일(준공 또는 사용승인 후에 구조형태의 변경으로 제1종시설물로 된 경우에는 최초 준공일 또는 사용승인일을 말한다) 후 (㉠)년이 지난 때부터 1년 이내에 실시한다.

- 다음면에 계속 -

제3회 적중 실전모의고사

2 공동주택관리실무

41 공동주택관리법령상 의무관리대상 전환 공동주택의 관리방법 결정 등에 관한 설명이다. 옳지 <u>않은</u> 것은?

① 의무관리대상 전환 공동주택의 관리인은 관할 특별자치시장·특별자치도지사·시장·군수·구청장에게 의무관리대상 공동주택 전환 신고를 하여야 한다.
② 위 ①에 따른 관리인이 신고하지 않는 경우에는 입주자등의 10분의 1 이상이 연서하여 신고할 수 있다.
③ 의무관리대상 공동주택 전환 신고를 하려는 자는 입주자등의 동의를 받은 날부터 30일 이내에 관할 시장·군수·구청장에게 국토교통부령으로 정하는 신고서를 제출해야 한다.
④ 의무관리대상 전환 공동주택의 입주자등은 관리규약의 제정 신고가 수리된 날부터 3개월 이내에 입주자대표회의를 구성하여야 하며, 입주자대표회의의 구성 신고가 수리된 날부터 6개월 이내에 공동주택의 관리 방법을 결정하여야 한다.
⑤ 의무관리대상 전환 공동주택의 입주자등은 의무관리대상 전환기준에 따라 해당 공동주택을 의무관리대상에서 제외할 것을 정할 수 있으며, 이 경우 입주자대표회의의 회장은 시장·군수·구청장에게 의무관리대상 공동주택 제외 신고를 하여야 한다.

42 민간임대주택에 관한 특별법령상 주택임대관리업의 결격사유에 해당하지 <u>않는</u> 것은?

① 피성년후견인
② 파산선고를 받고 복권되지 아니한 자
③ 「민간임대주택에 관한 특별법」을 위반하여 형의 집행유예를 선고받고 그 유예기간이 지난 후 1년이 되지 않은 사람
④ 「민간임대주택에 관한 특별법」 제10조에 따라 주택임대관리업의 등록이 말소된 후 2년이 지나지 아니한 자. 이 경우 등록이 말소된 자가 법인인 경우에는 말소 당시의 원인이 된 행위를 한 사람과 대표자를 포함한다.
⑤ 「민간임대주택에 관한 특별법」을 위반하여 금고 이상의 실형을 선고받고 집행이 종료(집행이 종료된 것으로 보는 경우를 포함한다)되거나 그 집행이 면제된 날부터 3년이 지나지 않은 사람

43 공동주택의 관리방법에 관한 사항이다. 그 내용 중 사실과 다른 것은?

① 입주자대표회의 구성원은 자치관리기구의 직원을 겸할 수 없다.
② 입주자대표회의는 선임된 관리사무소장이 해임되거나 그 밖의 사유로 결원이 되었을 때에는 그 사유가 발생한 날부터 30일 이내에 새로운 관리사무소장을 선임하여야 한다.
③ 공동주택관리기구의 기술인력 및 장비기준에서 관리사무소장과 기술인력간, 기술인력 상호간에는 겸직할 수 없다.
④ 임대사업자는 공공건설임대주택에 대하여 분양전환을 하는 경우로서 해당 공공건설임대주택 전체 세대수의 과반수가 분양전환된 때에는 입주자 등에게 그 사실을 통지하여야 한다.
⑤ 입주자대표회의가 공동주택을 자치관리하고자 하는 경우에 관리주체가 입주자대표회의의 동의를 얻어 관리업무의 전부를 해당 법령에서 인정하는 전문용역업체에 용역하는 경우에는 해당 기술인력을 갖추지 아니할 수 있다.

44 「국민연금법」에 따른 급여의 제한 등에 관한 설명이다. 다음 중 옳지 않은 것은?

① 가입자 또는 가입자였던 자가 고의로 질병·부상 또는 그 원인이 되는 사고를 일으켜 그로 인하여 장애를 입은 경우에는 그 장애를 지급 사유로 하는 장애연금을 지급하지 아니할 수 있다.
② 가입자 또는 가입자였던 자가 고의나 중대한 과실로 요양 지시에 따르지 아니하거나 정당한 사유 없이 요양 지시에 따르지 아니하여 장애를 입거나 사망한 경우에 해당하게 되면 대통령령으로 정하는 바에 따라 이를 원인으로 하는 급여의 전부 또는 일부를 지급하지 아니할 수 있다.
③ 유족연금등의 수급권자가 될 수 있는 자를 고의로 사망하게 한 유족에게는 사망에 따라 발생되는 유족연금, 미지급급여, 반환일시금 및 사망일시금을 지급하지 아니할 수 있다.
④ 수급권자가 장애연금 또는 유족연금의 수급권자가 정당한 사유 없이 공단의 진단요구 또는 확인에 응하지 아니한 때에 해당하면 급여의 전부 또는 일부의 지급을 정지할 수 있다.
⑤ 장애연금의 수급권자가 고의나 중대한 과실로 요양 지시에 따르지 아니하거나 정당한 사유 없이 요양 지시에 따르지 아니하여 장애를 악화시키거나 회복을 방해한 경우에는 장애연금액을 변경하지 아니할 수 있다.

45 근로기준법령상의 연장근로의 제한에 관한 설명이다. 옳지 않은 것은?

① 당사자 간에 합의하면 1주 간에 12시간을 한도로 근로시간을 연장할 수 있다.
② 당사자 간에 합의하면 1주 간에 12시간을 한도로 3개월 이내의 탄력적 근로시간제 및 3개월을 초과하는 탄력적 근로시간제의 근로시간을 연장할 수 있고, 정산기간을 평균하여 1주 간에 12시간을 초과하지 아니하는 범위에서 선택적 근로시간제의 근로시간을 연장할 수 있다.
③ 사용자는 특별한 사정이 있으면 근로자의 동의를 받아 근로시간을 연장할 수 있다.
④ 고용노동부장관은 근로시간의 연장이 부적당하다고 인정하면 그 후 연장시간에 상당하는 휴게시간이나 휴일을 줄 것을 명할 수 있다.
⑤ 사용자는 연장 근로를 하는 근로자의 건강 보호를 위하여 건강검진 실시 또는 휴식시간 부여 등 고용노동부장관이 정하는 바에 따라 적절한 조치를 하여야 한다.

46 공동주택관리법령상 주택관리업에 관한 다음 설명 중 틀린 것은?

① 주택관리업을 시장·군수·구청장에게 등록하기 위한 최소자본금은 2억원이다.
② 의무관리대상 공동주택의 입주자 등이 공동주택을 위탁관리할 것을 정한 경우에는 입주자대표회의는 전자입찰방식에 의한 경쟁입찰을 원칙으로 주택관리업자를 선정하여야 한다.
③ 등록한 주택관리업자가 등록이 말소되고 2년이 경과되지 아니한 때에는 다시 등록할 수 없다.
④ 공동주택의 관리를 업으로 하고자 하는 자는 시장·군수·구청장에게 등록한 자에 한하며, 등록사항에 변경이 있을 때는 변경사유 발생일로부터 30일 이내에 변경신고를 하여야 한다.
⑤ 주택관리업자는 관리하는 공동주택에 배치된 주택관리사등이 해임 그 밖의 사유로 결원이 된 때에는 그 사유가 발생한 날부터 15일 이내에 새로운 주택관리사등을 배치하여야 한다.

47 공동주택관리법령상의 용도 외 사용 등의 행위허가 또는 신고기준에 관한 다음 설명 중 틀린 것은?

① 용도폐지는 신고하고 할 수 있는 경우가 전혀 없다.
② 행위의 허가를 받거나 신고를 하고 설치하는 공동주택에서 해당 요건을 갖추고 하는 세대구분형 공동주택의 설치가 대수선이 포함되지 않은 경우에는 시장·군수·구청장이 구조안전에 이상이 없다고 인정하는 경우로서 해당 동에 거주하는 입주자 등 1/2 이상의 동의를 받아야 시장·군수·구청장의 허가를 받을 수 있다.
③ 공동주택에 설치된 「방송통신설비의 기술기준에 관한 규정」 제3조 제1항 제15호의 이동통신구내 중계설비를 철거하는 행위는 입주자대표회의 동의를 받아서 시장·군수·구청장에게 허가를 받아야 가능하다.
④ 증설이란 증축에 해당하지 않는 것으로서 시설물 또는 설비를 늘리는 것을 말한다.
⑤ 파손·철거 또는 증축·증설의 부대시설 및 입주자 공유인 복리시설 신고기준란에서 "국토교통부령으로 정하는 경미한 사항"이란 「주택건설기준 등에 관한 규정」에 적합한 범위에서 어린이놀이터, 관리사무소등의 시설을 사용검사를 받은 면적 또는 규모의 10% 범위에서 파손·철거 또는 증축·증설하는 경우를 말한다.

48 공동주택관리법령상의 입주자대표회의에 관한 설명이다. 옳지 않은 것은?

① 입주자인 동별 대표자 중에서 회장 후보자가 없는 경우로서 선출 전에 전체 입주자 과반수의 서면동의를 얻은 경우에는 사용자인 동별 대표자도 회장이 될 수 있다.
② 동별 대표자가 임기 중에 동별 대표자의 자격요건을 충족하지 아니하게 된 경우나 동별 대표자의 결격사유에 해당하게 된 경우에는 당연히 퇴임한다.
③ 보궐선거 또는 재선거로 선출된 동별 대표자의 임기는 모든 동별 대표자의 임기가 동시에 시작하는 경우라면 전임자 임기의 남은 기간으로 한다.
④ 입주자인 동별 대표자 후보자가 없는 선거구에서는 거주요건 등과 대통령령으로 정하는 요건을 갖춘 사용자도 동별 대표자로 선출될 수 있다.
⑤ 입주자대표회의 구성원에 대한 운영·윤리교육의 수강비용은 입주자대표회의 운영경비에서 부담하며, 입주자등에 대한 운영·윤리교육의 수강비용은 수강생 본인이 부담한다.

49 다음은 공동주택관리법령상의 관리사무소장의 업무에 해당하지 <u>않는</u> 것은?

① 관리비 등이 예치된 금융기관으로부터 매월 말일을 기준으로 발급받은 잔고증명서의 금액과 장부상 금액이 일치하는지 여부를 관리비 등이 부과된 달의 다음 달 10일까지 확인하는 업무
② 선거관리위원회의 운영에 필요한 업무 지원 및 사무처리업무
③ 입주자대표회의의 의결하는 공동주택의 운영 등과 관련한 재판외 행위 대리업무
④ 안전관리계획의 조정업무
⑤ 공동주택의 내력구조부에 대한 안전진단의뢰에 관한 업무

50 의무관리대상 공동주택의 회계관리에 관한 다음 설명 중 옳지 <u>않은</u> 것은?

① 300세대 이상인 공동주택의 관리주체는 대통령령으로 정하는 바에 따라 「주식회사 등의 외부감사에 관한 법률」에 따른 감사인의 회계감사를 매년 1회 이상 받아야 한다.
② 관리주체는 회계감사를 받은 경우에는 감사보고서 등 회계감사의 결과를 제출받은 날부터 1개월 이내에 입주자대표회의에 보고하고 해당 공동주택단지의 인터넷 홈페이지와 공동주택관리정보시스템에 공개하여야 한다.
③ 300세대 미만인 공동주택으로서 의무관리대상 공동주택의 관리주체는 대통령령으로 정하는 바에 따라 「주식회사 등의 외부감사에 관한 법률」에 따른 감사인의 회계감사를 매년 1회 이상 받아야 한다.
④ 회계감사의 감사인은 회계감사 완료일부터 1개월 이내에 회계감사 결과를 해당 공동주택을 관할하는 시장·군수·구청장에게 제출하고 공동주택관리정보시스템에 공개하여야 한다.
⑤ 사업주체로부터 지급받은 공동주택 공용부분의 하자보수비용을 사용하여 보수하는 공사는 입주자대표회의가 사업자를 선정(계약의 체결을 포함한다)하고 집행하는 사항이다.

51 남녀고용평등과 일·가정 양립지원에 관한 법령에 관한 다음 사항 중 옳지 <u>않은</u> 것은?

① 사업주는 근로자가 배우자의 출산을 이유로 휴가를 청구하는 경우에 10일의 휴가를 주어야 하며, 이 경우 사용한 휴가기간은 유급으로 한다.
② 배우자 출산휴가는 근로자의 배우자가 출산한 날부터 120일이 지나면 청구할 수 없다.
③ 가족돌봄휴직 기간은 연간 최장 90일로 하며, 이를 나누어 사용할 수 있어야 한다.
④ 가족돌봄휴가 기간은 연간 최장 10일로 하며, 가족돌봄휴가 기간은 가족돌봄휴직 기간에 포함된다.
⑤ 사업주가 해당 근로자에게 가족돌봄 등을 위한 근로시간 단축을 허용하는 경우 단축 후 근로시간은 주당 15시간 이상이어야 하고 30시간을 넘어서는 아니 된다.

52 산업재해보상보험법령상 용어의 뜻에 관한 설명이다. 옳지 <u>않은</u> 것은?

① 손자녀, 조부모, 형제자매는 유족급여를 받을 수 있는 "유족"에 해당된다.
② 치료의 효과를 더 이상 기대할 수 없고 그 증상이 고정된 상태에 이르게 된 것도 "치유"에 해당한다.
③ 부상 또는 질병이 치유되었으나 정신적 훼손으로 인하여 노동능력이 감소된 상태도 "장해"에 해당한다.
④ 업무상의 부상 또는 질병에 따른 육체적 훼손으로 노동능력이 감소된 상태로서 그 부상 또는 질병이 치유되지 아니한 상태는 "중증요양상태"에 해당한다.
⑤ 한 취업장소에서 다른 취업장소로의 이동은 "출퇴근"에 해당하지 아니한다.

53 「소방시설 설치 및 관리에 관한 법령」상의 소방시설 등 자체점검에 관한 다음 내용 중 틀린 것은?

① 특급 소방안전관리대상물은 종합점검을 반기에 1회 이상 실시하여야 한다.
② 해당 특정소방대상물의 관계인은 간이스프링클러설비나 자동화재탐지설비가 설치된 특정소방대상물에 해당하지 않는 특정소방대상물에 대해서도 작동점검은 할 수 있다.
③ 종합점검 시기에서 해당 특정소방대상물의 소방시설등이 신설된 경우에 해당하는 특정소방대상물은 건축물을 사용할 수 있게 된 날부터 60일 이내 실시한다.
④ 위 ③을 제외한 특정소방대상물은 건축물의 사용승인일이 속하는 달에 종합점검을 실시한다.
⑤ 공동주택(아파트등으로 한정한다) 세대별 점검방법은 관리자(관리소장, 입주자대표회의 및 소방안전관리자를 포함한다) 및 입주민(세대 거주자를 말한다)은 2년 이내 모든 세대에 대하여 점검을 해야 한다.

54 지능형 홈네트워크설비 설치 및 기술기준에 관한 설명이다. 틀린 것은?

① 홈네트워크망 중에서 단지망은 집중구내통신실에서 세대까지를 연결하는 망을 말한다.
② 세대단자함이란 세대 내에 인입되는 통신선로, 방송공동수신설비 또는 홈네트워크설비 등의 배선을 효율적으로 분배·접속하기 위하여 이용자의 전유부분에 포함되어 실내공간에 설치되는 분배함를 말한다.
③ 홈네트워크장비란 홈네트워크망을 통해 접속하는 장치를 말하며 홈게이트웨이, 세대단말기, 단지네트워크장비, 단지서버, 원격제어기기로 구분한다.
④ 가스감지기는 LNG인 경우에는 천장 쪽에, LPG인 경우에는 바닥 쪽에 설치하여야 한다.
⑤ 집중구내통신실은 독립적인 출입구와 보안을 위한 잠금장치를 설치하여야 한다.

55 다음 중 공동주택관리법령상 하자담보책임기간이 2년인 것을 모두 고른 것은?

㉠ 석공사(건물내부 공사) ㉡ 블록공사
㉢ 옥내가구공사 ㉣ 포장공사
㉤ 홈통 및 우수관공사 ㉥ 주방기구공사

① ㉠, ㉡, ㉤
② ㉠, ㉢, ㉥
③ ㉡, ㉢, ㉤
④ ㉠, ㉡, ㉣
⑤ ㉡, ㉣, ㉤, ㉥

56 전압을 구분한 표이다. ( )에 들어갈 숫자를 옳게 나열한 것은?

구 분	저압	고압	특고압
직 류	(㉠)V 이하	(㉠)V 초과 ~ 7,000V 이하	7,000V 초과
교 류	(㉡)V 이하	(㉡)V 초과 ~ 7,000V 이하	

① ㉠ 330   ㉡ 750
② ㉠ 750   ㉡ 600
③ ㉠ 1,500 ㉡ 750
④ ㉠ 1,000 ㉡ 1,500
⑤ ㉠ 1,500 ㉡ 1,000

57 배선설비와 수변전설비에 관한 설명이다. 틀린 것은?

① 특고압 배전방식은 Y결선(중성점 다중 접지)방식을 사용한다.
② 전압강하는 길이에 반비례하고 굵기에 비례한다.
③ 배선 중의 전력손실은 전압강하의 제곱에 비례한다.
④ 수용률(설계량)은 설비 용량에 대한 최대 전력의 비를 백분율로 나타낸 것이다.
⑤ 부하율(실제량)은 어떤 기간 중의 평균 수용전력과 최대 수용전력과의 비를 나타낸 것이다.

58 하자심사 및 분쟁조정제도에 관한 설명이다. 다음 중에서 옳지 <u>않은</u> 것은?

① 하자분쟁조정위원회에 하자심사 또는 분쟁조정을 신청하는 자와 그 상대방은 의무관리대상 공동주택에 배치된 관리사무소장을 대리인으로 선임할 수 있다.
② 하자분쟁조정위원회는 사업주체 등 설계자 및 감리자 간에 발생하는 분쟁의 조정에 따른 분쟁의 조정절차를 완료한 때에는 지체없이 대통령령으로 정하는 사항을 기재한 조정안을 결정하고, 각 당사자 또는 그 대리인에게 이를 제시하여야 한다.
③ 조정안을 제시받은 당사자는 그 제시를 받은 날부터 30일 이내에 그 수락 여부를 하자분쟁조정위원회에 통보하여야 한다. 수락 여부에 대한 답변이 없는 때에는 그 조정안을 수락한 것으로 본다.
④ 하자 여부 판정 결과에 대하여 이의가 있는 자는 하자 여부 판정서를 송달받은 날부터 15일 이내에 이의신청을 할 수 있다.
⑤ 조정서의 내용은 재판상 화해와 동일한 효력이 있다.

59 도시가스사업법령상의 가스안전관리자에 관한 설명이다. 옳지 <u>않은</u> 것은?

① 특정가스사용시설의 사용자는 특정가스사용시설의 안전유지 및 운용에 관한 직무를 수행하게 하기 위하여 사용 전에 안전관리자를 선임하여야 한다.
② 특정가스사용시설의 사용자는 안전관리자를 선임 또는 해임하거나 안전관리자가 퇴직한 경우에는 지체 없이 시장·군수·구청장에게 신고하고, 해임되거나 퇴직한 날부터 14일 이내에 다른 안전관리자를 선임하여야 한다.
③ 배관의 구멍뚫기 작업은 가스안전관리자의 업무 중 하나이다.
④ 안전관리자에는 안전관리총괄자, 안전관리부총괄자, 안전관리책임자, 안전관리원, 안전점검원이 있다.
⑤ 특정가스사용시설의 월 사용예정량이 4천㎥를 초과하는 경우에는 안전관리총괄자 1명과 안전관리책임자 1명 이상이 선임되어야 한다.

60 「다중이용시설 등의 실내공기질 관리법」상 신축 공동주택의 실내공기질 측정항목에 따른 실내공기질 권고기준으로 옳게 연결되지 <u>않은</u> 것은?

① 라돈 : 300Bq/㎥ 이하
② 에틸벤젠 : 360μg/㎥ 이하
③ 벤젠 : 30μg/㎥ 이하
④ 자일렌 : 700μg/㎥ 이하
⑤ 폼알데하이드 : 210μg/㎥ 이하

61 다음은 건축물의 에너지절약설계기준상 건축부문의 의무사항에 관한 사항이다. 다음 중 옳지 <u>않은</u> 것은?

① 지표면 아래 2m를 초과하여 위치한 지하 부위(공동주택의 거실 부위는 제외)로서 이중벽의 설치 등 하계 표면결로 방지 조치를 한 경우에는 건축물의 열손실방지 조치를 아니할 수 있다.
② 공동주택의 층간바닥(최하층 제외) 중 바닥난방을 하지 않는 현관 및 욕실의 바닥부위는 건축물의 열손실방지 조치를 아니할 수 있다.
③ 수평면과 이루는 각이 70°를 초과하는 경사지붕은 외벽의 열관류율을 적용할 수 있다.
④ 벽체 내표면 및 내부에서의 결로를 방지하고 단열재의 성능 저하를 방지하기 위하여 단열조치를 하여야 하는 부위(창 및 문과 난방공간 사이의 층간바닥 제외한다)에는 단열재를 방습층의 실내측에 설치하여야 한다.
⑤ 바닥난방 부위에 설치되는 단열재는 바닥난방의 열이 슬래브 하부 및 측벽으로 손실되는 것을 막을 수 있도록 온수배관(전기난방인 경우는 발열선) 하부와 슬래브 사이에 설치하여야 한다.

62 공동주택관리법령상 관리주체가 공동주택의 시설물로 인한 안전사고를 예방하기 위하여 안전관리계획을 수립하여야 하는 대상시설이 <u>아닌</u> 것은?

① 승강기
② 발전 및 변전시설
③ 연탄가스배출기(세대별로 설치된 것은 제외한다)
④ 주차장·경로당 또는 어린이놀이터에 설치된 시설
⑤ 수목

63 펌프에 관한 다음 설명 중 <u>틀린</u> 것은?

① 원심펌프(Centrifugal pump)는 펌프 소요량의 약 80~90% 정도를 차지할 정도로 많이 사용되고 있는 펌프로서 고속회전이 가능하기 때문에 작고 가벼우며, 구조가 간단하고 취급하기 쉬워 소유량(小流量), 고양정(高揚程)에 적합하다.
② 볼류트 펌프는 고형물질이 제외되거나 없는 곳에, 볼텍스 펌프는 거친 고형물질이 제거된 곳에서 양수를 하는 데 사용된다.
③ 수중펌프는 설치공간 및 소음이 적고, 다른 펌프와 달리 기계실(펌프실)이 필요 없으며 자동운전이 가능하고 priming이 불필요한 특징을 가지고 있어서 폐수처리시설 및 빌딩, 공장, 공사장 등의 배수용으로도 널리 사용되고 있다
④ 다이아프램펌프(Diaphragm Pump)는 토출량의 조절이 간편하며 구조가 간단하므로 유지보수가 간단하고 작동에 큰 기술을 필요로 하지 않는다.
⑤ 단단펌프는 고양정에 대한 안정적인 유량을 공급하는 것이다.

64 주택법령상의 공동주택 바닥구조와 층간소음에 관한 내용이다. 다음 중 옳지 <u>않은</u> 것은?

① 입주자등은 층간소음에 따른 분쟁을 예방하고 조정하기 위하여 관리규약으로 정하는 바에 따라 의무관리대상 공동주택 중 700세대 이상인 경우에는 층간소음관리위원회를 구성하여야 한다.
② 관리주체의 조치에도 불구하고 층간소음 발생이 계속될 경우에는 층간소음 피해를 입은 입주자 등은 하자분쟁조정위원회에 조정을 신청할 수 있다.
③ 공동주택 세대 내의 층간바닥(화장실의 바닥은 제외한다)은 콘크리트 슬래브 두께가 210mm[라멘구조의 공동주택은 150mm] 이상이어야 한다.
④ 공동주택 세대 내의 각 층간 바닥의 경량충격음 및 중량충격음은 각각 49데시벨 이하인 구조가 되도록 하여야 한다.
⑤ 공동주택 바닥충격음 차단구조의 성능등급 인정의 유효기간은 그 성능등급 인정을 받은 날부터 5년으로 한다.

65 주택임대관리업자에 관한 설명이다. ( )에 들어갈 용어를 순서대로 쓰시오.

「민간임대주택에 관한 특별법」은 주택임대관리업자의 현황신고에 관하여 주택임대관리업자는 (㉠)마다 그 (㉠)(이)가 끝나는 달의 다음 달 말일까지 자본금, 전문인력, 관리 호수 등 대통령령으로 정하는 정보를 (㉡)에게 신고하여야 한다.

66 공동주택관리법령상 공동관리에 관한 사항이다. ( )에 들어갈 내용을 순서대로 쓰시오.

입주자대표회의는 공동주택을 공동관리하려는 경우에는 공동관리의 필요성 등 사항을 입주자 등에게 통지하고 다음의 구분에 따라 입주자 등의 서면동의를 받아야 한다.
• 단지별로 입주자 등 (㉠)의 서면동의를 받아야 한다.

67 공동주택관리법령상 선거관리위원회 구성에 관한 내용이다. ( )에 들어갈 숫자를 순서대로 쓰시오.

500세대 이상인 의무관리대상 공동주택의 경우 선거관리위원회는 입주자등 중에서 위원장을 포함하여 (㉠)명 이상 (㉡)명 이하의 위원으로 구성한다.

68 주택법령상 세대수 증가형 리모델링에 관한 규정이다. ( )에 알맞은 용어를 쓰시오.

시장·군수·구청장이 세대수가 증가되는 리모델링(50세대 이상으로 세대수가 증가하는 경우로 한정한다)을 허가하려는 경우에는 기반시설에의 영향이나 도시·군관리계획과의 부합 여부 등에 대하여 「국토의 계획 및 이용에 관한 법률」에 따라 설치된 (㉠)의 심의를 거쳐야 한다.

69 「근로기준법」상 연차유급휴가 등에 관한 규정이다. ( )에 들어갈 숫자를 쓰시오.

사용자는 3년 이상 계속하여 근로한 근로자에게는 연차유급휴가에 최초 1년을 초과하는 계속근로연수 매 2년에 대하여 1일을 가산한 유급휴가를 주어야 한다. 이 경우 가산휴가를 포함한 총휴가일수는 (㉠)일을 한도로 한다.

70 「근로기준법」상 부당해고로 인한 노동위원회의 구제명령에 관한 내용이다. ( )에 들어갈 숫자를 순서대로 쓰시오.

노동위원회의 구제명령의 이행기한은 사용자가 구제명령을 서면으로 통지받은 날부터 (㉠)일 이내로 한다.

71 국민연금법령상 심사청구에 관한 설명이다. ( )에 들어갈 용어를 순서대로 쓰시오.

> 가입자의 자격, 기준소득월액, 연금보험료, 그 밖의 「국민연금법」에 따른 징수금과 급여에 관한 국민연금공단 또는 국민건강보험공단의 처분에 이의가 있는 자는 그 처분을 한 국민연금공단 또는 국민건강보험공단에 심사청구를 할 수 있으며, 심사청구사항을 심사하기 위하여 국민연금공단에 국민연금심사위원회를 두고, 국민건강보험공단에 (㉠)를 둔다.

72 다음은 「공동주택관리법」 제19조에 따른 관리규약 등의 신고에 관한 사항이다. ( )에 들어갈 용어와 숫자를 순서대로 쓰시오.

> 의무관리대상 전환 공동주택의 (㉠)은 관리규약의 제정 사항을 대통령령으로 정하는 바에 따라 시장·군수·구청장에게 신고하여야 하며, 신고한 사항이 변경되는 경우에도 또한 같다. 다만, 의무관리대상 전환 공동주택의 (㉠)이 관리규약의 제정 신고를 하지 않는 경우에는 입주자등의 (㉡) 이상이 연서하여 신고할 수 있다.

73 지능형 홈네트워크설비 설치 및 기술기준에 관한 설명이다. ( )에 용어를 쓰시오.

> (㉠)란 세대 내 홈게이트웨이(단 월패드가 홈게이트웨이 기능을 포함하는 경우는 월패드로 대체 가능)와 단지서버간의 통신 및 보안을 수행하는 장비로서, 백본, 방화벽, 워크그룹스위치 등을 말한다.

74 자동화재탐지설비 및 시각경보장치의 화재안전성능기준상의 감지기 설치기준에 관한 내용이다. 다음 ( )에 적합한 용어나 숫자를 순서대로 쓰시오.

> 1. 연기 감지기는 벽 또는 보로부터 (㉠)미터 이상 떨어진 곳에 설치할 것
> 2. 감지기(차동식 분포형의 것을 제외한다)는 실내로의 공기유입구로부터 (㉡)m 이상 떨어진 위치에 설치해야 한다.
> 3. 정온식 감지기는 주방·보일러실 등으로서 다량의 화기를 취급하는 장소에 설치하되, 공칭작동온도가 최고주위온도보다 일정온도 이상 높은 것으로 설치할 것

75 다음은 「승강기 안전관리법」에 대한 설명이다. ( )에 적합한 숫자와 용어를 순서대로 쓰시오.

> 관리주체는 승강기의 안전에 관한 자체점검을 월 (㉠)회 이상 하고, 그 결과를 (㉡)에 입력하여야 한다.

76 안전공사, 전기안전관리대행사업자가 안전관리업무를 대행할 수 있는 전기설비의 규모에 관한 사항이다. ( )에 적합한 숫자를 순서대로 쓰시오.

> 전기안전관리업무의 대행규모
> 안전공사, 전기안전관리대행사업자("대행사업자")가 안전관리업무를 대행할 수 있는 전기설비의 규모
> 1. 안전공사 및 대행사업자 : 다음 각 목의 어느 하나에 해당하는 전기설비[둘 이상의 전기설비 용량의 합계가 (㉠)kW 미만 경우로 한정한다]
>   가. 용량 (㉡)kW 미만의 전기수용설비
>   나. 용량 300kW 미만의 발전설비. 다만, 비상용 예비발전설비의 경우에는 용량 500kW 미만으로 한다.
>   다. 용량 1천kW(원격감시 및 제어기능을 갖춘 경우 용량 3천kW) 미만의 태양광발전설비

77 「주택건설기준 등에 관한 규정」상 세대당 전용면적이 87m²인 주택에 설치하는 전기시설의 세대별 최소 용량(kW)을 쓰시오.

78 「주택건설기준 등에 관한 규정」상의 승강기 설치기준에 관한 설명이다. ( )에 적합한 숫자를 순서대로 쓰시오.

> • (㉠)층 이상인 공동주택의 경우에는 승용 승강기를 비상용 승강기의 구조로 하여야 한다.
> • 10층 이상인 공동주택에는 이삿짐 등을 운반할 수 있는 일정한 기준에 적합한 화물용 승강기를 설치하여야 한다.

79 소방안전관리자의 실무교육 등에 관한 설명이다. 아래의 ( )에 들어갈 숫자를 순서대로 쓰시오.

> 소방안전관리자는 그 선임된 날부터 (㉠)개월 이내에 실무교육을 받아야 하며, 그 후에는 (㉡)년마다 1회 이상 실무교육을 받아야 한다. 소방안전관리자에 대한 실무교육시간은 8시간 이내이다.

80 다음은 건축자재의 오염물질 방출기준에 관한 사항이다. 아래의 ( )에 들어갈 숫자를 순서대로 쓰시오.

구분 \ 오염물질 종류	폼알데하이드	총휘발성 유기화합물	톨루엔
실란트	(㉠)이하	1.5 이하	0.08 이하
접착제		2.0 이하	
페인트		2.5 이하	
바닥재		4.0 이상	
벽지		(㉡) 이하	
퍼티		20.0 이하	
표면가공 목질판상제품	0.05 이하	0.4 이하	

― 본 회차 시험 종료 ―

제4회 적중 실전모의고사

| 문제지유형 | 적중실전모의고사 | 문제수 | 80문제 | 시험시간 | 09:30~11:10 (100분) | 응시번호 | | 성 명 | |

1 주택관리관계법규

01 주택법령상 리모델링 기본계획의 수립권자 및 대상 지역 등에 관한 설명으로 옳지 <u>않은</u> 것은?

① 세대수 증가형 리모델링에 따른 도시과밀의 우려가 적은 경우 등 대통령령으로 정하는 경우에는 리모델링 기본계획을 수립하지 아니할 수 있다.
② 리모델링 기본계획에는 도시과밀 방지 등을 위한 계획적 관리와 리모델링의 원활한 추진을 지원하기 위한 사항으로서 특별시·광역시 또는 도의 조례로 정하는 사항이 포함되어야 한다.
③ 리모델링 기본계획은 10년 단위로 수립하여야 한다.
④ 리모델링 기본계획의 작성기준 및 작성방법 등은 시·도지사가 정한다.
⑤ 특별시장·광역시장 및 대도시의 시장은 관할구역에 대하여 리모델링 기본계획을 수립하여야 한다.

02 다음은 주택법령상 사업주체의 토지·건축물 등의 확보제도에 관한 사항이다. 틀린 것은?

① 국가인 사업주체가 국민주택을 건설하기 위하여 토지 등을 수용 또는 사용하는 경우에는 「주택법」에 규정한 것을 제외하고는 「공익사업을 위한 토지 등의 취득 및 보상에 관한 법률」을 준용한다.
② 재결신청은 「공익사업을 위한 토지 등의 취득 및 보상에 관한 법률」에도 불구하고 사업계획승인을 받은 주택건설사업기간 이내에 할 수 있다.
③ 「주택법」에 따른 사업계획승인을 「공익사업을 위한 토지 등의 취득 및 보상에 관한 법률」에 따른 사업인정으로 본다.
④ 등록사업자인 사업주체가 민영주택을 건설하는 경우에 토지나 토지에 정착한 물건 등을 수용 또는 사용할 수 있다.
⑤ 한국토지주택공사인 사업주체가 토지매수업무와 손실보상업무를 위탁하는 때에는 그 토지매수금액과 손실보상금액의 2% 범위 안에서 위탁수수료를 당해 지방자치단체에 지급하여야 한다.

03 다음은 주택법령상 주택조합에 관한 설명이다. 옳은 것은?

① 지역주택조합을 해산하고자 하는 때에는 미리 시장·군수·구청장에게 신고하여야 한다.
② 총회의 의결을 하는 경우에는 조합원의 100분의 10 이상이 직접 출석하여야 한다. 다만, 창립총회 또는 국토교통부령으로 정하는 사항을 의결하는 총회의 경우에는 조합원의 100분의 20 이상이 직접 출석하여야 한다.
③ 지역주택조합은 설립인가신청일부터 입주가능일까지 무주택 세대주에 한하여 동일한 생활권 지역에 1년 이상 거주하는 자로 구성하여 시장·군수 또는 구청장의 승인을 얻어야 한다.
④ 주택조합이 설립인가를 받은 날부터 1년 이내에 주택건설사업계획의 승인을 신청하여야 한다.
⑤ 주택조합의 가입을 신청한 자는 가입비등을 예치한 날부터 15일 이내에 주택조합 가입에 관한 청약을 철회할 수 있다.

04 주택법령상 도시형 생활주택에 관한 설명 중 옳은 것은?

① 도시형 생활주택이란 500세대 미만의 국민주택 규모에 해당하는 주택으로서 건축허가를 받아 도시지역에 건설하는 주택을 말한다.
② 하나의 건축물에는 도시형 생활주택과 그 밖의 주택을 함께 건축할 수 있다.
③ 단지형 다세대주택은 건축위원회의 심의를 받은 경우에는 주택으로 쓰는 층수를 6층까지 건축할 수 있다.
④ 준주거지역에서 아파트형 주택과 도시형 생활주택 외의 주택을 함께 건축할 수 없다.
⑤ 아파트형 주택은 각 세대를 지하층에 설치할 수 없다.

05 주택법령상 주택의 공급에 관한 설명으로 옳은 것은?

① 시·도지사는 사업계획승인 신청이 있는 날부터 30일 이내에 분양가심사위원회를 설치·운영하여야 한다.
② 지방공사가 사업주체로서 견본주택을 건설하는 경우에는 견본주택에 사용되는 마감자재 목록표와 견본주택의 각 실의 내부를 촬영한 영상물 등을 제작하여 시장·군수·구청장에게 제출하여야 한다.
③ 「관광진흥법」에 따라 지정된 관광특구에서 건설·공급하는 50층 이상의 공동주택은 분양가상한제의 적용을 받는다.
④ 공공택지 외의 택지로서 분양가상한제가 적용되는 지역에서 공급하는 도시형 생활주택은 분양가상한제의 적용을 받는다.
⑤ 한국토지주택공사가 사업주체로서 복리시설의 입주자를 모집하려는 경우 시장·군수·구청장에게 신고하여야 한다.

06 공동주택관리법령상 다음은 자치관리기구 등에 의한 관리 내용이다. 틀린 것은?

① 입주자대표회의는 자치관리기구의 관리사무소장을 입주자대표회의 구성원 과반수의 찬성으로 선임한다.
② 자치관리기구는 입주자대표회의의 감독을 받는다.
③ 입주자대표회의가 공동주택을 자치관리하고자 하는 때에는 사업주체가 관리를 요구한 날부터 6개월 이내에 공동주택의 관리사무소장을 자치관리기구의 대표자로 선임하고 기술인력 및 장비를 갖춘 자치관리기구를 구성하여야 한다.
④ 입주자대표회의의 구성원은 자치관리기구의 직원을 겸할 수 없다.
⑤ 입주자대표회의는 선임된 관리사무소장이 해임, 그 밖의 사유로 결원이 된 때에는 그 사유가 발생한 날부터 15일 이내에 새로운 관리사무소장을 선임하여야 한다.

07 다음은 공동주택관리법령상 300세대 공동주택의 관리비 등에 관한 내용이다. 틀린 것은?

① 관리주체는 입주자 등이 납부하는 입주자대표회의의 운영비를 입주자 등을 대행하여 그 운영비를 받을 자에게 납부할 수 있다.
② 관리비 등을 입주자등에게 부과한 관리주체는 그 명세를 다음달 말일까지 해당 공동주택단지의 인터넷 홈페이지 및 동별 게시판과 공동주택관리정보시스템에 공개하여야 한다.
③ 난방열량계가 설치된 공동주택의 난방비는 난방열량계 등의 계량에 의하여 산정한 난방비를 말한다.
④ 공동주택의 관리주체는 매 회계연도 종료 후 3개월 이내에 재무제표에 대하여 「주식회사 등의 외부감사에 관한 법률」에 따른 감사인의 회계감사를 매년 1회 이상 받아야 한다.
⑤ 관리주체는 소유자가 공동주택의 소유권을 상실한 경우에는 징수한 관리비예치금을 반환하여야 한다.

08 공동주택관리법령상 장기수선충당금과 관련된 다음의 설명 중 옳은 것은?

① 장기수선충당금은 당해 공동주택의 사용검사일부터 매월 적립하여야 한다.
② 분양되지 아니한 공동주택에 대한 장기수선충당금은 입주자대표회의가 부담한다.
③ 관리주체는 장기수선충당금을 해당 주택의 소유자 또는 사용자로부터 징수하여 적립하여야 한다.
④ 공동주택의 소유자는 장기수선충당금을 사용자가 대신하여 납부한 경우에는 그 금액을 반환하여야 한다.
⑤ 장기수선충당금의 사용은 관리규약에 따른다.

09 공동주택관리법령상 관리주체 및 입주자대표회의에 관한 설명으로 옳지 않은 것은?

① 동별 대표자의 임기는 2년으로 하며, 한번만 중임할 수 있다.
② 공동주택의 관리주체는 입주자 및 사용자가 납부하는 대통령령으로 정하는 사용료 등을 입주자 및 사용자를 대행하여 그 사용료 등을 받을 자에게 납부할 수 있다.
③ 2회의 선출공고에도 불구하고 동별 대표자의 후보자가 없는 경우에는 동별 대표자를 중임한 사람도 선출공고를 거쳐 해당 선거구 입주자등의 3분의2 이상의 찬성으로 다시 동별 대표자로 선출될 수 있다.
④ 의무관리대상 공동주택의 입주자 및 사용자는 그 공동주택의 유지관리를 위하여 필요한 관리비를 관리주체에게 내야 한다.
⑤ 입주자대표회의는 주택관리업자가 공동주택을 관리하는 경우에는 주택관리업자의 직원인 인사·노무관리 등의 업무수행에 부당하게 간섭해서는 아니 된다.

10 「민간임대주택에 관한 특별법」상 임대사업자의 등록기준 등에 관한 설명으로 틀린 것은?

① 민간임대주택으로 등록할 주택을 임대하기 위하여 임대차계약을 체결한 자는 임대사업자로 등록할 수 있다.
② 2인 이상이 공동으로 건설하거나 소유하는 주택의 경우 임대사업자로 등록할 수 있는 자는 공동명의로 등록하여야 한다.
③ 민간임대주택으로 등록할 주택을 건설하기 위하여 「건축법」에 따른 건축허가를 받은 자는 임대사업자로 등록할 수 있다.
④ 등록신청일부터 과거 5년 이내에 민간임대주택 또는 공공임대주택사업에서 부도가 발생한 사실이 있는 자는 임대사업자로 등록할 수 없다.
⑤ 임대사업자는 등록한 사항이 변경된 경우에는 변경 사유가 발생한 날부터 30일 이내에 임대사업자의 주소지를 관할하는 시장·군수·구청장 또는 해당 민간임대주택의 소재지를 관할하는 시장·군수·구청장에게 신고하여야 한다.

11 공동주택관리법령상 장기수선계획에 관한 설명으로 옳지 않은 것은?

① 수립되거나 조정된 장기수선계획에 따라 주요시설을 교체하거나 보수하지 아니한 자에게는 1천만 원 이하의 과태료를 부과한다.
② 사업주체는 중앙집중식 난방방식의 공동주택인 경우 150세대 이상인 경우에만 장기수선계획을 수립하여야 한다.
③ 입주자대표회의와 관리주체는 장기수선계획을 3년마다 조정하되, 주요시설을 신설하는 등 관리여건상 필요하여 전체 입주자 과반수의 서면동의를 얻은 경우에는 3년이 경과하기 전에 조정할 수 있다.
④ 주택단지에 영상정보처리기기를 설치하거나 설치된 영상정보처리기기를 보수하려는 경우에는 장기수선계획에 반영하여야 한다.
⑤ 대상이 되는 경우 리모델링을 하는 자도 당해 공동주택의 공용부분에 대한 장기수선계획을 수립하여 사용검사를 신청하는 때에 사용검사권자에게 제출하고, 사용검사권자는 이를 당해 공동주택의 관리주체에게 인계하여야 한다.

12 공공주택 특별법령상 공공임대주택의 매각제한 등에 관한 설명으로 옳은 것은?

① 행복주택은 임대개시일부터 30년이 지나지 아니하면 매각할 수 없음이 원칙이다.
② 국토교통부령으로 정하는 바에 따라 다른 임대사업자에게 매각하는 경우에는 임대의무기간이 지나기 전에도 공공임대주택을 매각할 수 있다.
③ 국민임대주택은 공공임대주택의 임대개시일부터 10년이 지난 후에 매각할 수 있다.
④ 공공주택사업자가 경제적 사정 등으로 공공임대주택에 대한 임대를 계속할 수 없는 경우로서 공공주택사업자가 시장·군수 또는 구청장의 허가를 받아 임차인에게 분양전환하는 경우 임대기간 이내에 매각할 수 있다.
⑤ 영구임대주택은 공공임대주택의 임대개시일부터 40년이 지나면 매각할 수 있다.

13 건축법령상 용어의 정의가 옳지 <u>않은</u> 것으로 짝 지어진 것은?

> ㉠ 지하층이란 건축물의 바닥이 지표면 아래에 있는 층으로서 그 바닥으로부터 지표면까지의 평균높이가 당해 층높이의 3분의2 이상인 것을 말한다.
> ㉡ 무량판 구조(보가 없이 바닥판·기둥으로 구성된 구조를 말한다.)를 가진 건축물로서 무량판 구조인 어느 하나의 층에 수직으로 배치된 주요구조부의 전체 단면적에서 보가 없이 배치된 기둥의 전체 단면적이 차지하는 비율이 4분의 1 이상인 건축물은 특수구조건축물에 속한다.
> ㉢ 용적률 산정시 지하층의 면적은 연면적에서 제외된다.
> ㉣ 길이 10미터 미만의 막다른 도로의 너비는 2미터 이상이어야 한다.
> ㉤ 최하층 바닥은 주요구조부에 해당한다.

① ㉠, ㉡   ② ㉡, ㉢   ③ ㉡, ㉤
④ ㉠, ㉤   ⑤ ㉢, ㉣

14 다음은 건축법령상 층수의 산정에 관한 설명이다. 옳지 <u>않은</u> 것은?

① 건축물의 부분에 따라 층수를 달리하는 경우에는 그 중 가장 많은 층수로 한다.
② 옥탑은 그 수평투영면적의 합계가 당해 건축물의 건축면적의 8분의1 이하인 것은 층수에 산입하지 아니한다.
③ 승강기탑(옥상 출입용 승강장을 포함한다)·계단탑이 사업계획승인 대상인 공동주택 중 세대별 전용면적이 85제곱미터 이하인 경우에는 그 수평투영면적의 합계가 당해 건축물의 건축면적의 6분의1 이하인 것은 층수에 산입하지 아니한다.
④ 층의 구분이 불명확한 건축물에서는 높이 3미터 마다를 하나의 층으로 한다.
⑤ 지하층은 층수에 산입하지 아니한다.

15 다음은 건축법령상 건축에 관한 입지 및 규모의 사전결정제도에 관한 설명이다. 옳은 것은?

① 사전결정신청자는 사전결정을 통지받은 날부터 1년 이내에 건축허가를 신청하여야 하며, 동 기간 내에 건축허가를 신청하지 아니하는 경우에는 사전결정의 효력이 상실된다.
② 허가권자는 사전결정한 후 사전결정서를 사전결정일부터 10일 이내에 사전결정을 신청한 자에게 송부하여야 한다.
③ 건축허가 대상건축물을 건축하고자 하는 자는 미리 허가권자에게 당해 건축물을 해당 대지에 건축하는 것이 허용되는지의 여부에 대한 사전결정을 신청하여야 한다.
④ 허가권자는 사전결정이 신청된 건축물의 대지면적이 사전환경성 검토 협의대상인 경우에는 환경부장관 또는 지방환경관서의 장과 사전환경성 검토협의를 할 수 있다.
⑤ 사전결정을 통지받은 경우에는 「농지법」에 의한 농지전용허가·이신 및 협의를 받은 것으로 본다.

16 건축법령상 건축물 및 대지가 둘 이상의 지역·지구에 걸치는 경우에 관한 설명이다. 틀린 것은?

① 대지가 둘 이상의 지역에 걸치는 경우 그 건축물과 대지의 전부에 대하여 대지의 과반이 속하는 지역 안의 건축물 및 대지 등에 관한 「건축법」의 규정을 적용한다.
② 방화지구의 경계에 방화벽을 설치한 경우 그 지구 밖의 건축물부분에 대하여는 방화지구의 규정을 적용하지 아니한다.
③ 하나의 건축물이 방화지구와 그 밖의 구역에 걸치는 경우에는 그 전부에 대하여 방화지구안의 건축물에 관한 「건축법」의 규정을 적용한다.
④ 해당 대지의 규모와 그 대지가 속한 용도지역·지구 또는 구역의 성격 등 그 대지에 관한 주변여건상 필요하다고 인정하여 해당 지방자치단체의 조례로 적용방법을 따로 정하는 경우에는 그에 따른다.
⑤ 대지가 녹지지역과 그 밖의 지역·지구 또는 구역에 걸치는 경우에는 그 전부에 대하여 녹지지역에 관한 「건축법」의 규정을 적용한다.

17 소방기본법령상 규정에 관한 설명으로 옳지 않은 것은?

① 한국소방안전원에 관하여 이 법에 규정된 것을 제외하고는 민법 중 재단법인에 관한 규정을 준용한다.
② 손실보상을 청구할 수 있는 권리는 손실이 있음을 안 날부터 3년, 손실이 발생한 날부터 5년간 행사하지 아니하면 시효의 완성으로 소멸한다.
③ 소방청장은 해당 시·도의 소방력만으로는 소방활동을 효율적으로 수행하기 어려운 화재, 재난·재해, 그 밖의 구조·구급이 필요한 상황이 발생하거나 특별히 국가적 차원에서 소방활동을 수행할 필요가 인정될 때에는 각 시·도지사에게 행정안전부령으로 정하는 바에 따라 소방력을 동원할 것을 요청할 수 있다.
④ 소방청장은 소방자동차의 진입이 곤란한 지역 등 화재발생 시에 초기 대응이 필요한 지역으로서 대통령령으로 정하는 지역에 소방호스 또는 호스 릴 등을 소방용수시설에 연결하여 화재를 진압하는 시설이나 장치(비상소화장치)를 설치하고 유지·관리할 수 있다.
⑤ 소방업무의 응원을 위하여 파견된 소방대원은 응원을 요청한 소방본부장 또는 소방서장의 지휘에 따라야 한다.

18 「화재의 예방 및 안전관리에 관한 법령」상 규정에 관한 내용으로 옳지 않은 것은?

① 아파트 및 연립주택을 제외한 연면적이 1만 5천 제곱미터 이상인 특정소방대상물은 소방안전관리보조자를 선임하여야 한다.
② 가연성 가스를 100톤 이상 1천톤 미만 저장·취급하는 시설, 지하구, 문화재보호법 제23조에 따라 보물 또는 국보로 지정된 목조건축물은 1급 소방안전관리대상물이다.
③ 소방안전관리대상물의 관계인은 소방안전관리자를 소방안전관리자의 해임, 퇴직 등으로 해당 소방안전관리자의 업무가 종료된 경우는 소방안전관리자가 해임된 날, 퇴직한 날 등 근무를 종료한 날부터 30일 이내에 선임해야 한다.
④ 소방본부장 또는 소방서장은 소방안전관리자 또는 소방안전관리보조자를 선임하지 아니한 소방안전관리대상물의 관계인에게 소방안전관리자 또는 소방안전관리보조자를 선임하도록 명할 수 있다.
⑤ 소방안전관리대상물의 관계인은 근무자등에 대한 소방훈련과 교육을 실시했을 때에는 그 실시 결과를 소방훈련·교육 실시 결과 기록부에 기록하고 이를 소방훈련·교육 실시한 날부터 2년간 보관해야 한다.

19 다음은 재정비촉진계획에 관한 내용이다. **틀린** 것은?

① 사업시행자가 기반시설의 설치를 위하여 필요한 부지를 제공하는 경우에는 용적률 또는 건축물의 높이를 완화할 수 있는 내용을 포함할 수 있다.
② 재정비촉진계획을 수립하고자 하는 때에는 14일 이상 주민에게 공람하고 지방의회의 의견을 듣고 공청회를 개최하여야 한다.
③ 시장·군수·구청장은 재정비촉진계획을 수립하여 특별시장·광역시장 또는 도지사에게 결정을 신청하여야 한다.
④ 재정비촉진계획이 결정·고시되었을 때에는 그 고시일에 「도시 및 주거환경정비법」에 의한 도시·주거환경정비기본계획의 수립, 정비구역의 지정 및 정비계획의 수립이 있은 것으로 본다.
⑤ 시·도지사 또는 대도시 시장은 재정비촉진계획수립의 모든 과정을 총괄 진행·조정하게 하기 위하여 도시계획·도시설계·건축 등 분야의 전문가를 총괄사업관리자로 위촉할 수 있다.

20 다음은 도시 및 주거환경정비법령상 분양신청에 관한 설명이다. **옳지 않은** 것은?

① 사업시행자는 관리처분계획이 인가·고시된 다음날부터 90일 이내에 분양신청을 하지 아니한 자와 토지, 건축물 또는 그 밖의 권리의 손실보상에 관한 협의를 하여야 한다.
② 대지 또는 건축물에 대한 분양을 받으려는 토지등소유자는 분양신청기간에 분양신청서에 소유권의 내역을 분명하게 적고, 그 소유의 토지 및 건축물에 관한 등기부등본 또는 환지예정지증명원을 첨부하여 사업시행자에게 대지 또는 건축물에 대한 분양신청을 하여야 한다.
③ 분양신청기간은 사업시행자가 분양신청기간 등을 통지한 날부터 30일 이상 60일 이내로 하여야 한다.
④ 사업시행자는 손실보상에 관한 협의가 성립되지 아니하면 그 기간의 만료일 다음날부터 60일 이내에 수용재결을 신청하거나 매도청구소송을 제기하여야 한다.
⑤ 사업시행자는 사업시행계획인가의 고시가 있은 날부터 60일 이내에 분양대상자별 부담금 내역 및 분양신청기간 등을 토지등소유자에게 통지하여야 한다.

21 승강기 안전관리법령상 승강기의 자체점검에 관한 설명 중 **틀린** 것은?

① 관리주체는 자체점검 결과 승강기에 결함이 있다는 사실을 알았을 경우에는 즉시 보수하여야 하며, 보수가 끝날 때까지 해당 승강기의 운행을 중지하여야 한다.
② 승강기의 관리주체는 자체점검 결과를 자체점검 실시일부터 10일 이내에 승강기 안전종합정보망에 입력해야 한다.
③ 관리주체는 승강기의 안전에 관한 자체점검을 월 1회 이상하고, 그 결과를 승강기 안전종합정보망에 입력하여야 한다.
④ 안전검사가 연기된 승강기에 대해서는 자체점검의 전부 또는 일부를 면제할 수 있다.
⑤ 자체점검의 주기조정이 필요한 승강기에 해당하는 경우의 관리주체는 관리하는 승강기에 대해 6개월의 범위에서 자체점검의 주기를 조정할 수 있다.

22 전기사업법령상 용어의 뜻으로 틀린 것은?

① 특고압이란 3만5천볼트를 초과하는 전압을 말한다.
② 구역전기사업이란 대통령령으로 정하는 규모(3만5천킬로와트) 이하의 발전설비를 갖추고 특정의 수요에 맞추어 전기를 생산하여 전력시장을 통하지 아니하고 그 공급구역의 전기사용자에게 공급하는 것을 주된 목적으로 하는 사업을 말한다.
③ 발전사업이란 전기를 생산하여 이를 전력시장을 통하여 전기판매사업자에게 공급함을 주된 목적으로 하는 사업을 말한다.
④ 안전관리란 국민의 생명과 재산을 보호하기 위하여 이 법이 정하는 바에 따라 전기설비의 공사·유지 및 운용에 필요한 조치를 하는 것을 말한다.
⑤ 전기신사업이란 전기자동차충전사업, 소규모전력중개사업, 재생에너지전기공급사업, 통합발전소사업, 재생에너지전기저장판매사업 및 송전제약발생지역전기공급사업을 말한다.

23 「집합건물의 소유 및 관리에 관한 법률」상 집합건물에 관한 다음의 설명 중 틀린 것은?

① 공용부분은 원칙적으로 구분소유자 전원의 공유에 속하며, 구분소유자는 그에 대한 지분을 전유부분과 분리하여 처분하지 못한다.
② 구분소유자는 자기의 공유에 속하는 공용부분을 보존 또는 개량하기 위하여 필요한 범위 내에서 다른 구분소유자의 전유부분의 사용을 청구할 수 있다.
③ 구분소유자는 그가 가지는 전유부분과 분리하여 대지사용권을 처분할 수 없다. 규약으로 달리 정한 때에도 또한 같다.
④ 공용부분을 변경함에는 구분소유자 및 의결권의 각 3분의 2 이상의 결의와 그로 인하여 특별한 영향을 받게 될 구분소유자의 승낙이 있어야 한다.
⑤ 대지사용권을 가지지 아니한 구분소유자가 있을 때에는 그 전유부분의 철거를 구할 권리를 가진 자는 그 구분소유자에 대하여 구분소유권을 시가로 매도할 것을 청구할 수 있다.

24 시설물의 안전 및 유지관리에 관한 특별법령상 정밀안전진단에 관한 설명 중 옳지 않는 것은?

① 관리주체는 제1종 시설물에 대하여 정기적으로 정밀안전진단을 실시하여야 한다.
② 관리주체는 안전점검 또는 긴급안전점검을 실시한 결과 재해 및 재난을 예방하기 위하여 필요하다고 인정되는 경우에는 정밀안전진단을 실시하여야 한다.
③ 국토교통부장관은 내진성능평가가 포함된 정밀안전진단의 실시결과를 평가한 결과 내진성능의 보강이 필요하다고 인정되면 내진성능을 보강하도록 권고할 수 있다.
④ 최초로 실시하는 정밀안전진단은 준공 후에 구조형태의 변경으로 제2종 시설물로 된 경우에는 최초 준공일 후 10년이 지난 때부터 1년 이내에 실시한다.
⑤ 정밀안전진단의 실시 완료일이 속한 반기에 실시하여야 하는 정기안전점검은 생략할 수 있다.

25 공공주택 특별법 제50조의3(공공임대주택의 우선 분양전환 등) 제2항 규정이다. ( )에 들어갈 아라비아 숫자를 차례로 쓰시오.

> 공공주택사업자는 공공건설임대주택의 임대의무기간이 지난 후 해당 주택의 임차인에게 제1항에 따른 우선분양전환 자격, 우선 분양전환 가격 등 우선 분양전환에 관한 사항을 통보하여야 한다. 이 경우 우선 분양전환 자격이 있다고 통보받은 임차인이 우선 분양전환에 응하려는 경우에는 그 통보를 받은 후 (㉠)개월(임대의무기간이 10년인 공공건설임대주택의 경우에는 (㉡)개월을 말한다) 이내에 우선 분양전환 계약을 하여야 한다.

26 「주택법」의 규정이다. 다음 ( )에 알맞은 용어를 쓰시오.

> 공동주택의 소유자가 리모델링에 의하여 전유부분의 면적이 늘거나 줄어드는 경우에는 「집합건물의 소유 및 관리에 관한 법률」에도 불구하고 대지사용권은 변하지 아니하는 것으로 본다. 다만, 세대수 증가를 수반하는 리모델링의 경우에는 (㉠)계획에 따른다.

27 주택법령상의 내용이다. ( )에 들어갈 적당한 용어를 쓰시오.

> 사업계획승인권자는 사업계획을 승인할 때 사업주체가 제출하는 사업계획에 해당 주택건설사업 또는 대지조성사업과 직접적으로 관련이 없거나 과도한 기반시설의 (㉠)을 요구하여서는 아니 된다.

28 공동주택관리법령상 주택관리업의 내용이다. 다음 ( )에 알맞은 용어를 쓰시오.

> 주택관리업자의 지위에 관하여 이 법에 규정이 있는 것 외에는 「민법」 중 (㉠)에 관한 규정을 준용한다.

29 공동주택관리법령상의 내용이다. ( )에 들어갈 아라비아 숫자를 쓰시오.

> 중앙분쟁조정위원회는 조정절차를 개시한 날부터 (㉠)일 이내에 그 절차를 완료한 후 조정안을 작성하여 지체없이 이를 각 당사자에게 제시하여야 한다.

30 주택법령상의 내용이다. ( )에 들어갈 용어를 쓰시오.

> 장수명 주택 인증제도에 따라 (㉠) 등급 이상의 등급을 인정받은 경우 「국토의 계획 및 이용에 관한 법률」에도 불구하고 장수명 주택의 건폐율·용적률은 다음의 구분에 따라 조례로 그 제한을 완화할 수 있다.
> (1) 건폐율 : 조례로 정한 건폐율의 100분의 115를 초과하지 아니하는 범위에서 완화
> (2) 용적률 : 조례로 정한 용적률의 100분의 115를 초과하지 아니하는 범위에서 완화

31 도시 및 주거환경정비법령상 조합에 관한 내용이다. ( )에 들어갈 아라비아 숫자를 쓰시오.

> 재건축사업의 추진위원회(가 조합을 설립하려는 때에는 주택단지의 공동주택의 각 동별 구분소유자의 과반수(복리시설로서 대통령령으로 정하는 경우에는 3분의 1 이상으로 한다) 동의(공동주택의 각 동별 구분소유자가 5 이하인 경우는 제외한다)와 주택단지의 전체 구분소유자의 100분의 (㉠) 이상 및 토지면적의 100분의 (㉡) 이상의 토지소유자의 동의를 받아 정관 등 서류를 첨부하여 시장·군수등의 인가를 받아야 한다.

32 건축법령상의 내용이다. ( )에 들어갈 용어를 쓰시오.

> 허가권자는 지능형 건축물로 인증을 받은 건축물에 대하여 (㉠)면적을 100분의 85까지 완화하여 적용할 수 있으며, 용적률 및 건축물의 높이를 100분의 115의 범위에서 완화하여 적용할 수 있다.

33 공동주택관리법령상 회계감사의 내용이다. ( )에 들어갈 아라비아 숫자를 쓰시오.

> 회계감사의 감사인은 회계감사 완료일부터 (㉠)개월 이내에 회계감사 결과를 해당 공동주택을 관할하는 시장·군수·구청장에게 제출하여야 하고 공동주택관리정보시스템에 공개하여야 한다.

34 건축법령상 구조안전을 확인한 건축물 중 건축물의 건축주가 해당 건축물의 설계자로부터 구조안전의 확인 서류를 받아 착공신고를 하는 때에 그 확인 서류를 허가권자에게 제출하여야 하는 대상에 관한 일부 내용이다. ( ) 안에 들어갈 아라비아 숫자를 순서대로 각각 쓰시오(단, 표준설계도서에 따라 건축하는 건축물은 제외한다).

> 1) 층수가 (㉠)층[주요구조부인 기둥과 보를 설치하는 건축물로서 그 기둥과 보가 목재인 목구조 건축물(이하 "목구조 건축물"이라 한다)의 경우에는 3층] 이상인 건축물
> 2) 연면적이 (㉡)제곱미터(목구조 건축물의 경우에는 500제곱미터) 이상인 건축물. 다만, 창고, 축사, 작물 재배사는 제외한다.
> 3) 높이가 (㉢)미터 이상인 건축물
> 4) 처마높이가 9미터 이상인 건축물

35 소방시설 설치 및 관리에 관한 법률 제39조(형식승인의 취소 등) 규정의 일부이다. ( ) 안에 들어갈 아라비아 숫자를 쓰시오.

> 소방용품의 형식승인이 취소된 자는 그 취소된 날부터 (㉠)년 이내에는 형식승인이 취소된 동일 품목에 대하여 형식승인을 받을 수 없다.

36 승강기 안전관리법령상 승강기 정밀안전검사에 관한 설명이다. ( )에 들어갈 아라비아 숫자를 순서대로 쓰시오.

> 승강기 관리주체는 해당 승강기가 설치검사를 받은 날부터 (㉠)년이 지난 경우에 해당하는 때에는 정밀안전검사를 받고 그 후 (㉡)년마다 정기적으로 행정안전부장관이 실시하는 정밀안전검사를 받아야 한다.

37 「전기사업법 시행규칙」 제2조(정의) 규정의 일부이다. ( )에 들어갈 아라비아 숫자와 용어를 차례로 쓰시오.

> 변전소란 변전소의 밖으로부터 전압 (㉠)만 볼트 이상의 전기를 전송받아 이를 (㉡)[전압을 올리거나 내리는 것 또는 전기의 성질을 변경시키는 것을 말한다]하여 변전소 밖의 장소로 전송할 목적으로 설치하는 변압기와 그 밖의 전기설비 전체를 말한다.

38 「민간임대주택에 관한 특별법」 제2조(정의) 규정의 일부이다. ( )에 들어갈 용어를 쓰시오.

> (㉠)(이)란 청년·신혼부부 등 주거지원이 필요한 사람으로서 국토교통부령으로 정하는 요건을 충족하는 사람을 말한다.

39 건축법령상 1,000제곱미터의 대지에 건축한 다음 건축물의 용적률은 얼마인가? (단, 제시된 조건 외에 다른 조건은 고려하지 않음)

- 하나의 건축물로서 지하 2개층, 지상 5개층으로 구성되어 있으며, 지붕은 평지붕임
- 지하층 포함 각 층의 바닥면적은 500제곱미터로 동일함
- 지하 2층은 전부 주차장, 지하 1층은 전부 제1종 근린생활시설로 사용됨
- 지상 5개층은 전부 업무시설로 사용됨

40 「시설물의 안전 및 유지관리에 관한 특별법」 제2조(정의) 규정의 일부이다. ( )에 들어갈 용어를 차례로 쓰시오.

- (㉠)(이)란 시설물의 기능을 유지하기 위하여 요구되는 시설물의 구조적 안전성, 내구성, 사용성 등의 성능을 종합적으로 평가하는 것을 말한다.
- (㉡)(이)란 완공된 시설물의 기능을 보전하고 시설물이용자의 편의와 안전을 높이기 위하여 시설물을 (㉢)으로 점검·정비하고 손상된 부분을 원상복구하며 경과시간에 따라 요구되는 시설물의 개량·보수·보강에 필요한 활동을 하는 것을 말한다.

— 다음면에 계속 —

제4회 적중 실전모의고사

2 공동주택관리실무

41 의무관리대상인 공동주택의 동별 대표자에 대한 다음 사항 중 틀린 것은?

① 입주자대표회의는 4명 이상으로 구성하되, 동별 세대수에 비례하여 관리규약으로 정한 선거구에 따라 선출된 대표자로 구성한다.
② 입주자인 동별 대표자 후보자가 없는 선거구에서 사용자가 동별 대표자로 선출되려면 주민등록 마친 후 계속하여 3개월 이상의 거주요건을 갖추어야 한다.
③ 동별 대표자는 선거구별로 1명씩 선출하되 그 선출방법은 후보자가 1명인 경우 해당 선거구 전체 입주자등의 과반수가 투표하고 투표자 과반수의 찬성으로 선출한다.
④ 2회의 선출공고에도 불구하고 동별 대표자의 후보자가 없는 경우 동별 대표자를 중임한 사람도 직전 선출공고일부터 2개월 이내의 선출공고를 거쳐 해당 선거구 입주자등의 3분의 2 이상의 찬성으로 다시 동별 대표자로 선출될 수 있다.
⑤ 동별 대표자의 임기는 2년으로 하며, 원칙적으로 한 번만 중임할 수 있다.

42 공동주택관리법령상 관리방법 결정에 관한 다음 설명 중 옳지 않은 것은?

① 입주자 등이 관리요구를 받았을 때에는 그 요구를 받은 날부터 3개월 이내에 입주자를 구성원으로 하는 입주자대표회의를 구성하여야 한다.
② 입주자대표회의 회장은 입주자등이 해당 공동주택의 관리방법을 결정한 경우에는 이를 사업주체 또는 의무관리대상 전환 공동주택의 관리인에게 통지하고, 관할 시장·군수·구청장에게 신고하여야 한다.
③ 의무관리대상 공동주택 제외 신고를 하려는 입주자대표회의 회장은 입주자등의 동의를 받은 날부터 15일 이내에 시장·군수·구청장에게 국토교통부령으로 정하는 신고서를 제출해야 한다.
④ 의무관리대상 전환 공동주택의 입주자등이 공동주택을 위탁관리할 것을 결정한 경우 입주자대표회의는 입주자대표회의의 구성 신고가 수리된 날부터 6개월 이내에 전자입찰방식 등의 기준에 따라 주택관리업자를 선정하여야 한다.
⑤ 의무관리대상 전환 공동주택의 관리인이란 「집합건물의 소유 및 관리에 관한 법률」에 따른 관리인을 말하며, 관리단이 관리를 개시하기 전인 경우에는 공동주택을 관리하고 있는 분양자를 말한다.

43 공동주택관리법등 관련 법령상의 공동주택관리에 관한 다음 사항 중 가장 **부적합한** 것은?

① 주택관리업자 등에 대한 교육 및 관리사무소장의 직무에 관한 보수교육에 따른 교육기간은 3일로 한다.
② 「주택법」에 따른 사업계획승인을 받아 건설한 건설임대주택의 경우에 관리주체는 주민공동시설을 위탁하려면 임대사업자의 요청 또는 임차인 1/10 이상의 요청으로 제안하고 임차인 과반수의 동의를 받아야 한다.
③ 국토교통부장관은 시·도지사가 선정한 공동주택 모범관리단지 중에서 공동주택 우수관리단지를 선정하여 표창하고, 공동주택관리 관련 강의·상담 등의 지원을 할 수 있다.
④ 관리주체가 주민공동시설을 인근 공동주택단지 입주자등도 이용할 수 있도록 허용하려면 「주택법」에 따른 사업계획승인을 받아 건설한 공동주택 중 건설임대주택을 제외한 공동주택의 경우에는 입주자대표회의의 의결 또는 입주자등 1/10 이상의 요청으로 제안하고 과반의 범위에서 관리규약으로 정하는 비율 이상의 입주자등의 동의를 받아야 한다.
⑤ 전체 입주자 등의 1/10 이상이 요청하는 때(비용 지출을 수반하는 장기수선계획의 수립 또는 조정에 관한 사항만 해당한다)에는 원칙적으로 회장은 해당일부터 14일 이내에 입주자대표회의를 소집하여야 한다.

44 공동주택의 공동관리와 구분관리에 관한 설명이다. 다음 중 옳지 **않은** 것은?

① 시장·군수·구청장이 지하도, 육교, 횡단보도, 그 밖에 이와 유사한 시설의 설치를 통하여 단지 간 보행자 통행의 편리성 및 안전성이 확보되었다고 인정하는 경우에는 공동관리를 하려는 경우 입주자대표회의는 단지별로 입주자등 과반수의 서면 동의를 받아야 한다.
② 구분관리를 할 경우에는 500세대 이상 단위로 하여야 하며, 구분관리 단위별로 입주자 등의 과반수 서면동의를 얻어야 한다.
③ 공동관리를 하려는 공동주택 단지 사이에 보행자 및 자동차의 통행이 가능한 도로로서 폭 8m 이상인 국지도로에 해당하는 시설이 있는 경우에는 공동관리를 할 수 없다.
④ 2,500세대의 주택단지와 인접한 개별난방이면서 승강기가 없는 299세대의 주택단지는 관리규약으로 달리 정한 경우 외에는 단지별로 입주자 등의 과반수 서면동의를 받아 공동관리가 가능하다.
⑤ 공동주택을 공동관리나 구분관리할 것을 결정한 때에는 지체없이 그 내용을 시장·군수 또는 구청장에게 신고하여야 한다.

45 의무관리대상 공동주택의 회계감사에 관한 다음 설명 중 옳지 않은 것은?

① 승강기가 설치된 250세대인 공동주택의 관리주체는 「주식회사의 외부감사에 관한 법률」에 따른 감사인의 회계감사를 매년 1회 이상 받아야 한다.
② 위 ①의 경우 해당 공동주택 입주자등의 2/3 이상이 서면으로 회계감사를 받지 아니하는 데 동의한 그 연도에는 회계감사를 받지 아니할 수 있다.
③ 승강기가 설치된 190세대인 공동주택의 관리주체는 매 회계연도 종료 후 9개월 이내에 재무상태표, 운영성과표, 이익잉여금처분계산서(또는 결손금처리계산서), 주석(註釋)에 대하여 회계감사를 받아야 한다.
④ 관리주체는 감사인의 회계감사를 받은 경우 감사보고서 등 회계감사의 결과를 제출받은 날부터 1개월 이내에 입주자대표회의에 보고하고 해당 공동주택단지의 인터넷 홈페이지 및 동별 게시판에 공개하여야 한다.
⑤ 회계감사의 감사인은 회계감사 완료일부터 1개월 이내에 회계감사 결과를 해당 공동주택을 관할하는 시장·군수·구청장에게 제출하고 공동주택관리정보시스템에 공개하여야 한다.

46 공동주택의 용도변경 등 행위에 관한 설명이다. 옳지 않은 것은?

① 공동주택의 용도변경을 위한 시장 등의 허가를 받기 위해서는 전체 입주자 2/3 이상의 동의가 필요하다.
② 공동주택 및 입주자 공유가 아닌 복리시설에 사용검사를 받은 면적의 10%의 범위에서 유치원을 증축하는 행위는 시장·군수·구청장에게 신고요건으로 입주자대표회의의 동의를 요하지 않는다.
③ 공동주택의 개축허가는 내력벽에 배관설비를 설치하는 경우가 아니면 해당 동 입주자 2/3 이상의 동의를 받아야 한다.
④ 건축물인 부대시설 또는 입주자 공유인 복리시설을 전부 철거하는 경우에는 허가요건으로서 전체 입주자 2/3 이상의 동의를 받아야 한다.
⑤ 「주택건설기준 등에 관한 규정」에 적합한 범위에서 주차장을 사용검사를 받은 면적 또는 규모의 10%의 범위에서 증축하는 행위는 입주자대표회의의 동의를 얻은 후 시장·군수·구청장에게 허가를 받아야 한다.

47 공동주택관리법령상 관리사무소장으로 배치된 주택관리사 등의 손해배상책임에 대한 설명 중 옳지 않은 것은?

① 공제 또는 보증보험에 가입한 주택관리사 등으로서 보증기간이 만료되어 다시 보증설정을 하려는 자는 그 보증기간 만료 후 7일 이내에 다시 보증설정을 하여야 한다.
② 공탁금으로 손해배상을 한 때에는 15일 이내에 공탁금 중 부족하게 된 금액을 보전하여야 한다.
③ 500세대 미만의 공동주택에 배치된 경우 3천만원을 보장하는 보증보험 또는 공제에 가입하거나 공탁을 하여야 한다.
④ 주택관리사 등은 손해배상책임을 보장하기 위한 보증보험 또는 공제에 가입하거나 공탁을 한 후 해당 공동주택의 관리사무소장으로 배치된 날에 해당 공동주택의 입주자대표회의의 회장(입주자대표회의가 없는 경우에는 시장·군수·구청장)에게 보증보험 등에 가입한 사실을 입증하는 서류를 제출하여야 한다.
⑤ 공탁한 공탁금은 주택관리사 등이 해당 공동주택의 관리사무소장의 직책을 사임하거나 그 직에서 해임된 날 또는 사망한 날부터 3년 이내에는 회수할 수 없다.

48 다음은 근로기준법령상의 근로시간과 휴식에 관한 설명이다. 옳지 않은 것은?

① 당사자 간의 합의로 1주간에 12시간을 한도로 연장근로할 수 있고, 특별한 사정이 있는 경우에는 고용노동부장관의 인가와 근로자의 동의를 얻어 근로시간을 연장할 수 있다.
② 사용자는 근로자대표와의 서면합의에 따라 연장근로·야간근로 및 휴일근로에 대하여 임금을 지급하는 것을 갈음하여 휴가를 줄 수 있다.
③ 사용자가 유급휴가의 사용을 촉진하기 위하여 조치를 하였음에도 불구하고 근로자가 휴가를 사용하지 아니하여 소멸된 경우에도 사용자는 그 사용하지 아니한 휴가에 대하여 보상할 의무가 있다.
④ 근로자가 출장이나 그 밖의 사유로 근로시간의 전부 또는 일부를 사업장 밖에서 근로하여 근로시간을 산정하기 어려운 경우에는 소정근로시간을 근로한 것으로 본다.
⑤ 사용자는 선택적 근로시간제를 사용하는 근로자에 대하여 1개월 이내의 정산기간을 평균하여 1주간의 근로시간이 40시간을 초과하지 아니하는 범위에서 1주간에 40시간을, 1일에 8시간을 초과하여 근로하게 할 수 있다.

49 노동조합 및 노동조정관계법령상의 사용자의 부당노동행위에 대한 구제절차 등에 관한 설명이다. 옳은 것은?

① 사용자의 부당노동행위로 인하여 그 권리를 침해당한 근로자는 부당노동행위가 있은 날부터 3개월 이내에 공정거래위원회에 구제신청을 하여야 한다.
② 노동조합의 운영비를 원조하는 행위는 부당노동행위가 아니다.
③ 규정된 기간 내에 재심을 신청하지 아니하거나 행정소송을 제기하지 아니하여 구제명령 또는 구제명령의 내용을 가진재심판정이 확정된 경우에 불이행하면 이행강제금이 부과된다.
④ 부당노동행위를 한 자는 2년 이하의 징역 또는 2천만원 이하의 벌금에 처한다.
⑤ 노동위원회의 구제명령·기각결정 또는 재심판정은 중앙노동위원회에의 재심신청이나 행정소송의 제기에 의하여 그 효력이 정지된다.

50 산업재해보상보험에 관한 기술 중 옳지 못한 것은?

① 유족이란 사망한 자의 배우자(사실상 혼인관계에 있는 자를 포함)·자녀·부모·손자녀·조부모 또는 형제자매를 말한다.
② 가구 내 고용활동은 「산업재해보상보험법」을 적용하지 아니한다.
③ 이 법에 따른 보험관계의 성립과 소멸에 대하여는 「보험료징수법」으로 정하는 바에 따른다.
④ 유족급여는 유족보상연금이나 유족보상일시금으로 하되, 수급권자의 선택에 따라 지급한다.
⑤ 공단은 심사청구서를 받은 날부터 60일 이내에 산업재해보상보험심사위원회의 심의를 거쳐 심사청구에 대한 결정을 하여야 한다. 다만, 부득이한 사유로 그 기간 이내에 결정을 할 수 없으면 1차에 한하여 20일을 넘지 아니하는 범위에서 그 기간을 연장할 수 있고, 이 경우에는 최초의 결정기간이 끝나기 7일 전까지 심사청구인 및 보험급여결정 등을 한 공단의 소속 기관에 알려야 한다.

51 평균 BOD 200ppm인 오수가 1,500㎥/d 유입되는 오수정화조의 1일 유입 BOD부하[kg/d]는 얼마인가?

① 0.3   ② 3   ③ 30
④ 300   ⑤ 3,000

52. 특정소방대상물의 소방안전관리에 관하여 옳지 않은 것은?

① 50층 이상(지하층은 제외)이거나 지상으로부터 높이가 200m 이상인 아파트는 특급소방안전관리대상물로써 소방안전관리자를 선임하여야 한다.
② 위의 ①을 제외한 30층 이상(지하층은 제외한다)이거나 지상으로부터 높이가 120m 이상인 아파트는 1급 소방안전관리대상물로써 소방안전관리자를 선임하여야 한다.
③ 위의 ①과 ②를 제외한 의무관리대상 공동주택은 2급 소방안전관리대상물로써 소방안전관리자를 선임하여야 한다.
④ 소방안전관리자를 두어야 하는 특정소방대상물 중 300세대 이상인 아파트에는 소방안전관리보조자를 선임하여야 한다.
⑤ 관계인이 선임하여야 하는 소방안전관리보조자의 최소 선임기준은 300세대 이상인 아파트의 경우에는 1명이다. 다만, 초과되는 150세대마다 1명 이상을 추가로 선임하여야 한다.

53. 10층인 공동주택의 한 층에 설치되는 옥내소화전 수가 3개인 건축물의 옥내소화전 전용수원의 용량은?

① 9.4m³ ② 9.8m³ ③ 10.4m³
④ 11m³   ⑤ 12.2m³

54. 다음 중 공동주택관리법령상 하자담보책임기간이 3년인 것을 모두 고른 것은?

㉠ 피뢰침공사	㉡ 석축공사
㉢ 배수·통기설비공사	㉣ 콘크리트공사
㉤ 홈통 및 우수관공사	㉥ 소화설비공사

① ㉠, ㉡, ㉤
② ㉠, ㉢, ㉥
③ ㉡, ㉢, ㉤
④ ㉠, ㉡, ㉣
⑤ ㉡, ㉣, ㉤, ㉥

55. 「주택건설기준 등에 관한 규정」상 배기설비 등에 관한 설명이다. 틀린 것은?

① 외벽 및 욕실에서 떨어뜨려 설치하는 옷방 또는 붙박이 가구에는 배기설비 또는 통풍구를 설치하지 않을 수 있다.
② 주택의 부엌·욕실 및 화장실에 설치하는 배기통은 연기나 냄새 등이 실내로 역류하는 것을 방지할 수 있도록 세대 안의 배기통에 자동역류방지댐퍼 또는 이와 동일한 기능의 배기설비 장치를 설치하거나 세대 간 배기통이 서로 연결되도록 설치하여야 한다.
③ 주택의 부엌·욕실 및 화장실에 설치하는 배기통에는 그 최상부 및 배기구를 제외하고는 개구부를 두지 않아야 한다.
④ 주택의 부엌·욕실 및 화장실에 설치하는 배기구는 반자 또는 반자 아래 80cm 이내의 높이에 설치하고, 항상 개방될 수 있는 구조로 해야 한다.
⑤ 부엌에 설치하는 배기구에는 전동환기설비를 설치해야 한다.

56. 시설용량 400[KVA]의 일반 전등전열부하에 공급할 변압기를 선정하고자 한다. 이때 수용률이 70%라면 가장 적당한 변압기의 용량은?

① 250[KVA] ② 300[KVA] ③ 350[KVA]
④ 400[KVA] ⑤ 570[KVA]

57. 배관 중의 수격작용을 방지할 수 있는 방법과 가장 거리가 먼 것은?

① 감압밸브나 완폐쇄형 밸브를 설치한다.
② 급수의 공급압력을 낮춰 준다.
③ 밸브앞의 배관길이를 짧게 설계한다.
④ 양수펌프와 고가수조가 평면적으로 떨어져 있는 경우에 양수관의 수평배관을 가능한 높게 설치한다.
⑤ 공기실을 설치하거나 조압수조를 설치한다.

58 난방부하 8100kcal/h인 실내에 온수용 방열기를 설치하고자 한다. 소요 방열 면적은? (단, 표준상태의 조건임)

① 12.5㎡　② 16.2㎡　③ 18㎡
④ 23㎡　⑤ 25.5㎡

59 「건축법 시행령」에 따른 아파트 및 그 복리시설의 소유자나 관리자의 급수설비에 대한 소독 등 위생 조치사항이다. 옳지 않은 것은?

① 소유자 또는 관리자는 반기 1회 이상 저수조를 청소해야 하고, 월 1회 이상 저수조의 위생상태를 점검하여야 하며, 매년 마지막 검사일부터 1년이 되는 날이 속하는 달의 말일까지의 기간 중에 1회 이상 지정된 먹는물 수질검사기관에 의뢰하여 수질검사를 하여야 한다.
② 연면적 6만㎡ 이상인 아파트의 소유자나 관리자는 2회 이후의 일반검사를 그 건축물 또는 시설의 준공검사(급수관의 갱생·교체 등의 조치를 한 경우를 포함한다) 후 5년이 경과한 날을 기준으로 6개월 이내에 실시하여야 한다.
③ 연면적 6만㎡ 이상인 아파트의 소유자나 관리자는 최초의 일반검사를 최근 일반검사를 받은 날부터 2년이 되는 날까지 매 2년마다 실시하여야 한다.
④ 위③의 경우에 급수관이 아연도강관인 경우에는 검사항목 중 검사기준을 초과하는 항목이 한 개 이상 있으면 반드시 이를 갱생하거나 교체하여야 한다.
⑤ 소유자등은 일반검사 결과가 일반검사의 검사항목에 대한 검사기준을 2회 연속 초과하는 경우 전문검사를 하고, 급수관을 세척하여야 한다.

60 「다중이용시설 등의 실내공기질 관리법」상 신축 공동주택의 실내공기질 권고기준 측정항목에 해당하지 않는 것은?

① 폼알데하이드　② 이산화탄소
③ 벤 젠　④ 스티렌
⑤ 톨루엔

61 다음 중 결로에 관련한 다음 설명 중 옳지 않은 것은?

① 같은 기압하에서 공기중에 존재할 수 있는 수증기의 최대치는 온도에 비례한다.
② 일정 온도의 공기가 그보다 차가운 표면에 접촉하여 기온이 내려가면 상대습도가 증가하게되며, 기온이 이슬점 (노점)에 이르면 수증기는 물방울이 되어 벽면에 부착되는 현상이 나타나게 되는데 이를 결로라고 부른다.
③ 결로는 실내온도가 낮고, 상대습도가 높을 때 발생하며, 실내·외 기온차가 클수록 많이 발생하며, 시기적으로 한여름과 한겨울철에 심하게 결로가 나타난다.
④ 열관류율이 적고 투습성이 높은 단열재를 사용하고, 단열재 관통부 주위를 보강하여 결로를 방지한다.
⑤ 냉열교발생부위의 단열성능을 높게 설계하여 결로를 방지한다.

62 「시설물의 안전관리에 관한 특별법」상의 안전관리에 관한 설명이다. 옳지 않은 것은?

① 16층 이상의 공동주택은 제2종 시설물에 해당한다.
② 21층 이상 또는 연면적 5만㎡ 이상의 건축물은 제1종 시설물에 해당한다.
③ 건축물의 연면적은 지하층을 제외하고 동별로 계산한다.
④ 건축물 중 주상복합건축물은 공동주택 외의 건축물로 본다.
⑤ 시설물의 안전등급 기준상 안전등급 B(양호)란 시설물의 상태는 보조부재에 경미한 결함이 발생하였으나 기능 발휘에는 지장이 없으며, 내구성 증진을 위하여 일부의 보수가 필요한 상태를 말한다.

63 공동주택관리법령상 관리주체가 공동주택의 시설물로 인한 안전사고를 예방하기 위하여 안전관리계획을 수립하여야 하는 대상시설이 아닌 것은?

① 옥상 난간
② 주차장
③ 맨홀
④ 주민휴게시설
⑤ 세대별로 설치된 연탄가스배출기

64 히트펌프에 관한 다음 설명 중 틀린 것은?

① 겨울에는 온수로 여름에는 냉방용으로 사용가능한 기기이다.
② 압축기, 응축기, 팽창밸브, 증발기로 구성되며 이들 구성부품은 일반적으로 동관으로 연결된다.
③ 압축기는 증발기로부터 저온·저압의 냉매증기를 흡입, 압축하여 고온·고압의 냉매증기로 만드는 역할을 한다.
④ 응축기는 압축기에서 압축된 고온·고압의 냉매증기를 냉각시켜 고열원으로 열을 방출하고 냉매를 액체상태로 응축시키는 역할을 한다.
⑤ 증발기는 응축기에서 보내진 고온·고압의 액체상태의 냉매를 팽창시켜 저온, 저압의 기체와 액체가 혼합된 상태의 냉매를 만든다.

65 공동주택관리법령에 따른 공동주택관리업무 인계·인수에 관한 내용이다. ( )에 들어갈 공동주택의 종류를 쓰시오.

> 사업주체는 공동주택의 관리업무를 해당 관리주체에 인계할 때에는 입주자대표회의의 회장 및 1명 이상의 (㉠)의 참관하에 인계자와 인수자가 인계·인수서에 각각 서명·날인하여 설계도서, 장비의 명세 등의 서류를 인계하여야 한다.

66 구직급여에 관한 사항이다. 다음 ( )에 적합한 숫자를 쓰시오.

> - 구직급여는 이 법에 따로 규정이 있는 경우 외에는 그 구직급여의 수급자격과 관련된 이직일의 다음날부터 계산하기 시작하여 (㉠)개월 내에 소정급여일수를 한도로 하여 지급한다.
> - 실업의 신고일부터 계산하기 시작하여 (㉡)일간은 대기기간으로 보아 구직급여를 지급하지 아니한다.

67 산업재해보상법령상 진폐보험급여의 종류이다. ( )에 들어가는 급여의 종류를 쓰시오.

> 진폐에 따른 보험급여의 종류는 요양급여, 간병급여, 장의비, 직업재활급여, (㉠), 진폐유족연금으로 한다.

68 「노동조합 및 노동조합관계법」상의 단체협약의 효력에 관한 설명이다. 다음 ( )에 들어갈 적합한 용어를 쓰시오.

> 1. 일반적 구속력 : 하나의 사업 또는 사업장에 상시 사용되는 동종의 근로자 (㉠) 이상이 하나의 단체협약의 적용을 받게 된 때에는 당해 사업 또는 사업장에 사용되는 다른 동종의 근로자에 대하여도 당해 단체협약이 적용된다.
> 2. 지역적 구속력 : 하나의 지역에 있어서 종업하는 동종의 근로자 (㉡) 이상이 하나의 단체협약의 적용을 받게 된 때에는 행정관청은 당해 단체협약의 당사자의 쌍방 또는 일방의 신청에 의하거나 그 직권으로 노동위원회의 의결을 얻어 당해 지역에서 종업하는 다른 동종의 근로자와 그 사용자에 대하여도 당해 단체협약을 적용한다는 결정을 할 수 있다.

69 건축물 에너지소비 증명 대상에 관한 설명이다. ( )에 들어갈 적합한 용어나 수를 순서대로 쓰시오.

> 전체 세대수가 (㉠)세대 이상인 주택단지 내의 공동주택, 연면적 (㉡)m² 이상의 업무시설의 소유자 또는 관리자가 건축물을 매매하거나 임대하려는 경우에는 거래계약서에 해당 건축물의 연간 에너지 소요량 또는 온실가스 배출량 등이 표시된 건축물 에너지효율등급 평가서를 첨부하여야 한다.

70 500세대 이상인 공동주택의 경우에 감사에 선출에 관한 설명이다. ( )에 적합한 숫자를 순서대로 쓰시오.

> 감사의 후보자가 선출필요인원을 초과하는 경우 : 전체 입주자등 (㉠) 이상 투표하고 후보자 중 다득표자 선출

71 국민건강보험의 보험급여에 관한 설명이다. 서술하는 정의에 알맞은 단어를 쓰시오.

> 공단은 가입자나 피부양자가 보건복지부령으로 정하는 긴급하거나 그 밖의 부득이한 사유로 요양기관과 비슷한 기능을 하는 기관으로서 보건복지부령으로 정하는 기관에서 질병·부상·출산 등에 대하여 요양을 받거나 요양기관이 아닌 장소에서 출산한 경우에는 그 요양급여에 상당하는 금액을 보건복지부령으로 정하는 바에 따라 가입자나 피부양자에게 지급한다.

72 도시가스사업법령상 용어의 정의이다. 다음 ( )에 적합한 숫자를 쓰시오.

> 중압이란 (㉠)Mpa 이상 (㉡)MPa 미만의 압력을 말한다. 다만, 액화가스가 기화되고 다른 물질과 혼합되지 아니한 경우에는 (㉢)MPa 이상 (㉣)MPa 미만의 압력을 말한다.

73 펌프운행 중 발생하는 현상을 설명한 것이다. 해당 용어를 쓰시오.

> 저비등점 액체 등을 이송할 경우 펌프의 입구측에서 발생되는 현상으로 일종의 액체의 비등현상에 의한 것이다. 대책으로는 흡입관 지름을 크게 하거나 펌프의 설치위치를 낮추거나 흡입배관을 단열처리함을 들 수 있다.

74 신축 공동주택 등에 자연환기설비를 설치기준상 ( )에 적합한 숫자를 순서대로 쓰시오.

> 자연환기설비는 설치되는 실의 바닥부터 수직으로 (㉠)m 이상의 높이에 설치하여야 하며, 2개 이상의 자연환기설비를 상하로 설치하는 경우 (㉡)m 이상의 수직간격을 확보하여야 한다.

75 「주택건설기준 등에 관한 규칙」상 세대당 전용면적이 82m²인 주택에 설치하는 전기시설의 세대별 최소 용량(kW)을 쓰시오.

76 「주택건설기준 등에 관한 규칙」상 6층 이상인 공동주택에 설치하는 승용 승강기의 설치기준에 관한 설명이다. ( )에 적합한 숫자를 순서대로 쓰시오.

> 계단실형인 공동주택에는 계단실마다 1대[한 층에 3세대 이상이 조합된 계단실형 공동주택이 ( )층 이상인 경우에는 2대] 이상을 설치하되, 그 탑승인원수는 동일한 계단실을 사용하는 4층 이상인 층의 세대당 ( )명(독신자용주택의 경우에는 0.15명)의 비율로 산정한 인원수(1명 이하의 단수는 1명으로 본다) 이상일 것

77 공동주택의 난방설비기준에 관한 설명이다. 다음 ( )에 적합한 내용을 써 넣으시오.

> 공동주택의 난방설비를 중앙집중난방방식으로 하는 경우에는 난방열이 각 세대에 균등하게 공급될 수 있도록 4층 이상 10층 이하의 건축물인 경우에는 (㉠)개소 이상, 10층을 넘는 건축물인 경우에는 10층을 넘는 (㉡)개층마다 1개소를 더한 수 이상의 난방구획으로 구분하여 각 난방구획마다 따로 난방용 배관을 하여야 한다.

78 소방안전관리자의 실무교육 등에 관한 설명이다. ( )에 들어갈 내용을 순서대로 쓰시오(필요하면 분수로 쓰시오).

> 1. 소방안전관리자는 그 선임된 날부터 6개월 이내에 실무교육을 받아야 하며, 그 후에는 2년마다 1회 이상 실무교육을 받아야 한다. 소방안전관리자에 대한 실무교육시간은 ( )시간 이내이다.
> 2. 소방안전관리보조자는 그 선임된 날부터 6개월(소방안전관리보조자로 지정된 사람의 경우 3개월) 이내에 실무교육을 받아야 하며, 그 후에는 2년마다 1회 이상 실무교육을 받아야 한다. 소방안전관리보조자에 대한 실무교육시간은 ( )시간이다.

79 「감염병의 예방 및 관리에 관한 법률」상 공동주택의 소독의무에 관한 사항이다. 다음 ( )에 적합한 것을 순서대로 쓰시오.

> 300세대 이상의 공동주택의 경우 공동주택을 관리·운영하는 자는 소독업의 신고를 한 자로 하여금 소독하게 하여야 하며, 이 경우 4월부터 9월까지는 (㉠)월에 (㉡)회 이상, 10월부터 3월까지는 (㉢)월에 (㉣)회 이상 소독을 실시하여야 한다.

80 「공동주택 층간소음의 범위와 기준에 관한 규칙」상 공동주택의 입주자 및 사용자는 공동주택에서 발생하는 층간소음을 일정한 기준 이하가 되도록 노력하여야 한다. 아래의 ㉠, ㉡에 들어갈 숫자를 순서대로 쓰시오.

층간소음의 구분		층간소음의 기준[단위: dB(A)]	
		주간 (06:00~22:00)	야간 (22:00~06:00)
직접충격 소음	1분간 등가소음도	39	34
	최고소음도	57	(㉡)
공기전달 소음	5분간 등가소음도	(㉠)	40

− 본 회차 시험 종료 −

제5회 적중 실전모의고사

| 문제지 유형 | 적중실전 모의고사 | 문제수 | 80문제 | 시험시간 | 09:30~11:10 (100분) | 응시번호 | | 성 명 | |

1 주택관리관계법규

01 공동주택관리법령상 하자담보책임에 관한 내용으로 옳은 것은?

① 「주택법」 제66조에 따른 리모델링을 수행한 시공자는 수급인의 담보책임을 면한다.
② 「공공주택특별법」에 따라 임대한 후 분양전환을 목적으로 공급하는 공동주택은 사업주체의 분양전환이 되기 전까지의 전유부분에 대한 하자담보책임기간은 임차인에게 인도한 날부터 기산한다.
③ 내력구조부별(「건축법」 제2조 제1항 제7호에 따른 건물의 주요구조부) 하자에 대한 담보책임기간은 5년 또는 10년이다.
④ 태양광설비공사 등 신재생에너지 설비공사의 담보책임기간은 2년이다.
⑤ 지방공사가 사업주체인 경우에는 하자보수보증금을 담보책임기간 동안 하자보수보증금을 현금으로 예치하여야 한다.

02 다음은 주택법령상 리모델링에 관한 설명이다. 틀린 것은?

① 특별시장·광역시장 및 대도시의 시장은 관할구역에 대하여 리모델링 기본계획을 10년 단위로 수립하여야 한다.
② 주택단지별로 설립된 리모델링 주택조합이 주택단지 전체를 리모델링하려면 주택단지 전체 구분소유자 및 의결권의 각 75% 이상의 동의와 각 동별 구분소유자 및 의결권의 각 50% 이상의 동의를 얻어야 한다.
③ 리모델링 주택조합의 설립인가 신청시 결의요건은 주택단지 전체를 리모델링하고자 하는 경우에 주택단지 전체 및 각 동의 구분소유자와 의결권의 각 과반수의 결의가 있어야 한다.
④ 리모델링 주택조합은 리모델링결의에 찬성하지 아니하는 자의 주택 및 토지에 대하여는 「집합건물의 소유 및 관리에 관한 법률」 규정을 준용하여 매도청구를 할 수 있다.
⑤ 공동주택의 소유자가 리모델링에 의하여 전유부분의 면적이 증감하는 경우에는 「집합건물의 소유 및 관리에 관한 법률」 규정에 불구하고 대지사용권은 변하지 아니하는 것으로 본다.

03 다음은 주택법령상 사업계획승인과 주택건설공사에 관한 사항이다. 틀린 것은?

① 지방공사인 사업주체가 국민주택을 건설하거나 대지를 조성하는 경우에는 토지 및 토지에 정착한 물건 또는 권리를 수용·사용할 수 있다.
② 주택건설사업계획의 승인을 받으려는 자는 해당 주택건설대지의 소유권을 확보하여야 한다. 그러나 지구단위계획의 결정이 필요한 주택건설사업의 해당 대지면적의 80% 이상을 사용할 수 있는 권원을 확보하고 확보하지 못한 대지가 매도청구대상이 되는 대지에 해당하는 경우에는 그러하지 아니하다.
③ 지방자치단체로부터 토지를 우선 매수한 주택조합이 그 매수일부터 1년 이내에 조합주택을 건설하지 아니한 때에는 환매할 수 있다.
④ 50호의 단독주택 건설사업을 시행하려는 한국토지주택공사는 국토교통부장관의 사업계획 승인을 받아야 한다.
⑤ 사업주체가 16,500제곱미터 이상의 대지조성사업을 시행하는 경우 도로 및 상하수도시설은 지방자치단체가 설치하여야 한다.

04 주택법령상 세대주인 甲이 취득한 주택은 주택법령에 의한 전매제한기간 중에 있다. 다음 중 甲이 이 주택을 전매할 수 있는 경우는? (단, 다른 요건은 충족됨)

① 세대원인 甲의 아들의 결혼으로 甲의 세대원 전원이 서울특별시에서 인천광역시로 이전하는 경우
② 甲은 상속에 의하여 취득한 주택으로 이전하면서, 甲을 제외한 나머지 세대원은 다른 새로운 주택으로 이전하는 경우
③ 甲의 세대원 전원이 1년 6개월간 해외에 체류하고자 하는 경우
④ 세대원인 甲의 가족은 국내에 체류하고, 甲은 해외로 이주하고자 하는 경우
⑤ 甲이 이 주택의 일부를 배우자에게 증여하는 경우

05 주택법령상 사업주체의 주택건설용 토지의 취득 등에 관한 내용 중 옳은 것은?

① 지방자치단체는 그가 소유하는 토지를 매각함에 있어서 국민주택규모의 주택을 10퍼센트 이상으로 건설하는 자에게 우선적으로 해당 토지를 매각할 수 있다.
② 사업주체가 민영주택용지로 사용하기 위하여 체비지의 매각을 요구한 때에는 도시개발사업 시행자는 체비지 총면적의 60퍼센트의 범위 안에서 이를 우선적으로 사업주체에게 매각할 수 있다.
③ 국가인 사업주체는 주택건설사업을 위한 토지 매수업무를 관할 지방자치단체의 장에게 위탁할 수 없다.
④ 사업주체가 「도시개발법」에 따른 환지계획의 수립 전에 체비지의 매각을 요구하면 도시개발사업시행자는 사업주체에게 매각할 체비지를 그 환지 계획에서 하나의 단지로 정하여야 한다.
⑤ 체비지의 양도가격은 「택지개발촉진법 시행규칙」에 의하여 정하는 조성원가를 기준으로 산정한다.

06 다음은 공동주택관리법령상 공동관리 및 구분관리에 관한 설명이다. 옳은 것은?

① 관리주체는 공동주택을 공동관리하거나 구분관리할 것을 결정한 때에는 지체없이 그 내용을 시장·군수·구청장에게 통보하여야 한다.
② 입주자대표회의는 인접한 공동주택단지와 단지별로 입주자등 과반수의 서면동의를 얻어 공동관리를 할 수 있다.
③ 입주자대표회의는 입주자 등의 과반수의 동의를 얻어 300세대 이상의 단위로 구분하여 관리할 수 있다.
④ 공동관리를 하는 경우에 세대수는 1천세대 이하로 하여야 한다.
⑤ 공동관리를 하는 경우에 단지수는 5개 단지 이하로 하여야 한다.

07 공동주택관리법령상 입주자대표회의에 관한 설명으로 옳지 않은 것은?

① 입주자대표회의의 임원 선출을 위한 선거관리위원회 위원장은 위원 중에서 호선한다.
② 입주자대표회의에는 회장 1명, 감사 1명 이상, 이사 2명 이상의 임원을 두어야 한다.
③ 입주자인 동별 대표자 중에서 회장 후보자가 없는 경우로서 선출 전에 전체 입주자 과반수의 서면동의를 얻은 경우에는 사용자인 동별 대표자도 회장이 될 수 있다. 입주자대표회의에는 회장 1명, 감사 2명 이상, 이사 1명 이상의 임원을 두어야 한다.
④ 동별 대표자 선거구는 2개 동 이상으로 묶거나 통로나 층별로 구획하여 정할 수 있다.
⑤ 입주자대표회의는 공동주택 관리방법의 제안에 관하여 입주자대표회의 구성원 과반수의 찬성으로 의결한다.

08 공동주택관리법령상 다음은 관리규약에 관한 내용이다. 옳지 않은 것은?

① 공동주택 분양 후 최초의 관리규약은 사업주체가 제안한 내용을 해당 입주예정자의 과반수가 서면으로 동의하는 방법으로 결정한다.
② 입주자 및 사용자는 관리규약의 준칙을 참조하여 관리규약을 정한다.
③ 국토교통부장관은 공동주택의 관리 또는 사용에 관하여 준거가 되는 관리규약의 준칙을 정하여야 한다.
④ 관리규약을 개정하는 방법은 입주자대표회의의 의결 또는 전체 입주자등의 1/10 이상이 제안하고, 전체 입주자등의 과반수가 찬성하는 방법으로 결정한다.
⑤ 공동주택의 관리주체는 관리규약을 보관하여 입주자등이 열람을 청구하거나 자기의 비용으로 복사를 요구하는 때에는 이에 응하여야 한다.

09 다음은 공동주택관리법령상 공동주택의 관리비 등에 관한 설명이다. 옳지 않은 것은?

① 관리비는 일반관리비, 청소비, 오물수거비, 소독비, 승강기유지비, 지능형 홈네트워크설비유지비, 난방비, 급탕비, 수선유지비 및 위탁관리수수료의 항목으로 구성된다.
② 건축물의 안전점검비용은 수선유지비로 징수하여야 한다.
③ 관리주체는 보수를 요하는 시설이 2세대 이상의 공동사용에 제공되는 것인 경우에는 이를 직접 보수하고, 해당 입주자등에게 그 비용을 따로 부과할 수 있다.
④ 장기수선충당금은 관리비와 구분하여 징수하여야 한다.
⑤ 관리주체는 관리비등을 입주자대표회의가 지정하는 금융기관에 예치하여 관리하되, 장기수선충당금은 별도의 계좌로 예치·관리하여야 한다. 이 경우 계좌는 관리사무소장의 직인 외에 입주자대표회의의 회장 인감을 복수로 등록할 수 있다.

10 공동주택관리법령상 의무관리대상 공동주택의 관리사무소장의 배치에 관한 사항이다. 틀린 것은?

① 임대사업자는 주택관리사 또는 주택관리사보를 공동주택의 관리사무소장으로 배치하여야 한다.
② 자치관리를 하는 경우에 입주자대표회의는 주택관리사 또는 주택관리사보를 공동주택의 관리사무소장으로 배치하여야 한다.
③ 주택관리사를 관리사무소장의 보조자로 배치할 수 있다.
④ 300세대의 공동주택은 주택관리사를 관리사무소장으로 배치할 수 있다.
⑤ 500세대의 공동주택은 주택관리사보를 관리사무소장으로 배치할 수 있다.

11 민간임대주택에 관한 특별법상의 용어정의에 관한 설명으로 잘못된 것은?

① 장기 일반민간임대주택이란 임대사업자가 공공지원 민간임대주택이 아닌 주택을 10년 이상 임대할 목적으로 취득하여 임대하는 민간임대주택[아파트(「주택법」제2조 제20호의 도시형 생활주택이 아닌 것을 말한다)를 임대하는 민간매입임대주택은 제외한다]을 말한다.
② 공공지원 민간임대주택 공급촉진지구란 공공지원 민간임대주택의 공급을 촉진하기 위하여 지정하는 지구를 말한다.
③ 임대사업자란 「공공주택 특별법」에 따른 공공주택사업자가 아닌 자로서 1호 이상의 민간임대주택을 취득하여 임대하는 사업을 할 목적으로 등록한 자를 말한다.
④ 민간매입임대주택이란 임대사업자가 매매 등으로 소유권을 취득하여 임대하는 민간임대주택을 말한다.
⑤ 단기민간임대주택이란 임대사업자가 5년 이상 임대할 목적으로 취득하여 임대하는 민간임대주택[아파트(「주택법」제2조제20호의 도시형 생활주택이 아닌 것을 말한다)는 제외한다]을 말한다.

12 주택법령상 주택조합의 가입 철회 및 가입비등의 반환에 관한 설명으로 옳지 않은 것은?

① 모집주체는 가입비등을 예치한 날부터 20일이 지난 경우 예치기관의 장에게 가입비등의 지급을 요청할 수 있다.
② 주택조합의 가입을 신청한 자는 가입비등을 예치한 날부터 30일 이내에 주택조합가입에 관한 청약을 철회할 수 있다.
③ 청약 철회를 서면으로 하는 경우에는 청약 철회의 의사를 표시한 서면을 발송한 날에 그 효력이 발생한다.
④ 모집주체는 주택조합의 가입을 신청한 자가 청약 철회를 한 경우 청약 철회 의사가 도달한 날부터 7일 이내에 예치기관의 장에게 가입비등의 반환을 요청하여야 한다.
⑤ 예치기관의 장은 정보통신망을 이용하여 가입비등의 예치·지급 및 반환 등에 필요한 업무를 수행할 수 있다.

13 공공주택특별법령상 용어의 정의에 관하여 기술한 것이다. 다음 중 가장 옳은 것은?

① 공공매입임대주택은 공공주택사업자가 직접 건설하거나 매매 등으로 취득하여 공급하는 공공임대주택을 말한다
② 행복주택이란 국가나 지방자치단체의 재정이나 주택도시기금의 자금을 지원받아 대학생, 사회초년생, 신혼부부, 노인 등 젊은 층과 노인층의 주거안정을 목적으로 공급하는 공공임대주택을 말한다.
③ 분양전환이란 공공임대주택을 공공주택사업자와 임차인에게 매각하는 것을 말한다.
④ 통합공공임대주택이란 국가나 지방자치단체의 재정이나 주택도시기금의 자금을 지원받아 최저소득 계층, 저소득 서민, 젊은 층 및 장애인·국가유공자 등 사회 취약계층 등의 주거안정을 목적으로 공급하는 공공임대주택을 말한다..
⑤ 장기전세주택이란 국가나 지방자치단체의 재정이나 주택도시기금의 자금을 지원받아 기존주택을 임차하여 「국민기초생활 보장법」에 따른 수급자 등 저소득층과 청년 및 신혼부부 등에게 전대(轉貸)하는 공공임대주택을 말한다.

14 건축법령상 건축허가의 제한에 관한 설명으로 옳은 것은?

① 국토교통부장관은 문화체육관광부장관이 문화재보존을 위하여 특히 필요하다고 인정하여 요청한 경우 건축허가를 받은 건축물의 착공을 제한할 수 있다.
② 국토교통부장관은 국토관리를 위하여 특히 필요하다고 인정하더라도 시장·군수·구청장의 건축허가를 제한할 수 없다.
③ 건축허가를 제한하는 경우 제한기간은 2년 이내로 하며, 그 기간은 연장할 수 없다.
④ 특별시장·광역시장·도지사가 시장·군수·구청장의 건축허가를 제한한 경우 국토교통부장관에게 보고하여야 하며, 국토교통부장관은 보고받은 내용을 공고하여야 한다.
⑤ 특별시장·광역시장·도지사는 시장·군수·구청장의 건축허가 제한이 지나치다고 인정하면 직권으로 이를 해제할 수 있다.

15 다음 중 「건축법」이 적용되는 건축물은?

① 「문화유산의 보존 및 활용에 관한 법률」에 따른 지정문화유산
② 「자연유산의 보존 및 활용에 관한 법률」에 따라 지정된 천연기념물등이나 임시지정천연기념물
③ 철도궤도의 부지 안에 설치한 운전보안시설, 플랫폼
④ 고속도로 통행료 징수시설
⑤ 철도역사

16 건축법령상 건축물을 건축하거나 대수선하는 경우에 해당 건축물의 설계자는 국토교통부령이 정하는 구조기준 등에 따라 구조의 안전을 확인하여야 한다. 다음 중 구조안전을 확인한 건축물 중 건축주가 해당 건축물의 설계자로부터 구조 안전의 확인서류를 받아 착공신고를 하는 때에 그 확인서류를 허가권자에게 제출할 필요가 <u>없는</u> 건축물들로 짝지어진 것은?

㉠ 층수가 3층인 건축물
㉡ 연면적이 100제곱미터인 건축물
㉢ 층수가 1층인 단독주택
㉣ 높이가 10미터인 건축물
㉤ 기둥과 기둥사이의 거리가 9미터인 건축물

① ㉠, ㉡, ㉢ ② ㉠, ㉣, ㉤
③ ㉡, ㉢, ㉣ ④ ㉡, ㉣, ㉤
⑤ ㉢, ㉣, ㉤

17 건축법령상 공개공지 등에 관한 설명 중 옳지 <u>않은</u> 것은?

① 공개공간을 설치하는 경우에는 해당 건축물에 적용되는 높이기준의 1.2배 이하의 범위에서 대지면적에 대한 공개공지등 면적비율에 따라 완화하여 적용한다.
② 문화 및 집회시설, 종교시설, 판매시설(「농수산물 유통 및 가격안정에 관한 법률」에 따른 농수산물유통시설은 제외), 운수시설(여객용 시설만 해당한다), 업무시설 및 숙박시설로서 해당 용도로 쓰는 바닥면적의 합계가 5천제곱미터 이상인 건축물의 대지에는 공개공지를 확보하여야 한다.
③ 공개공지의 면적은 대지면적의 10퍼센트 이하의 범위 안에서 건축조례로 정한다.
④ 공개공지를 설치하여야 하는 대상지역은 일반주거지역, 준주거지역, 모든 상업지역, 준공업지역, 시장 등이 도시화의 가능성이 크다고 인정하여 지정·공고하는 지역이다.
⑤ 공개공간을 설치한 경우에는 건폐율에 관한 기준을 1.2배 범위에서 대지면적에 대한 공개공지등 면적비율에 따라 완화하여 적용한다.

18 건축법령상 지역 및 지구 안에서의 건축제한 등에 관한 설명으로 옳은 것은? (단, 조례로 규정한 사항은 제외)

① 하나의 건축물이 방화지구와 그 밖의 구역에 걸치는 경우에는 그 전부에 대하여 방화지구 안의 건축물에 관한 「건축법」의 규정을 적용한다.
② 시장은 건축물의 용도 및 형태에 관계없이 동일한 가로구역(도로로 둘러싸인 일단의 지역) 안에서는 건축물의 높이를 동일하게 정해야 한다.
③ 일반주거지역 안에서 층수에 관계없이 높이 10미터 이하의 부분은 정북방향으로의 인접대지 경계선으로부터 1미터 이상 띄운다.
④ 3층 이하로서 높이가 12미터 이하인 건축물에는 일조 등의 확보를 위한 건축물의 높이제한에 관한 규정을 적용하지 아니할 수 있다.
⑤ 일반주거지역 안에서 건축물을 건축하는 경우 높이 10미터를 초과하는 부분은 정북방향으로의 인접대지 경계선으로부터 2미터 이상 띄운다.

19 소방기본법령상 규정으로 옳지 않은 것은?

① 관계지역이란 소방대상물이 있는 장소 및 그 이웃 지역으로서 화재의 예방·경계·진압, 구조·구급 등의 활동에 필요한 지역을 말한다.
② 「의무소방대설치법」에 따라 임용된 의무소방원도 소방대에 속한다.
③ 집회·공연 등 각종 행사시 사고에 대비한 근접대기 등 지원활동은 생활안전활동에 속한다.
④ 시·도지사는 소방력의 기준에 따라 관할구역의 소방력을 확충하기 위하여 필요한 계획을 수립하여 시행하여야 한다.
⑤ 목조건물이 밀집한 지역은 화재오인 사전신고 지역에 속한다.

20 승강기 안전관리법령상 승강기의 설치 및 안전관리에 관한 설명으로 옳지 않은 것은?

① 승강기의 자체점검을 담당하는 사람은 자체점검을 마치면 지체 없이 자체점검 결과를 양호, 주의관찰 또는 긴급수리로 구분하여 자체점검 실시일부터 10일 이내에 승강기안전종합정보망에 입력해야 한다.
② 관리주체가 직접 승강기를 관리하는 경우에는 승강기 안전관리자를 따로 선임할 필요가 없다.
③ 관리주체는 승강기의 사고로 승강기 이용자 등 다른 사람의 생명·신체 또는 재산상의 손해를 발생하게 하는 경우 그 손해에 대한 배상을 보장하기 위한 책임보험에 가입하여야 한다.
④ 설치공사업자는 승강기의 설치를 끝냈을 때에는 승강기의 설치를 끝낸 날부터 15일 이내에 한국승강기안전공단에 승강기의 설치신고를 해야 한다.
⑤ 책임보험의 보상한도액은 사망의 경우에는 1인당 8천만원 이상이나, 사망에 따른 실손해액이 2천만원 미만인 경우에는 2천만원으로 한다.

21 전기사업법령의 내용으로 옳은 것은?

① 배전선로란 발전소 상호간, 변전소 상호간, 발전소와 변전소간을 연결하는 전선로와 이에 속하는 전기설비를 말한다.
② 개폐소란 발전소 상호 간, 변전소 상호 간, 발전소와 변전소 간 전압 5만볼트 이상의 송전선로를 연결하거나 차단하기 위한 전기설비를 말한다.
③ 고압이란 직류에서는 1,000볼트를 초과하고 7천볼트 이하인 전압을, 교류에서는 1,500볼트를 초과하고 7천볼트 이하인 전압을 말한다.
④ 전기사업을 하려는 자는 대통령령으로 정하는 바에 따라 전기사업의 종류별 또는 규모별로 산업통상자원부장관의 허가를 받아야 한다.
⑤ 전기신사업을 하려는 자는 전기신사업의 종류별로 산업통상자원부장관에게 허가를 받아야 한다.

22 시설물의 안전 및 유지관리에 관한 특별법령상 안전점검에 관하여 맞지 <u>않는</u> 것은?

① 정밀안전진단의 실시 완료일부터 6개월 전 이내에 그 실시 주기의 마지막 날이 속하는 정밀안전점검은 생략할 수 있다.
② 정기안전점검은 A·B·C등급의 경우 공동주택을 제외하고는 1년에 1회 이상 실시한다.
③ 안전등급 A등급 건축물의 정밀안전점검은 4년에 1회 이상 실시한다.
④ 안전등급 D·E등급 건축물의 정밀안전점검은 2년에 1회 이상 실시한다.
⑤ 공동주택의 정기안전점검은「공동주택관리법」에 따른 안전점검으로 갈음한다.

23 도시 및 주거환경정비법령상 정비예정구역 또는 정비구역의 해제사유가 <u>아닌</u> 것은?

① 토지등소유자가 시행하는 재개발사업으로서 토지등소유자가 정비구역으로 지정·고시된 날부터 5년이 되는 날까지 사업시행계획인가를 신청하지 아니하는 경우
② 재건축사업으로서 토지등소유자가 정비구역으로 지정·고시된 날부터 2년이 되는 날까지 조합설립추진위원회의 승인을 신청하지 아니하는 경우
③ 재건축사업으로서 조합설립추진위원회가 추진위원회 승인일부터 2년이 되는 날까지 조합설립인가를 신청하지 아니하는 경우
④ 재개발사업·재건축사업으로서 조합설립인가를 받은 날부터 2년이 되는 날까지 사업시행계획인가를 신청하지 아니하는 경우
⑤ 정비예정구역에 대하여 기본계획에서 정한 정비구역 지정 예정일부터 3년이 되는 날까지 특별자치시장·특별자치도지사·시장 또는 군수가 정비구역을 지정하지 아니하거나 구청장등이 정비구역의 지정을 신청하지 아니하는 경우

24 「집합건물의 소유 및 관리에 관한 법률」상 집합건물의 공유부분에 관한 설명 중 옳지 <u>않은</u> 것은?

① 1동의 건물 중 구분소유권의 객체로 되어 있는 전유부분 이외의 건물의 부분은 공용부분이다.
② 전유부분에 속하지 않는 건물의 부속물은 공유부분이다.
③ 전유부분이지만 규약에 의하여 공유부분으로 된 부속의 건물도 공용부분이다.
④ 일부의 구분소유자만의 공용에 제공되는 것임이 명백한 공용부분은 그들 구분소유자의 공유에 속한다.
⑤ 공용부분에 대한 각 공유자의 지분은 원칙적으로 그가 가지는 전유부분의 가액의 비율에 의한다.

25 건축법령상 건축분쟁전문위원회에 관한 규정 내용이다. ( )에 들어갈 아라비아 숫자를 순서대로 각각 쓰시오.

> 건축분쟁전문위원회는 당사자의 조정신청을 받으면 (㉠)일 이내에, 재정신청을 받으면 (㉡)일 이내에 절차를 마쳐야 한다. 다만, 부득이한 사정이 있으면 건축분쟁전문위원회의 의결로 기간을 연장할 수 있다.

26 토지임대부 분양주택에 관한 주택법령의 일부 규정이다. ( )에 들어갈 아라비아 숫자를 쓰시오.

> 토지임대부 분양주택의 토지에 대한 임대차기간은 (㉠)년 이내로 한다. 이 경우 토지임대부 분양주택 소유자의 (㉡)퍼센트 이상이 계약갱신을 청구하는 경우 (㉢)년의 범위에서 이를 갱신할 수 있다.

27 다음은 공동주택관리법령상 내용이다. ( ) 안에 알맞은 아라비아 숫자와 용어를 순서대로 각각 쓰시오.

> • 손해배상책임을 보장하기 위하여 공탁한 공탁금은 주택관리사 등이 해당 공동주택의 관리사무소장의 직책을 사임하거나 그 직에서 해임된 날 또는 사망한 날부터 (㉠)년 이내에는 회수할 수 없다.
> • 주택관리업자의 지위에 관하여 이 법에 규정이 있는 것 외에는 민법 중 (㉡)에 관한 규정을 준용한다.

28 주택법 제62조(사용검사 후 매도청구 등) 규정의 일부이다. ( )에 들어갈 용어와 아라비아 숫자를 차례로 쓰시오.

> ① 주택(복리시설을 포함한다. 이하 이 조에서 같다)의 소유자들은 주택단지 전체 대지에 속하는 일부의 토지에 대한 소유권이전등기 말소소송 등에 따라 제49조의 사용검사(동별 사용검사를 포함한다. 이하 이 조에서 같다)를 받은 이후에 해당 토지의 소유권을 회복한 자(이하 이 조에서 "실소유자"라 한다)에게 해당 토지를 (㉠)로 매도할 것을 청구할 수 있다.
> ② 주택의 소유자들은 대표자를 선정하여 제1항에 따른 매도청구에 관한 소송을 제기할 수 있다. 이 경우 대표자는 주택의 소유자 전체의 (㉡)분의 (㉢) 이상의 동의를 받아 선정한다.
> 〈이하 생략〉

29 「주택법」상의 규정이다. 다음 ( )에 들어갈 용어와 아라비아 숫자를 순서대로 각각 쓰시오.

> 사업주체는 주택건설사업에 의하여 건설된 주택 및 대지에 대하여는 입주자 모집공고 승인 신청일 이후부터 입주예정자가 그 주택 및 대지의 (㉠)를 신청할 수 있는 날 이후 (㉡)일까지의 기간 동안 입주예정자의 동의 없이 다음의 어느 하나에 해당하는 행위를 하여서는 아니 된다.
> 1) 해당 주택 및 대지에 저당권 또는 가등기담보권 등 담보물권을 설정하는 행위
> 2) 해당 주택 및 대지에 전세권·지상권 또는 등기되는 부동산임차권을 설정하는 행위
> 3) 해당 주택 및 대지를 매매 또는 증여 등의 방법으로 처분하는 행위

30 「건축법」제2조(정의)에서 다음 설명에 해당하는 용어를 쓰시오.

> 법 제56조에 따른 용적률을 개별 대지마다 적용하지 아니하고, 2개 이상의 대지를 대상으로 통합적용하여 건축물을 건축하는 것을 말한다.

31 「건축법」제53조의2 제1항의 규정이다. 다음 ( )에 들어갈 용어를 쓰시오.

> (㉠)은 범죄를 예방하고 안전한 생활환경을 조성하기 위하여 건축물, 건축설비 및 대지에 관한 범죄예방 기준을 정하여 고시할 수 있다.

32 도시재정비 촉진을 위한 특별법 법 제18조 제1항(사업지연으로 인한 시행자 변경지정) 규정이다. (   )에 들어갈 아라비아 숫자를 순서대로 쓰시오.

> 재정비촉진계획의 결정·고시일부터 (㉠)년 이내에 재정비촉진사업과 관련하여 해당 사업을 규정하고 있는 관계 법률에 따른 조합설립인가를 신청하지 아니하거나, (㉡)년 이내에 해당 사업에 관하여 규정하고 있는 관계 법률에 따른 사업시행인가를 신청하지 아니한 경우에는 특별자치시장, 특별자치도지사, 시장·군수·구청장이 그 사업을 직접 시행하거나 총괄사업관리자를 사업시행자로 우선하여 지정할 수 있다.

33 화재의 예방 및 안전관리에 관한 법령상 화재안전조사 에 관한 규정이다. (   )에 들어갈 아라비아 숫자를 쓰시오.

> 소방관서장은 화재안전조사를 실시하려는 경우 사전에 관계인에게 조사대상, 조사기간 및 조사사유 등을 우편, 전화, 전자메일 또는 문자전송 등을 통하여 통지하고 이를 대통령령으로 정하는 바에 따라 인터넷 홈페이지나 법 제16조 제3항의 전산시스템 등을 통하여 (㉠)일 이상 공개하여야 한다.

34 도시 및 주거환경정비법령상 조합에 관한 규정이다. (   )에 들어갈 용어를 쓰시오.

> 정비사업조합에 관하여는 「도시 및 주거환경정비법」에 규정된 것을 제외하고는 「민법」 중 (㉠)에 관한 규정을 준용한다.

35 다음은 공공주택특별법령상의 공공주택사업자가 임대차계약을 해제 또는 해지하거나 재계약을 거절할 수 있는 경우의 일부 내용이다. (   )에 들어갈 용어와 아라비아 숫자를 순서대로 쓰시오.

> - 법 제49조의4를 위반하여 공공임대주택의 임차권을 다른 사람에게 양도하거나 공공임대주택을 (㉠)한 경우
> - 공공주택사업자의 귀책사유 없이 법 제49조의2에 따른 표준임대차계약서상의 임대차 계약기간이 시작된 날부터 (㉡)개월 이내에 입주하지 아니한 경우
> - 월 임대료를 3개월 이상 연속하여 연체한 경우
> - 분납임대주택의 분납금(분할하여 납부하는 분양전환금을 말한다)을 (㉢)개월 이상 연체한 경우

36 승강기 안전관리법령상 승강기 등의 제조업 또는 수입업에 관한 규정이다. (   )에 들어갈 아라비아 숫자를 쓰시오.

> 승강기 제조·수입업자는 승강기 또는 승강기부품을 판매하거나 양도했을 때에는 그 구매인 또는 양수인에게 사용설명서등의 자료를 제공해야 한다. 품질보증기간은 (㉠)년 이상으로 하며, 그 기간에 구매인 또는 양수인이 사용설명서에 따라 정상적으로 사용·관리했음에도 불구하고 고장이나 결함이 발생한 경우에는 제조·수입업자가 무상으로 유지관리용 부품 및 장비등을 제공해야 한다.

37 「공동주택관리법」 제26조(관리주체에 대한 회계감사 등) 제1항 규정의 일부이다. ( )에 들어갈 아라비아 숫자를 차례로 쓰시오.

> 의무관리대상 공동주택의 관리주체는 회계감사를 매년 1회 이상 받아야 한다. 다만, 다음의 구분에 따른 연도에는 그러하지 아니하다
> 1) (㉠)세대 이상인 공동주택: 해당 연도에 회계감사를 받지 아니하기로 입주자등의 3분의 (㉡) 이상의 서면동의를 받은 경우 그 연도
> 2) (㉠)세대 미만인 공동주택: 해당 연도에 회계감사를 받지 아니하기로 입주자등의 과반수의 서면동의를 받은 경우 그 연도

38 시설물의 안전 및 유지관리에 관한 특별법의 규정이다. 다음 ( )에 들어갈 용어를 쓰시오.

> (㉠)은 시설물이 안전하게 유지관리될 수 있도록 하기 위하여 5년마다 시설물의 안전과 유지관리에 관한 기본계획을 수립·시행하여야 한다.

39 「공동주택관리법」 영 제20조 제4항(공동주택의 관리규약) 규정의 일부이다. ( )에 들어갈 용어를 차례로 쓰시오.

> 의무관리대상 전환 공동주택의 관리규약 제정안은 의무관리대상 전환 공동주택의 (㉠)이 제안하고, 그 내용을 전체 입주자등 (㉡)의 서면동의로 결정한다.

40 다음은 전기사업법령상 전기사업 종류 규정의 일부이다. ( )에 들어갈 용어를 차례로 쓰시오.

> (㉠)이란 전기를 생산하여 이를 전력시장을 통하여 (㉡)에게 공급하는 것을 주된 목적으로 하는 사업을 말한다.

─ 다음면에 계속 ─

제5회 적중 실전모의고사

2 공동주택관리실무

41 공동주택관리법령상 공동주택 층간소음의 방지 등 노력의무에 대한 설명 중 옳지 않은 것은?

① 의무관리대상 공동주택 중 700세대 이상인 경우에는 층간소음관리위원회를 구성하여야 한다.
② 층간소음관리위원회는 입주자대표회의 또는 임차인대표회의 구성원, 선거관리위원회 위원, 공동체 생활의 활성화를 위한 단체에서 추천하는 사람, 관리사무소장으로 구성한다.
③ 관리주체의 조치에도 불구하고 층간소음 발생이 계속될 경우에는 층간소음 피해를 입은 입주자등은 공동주택 층간소음관리위원회에 조정을 신청할 수 있다.
④ 층간소음관리위원회의 구성원은 매년 8시간의 층간소음예방등교육을 이수해야 하며, 층간소음예방등교육의 수강비용은 일반관리비의 인건비에서 부담한다.
⑤ 다른 입주자 또는 사용자에게 피해를 주는 욕실, 화장실 및 다용도실 등에서 급수·배수로 인하여 발생하는 소음은 공동주택 층간소음의 범위에서 제외한다.

42 입주자대표회의에 관한 다음 설명 중 옳은 것은?

① 관리규약에서 입주자대표회의 정원과 임원의 정원을 같은 수로 정한 경우에는 이사가 모두 선출된 후 남은 동별 대표자를 별도의 투표 또는 동의 절차 없이 회장과 감사로 선출한다.
② 장기수선계획의 수립 또는 조정에 관한 사항은 입주자대표회의 구성원 중 사용자인 동별 대표자가 과반수인 경우에는 의결사항에서 제외한다.
③ 자격요건 미충족, 결격사유 해당 됨에 따라 동별 대표자를 퇴임한 사람으로서 그 남은 임기 중에 있는 사람이라도 선거관리위원회 위원은 될 수 있다.
④ 사용자는 선거관리위원회 위원장이 될 수 있다.
⑤ 선거관리위원회 위원장은 시장·군수·구청장이 지명한다.

43. 공동주택관리법령상의 공동주택관리에 관한 설명이다. 틀린 것은?

① 입주자대표회의는 공동주택을 공동관리하거나 구분관리할 것을 결정한 때에는 지체없이 그 내용을 시장·군수 또는 구청장에게 통보하여야 한다.
② 선거관리위원회 위원장은 동별 대표자에 대하여 동별 대표자의 자격요건 충족 여부와 결격사유 해당 여부를 확인하여야 한다.
③ 동별 대표자는 한 번만 중임할 수 있다. 이 경우 보궐선거로 선출된 동별 대표자의 임기가 6개월 미만인 경우에는 임기의 횟수에 포함하지 아니한다.
④ 2회의 선출공고에도 불구하고 동별 대표자의 후보자가 없는 선거구의 경우에는 동별 대표자를 중임한 사람도 선출공고를 거쳐 해당 선거구 입주자등의 과반수의 찬성으로 다시 동별 대표자로 선출될 수 있다.
⑤ 공동주택의 관리사무소장은 배치된 날부터 15일 이내에 접수업무를 위탁받은 주택관리사단체에 배치신고서를 제출하여야 하며, 제출받은 주택관리사단체는 접수현황을 분기별로 시장·군수·구청장에게 보고하여야 한다.

44. 주택관리사 등의 자격취소 및 정지처분에 관한 기준 중 1차 행정처분기준이 자격정지 6개월에 해당하는 항목을 모두 고른 것은?

㉠ 중대한 과실로 공동주택을 잘못 관리하여 소유자 및 사용자에게 재산상의 손해를 입힌 경우
㉡ 고의로 공동주택을 잘못 관리하여 소유자 및 사용자에게 재산상의 손해를 입힌 경우
㉢ 의무관리대상 공동주택에 취업한 주택관리사 등이 다른 공동주택 및 상가·오피스텔 등 주택 외의 시설에 취업한 경우
㉣ 다른 사람에게 자기의 명의를 사용하여 업무를 수행하게 한 때
㉤ 조사 또는 검사를 거부·방해 또는 기피하거나 거짓으로 보고를 한 경우
㉥ 주택관리사등이 업무와 관련하여 금품수수 등 부당이익을 취한 경우

① ㉠, ㉡, ㉢
② ㉠, ㉢, ㉣
③ ㉡, ㉣
④ ㉡, ㉥
⑤ ㉡, ㉢, ㉤

45 단체교섭 및 단체협약에 관한 다음 설명 중 옳지 않은 것은?

① 단체협약은 서면으로 작성하여 당사자 쌍방이 서명 또는 날인하여야 하고, 단체협약의 당사자는 단체협약의 체결일부터 15일 이내에 이를 행정관청에게 신고하여야 한다.
② 단체협약의 유효기간은 2년을 초과하지 않는 범위에서 노사가 합의하여 정할 수 있다.
③ 단체협약의 유효기간이 만료되는 때를 전후하여 당사자 쌍방이 새로운 단체협약을 체결하고자 단체교섭을 계속하였음에도 불구하고 새로운 단체협약이 체결되지 아니한 경우에는 별도의 약정이 있는 경우를 제외하고는 종전의 단체협약은 그 효력만료일부터 3월까지 계속 효력을 갖는다.
④ 단체협약에 그 유효기간이 경과한 후에도 새로운 단체협약이 체결되지 아니한 때에는 새로운 단체협약이 체결될 때까지 종전 단체협약의 효력을 존속시킨다는 취지의 별도의 약정이 있는 경우에는 그에 따르되, 당사자 일방은 해지하고자 하는 날의 6월 전까지 상대방에게 통고함으로써 종전의 단체협약을 해지할 수 있다.
⑤ 하나의 사업 또는 사업장에 상시 사용되는 동종의 근로자 반수 이상이 하나의 단체협약의 적용을 받게 된 때에는 당해 사업 또는 사업장에 사용되는 다른 동종의 근로자에 대하여도 당해 단체협약이 적용된다.

46 다음 중 근로자 퇴직급여제도에 관한 설명으로 옳지 않은 것은?

① 사용자는 근로자가 퇴직한 경우에는 그 지급사유가 발생한 날부터 14일 이내에 퇴직금을 지급하여야 한다.
② 사용자가 퇴직급여제도나 개인형퇴직연금제도를 설정하지 아니한 경우에는 퇴직금제도를 설정한 것으로 본다.
③ 확정급여형 퇴직연금제도의 가입기간은 퇴직연금제도의 설정 이후 해당 사업에서 근로를 제공하는 기간으로 한다.
④ 확정기여형 퇴직연금제도를 설정하고자 하는 사용자는 근로자대표의 동의를 얻어 일정한 사항을 포함한 확정기여형 퇴직연금규약을 작성하여 고용노동부장관에게 신고하여야 한다.
⑤ 상시 30명 미만의 사업의 경우 개별 근로자의 동의를 받거나 근로자의 요구에 따라 개인형퇴직연금제도를 설정하는 경우에는 해당 근로자에 대하여 퇴직급여제도를 설정한 것으로 본다.

47 공동주택관리 등에 관한 다음 설명 중 옳지 않은 것은?

① 관리규약의 제정 및 개정 등 신고를 하려는 입주자대표회의의 회장(관리규약 제정의 경우에는 사업주체를 말한다)은 관리규약이 제정·개정되거나 입주자대표회의가 구성·변경된 날부터 30일 이내에 신고서를 시장·군수·구청장에게 제출하여야 한다.
② 홈네트워크건물인증 대상은 「건축법」의 공동주택 또는 「방송통신설비의 기술기준에 관한 규정」의 준주택, 오피스텔을 대상으로 한다.
③ 초고속정보통신건물인증 대상은 「건축법」의 공동주택 또는 업무시설을 대상으로 한다.
④ 「근로기준법」상의 부당해고에 대한 구제신청에 따른 노동위원회의 구제명령, 기각결정 또는 재심판정은 중앙노동위원회에 대한 재심 신청이나 행정소송 제기에 의하여 그 효력이 정지된다.
⑤ 관리직원의 최종 3개월분의 임금채권과 재해보상금은 질권이나 저당권이 설정된 채권보다 우선변제된다.

48 민간임대주택에 관한 특별법령상 주택임대관리업에 관한 설명으로 옳지 않은 것은?

① 「민간임대주택에 관한 특별법」을 위반하여 금고 이상의 실형을 선고받고 그 집행이 종료된 날부터 3년이 지나지 아니한 사람은 주택임대관리업을 등록할 수 없다.
② 주택임대관리업의 등록이 말소된 후 3년이 지난 자는 주택임대관리업을 등록할 수 있다.
③ 주택임대관리업자는 임대를 목적으로 하는 주택에 대하여 임대차계약의 체결에 관한 업무를 수행한다.
④ 자기관리형 주택임대관리업자는 보증보험 가입사항을 시장·군수·구청장에게 신고하여야 한다.
⑤ 위탁관리형 주택임대관리업자는 전대료 및 전대보증금을 포함한 위·수탁계약서를 작성하여 주택의 소유자에게 교부하여야 한다.

49 공동주택관리법령상의 관리주체의 업무내용에 해당되지 않는 것은?

① 하자보수청구 등의 대행
② 공동주택 공용부분의 담보책임 종료 확인
③ 공과금 등의 납부대행
④ 장기수선충당금의 징수·적립 및 관리
⑤ 관리규약으로 정한 사항의 집행

50 공동주택관리법령상의 관리 일반과 관련한 다음 설명 중 옳지 않은 것은?

① 의무관리대상 전환 공동주택의 관리인이 관리규약의 제정신고를 하지 아니하는 경우에는 입주자등의 10분의 1 이상이 연서하여 신고할 수 있다.
② 관리주체는 공동주택의 어린이집, 다함께돌봄센터, 공동육아나눔터 임대에 따른 잡수입의 취득, 보험계약 등 국토교통부장관이 정하여 고시하는 사항에 관한 사업자를 선정(계약의 체결을 포함한다)하고 집행해야 한다.
③ 의무관리대상 공동주택의 관리주체는 잡수입의 경우에도 공동주택단지의 인터넷 홈페이지 및 동별 게시판(통로별 게시판이 설치된 경우에는 이를 포함한다)과 국토교통부장관이 구축·운영하는 공동주택관리정보시스템에 공개하여야 한다.
④ 의무관리대상이 아닌 공동주택으로서 100세대(주택 외의 시설과 주택을 동일 건축물로 건축한 건축물의 경우 주택을 기준으로 한다) 이상인 공동주택의 관리인은 관리비 등의 내역을 의무관리대상 공동주택의 공개방법에 따라 공개하여야 한다. 이 경우 공동주택관리정보시스템 공개는 생략할 수 있다.
⑤ 중앙분쟁조정위원회의 위원장은 위원회의 회의를 소집하려면 특별한 사정이 있는 경우를 제외하고는 회의개최 3일 전까지 회의의 일시·장소 및 심의안건을 각 위원에게 서면(전자우편을 포함한다)으로 알려야 한다.

51 한 시간당 급탕량이 5m³일 때 급탕부하는 얼마인가? (단 급탕온도 70℃, 급수온도 10℃)

① 30,000kcal/h ② 35,000kcal/h
③ 300,000kcal/h ④ 350,000kcal/h
⑤ 3,000,000kcal/h

52 다음 중 공동주택관리법령상의 시설물 안전관리계획에 포함되어야 하는 사항이 아닌 것은?

① 국토교통부령이 정하는 시설의 안전관리에 관한 기준 및 진단사항
② 시설별 안전관리자 및 안전관리책임자에 의한 책임점검사항
③ 수립된 안전관리계획의 조정에 관한 사항
④ 관리 등으로 인하여 발생한 수입의 용도 및 사용절차
⑤ 지하주차장의 침수 예방 및 대응에 관한 사항

53 고가수조방식을 채택한 건물에서 최상층에 세정밸브식 대변기가 설치되어 있을 때, 세정밸브로부터 고가수조 저수이면까지 필요최저높이는?
(단, 고가수조와 세정밸브까지의 총마찰손실은 0.05MPa이며 세정밸브의 최저필요압력은 0.07MPa이다)

① 5m ② 7m ③ 10m
④ 12m ⑤ 15m

54 다음 중 급탕설비에 관한 설명으로 맞는 것은?

① 급탕보일러에 팽창관을 설치하고 대기에 개방하는 경우에는 다른 안전장치를 필요로 하지 않는다.
② 리버스 리턴방식은 전계통의 탕의 순환을 촉진하는 방식이다.
③ 직접가열식 중앙급탕법은 보일러 안에 스케일 부착이 없어 내부에 방식처리가 불필요한다.
④ 간접가열식 중앙급탕법은 저탕조와 보일러를 직결하여 순환가열하는 것으로 고압용 보일러가 주로 사용된다.
⑤ 배관도중에 마찰저항을 적게 하기 위해 슬로스밸브보다 글로브밸브를 사용하는것이 좋다.

55 다음 스프링클러설비의 화재안전성능기준에 관한 설명 중 옳지 않은 것은?

① 스프링클러설비에는 자가발전설비, 축전지설비 또는 전기저장장치에 따른 비상전원을 설치해야 한다.
② 가압송수장치의 송수량은 0.1MPa의 방수압력 기준으로 100ℓ/min 이상의 방수성능을 가진 기준개수의 모든 헤드로부터의 방수량을 충족시킬 수 있는 양 이상의 것으로 해야 한다.
③ 가압송수장치에는 체절운전 시 수온의 상승을 방지하기 위한 순환배관을 설치해야 한다.
④ 스프링클러 송수구는 구경 65mm의 쌍구형으로 해야 한다.
⑤ 공동주택에는 조기반응형 스프링클러헤드를 설치하여야 한다.

56 다음의 장기수선계획의 수립기준 중에서 전면수리나 전면교체 수선주기가 다른 것은?

① 변전설비 수전반 ② 열교환기
③ 예비전원 배전반 ④ 소화펌프
⑤ 지능형 홈네트워크 설비 단지공용시스템

57 공동주택관리법령상의 하자심사·분쟁조정위원회에 관한 설명으로 틀린 것은?

① 하자담보책임 및 하자보수 등과 관련한 사무를 관장하기 위하여 국토교통부에 하자심사·분쟁조정위원회를 둔다.
② 하자분쟁조정위원회는 위원장 1명을 포함한 60명 이내의 위원으로 구성하며, 위원장은 상임으로 한다.
③ 하자 여부 판정 또는 분쟁조정을 다루는 분과위원회는 하자분쟁조정위원회의 위원장이 지명하는 9명 이상 15명 이하의 위원으로 구성한다.
④ 위원장 및 분과위원회의 위원장은 국토교통부장관이 임명한다.
⑤ 하자분쟁조정위원회 위원장은 전체위원회, 분과위원회 또는 소위원회 회의를 소집하려면 특별한 사정이 있는 경우를 제외하고는 회의 개최 5일 전까지 회의의 일시·장소 및 안건을 각 위원에게 알려야 한다.

58 통기관에 관한 다음 설명 중 틀린 것은?

① 각개통기관의 관경은 접속하는 배수관 관경의 1/2 이상으로 하고, 최소 관경을 32mm로 한다.
② 루프통기관의 관경은 접속하는 배수수평지관과 통기수직관의 관경의 작은 쪽의 1/2 이상을 원칙으로 한다.
③ 결합통기관의 관경은 통기수직관과 배수수직관 중에서 작은 쪽의 관경 이상으로 한다.
④ 신정통기관의 관경은 배수 수직관의 관경보다 작은 지름으로 한다.
⑤ 통기관은 배관길이가 길어지면 저항이 더 커지므로 관경도 더 굵어진다.

59 「시설물의 안전 및 유지관리에 관한 특별법」상 긴급안전조치와 시설물의 보수·보강 등에 관한 설명 중 틀린 것은?

① 관리주체는 시설물의 중대한 결함 등을 통보받는 등 시설물의 구조상 공중의 안전한 이용에 미치는 영향이 중대하여 긴급한 조치가 필요하다고 인정되는 경우에는 시설물의 사용제한·사용금지·철거, 주민대피 등의 안전조치를 하여야 한다.
② 시장·군수·구청장은 시설물의 중대한 결함등을 통보받는 등 시설물의 구조상 공중의 안전한 이용에 미치는 영향이 중대하여 긴급한 조치가 필요하다고 인정되는 경우에는 관리주체에게 시설물의 사용제한·사용금지·철거, 주민대피 등의 안전조치를 명할 수 있다.
③ 관리주체는 위 ① 또는 ②에 따른 사용제한 등을 하는 경우에는 즉시 그 사실을 관계 행정기관의 장 및 국토교통부장관에게 통보하여야 하며, 통보를 받은 관계 행정기관의 장은 이를 공고하여야 한다.
④ 관리주체는 긴급안전점검에 따른 조치명령 또는 시설물의 중대한 결함 등에 대한 통보를 받은 날부터 3년 이내에 시설물의 보수·보강 등 필요한 조치에 착수해야 하며, 특별한 사유가 없으면 착수한 날부터 2년 이내에 이를 완료해야 한다.
⑤ 관리주체는 안전점검등을 실시한 결과 해당 시설물에 중대한 결함 등이 있거나 안전등급을 지정한 결과 해당 시설물이 긴급한 보수·보강이 필요하다고 판단되는 경우에는 해당 시설물에 위험을 알리는 표지를 설치하고, 방송·인터넷 등의 매체를 통하여 주민에게 알려야 한다.

60 냉방설비 배기장치 설치공간의 기준에 따르면 배기장치 설치공간은 냉방설비의 배기장치가 원활하게 작동할 수 있도록 설치해야 한다. 다음의 냉방설비 배기장치 설치공간의 기준에 관한 설명 중 틀린 것은?

① 냉방설비가 작동할 때 주거환경이 악화되지 않도록 거주자가 일상적으로 생활하는 공간과 구분하여 구획하는 것이 원칙이다.
② 세대별 주거전용면적이 85㎡를 초과하는 경우로서 세대 내 거실 또는 침실이 2개 이상인 경우에는 거실을 포함한 최소 2개의 공간에 냉방설비 배기장치 연결배관을 설치해야 한다.
③ 세대별 주거전용면적에 적정한 용량인 냉방설비의 배기장치 규격에 배기장치의 설치·유지 및 관리에 필요한 여유 공간을 더한 크기로 해야 한다.
④ 냉방설비 배기장치 설치공간을 외부 공기에 직접 닿는 곳에 마련하는 경우에는 배기장치 설치공간 주변에 적합한 난간을 설치해야 한다.
⑤ 배기장치 설치공간을 외부 공기에 직접 닿는 곳에 마련하는 경우로서 냉방설비 배기장치 설치공간에 출입문을 설치하고, 출입문을 연 상태에서 배기장치를 설치할 수 있는 경우의 배기장치의 설치·유지 및 관리에 필요한 여유 공간은 가로 0.5m 이상이어야 하고, 그 밖의 경우는 가로 0.5m 이상 및 세로 0.7m 이상이어야 한다.

61 역률에 관한 설명 중 옳은 것은?

① 무효전력에 대한 유효전력이 비를 역률이라고 한다.
② 역률산정 시에 필요한 피상전력은 유효전력과 무효전력의 산술합이다.
③ 백열전등이나 전열기의 역률은 100%에 가깝다.
④ 역률은 부하의 종류와는 관계가 없으며 공급전력의 질을 의미한다.
⑤ 유도 리액턴스가 클수록 역률은 커진다.

62 다음의 오수처리시설 관리에 사용되는 용어에 대한 설명으로 옳지 않은 것은?

① 용존산소(D.O)는 물속에 용해되어 있는 산소를 ppm으로 나타낸다.
② C.O.D는 정화조 오니 1ℓ에서 30분간 가라앉은 침전 오니량을 말한다.
③ SS는 입경 2mm 이하의 불용성의 부유물질 또는 물질의 양을 말한다.
④ 스컴(Scum)은 정화조 내의 오수표면 위에 떠오르는 오물찌꺼기
⑤ 활성오니(Activated Sludge)는 폭기조 내 용해되어 있는 유기물질과 반응하고 그에 따라 세포가 증식되는 미생물의 덩어리를 말한다.

63 어린이놀이시설 안전관리법령상의 다음 내용 중 옳지 않은 것은?

① 관리주체는 설치검사를 받은 어린이놀이시설에 대하여 안전검사기관으로부터 2년에 1회 이상 정기시설검사를 받아야 하고, 인도 받은 날부터 6개월 이내에 어린이놀이시설의 안전관리에 관련된 업무를 담당하는 자로 하여금 안전교육을 받도록 하여야 한다.
② 어린이놀이시설 안전교육의 주기는 2년에 1회 이상으로 하고, 1회 안전교육시간은 4시간 이상으로 한다. 안전관리자가 변경된 경우에는 변경된 날부터 3개월 이내에 어린이놀이시설의 안전관리자로 하여금 안전교육을 받도록 하여야 한다.
③ 누구든지 어린이놀이시설에서 어린이놀이시설을 훼손하는 행위, 행상 또는 노점에 의한 상행위 등을 하여서는 아니 된다.
④ 정기시설검사를 받으려는 자는 정기시설검사의 유효기간이 끝나기 15일 전(최초로 정기시설검사를 받으려는 경우에는 해당 어린이놀이시설에 대한 설치검사의 유효기간이 끝나기 15일 전을 말한다)까지 행정안전부령으로 정하는 신청서류를 갖추어 안전검사기관에 제출하여야 한다.
⑤ 관리주체는 안전관리자를 신규 또는 변경 배치한 경우 안전관리자의 인적사항을 포함한 자료를 배치한 날부터 15일 이내에 어린이놀이시설 안전관리시스템 등을 통해 관리감독기관의 장에게 통보하여야 한다.

64 「전기안전관리법」상의 자가용 전기설비의 정기검사에 관한 설명으로 옳지 않은 것은?

① 정기검사 대상은 수용가에 설치한 고압 이상의 전기수용설비, 비상용 예비발전설비 및 전기자동차 충전설비(단독으로 설치된 경우를 포함한다)이다.
② 발전설비의 검사는 발전설비의 가동정지기간 중에 하며, 설비고장 등 검사시기 조정사유 발생시 검사기관과 협의하여 2개월 이내의 범위에서 검사시기를 조정할 수 있다.
③ 정기검사를 받으려는 자는 정기검사 신청서에 전기안전관리자 선임신고증명서 사본을 첨부하여 검사를 받으려는 날의 3일 전까지 안전공사에 제출하여야 한다.
④ 안전공사는 정기검사를 한 경우에는 검사완료일부터 5일 이내에 검사확인증을 검사신청인에게 내주어야 한다. 다만, 검사결과 불합격인 경우에는 그 내용·사유 및 재검사 기한을 통지해야 한다.
⑤ 자가용 전기설비의 소유자 또는 점유자는 정기검사에 불합격한 경우 적합하지 않은 부분에 대해 검사완료일부터 3개월 이내에 재검사를 받아야 한다.

65 소방안전관리보조자를 선임하여야 하는 특정소방대상물은 소방안전관리자를 두어야 하는 특정소방대상물 중 다음의 어느 하나에 해당하는 특정소방대상물(이하 "보조자선임대상 특정소방대상물")로 한다. 다음 ( )에 적합한 숫자를 쓰시오.

- (㉠)세대 이상인 아파트
- 아파트를 제외한 연면적이 1만5천㎡ 이상인 특정소방대상물(아파트 및 연립주택은 제외한다)

66 스프링클러설비의 화재안전성능기준에 관한 설명이다. 다음에서 기술하고 있는 용어의 정의에 해당하는 용어를 쓰시오.

> 이것은 물과 오리피스가 분리되어 동파를 방지할 수 있는 스프링클러헤드를 말한다.

67 1,000세대 이상 아파트 단지의 수전설비·배전설비에서 사고가 발생하여 1시간 이상 정전을 초래한 경우 자가용 전기설비의 소유자 또는 점유자가 산업통상자원부장관에게 통보하여야 할 통보기한이다. ( )에 들어갈 숫자를 각각 순서대로 쓰시오.

> • 사고발생 후 (㉠)시간 이내 전화 또는 팩스를 이용하여 통보하여야 한다. : 통보자의 소속, 직위, 성명 및 연락처, 사고 발생 일시, 사고 발생 장소, 사고내용, 전기설비 현황(사용전압 및 용량) 피해 현황(인명 및 재산)
> • 사고발생 후 (㉡)일 이내 : [별지 제31호 서식]에 따라 통보하여야 한다.(전기안전종합정보시스템을 통해서도 통보할 수 있고, 필요한 경우 전자우편 및 팩스를 통해 추가적으로 보고할 수 있다)

68 다음은 소음·진동관리법령상의 생활진동 규제기준에 관한 사항이다. ( )에 들어갈 적절한 숫자를 순서대로 쓰시오.

[단위 : dB(V)]

시간대별 대상 지역	주간 (06:00~22:00)	심야 (22:00~06:00)
주거지역	(㉠) 이하	(㉡) 이하

69 근로자퇴직급여 보장에 관한 사항이다. 다음 ( )에 적합한 숫자를 쓰시오.

> • 퇴직금제도를 설정하고자 하는 사용자는 계속근로기간 1년에 대하여 (㉠)일분 이상의 평균임금을 퇴직금으로 퇴직하는 근로자에게 지급할 수 있는 제도를 설정하여야 한다.
> • 사용자는 근로자가 퇴직한 경우에는 그 지급사유가 발생한 날부터 (㉡)일 이내에 퇴직금을 지급해야 한다.
> • 상시 근로자 (㉢)인 미만의 근로자를 사용하는 사업의 경우 사용자가 개별 근로자의 동의를 받거나 근로자의 요구에 따라 개인형퇴직연금제도를 설정하는 경우에는 해당 근로자에 대하여 퇴직급여제도를 설정한 것으로 본다.

70 다음은 국민연금법령상의 국민연금급여의 종류에 관한 사항이다. ( )에 들어갈 내용을 순서대로 쓰시오.

> 1. 노령연금   2. (㉠)
> 3. 유족연금   4. 반환일시금

71 장기수선계획과 장기수선충당금에 관한 내용이다. ( )에 들어갈 내용을 순서대로 쓰시오.

> • 장기수선충당금의 적립금액은 (㉠)으로 정한다.
> • 장기수선계획 조정은 (㉡)가 조정안을 작성하고, (㉢)가 의결하는 방법으로 한다.

72 노동조합 및 노동관계조정법령상의 노동조합에 관한 설명이다. ( )에 들어갈 내용을 순서대로 쓰시오.

- 노동조합을 설립하고자 하는 자는 일정사항을 기재한 신고서에 규약을 첨부하여 연합단체인 노동조합과 2 이상의 특·광·도·특별자치도에 걸치는 단위노동조합은 (㉠), 2 이상의 시·군·구(자치구)에 걸치는 단위노동조합은 특별시장·광역시장·도지사, 그 외의 노동조합은 특별자치도지사·시장·군수·구청장(자치구)에게 제출하여야 한다.
- 원칙적으로 하나의 사업 또는 사업장에서 조직형태에 관계없이 근로자가 설립하거나 가입한 노동조합이 2개 이상인 경우 노동조합은 (㉡)을 정하여 교섭을 요구하여야 한다.

73 국민건강보험법령상의 이의신청과 심판청구에 관한 설명이다. ( )에 들어갈 내용을 순서대로 쓰시오.

이의신청에 대한 국민건강보험공단의 결정에 불복이 있는 자는 (㉠)에 심판청구를 할 수 있다. 이 경우 심판청구는 처분이 있음을 안 날부터 (㉡)일 이내에 문서로 이를 하여야 하며 처분이 있은 날부터 (㉢)일을 경과하면 이를 제기하지 못한다.

74 공동주택관리법령상 주택관리사 자격증의 교부 등에 관한 내용이다. ( )에 들어갈 숫자를 순서대로 각각 쓰시오.

「공동주택관리법」 제67조 제2항에 따라 시·도지사는 주택관리사보 자격시험에 합격한 자로서 다음 중 어느 하나에 해당하는 경력을 갖춘 자에 대하여 주택관리사 자격증을 발급한다.
- 「공동주택관리법」에 따른 주택관리업자의 직원으로서 주택관리업무에의 종사경력 (㉠)년 이상
- 「주택법」에 따른 사업계획승인을 받아 건설한 50세대 이상의 공동주택의 관리사무소의 직원(경비원, 청소원 및 소독원은 제외)으로 주택관리업무에 종사경력 (㉡)년 이상

75 공동주택관리법령상의 장기수선계획 주기이다. ( )에 들어갈 적합한 숫자를 순서대로 쓰시오.

- 방화문 → 전면교체 (㉠)년
- 전기자동차의 고정형 충전기 → 전면교체 (㉡)년
- 옥상 비상문 자동개폐장치 → 전면교체 (㉢)년

76 어린이놀이시설 안전관리법령상의 검사불합격 시설 등의 이용금지 및 개선에 관한 설명이다. ( )에 공통으로 들어갈 내용을 쓰시오.

관리주체는 설치검사나 정기시설검사에서 불합격 통보를 받았거나 안전진단에서 위험하거나 보수가 필요하다는 판정 통보를 받은 경우에는 그 통보를 받은 날부터 (㉠)개월 이내에 시설개선계획서를 관리감독기관의 장에게 제출하고 수리·보수 등 필요한 조치를 하여야 한다. 다만, (㉠)개월 이내에 시설개선 등을 완료한 경우에는 시설개선계획서를 제출하지 아니할 수 있다.

77 공동주택관리법령상 담보책임의 종료에 관한 사항이다. (㉠), (㉡)에 들어갈 내용을 순서대로 쓰시오(필요하면 분수로 쓰시오).

> - 의무관리대상 공동주택인 경우에 사업주체와 입주자대표회의의 회장 또는 (㉠) 이상의 입주자(입주자대표회의의 구성원 중 사용자인 동별 대표자가 과반수인 경우만 해당한다)는 공용부분의 하자보수가 끝난 때에는 공동으로 담보책임 종료확인서를 작성해야 한다.
> - 입주자와 공용부분의 담보책임 종료확인서를 작성하려면 입주자대표회의의 회장에게 입주자에 대한 서면통지 및 공동주택단지 안의 게시판에 (㉡)일 이상 게시할 것을 요청해야 하고, 전체 입주자의 (㉠) 이상과 담보책임 종료확인서를 작성한 경우에는 그 결과를 입주자대표회의등에 통보해야 한다.

78 시설물의 안전 및 유지관리에 관한 특별법상의 시설물의 안전관리 등에 관한 내용이다. ( )에 숫자를 순서대로 쓰시오.

> - A등급 건축물의 정밀안전점검은 (㉠)년에 1회 이상 실시하여야 한다.
> - 관리주체는 시설물의 안전 및 유지관리에 관한 특별법 제24조제1항에 따라 긴급안전점검에 따른 조치명령 또는 시설물의 중대한 결함 등에 대한 통보를 받은 날부터 (㉡)년 이내에 시설물의 보수·보강 등 필요한 조치에 착수해야 하며, 특별한 사유가 없으면 착수한 날부터 3년 이내에 이를 완료해야 한다.

79 폐기물관리법령상 음식물류 폐기물처리에 관한 사항이다. ( )에 들어갈 숫자를 순서대로 쓰시오.

> 음식물류 폐기물을 스스로 감량하는 자는 단독 또는 공동으로 가열에 의한 건조에 의하여 부산물의 수분함량을 (㉠)% 미만으로 감량하여야 하고, 발효 또는 발효건조에 의하여 퇴비화·사료화 또는 소멸화하여 부산물의 수분함량을 (㉡)% 미만으로 처리하여야 한다.

80 어린이놀이시설 안전관리법령상의 정기시설검사에 대한 내용이다. (㉠)에 들어갈 숫자로 적합한 것은?

> 정기시설검사의 결과에 대하여 이의가 있는 자는 해당 검사 결과를 통보받은 날부터 (㉠)일 이내에 행정안전부령으로 정하는 서류를 갖추어 해당 안전검사기관에 재검사를 신청할 수 있다.

− 본 회차 시험 종료 −

제6회 적중 실전모의고사

| 문제지
유 형 | 적중실전
모의고사 | 문제수 | 80문제 | 시험시간 | 09:30~11:10
(100분) | 응시번호 | | 성 명 | |

1 주택관리관계법규

01 다음은 주택법령상 주택의 전매행위제한 등에 관한 설명이다. 틀린 것은?

① 세대원 일부가 1년 이상의 기간 해외에 체류하고자 하는 경우 전매제한의 예외가 인정된다.
② 세대원이 근무 또는 생업상의 사정이나 질병 치료·취학·결혼으로 인하여 세대원 전원이 다른 광역시, 시 또는 군(광역시의 관할구역에 있는 군은 제외함)으로 이전하는 경우 전매제한의 예외가 인정된다.
③ 전매제한의 범위에는 매매·증여 그 밖에 권리의 변동을 수반하는 일체의 행위를 포함한다.
④ 상속에 의하여 취득한 주택으로 세대원 전원이 이전하는 경우에는 전매제한의 예외가 인정된다.
⑤ 입주자로 선정된 지위 또는 주택의 일부를 그 배우자에게 증여하는 경우 전매제한의 예외가 인정된다.

02 주택법령상 주택의 공급 및 분양가상한제에 관한 설명으로 틀린 것은?

① 시장·군수·구청장은 사업주체로부터 제출받은 표시 또는 광고의 사본을 사용검사가 있은 날부터 3년 이상 보관하여야 하며, 입주자가 열람을 요구하는 경우 이를 공개하여야 한다.
② 사업주체가 주택을 공급하려는 경우에는 국토교통부령으로 정하는 바에 따라 벽지·바닥재·주방용구·조명기구 등을 제외한 부분의 가격을 따로 제시하여야 한다.
③ 도시형 생활주택은 분양가상한제 적용주택을 적용하지 아니한다.
④ 「관광진흥법」에 따라 지정된 관광특구에서 건설·공급하는 50층 이상의 공동주택은 분양가상한제 적용주택을 적용하지 아니한다.
⑤ 분양가상한제 적용지역 지정의 해제를 요청받은 국토교통부장관은 요청받은 날부터 40일 이내에 주거정책심의위원회의 심의를 거쳐 분양가상한제 적용지역 지정의 해제 여부를 결정하여야 한다.

03 다음은 주택법령상 사업계획승인에 관한 내용이다. 틀린 것은?

① 1만제곱미터 이상의 대지조성사업을 시행하려는 자는 사업계획승인을 받아야 한다.
② 30세대 이상의 공동주택 건설사업을 시행하려는 한국토지주택공사는 국토교통부장관의 사업계획승인을 받아야 한다.
③ 330만제곱미터 이상의 규모로 택지개발사업을 추진하는 지역 안에서 주택건설사업을 시행하는 경우에는 시·도지사의 사업계획승인을 받아야 한다.
④ 주택건설사업으로서 해당 대지면적이 10만제곱미터 이상인 경우에는 시·도지사 또는 대도시 시장의 사업계획승인을 받아야 한다.
⑤ 준주거지역에서 300세대 미만의 주택과 주택 외의 시설을 동일 건축물로 건축하는 경우로서 해당 건축물의 연면적에 대한 주택연면적 합계의 비율이 90퍼센트 미만인 경우에는 사업계획승인대상에서 제외한다.

04 주택법령상 주택상환사채에 관한 설명으로 옳지 않은 것은?

① 한국토지주택공사는 주택상환사채를 발행할 수 있다.
② 주택상환사채를 발행하려는 자는 주택상환사채 발행계획을 수립하여 국토교통부장관의 승인을 받아야 한다.
③ 등록사업자가 발행할 수 있는 주택상환사채의 규모는 최근 2년간의 연평균 주택건설 호수 이내로 한다.
④ 「주택법」에 따라 등록사업자의 등록이 말소된 경우에도 등록사업자가 발행한 주택상환사채의 효력에는 영향을 미치지 아니한다.
⑤ 국토교통부장관은 주택상환사채발행계획을 승인하였을 때에는 주택상환사채발행 대상 지역을 관할하는 시·도지사에게 그 내용을 통보하여야 한다.

05 주택법령상 주택조합에 관한 설명으로 옳은 것은?

① 국민주택을 공급받기 위하여 설립한 직장주택조합을 해산하려면 관할 시장·군수·구청장의 인가를 받아야 한다.
② 지역주택조합은 임대주택으로 건설·공급하여야 하는 세대수를 포함하여 주택건설예정세대수의 3분의 1 이상의 조합원으로 구성하여야 한다.
③ 리모델링 주택조합의 경우 공동주택의 소유권이 수인의 공유에 속하는 경우에는 그 수인 모두를 조합원으로 본다.
④ 창립총회 또는 국토교통부령으로 정하는 사항을 의결하는 총회의 경우에는 조합원의 100분의 10 이상이 직접 출석하여야 한다.
⑤ 지역주택조합이 설립인가를 받은 후에 조합원을 추가모집한 경우에는 주택조합의 변경인가를 받아야 한다.

06 공동주택관리법령상 주택관리사의 자격취소사유에 해당하지 않는 것은?

① 의무관리대상 공동주택에 취업한 주택관리사가 다른 공동주택 및 상가·오피스텔 등 주택 외의 시설에 취업한 경우
② 자격정지기간에 주택관리업무를 수행한 경우
③ 거짓이나 그 밖의 부정한 방법으로 자격을 취득한 경우
④ 다른 사람에게 자기의 명의를 사용하여 업무를 수행하게 하거나 자격증을 대여한 경우
⑤ 공동주택의 관리업무와 관련하여 벌금형을 선고받은 경우

07 다음은 공동주택관리법령상 자치관리기구에 관한 설명이다. 옳은 것은?

① 입주자대표회의가 공동주택을 자치관리하려는 경우에는 사업주체로부터 공동주택의 관리를 요구받았을 때에는 그 요구가 있었던 날부터 3개월 이내에 자치관리기구를 구성한다.
② 주택관리업자에게 위탁관리하다가 자치관리로 변경할 경우에는 위탁관리의 종료 1개월 전까지 자치관리기구를 구성하면 된다.
③ 입주자대표회의의 구성원은 자치관리기구의 직원을 겸임할 수 있다.
④ 자치관리기구의 대표자는 입주자대표회의의 회장이 된다.
⑤ 입주자대표회의는 선임된 관리사무소장이 해임, 그 밖의 사유로 결원이 된 때에는 그 사유가 발생한 날부터 30일 이내에 새로운 관리사무소장을 선임하여야 한다.

08 공동주택관리법령상 장기수선충당금에 관한 설명 중 옳지 <u>않은</u> 것은?

① 장기수선충당금은 관리주체가 징수적립하며 입주자 등으로부터 징수하여야 한다.
② 장기수선충당금의 요율은 당해 공동주택의 공용부분의 내구연한 등을 감안하여 관리규약으로 정한다.
③ 입주자 과반수의 서면동의가 있는 경우에는 장기수선충당금을 하자진단 및 감정에 드는 비용으로 사용할 수 있다.
④ 관리주체는 공동주택의 사용자가 장기수선충당금의 납부확인을 요구하는 경우에는 지체없이 확인서를 발급해 주어야 한다.
⑤ 장기수선충당금은 사용검사 후 1년이 경과한 날이 속하는 달부터 장기수선계획에 의해 매월 적립하여야 한다.

09 공동주택관리법령상 사업주체에게 하자보수를 청구할 수 있는 자에 해당하지 <u>않는</u> 것은?

① 입주자
② 시·도지사
③ 입주자대표회의
④ 「집합건물의 소유 및 관리에 관한 법률」에 따른 관리단
⑤ 공공임대주택의 임차인 또는 임차인대표회의

10 민간임대주택에 관한 특별법령상 시장·군수·구청장이 주택임대관리업자의 등록을 반드시 말소하여야 하는 경우는?

① 주택임대관리업의 등록기준을 갖추지 못한 경우
② 정당한 사유없이 최종 위탁계약 종료일의 다음 날부터 1년 이상 위탁계약 실적이 없는 경우
③ 다른 자에게 자기의 명의 또는 상호를 사용하여 이 법에서 정한 사업이나 업무를 수행하게 하거나 그 등록증을 대여한 경우
④ 고의 또는 중대한 과실로 임대를 목적으로 하는 주택을 잘못 관리하여 임대인 및 임차인에게 재산상의 손해를 입힌 경우
⑤ 지방자치단체의 장에게 보고, 자료의 제출 또는 검사를 거부·방해 또는 기피하거나 거짓으로 보고한 경우

11 「공동주택관리법령」상 관리사무소장의 손해배상책임 등에 관한 설명으로 옳지 <u>않은</u> 것은?

① 입주자대표회의에서 손해배상금으로 공탁금을 지급받으려는 경우에는 입주자대표회의와 주택관리사 등 간의 손해배상합의서, 화해조서 또는 확정된 법원의 판결문 사본 그 밖에 이에 준하는 효력이 있는 서류를 첨부하여 공탁기관에 손해배상금의 지급을 청구하여야 한다.
② 500세대 이상의 공동주택에 관리사무소장으로 배치된 주택관리사는 관리사무소장의 손해배상책임을 보장하기 위하여 5천만원을 보장하는 보증보험 또는 공제에 가입하거나 공탁을 하여야 한다.
③ 손해배상책임을 보장하기 위하여 공탁한 공탁금은 주택관리사 등이 해당 공동주택의 관리사무소장의 직책을 사임하거나 그 직에서 해임된 날 또는 사망한 날로부터 3년 이내에는 회수할 수 없다.
④ 주택관리사 등은 관리사무소장의 업무를 집행함에 있어서 고의 또는 과실로 인하여 입주자에게 재산상의 손해를 발생하게 한 때에는 그 손해를 배상할 책임이 있다.
⑤ 주택관리사 등은 관리사무소장의 손해배상책임을 보장하기 위하여 가입한 보증보험을 공탁으로 변경하려는 경우에는 보증설정의 효력이 소멸한 후에 할 수 있다.

12 공공주택 특별법령상 공공임대주택의 임대의무기간 등에 관한 설명으로서 가장 틀린 것은?

① 임대의무기간의 산정기준일은 임대개시일부터이다.
② 임대사업자가 파산하여 임대를 계속할 수 없어 허가권자의 허가를 받은 경우에는 임대의무기간이 경과되지 않아도 임대주택의 매각이 허용될 수 있다.
③ 공공임대주택의 종류에 따라 임대의무기간이 달라지는데, 최장기 임대의무기간은 30년이다.
④ 국민임대주택의 임대의무기간은 임대개시일부터 30년이다.
⑤ 임대의무기간 이내에도 국토교통부령으로 정하는 바에 따라 다른 공공주택사업자에게 매각하는 경우는 허용된다.

13 다음은 건축법령상 용도별 건축물의 종류이다. 잘못 설명된 것은?

① 바닥면적의 합계가 500제곱미터 이상인 종교집회장에 설치하는 봉안당은 종교시설이다.
② 오피스텔(업무를 주로 하는 건축물이고, 분양 또는 임대하는 구획에서 일부 숙식을 할 수 있도록 한 건축물로서 국토교통부장관이 고시하는 기준에 적합한 것)은 숙박시설이다.
③ 무도학원은 위락시설이다.
④ 일반음식점은 제2종 근린생활시설이다.
⑤ 안마원은 제1종 근린생활시설이다.

14 건축법령상 도시지역·지구단위계획구역 및 동 또는 읍의 지역이 아닌 지역에 대하여는 「건축법」의 일부 규정을 적용하지 아니한다. 배제되는 규정이 아닌 것은?

① 「건축법」 제44조(대지와 도로의 관계)
② 「건축법」 제47조(건축선에 의한 건축제한)
③ 「건축법」 제51조(방화지구 안의 건축물)
④ 「건축법」 제60조(건축물의 높이제한)
⑤ 「건축법」 제45조(도로의 지정·폐지 또는 변경)

15 건축법령상 건축물이 있는 대지는 조례로 정하는 면적에 못 미치게 분할할 수 없다. 다음 중 조례로 정할 수 있는 최소 분할면적 기준이 가장 작은 용도지역은? (단, 「건축법」 제3조에 따른 적용 제외는 고려하지 않음)

① 제1종 일반주거지역   ② 일반상업지역
③ 근린상업지역   ④ 준공업지역
⑤ 자연녹지지역

16 건축법령상 사용승인을 받은 건축물을 용도변경하기 위해 허가를 필요로 하는 경우는? (단, 조례는 고려하지 않음)

① 업무시설을 판매시설로 용도변경하는 경우
② 숙박시설을 제1종 근린생활시설로 용도변경하는 경우
③ 장례시설을 종교시설로 용도변경하는 경우
④ 수련시설을 공동주택으로 용도변경하는 경우
⑤ 공장을 관광휴게시설로 용도변경하는 경우

17 건축법령상 위반건축물 등에 대한 조치 등과 이행강제금 등에 관한 설명으로 옳지 않은 것은?

① 국토교통부장관은 시·도지사 또는 시장·군수·구청장이 한 명령이나 처분이 「건축법」이나 「건축법」에 따른 명령이나 처분 또는 조례에 위반되거나 부당하다고 인정하면 그 명령 또는 처분의 취소·변경, 그밖에 필요한 조치를 명할 수 있다.
② 허가권자는 시정명령을 받은 자가 이를 이행하면 새로운 이행강제금의 부과를 즉시 중지하되, 이미 부과된 이행강제금은 징수하여야 한다.
③ 허가권자는 대지나 건축물이 「건축법」 또는 「건축법」에 따른 명령이나 처분에 위반되면 「건축법」에 따른 허가를 취소하거나 그 건축물의 건축주 등에게 공사의 중지를 명할 수 있다.
④ 허가권자는 시정명령을 받은 자가 이를 이행하지 아니하면 시정명령이 이행될 때까지 1년에 3회 이내의 범위에서 반복하여 이행강제금을 부과·징수할 수 있다.
⑤ 허가권자는 이행강제금 부과처분을 받은 자가 이행강제금을 납부기한까지 내지 아니하면 「지방행정제재·부과금의 징수 등에 관한 법률」에 따라 징수한다.

18 건축법령상 대지면적이 200제곱미터인 대지에 건축되어 있고, 각 층의 바닥면적이 동일한 지하 2층·지상 3층인 하나의 평지붕 건축물로서 용적률이 150퍼센트라고 할 때, 이 건축물의 바닥면적은 얼마인가? (단, 제시된 조건 이외의 다른 조건이나 제한은 고려하지 아니함)

① 60제곱미터 ② 75제곱미터
③ 100제곱미터 ④ 200제곱미터
⑤ 300제곱미터

19 도시 및 주거환경정비법령상 관리처분계획의 작성기준에 관한 내용으로 타당하지 않은 것은?

① 정비구역지정 후 분할된 토지를 취득한 자에게는 현금으로 청산할 수 있다.
② 지나치게 좁거나 넓은 토지 또는 건축물은 넓히거나 좁혀 대지 또는 건축물이 적정 규모가 되도록 한다.
③ 종전의 토지 또는 건축물의 면적·이용 상황·환경, 그 밖의 사항을 종합적으로 고려하여 대지 또는 건축물이 균형 있게 분양신청자에게 배분되고 합리적으로 이용되도록 한다.
④ 원칙적으로 과밀억제권역에 위치한 재건축사업의 경우에는 토지등소유자가 소유한 주택수의 범위에서 2주택까지 공급할 수 있다.
⑤ 재해 또는 위생상의 위해를 방지하기 위하여 토지의 규모를 조정할 특별한 필요가 있을 때에는 너무 좁은 토지를 넓혀 토지를 갈음하여 보상을 하거나 건축물의 일부와 그 건축물이 있는 대지의 공유지분을 교부할 수 있다.

20 다음은 도시재정비촉진을 위한 특별법령상의 규정이다. 가장 틀린 것은?

① 재정비촉진구역 중 재정비촉진사업의 활성화, 소형주택 공급 확대, 주민 이주대책 지원 등을 위하여 다른 구역에 우선하여 개발하는 구역으로서 재정비촉진계획으로 결정되는 구역은 "우선사업구역"을 말한다.
② 존치지역이란 재정비촉진지구에서 재정비촉진사업을 할 필요성이 많아 재정비촉진계획에 따라 존치하는 지역이다.
③ 교지의 확보를 위하여 지방자치단체가 소유하는 토지등을 임대하는 경우의 임대기간은 「지방재정법」의 규정에 불구하고 50년으로 하고, 50년 갱신기간의 범위 내에서 이를 연장할 수 있다.
④ 재정비촉진지구의 종류는 주거지형, 중심지형, 고밀복합형으로 구분한다.
⑤ 빈집 및 소규모주택 정비에 관한 특례법에 따른 소규모 재개발사업도 재정비촉진사업에 속한다.

21 화재의 예방 및 안전관리에 관한 법령상 규정에 관한 내용으로 옳지 않은 것은?

① 아파트를 제외한 30층 이상(지하층을 포함한다)이거나 지상으로부터 높이가 120미터 이상인 특정소방대상물은 특급 소방안전관리대상물이다.
② 아파트 및 연립주택을 제외한 연면적이 1만 5천제곱미터 이상인 특정소방대상물은 소방안전관리보조자를 선임하여야 한다.
③ 소방안전관리대상물의 관계인은 소방안전관리자 를 해임된 경우 해임된 날부터 14일 이내에 소방안전관리자를 선임하여야 한다.
④ 소방안전관리대상물의 관계인이 법 제24조에 따라 소방안전관리자 또는 소방안전관리보조자를 선임한 경우에는 행정안전부령으로 정하는 바에 따라 선임한 날부터 14일 이내에 소방본부장 또는 소방서장에게 신고하여야한다.
⑤ 특정소방대상물로서 복합건축물(지하층을 제외한 층수가 11층 이상 또는 연면적 3만제곱미터 이상인 건축물)은 특정소방대상물로서 그 관리의 권원(權原)이 분리되어 있는 특정소방대상물에 해당한다.

22 승강기 안전관리법령상 승강기 유지관리업의 등록 등에 관한 설명으로 옳지 않은 것은?

① 제조·수입업자는 승강기 관리주체로부터 승강기 유지관리용 부품등의 제공을 요청받은 경우 특별한 이유가 없으면 2일 이내에 요청에 따라야 한다.
② 유지관리업자는 대통령령으로 정하는 비율 이하의 유지관리업무를 다른 유지관리업자에게 하도급하는 경우로서 관리주체(유지관리업자가 관리주체인 경우에는 승강기 소유자나 다른 법령에 따라 승강기 관리자로 규정된 자를 말한다)가 서면으로 동의한 경우에는 하도급 할 수 있다.
③ 승강기 유지관리를 업으로 하려는 자는 행정안전부령으로 정하는 바에 따라 시·도지사에게 등록하여야 한다.
④ 제조·수입업자는 승강기 또는 승강기부품을 판매하거나 양도하였을 때에는 대통령령으로 정하는 바에 따라 행정안전부령으로 정하는 승강기 유지관리용 부품의 유상 또는 무상 제공하여야 한다.
⑤ 유지관리업자는 그 사업을 폐업 또는 휴업하거나 휴업한 사업을 다시 시작한 경우에는 그 날부터 14일 이내에 시·도지사에게 신고하여야 한다.

23 전기사업법령상 한국전력거래소 규정에 대한 내용 중 잘못된 것은?

① 한국전력거래소는 그 목적을 달성하기 위하여 전력시장 및 소규모전력중개시장의 개설·운영에 관한 업무를 수행한다.
② 한국전력거래소에 대하여 이 법 및 「공공기관의 운영에 관한 법률」에 규정된 것을 제외하고는 민법 중 재단법인에 관한 규정을 준용한다.
③ 전력시장에서 전력거래를 하는 소규모전력중개사업자는 회원이 될 수 있다.
④ 한국전력거래소는 중개시장운영규칙을 제정·변경 또는 폐지하려는 경우에는 산업통상자원부장관의 승인을 받아야 한다.
⑤ 한국전력거래소의 주된 사무소는 정관으로 정한다.

24 「집합건물의 소유 및 관리에 관한 법률」상 집합건물의 구분소유에 관한 규약 및 집회에 대한 다음 설명 중 옳은 것은?

① 관리인은 구분소유자의 10분의1 이상이 회의의 목적사항을 구체적으로 밝혀 청구한 때에는 임시관리단집회를 소집하여야 한다.
② 관리단집회는 구분소유자 5분의4 이상의 동의가 있는 때에는 소집절차를 거치지 아니하고 소집할 수 있다.
③ 규약의 설정·변경 및 폐지는 관리단집회에서 구분소유자 및 의결권의 각 3분의2 이상의 찬성을 얻어 행한다.
④ 관리인은 매분기 일정한 시기에 정기관리단집회를 소집하여야 한다.
⑤ 관리단집회를 소집하고자 할 때에는 관리단집회일의 1주일 전에 회의의 목적사항을 명시하여 각 구분소유자에게 통지하여야 한다.

25 공동주택관리법령상의 공동주택관리 분쟁조정위원회에 관한 내용이다. ( )에 들어갈 아라비아 숫자를 쓰시오.

> 중앙분쟁조정위원회의 위원장은 위원회의 회의를 소집하려면 특별한 사정이 있는 경우를 제외하고는 회의개최 (㉠)일 전까지 회의의 일시·장소 및 심의안건을 각 위원에게 서면(전자우편을 포함한다)으로 알려야 한다.

26 주택법령상 토지임대부 분양주택에 관한 내용이다. ( )에 들어갈 용어를 쓰시오.

> 토지임대부 분양주택을 공급받은 자가 토지소유자와 임대차계약을 체결한 경우 해당 주택의 구분소유권을 목적으로 그 토지 위에 임대차기간 동안 (㉠)이 설정된 것으로 본다.

27 주택법상 용어의 정의이다. ( )에 들어갈 용어를 쓰시오.

> 리모델링 기본계획이란 (㉠)증가형 리모델링으로 인한 (㉡), 이주수요 집중 등을 체계적으로 관리하기 위하여 수립하는 계획을 말한다.

28 공동주택관리법령상의 벌칙 내용이다. ( )에 들어갈 아라비아 숫자를 순서대로 각각 쓰시오.

> 주택관리사등의 자격을 취득하지 아니한 자가 관리사무소장의 업무를 수행한 자 또는 해당 자격이 없는 자에게 이를 수행하게 한 자는 (㉠)년 이하의 징역 또는 (㉡)천만원 이하의 벌금에 처한다.

29 주택법령상 투기과열지구의 지정 및 해제 규정의 일부이다. ( )에 들어갈 용어를 쓰시오.

> 투기과열지구는 해당 지역의 (㉠)이(가) 물가상승률보다 현저히 높은 지역으로서 그 지역의 청약경쟁률·주택가격·주택보급률 및 주택공급계획 등과 지역 주택시장 여건 등을 고려하였을 때 주택에 대한 투기가 성행하고 있거나 성행할 우려가 있는 지역 중 대통령령으로 정하는 기준을 충족하는 곳이어야 한다.

30 공동주택관리법 시행령 제45조(하자보수보증금의 반환) 제1항 규정의 일부이다. ( )에 들어갈 아라비아 숫자를 쓰시오.

> 입주자대표회의는 사업주체가 예치한 하자보수보증금을 다음 각 호의 구분에 따라 순차적으로 사업주체에게 반환하여야 한다.
> 1. 〈생략〉
> 2. 사용검사일부터 3년이 경과된 때: 하자보수보증금의 100분의 (㉠)
> 3. 〈생략〉
> 4. 사용검사일부터 10년이 경과된 때: 하자보수보증금의 100분의 (㉡)

31 「공공주택 특별법」 제3조(공공주택 공급·관리계획) 규정의 일부이다. ( )에 들어갈 용어와 아라비아 숫자를 순서대로 쓰시오.

> (㉠)은 공공주택의 원활한 건설, 매입, 관리 등을 위하여 「주거기본법」에 따른 (㉡)년 단위 주거종합계획과 연계하여 5년마다 공공주택 공급·관리계획을 수립하여야 한다.

32 「시설물의 안전 및 유지관리에 관한 특별법」 제7조(시설물의 종류) 규정의 일부이다. ( )에 들어갈 아라비아 숫자를 순서대로 쓰시오.

> 제7조(시설물의 종류) 시설물의 종류는 다음 각 호와 같다.
> 1. 제2종 시설물
>   제1종 시설물 외에 사회기반시설 등 재난이 발생할 위험이 높거나 재난을 예방하기 위하여 계속적으로 관리할 필요가 있는 시설물로서 다음의 어느 하나에 해당하는 시설물 등 대통령령으로 정하는 시설물
>   ① 연장 100미터 이상의 도로 및 철도 교량
>   ②~④ 생략
>   ⑤ (㉠)층 이상 또는 연면적 (㉡)만제곱미터 이상의 건축물

33 건축법령상의 내용이다. ( )에 들어갈 아라비아 숫자를 쓰시오.

> 건축위원회의 심의를 받은 자가 심의결과를 통지받은 날부터 (㉠)년 이내에 건축허가를 신청하지 아니하면 건축위원회 심의의 효력이 상실된다.

34 「건축법」제71조 제2항(특별건축구역 지정절차) 규정에 대한 내용이다. ( )에 들어갈 아라비아 숫자와 용어를 순서대로 쓰시오.

> 국토교통부장관 또는 특별시장·광역시장·도지사는 지정신청이 접수된 경우에는 특별건축구역 지정의 필요성, 타당성 및 공공성 등과 피난·방재 등의 사항을 검토하고, 지정 여부를 결정하기 위하여 지정신청을 받은 날부터 (㉠)일 이내에 국토교통부장관이 지정신청을 받은 경우에는 국토교통부장관이 두는 건축위원회 [이하 '(㉡)'라 한다], 특별시장·광역시장·도지사가 지정신청을 받은 경우에는 각각 특별시장·광역시장·도지사가 두는 건축위원회의 심의를 거쳐야 한다.

35 다음은 공동주택관리법령상 관리비 등의 사업계획 및 예산안 수립 등에 관한 내용이다. ( )에 들어갈 아라비아 숫자를 순서대로 각각 쓰시오.

> - 의무관리대상 공동주택의 관리주체는 다음 회계연도에 관한 관리비 등의 사업계획 및 예산안을 매 회계연도 개시 (㉠)개월 전까지 입주자대표회의에 제출하여 승인을 받아야 하며, 승인사항에 변경이 있는 때에는 변경승인을 받아야 한다.
> - 의무관리대상 공동주택의 관리주체는 회계연도마다 사업실적서 및 결산서를 작성하여 회계연도 종료 후 (㉡)개월 이내에 입주자대표회의에 제출하여야 한다.

36 소방기본법령상의 내용이다. ( )에 들어갈 용어와 아라비아 숫자를 쓰시오.

> (㉠)은 화재, 재난·재해 그 밖의 위급한 상황으로부터 국민의 생명·신체 및 재산을 보호하기 위하여 소방업무에 관한 종합계획을 (㉡)년마다 수립·시행하여야 하고, 이에 필요한 재원을 확보하도록 노력하여야 한다.

37 소방시설 설치 및 관리에 관한 법률상 용어에 관한 내용이다. ( )에 들어갈 용어를 쓰시오.

> (㉠)이란 건축물 등의 규모·용도 및 수용인원 등을 고려하여 소방시설을 설치하여야 하는 소방대상물로서 대통령령으로 정하는 것을 말한다.

38 도시 및 주거환경정비법령상 용어의 정의이다. ( )에 들어갈 용어를 순서대로 각각 쓰시오.

> (㉠) : 정비기반시설은 (㉡)하나 노후·불량건축물에 해당하는 (㉢)이 밀집한 지역에서 주거환경을 개선하기 위한 사업

39 「전기사업법」상 발전사업자, 전기판매사업자, 전기자동차충전사업자, 재생에너지전기공급사업자, 통합발전소사업자, 재생에너지전기저장판매사업자 및 송전제약발생지역전기공급사업자는 대통령령으로 정하는 정당한 사유 없이 전기의 공급을 거부하여서는 아니 된다. 다음은 전기의 공급을 거부할 수 있는 경우의 일부 규정이다. ( )에 들어갈 알맞은 아라비아 숫자를 차례대로 쓰시오.

> 전기를 대량으로 사용하려는 자가 다음에서 정하는 시기까지 전기판매사업자에게 미리 전기의 공급을 요청하지 아니하는 경우
> 가. 사용량이 5천킬로와트(「건축법 시행령」[별표 1] 제14호 나목의 일반업무시설인 경우에는 2천킬로와트) 이상 1만킬로와트 미만인 경우 : 사용 예정일 1년 전
> 나. 사용량이 1만킬로와트 이상 (㉠)만 킬로와트 미만인 경우 : 사용 예정일 2년 전
> 다. 사용량이 (㉠)만킬로와트 이상 (㉡)만 킬로와트 미만인 경우 : 사용 예정일 3년 전
> 라. 사용량이 (㉡)만킬로와트 이상인 경우 : 사용 예정일 4년 전

40 「승강기 안전관리법」상 한국승강기안전공단(공단)에 관한 설명이다. ( )에 들어갈 용어를 쓰시오.

> 공단에 관하여 이 법 및 「공공기관의 운영에 관한 법률」에서 규정한 사항을 제외하고는 「민법」 중 (㉠)에 관한 규정을 준용한다.

― 다음면에 계속 ―

제6회 적중 실전모의고사

2 공동주택관리실무

41 「국민연금법」상의 권리구제에 관한 다음 설명 중 옳지 <u>않은</u> 것은?

① 가입자의 자격, 기준소득월액, 연금보험료, 그 밖의 이 법에 따른 징수금과 급여에 관한 공단 또는 건강보험공단의 처분에 이의가 있는 자는 그 처분을 한 공단 또는 건강보험공단에 심사청구를 할 수 있다.
② 위 ①에 따른 심사청구는 그 처분 통지를 받은 날부터 90일 이내에 문서로 하여야 하며, 처분이 있은 날부터 180일을 경과하면 이를 제기하지 못한다.
③ 심사청구사항을 심사하기 위하여 국민연금공단에 국민연금심사위원회를 두고, 건강보험공단에 징수심사위원회를 둔다.
④ 국민연금심사위원회는 위원장 1명을 포함한 26명 이내의 위원으로 구성하고, 징수심사위원회는 위원장 1명을 포함한 25명의 위원으로 구성한다.
⑤ 국민연금공단 또는 건강보험공단은 재심사청구서를 제출받으면 재심사청구서를 받은 날부터 10일 이내에 그 재심사청구서를 보건복지부장관에게 보내야 한다.

42 「국민건강보험법」상 급여의 제한 등에 관한 사항이다. <u>틀린</u> 것은?

① 공단은 가입자가 1개월 이상 다음의 보험료를 체납한 경우 그 체납한 보험료를 완납할 때까지 그 가입자 및 피부양자에 대하여 보험급여를 실시하지 아니할 수 있다.
② 공단은 보험급여를 받을 수 있는 사람이 고의 또는 중대한 과실로 인한 범죄행위에 기인하거나 고의로 사고를 발생시킨 경우 보험급여를 하지 아니한다.
③ 보험급여를 받을 수 있는 사람이 국외에 체류하는 경우 그 기간에는 보험급여를 하지 아니한다.
④ 보험료는 가입자의 자격을 취득한 날이 속하는 달부터 가입자의 자격을 잃은 날의 전날이 속하는 달까지 징수한다.
⑤ 공단은 직장가입자가 3개월 이상 국외에 체류하는 경우 국내에 거주하는 피부양자가 없을 때에만 보험료를 면제한다.

43 공동주택의 소음의 관리에 관한 다음 설명 중 틀린 것은?

① 공동주택 각 세대 간의 경계벽 및 공동주택과 주택 외의 시설 간의 경계벽은 내화구조로서 철근콘크리트조 또는 철골·철근콘크리트조인 경우 그 두께(시멘트 모르타르·회반죽·석고플라스터 기타 이와 유사한 재료를 바른 후의 두께를 포함)가 15cm 이상에 해당하는 구조로 하여야 한다.
② 공동주택은 위험물 저장 및 처리시설, 특정대기유해물질을 배출하는 공장 등 시설로부터 수평거리 50m 이상 떨어진 곳에 배치해야 한다.
③ 경계벽은 이를 지붕밑 또는 바로 윗층바닥판까지 닿게 하여야 하며, 소리를 차단하는데 장애가 되는 부분이 없도록 설치하여야 한다.
④ 공동주택 층간소음의 범위에는 직접충격소음과 공기전달 소음이 있다. 이 경우에 욕실, 화장실 및 다용도실 등에서 급수·배수로 인하여 발생하는 소음은 제외한다.
⑤ 공동주택의 입주자 및 사용자는 공동주택에서 발생하는 층간소음을 공기전달 소음의 경우에 5분간 등가소음도가 주간에는 43dB 이하가 되도록 노력하여야 한다.

44 다음 중 의무관리대상 공동주택 입주자대표회의의 임원에 관한 내용으로 옳지 않은 것은?

① 사용자인 동별 대표자는 회장이 될 수 없는 것이 원칙이다.
② 입주자인 동별 대표자 중에서 회장 후보자가 없는 경우로서 선출 전에 전체 입주자 과반수의 서면동의를 얻은 경우에는 사용자도 예외적으로 회장이 될 수 있다.
③ 이사의 선출은 후보자가 선출필요인원을 초과하는 경우 입주자대표회의 구성원의 과반수가 투표하고 후보자 중 다득표자 순으로 선출하며, 순위 내에 득표수가 같은 후보자가 있는 경우로서 그 득표수가 같은 후보자를 모두 선출하면 선출필요인원을 초과하는 경우에는 그 득표수가 같은 후보자들 간에는 추첨으로 선출한다.
④ 회장 선출은 후보자가 1명인 경우에는 전체 입주자등의 10분의 1 이상이 투표하고 투표자 과반수의 찬성으로 선출한다.
⑤ 동별 대표자의 임기는 1년으로 하되, 2번만 중임할 수 있다.

45 공동주택관리와 관련하여 문서의 보존(보관)기간 기준으로 옳게 연결된 것은?

① 주택관리업자 및 사업자 선정 관련 증빙서류 : 해당 계약체결일부터 3년
② 소방시설 작동점검 또는 종합점검 실시 결과 : 1년
③ 급수관의 세척·갱생·교체 등 조치결과 : 2년
④ 직장 내 성희롱 예방교육을 하였음을 확인할 수 있는 서류 : 2년
⑤ 어린이놀이시설 안전관리법령상 어린이놀이시설의 안전점검실시대장 : 최종 기재일부터 3년

46 「공동주택관리법」상 공동주택의 관리에 있어 공동주택을 파손 또는 훼손하거나 당해 시설의 전부 또는 일부를 철거하는 행위는 대통령령이 정하는 기준·절차 등에 따라 시장·군수·구청장의 허가를 받거나 신고를 하여야 한다. 그러나 이 경우 국토교통부령이 정하는 '경미한 행위'의 경우는 제외하고 있는 바, 이에 해당하지 않는 것은?

① 세대 내 난방설비의 교체(시설물의 파손·철거를 포함한다)
② 영상정보처리기기의 교체(폐쇄회로 텔레비전과 네트워크 카메라 간의 교체를 포함한다)
③ 주민운동시설의 교체(다른 운동종목을 위한 시설로 변경하는 것을 말하며, 면적이 변경되는 경우는 제외한다)
④ 조경시설 중 수목(樹木)의 일부 제거 및 교체
⑤ 급·배수관 등 배관설비의 교체

47 다음은 근로기준법상의 근로시간, 휴식, 임금 등 일반에 관한 설명이다. 옳지 않은 것은?

① 임금을 지급하는 때에는 근로자에게 임금의 구성항목·계산방법 등 대통령령으로 정하는 사항을 적은 임금명세서를 근로자에게 교부하지 않는 경우에는 500만원 이하의 과태료에 처한다.
② 4주 동안(4주 미만으로 근로하는 경우에는 그 기간)을 평균하여 1주 동안의 소정근로시간이 15시간 미만인 근로자에 대하여는 휴일과 연차 유급휴가를 적용하지 아니한다.
③ 계속 근로한 기간이 1개월인 근로자에게 사용자가 30일 전에 해고예고를 하지 않은 경우 30일분 이상의 통상임금을 지급할 의무가 없다.
④ 사용자는 8시간을 초과한 휴일근로에 대하여는 통상임금의 100분의 50 이상을 가산하여 근로자에게 지급하여야 한다.
⑤ 근로자가 출장이나 그 밖의 사유로 근로시간의 전부 또는 일부를 사업장 밖에서 근로하여 근로시간을 산정하기 어려운 경우에는 소정근로시간을 근로한 것으로 본다.

48 의무관리대상 공동주택의 회계감사에 관한 다음 설명 중 옳지 않은 것은?

① 300세대 미만인 공동주택의 관리주체는「주식회사의 외부감사에 관한 법률」에 따른 감사인의 회계감사를 매 회계연도 종료 후 9개월 이내에 받아야 한다.
② 위 ①의 경우에 해당 연도에 회계감사를 받지 아니하기로 입주자등의 과반수의 서면동의를 받은 경우 그 연도에는 회계감사를 받지 아니할 수 있다.
③ 재무제표를 작성하는 회계감사기준은 국토교통부장관이 정하여 고시한다.
④ 감사인은 관리주체가 회계감사를 받은 날부터 1개월 이내에 관리주체에게 감사보고서를 제출하여야 한다.
⑤ 회계감사의 감사인은 입주자대표회의가 선정하며, 입주자대표회의는 감사인에게 감사보고서에 대한 설명을 하여 줄 것을 요청할 수 있다.

49 공동주택관리법령상 시장·군수·구청장의 허가를 받아야 하는 공동주택 등의 행위허가기준에 관한 설명으로 옳지 않은 것은?

① 공동주택 전유부분의 시설물 또는 설비를 철거하려면 해당 동에 거주하는 입주자등 1/2 이상의 동의를 받아야 한다.
② 공동주택 공용부분의 비내력벽을 철거하는 경우에는 해당 동에 거주하는 입주자등 1/2 이상의 동의를 받아야 한다.
③ 공동주택의 용도폐지는 해당 동 입주자등 1/2 이상의 동의를 받아야 한다.
④ 대수선이 포함된 세대구분형 공동주택의 내력벽에 배관설비를 설치하는 경우에는 해당 동에 거주하는 입주자등 1/2 이상의 동의를 받아야 한다.
⑤ 위해의 방지를 위하여 부대시설 및 입주자 공유인 복리시설의 시설물 또는 설비를 철거하는 경우에는 시장·군수·구청장이 부득이하다고 인정하는 경우로서 전체 입주자등 1/2 이상의 동의를 받아야 한다.

50 다음 중 공동주택의 관리비 등에 관한 사항으로 옳지 못한 것은?

① 입주자대표회의 운영비는 관리비에 포함되지 않는다.
② 직영시, 경비원 인건비는 경비비에 포함되나, 소독원의 인건비는 소독비에 포함되지 않는다.
③ 지능형 홈네트워크설비의 유지에 소요되는 전기료는 지능형 홈네트워크설비 유지비로 관리비에 포함된다.
④ 옥상방수공사비는 관리비에 포함되지 않는다.
⑤ 냉난방 시설의 청소비와 소화기 충약비는 수선유지비에 포함된다.

51 공동주택관리법령상 관리비등 집행을 위한 사업자선정의 내용으로 옳지 않은 것은?

① 의무관리대상 공동주택의 관리주체 또는 입주자대표회의는 선정한 주택관리업자 또는 공사, 용역 등을 수행하는 사업자와 계약을 체결하는 경우 계약 체결일부터 1개월 이내에 그 계약서를 해당 공동주택단지의 인터넷 홈페이지 및 동별 게시판에 공개하여야 한다.
② 사업주체로부터 지급받은 공동주택 공용부분의 하자보수비용을 사용하여 보수하는 공사는 입주자대표회의가 사업자를 선정하고 집행하는 사항이다.
③ 하자보수보증금을 사용하여 보수하는 공사는 입주자대표회의가 사업자를 선정하고 집행하는 사항이다.
④ 장기수선충당금을 사용하는 공사는 입주자대표회의가 사업자를 선정하고 관리주체가 집행하는 사항이다.
⑤ 잡수입의 취득(공동주택의 어린이집 임대에 따른 잡수입의 취득은 제외한다)은 입주자 대표회의가 사업자를 선정하고 관리주체가 집행하는 사항이다.

52 「남녀고용평등과 일·가정 양립지원에 관한 법률」에 관한 다음 설명 중 틀린 것은?

① 사업주는 근로자가 인공수정 또는 체외수정 등 난임치료를 받기 위하여 휴가를 청구하는 경우에 연간 6일 이내의 휴가를 주어야 하며, 이 경우 최초 2일은 유급으로 한다.
② 같은 자녀를 대상으로 부모가 모두 육아휴직을 각각 3개월 이상 사용한 경우 부 또는 모에 해당하는 근로자는 6개월 이내에서 추가로 육아휴직을 사용할 수 있다.
③ 육아휴직 중인 근로자가 새로운 육아휴직을 시작하거나 「근로기준법」에 따른 출산전후휴가 또는 육아기 근로시간 단축을 시작하는 경우에는 그 새로운 육아휴직, 출산전후휴가 또는 육아기 근로시간 단축 개시일의 전날에 육아휴직이 끝난 것으로 본다.
④ 육아기 근로시간 단축의 기간은 1년 이내로 한다. 다만, 근로자가 1년 이내의 육아휴직 기간 중 사용하지 아니한 기간이 있으면 그 기간의 두 배를 가산한 기간 이내로 한다.
⑤ 사업주가 해당 근로자에게 가족돌봄 등을 위한 근로시간 단축을 허용하는 경우 단축 후 근로시간은 주당 15시간 이상이어야 하고 35시간을 넘어서는 아니 된다.

53 급수설비 상태검사의 구분 및 방법에 관한 설명이다, 옳지 못한 것은?

① 일반검사의 기초조사 중 문제점 조사에서는 이용 주민으로부터의 탐문조사 등을 활용한다.
② 일반검사의 급수관 수질검사 중 탁도의 기준은 1NTU 이하이다.
③ 현장조사 중 수압측정은 가장 높은 층의 냉수 수도꼭지를 하나 이상 측정(화장실의 수도꼭지를 표본으로 측정한다)하되, 건물이 여러 동일 경우에는 대표 동을 측정한다.
④ 현장조사 중 초음파 두께 측정은 건물 안의 임의의 냉수 수도꼭지 하나 이상에서 스케일 두께를 측정한다.
⑤ 현장조사 중 유속은 건물 안의 가장 높은 층의 냉수 수도꼭지 하나 이상에서 유속을 측정한다.

54 밸브에 대한 설명 중 틀린 것은?

① 게이트밸브는 쐐기형의 디스크가 오르내림으로써 개폐목적으로 사용되는 밸브로서 밸브 판(밸브디스크)이 유체 흐름방향으로 미끄러져 유체의 통로를 막아 개폐한다.
② 릴리프 밸브는 밸브 입구쪽의 압력이 상승하여 미리 정해진 압력이 되었을 때, 자동적으로 밸브 디스크가 열리고 압력이 소정의 값으로 강하하면 다시 밸브 디스크가 닫히는 기능을 한다.
③ 정수위밸브는 인입관에 설치하는 밸브로서, 압력강하로 인한 워터해머 등의 현상을 방지하기 위해 완만하게 관의 폐지시간을 제어하여 수위를 일정하게 유지하는 유량조절밸드이다.
④ 플러시밸브는 대소변기의 세정에 주로 사용되며 한번 누르면 밸브가 작동되어 0.07MPa 이상이 수압으로 일정향의 물이 한꺼번에 나오면서 서서히 자동으로 잠기는 밸브이다.
⑤ 차압조절밸브는 냉·난방 폐회로 시스템에서 환수헤더와 공급헤더 사이에서 부하변동에 따른 시스템내의 압력을 일정하게 유지시킴으로써 순환펌프의 운전과 시스템의 안정성을 유지하는 밸브이다.

55 고층건축물의 화재안전성능기준(NFPC 604)에 관한 설명이다. 다음 내용 중 틀린 것은?

① 옥내소화전설비의 수원은 그 저수량이 옥내소화전의 설치개수가 가장 많은 층의 설치개수(두 개 이상 설치된 경우에는 두 개)를 동시에 사용할 수 있는 양 이상이 되도록 해야 한다.
② 50층 이상인 건축물의 옥내소화전 주배관 중 수직배관은 두 개 이상(주배관 성능을 갖는 동일 호칭배관)으로 설치해야 하며, 하나의 수직배관의 파손 등 작동 불능 시에도 다른 수직배관으로부터 소화용수가 공급되도록 구성해야 한다.
③ 옥내소화전설비의 비상전원은 자가발전설비, 축전지설비 또는 전기저장장치로서 옥내소화전설비를 유효하게 40분(50층 이상인 건축물의 경우에는 60분) 이상 작동할 수 있어야 한다.
④ 스프링클러설비의 수원은 설치장소별 스프링클러헤드의 기준개수에 3.2세제곱미터(50층 이상인 건축물의 경우에는 4.8세제곱미터)를 곱한 양 이상이 되도록 해야 한다.
⑤ 자동화재탐지설비에는 그 설비에 대한 감시상태를 60분간 지속한 후 유효하게 30분 이상 경보할 수 있는 축전지설비 또는 전기저장장치를 설치해야 한다.

56 배수관에 설치하는 청소구(clean out)의 설치위치로 옳지 않은 것은?

① 배수수직관의 최하단부
② 배수수평지관 및 배수수평주관의 기점(수평관의 최상단부)
③ 배수수직관과 신정통기관의 접속부분
④ 배수배관이 45° 이상 각도로 방향을 바꾸는 부분
⑤ 길이가 긴 배수수평관의 중간 부분

57 「물의 재이용 촉진 및 지원에 관한 법률」상의 빗물이용시설의 시설기준·관리기준 등에 관한 설명이다. 틀린 것은?

① 「건축법 시행령」에 따른 건축면적이 1만m² 이상인 공동주택을 신축하려는 자는 빗물이용시설을 설치·운영하여야 하며, 설치 결과를 특별자치시장·특별자치도지사·시장·군수·구청장(자치구의 구청장을 말한다)에게 신고하여야 한다.
② 빗물이용시설에는 처음 내린 빗물을 배제할 수 있는 장치나 빗물에 섞여 있는 이물질을 제거할 수 있는 여과장치 등 처리시설을 갖추어야 한다.
③ 처리시설에서 처리한 빗물을 일정 기간 저장할 수 있는 빗물 저류조는 지붕의 빗물 집수 면적에 0.05m를 곱한 규모 이상의 용량이어야 한다.
④ 빗물이용시설에는 처리한 빗물을 화장실 등 사용장소로 운반할 수 있는 펌프·송수관·배수관 등 송수시설 및 배수시설을 갖추어야 한다.
⑤ 빗물이용시설은 연 1회 이상 주기적으로 빗물이용시설에 대한 위생·안전상태를 점검하고 이물질을 제거하는 등 청소를 하여야 한다.

58 급탕량이 3m³/h이고, 급탕온도 55℃, 급수온도 5℃일 때의 급탕부하는? (단, 물의 비열은 4.2 kJ/kg·K, 물 1m³는 1000kg으로 한다.)

① 175kW
② 185kW
③ 195kW
④ 205kW
⑤ 215kW

59 가로 20m, 세로 20m, 천장높이 5m인 기계실에서, 기기의 발열량이 50kW일 때 필요한 최소 환기횟수(회/h)는? (단, 실내 설정온도 26℃, 외기온도 16℃, 공기의 비중 1.2kg/m³, 공기의 비열 1.0 kJ/kg·K로 하고 주어진 조건 외의 사항은 고려하지 않음)

① 5
② 6.5
③ 7.5
④ 8.5
⑤ 9

60 승강기설비의 유지 및 안전관리에 관한 내용이다. 옳지 않은 것은?

① 건축법령상의 공동주택에 설치하는 승용 승강기는 6층 이상의 거실면적의 합계가 3천m²를 초과하는 경우에는 1대에 3천m²를 초과하는 3천m² 이내마다 1대를 더한 대수 이상 설치하여야 한다.
② 건축법령상 고층건축물에 설치하는 피난용 승강기(피난용 승강기의 승강장 및 승강로를 포함한다)의 승강장의 바닥면적은 승강기 1대당 6m² 이상으로 하여야 한다.
③ 「승강기 안전관리법」상 승강기관리교육의 주기는 2년으로 한다.
④ 관리주체는 관리주체가 변경된 경우에는 그 변경된 날에 승강기 사고배상책임보험 또는 승강기 사고배상책임보험과 같은 내용이 포함된 책임보험에 가입하거나 재가입해야 한다.
⑤ 관리주체는 승강기의 안전에 관한 자체점검을 월 1회 이상 하고, 그 결과를 승강기안전종합정보망에 입력하여야 한다.

61 「다중이용시설 등의 실내공기질관리법」상 실내라돈 조사의 실시 등에 관한 다음 설명 중 옳지 않은 것은?

① 환경부장관은 라돈(radon)의 실내 유입으로 인한 건강피해를 줄이기 위하여 실내공기 중 라돈의 농도 등에 관한 조사(이하 실내라돈조사)를 실시할 수 있다.
② 시·도지사는 실내라돈조사의 실시 결과를 기초로 실내공기 중 라돈의 농도 등을 나타내는 지도(이하 라돈지도)를 작성할 수 있다.
③ 라돈지도는 시·군·구 또는 읍·면·동 단위의 행정구역별 평균 라돈농도를 4단계 이상으로 구분하여 작성한다.
④ 시·도지사는 해당 시·도 내 라돈 농도가 높은 공동주택 등의 소유자등에게 실내 라돈 농도를 $1m^3$당 148베크렐 이하에 맞게 관리하도록 권고할 수 있다.
⑤ 시·도지사는 해당 시·도 내에서 라돈으로 인하여 건강상 위해가 우려되는 지역이 있는 경우에는 그 지역에서 다중이용시설 또는 공동주택 등을 설치하는 자에게 라돈의 실내유입을 줄이기 위한 공법을 사용하는 등의 필요한 조치를 하도록 권고할 수 있다.

62 소방안전관리대상물의 자위소방대 및 초기대응체계의 구성·운영 및 교육 등에 관한 다음 설명 중 틀린 것은?

① 소방안전관리대상물의 소방안전관리자는 해당 특정소방대상물이 이용되고 있는 동안 초기대응체계를 상시적으로 운영하여야 한다.
② 소방안전관리대상물의 소방안전관리자는 연 2회 이상 자위소방대(초기대응체계를 포함한다)를 소집하여 그 편성 상태 및 초기대응체계를 점검하고, 편성된 근무자에 대한 소방교육을 실시하여야 한다.
③ 소방안전관리대상물의 소방안전관리자는 소방교육을 소방훈련과 병행하여 실시할 수 있다.
④ 소방안전관리대상물의 소방안전관리자는 소방교육을 실시하였을 때에는 그 실시 결과를 자위소방대 및 초기대응체계 소방교육 실시 결과 기록부에 기록하고, 이를 2년간 보관하여야 한다.
⑤ 자위소방대 및 초기대응체계의 구성·운영·교육은 소방안전관리대상물의 경우에만 소방안전관리자의 업무에 해당한다.

63 수도 본관으로부터 11m 높이에 있는 세면기를 수도직결방식으로 배관하였을 때 수도 본관 연결부분의 최소 필요압력(MPa)은? [단, 수도 본관에서 세면기까지 배관의 총 압력손실은 수주(水柱) 높이의 30%, 세면기 최소 필요압력은 4mAq, 수주 1mAq는 0.01MPa로 한다]

① 0.07   ② 0.11   ③ 0.18
④ 0.70   ⑤ 1.70

64 난방설비에 관련한 다음 내용 중 틀린 것은?

① 증기난방은 방열기의 표면온도가 높아 먼지상승 및 쾌적성이 온수난방보다 못하다.
② 방열기 트랩은 방열기의 환수구에 설치하여 증기관 내에 생긴 응축수만을 보일러에 환수시키기 위한 장치이다.
③ 온수난방배관에서 역환수 방식을 사용하는 이유는 온수배관의 보온을 하기 위해서이다.
④ 복사난방은 연속난방에 유리하고 방이 개방상태에서도 난방효과가 있다.
⑤ 리턴 콕은 온수의 유량을 조절하는 밸브로서 주로 온수방열기의 환수밸브로 사용된다.

65 공동주택관리법령상 하자보수보증금의 반환에 관한 규정의 일부이다. ( )에 들어갈 숫자를 순서대로 쓰시오. (단, 하자보수보증금을 사용하지 않은 것으로 전제함)

> 입주자대표회의는 사업주체가 예치한 하자보수보증금을 다음 각 호의 구분에 따라 순차적으로 사업주체에게 반환하여야 한다.
> 1. 사용검사일부터 2년이 경과된 때 : 하자보수보증금의 100분의 (㉠)
> 2.~3. 〈생략〉
> 4. 사용검사일부터 10년이 경과된 때 : 하자보수보증금의 100분의 (㉡)

66 「근로기준법」상 이행강제금에 관한 내용이다. ( )에 들어갈 내용을 쓰시오.

> 노동위원회는 구제명령(구제명령을 내용으로 하는 재심판정을 포함한다)을 받은 후 이행기한까지 구제명령을 이행하지 아니한 사용자에게 (㉠)원 이하의 이행강제금을 부과한다.

67 하자보수보증금 사용내역과 지급내역 제공에 관한 설명이다. ( )에 들어갈 용어를 순서대로 쓰시오.

> 시장·군수·구청장은 하자보수보증금 사용내역과 하자보수보증금 지급내역을 (㉠)년마다 국토교통부령으로 정하는 바에 따라 (㉡)에게 제공하여야 한다.

68 민간임대주택에 관한 특별법령상 임대주택분쟁조정위원회에 관한 규정이다. ( )에 들어갈 숫자와 용어를 순서대로 쓰시오.

> 민간임대주택에 관한 특별법 제52조
> 1. 조정위원회는 위원장 1명을 포함하여 (㉠)명 이내로 구성하되, 조정위원회의 구성·운영·절차 등에 필요한 사항은 대통령령으로 정한다.
> 2. 임대사업자와 임차인대표회의가 조정위원회의 조정안을 받아들이면 당사자 간에 (㉡)와 같은 내용의 합의가 성립된 것으로 본다.

69 공동주택관리법령상 공동주택관리에 관한 감독에 대한 내용이다. ( )에 들어갈 숫자를 쓰시오.

> 공동주택의 입주자등은 입주자대표회의 등이 공동주택 관리규약을 위반한 경우 전체 입주자등의 (㉠) 이상의 동의를 받아 지방자치단체의 장에게 입주자대표회의 등의 업무에 대하여 감사를 요청할 수 있다.

70 공동주택관리법령에 따를 때 2,000세대의 공동주택에 관리사무소장으로 배치된 주택관리사가 관리사무소장의 업무를 집행하면서 고의 또는 과실로 입주자등에게 재산상 손해를 입히는 경우의 손해배상책임을 보장하기 위하여 얼마의 금액을 보장하는 보증보험 또는 공제에 가입하거나 공탁하여야 하는가?

71 공동주택관리법령상 선거관리위원회 구성에 관한 내용이다. ( )에 들어갈 숫자를 순서대로 쓰시오.

> 500세대 이상인 의무관리대상 공동주택의 경우 선거관리위원회는 입주자등 중에서 위원장을 포함하여 (㉠)명 이상 (㉡)명 이하의 위원으로 구성한다.

72
「산업재해보상보험법」상 요양급여와 휴업급여에 관한 내용이다. ( )에 들어갈 숫자를 순서대로 쓰시오.

> 휴업급여의 경우 1일당 지급액은 평균임금의 100분의 (㉠)에 상당하는 금액으로 한다. 다만, 취업하지 못한 기간이 (㉡)일 이내이면 지급하지 아니한다.

73
다음은 「공동주택관리법령」상의 장기수선계획 수립기준에 관한 내용이다. ( )에 공통으로 들어갈 숫자를 순서대로 쓰시오.

> 장기수선계획의 수립기준
> 1. 소화펌프 전면교체 : (㉠)년
> 2. 영상정보처리기기 전면교체 : (㉡)년

74
다음은 배관계 또는 덕트계에서 발생할 수 있는 현상이다. 이 현상을 나타내는 용어를 쓰시오.

> 펌프를 운전할 때 송출압력과 송출유량이 주기적으로 변동하여 펌프입구 및 출구에 설치된 진공계, 압력계의 지침이 흔들고 토출배관애 진동과 소음이 발생되는 현상을 말한다.

75
다음은 온수온돌의 설치기준에 관한 내용이다. ( )에 들어갈 용어를 쓰시오.

> 바탕층이 지면에 접하는 경우에는 바탕층 아래와 주변 벽면에 높이 (㉠)cm 이상의 방수처리를 하여야 하며, 단열재의 (㉡)에 방습처리를 하여야 한다.

76
다음은 도시가스사업법령상 시설기준과 기술기준 중 가스사용시설의 시설·기술·검사기준이다. ( )에 들어갈 숫자를 순서대로 쓰시오.

> 가스계량기(30m³/hr 미만인 경우만을 말한다)의 설치높이는 바닥으로부터 (㉠)m 이상 (㉡)m 이내에 수직·수평으로 설치하고 밴드·보호가대 등 고정장치로 고정시킬 것. 다만, 격납상자에 설치하는 경우, 기계실 및 보일러실(가정에 설치된 보일러실은 제외한다)에 설치하는 경우와 문이 달린 파이프 덕트 안에 설치하는 경우에는 설치 높이의 제한을 하지 아니한다.

77
다음은 「주택건설기준 등에 관한 규정」의 비상급수시설 중 지하저수조에 관한 기준이다. ( )에 들어갈 숫자를 쓰시오. (단, 조례는 고려하지 않음)

> 고가수조저수량(매 세대당 0.25톤까지 산입한다)을 포함하여 매 세대당 (㉠)톤(독신자용 주택은 0.25톤) 이상의 수량을 저수할 수 있을 것

78
다음은 개인하수처리시설의 유지·관리에 관한 기술업무를 담당할 기술관리인을 두어야 하는 개인하수처리시설의 규모는 다음과 같다. ( )의 ㉠과 ㉡에 적합한 숫자를 순서대로 쓰시오.

> - 1일 처리용량이 (㉠)m³ 이상인 오수처리시설(1개의 건물에 2 이상의 오수처리시설이 설치되어 있는 경우 그 용량의 합계가 (㉠)m³ 이상인 것을 포함)
> - 처리대상인원이 (㉡)명 이상인 정화조[1개의 건물에 2 이상의 정화조가 설치되어 있는 경우 그 처리대상인원의 합계가 (㉡)명 이상인 것을 포함한다]

79 다음은 「건축물의 에너지절약설계기준」의 용어의 정의에 관한 내용이다. 해당되는 용어를 쓰시오.

> 습한 공기가 구조체에 침투하여 결로발생의 위험이 높아지는 것을 방지하기 위해 설치하는 투습도가 24시간당 30g/m² 이하 또는 투습계수 0.28g/m²·h·mmHg 이하의 투습저항을 가진 층을 말한다.

80 다음은 옥외소화전설비의 화재안전성능기준(NFPC 109)상의 소화전함과 배관 등의 설치기준이다. ( )에 들어갈 숫자를 순서대로 쓰시오.

> - 옥외소화전설비에는 옥외소화전마다 그로부터 (㉠)미터 이내의 장소에 소화전함을 설치해야 한다.
> - 호스는 구경(㉡)밀리미터의 것으로 해야 한다.

— 본 회차 시험 종료 —

제7회 적중 실전모의고사

| 문제지 유형 | 적중실전 모의고사 | 문제수 | 80문제 | 시험시간 | 09:30~11:10 (100분) | 응시번호 | | 성 명 | |

1 주택관리관계법규

01 주택법령상 주택건설사업에 의해 건설된 주택 및 대지에 대하여는 입주자모집공고승인 신청일 이후부터 입주예정자가 당해 주택 및 대지의 소유권이전등기를 신청할 수 있는 날 이후 60일까지의 기간 동안 사업주체의 담보권설정 등의 행위가 제한된다. 다음 설명 중 틀린 것은?

① 소유권이전등기를 신청할 수 있는 날은 사용검사권자가 사업주체에게 통보한 사용검사일을 말한다.
② 사업주체는 입주자의 동의를 얻어 당해 주택 및 대지에 전세권·지상권 또는 가등기담보권을 설정할 수 있다.
③ 부기등기일 이후에 당해 대지 또는 주택을 양수하거나 제한물권을 설정받은 경우에는 그 효력은 원칙적으로 무효이다.
④ 사업주체가 국가·지방자치단체 및 한국토지주택공사 등 공공기관이거나 당해 대지가 사업주체의 소유가 아닌 경우에는 부기등기의무가 없다.
⑤ 파산·합병 등의 사유로 사업을 시행할 수 없게 되어 사업주체가 변경되는 경우 사업주체는 입주예정자의 동의 없이 당해 주택 및 대지를 매매 등의 방법으로 처분할 수 있다.

02 주택법령상 투기과열지구에 관한 설명으로 옳은 것은?

① 국토교통부장관이 투기과열지구를 지정하거나 해제할 경우에는 관할 시장·군수·구청장과 협의하여야 한다.
② 투기과열지구 지정 후 해당 지역의 주택가격이 안정되어 지정사유가 없어진 경우 해당 지역에 거주하는 법령이 정한 수 이상의 토지소유자는 시·도지사에게 투기과열지구 지정의 해제를 요청할 수 있다.
③ 국토교통부장관은 반기마다 주거정책심의위원회의 회의를 소집하여 투기과열지구로 지정된 지역별로 투기과열지구 지정의 유지 여부를 재검토하여야 한다.
④ 투기과열지구에서 제한되는 전매는 상속의 경우를 포함하여 권리의 변동을 수반하는 모든 행위를 말한다.
⑤ 투기과열지구에서 주택의 입주자로 선정된 지위는 이혼으로 인하여 배우자에게 이전이 불가피하고 사업주체의 동의를 받은 경우에도 배우자에게 전매할 수 없다.

03 주택법령상 주택건설용지의 확보 및 매도청구에 관한 설명으로 옳은 것은?

① 국민주택규모의 주택 비율을 30퍼센트로 하는 주택의 건설을 위해 국·공유지의 매수를 원하는 자에게 국가 또는 지방자치단체는 해당 토지를 우선 매각할 수 있다.
② 조합주택의 건설을 위해 국·공유지의 임차를 원하는 자에게 국가 또는 지방자치단체는 해당 토지를 우선 임대할 수 있다.
③ 국·공유지를 임차한 자가 임차일부터 1년 이내에 국민주택규모의 주택을 건설하기 위한 대지조성사업을 시행하지 아니한 경우 국가 또는 지방자치단체는 임대계약을 취소하여야 한다.
④ 사업주체가 국민주택용지로 사용하기 위하여 도시개발사업시행자에게 체비지의 매각을 요구한 경우 그 양도가격은 조성원가로 하여야 한다.
⑤ 인가를 받아 설립된 리모델링 주택조합은 그 리모델링 결의에 찬성하지 아니하는 자의 주택 및 토지에 대하여 매도를 청구할 수 없다.

04 공동주택관리법령상 입주자대표회의와 관련한 다음 설명 중 가장 틀린 것은?

① 동별 대표자의 임기는 2년으로 하며, 한 번만 중임할 수 있다.
② 해당 공동주택의 동별 대표자를 해임된 날로부터 5년이 지나지 아니한 사람은 동별 대표자가 될 수 없으며 그 자격을 상실한다.
③ 입주자대표회의의 그 구성원 과반수의 찬성으로 단지 내 주차장의 운영기준을 정할 수 있다.
④ 동별 대표자는 관리규약으로 정한 사유가 있는 경우에 해당 선거구 전체 입주자등의 과반수가 투표하고 투표자 과반수의 찬성으로 해임한다.
⑤ 관리규약 개정안의 제안(제안서에는 개정안의 취지, 내용, 제안유효기간 및 제안자 등을 포함한다)은 입주자대표회의의 의결사항이다.

05 공동주택관리법령상 관리비 등과 관련된 내용에서 가장 잘못 기술된 것은?

① 의무관리대상 공동주택의 사용자는 관리비를 납부할 의무가 없다. 입주자가 관리주체에게 납부하여야 한다.
② 관리주체는 보수를 요하는 시설이 2세대 이상의 공동사용에 제공되는 것인 경우에는 이를 직접 보수하고, 당해 입주자 등에게 그 비용을 따로 부과할 수 있다.
③ 관리주체는 관리비 등을 입주자대표회의가 지정하는 금융기관에 예치하여 관리하되, 장기수선충당금은 별도의 계좌로 예치·관리하여야 한다.
④ 관리주체는 관리비 등을 부과하는 때에는 그 수입 및 집행내역을 쉽게 알 수 있도록 정리하여 입주자 등에게 알려주어야 한다.
⑤ 국가 또는 지방자치단체인 관리주체가 관리하는 공동주택의 장기수선충당금 또는 관리비가 체납된 경우 국가 또는 지방자치단체는 국세 또는 지방세 체납처분의 예에 따라 해당 장기수선충당금 또는 관리비를 강제징수할 수 있다.

06 공동주택관리법령상 하자심사·분쟁조정위원회(이하 "하자분쟁조정위원회"라 한다)에 관한 내용으로 틀린 것은?

① 하자분쟁조정위원회는 위원장 1명을 포함한 60명 이내의 위원을 둔다.
② 안전진단기관은 하자감정을 의뢰받은 날부터 20일 이내에 그 결과를 하자분쟁조정위원회에 제출하여야 한다.
③ 하자분쟁조정위원회는 그 신청을 받은 날부터 분쟁재정은 150일(공용부분의 경우 180일)이내에 그 절차를 완료하여야 한다.
④ 하자진단에 드는 비용과 감정에 드는 비용은 국토교통부령으로 정하는 바에 따라 당사자가 부담한다.
⑤ 하자분쟁조정위원회는 분쟁의 조정등의 절차에 관하여 「주택법」에서 규정하지 아니한 사항 및 소멸시효의 중단에 대하여는 「민사소송법」을 준용한다.

07 공동주택관리법령상 다음은 공동주택의 안전 등에 관련된 설명이다. 틀린 것은?

① 시장·군수·구청장은 방범교육 및 안전교육을 국토교통부령이 정하는 바에 의하여 기관 또는 법인에게 위임 또는 위탁하여 실시할 수 있다.
② 의무관리대상 공동주택의 관리주체는 반기마다 그 공동주택의 기능유지와 안전성 확보로 입주자 및 사용자를 재해 및 재난 등으로부터 보호하기 위하여 「시설물의 안전 및 유지관리에 관한 특별법」에 따른 공동주택의 안전점검을 실시하여야 한다.
③ 공동주택단지 안의 각종 안전사고 예방과 방범을 하기 위하여 경비업무에 종사하는 자와 안전관리계획에 의하여 시설물 안전관리책임자로 선정된 자는 시장·군수·구청장이 실시하는 방범교육 및 안전교육을 받아야 한다.
④ 시장·군수 또는 구청장은 위해의 우려가 있다고 보고를 받은 공동주택에 대하여는 공동주택단지별 점검책임자의 지정 등 조치를 하고 매분기 1회 이상 점검을 실시하여야 한다.
⑤ 입주자대표회의 및 안전점검을 실시한 관리주체는 건축물과 공중의 안전확보를 위하여 건축물의 안전점검과 재난예방에 필요한 예산을 매년 확보하여야 한다.

08 공동주택관리법령상 주택관리업의 등록과 등록말소 등에 관한 설명으로 옳은 것은?

① 최근 5년간 3회 이상의 영업정지처분을 받은 주택관리업자로서 그 처분기간이 통산 12월을 초과한 경우에는 등록을 말소하여야 한다.
② 주택관리업자가 공동주택관리에 관한 감독상의 자료를 거짓으로 보고한 경우에는 1년 이내의 영업정지처분을 할 수 있다.
③ 거짓 그 밖의 부정한 방법으로 주택관리업등록을 한 때에는 2년 이내의 영업정지처분을 할 수 있다.
④ 주택관리업자의 관리방법 및 업무내용 등을 위반하여 공동주택을 관리한 경우는 등록을 말소하여야 한다.
⑤ 공동주택의 관리와 관련하여 부정하게 재물 또는 재산상의 이익을 취득하거나 제공한 경우는 1년 이내의 영업정지처분을 할 수 있다.

09 민간임대주택에 관한 특별법령상 다음은 특별수선충당금의 적립 등에 대한 내용이다. 바르지 못한 것은?

① 임대사업자는 특별수선충당금을 사용하려면 미리 해당 민간임대주택의 소재지를 관할하는 시장·군수·구청장과 협의하여야 한다.
② 300세대 이상의 민간임대 공동주택의 임대사업자는 주요 시설을 교체하고 보수하는 데에 필요한 특별수선충당금을 적립하여야 한다.
③ 특별수선충당금은 임대사업자와 해당 민간임대주택의 소재지를 관할하는 시장·군수·구청장의 공동 명의로 금융회사 등에 예치하여 따로 관리하여야 한다.
④ 「민간임대주택에 관한 특별법 시행령」에서 규정한 사항 외에 특별수선충당금의 사용방법, 세부사용 절차, 그 밖에 필요한 사항은 장기수선계획으로 정한다.
⑤ 장기수선계획을 수립하여야 하는 민간임대주택의 임대사업자는 특별수선충당금을 사용검사일 또는 임시 사용승인일부터 1년이 지난 날이 속하는 달부터 「주택법」에 따른 사업계획 승인 당시 표준건축비의 1만분의 4의 요율로 매달 적립하여야 한다.

10 다음 중 주택법령상 주택조합에 관한 내용 중 가장 틀린 것은?

① 리모델링주택조합은 도시 및 주거환경정비법을 준용하여 조합설립인가를 받은 날부터 30일 이내에 주된 사무소의 소재지에서 대통령령으로 정하는 사항을 등기하는 때에 성립한다.
② 모집주체는 주택조합 가입 신청자에게 설명한 내용을 주택조합 가입 신청자가 이해하였음을 국토교통부령으로 정하는 바에 따라 서면으로 확인을 받아 주택조합 가입 신청자에게 교부하여야 하며, 그 사본을 5년간 보관하여야 한다.
③ 지역주택조합 또는 직장주택조합의 설립인가를 받기 위하여 조합원을 모집하려는 자는 해당 주택건설대지의 80퍼센트 이상에 해당하는 토지의 사용권원을 확보하여 관할 시장·군수·구청장에게 신고하고, 공개모집의 방법으로 조합원을 모집하여야 한다.
④ 주택조합의 임원 또는 발기인은 계약금등의 징수·보관·예치·집행 등 모든 거래 행위에 관하여 장부를 월별로 작성하여 그 증빙서류와 함께 주택조합 해산인가를 받는 날까지 보관하여야 한다.
⑤ 주택조합의 발기인 또는 임원은 주택조합사업의 시행에 관한 조합규약 등 서류 및 관련 자료가 작성되거나 변경된 후 15일 이내에 이를 조합원이 알 수 있도록 인터넷과 그 밖의 방법을 병행하여 공개하여야 한다.

11 공공주택 특별법령상 공공임대주택의 전대제한에 관한 설명으로 옳지 않은 것은?

① 임대의무기간이 10년 이하인 공공임대주택 임차인의 세대구성원 모두가 입주 후 1년 이상 국외에 머무를 경우로서 공공주택사업자의 동의를 받은 경우에는 임차권을 양도하거나 전대할 수 있다.
② 공공임대주택의 임차인은 임차권을 다른 사람에게 양도(매매, 증여, 그 밖에 권리변동이 따르는 모든 행위를 포함하되, 상속의 경우는 제외한다)하거나 공공임대주택을 다른 사람에게 전대할 수 없다.
③ 임대의무기간이 20년 이하인 공공임대주택 임차인의 세대구성원 일부가 입주 후 상속으로 소유하게 된 주택으로 이전할 경우로서 공공주택사업자의 동의를 받은 경우에는 임차권을 양도하거나 전대할 수 있다.
④ 임차인이 혼인으로 공공임대주택에서 퇴거하고, 해당 공공임대주택에 계속 거주하려는 형제자매에 해당하는 사람이 자신으로 임차인을 변경할 경우로서 공공주택사업자의 동의를 받은 경우에는 임차권을 양도하거나 전대할 수 있다.
⑤ 「국민기초생활보장법」에 따른 수급자인 임차인이 같은 법 제32조에 따른 보장시설에 입소하기 위해 퇴거하고, 해당 공공임대주택에 계속 거주하려는 배우자에 해당하는 사람이 자신으로 임차인을 변경할 경우로서 공공주택사업자의 동의를 받은 경우에는 임차권을 양도하거나 전대할 수 있다.

12 건축법령상 건축협정에 관한 설명으로 틀린 것은?

① 건축물의 소유자등은 과반수의 동의로 건축물의 리모델링에 관한 건축협정을 체결할 수 있다.
② 협정체결자 또는 건축협정운영회의 대표자는 건축협정서를 작성하여 해당 건축협정인가권자의 인가를 받아야 한다.
③ 건축협정인가권자가 건축협정을 인가하였을 때에는 해당 지방자치단체의 공보에 그 내용을 공고하여야 한다.
④ 건축협정체결 대상토지가 둘 이상의 특별자치시 또는 시·군·구에 걸치는 경우 건축협정체결 대상토지면적의 과반이 속하는 건축협정인가권자에게 인가를 신청할 수 있다.
⑤ 협정체결자 또는 건축협정운영회의 대표자는 건축협정을 폐지하려는 경우 협정체결자 과반수의 동의를 받아 건축협정인가권자의 인가를 받아야 한다.

13 건축법령상 건축허가에 관한 설명으로 틀린 것은?

① 건축허가로서 「국토의 계획 및 이용에 관한 법률」의 규정에 의한 개발행위허가가 의제된다.
② 군지역의 농림지역에서 연면적 200m² 미만이고 3층 미만인 건축물의 건축은 군수에게 신고함으로써 건축허가를 받은 것으로 본다(지구단위계획구역, 방재지구, 붕괴위험지역은 제외).
③ 군의 지역에서 주거환경이나 교육환경 등 주변 환경을 보호하기 위하여 필요하다고 인정하여 도지사가 지정·공고한 구역에 건축하는 위락시설 및 숙박시설에 해당하는 건축물은 도지사의 사전승인대상이 된다.
④ 건축허가는 대물적 허가로 허가의 효과가 타인에게 이전 가능하다.
⑤ 지구단위계획구역에서 연면적 200m² 미만이고 3층 미만인 건축물의 건축은 특별자치시장·특별자치도지사 또는 시장·군수·구청장에게 신고함으로써 건축허가를 받은 것으로 본다.

14 건축법령상 건축물의 대지가 도로(자동차만의 통행에 사용되는 도로는 제외)에 접해야 하는 경우, 연면적의 합계가 5천제곱미터인 공장의 대지가 접하여야 하는 도로의 기준으로 옳은 것은?

① 너비 4미터이상의 도로에 2미터 이상 접하여야 한다.
② 너비 4미터 이상의 도로에 4미터 이상 접하여야 한다.
③ 너비 6미터 이상의 도로에 4미터 이상 접하여야 한다.
④ 너비 6미터 이상의 도로에 6미터 이상 접하여야 한다.
⑤ 너비 10미터이상의 도로에 6미터 이상 접하여야 한다.

15 건축법령상 가설건축물의 건축에 관한 설명 중 틀린 것은?

① 도시·군계획시설예정지에서 가설건축물을 건축하는 경우에는 특별자치시장·특별자치도지사 또는 시장·군수·구청장의 허가를 받아야 한다.
② 도시·군계획시설예정지에는 4층 이상의 가설건축물을 건축할 수 없다.
③ 신고해야 하는 가설건축물의 존치기간은 2년 이내로 하며, 존치기간의 연장이 필요한 경우에는 횟수별 2년의 범위에서 영 제15조 제5항 각 호의 가설건축물별로 건축조례로 정하는 횟수만큼 존치기간을 연장할 수 있다.
④ 허가대상 가설건축물의 존치기간을 연장하려는 건축주는 존치기간 만료일 14일 전까지 특별자치시장·특별자치도지사 또는 시장·군수·구청장에게 허가를 신청하여야 한다.
⑤ 특별자치시장·특별자치도지사 또는 시장·군수·구청장은 가설건축물의 존치기간 만료일 30일 전까지 해당 가설건축물의 건축주에게 존치기간 만료일 등을 알려야 한다.

16 건축법령상 건축선에 관한 설명 중 가장 옳지 않은 것은?

① 건축선은 원칙적으로 도로와 대지의 경계선으로 한다.
② 특별자치시장·특별자치도지사 또는 시장·군수·구청장은 도시지역 안에서 4m 이내의 범위에서 건축선을 따로 지정할 수 있다.
③ 특별자치시장·특별자치도지사 또는 시장·군수·구청장은 건축선을 지정하고자 하는 때에는 미리 그 내용을 당해 지방자치단체의 공보 또는 일간신문 등에 30일 이상 공고하여야 한다.
④ 지표면으로부터 높이 4.5m 이하에 있는 창문은 열고 닫을 때 건축선의 수직면을 넘을 수 없다.
⑤ 건축선(특별자치시장·특별자치도지사 또는 시장·군수·구청장이 지정한 건축선은 제외)과 도로경계선 사이의 대지는 대지면적산정에서 제외된다.

17 화재의 예방 및 안전관리에 관한 법률상 화재예방강화지구를 지정할 수 있는 자는?

① 소방청장
② 국토교통부장관
③ 시·도지사
④ 시장·군수·자치구청장
⑤ 행정안전부장관

18 다음은 소방시설 설치 및 관리에 관한 법령에 관한 내용이다. 틀린 것은?

① 화재안전성능은 화재를 예방하고 화재발생 시 피해를 최소화하기 위하여 소방대상물의 재료, 공간 및 설비 등에 요구되는 안전성능을 말한다.
② 소방시설등의 점검 및 관리를 업으로 하려는 자 또는 「화재의 예방 및 안전관리에 관한 법률」 제25조에 따른 소방안전관리업무의 대행을 하려는 자는 대통령령으로 정하는 업종별로 소방청장에게 소방시설관리업등록을 하여야 한다.
③ 건축물 등의 건축허가 등의 권한이 있는 행정기관은 건축허가 등을 할 때에 미리 그 건축물 등의 시공지(施工地) 또는 소재지를 관할하는 소방본부장이나 소방서장의 동의를 받아야 한다.
④ 소방본부장이나 소방서장은 위 ③에 따른 동의를 요구받으면 검토하여 행정안전부령으로 정하는 기간[건축허가등의 동의 요구서류를 접수한 날부터 5일(허가를 신청한 건축물 등이 「화재의 예방 및 안전관리에 관한 법률 시행령」 별표4 제1호 가목의 어느 하나에 해당하는 경우에는 10일)] 내에 해당 행정기관에 동의 여부를 알려야 한다.
⑤ 특정소방대상물에 사용하는 방염대상물품은 소방청장이 실시하는 방염성능검사를 받은 것이어야 한다.

19 승강기 안전관리법령 내용으로 가장 옳지 못한 것은?

① 자체점검을 담당하는 사람은 자체점검을 마치면 지체 없이 자체점검 결과를 양호, 주의관찰 또는 긴급수리로 구분하여 관리주체에 통보해야 하며, 관리주체는 자체점검 결과를 자체점검 후 10일 이내에 승강기안전종합정보망에 입력해야 한다.
② 승강기의 제조 또는 수입을 업으로 하려는 자는 행정안전부령으로 정하는 바에 따라 시·도지사에게 등록하여야 한다.
③ 행정안전부장관은 승강기안전종합정보망을 구축·운영할 수 있다.
④ 행정안전부장관은 승강기 관리주체가 정밀안전검사를 받았거나 정밀안전검사를 받아야 하는 승강기는 해당 연도의 정기검사 또는 수시검사를 면제할 수 있다.
⑤ 정기검사주기는 2년 이하로 하되, 일정 사항을 고려하여 행정안전부령으로 정하는 바에 따라 승강기별로 검사주기를 다르게 할 수 있다.

20 「전기사업법」상 용어에 관한 설명으로 틀린 것은?

① 전기신사업이란 전기자동차충전사업, 소규모전력중개사업, 재생에너지전기공급사업, 통합발전소사업, 재생에너지전기저장판매사업 및 송전제약발생지역전기공급사업을 말한다.
② 변전소란 변전소의 밖으로부터 전압 5만볼트 이상의 전기를 전송받아 이를 변성하여 변전소 밖의 장소로 전송할 목적으로 설치하는 변압기와 그 밖의 전기설비 전체를 말한다.
③ 특고압이란 7천볼트를 초과하는 전압을 말한다.
④ 전력계통이란 전기의 원활한 흐름과 품질유지를 위하여 전기의 흐름을 통제·관리하는 체제를 말한다.
⑤ 저압이란 직류에서는 1,000볼트 이하의 전압을 말한다.

21 시설물의 안전 및 유지관리에 관한 특별법령상 안전점검의 실시 등에 대한 다음 설명 중 가장 옳게 기술된 것은?

① 시설물의 안전점검등 또는 성능평가를 대행하려는 자는 기술인력 및 장비 등 등록기준을 갖추어 국토교통부장관에게 안전진단전문기관으로 등록을 하여야 한다.
② 민간관리주체가 부도(不渡) 등 부득이한 사유로 인하여 안전점검을 실시하지 못하게 될 때에는 관할 시장·군수·구청장이 민간관리주체를 대신하여 안전점검을 실시할 수 있다. 이 경우 안전점검에 드는 비용은 시장·군수·구청장이 부담한다.
③ 사용승인 후부터 최초 안전등급이 지정되기 전까지의 기간에 실시하는 정기안전점검은 분기에 1회 이상 실시한다.
④ 정기안전점검은 A·B·C등급의 경우 반기에 1회 이상 실시하되 공동주택의 정기안전점검은 「공동주택관리법」에 따른 안전점검(지방자치단체의 장이 의무관리대상이 아닌 공동주택에 대하여 안전점검을 실시한 경우에는 이를 포함한다)으로 갈음한다.
⑤ 시설물의 하자담보책임기간이 끝나기 전에 마지막으로 실시하는 정밀안전점검은 관리주체가 직접 실시할 수 있다.

22 도시 및 주거환경정비법령상 조합에 관한 설명으로 틀린 것은?

① 시장·군수등, 토지주택공사등 또는 지정개발자가 아닌 자가 정비사업을 시행하려는 경우에는 토지등소유자로 구성된 조합을 설립하여야 한다. 단, 토지등소유자가 재개발사업을 시행하고자 하는 경우는 제외한다.
② 조합은 조합설립인가를 받은 날부터 30일 이내에 주된 사무소의 소재지에서 대통령령으로 정하는 사항을 등기하는 때에 성립한다.
③ 조합에 두는 이사의 수는 2명 이상으로 하고, 감사의 수는 2명 이상 3명 이하로 한다.
④ 조합을 설립하려는 경우에는 정비구역 지정·고시 후 토지등소유자 과반수의 동의를 받아 조합설립을 위한 추진위원회를 구성하여 시장·군수등의 승인을 받아야 한다.
⑤ 조합장 또는 이사의 자기를 위한 조합과의 계약이나 소송에 관하여는 감사가 조합을 대표한다.

23 도시재정비 촉진을 위한 특별법령상 임대주택의 건설 및 공급에 관한 내용으로 틀린 것은?

① 사업시행자는 재정비촉진사업을 시행하는 기간 동안 주택소유자 또는 세입자의 주거안정을 위하여 인근지역에 자체 건설하는 공공주택 또는 매입임대주택 등으로 임시거주시설을 지원하거나 재정비촉진사업을 단계적으로 개발하는 순환개발방식을 활용할 수 있다.
② 사업시행자는 세입자의 주거안정과 개발이익의 조정을 위하여 당해 재정비촉진사업으로 증가되는 용적률의 75퍼센트 범위 안에서 대통령령이 정하는 바에 따라 임대주택 및 분양주택(임대주택등)을 공급하여야 한다.
③ 임대보증금과 임대료는 각각 재정비촉진지구의 인근 시세의 100분의 90 이하로 한다. 다만, 「공공주택 특별법」에 따른 공공주택의 임대보증금과 임대료는 「공공주택 특별법 시행령」제44조에 따른다.
④ 임대주택등 중 주거전용면적이 85제곱미터를 초과하는 주택의 비율은 60퍼센트 이하의 범위 안에서 대통령령으로 정한다.
⑤ 사업시행자는 건설되는 임대주택을 국토교통부장관, 시·도지사, 한국토지주택공사 또는 지방공사에게 공급하여야 한다. 이 경우 시·도지사가 우선 인수할 수 있다.

24 「집합건물의 소유 및 관리에 관한 법률」상 집합건물에 관한 설명으로 옳지 않은 것은? (다툼이 있으면 판례에 의함)

① 구분소유자의 특별승계인에게 그의 체납관리비를 승계하도록 한 관리규약은 공용부분의 관리비에 한하여 유효하다.
② 관리규약에 구분소유자의 특별승계인에게 그의 체납관리비를 승계하도록 되어 있더라도 관리비에 대한 연체료는 특별승계인에게 승계되지 않는다.
③ 공용부분의 변경에 관한 사항은 원칙적으로 관리단집회에서 구분소유자의 3분의 2 이상 및 의결권의 3분의 2 이상의 결의로써 결정한다.
④ 구분소유자는 원칙적으로 그가 가지는 전유부분과 분리하여 대지사용권을 처분할 수 있다.
⑤ 공용부분에 대한 공유자의 지분은 그가 가지는 전유부분의 처분에 따른다.

25 주택법령상 ( )에 들어갈 용어를 쓰시오.

> 주택이란 세대의 세대원이 장기간 독립된 주거생활을 영위할 수 있는 구조로 된 건축물의 전부 또는 일부 및 그 부속토지를 말하며, 주택을 단독주택과 (㉠)으로 구분한다.

26 주택법령상 입주자저축에 관한 내용이다. ( )에 들어갈 용어를 쓰시오.

> 입주자 저축이란 국민주택과 민영주택을 공급받기 위하여 가입하는 (㉠)이다.

27 주택법령에 관한 내용으로 ( )에 들어갈 용어를 쓰시오.

> 국민주택이란 다음의 어느 하나에 해당하는 주택으로서 (㉠)규모 이하인 주택을 말한다.
> (1) 국가·지방자치단체, 한국토지주택공사 또는 지방공사가 건설하는 주택
> (2) 국가·지방자치단체의 재정 또는 「주택도시기금법」에 따른 주택도시기금으로부터 자금을 지원받아 건설되거나 개량되는 주택

28 다음은 공동주택관리법령상 장기수선충당금과 장기수선계획에 관한 규정이다. ( )에 알맞은 아라비아 숫자와 용어를 차례로 쓰시오.

> 입주자대표회의와 관리주체는 장기수선계획을 (㉠)년마다 검토하고 조정하되, 주요시설을 신설하는 등 관리여건상 필요하여 전체 입주자 (㉡)의 서면동의를 얻은 경우에는 그 기간이 경과하기 전에 조정할 수 있다.

29 주택법령상 사용검사 후 매도청구에 관한 내용이다. ( )에 들어갈 용어를 쓰시오.

> 주택(복리시설을 포함한다)의 소유자들은 주택단지 전체 대지에 속하는 일부의 토지에 대한 소유권이전등기 말소소송 등에 따라 사용검사(동별 사용검사를 포함한다)를 받은 이후에 해당 토지의 소유권을 회복한 자(실소유자)에게 해당 토지를 (㉠)로 매도할 것을 청구할 수 있다.

30 주택법령상 분양가상한제 적용지역에 관한 내용이다. ( )에 들어갈 용어를 쓰시오.

> 국토교통부장관은 분양가상한제 적용지역으로 계속 지정할 필요가 없다고 인정하는 경우에는 (㉠) 심의를 거쳐 분양가상한제 적용지역의 지정을 해제하여야 한다.

31 공동주택관리법령상의 내용이다. ( )에 들어갈 용어를 쓰시오.

> 입주자등은 기존 주택관리업자의 관리서비스가 만족스럽지 못한 경우에는 전체 입주자등 과반수의 서면동의가 있으면 새로운 주택관리업자 선정을 위한 입찰에서 기존 주택관리업자의 참가를 제한하도록 (㉠)에 요구할 수 있다.

32 공공주택 특별법 제5조 제2항 규정이다. ( )에 들어갈 용어를 쓰시오.

> 공공주택의 건설·공급 및 관리에 관하여 이 법에서 정하지 아니한 사항은 「주택법」, (㉠) 및 「주택임대차보호법」을 적용한다.

33 건축법령상 다음 ( )에 들어갈 용어를 쓰시오.

> 바닥면적은 건축물의 각 층 또는 그 일부로서 벽·기둥 그 밖에 이와 비슷한 구획의 중심선으로 둘러싸인 부분의 (㉠)으로 한다.

34 공동주택관리법 제28조(계약서의 공개) 규정의 일부이다. ( )에 들어갈 아라비아 숫자를 쓰시오.

> 의무관리대상 공동주택의 관리주체 또는 입주자대표회의는 법 제7조제1항 또는 제25조에 따라 선정한 주택관리업자 또는 공사, 용역 등을 수행하는 사업자와 계약을 체결하는 경우 계약 체결일부터 (㉠)개월 이내에 그 계약서를 해당 공동주택단지의 인터넷 홈페이지 및 동별게시판에 공개하여야 한다.

35 건축법령상 다음 ( )에 들어갈 용어를 쓰시오.

> 허가권자는 「국토의 계획 및 이용에 관한 법률」에 따른 (㉠) 및 「자연재해대책법」에 따른 자연재해위험개선지구 등 상습적으로 침수되거나 침수가 우려되는 지역에 건축하려는 건축물에 대하여 지하층 등 일부 공간을 주거용으로 사용하거나 거실을 설치하는 것이 부적합하다고 인정되는 경우에는 「건축법」이나 다른 법률에도 불구하고 건축위원회의 심의를 거쳐 건축허가를 하지 아니할 수 있다.

36 「시설물의 안전 및 유지관리에 관한 특별법」 제2조 및 제12조 규정의 일부이다. ( )에 들어갈 단어를 순서대로 쓰시오.

> - 긴급안전점검이란 시설물의 붕괴·(㉠) 등으로 인한 재난 또는 재해가 발생할 우려가 있는 경우에 시설물의 물리적·기능적 결함을 신속하게 발견하기 위하여 실시하는 점검을 말한다.
> - 관리주체는 (㉡)에 대하여 정기적으로 정밀안전진단을 실시하여야 한다.

37 다음은 소방기본법령상 손실보상에 관한 규정의 일부 내용이다. ( )에 알맞은 아라비아숫자를 쓰시오.

> - 소방청장 등은 영 제13조에 따른 손실보상심의위원회의 심사·의결을 거쳐 특별한 사유가 없으면 보상금 지급 청구서를 받은 날부터 (㉠)일 이내에 보상금 지급 여부 및 보상금액을 결정하여야 한다.
> - 손실보상을 청구할 수 있는 권리는 손실이 있음을 안 날부터 (㉡)년, 손실이 발생한 날부터 (㉢)년간 행사하지 아니하면 시효의 완성으로 소멸한다.

38 승강기 안전관리법령상 승강기의 안전검사에 관한 내용이다. ( )에 들어갈 아라비아숫자를 쓰시오.

> 관리주체는 안전검사를 받지 아니하거나 안전검사에 불합격한 승강기를 운행할 수 없으며, 운행을 하려면 안전검사에 합격하여야 한다. 이 경우 관리주체는 안전검사에 불합격한 승강기에 대하여 안전검사에 불합격한 날부터 (㉠)개월 이내에 안전검사를 다시 받아야 한다.

39 다음은 전기사업법상 전기신사업에 대한 내용이다. ( )에 들어갈 용어를 순서대로 각각 쓰시오.

> 1. 전기신사업이란 전기자동차충전사업, (㉠), 재생에너지전기공급사업, 통합발전소사업, 재생에너지전기저장판매사업 및 송전제약발생지역전기공급사업을 말한다.
>
> 2. 전기신사업을 하려는 자는 전기신사업의 종류별로 산업통상자원부장관에게 (㉡)하여야 한다.

40 도시 및 주거환경정비법령상 조합설립인가를 받기 위한 동의에 관한 내용이다. ( )안에 들어갈 알맞은 아라비아 숫자를 차례로 쓰시오.

> 재건축사업의 추진위원회가 주택단지가 아닌 지역이 정비구역에 포함된 때에는 주택단지가 아닌 지역의 토지 또는 건축물 소유자의 (㉠)분의 (㉡) 이상 및 토지면적의 3분의 (㉢) 이상의 토지소유자의 동의를 받아야 한다.

— 다음면에 계속 —

제7회 적중 실전모의고사

2 공동주택관리실무

41 공동주택관리법령상의 공동주택관리에 관한 내용이다. 다음 설명 중 옳지 않은 것은?

① 의무관리대상 공동주택의 관리주체는 공용부분에 관한 시설의 교체, 유지보수 및 하자보수 등을 한 경우에는 그 실적을 시설별로 이력관리하여야 하며, 공동주택관리정보시스템에도 등록하여야 한다.
② 관리주체는 입주자대표회의의 소집 및 그 회의에서 의결한 사항을 그 공동주택단지의 인터넷 홈페이지에 공개하거나 입주자 등에게 개별 통지하여야 한다.
③ 관리주체는 입주자 등의 이용을 방해하지 아니하는 한도에서 주민공동시설을 인근 공동주택단지 입주자 등도 이용할 수 있도록 허용할 수 있다.
④ 세대 안에 냉방설비의 배기장치를 설치할 수 있는 공간이 마련된 공동주택의 입주자등은 냉방설비의 배기장치를 설치하기 위하여 돌출물을 설치하는 행위를 하려는 경우에는 관리주체의 동의를 받아야 한다.
⑤ 시설물 유지·보수·개량 및 그 밖의 주택관리업무를 수행하는 경우에 한정하여「민간임대주택에 관한 특별법」에 따른 주택임대관리업자도 공동주택 관리주체가 된다.

42 먹는물 수질기준 및 검사 등에 관한 규칙상 심미적 영양물질에 관한 기준 항목에 해당하지 않은 것은?

① 염소이온
② 경도
③ 색도
④ 질산성 질소
⑤ 냄새와 맛

43 다음 내용 중 1,000만원 이하의 과태료 대상이 아닌 것은?

① 관리비·사용료와 장기수선충당금을 이 법에 따른 용도 외의 목적으로 사용한 자
② 관리사무소장의 보고나 사실 조사 의뢰 또는 그에 따른 시장·군수·구청장의 입주자대표회의에 필요한 명령 등을 이유로 관리사무소장을 해임하거나 해임하도록 주택관리업자에게 요구한 자
③ 등록증 또는 자격증의 대여 등을 한 자
④ 주택관리업자가 아닌 자가 유사명칭을 사용한 자
⑤ 지방자치단체의 장의 보고 또는 자료제출 등의 명령을 위반한 자

44 다음 중 공동주택관리규약에 대한 설명으로 틀린 것은?

① 의무관리대상 전환 공동주택의 관리규약 제정안은 의무관리대상 전환 공동주택의 관리인이 제안하고, 그 내용을 전체 입주자등 과반수의 서면동의로 결정한다.
② 관리규약의 제정·개정의 경우 사업주체는 해당 공동주택단지의 인터넷 홈페이지(인터넷 홈페이지가 없는 경우에는 인터넷 포털을 통해 관리주체가 운영·통제하는 유사한 기능의 웹사이트 또는 관리사무소의 게시판을 말한다)에 제안내용을 공고하고 입주예정자에게 개별 통지해야 한다.
③ 관리규약 제정의 경우에 의무관리대상 전환 공동주택의 관리인은 관리규약의 제정 신고를 시장·군수·구청장에게 하여야 한다.
④ 관리규약의 제정 및 개정 등 신고를 하려는 입주자대표회의의 회장은 관리규약이 제정·개정된 날부터 15일 이내에 신고서를 시장·군수·구청장에게 제출해야 한다.
⑤ 의무관리대상 전환 공동주택의 관리인이 관리규약의 제정 신고를 하지 아니하는 경우에는 입주자등의 10분의 1 이상이 연서하여 신고할 수 있다.

45 공동주택관리법령상 의무관리대상 공동주택 입주자대표회의의 임원에 관한 설명으로 옳지 않은 것은?

① 감사 후보자가 선출필요인원과 같거나 미달하는 경우에는 후보자별로 전체 입주자등의 10분의 1 이상이 투표하고 투표자 과반수의 찬성으로 선출한다.
② 500세대 미만의 공동주택단지에서 관리규약으로 정하는 경우에는 입주자대표회의 구성원 과반수의 찬성으로 감사를 선출하며, 입주자대표회의 구성원 과반수 찬성으로 선출할 수 없는 경우로서 최다득표자가 2인 이상인 경우에는 추첨으로 선출한다.
③ 입주자대표회의에서 선출된 회장과 감사는 관리규약으로 정한 사유가 있는 경우에 관리규약으로 정하는 절차에 따라 해임한다.
④ 감사는 감사를 한 경우 감사보고서를 작성하여 입주자대표회의와 시장·군수·구청장에게 제출하고 인터넷 홈페이지에 공개하여야 한다.
⑤ 감사는 입주자대표회의에서 의결한 안건이 관계 법령 및 관리규약에 위반된다고 판단되는 경우 입주자대표회의에 재심의를 요청할 수 있고, 재심의를 요청받은 입주자대표회의는 지체 없이 해당 안건을 다시 심의하여야 한다.

46 공동주택 관리비리 신고센터의 설치 등에 관한 다음 사항 중 잘못된 것은?

① 국토교통부장관은 공동주택 관리비리와 관련된 불법행위 신고의 접수·처리 등에 관한 업무를 효율적으로 수행하기 위하여 공동주택 관리비리 신고센터를 설치·운영할 수 있다.
② 공동주택관리와 관련하여 불법행위를 인지한 자는 신고센터에 그 사실을 신고할 수 있다.
③ 신고센터로부터 신고사항에 대한 조사 및 조치 요구를 받은 지방자치단체의 장은 신속하게 해당 요구에 따른 조사 및 조치를 완료하고 완료한 날부터 10일 이내에 그 결과를 국토교통부장관에게 통보하여야 하며, 국토교통부장관은 통보를 받은 경우 즉시 신고자에게 그 결과의 요지를 알려야 한다.
④ 신고센터는 확인 결과 신고서가 신고자의 인적사항이나 신고내용의 특정에 필요한 사항을 갖추지 못한 경우에는 신고자로 하여금 7일 이내의 기간을 정하여 이를 보완하게 할 수 있다.
⑤ 신고센터는 신고서를 받은 날부터 10일 이내(보완기간은 제외한다)에 해당 지방자치단체의 장에게 신고사항에 대한 조사 및 조치를 요구하고, 그 사실을 신고자에게 통보하여야 한다.

47 민간임대주택에 관한 특별법령상 임대주택분쟁조정위원회에 관한 설명으로 옳은 것은?

① 위원회는 위원장 1명을 포함하여 15명 이내로 구성하되, 위원장은 해당 지방자치단체의 장이 되고 부위원장은 위원 중에서 호선한다.
② 분쟁조정은 임대사업자와 임차인대표회의가 신청할 수 없는 경우에는 위원회의 직권으로 개시할 수 있다.
③ 공공임대주택의 임차인대표회의는 공공주택사업자와 분양전환승인에 관하여 분쟁이 있는 경우 위원회에 조정을 신청할 수 있다.
④ 주택관리사가 된 후 관련 업무에 5년 이상 근무한 사람 1명 이상을 임대주택분쟁조정위원회의 위원장을 제외한 위원으로 시장·군수·구청장이 성별을 고려하여 임명하거나 위촉할 수 있다.
⑤ 공무원이 아닌 위원의 임기는 2년으로 하되, 두 차례만 연임할 수 있다.

48 노동조합 및 노동관계조정법상의 쟁의행위에 관한 설명이다. 옳지 않은 것은?

① 노동조합은 사용자의 점유를 배제하여 조업을 방해하는 형태로 쟁의행위를 할 수 있다.
② 노동조합의 쟁의행위는 그 조합원(교섭대표노동조합이 결정된 경우에는 그 절차에 참여한 노동조합의 전체 조합원)의 직접·비밀·무기명투표에 의한 조합원 과반수의 찬성으로 결정하지 아니하면 이를 행할 수 없다. 이 경우 조합원 수 산정은 종사근로자인 조합원을 기준으로 한다.
③ 사용자는 쟁의행위기간 중 그 쟁의행위로 중단된 업무의 수행을 위하여 당해 사업과 관계없는 자를 채용 또는 대체할 수 없다.
④ 사용자는 노동조합이 쟁의행위를 개시한 이후에만 직장폐쇄를 할 수 있고, 직장폐쇄를 할 경우에는 미리 행정관청 및 노동위원회에 각각 신고하여야 한다.
⑤ 조정은 조정의 신청이 있은 날부터 일반사업에 있어서는 10일, 공익사업에 있어서는 15일 이내에 종료하여야 한다.

49 다음 중 공동주택에 적용되는 최저임금제도에 관한 설명으로 타당하지 않은 것은?

① 근로자를 사용하는 모든 사업 또는 사업장에 적용한다. 다만, 동거하는 친족만을 사용하는 사업과 가사 사용인, 「선원법」의 적용을 받는 선원과 선원을 사용하는 선박의 소유자에게는 적용하지 아니한다.
② 「최저임금법」의 적용을 받는 사업장의 근로자는 정규직 상용근로자에 한한다.
③ 최저임금은 근로자의 생계비, 유사 근로자의 임금, 노동생산성 및 소득분배율 등을 고려하여 정한다.
④ 최저임금은 사업의 종류별로 구분하여 정할 수 있고, 사업의 종류별 구분은 최저임금위원회의 심의를 거쳐 고용노동부장관이 정한다.
⑤ 1년 이상의 기간을 정하여 근로계약을 체결하고 수습 중에 있는 근로자로서 수습을 시작한 날부터 3개월 이내인 사람에 대하여는 시간급 최저임금액에서 100분의 10을 뺀 금액을 그 근로자의 시간급 최저임금액으로 한다.

50 다음 중 「근로기준법」상의 유급휴가에 관한 내용으로서 타당하지 <u>않은</u> 것은?

① 사용자는 근로자대표와의 서면합의에 따라 연장근로·야간근로 및 휴일근로에 대하여 임금을 지급하는 것에 갈음하여 휴가를 부여할 수 있다.
② 사용자는 1년간 개근한 모든 근로자에 대하여는 25일의 유급휴가를 주어야 한다.
③ 사용자는 계속하여 근로한 기간이 1년 미만인 근로자 또는 1년간 80% 미만 출근한 근로자에게 1개월 개근 시 1일의 유급휴가를 주어야 한다.
④ 사용자는 3년 이상 계속 근로한 근로자에 대하여는 총 휴가일수 25일을 한도로 15일의 유급휴가에 최초 1년을 초과하는 계속 근로연수 매 2년에 대하여 1일을 가산한 유급휴가를 주어야 한다.
⑤ 사용자는 유급휴가를 근로자의 청구가 있는 시기에 주어야 하며, 그 기간에 대하여는 취업규칙이나 그 밖의 정하는 바에 의한 통상임금 또는 평균임금을 지급하여야 한다.

51 국민건강보험법령상의 보험급여에 대한 다음 설명 중 옳지 <u>않은</u> 것은?

① 공단은 보험급여를 받을 수 있는 사람이 고의 또는 중대한 과실로 인한 범죄행위에 그 원인이 있거나 고의로 사고를 일으킨 경우 보험급여를 하지 아니한다.
② 공단은 보험급여를 받을 수 있는 사람이 고의 또는 중대한 과실로 공단이나 요양기관의 요양에 관한 지시에 따르지 아니한 경우 보험급여를 하지 아니한다.
③ 공단은 보험급여를 받을 수 있는 사람이 국외에 체류하는 경우 그 기간에는 보험급여를 하지 않을 수 있다.
④ 공단은 보험급여를 받을 수 있는 사람이 다른 법령에 따라 국가나 지방자치단체로부터 보험급여에 상당하는 급여를 받거나 보험급여에 상당하는 비용을 지급받게 되는 경우에는 그 한도에서 보험급여를 하지 아니한다.
⑤ 공단은 가입자나 피부양자가 긴급하거나 그 밖의 부득이한 사유로 준요양기관에서 질병·부상·출산 등에 대하여 요양을 받거나 요양기관이 아닌 장소에서 출산한 경우에는 그 요양급여에 상당하는 금액을 가입자나 피부양자에게 요양비로 지급한다.

52 「고용보험법」상의 내용으로 옳지 <u>않은</u> 것은?

① 이직일 현재 55세로서 피보험기간이 4년인 구직급여 수급자의 소정급여일수는 180일이다.
② 최종 이직 당시 건설일용근로자였던 사람에 대해서는 실업의 신고일부터 계산하여 구직급여를 지급한다.
③ 수급자격자가 수급기간에 새로 수급자격의 인정을 받은 경우에는 새로 인정받은 수급자격을 기준으로 구직급여를 지급한다.
④ 직업안정기관의 장은 신청인에 대한 수급자격의 인정 여부를 결정하기 위하여 필요하면 신청인이 이직하기 전 사업의 사업주에게 이직확인서의 제출을 요청할 수 있다. 이 경우 요청을 받은 사업주는 이직확인서를 제출하여야 한다.
⑤ 기준기간은 이직일 이전 18개월로 하되, 근로자인 피보험자가 이직일 이전 18개월 동안에 질병·부상, 그 밖에 대통령령으로 정하는 사유로 계속하여 30일 이상 보수의 지급을 받을 수 없었던 경우 18개월에 그 사유로 보수를 지급 받을 수 없었던 일수를 가산한 기간(3년을 초과할 때에는 3년으로 한다)을 기준기간으로 한다.

53 공동주택관리법령상 공동주택의 안전관리에 관한 설명으로 옳지 않은 것은?

① 법면, 우물, 저수시설 등에 대한 시설물 해빙기 진단은 매년 2월 또는 3월에 연 1회 실시한다.
② 시설물로 인한 안전사고를 예방하기 위하여 안전관리계획을 수립하여야 하는 대상시설로는 주민운동시설, 주민휴게시설 등이 있다.
③ 관리주체는 연 1회 안전점검을 실시하여야 하며, 15층 이하인 공동주택의 안전점검은 당해 공동주택의 관리사무소장으로 배치된 주택관리사 또는 주택관리사보 중 안전점검교육을 이수한 자가 실시하여야 한다.
④ 시설물 안전관리책임자는 시장·군수·구청장이 실시하는 시설물에 관한 안전교육을 받아야 한다.
⑤ 방범 및 안전 교육대상자의 교육기간은 연 2회 이내, 매회별 4시간으로 한다.

54 「수도법 시행규칙」상 공동주택 저수조의 설치기준에 적합하지 않은 것으로만 짝지어진 것은?

> ㉠ 3m³인 저수조에는 청소·위생점검 및 보수 등 유지관리를 위하여 1개의 저수조를 둘 이상의 부분으로 구획하거나 저수조를 2개 이상 설치하여야 한다.
> ㉡ 저수조 및 저수조에 설치하는 사다리, 버팀대, 물과 접촉하는 접합부속 등의 재질은 섬유보강플라스틱·스테인리스스틸·콘크리트 등의 내식성(耐蝕性) 재료를 사용하여야 한다.
> ㉢ 저수조의 공기정화를 위한 통기관과 물의 수위조절을 위한 월류관(越流管)을 설치하고, 관에는 벌레 등 오염물질이 들어가지 아니하도록 녹이 슬지 아니하는 재질의 세목(細木) 스크린을 설치해야 한다.
> ㉣ 저수조를 설치하는 곳은 분진 등으로 인한 2차 오염을 방지하기 위하여 암·석면을 제외한 다른 적절한 자재를 사용하여야 한다.
> ㉤ 저수조 내부의 높이는 최소 1m 50cm 이상으로 하여야 한다.

① ㉠, ㉢   ② ㉠, ㉤   ③ ㉡, ㉣
④ ㉡, ㉤   ⑤ ㉢, ㉣

55 음용수 수질기준에서 대장균군은 몇 mL에서 검출되지 말아야 하는가?

① 50mL   ② 100mL   ③ 150mL
④ 200mL   ⑤ 검출되어서는 안 된다.

56 공동주택의 배수설비계통에서 발생하는 발포존에 관한 설명으로 옳지 않은 것은?

① 배수에 포함된 세제로 인하여 발생한다.
② 발포존에서는 배수수직관과 배수수평지관의 접속을 통하여 해결하는 것이 바람직하다.
③ 배수수평주관의 길이를 짧게 하여 발포존의 발생을 줄일 수 있다.
④ 배수수직관의 압력변동으로 저층부 배수계통의 트랩에서 분출현상이 발생한다.
⑤ 발포존의 발생방지를 위하여 저층부와 고층부의 배수계통을 별도로 한다.

57 건축물의 에너지절약설계기준에 관한 일반사항이다. 다음 중 <u>틀린</u> 것은?

① 최대수요전력은 수용가에서 일정 기간 중 사용한 전력의 최대치를 말하며, 최대수요전력제어설비라 함은 수용가에서 피크전력의 억제, 전력 부하의 평준화 등을 위하여 최대수요전력을 자동제어할 수 있는 설비를 말한다.
② 변압기 대수제어는 변압기를 여러 대 설치하여 부하상태에 따라 필요한 운전대수를 자동 또는 수동으로 제어하는 방식이다.
③ 폐열회수형 환기장치는 난방 또는 냉방을 하는 장소의 환기장치로 실내의 공기를 배출할 때 급기되는 공기와 열교환하는 구조를 가진 것으로서 고효율인증제품 또는 열회수형 환기 장치 부속서 B에서 정하는 시험방법에 따른 에너지 계수 값이 냉방시 8 이상, 난방시 15 이상, 유효전열교환효율이 냉방시 45% 이상, 난방시 70% 이상의 성능을 가진 것을 말한다.
④ 중앙집중식 냉·난방설비는 건축물의 전부 또는 냉난방 면적의 60% 이상을 냉방 또는 난방함에 있어 해당 공간에 순환펌프, 증기난방설비 등을 이용하여 열원 등을 공급하는 설비를 말하며, 가정용 가스보일러도 중앙난방설비로 간주한다.
⑤ 비례제어운전은 기기의 출력값과 목표값의 편차에 비례하여 입력량을 조절하여 최적운전상태를 유지할 수 있도록 운전하는 방식이다.

58 건물의 급수설비에 관한 설명으로 옳은 것을 모두 고른 것은?

> ㉠ 수격작용을 방지하기 위하여 통기관을 설치한다.
> ㉡ 압력탱크방식은 급수압력이 일정하지 않다.
> ㉢ 체크밸브는 밸브류 앞에 설치하여 배관 내의 흙, 모래 등의 이물질을 제거하기 위한 장치이다.
> ㉣ 토수구 공간을 두는 것은 물의 역류를 방지하기 위함이다.
> ㉤ 슬루스밸브는 스톱밸브라고도 하며 유체에 대한 저항이 큰 것이 결점이다.

① ㉠, ㉢ ② ㉠, ㉤ ③ ㉡, ㉣
④ ㉡, ㉤ ⑤ ㉢, ㉣

59 다음은 배관설비의 각종 이음부속의 용도를 분류한 것이다. 옳게 짝지어지지 <u>않은</u> 것은?

① 분기배관 : 티, 크로스, 와이
② 지름이 같은 관의 직선 연결 : 소켓, 니플, 플랜지
③ 관 끝을 막음 : 플러그, 캡
④ 방향 전환 : 유니온, 레듀서
⑤ 구경이 다른 관이음 : 부싱, 이경소켓

60 압축식 냉동기에서 냉방용 냉수를 만드는 곳은?

① 증발기 ② 압축기 ③ 응축기
④ 재생기 ⑤ 흡수기

61 전선에 과전류(과부하)가 흐르면 자동적으로 회로를 차단시켜 안전을 도모하는 스위치는?

① 서킷브레이커(Circuit breaker)
② 자동댐퍼(automatic damper)
③ 나이프스위치(knife switch)
④ 컷아웃스위치(cut out switch)
⑤ 마그네트스위치(Magnet switch)

62 승강기의 정밀안전검사에 관한 설명으로 틀린 것은?

① 정기검사 또는 수시검사 결과 결함의 원인이 불명확하여 사고 예방과 안전성 확보를 위하여 행정안전부장관이 정밀안전검사가 필요하다고 인정하는 승강기는 정밀안전검사를 받아야 한다.
② 승강기의 결함으로 중대한 사고 또는 중대한 고장이 발생한 승강기는 정밀안전검사를 받아야 한다.
③ 설치검사를 받은 날부터 10년이 지난 승강기는 정밀안전검사를 받아야 한다.
④ 승강기 성능의 저하로 승강기 이용자의 안전을 위협할 우려가 있어 행정안전부장관이 정밀안전검사가 필요하다고 인정한 경우는 정밀안전검사를 받아야 한다.
⑤ 관리주체는 안전검사를 받지 아니하거나 안전검사에 불합격한 승강기를 운행할 수 없으며, 운행을 하려면 안전검사에 합격하여야 한다.

63 소화기구 및 자동소화장치의 화재안전성능기준(NFPC 101)상의 소화기의 설치기준에 관한 설명이다. 타당하지 않은 것은?

① 특정소방대상물의 각 부분으로부터 1개의 소화기까지의 보행거리가 소형소화기의 경우에는 20미터 이내가 되도록 배치하여야 한다.
② 특정소방대상물의 각 부분으로부터 1개의 소화기까지의 보행거리가 소형소화기의 경우에는 30미터 이내가 되도록 배치하여야 한다.
③ 소화기구(자동확산소화기를 제외한다)는 바닥으로부터 높이 1.8미터 이하의 곳에 비치한다.
④ 소화기구의 종류를 표시한 표지를 보기 쉬운 곳에 부착한다.
⑤ 특정소방대상물의 각 층마다 설치하되, 각 층이 둘 이상의 거실로 구획된 경우에는 각 층마다 설치하는 것 외에 바닥면적이 33제곱미터 이상으로 구획된 각 거실에도 배치하여야 한다.

64 다음은 「공동주택관리법」상 공동주택의 시설물 안전관리진단 대상시설이다. 연간 최소점검횟수가 많은 것부터 나열한 것은?

㉠ 위생진단(어린이놀이터)
㉡ 안전진단(주민운동시설)
㉢ 우기진단(주차장)

① ㉠ > ㉡ > ㉢
② ㉡ > ㉠ > ㉢
③ ㉡ > ㉢ > ㉠
④ ㉢ > ㉡ > ㉠
⑤ ㉢ > ㉠ > ㉡

65 공동주택관리법령상 의무관리대상 공동주택 전환 등에 관한 내용이다. ( )에 들어갈 숫자를 쓰시오.

의무관리대상 공동주택 전환 신고를 하려는 자는 입주자등의 동의를 받은 날부터 (㉠)일 이내에 관할 특별자치시장·특별자치도지사·시장·군수·구청장(구청장은 자치구의 구청장을 말하며, 이하 "시장·군수·구청장"이라 한다)에게 국토교통부령으로 정하는 신고서를 제출해야 한다.

66 민간임대주택에 관한 특별법령상 주택임대관리업자의 현황신고에 관한 규정이다. ( )에 알맞은 용어를 쓰시오.

• 주택임대관리업자는 (㉠)마다 그 (㉠)가 끝나는 달의 다음 달 말일까지 자본금, 전문인력, 관리호수 등 대통령령으로 정하는 정보[자본금, 전문인력, 사무실 소재지, 위탁받아 관리하는 주택의 호수·세대수 및 소재지, 보증보험 가입사항(자기관리형 주택임대관리업자만 해당한다)]를 시장·군수·구청장에게 신고하여야 한다. 이 경우 신고받은 시장·군수·구청장은 (㉡)에게 이를 보고하여야 한다.
• 주택임대관리업자로부터 정보를 신고받은 시장·군수·구청장은 신고받은 날부터 (㉢)일 이내에 국토교통부장관에게 보고하여야 한다.

67 공동주택관리법령상 관리주체에 관한 규정이다. ( )안에 들어갈 용어를 순서대로 쓰시오.

> "관리주체"란 공동주택을 관리하는 다음의 자를 말한다.
> 가. 자치관리기구의 대표자인 공동주택의 관리사무소장
> 나. 관리업무를 인계하기 전의 사업주체
> 다. 주택관리업자
> 라. (㉠)
> 마. 「민간임대주택에 관한 특별법」에 따른 (㉡) (시설물 유지·보수·개량 및 그 밖의 주택관리 업무를 수행하는 경우에 한정한다)

68 다음에서 정의하고 있는 공동주택관리법령상의 용어를 쓰시오.

> 공동주택을 오랫동안 안전하고 효율적으로 사용하기 위하여 필요한 주요 시설의 교체 및 보수 등에 관하여 수립하는 장기계획을 말한다.

69 공동주택관리법령상 혼합주택단지의 관리에 관한 공동결정사항 중에서 장기수선계획의 조정, 장기수선충당금 및 특별수선충당금을 사용하는 주요시설의 교체 및 보수에 관한 사항, 관리비 등을 사용하여 시행하는 각종 공사 및 용역에 관한 사항이 합의가 이뤄지지 않는 경우의 관리사항 결정방법이다. ( )에 들어갈 내용을 순서대로 각각 쓰시오.

> • 원칙 : 해당 혼합주택단지 공급면적의 (㉠) 이상을 관리하는 입주자대표회의 또는 임대사업자가 결정
> • 예외 : 다음의 요건에 모두 해당하는 경우에는 해당 혼합주택단지 공급면적의 (㉡)을 초과하는 면적을 관리하는 자가 결정한다.
> 가. 해당 혼합주택단지 공급면적의 2/3 이상을 관리하는 입주자대표회의 또는 임대사업자가 없을 것
> 나. 시설물의 안전관리계획 수립대상 등 안전관리에 관한 사항일 것
> 다. 입주자대표회의와 임대사업자 간 2회의 협의에도 불구하고 합의가 이뤄지지 않을 것

70 「남녀고용평등과 일·가정 양립지원에 관한 법률」상 육아휴직과 육아기 근로시간 단축의 사용형태에 관한 내용이다. ( )에 들어갈 숫자를 순서대로 각각 쓰시오.

> • 근로자는 육아휴직을 (㉠)회에 한정하여 나누어 사용할 수 있다.
> • 근로자는 육아기 근로시간 단축을 나누어 사용할 수 있다. 이 경우 나누어 사용하는 1회의 기간은 (㉡)개월 이상이 되어야 한다.

71 「기간제 및 단시간근로자 보호 등에 관한 법률」상 차별적 처우의 시정신청과 시정명령 등의 확정 등에 관한 내용이다. ( )에 들어갈 용어나 숫자를 순서대로 각각 쓰시오.

> - 기간제근로자 또는 단시간근로자는 차별적 처우를 받은 경우 「노동위원회법」에 따른 (㉠)에 그 시정을 신청할 수 있다. 다만, 차별적 처우가 있은 날(계속되는 차별적 처우는 그 종료일)부터 6개월이 지난 때에는 그러하지 아니하다.
> - 중앙노동위원회의 재심결정에 대하여 불복이 있는 관계 당사자는 재심결정서의 송달을 받은 날부터 (㉡)일 이내에 행정소송을 제기할 수 있다.

72 공동주택관리법령상 공동주택관리 분쟁조정에 관한 규정이다. ( )에 들어갈 내용을 순서대로 각각 쓰시오.

> - 당사자가 중앙분쟁조정위원회의 조정안을 수락하거나 수락한 것으로 보는 때에는 그 조정서의 내용은 (㉠)와(과) 동일한 효력을 갖는다. 다만, 당사자가 임의로 처분할 수 없는 사항에 관한 것은 그러하지 아니하다.
> - 분쟁당사자가 지방분쟁조정위원회의 조정결과를 수락한 경우에는 당사자 간에 (㉡)와(과) 같은 내용의 합의가 성립된 것으로 본다.

73 다음 ( )에 알맞은 낱말 또는 숫자를 쓰시오.

> - 입주자대표회의는 하자보수보증금을 사용한 때에는 그 날부터 30일 이내에 그 사용명세를 (㉠)에게 통보하여야 하며, 의무관리대상 공동주택의 경우에는 하자보수보증금의 사용 후 30일 이내에 그 사용내역을 국토교통부령으로 정하는 바에 따라 시장·군수·구청장에게 신고하여야 한다.
> - 하자보수보증금의 지급청구를 받은 하자보수보증서 발급기관은 청구일부터 (㉡) 이내에 하자보수보증금을 지급하여야 한다.

74 주택법령상의 리모델링에 관한 설명이다. 다음 ( )에 알맞은 낱말 또는 숫자(필요하다면 분수도 가능)를 쓰시오.

> 사용검사일(주택단지 안의 공동주택 전부에 대하여 임시사용승인을 받은 경우에는 그 임시사용승인일을 말한다) 또는 사용승인일부터 15년[15년 이상 20년 미만의 연수 중 시·도의 조례로 정하는 경우에는 그 연수로 한다]이 지난 공동주택을 각 세대의 주거전용면적의 (㉠) 이내(세대의 주거전용면적이 85㎡ 미만인 경우에는 (㉡) 이내)에서 증축하는 행위. 이 경우 공동주택의 기능향상 등을 위하여 공용부분에 대하여도 별도로 증축할 수 있다.

75 다음 ( )에 알맞은 용어를 쓰시오.

> 사업계획승인을 받아 건설하는 아파트, 연립주택, 다세대주택을 건설하는 경우에는 주택의 총에너지사용량 또는 총이산화탄소배출량을 절감할 수 있는 (㉠)으로 건설하여야 한다.

76
공동주택관리법령상 장기수선계획 수립에 관한 내용이다. ( )에 들어갈 숫자를 순서대로 각각 쓰시오.

> 옥상 비상문 자동개폐장치의 전면교체 수선주기는 (㉠)년이고, 건물내부 지하주차장 바닥의 전면교체 수선주기는 (㉡)년이다.

77
배수배관의 통기방식에 관한 설명이다. 다음에 해당하는 배스시스템의 종류를 쓰시오.

> 배수수직관의 중심통기를 유지하기 위하여 수직관과 수평지관이 접속하는 곳에 내부에 고정날개(배플 판)를 설치하여 배수수평지관에서 수직관으로 흐르는 배수에 제동을 걸면서 원심력을 일으키게 하는 이음쇠를 설치하고, 수직관 최하단부에는 특수형태의 45 곡관이음쇠(곡관 디플렉터)를 설치하여 배수하는 방식이다.

78
다음 정의에 해당하는 밸브의 종류를 쓰시오.

> 수조보다 펌프의 위치가 높을 때 흡입배관 끝부분에 설치되는 밸브이며 체크밸브(역류방지밸브)가 내장되어 있어 펌프 정지 시에도 물이 빠지지 않는다. 펌프의 위치가 수조보다 낮을 때에는 푸트밸브를 설치하지 않으며 이물질이 들어가지 않도록 흡입배관 끝을 동망 등으로 씌운다.

79
아파트(공용시설, 부대시설 또는 복리시설은 포함하고, 아파트가 포함된 복합건축물의 아파트 외의 부분은 제외한다)의 소방시설 등의 자체점검 시 점검인력 배치기준에 관한 내용이다. ( )에 들어갈 숫자를 순서대로 각각 쓰시오.

> 점검인력 1단위가 하루 동안 점검할 수 있는 아파트의 세대수(이하 "점검한도 세대수")는 종합점검 및 작동점검에 관계없이 (㉠)세대로 한다.

80
공동주택 및 다중이용시설의 환기설비기준 등에 관한 설명이다. ( )에 들어갈 숫자를 순서대로 각각 쓰시오.

> 신축 또는 리모델링하는 (㉠)세대 이상의 공동주택 또는 건축물(이하 "신축 공동주택 등")은 시간당 (㉡)회 이상의 환기가 이루어질 수 있도록 자연환기설비 또는 기계환기설비를 설치해야 한다.

− 본 회차 시험 종료 −

제8회 적중 실전모의고사

| 문제지 유형 | 적중실전 모의고사 | 문제수 | 80문제 | 시험시간 | 09:30~11:10 (100분) | 응시번호 | | 성 명 | |

1 주택관리관계법규

01 건축법상 건축선에 관한 법적 규제의 내용으로 가장 타당한 것은?

① 도로와 접한 부분에 건축물을 건축할 수 있는 선(건축선)은 도로와 도로의 경계선으로 한다.
② 도로면으로부터 높이 4.5미터 이하에 있는 출입구, 창문, 그 밖에 이와 유사한 구조물은 열고 닫을 때 건축선의 수직면을 넘지 아니하는 구조로 하여야 한다.
③ 소요 너비에 못 미치는 너비의 도로인 경우에는 그 중심선으로부터 그 소요 너비거리만큼 물러난 선을 건축선으로 한다.
④ 특별자치시장·특별자치도지사 또는 시장·군수·구청장은 건축물의 위치나 환경을 정비하기 위하여 건축선을 지정하는 경우에는 지체없이 이를 고시하고 도지사의 사전승인을 받아야 한다.
⑤ 도로의 반대쪽에 경사지, 하천, 철도, 선로부지, 그 밖에 이와 유사한 것이 있는 경우에는 그 경사지 등이 있는 쪽의 도로경계선에서 소요 너비의 2분의 1에 해당하는 수평거리의 선을 건축선으로 한다.

02 건축법령상 건축분쟁전문위원회의 조정(調停) 및 재정(裁定)에 관한 설명으로 옳지 않은 것은?

① 조정은 3명의 위원으로 구성되는 조정위원회에서 하고, 재정은 5명의 위원으로 구성되는 재정위원회에서 한다.
② 조정위원회와 재정위원회의 회의는 구성원 전원의 출석으로 열고 과반수의 찬성으로 의결한다.
③ 당사자가 조정안을 수락하고 조정서에 기명날인하면 조정서의 내용과 같은 합의가 성립한 것으로 본다.
④ 당사자가 재정에 불복하여 소송을 제기한 경우 시효의 중단과 제소기간의 산정에 있어서는 재정신청을 재판상의 청구로 본다.
⑤ 건축분쟁전문위원회는 재정신청이 된 사건을 조정에 회부하는 것이 적합하다고 인정하면 직권으로 직접 조정할 수 있다.

03 지하층이 2개층이고 지상층은 전체가 층의 구분이 명확하지 아니한 건축물로서, 건축물의 1층 바닥면적은 600제곱미터이며 그 중 300제곱미터에 해당하는 부분은 높이가 24미터이고 나머지 300제곱미터에 해당하는 부분의 높이는 16미터이다. 이 건축물의 건축법령상 층수는? (다만, 건축물의 높이는 건축법령에 의하여 산정한 것이고, 지표면은 수평이고, 옥상에는 별도의 설치물이 없음)

① 3층 ② 4층 ③ 6층
④ 8층 ⑤ 7층

04 건축법령상 건축신고만으로 건축허가를 받은 것으로 볼 수 있는 경우만으로 짝지어진 것은?

> ㉠ 소규모 건축물로서 건축물의 높이를 3미터 이하의 범위 안에서 증축하는 건축물
> ㉡ 「국토의 계획 및 이용에 관한 법률」에 의한 도시지역·관리지역 또는 자연환경보전지역 안에서 연면적 200제곱미터이고 3층 미만인 건축물의 건축(단, 지구단위계획구역 등에서의 건축은 제외)
> ㉢ 연면적 200제곱미터이거나 3층 미만인 건축물의 대수선
> ㉣ 연면적의 합계가 100제곱미터 이하인 건축물의 신축
> ㉤ 바닥면적의 합계가 85제곱미터 이내의 증축 또는 개축. 다만, 3층 이상 건축물인 경우에는 증축 또는 개축하려는 부분의 바닥면적의 합계가 건축물 연면적의 10분의 1 이내인 경우로 한정한다.

① ㉠, ㉡, ㉣　　② ㉠, ㉡, ㉤
③ ㉠, ㉣, ㉤　　④ ㉡, ㉢, ㉣
⑤ ㉢, ㉣, ㉤

05 공동주택관리법령상 주택관리사 등 자격제도와 관련하여 가장 맞는 것은?

① 시·도지사는 주택관리사보 자격시험에 합격한 후, 공무원으로서 주택 관련 업무등에 3년 이상 종사한 자에 대하여 주택관리사 자격증을 발급한다.
② 주택관리사 등의 자격이 취소된 후 5년이 경과되지 아니한 자는 결격사유에 해당한다.
③ 의무관리대상 공동주택을 관리하는 임대사업자는 주택관리사를 해당 공동주택의 관리사무소장으로 배치하지 못한다.
④ 공동주택관리교육과 윤리교육기간은 4일로 한다.
⑤ 관리사무소장으로 배치 받으려는 주택관리사 등이 배치예정일부터 직전 5년 이내에 관리사무소장·공동주택관리기구의 직원 또는 주택관리업자의 임직원으로서 종사한 경력이 없는 경우에는 국토교통부령으로 정하는 바에 따라 시·도지사가 실시하는 공동주택관리에 관한 교육과 윤리교육을 이수하여야 관리사무소장으로 배치 받을 수 있다.

06 공동주택관리법령에 의한 하자담보책임 및 하자보수에 관한 설명 중 맞는 것은?

① 사업주체는 담보책임기간 안에 공동주택에 하자가 발생한 경우에는 하자발생으로 인한 손해를 배상할 책임이 있다.
② 입주자대표회의등 또는 임차인등은 공동주택에 하자가 발생한 경우에는 담보책임기간 내에 사업주체에게 하자보수를 청구하여야 하며, 이 경우 사업주체는 하자보수를 청구받은 날부터 7일 이내에 그 하자를 보수하거나 하자보수계획을 입주자대표회의등 또는 임차인 등에 서면(「전자문서 및 전자거래 기본법」 제2조 제1호에 따른 정보처리시스템을 사용한 전자문서를 포함한다)으로 통보하고 그 계획에 따라 하자를 보수하여야 한다.
③ 사용검사일로부터 3년이 경과한 때에는 예치한 하자보수보증금의 100분의 25를 반환하여야 한다.
④ 내력구조부별 하자담보책임기간은 그 구조부에 따라 5년 또는 10년으로 정하여져 있으며, 공동주택 구조체의 일부 또는 전부가 붕괴된 경우는 내력구조부별 하자에 포함되지 않는다.
⑤ 공동주택을 증축·개축·대수선 행위와 리모델링을 수행한 시공자는 담보책임을 지지 않는다.

07 공동주택관리법령상 공동주택 관리주체의 업무 내용에 대한 설명 중 타당하지 않은 것은?

① 500세대인 공동주택의 관리주체는 원칙적으로 입주자대표회의가 그 의결을 거쳐 요구하는 경우 관리비등의 징수 등에 관하여 「주식회사의 외부감사에 관한 법률」에 따른 감사인의 회계감사를 받아야 한다.
② 의무관리대상 공동주택의 관리주체 또는 입주자대표회의는 주택관리업자 또는 사업자와 계약을 체결하는 경우 그 체결일부터 1개월 이내에 그 계약서를 해당 공동주택단지의 인터넷 홈페이지 및 동별 게시판에 공개하여야 한다.
③ 공동주택의 관리주체는 입주자 등이 장부나 증빙서류, 그 밖에 대통령령으로 정하는 정보(영 제26조에 따른 관리비등의 사업계획, 예산안, 사업실적서 및 결산서를 말한다)의 열람을 요구하거나 자기의 비용으로 복사를 요구하는 때에는 관리규약으로 정하는 바에 따라 이에 응하여야 한다.
④ 위 ③의 경우 의사결정과정 또는 내부검토과정에 있는 사항 등으로서 공개될 경우 업무의 공정한 수행에 현저한 지장을 초래할 우려가 있는 정보등은 제외하고 응하여야 한다.
⑤ 의무관리대상 공동주택의 관리주체는 회계연도마다 사업실적서 및 결산서를 작성하여 회계연도 종료 후 2개월 이내에 입주자대표회의에 제출하여야 한다.

08 공동주택관리법령상 입주자대표회의는 그 구성원 과반수의 찬성으로 일정사항을 의결한다. 입주자대표회의의 의결사항과 가장 거리가 먼 것은?

① 관리규약 개정안 및 제정의 제안(제안서에는 개정안의 취지, 내용, 제안유효기간 및 제안자 등을 포함한다)
② 주민공동시설(「영유아보육법」 제10조에 따른 어린이집등은 제외한다)
③ 장기수선계획 및 안전관리계획의 수립 또는 조정(비용지출을 수반하는 경우에 한한다)
④ 공동주택 관리방법의 제안
⑤ 공동체 생활의 활성화 및 질서유지에 관한 사항

09 다음 공동주택관리법령상 공동주택의 관리방법의 결정 등에 관한 설명 중 틀린 것은?

① 입주자대표회의의 회장(직무를 대행하는 경우에는 그 직무를 대행하는 사람을 포함한다)은 공동주택 관리방법의 결정(위탁관리하는 방법을 선택한 경우에는 그 주택관리업자의 선정을 포함한다) 또는 변경결정에 관한 신고를 하려는 경우에는 그 결정일 또는 변경결정일부터 30일 이내에 신고서를 시장·군수·구청장에게 제출하여야 한다.
② 공동주택 관리방법의 결정은 입주자대표회의의 의결 또는 전체 입주자등의 10분의 1 이상이 제안하고, 전체 입주자등의 과반수가 찬성하는 방법에 따른다. 관리방법을 변경하는 경우에도 또한 같다.
③ 입주자등이 공동주택관리 요구를 받았을 때에는 그 요구를 받은 날부터 3개월 이내에 입주자를 구성원으로 하는 입주자대표회의를 구성하여야 한다.
④ 의무관리대상 전환 공동주택의 입주자등은 입주자대표회의의 구성 신고가 수리된 날부터 3개월 이내에 공동주택의 관리방법을 결정하여야 한다.
⑤ 입주자등은 기존주택관리업자의 관리 서비스가 만족스럽지 못한 경우에는 전체 입주자등의 3분의2 이상 서면동의가 있으면 새로운 주택관리업자 선정을 위한 입찰에서 기존주택관리업자의 참가를 제한하도록 입주자대표회의에 요구할 수 있다.

10 다음 주택법령상 사업계획승인에 대한 설명 중 가장 틀린 것은?

① 단독주택은 원칙적으로 30호 이상, 공동주택은 원칙적으로 30세대 이상, 대지조성은 1만제곱미터 이상이 사업계획승인 대상이다.
② 위의 ①의 경우 공동주택의 리모델링의 경우에는 예외적으로 증가하는 세대수가 20세대 이상이 기준이다.
③ 사업계획승인을 얻은 사업주체는 주택건설대지 면적 중 95% 이상에 대하여 사용권원을 확보한 경우 사용권원을 확보하지 못한 대지의 모든 소유자에게 시가에 따라 매도할 것을 청구할 수 있다.
④ 위 ③ 외의 경우에는 사용권원을 확보하지 못한 대지의 소유자 중 지구단위계획구역 결정고시일 10년 이전에 해당 대지의 소유권을 취득하여 계속 보유하고 있는 자를 제외한 소유자에게 매도청구 가능하다.
⑤ 매도청구 대상이 되는 대지의 소유자와 매도청구를 하기 전에 3개월 이상 협의를 하여야 한다.

11 주택법령상 지역주택조합에 관한 설명으로 옳지 않은 것은?

① 지역주택조합의 발기인은 조합원 모집 신고가 수리된 날부터 2년이 되는 날까지 주택조합 설립인가를 받지 못하는 경우 대통령령으로 정하는 바에 따라 주택조합 가입 신청자 전원으로 구성되는 총회 의결을 거쳐 주택조합사업의 종결 여부를 결정하도록 하여야 한다.
② 지역주택조합의 설립인가를 받기 위하여 조합원을 모집하려는 자는 해당 주택건설대지의 50% 이상에 해당하는 토지의 사용권원을 확보하여 관할 시장·군수·구청장에게 신고하고, 공개모집의 방법으로 조합원을 모집하여야 한다.
③ 조합원으로 추가모집되거나 충원되는 자가 조합원 자격요건을 갖추었는지를 판단할 때에는 해당 추가모집공고일을 기준으로 한다.
④ 주택조합의 조합원이 근무·질병치료·유학·결혼 등 부득이한 사유로 세대주 자격을 일시적으로 상실한 경우로서 시장·군수·구청장이 인정하는 경우에는 조합원 자격이 있는 것으로 본다.
⑤ 총회의 의결을 하는 경우에는 조합원의 100분의 10 이상이 직접 출석하여야 한다. 다만, 창립총회 또는 국토교통부령으로 정하는 사항을 의결하는 총회의 경우에는 조합원의 100분의 20 이상이 직접 출석하여야 한다.

12 주택법령상 토지임대부 분양주택에 관한 설명으로 옳은 것은?

① 토지임대부 분양주택을 공급받은 자가 토지소유자와 임대차계약을 체결한 경우 해당 주택의 구분소유권을 목적으로 그 토지 위에 임대차기간 동안 전세권이 설정된 것으로 본다.
② 토지 및 건축물의 소유권은 사업계획의 승인을 받아 토지임대부 분양주택 건설사업을 시행하는 자가 가진다.
③ 토지임대부 분양주택을 양수한 자는 토지소유자와 임대차계약을 새로 체결하여야 한다.
④ 토지임대부 분양주택의 토지임대료는 보증금으로 납부하는 것이 원칙이나, 토지소유자와 주택을 공급받은 자가 합의한 경우 월별 임대료로 전환하여 납부할 수 있다.
⑤ 재건축한 주택은 토지임대부 분양주택으로 한다. 다만, 토지소유자와 주택소유자가 합의한 경우에는 토지임대부 분양주택이 아닌 주택으로 전환할 수 있다.

13 주택법령상 주택의 공급 및 분양가격 등에 관한 설명으로 맞는 것은?

① 분양가격은 택지비와 건축비로 구성(토지임대부 분양주택의 경우에는 택지비만 해당한다)되며, 구체적인 명세, 산정방식, 감정평가기관 선정방법 등은 대통령령으로 정한다.
② 분양가상한제 적용지역으로 지정된 지역의 시·도지사, 시장·군수 또는 구청장은 분양가상한제 적용지역의 지정 후 해당 지역의 주택가격이 안정되는 등 분양가상한제 적용지역으로 계속 지정할 필요가 없다고 인정하는 경우에는 국토교통부장관에게 그 지정의 해제를 요청할 수 있으며, 이 경우 분양가상한제 적용지역 지정의 해제를 요청받은 국토교통부장관은 요청받은 날부터 40일 이내에 주거정책심의위원회의 심의를 거쳐 분양가상한제 적용지역 지정의 해제 여부를 결정하여야 한다.
③ 공공주택사업자인 사업주체가 입주자를 모집하려는 경우 국토교통부령으로 정하는 바에 따라 시장·군수·구청장의 승인을 받아야 한다.
④ 사업주체가 복리시설의 입주자를 모집하려는 경우 국토교통부령으로 정하는 바에 따라 시장·군수·구청장의 승인을 받아야 한다.
⑤ 시장·군수·구청장은 법 제15조에 따른 사업계획승인 신청(「도시 및 주거환경정비법」 제50조에 따른 사업시행계획인가, 「건축법」 제11조에 따른 건축허가를 포함한다)이 있는 날부터 30일 이내에 법 제59조 제1항에 따른 분양가심사위원회를 설치·운영하여야 한다.

14 주택법령상 리모델링에 관한 내용으로 옳지 않은 것은?

① 수직증축형 리모델링의 대상이 되는 기존 건축물의 층수가 15층 이상인 경우는 3개층 이하까지 증축할 수 있다.
② 세대수가 증가되는 리모델링을 하는 경우에는 권리변동계획을 수립하여 사업계획승인 또는 행위허가를 받아야 한다.
③ 시장·군수·구청장으로부터 리모델링 기본계획과 관련하여 협의를 요청받은 관계 행정기관의 장은 사유가 없으면 그 요청을 받은 날부터 30일 이내에 의견을 제시하여야 한다.
④ 특별시장·광역시장 및 대도시의 시장은 리모델링 기본계획을 수립하거나 변경하려면 15일 이상 주민에게 공람하고 지방의회의 의견을 들어야 한다.
⑤ 리모델링에 동의한 소유자는 리모델링 주택조합 또는 입주자대표회의가 허가신청서를 제출하기 전까지 서면으로 동의를 철회할 수 있다.

15 민간임대주택에 관한 특별법령상 민간임대주택의 관리에 대한 다음 설명 중 틀린 것은?

① 임대주택분쟁조정위원회의 공무원이 아닌 위원의 임기는 2년으로 하되, 두 차례만 연임할 수 있다.
② 임대사업자는 입주예정자의 과반수가 입주한 때에는 과반수가 입주한 날부터 3개월 이내에 입주현황과 임차인대표회의를 구성할 수 있다는 사실 또는 구성하여야 한다는 사실을 입주한 임차인에게 통지하여야 한다.
③ 임차인대표회의는 회의를 개최하였을 때에는 회의록을 작성하여 보관하고, 임차인이 회의록의 열람을 청구하거나 자기의 비용으로 복사를 요구할 경우에는 이에 따라야 한다.
④ 임대사업자는 특별수선충당금을 사용하려면 미리 해당 민간임대주택이 있는 곳을 관할하는 시장·군수·구청장과 협의하여야 한다.
⑤ 임대사업자가 300세대 이상의 민간임대주택을 공급하는 공동주택단지에 입주하는 임차인은 임차인대표회의를 구성하여야 한다.

16 다음 중 공공주택 특별법령상 공공주택의 운영·관리에 관한 내용 중 맞는 것은?

① 공공임대주택의 공공주택사업자가 임대료 증액을 청구하는 경우(재계약을 하는 경우를 포함한다)에는 임대료의 100분의 8 이내의 범위에서 주거비 물가지수, 인근 지역의 주택 임대료 변동률 등을 고려하여 증액하여야 한다.
② 임차인이 전용면적 85m² 이하인 공공임대주택에 입주하고 있는 경우에는 공공임대주택의 임대차계약기간 중 다른 주택을 소유하게 된 경우라도 공공주택사업자는 임대차계약을 해제 또는 해지하거나 재계약을 거절할 수 없다.
③ 행복주택은 20년의 임대의무기간이 지나지 아니하면 매각할 수 없다.
④ 공공주택사업자가 임대차계약을 체결할 때 임대차계약기간이 끝난 후 임대주택을 그 임차인에게 분양전환할 예정이면 「주택임대차보호법」 제4조 제1항에 따라 임대차계약기간을 2년으로 하여야 한다.
⑤ 공공주택사업자가 법 제49조의2에 따른 표준임대차계약서상의 의무를 위반한 경우 공공임대주택에 거주 중인 임차인은 임대차계약을 해제 또는 해지하거나 재계약을 거절할 수 있다.

17 다음 중 「전기사업법」상 용어에 대한 설명 중 맞지 않는 것은?

① 전기신사업이라 함은 전기자동차충전사업, 소규모전력중개사업, 재생에너지전기공급사업, 통합발전소사업, 재생에너지전기저장판매사업 및 송전제약발생지역전기공급사업을 말한다.
② 변전소란 변전소의 밖으로부터 전압 5만볼트 이상의 전기를 전송받아 이를 변성하여 변전소 밖의 장소로 전송할 목적으로 설치하는 변압기와 그 밖의 전기설비 전체를 말한다.
③ 분산형 전원이라 함은 전력수요지역 인근에 설치하여 송전선로[발전소 상호 간, 변전소 상호 간 및 발전소와 변전소 간을 연결하는 전선로(통신용으로 전용하는 것은 제외한다)를 말한다. 이하 같다]의 건설을 최소화할 수 있는 일정 규모 이하의 발전설비로서 산업통상자원부령으로 정하는 것을 말한다.
④ 저압이란 교류에서는 1,500볼트 이하의 전압을, 직류에서는 1,000볼트 이하의 전압을 말한다.
⑤ 구역전기사업이라 함은 대통령령이 정하는 규모(3만 5천킬로와트) 이하의 발전설비를 갖추고 특정한 공급구역의 수요에 응하여 전기를 생산하여 전력시장을 통하지 아니하고 당해 공급구역 안의 전기사용자에게 공급함을 주된 목적으로 하는 사업을 말한다.

18 「집합건물의 소유 및 관리에 관한 법률」상 규정에 관한 설명으로 틀린 것은?

① 구조상 구분소유자 전원 또는 일부의 공용(共用)에 제공되는 건물부분은 구분소유권의 목적으로 할 수 없다.
② 공용부분의 변경에 관한 사항은 법률에서 달리 정한 경우를 제외하고는 관리단집회에서 구분소유자의 3분의 2 이상 및 의결권의 3분의 2 이상의 결의로써 결정한다.
③ 대지사용권을 가지지 아니한 구분소유자가 있을 때에는 그 전유부분의 철거를 청구할 권리를 가진 자는 그 구분소유자에 대하여 구분소유권을 시가로 매도할 것을 청구할 수 있다.
④ 전유부분이 속하는 1동의 건물의 설치 또는 보존의 흠으로 인하여 다른 자에게 손해를 입힌 경우에는 그 흠은 전유부분에 존재하는 것으로 추정한다.
⑤ 공용부분의 보존행위에 관한 사항은 통상의 집회결의로써 결정하지 아니하고 각 공유자가 할 수 있다.

19 도시 및 주거환경정비법령상 도시환경정비사업의 시공자 선정에 관한 설명으로 틀린 것은?

① 사업시행자는 규정에 따라 선정된 시공자와 공사에 관한 계약을 체결할 때에는 기존 건축물의 철거 공사(「석면안전관리법」에 따른 석면 조사·해체·제거를 포함한다)에 관한 사항을 포함시켜야 한다.
② 시장·군수 등이 직접 정비사업을 시행하는 경우에 주민대표회의 또는 토지등소유자 전체회의가 시공자를 추천한 경우 사업시행자는 추천받은 자를 시공자로 선정하여야 한다.
③ 토지등소유자가 조합을 통하지 아니하고 재개발사업을 시행하는 경우에는 사업시행자 지정·고시후 규약에 따라 건설업자 또는 등록사업자를 시공자로 선정하여야 한다.
④ 원칙적으로 조합은 조합설립인가를 받은 후 조합총회에서 경쟁입찰 또는 수의계약(2회 이상 경쟁입찰이 유찰된 경우로 한정한다)의 방법으로 건설업자 또는 등록사업자를 시공자로 선정하여야 한다.
⑤ 조합원이 100인 이하인 정비사업의 경우 조합총회에서 정관으로 정하는 바에 따라 시공자를 선정할 수 있다.

20 다음은 도시재정비 촉진을 위한 특별법령상 용어에 대한 설명이다. 가장 거리가 먼 것은?

① 노후·불량주택과 건축물이 밀집한 지역으로서 주로 주거환경의 개선과 기반시설의 정비가 필요한 지구는 재정비촉진지구 중 주거지형에 해당된다.
② 존치지역이라 함은 재정비촉진지구 안에서 재정비촉진사업의 필요성이 적어 재정비촉진계획에 따라 존치하는 지역을 말한다.
③ 「도시 및 주거환경정비법」에 의한 주거환경개선사업·재개발사업·재건축사업도 재정비촉진사업에 해당한다.
④ 우선사업구역이란 재정비촉진구역 중 재정비촉진사업의 활성화, 소형주택 공급 확대, 주민이주대책 지원 등을 위하여 다른 구역에 우선하여 개발하는 구역으로서 재정비촉진계획으로 결정되는 구역을 말한다.
⑤ 상업지역·공업지역 등으로서 토지의 효율적 이용과 도심 또는 부도심 등의 도시기능의 회복이 필요한 지구는 재정비촉진지구 중 '고밀복합형'에 해당된다.

21 「소방기본법」상 규정에 대한 설명으로 가장 틀린 것은?

① 소방활동구역의 설정은 소방청장·소방본부장 또는 소방서장이 한다.
② 소방청장·소방본부장 또는 소방서장은 소방업무를 전문적이고 효과적으로 수행하기 위하여 소방대원에게 필요한 교육·훈련을 실시하여야 한다.
③ 소방청장은 화재 예방 및 대형 재난 등 필요한 경우 시·도 소방본부장 및 소방서장을 지휘·감독할 수 있다.
④ 소방업무의 응원을 위하여 파견된 소방대원은 응원을 요청한 소방본부장 또는 소방서장의 지휘에 따라야 한다.
⑤ 시·도지사는 소방력의 기준에 따라 관할구역의 소방력을 확충하기 위하여 필요한 계획을 수립하여 시행하여야 한다.

22 시설물의 안전 및 유지관리에 관한 특별법령에 관한 내용으로 틀린 것은?

① 관리주체는 「지진·화산재해대책법」 제14조 제1항에 따른 내진설계 대상 시설물 중 내진성능평가를 받지 않은 시설물에 대하여 정밀안전진단을 실시하는 경우에는 해당 시설물에 대한 내진성능평가를 포함하여 실시하여야 한다.
② 제1종 및 제2종 시설물 중 A·B·C 등급 시설물의 정기안전점검은 해빙기·우기·동절기 전 각각 1회 이상 실시한다.
③ 관리주체는 시설물의 하자담보책임기간이 끝나기 전에 마지막으로 실시하는 정밀안전점검의 경우에는 안전진단전문기관이나 한국시설안전공단에 의뢰하여 실시하여야 한다.
④ 내진성능평가란 지진으로부터 시설물의 안전성을 확보하고 기능을 유지하기 위하여 「지진·화산재해대책법」에 따라 시설물별로 정하는 내진설계기준에 따라 시설물이 지진에 견딜 수 있는 능력을 평가하는 것을 말한다.
⑤ 시장·군수·구청장은 민간관리주체 소관 시설물에 대하여 시설물관리계획의 이행여부 확인 등 안전 및 유지관리 실태를 연 1회 이상 점검하여야 한다.

23 화재의 예방 및 안전관리에 관한 법령상 소방대상물에 안전관리에 관한 내용으로 옳은 것은?

① 소방안전관리자를 두어야 하는 특정소방대상물 중 150세대인 아파트는 소방안전관리보조자를 선임하여야 한다.
② 50층 이상(지하층을 포함한다)이거나 지상으로부터 높이가 200미터 이상인 아파트는 소방안전관리자를 선임하여야 하는 특급 소방안전관리대상물에 해당한다.
③ 소방안전관리대상물의 관계인이 소방안전관리자를 선임한 경우에는 선임한 날부터 30일 이내에 소방본부장이나 소장서장에게 신고하여야 한다.
④ 30층 이상(지하층을 제외한다)이거나 지상으로부터 높이가 120미터 이상인 아파트는 소방안전관리자를 선임하여야 하는 1급 소방안전관리대상물에 해당한다.
⑤ 특정소방대상물의 관계인은 소방안전관리보조자를 해임한 경우 소방안전관리보조자를 해임한 날부터 14일 이내에 소방안전관리보조자를 선임하여야 한다.

24 승강기 안전관리법령의 내용으로 옳은 것은?

① 승강기 제조·수입업자는 승강기 관리주체로부터 승강기 유지관리용 부품의 제공을 요청받은 경우에는 특별한 이유가 없으면 3일 이내에 요청에 따라야 한다.
② 설치공사업자는 승강기의 설치를 끝냈을 때에는 행정안전부령으로 정하는 바에 따라 관할 시장·군수·구청장에게 그 사실을 신고하여야 한다
③ 승강기 유지관리를 업으로 하려는 자는 행정안전부령으로 정하는 바에 따라 시·도지사에게 신고하여야 한다.
④ 설치검사를 받은 날부터 15년이 지난 경우에는 행정안전부 장관으로부터 정밀안전검사를 받고, 그 후 3년마다 정기적으로 정밀안전검사를 받아야 한다.
⑤ 관리주체는 승강기의 안전에 관한 자체점검을 반기에 1회 이상 하고, 그 결과를 승강기 안전종합정보망에 입력하여야 한다.

25 「도시 및 주거환경정비법」 제12조(재건축사업을 위한 재건축진단) 제2항 규정의 내용이다. ( )에 공통으로 들어갈 아라비아 숫자를 쓰시오.

> 시장·군수등은 제12조 제1항에도 불구하고 다음의 어느 하나에 해당하는 경우에는 재건축진단을 실시하여야 한다.
> ㉠ 법 제14조에 따라 정비계획의 입안을 제안하려는 자가 입안을 제안하기 전에 해당 정비예정구역에 위치한 건축물 및 그 부속토지의 소유자 (㉠)분의1 이상의 동의를 받아 재건축진단의 실시를 요청하는 경우
> ㉡ 법 제5조 제2항에 따라 정비예정구역을 지정하지 아니한 지역에서 재건축사업을 하려는 자가 사업예정구역에 있는 건축물 및 그 부속토지의 소유자 (㉠)분의1 이상의 동의를 받아 재건축진단의 실시를 요청하는 경우 〈이하 생략〉

26 「공동주택관리법」 제70조(주택관리업자 등의 교육) 규정의 일부이다. ( )에 들어갈 아라비아 숫자를 쓰시오.

> 공동주택의 관리사무소장으로 배치받아 근무 중인 주택관리사 등은 법 제70조 제1항 또는 법 제70조 제2항에 따른 교육을 받은 후 (㉠)년마다 국토교통부령으로 정하는 바에 따라 공동주택관리에 관한 교육과 윤리교육을 받아야 한다.

27 「공동주택관리법」 제2조(정의) 규정의 일부이다. ( )에 들어갈 용어를 순서대로 쓰시오.

> ① 이 법에서 사용하는 용어의 뜻은 다음과 같다.
> (1.~4. 생략)
> 4. (㉠)(이)란 분양을 목적으로 한 공동주택과 임대주택이 함께 있는 공동주택단지를 말한다.
> 16. (㉡)(이)란 공동주택을 오랫동안 안전하고 효율적으로 사용하기 위하여 필요한 주요 시설의 교체 및 보수 등에 관하여 법 제29조 제1항에 따라 수립하는 장기계획을 말한다.

28 「민간임대주택에 관한 특별법」 제3조(다른 법률과의 관계) 규정이다. ( )에 들어갈 법률명을 쓰시오.

> 민간임대주택의 건설·공급 및 관리 등에 관하여 이 법에서 정하지 아니한 사항에 대하여는 「주택법」, (㉠), 「공동주택관리법」 및 「주택임대차보호법」을 적용한다.

29 다음은 주택법령상 등록사업주체의 등록에 대한 내용이다. ( )에 들어갈 아라비아 숫자와 용어를 순서대로 쓰시오.

> 주택건설사업 또는 대지조성사업의 등록을 하려는 자는 자본금 3억원 이상, 개인인 경우에는 자산평가액 (㉠)억원 이상 등의 요건을 갖추어 (㉡)에게 등록하여야 한다.

30 주택법령상 사업계획승인권자는 다음의 어느 하나에 해당하는 경우 그 사업계획의 승인을 취소(② 또는 ③에 해당하는 경우 「주택도시기금법」에 따라 주택분양보증이 된 사업은 제외한다)할 수 있다(법 제16조 제4항). ( )에 알맞은 아라비아 숫자와 용어를 차례로 쓰시오.

> ① 사업주체가 사업계획승인을 받은 후 (㉠)년 이내에 공사를 시작하지 아니한 경우(단, 분할승인의 경우 최초 공구 외의 공구의 경우는 제외)
> ② 사업주체가 (㉡)·공매 등으로 인하여 대지 소유권을 상실한 경우
> ③ 사업주체의 부도·파산 등으로 공사의 (㉢)가 불가능한 경우

31 「건축법」 제2조(정의) 규정의 일부이다. ( )에 들어갈 단어를 순서대로 쓰시오.

> ① 이 법에서 사용하는 용어의 뜻은 다음과 같다.(1.~9. 생략)
> 10. 리모델링이란 건축물의 노후화를 억제하거나 기능 향상 등을 위하여 (㉠)하거나 건축물의 일부를 증축 또는 (㉡)하는 행위를 말한다.

32 「건축법 시행령」 제87조 제6항(배전시설 설치공간의 확보) 규정이다. ( )에 들어갈 아라비아 숫자를 쓰시오.

> 연면적이 (㉠)제곱미터 이상인 건축물의 대지에는 국토교통부령으로 정하는 바에 따라 전기사업자가 전기를 배전하는 데 필요한 전기설비를 설치할 수 있는 공간을 확보하여야 한다.

33 건축법령상 건축 허용오차에 관한 내용이다. ( )에 들어갈 아라비아 숫자를 순서대로 각각 쓰시오.

항 목	허용되는 오차의 범위
건축선의 후퇴거리	(㉠)퍼센트 이내
인접대지 경계선과의 거리	3퍼센트 이내
인접건축물과의 거리	(㉡)퍼센트 이내
건폐율	0.5퍼센트 이내(건축면적 5제곱미터를 초과할 수 없다)
용적률	(㉢)퍼센트 이내(연면적 30제곱미터를 초과할 수 없다)

34 다음은 전기사업법령상 일반용 전기설비에 관한 내용이다. ( )에 공통으로 들어갈 알맞은 말을 쓰시오.

> 1. (㉠)에 해당하는 용량 75킬로와트(제조업 또는 심야전력을 이용하는 전기설비는 용량 100킬로와트) 미만의 전력을 타인으로부터 수전하여 그 수전장소(담·울타리 또는 그 밖의 시설물로 타인의 출입을 제한하는 구역을 포함한다. 이하 같다)에서 그 전기를 사용하기 위한 전기설비
> 2. (㉠)에 해당하는 용량 10킬로와트 이하인 발전설비

35 승강기 안전관리법령상 승강기의 유지관리업에 대한 내용이다. ( )에 들어갈 아라비아 숫자를 차례로 쓰시오.

> 1. 법 제39조 제1항 전단에 따라 승강기 유지관리업 등록을 하려는 자는 자본금이 (㉠)억원 이상이어야 한다.
> 2. 승강기 유지관리를 업으로 하기 위하여 등록을 한 자는 그 사업을 폐업 또는 휴업하거나 휴업한 사업을 다시 시작한 경우에는 그 날부터 (㉡)일 이내에 시·도지사에게 신고하여야 한다.

36 다음은 주택법령상 주택에 대한 표시 및 광고 사본의 제출 규정(법 제54조 제8항) 내용이다. ( )에 들어갈 용어와 아라비아 숫자를 순서대로 쓰시오.

> 사업주체는 공급하려는 주택에 대하여 대통령령으로 정하는 내용이 포함된 표시 및 광고(「표시·광고의 공정화에 관한 법률」 제2조에 따른 표시 또는 광고를 말한다. 이하 같다)를 한 경우 대통령령으로 정하는 바에 따라 해당 표시 또는 광고의 사본을 시장·군수·구청장에게 제출하여야 한다. 이 경우 시장·군수·구청장은 제출받은 표시 또는 광고의 사본을 제49조 제1항에 따른 사용검사가 있은 날부터 (㉠)년 이상 보관하여야 하며, (㉡)가 열람을 요구하는 경우 이를 공개하여야 한다.

37 다음은 소방시설 설치 및 관리에 관한 법령상 건축허가등을 함에 있어서 미리 소방본부장 또는 소방서장의 동의를 받아야 하는 건축물 등의 범위에 관한 일부규정이다. ( )에 들어갈 아라비아 숫자를 차례로 쓰시오.

> 1. 연면적(「건축법 시행령」 제119조제1항제4호에 따라 산정된 면적을 말한다. 이하 같다)이 (㉠)제곱미터 이상인 건축물이나 시설. 다만, 다음 각 목의 어느 하나에 해당하는 건축물이나 시설은 해당 목에서 정한 기준 이상인 건축물이나 시설로 한다.
>   가. 「학교시설사업 촉진법」 제5조의2제1항에 따라 건축등을 하려는 학교시설: (㉡)제곱미터
>   나. 별표 2의 특정소방대상물 중 노유자(老幼者) 시설 및 수련시설: (㉢)제곱미터
>   다. 「정신건강증진 및 정신질환자 복지서비스 지원에 관한 법률」 제3조제5호에 따른 정신의료기관(입원실이 없는 정신건강의학과 의원은 제외하며, 이하 "정신의료기관"이라 한다): 300제곱미터
> 〈생략〉

38 「건축법」의 일부규정을 준용함에 따라 다음의 공작물을 축조하고자 하는 경우 특별자치시장·특별자치도지사, 시장·군수·구청장에게 신고를 하여야 한다. ( )에 알맞은 아라비아 숫자를 순서대로 쓰시오.

> ① 높이 (㉠)미터를 넘는 장식탑, 기념탑, 첨탑, 광고탑, 광고판, 그 밖에 이와 비슷한 것
> ② 바닥면적 (㉡)제곱미터를 넘는 지하대피호

39 공동주택관리법령상 관리비 등의 사업계획 및 예산안 수립 등에 관한 설명이다. ( )에 들어갈 아라비아 숫자를 차례로 쓰시오.

> 1. 의무관리대상 공동주택의 관리주체는 다음 회계연도에 관한 관리비등의 사업계획 및 예산안을 매 회계연도 개시 (㉠)개월 전까지 입주자대표회의에 제출하여 승인을 받아야 하며, 승인사항에 변경이 있는 때에는 변경승인을 받아야 한다.
> 2. 사업주체 또는 의무관리대상 전환 공동주택의 관리인으로부터 공동주택의 관리업무를 인계받은 관리주체는 지체없이 다음 회계연도가 시작되기 전까지의 기간에 대한 사업계획 및 예산안을 수립하여 입주자대표회의의 승인을 받아야 한다. 다만, 다음 회계연도가 시작되기 전까지의 기간이 (㉡)개월 미만인 경우로서 입주자대표회의 의결이 있는 경우에는 생략할 수 있다.

40 다음은 공동주택관리법령상 주택관리업자에 대한 행정처분절차이다. ( )에 알맞은 아라비아 숫자와 용어를 차례로 쓰시오.

> 시장·군수 또는 구청장은 주택관리업자에 대하여 등록말소 또는 영업정지처분을 하려는 때에는 처분일 (㉠)개월 전까지 해당 주택관리업자가 관리하는 공동주택의 (㉡)에 그 사실을 통보하여야 한다.

- 다음면에 계속 -

제8회 적중 실전모의고사

2 공동주택관리실무

41 최저임금법령상의 최저임금에 관한 사항이다. 규정과 어긋나는 것은?

① 최저임금은 사업의 종류별로 구분하여 정할 수 있는 바, 사업의 종류별 구분은 노동위원회의 심의를 거쳐 고용노동부장관이 정한다.
② 임금이 통상적으로 도급제나 그 밖에 이와 비슷한 형태로 정하여져 있는 경우로서 제1항에 따라 최저임금액을 정하는 것이 적당하지 아니하다고 인정되면 대통령령으로 정하는 바에 따라 최저임금액을 따로 정할 수 있다.
③ 정신장애나 신체장애로 근로능력이 현저히 낮은 사람으로서 사용자가 대통령령으로 정하는 바에 따라 고용노동부장관의 인가를 받은 사람에 대하여는 최저임금의 효력을 적용하지 아니한다.
④ 최저임금액보다 적은 임금을 지급하거나 최저임금을 이유로 종전의 임금을 낮춘 자는 3년 이하의 징역 또는 2천만원 이하의 벌금에 처한다.
⑤ 1년 이상의 기간을 정하여 근로계약을 체결하고 수습 중에 있는 근로자로서 수습을 시작한 날부터 3개월 이내인 사람에 대해서는 시간급 최저임금액에서 100분의 10을 뺀 금액을 그 근로자의 시간급 최저임금액으로 한다.

42 고용보험법령상 육아휴직급여와 출산전후휴가급여 등에 관한 설명이다. 규정에 맞지 않는 것은?

① 피보험자가 육아휴직 기간 중에 그 사업에서 이직한 경우에는 그 이직하였을 때부터 육아휴직 급여를 지급하지 아니한다.
② 피보험자가 육아휴직 기간 중에 취업을 한 경우에는 그 취업한 기간에 대해서는 육아휴직 급여를 지급하지 아니한다.
③ 사업주가 출산전후휴가급여 등의 지급사유와 같은 사유로 그에 상당하는 금품을 근로자에게 미리 지급한 경우로서 그 금품이 출산전후휴가급여 등을 대체하여 지급한 것으로 인정되면 그 사업주는 지급한 금액에 대하여 그 근로자의 출산전후휴가급여 등을 받을 권리를 대위한다.
④ 출산전후휴가급여 등은 휴가 기간에 대하여 「근로기준법」의 평균임금(휴가를 시작한 날을 기준으로 산정한다)에 해당하는 금액을 지급한다.
⑤ 고용노동부장관은 기간제근로자 또는 파견근로자가 출산전후휴가기간 중 근로계약기간이 끝나는 경우 근로계약 종료일부터 해당 출산전후휴가 종료일까지의 기간에 대한 출산전후휴가 급여등에 상당하는 금액 전부를 기간제근로자 또는 파견근로자에게 지급한다.

43 「노동조합 및 노동관계조정법」상 쟁의행위에 관한 설명으로 틀린 것은?

① 노동조합의 쟁의행위는 그 조합원의 직접·비밀·무기명투표에 의한 조합원 과반수의 찬성으로 결정하지 아니하면 이를 행할 수 없다.
② 사용자는 쟁의행위에 참가하여 근로를 제공하지 아니한 근로자에 대하여는 그 기간 중의 임금을 지급할 의무가 없다.
③ 노동조합은 쟁의행위 기간에 대한 임금의 지급을 요구하여 이를 관철할 목적으로 쟁의행위를 하여서는 안된다.
④ 사용자는 쟁의행위기간 중 그 쟁의행위로 중단된 업무를 도급 또는 하도급 줄 수 없다
⑤ 사용자는 노동조합의 쟁의행위에 대응하기 위하여 노동조합이 쟁의행위를 개시하기 전에 직장폐쇄를 할 수 있다.

44 국민건강보험법령상 피부양자의 요건과 자격인정기준을 충족하는 사람을 모두 고른 것은?

> ㄱ. 직장가입자의 부인의 아버지
> ㄴ. 직장가입자의 재혼한 부인의 아들
> ㄷ. 직장가입자의 딸의 남편
> ㄹ. 직장가입자의 누나의 딸

① ㄱ, ㄴ
② ㄱ, ㄷ
③ ㄱ, ㄴ, ㄷ
④ ㄱ, ㄴ, ㄹ
⑤ ㄴ, ㄷ, ㄹ

45 공동주택관리법령상 입주자대표회의의 구성과 임원의 업무범위 등에 관한 설명으로 옳은 것은?

① 감사는 감사를 한 경우에는 감사보고서를 작성하여 입주자대표회의와 관리주체에게 제출하고 인터넷 홈페이지 및 동별 게시판과 공동주택관리정보시스템 등에 공개하여야 한다.
② 동별 대표자가 임기 중에 동별 대표자의 결격사유에 해당하게 된 경우에는 해당 선거구 전체 입주자 등의 과반수가 투표하고 투표자 과반수의 찬성으로 해임한다.
③ 동별 대표자 2회의 선출공고(직전 선출공고일부터 2개월 이내에 공고하는 경우만 2회로 계산한다)에도 불구하고 동별 대표자의 후보자가 없거나 선출된 사람이 없는 선거구에서 직전 선출공고일부터 2개월 이내에 선출공고를 하는 경우에는 동별 대표자를 중임한 사람도 해당 선거구 입주자 등의 과반수의 찬성으로 다시 동별 대표자로 선출될 수 있다.
④ 사용자인 동별 대표자는 회장이 될 수 없으나, 입주자인 동별 대표자 중에서 회장후보자가 없는 경우로서 선출 전에 전체 입주자등의 과반수의 동의를 얻은 경우에는 회장이 될 수 있다.
⑤ 회장이나 감사후보자가 없거나 선출된 자가 없어서 입주자대표회의 구성원 과반수의 찬성으로 선출하는 경우 후보자별 득표수가 같은 경우에는 재투표한다.

46 공동주택관리법령상 관리비등의 집행을 위한 사업자 선정과 사업계획 및 예산안 수립에 관한 설명으로 옳지 않은 것은?

① 의무관리대상 공동주택의 관리주체는 회계연도마다 사업실적서 및 결산서를 작성하여 회계연도 종료 후 2개월 이내에 입주자대표회의에 제출하여야 한다.
② 의무관리대상 공동주택의 관리주체는 다음 회계연도에 관한 관리비등의 사업계획 및 예산안을 매 회계연도 개시 1개월 전까지 입주자대표회의에 제출하여 승인을 받아야 한다.
③ 의무관리대상 공동주택의 관리주체는 관리비, 장기수선충당금을 은행, 중소기업은행, 상호저축은행, 보험회사 등 중 입주자대표회의가 지정하는 동일한 계좌로 예치·관리하여야 한다.
④ 관리주체는 주민공동시설의 위탁, 물품의 구입과 매각, 잡수입의 취득(공동주택의 어린이집 임대에 따른 잡수입의 취득은 제외한다)에 대한 사업자를 선정하고 이를 집행하여야 한다.
⑤ 입주자대표회의는 하자보수보증금을 사용하여 보수하는 공사에 대한 사업자를 선정하고 집행하여야 한다.

47 공동주택관리법령상 의무관리대상 공동주택의 관리주체의 안전관리계획과 안전점검 및 안전진단에 관한 설명으로 옳지 않은 것은?

① 건축물과 공중의 안전 확보를 위하여 건축물의 안전점검과 재난예방에 필요한 예산을 매년 확보하여야 한다.
② 사용검사일부터 30년이 경과한 15층 이하의 공동주택에 대하여 분기마다 대통령령으로 정하는 자로 하여금 안전점검을 실시하도록 하여야 한다.
③ 어린이놀이터는 안전진단 매분기 1회 이상과 위생진단 연 2회 이상이 이루어지도록 안전관리계획을 수립하여야 한다.
④ 해당 공동주택의 시설물로 인한 안전사고를 예방하기 위하여 대통령령으로 정한 바에 따라 안전관리계획을 수립하고 시설물별로 안전관리자 및 안전관리책임자를 지정하여 이를 시행하여야 한다.
⑤ 기계실 및 전기실의 안전진단에 대하여 매분기 1회 이상 실시하도록 안전관리계획을 수립하여야 한다.

48 공동주택관리법령상 관리사무소장의 업무와 손해배상책임에 관한 설명으로 옳지 않은 것은?

① 관리사무소장은 하자의 발견 및 하자보수의 청구, 장기수선계획의 조정, 시설물 안전관리계획의 수립 및 안전점검업무가 비용지출을 수반하는 경우 입주자대표회의의 의결을 거쳐야 한다.
② 관리사무소장은 안전관리계획의 조정을 3년마다 하되, 관리여건상 필요하여 입주자등 과반수의 서면동의를 받은 경우에는 3년이 지나가기 전에 조정할 수 있다.
③ 주택관리사등은 관리사무소장의 업무를 집행하면서 고의실로 입주자등에게 재산상의 손해를 입힌 경우에도 그 손해를 배상할 책임이 있다.
④ 관리사무소장은 관리비, 장기수선충당금 이외의 경비의 관리업무에 관하여서도 입주자대표회의를 대리하여 재판상 또는 재판외의 행위를 할 수 있다.
⑤ 관리사무소장은 선거관리위원회의 운영에 필요한 업무지원 및 사무처리를 집행한다.

49 공동주택관리법령상 공동주택의 하자담보책임기간으로 옳은 것을 모두 고른 것은?

> ㉠ 냉방설비공사 : 3년
> ㉡ 홈통 및 우수관공사 : 3년
> ㉢ 식재공사 : 3년
> ㉣ 점토벽돌공사 : 5년

① ㉠, ㉡, ㉢ ② ㉠, ㉡, ㉣
③ ㉠, ㉢, ㉣ ④ ㉡, ㉢, ㉣
⑤ ㉠, ㉡, ㉢, ㉣

50 공동주택관리법령상 공동주택의 입주자등 또는 관리주체가 시장·군수·구청장의 허가를 받거나 시장·군수·구청장에게 신고하여야 하는 행위가 아닌 것은?

① 공동주택의 용도폐지
② 지능형 홈네트워크설비의 교체
③ 세대구분형 공동주택의 설치
④ 부대시설에 물막이설비 설치
⑤ 입주자 공유아닌 복리시설의 증설

51 민간임대주택에 관한 특별법령상 주택임대관리업에 관한 설명으로 옳은 것은?

① 주택임대관리업자는 분기마다 그 분기가 끝나는 달 말일까지 자본금, 전문인력, 관리 호수 등 대통령령으로 정하는 정보를 시장·군수·구청장에게 신고하여야 한다.
② 주택임대관리업자는 자본금의 증가 등으로 등록한 사항이 변경된 경우에는 시장·군수·구청장에게 신고하지 아니하여도 된다.
③ 주택임대관리업자는 임대를 목적으로 하는 주택에 대하여 임차인의 입주 및 명도·퇴거, 중개 등에 관한 업무를 수행한다.
④ 자기관리형 주택임대관리업자는 보증보험 가입 사항을 시장·군수·구청장에게 신고하여야 한다.
⑤ 위탁관리형 주택임대관리업자는 전대료 및 전대보증금을 포함한 위·수탁계약서를 작성하여 주택의 소유자에게 교부하여야 한다.

52 산업재해보상보험법상 보험급여에 관한 설명으로 옳지 않은 것은?

① 직업재활급여는 보험급여의 종류에 해당하지 아니한다.
② 업무상 사유로 인한 부상 또는 질병이 3일 이내의 요양으로 치유될 수 있으면 근로자에게 요양급여를 지급하지 아니한다.
③ 보험급여는 지급 결정일부터 14일 이내에 지급하여야 한다.
④ 유족보상연금 수급자격자인 유족이 사망한 근로자와의 친족 관계가 끝난 경우 그 자격을 잃는다.
⑤ 보험급여로서 지급된 금품에 대하여는 국가나 지방자치단체의 공과금을 부과하지 아니한다.

53 원형배관 속에 흐르는 유체의 마찰저항에 관한 설명으로 옳은 것은?

① 배관의 직경이 커질수록 커진다.
② 유체의 밀도가 커질수록 커진다.
③ 비중량이 커질수록 커진다.
④ 배관의 길이가 길어질수록 작아진다.
⑤ 배관의 압력구배가 커질수록 작아진다.

54 배관의 부속품으로 사용되는 밸브에 관한 설명으로 옳지 않은 것은?

① 글로브밸브는 스톱밸브라고도 하며, 게이트밸브에 비해 유체에 대한 저항이 크다.
② 릴리프 밸브는 밸브 중간에 위치한 볼의 회전에 의해 유체의 흐름을 조절한다.
③ 게이트밸브는 급수배관의 개폐용으로 주로 사용된다.
④ 체크밸브는 유체의 흐름을 한 방향으로 흐르게 하며, 리프트형 체크밸브는 수평배관에 사용된다.
⑤ 플로트 밸브는 부유체를 유체의 상위면에 띄워 액위를 감지하여 플로트의 상하운동에 따라 레버를 개폐시켜 물의 공급 제어를 행한다.

55 「주택건설기준 등에 관한 규정」상 공동주택의 세대당 전용면적이 85m² 일 때, 각 세대에 설치해야 할 전기시설의 최소 용량(kW)은?

① 3.0 ② 3.5 ③ 4.0
④ 4.5 ⑤ 5.0

56 유효면적이 800m²인 건물에서 한사람이 하루에 사용하는 급탕량이 10L인 경우 이 건물에 필요한 급탕량(m³/d)은? (단, 유효면적당 인원은 0.2인/m²이다)

① 1.0 ② 1.2 ③ 1.4
④ 1.6 ⑤ 1.8

57 배수배관 계통에 설치되는 트랩과 통기관에 관한 설명으로 옳은 것은?

① 루프통기관은 가장 높은 곳에 위치한 기구의 물넘침선보다 150mm 이상에서 배수수직관에 연결한다.
② 도피통기관은 배수횡주관 최상류 기구의 바로 아래에서 연결하는 통기관이며 통기와 배수의 역할을 겸하는 배관이다.
③ 통기밸브방식은 배수가 유하할 때 신정통기관 내는 부압이라는 것에 주목하여 공기의 배출만이 이루어지고 흡입을 하지 않는 역지기구를 설치한 밸브이다.
④ 배수관은 내림구배로 하며 통기관은 올림구배로 한다.
⑤ 섹스티아 통기관에는 배수수직관과 배수수평주관의 접속부분에 배수가 원활하게 유입되도록 공기분리 이음쇠가 설치된다.

58 급수설비에 관한 설명으로 옳지 않은 것은?

① 고층 공동주택의 경우 급수압을 조절하기 위해, 중간수조 방식이나 감압밸브 방식을 사용하여 조닝을 한다.
② 급수용 배관에는 감압밸브 등 수압을 조절하는 장치를 설치하여 각 세대별 수압이 일정하게 유지되도록 해야 한다.
③ 급수량 산정 시 시간최대 예상급수량은 시간평균 예상급수량의 3~4배로 한다.
④ 압력탱크방식은 최고·최저의 압력차가 커서 급수압의 변동이 심하고 고가수조방식보다 유지비가 많이 든다.
⑤ 고가수조방식은 펌프직송방식에 비해 수질 오염 측면에서 불리하다.

59 펌프에 관한 설명으로 옳지 않은 것은?

① 펌프의 회전수를 1.2배로 하면 양정은 1.44배가 된다.
② 펌프의 회전수를 1.2배로 하면 양수량은 1.2배가 된다.
③ 동일한 배관계에서는 순환하는 물의 온도가 낮을수록 서징(surging)의 발생 가능성이 커진다.
④ 동일 성능의 펌프 2대를 직렬운전하면 1대 운전 시보다 양정은 커지나 배관계 저항때문에 2배가 되지는 않는다.
⑤ 축동력은 회전수의 세제곱에 비례하여 변화한다.

60. 공동주택의 급수·배수용 배관에 관한 다음 설명 중 틀린 것은?

① 승강기의 승강로 안에는 승강기의 운행에 필요한 배관설비 외의 배관설비를 설치하지 않아야 한다.
② 납관이나 특히 납땜 이음 부분은 알칼리성에 쉽게 침식되므로 콘크리트 속에 매설하는 배관은 내알칼리성 도장을 하고 그 위에 아스팔트 주트를 감는 등 방식 피복을 철저히 해야 한다.
③ 급수배관 외부에 방로와 방동목적의 피복을 보온재로 해야 한다.
④ 스테인리스강관은 부식에 강하여 급수, 급탕과 같은 위생설비 배관용 등으로 널리 사용된다.
⑤ 배관을 굽힐 때(즉, 배관 통로의 방향을 바꿀 때) 엘보우, 와이를 사용한다.

61. 난방설비에 관한 설명으로 옳지 않은 것은?

① 방열기의 상당방열면적은 표준상태에서 전 방열량을 표준 방열량으로 나눈 값이다.
② 증기용 트랩으로 열동트랩, 버킷트랩, 플로트트랩 등이 있다.
③ 천장고가 높은 공간에는 덕트난방이 적합하다.
④ 보일러의 정격출력은 난방부하 + 급탕부하 + 배관(손실)부하 + 예열부하이다.
⑤ 증기난방은 증기의 잠열을 이용하는 방식이다.

62. 다음 중 워터해머가 발생하기 쉬운 장소가 아닌 것은?

① 수온이 낮은 곳
② 관 내의 상용압력이 현저히 높은 곳
③ 관 내의 상용유속이 현저히 빠른 곳
④ 전자밸브·콕 등 순간적으로 개폐하는 수전·밸브 류 등을 사용하는 곳
⑤ 펌프의 양수관

63. 다음에서 설명하고 있는 전기배선 공사방법은?

- 철근콘크리트 건물의 매입 배선 등에 사용된다.
- 전선에 이상이 생겼을 때 교체가 쉽다.
- 먼지가 있는 장소에도 시공이 가능하나 증설은 힘들다.
- 접속점이 없는 연선이나 절연전선을 사용한다.

① 금속관 공사
② 목재몰드 공사
③ 애자사용 공사
④ 버스덕트 공사
⑤ 경질비닐관 공사

64. 유도등 및 유도표지의 화재안전성능기준(NFPC 303)에 관한 다음 내용 중 옳지 않은 것은?

① 복도통로유도등은 구부러진 모퉁이 및 설치된 통로유도등을 기점으로 보행거리 20미터 마다 설치한다.
② 계단통로유도등은 각층의 경사로 참 또는 계단 참마다 바닥으로부터 높이 1미터 이하의 위치에 설치한다.
③ 피난구유도표지는 출입구 상단에 설치하고, 통로유도표지는 바닥으로부터 높이 1미터 이하의 위치에 설치한다.
④ 유도등의 비상전원은 유도등을 10분 이상 유효하게 작동시킬 수 있는 용량의 축전지로 설치해야 한다.
⑤ 유도등의 인입선과 옥내배선은 직접 연결한다.

65 「공동주택관리법」 제35조에 따른 행위(세대구분형 공동주택의 설치)의 허가를 받거나 신고를 하고 설치하는 세대구분형 공동주택의 기준이 되는 것이다. ( )에 바른 숫자를 쓰시오.

> 1. 구분된 공간의 세대수는 기존 세대를 포함하여 (㉠)세대 이하일 것
> 2. 세대구분형 공동주택의 세대수가 해당 주택단지 안의 공동주택 전체 세대수의 10분의 1과 해당 동의 전체 세대수의 (㉡)을 각각 넘지 않을 것. 다만, 특별자치시장, 특별자치도지사, 시장, 군수 또는 자치구의 구청장이 부대시설의 규모 등 해당 주택단지의 여건을 고려하여 인정하는 범위에서 세대수의 기준을 넘을 수 있다.

66 공동주택관리법령상 주택관리업에 관한 규정이다. ( )에 들어갈 내용을 순서대로 각각 쓰시오.

> 시장·군수 또는 구청장이 주택관리업등록의 말소 또는 영업의 정지를 하고자 하는 때에는 처분일 (㉠)개월 전까지 해당 주택관리업자가 관리하는 공동주택의 입주자대표회의에 그 사실을 통보하여야 하고, 영업정지에 갈음하여 과징금을 부과하고자 하는 경우에는 영업정지기간 1일당 (㉡)만원을 부과한다.

67 「남녀고용평등과 일·가정 양립 지원에 관한 법률」상 모성보호에 관한 내용이다. ( )에 들어갈 용어 또는 숫자를 쓰시오.

> 사업주는 근로자가 인공수정 또는 체외수정 등 난임치료를 받기 위하여 휴가를 청구하는 경우에 연간 (㉠)일 이내의 휴가를 주어야 하며, 이 경우 최초 1일은 유급으로 한다. 다만, 근로자가 청구한 시기에 휴가를 주는 것이 정상적인 사업운영에 중대한 지장을 초래하는 경우에는 근로자와 협의하여 그 시기를 변경할 수 있다.

68 주택법령상의 세대수 증가형 리모델링에 관한 내용이다. ( )에 들어갈 용어 또는 숫자를 쓰시오.

> 시장·군수·구청장이 (㉠)세대 이상으로 세대수가 증가되는 리모델링을 허가하려는 경우에는 기반시설에의 영향이나 도시·군관리계획과의 부합 여부 등에 대하여 「국토의 계획 및 이용에 관한 법률」에 따라 설치된 시·군·구(㉡)의 심의를 거쳐야 한다.

69 국민연금법령상 재심사청구와 시효에 관한 내용이다. ( )에 들어갈 용어를 쓰시오.

> 1. 심사청구에 대한 결정에 불복하는 자는 그 결정통지를 받은 날부터 90일 이내에 (㉠)에 재심사를 청구할 수 있다.
> 2. 급여(반환일시금은 제외한다)를 받거나 과오납금을 반환받을 수급권자 또는 가입자 등의 권리는 (㉡)년간, 반환일시금을 지급받을 권리는 (㉢)년간 행사하지 아니하면 각각 소멸시효가 완성된다.

70 「근로기준법」상 시간외근로에 관한 내용이다. ( )에 들어갈 숫자를 순서대로 쓰시오.

> 사용자는 산후 1년이 지나지 아니한 여성에 대하여는 단체협약이 있는 경우라도 1일에 2시간, 1주에 (㉠)시간, 1년에 (㉡)시간을 초과하는 시간외근로를 시키지 못한다.

71 공동주택관리법령상 사업주체가 예치한 하자보수보증금을 입주자대표회의가 사업주체에게 반환하여야 하는 비율에 관한 내용이다. ( )에 들어갈 숫자를 쓰시오.

- 사용검사일부터 5년이 경과된 때 : 하자보수보증금의 100분의 (㉠)
- 사용검사일부터 10년이 경과된 때 : 하자보수보증금의 100분의 (㉡)

72 공동주택관리법령상 입주자등이 공동주택의 관리방법을 결정하는 방법 중의 하나에 관한 내용이다. ( )에 들어갈 숫자를 쓰시오.

전체 입주자등의 10분의 1 이상이 제안하고 전체 입주자등의 ( )가 찬성

73 「주택건설기준 등에 관한 규정」상 출입문에 관한 내용이다. ( )에 들어갈 용어를 쓰시오.

주택단지 안의 각 동 옥상 출입문에는 「소방시설 설치 및 관리에 관한 법률」 제40조제1항에 따른 성능인증 및 같은 조 제2항에 따른 제품검사를 받은 ( )를 설치하여야 한다. 다만, 대피공간이 없는 옥상의 출입문은 제외한다.

74 「주택건설기준등에 관한 규정」상 주택의 화장실에 설치하는 배수용 배관기준에 관한 내용이다. ( )에 들어갈 숫자나 용어를 순서대로 각각 쓰시오.

배수용 배관은 배관을 해당 층의 바닥 슬래브 위에 설치하는 (㉠) 또는 배관을 바닥 슬래브 아래에 설치하여 아래층 세대 천장으로 노출시키는 층하배관공법으로 설치할 수 있으며, 층하배관공법으로 설치하는 경우에는 일반용 경질(단단한 재질) 염화비닐관을 설치하는 경우보다 같은 측정조건에서 (㉡)dB 이상 소음 차단성능이 있는 저소음형 배관을 사용하여야 한다.

75 공동주택관리법령상 공동주택 관리비리 신고센터의 설치 등과 관련된 내용이다. ( )에 들어갈 숫자나 용어를 순서대로 각각 쓰시오.

- 신고센터로부터 신고사항에 대한 조사 및 조치 요구를 받은 지방자치단체의 장은 신속하게 해당 요구에 따른 조사 및 조치를 완료하고 완료한 날부터 (㉠)일 이내에 그 결과를 국토교통부장관에게 통보하여야 하며, 국토교통부장관은 통보를 받은 경우 즉시 신고자에게 그 결과의 요지를 알려야 한다.
- (㉡)은 국토교통부에 공동주택 관리비리 신고센터를 설치한다.
- 신고센터는 신고서를 받은 날부터 (㉢)일 이내(보완기간은 제외한다)에 해당 지방자치단체의 장에게 신고사항에 대한 조사 및 조치를 요구하고, 그 사실을 신고자에게 통보하여야 한다.

76 건축물의 에너지절약설계기준상 기계설비 부문에 관한 용어의 정의이다. 해당 용어를 쓰시오.

> 난방 또는 냉방을 하는 장소의 환기장치로 실내의 공기를 배출할 때 급기되는 공기와 열교환하는 구조를 가진 것으로서 고효율인증제품 또는 KS B 6879(열회수형 환기장치) 부속서 B에서 정하는 시험방법에 따른 에너지계수 값이 냉방시 8 이상, 난방시 15 이상, 유효전열교환효율이 냉방시 45% 이상, 난방

77 건축법령상 용어의 정의이다. ( )에 들어갈 용어를 쓰시오.

> - (㉠)구조란 화재에 견딜 수 있는 성능을 가진 구조로서 국토교통부령으로 정하는 기준에 적합한 구조를 말한다.
> - (㉡)구조란 화염의 확산을 막을 수 있는 성능을 가진 구조로서 국토교통부령으로 정하는 기준에 적합한 구조를 말한다.

78 건축전기설비 설계기준상의 수·변전설비 용량 계산에 관한 내용이다. ( )에 들어갈 용어를 쓰시오.

> (㉠) = 평균 수용전력/최대수용전력

79 어린이놀이시설 안전관리법령상 어린이놀이시설의 설치검사 등에 관한 내용이다. ( )에 들어갈 숫자를 쓰시오.

> 관리주체는 설치검사를 받은 어린이놀이시설이 시설기준 및 기술기준에 적합성을 유지하고 있는지를 확인하기 위하여 대통령령이 정하는 방법 및 절차에 따라, 안전검사기관으로부터 (㉠)년에 1회 이상 정기시설검사를 받아야 한다.

80 다음은 옥외소화전설비의 화재안전성능기준(NFPC 109)의 일부이다. ( )에 들어갈 숫자를 쓰시오.

> 제6조(배관 등)
> ① 호스접결구는 지면으로부터 높이가 (㉠)미터 이상 1미터 이하의 위치에 설치하고 특정소방대상물의 각 부분으로부터 하나의 호스접결구까지의 수평거리가 40미터 이하가 되도록 설치하여야 한다.
> ② 호스는 구경 (㉡)밀리미터의 것으로 해야 한다.

− 본 회차 시험 종료 −

제9회 적중 실전모의고사

| 문제지 유형 | 적중실전 모의고사 | 문제수 | 80문제 | 시험시간 | 09:30~11:10 (100분) | 응시번호 | | 성 명 | |

1 주택관리관계법규

01 건축법령상 건축 관련 입지와 규모의 사전결정에 관한 내용 중 <u>틀린</u> 것은?

① 사전결정신청자는 사전결정을 통지받은 날부터 2년 이내에 건축허가를 신청하여야 하며, 이 기간에 건축허가를 신청하지 아니하면 사전결정의 효력이 상실된다.
② 건축허가 대상 건축물을 건축하려는 자는 건축허가를 신청하기 전에 허가권자에게 그 건축물을 해당 대지에 건축하는 것이 이 법이나 다른 법령에서 허용되는지에 대한 사전결정을 신청할 수 있다.
③ 허가권자는 사전결정이 신청된 건축물의 대지면적이 「환경영향평가법」에 따른 소규모 환경영향평가 대상사업인 경우 환경부장관이나 지방환경관서의 장과 소규모 환경영향평가에 관한 협의를 하여야 한다.
④ 사전결정을 통지받은 경우에도 「농지법」에 따른 농지전용허가등은 따로 받아야 한다.
⑤ 사전결정을 신청하는 자는 건축위원회심의와 「도시교통정비 촉진법」에 따른 교통영향분석·개선대책의 검토를 동시에 신청할 수 있다.

02 건축법령상 건축물과 관련된 설명으로 맞는 것을 모두 고른 것은?

㉠ 고층 건축물은 층수가 30층 이상이고 높이가 120미터 이상인 건축물을 말한다.
㉡ 벽·기둥의 구획이 없는 건축물의 바닥면적은 그 지붕 끝부분으로부터 수평거리 1미터를 후퇴한 선으로 둘러싸인 수평투영면적으로 한다.
㉢ 일반음식점, 기원, 장의사, 동물병원, 총포판매소, 다중생활시설(바닥면적합계 500제곱미터 이상)은 제2종 근린생활시설이다.
㉣ 「건축법 시행령」 제40조 제3항 제2호에 따라 건축물의 경사지붕 아래에 설치하는 대피공간의 면적은 용적률 산정시 연면적에서 포함한다.
㉤ 이전이란 건축물의 주요구조부를 해체하지 아니하고 같은 대지의 다른 위치로 옮기는 것을 말한다.

① ㉠, ㉣   ② ㉡, ㉤   ③ ㉡, ㉢
④ ㉢, ㉣   ⑤ ㉣, ㉤

03 민간임대주택에 관한 특별법령상 공공지원 민간임대주택 공급촉진지구(이하 촉진지구라 함)에 관한 설명으로 가장 옳지 않은 것은?

① 촉진지구의 면적을 10퍼센트 범위에서 증감하는 경우에는 중앙도시계획위원회 또는 시·도 도시계획위원회의 심의를 거치지 아니하여도 된다.
② 촉진지구 안에서 국유지·공유지를 제외한 토지면적의 80퍼센트 이상에 해당하는 토지소유자의 동의를 받은 자는 지정권자에게 촉진지구의 지정을 제안할 수 있다.
③ 촉진지구가 지정고시된 날부터 2년 이내에 법 제28조에 따른 지구계획 승인을 신청하지 아니하면 지정권자는 촉진지구의 지정을 해제할 수 있다.
④ 지정권자가 촉진지구의 지정을 위해 관계 중앙행정기관의 장 및 관할 지방자치단체의 장과 협의를 하는 경우「자연재해대책법」에 따른 재해영향평가 등의 협의를 별도로 하여야 한다.
⑤ 시·도지사가 지정하는 촉진지구 면적기준 중「국토의 계획 및 이용에 관한 법률」제6조 제1호에 따른 도시지역의 경우는 5천제곱미터 이상이다.

04 다음 중 주택법령상 주택건설용지등의 확보에 관한 설명으로 가장 틀린 것은?

① 사업주체가「도시개발법」제28조에 따른 환지 계획의 수립 전에 체비지의 매각을 요구하면 도시개발사업시행자는 사업주체에게 매각할 체비지를 그 환지계획에서 하나의 단지로 정하여야 한다.
② 체비지의 양도가격은 85제곱미터 이하의 임대주택을 건설하거나, 60제곱미터 이하의 국민주택을 건설하는 경우에는「택지개발촉진법 시행규칙」[별표]에 따라 산정한 원가를 기준으로 할 수 있다.
③ 국가 또는 지방자치단체로부터 토지를 매수하거나 임차한 자가 그 매수 또는 임차일부터 2년 이내에 국민주택규모의 주택 또는 조합주택을 건설하지 아니하거나 그 주택의 건설을 위한 대지조성사업을 시행하지 아니한 때에는 환매하거나 임대계약을 취소할 수 있다.
④ 사업주체가 국민주택용지로 사용하기 위하여 도시개발사업시행자에게 체비지의 매각을 요구한 때에는 그 도시개발사업시행자는 대통령령으로 정하는 바에 따라 체비지의 총면적의 80퍼센트의 범위에서 이를 우선적으로 사업주체에게 매각할 수 있다.
⑤ 주택조합이 건설하는 주택의 건설을 위하여 국·공유지를 우선 매각하거나 임대할 수 있다.

05 주택법령상 사용검사에 관한 다음 기술 중 가장 틀린 것은?

① 사용검사는 시장·군수·구청장등이 그 신청일부터 10일 이내에 하여야 한다.
② 사업주체가 정당한 이유 없이 사용검사를 위한 절차를 이행하지 아니하는 경우에는 해당 주택의 시공을 보증한 자, 해당 주택의 시공자 또는 입주예정자가 사용검사를 받을 수 있다.
③ 위 ②의 경우 사용검사권자는 사업주체가 사용검사를 받지 아니하는 정당한 이유를 밝히지 못하는 한 사용검사를 거부하거나 지연할 수 없다.
④ 위 ②에 따라 시공보증자, 해당 주택의 시공자 또는 입주예정자가 사용검사를 신청하는 경우 사용검사권자는 사업주체에게 사용검사를 받지 아니하는 정당한 이유를 제출할 것을 요청하여야 하며, 이 경우 사업주체는 요청을 받은 날부터 7일 이내에 의견을 통지하여야 한다.
⑤ 사업주체가 파산등으로 사용검사를 받을 수 없는 경우에는 해당 주택의 시공을 보증한 자 또는 입주예정자가 사용검사를 받을 수 있다.

06 주택법령상 도시형 생활주택에 관한 설명으로 옳은 것은?

① 소형주택과 그 밖의 도시형 생활주택 1세대를 함께 건축하는 경우는 가능하다.
② 300세대 이상의 국민주택규모에 해당하는 주택으로서 대통령령으로 정하는 주택을 말한다.
③ 도시형 생활주택은 「국토의 계획 및 이용에 관한 법률」에 따른 도시지역에 건설한다.
④ 단지형 연립주택은 주거정책심의위원회의 심의를 받은 경우에는 주택으로 쓰는 층수를 5개층까지 건축할 수 있다.
⑤ 하나의 건축물에는 단지형 연립주택 또는 단지형 다세대주택과 소형 주택을 함께 건축할 수 없으나 준주거지역 또는 상업지역에서는 가능하다.

07 주택법령상 리모델링에 관한 설명으로 옳지 않은 것은?

① 리모델링행위에는 주택단지 안의 공동주택 전부에 대하여 임시 사용승인을 받은 경우에는 그 임시 사용승인일부터 15년이 경과된 공동주택을 각 세대의 주거전용면적 30% 이내에서 증축하는 행위를 포함한다.
② 세대수 증가형 리모델링이라 함은 각 세대의 증축 가능 면적을 합산한 면적의 범위에서 기존 세대수의 15퍼센트 이내에서 세대수를 증가하는 증축행위를 말한다.
③ 공동주택성능 등급표시(사업주체가 500세대 이상의 공동주택을 공급하는 경우)의 대상에 '리모델링 등을 대비한 가변성'은 구조관련 등급에 속한다.
④ 시·도지사는 리모델링의 원활한 추진을 지원하기 위하여 리모델링 지원센터를 설치하여 운영할 수 있다.
⑤ 수직증축형 리모델링의 대상이 되는 기존 건축물의 층수가 14층 이하인 경우는 2개층 범위에서 증축할 수 있다.

08 주택법령상 토지임대부 분양주택에 관한 설명으로 옳지 않은 것은?

① 토지임대부 분양주택이란 토지의 소유권은 법 제15조에 따른 사업계획의 승인을 받아 토지임대부 분양주택 건설사업을 시행하는 자가 가지고 건축물 및 복리시설 등에 대한 소유권은 주택을 분양받은 자가 가지는 주택을 말한다.
② 토지임대부 분양주택을 공급받은 자가 토지소유자와 임대차계약을 체결한 경우 해당 주택의 구분소유권을 목적으로 그 토지 위에 그 임대차기간 동안 지상권이 설정된 것으로 본다.
③ 토지임대료를 보증금으로 전환하려는 경우 그 보증금을 산정할 때 적용되는 이자율은 「은행법」에 따른 은행의 1년 만기 정기예금 평균이자율 이상이어야 한다.
④ 토지임대부 분양주택에 관하여 「주택법」에서 정하지 아니한 사항은 「집합건물의 소유 및 관리에 관한 법률」, 「민법」 순으로 적용한다.
⑤ 토지임대부 분양주택 소유자의 75% 이상이 계약갱신을 청구하는 경우 40년의 범위에서 이를 갱신할 수 있다.

09 공동주택관리법령상 주택의 관리방법 등에 관한 설명으로 옳지 않은 것은?

① 주택관리업자에게 위탁관리하다가 자치관리로 관리방법을 변경할 경우 입주자대표회의는 그 위탁관리의 종료일까지 자치관리기구를 구성하여야 한다.
② 공동주택 관리방법의 결정은 입주자대표회의의 의결 또는 전체 입주자등의 10분의 1 이상이 서면으로 제안하고, 전체 입주자등의 과반수가 찬성하는 방법에 따른다.
③ 의무관리대상 전환 공동주택의 관리규약 제정안은 의무관리대상 전환 공동주택의 사업주체가 제안하고, 그 내용을 전체 입주자등 과반수의 서면동의로 결정한다.
④ 공동주택의 자치관리기구는 입주자대표회의의 감독을 받는다.
⑤ 주택관리업자를 선정하는 경우에는 그 계약기간은 장기수선계획의 조정주기를 고려하여야 한다.

10 공동주택관리법령상 공동주택의 관리규약에 관한 설명으로 잘못된 내용은?

① 시·도지사는 공동주택의 입주자등을 보호하고 주거생활의 질서를 유지하기 위하여 대통령령으로 정하는 바에 따라 공동주택의 관리 또는 사용에 관하여 준거가 되는 관리규약의 준칙을 정하여야 한다.
② 의무관리대상 전환 공동주택의 관리규약 제정안은 의무관리대상 전환 공동주택의 관리인이 제안하고, 그 내용을 전체 입주자등 과반수의 서면동의로 결정한다.
③ 공동주택관리규약은 공동주택의 입주자 등의 지위를 승계한 사람에 대하여도 그 효력이 있다.
④ 최초의 관리규약은 사업주체의 제안에 의하여 해당 입주예정자의 과반수가 찬성하는 방법으로 결정한다.
⑤ 공동주택 입주자 등이 아닌 자의 기본적인 권리를 침해하는 사항이 포함되어서는 안 된다.

11 도시 및 주거환경정비법령상 재개발사업에 관한 설명으로 옳은 것은?

① 재개발사업의 경우 토지등소유자는 정비구역 안에 위치한 건축물 및 그 부속토지의 소유자를 말한다.
② 재개발사업은 정비구역에서 법 제74조에 따라 인가받은 관리처분계획에 따라 건축물을 건설하여 공급하거나 법 제69조 제2항에 따라 환지로 공급하는 방법으로 한다.
③ 재개발사업은 토지등소유자가 50인 미만인 경우에는 토지등소유자가 시행하거나 토지등소유자가 토지등소유자의 과반수의 동의를 받아 시장·군수 등, 토지주택공사 등, 건설업자, 등록사업자 또는 대통령령으로 정하는 요건을 갖춘 자와 공동으로 시행하는 방법으로 할 수 있다.
④ 정비계획의 입안권자는 재개발사업 정비계획의 입안을 위하여 법 제5조 제1항 제10호에 따른 정비예정구역별 정비계획의 수립시기가 도래한 때에 안전진단을 실시하여야 한다.
⑤ 토지등소유자가 재개발사업을 시행하는 경우에는 사업시행자 지정·고시 후 규약에 따라 건설업자 또는 등록사업자를 시공자로 선정하여야 한다.

12 공동주택관리법령상 입주자대표회의의 의결사항이 아닌 것은?

① 단지 안의 전기·도로·상하수도·주차장·가스설비·냉난방설비 및 승강기 등의 유지·운영기준
② 입주자 등 상호간에 이해가 상반되는 사항의 조정
③ 관리규약에서 위임한 사항과 그 시행에 필요한 규정의 제정·개정 및 폐지
④ 장기수선계획 및 안전관리계획의 수립 또는 조정(비용지출을 수반하는 경우로 한정한다)
⑤ 어린이집을 포함한 주민공동시설 위탁운영의 제안

13 공동주택관리법령상 공동주택의 관리방법에 관한 설명으로 옳지 않은 것은?

① 300세대 이상인 공동주택은 의무관리대상이다.
② 의무관리대상 공동주택의 입주자 등이 공동주택을 자치관리할 것을 정한 경우에는 입주자대표회의는 입주자대표회의 회장을 자치관리기구의 대표자로 선임하고 자치관리기구를 구성하여야 한다.
③ 150세대 이상으로서 승강기가 설치된 공동주택을 건설한 사업주체는 입주예정자의 과반수가 입주할 때까지 그 공동주택을 관리하여야 한다.
④ 의무관리대상 공동주택의 입주자 등이 새로운 주택관리업자 선정을 위한 입찰에서 기존 주택관리업자의 참가를 제한하도록 입주자대표회의에 요구하려면 전체 입주자 등 과반수의 서면동의가 있어야 한다.
⑤ 입주자대표회의는 해당 공동주택의 관리에 필요하다고 인정하는 경우에는 국토교통부령으로 정하는 바에 따라 인접한 공동주택단지(임대주택단지를 포함한다)와 공동으로 관리하거나 500세대 이상의 단위로 나누어 관리하게 할 수 있다.

14 집합건물의 소유 및 관리에 관한 법령상 내용에 관한 설명 중 가장 맞는 것은?

① 관리인은 구분소유자일 필요가 없으며, 그 임기는 2년의 범위에서 규약으로 정한다.
② 관리인은 분기별로 일정한 시기에 정기관리단집회를 소집하여야 한다.
③ 구분소유자가 5인 이상일 경우에는 관리인의 선임이 강제된다.
④ 관리인에게 부정한 행위나 그 밖에 그 직무를 수행하기에 적합하지 아니한 사정이 있을 때에는 관리단집회 결의로 관리인의 해임을 법원에 청구할 수 있다.
⑤ 재건축 결의에 찬성하지 않은 구분소유자가 참가여부에 대한 촉구를 받고도 일정기한 내 회답하지 않은 경우 재건축에의 참가를 회답한 것으로 본다.

15 다음 중 공공주택 특별법령상 용어의 정의에 대한 내용중 가장 맞지 않는 것은?

① 장기전세주택이란 국가나 지방자치단체의 재정이나 주택도시기금의 자금을 지원받아 전세계약의 방식으로 공급하는 공공임대주택
② 공공준주택은 공공주택사업자가 국가 또는 지방자치단체의 재정이나 주택도시기금을 지원받아 건설, 매입 또는 임차하여 임대를 목적으로 공급하는 「주택법」 제2조 제4호에 따른 준주택으로서 대통령령으로 정하는 준주택을 말한다.
③ 기존 주택등매입임대주택이란 국가나 지방자치단체의 재정이나 주택도시기금의 자금을 지원받아 영 제37조 제1항의 어느 하나에 해당하는 주택 또는 건축물(기존주택등)을 매입하여 「국민기초생활 보장법」에 따른 수급자 등 저소득층과 청년 및 신혼부부 등에게 공급하는 공공임대주택을 말한다.
④ 영구임대주택이란 국가나 지방자치단체의 재정을 지원받아 최저 소득계층의 주거 안정을 위하여 30년 이상 또는 영구적인 임대를 목적으로 공급하는 공공임대주택을 말한다.
⑤ 통합공공임대주택이란 국가나 지방자치단체의 재정이나 주택도시기금의 자금을 지원받아 최저소득 계층, 저소득 서민, 젊은 층 및 장애인·국가유공자 등 사회 취약계층 등의 주거안정을 목적으로 공급하는 공공임대주택을 말한다.

16 건축법령상 하나 이상의 필지의 일부를 하나의 대지로 할 수 있는 경우가 아닌 것은?

① 하나 이상의 필지의 일부에 대하여 「농지법」 제34조에 따른 농지전용허가를 받은 경우 : 그 허가받은 부분의 토지
② 하나 이상의 필지의 일부에 대하여 도시·군계획시설이 결정·고시된 경우 : 그 결정·고시된 부분의 토지
③ 하나 이상의 필지의 일부에 대하여 「산지관리법」 제14조에 따른 산지전용허가를 받은 경우 : 그 허가받은 부분의 토지
④ 하나 이상의 필지의 일부에 대하여 「국토의 계획 및 이용에 관한 법률」 제56조에 따른 개발행위허가를 받은 경우 : 그 허가받은 부분의 토지
⑤ 하나 이상의 필지의 일부에 대하여 「하천법」에 의한 하천점용허가를 받은 부분의 토지 : 그 허가받은 부분의 토지

17 건축법령상 다음 내용 중 옳지 않은 것은?

① 길이 10미터 이상 35미터 미만의 막다른 도로의 너비는 3미터 이상이어야 한다.
② 건축물은 기초부분이 중요하므로 최하층 바닥은 주요구조부에 해당한다.
③ 용적률 산정시 지하층의 면적은 연면적에서 제외된다.
④ 건축물에 설치하는 유선방송수신시설은 「건축법」상 건축설비이다.
⑤ 지하층이라 함은 건축물의 바닥이 지표면아래에 있는 층으로서 그 바닥으로부터 지표면까지의 평균높이가 당해 층높이의 2분의 1 이상인 것을 말한다.

18 도시재정비 촉진을 위한 특별법령상 재정비촉진계획의 수립 및 결정에 대한 내용중 틀린 것은?

① 재정비촉진지구가 2 이상의 시·군·구의 관할 지역에 걸쳐있는 경우에는 관할 시장·군수·구청장이 공동으로 이를 수립한다.
② 재정비촉진지구 지정을 고시한 날부터 2년이 되는 날까지 재정비촉진계획이 수립되지 아니하면 그 2년이 되는 날에 재정비촉진지구 지정의 효력이 상실된다. 다만, 시·도지사 또는 대도시 시장은 해당 기간을 1년의 범위에서 연장할 수 있다.
③ 시·군·구 간의 협의가 어려운 경우나 특별시장·광역시장 또는 도지사가 직접 재정비촉진지구를 지정한 경우에는 특별시장·광역시장 또는 도지사가 직접 재정비촉진계획을 수립할 수 있다.
④ 시장·군수·구청장은 일정 사항을 포함한 재정비촉진계획을 수립하여 특별시장·광역시장 또는 도지사에게 결정을 신청하여야 한다.
⑤ 재정비촉진계획이 결정·고시된 때에는 그 고시일에 「도시개발법」 제3조의 규정에 의한 도시개발구역의 지정 및 동법 제4조에 의한 개발계획의 수립 또는 변경이 있은 것으로 본다.

19 소방기본법령상의 내용으로 틀린 것은?

① 관계인은 소방대상물에 화재, 재난·재해 그 밖의 위급한 상황이 발생한 경우에는 소방대가 현장에 도착할 때까지 경보를 울리거나 대피를 유도하는 등의 방법으로 사람을 구출하는 조치 또는 불을 끄거나 불이 번지지 아니하도록 필요한 조치를 하여야 한다.
② 시·도지사는 소방자동차의 진입이 곤란한 지역 등 화재발생 시에 초기 대응이 필요한 지역으로서 대통령령으로 정하는 지역에 소방호스 또는 호스 릴 등을 소방용수시설에 연결하여 화재를 진압하는 시설이나 장치(비상소화장치)를 설치하고 유지·관리할 수 있다.
③ 화재, 재난·재해로 인한 피해복구 지원활동은 소방지원활동에 속한다.
④ 단전사고시 비상전원 또는 조명의 공급은 소방지원활동에 속한다.
⑤ 「수도법」 제45조에 따라 소화전을 설치하는 일반수도사업자는 관할 소방서장과 사전협의를 거친 후 소화전을 설치하여야 하며, 설치 사실을 관할 소방서장에게 통지하고, 그 소화전을 유지·관리하여야 한다.

20 화재의 예방 및 안전관리에 관한 법령 규정에 의한 소방안전관리대상물의 소방안전관리에 대한 설명이다. 맞지 않는 것은?

① 소방공무원으로 20년 이상 근무한 경력이 있는 사람은 특급 소방안전관리대상물의 소방안전관리자의 선임대상이다.
② 300세대 이상인 아파트는 소방안전관리보조자 선임대상이다.
③ 지하층을 포함한 층수가 10층 이상인 복합건축물은 관리의 권원이 분리된 특정대상물의 소방안전관리대상이다.
④ 특급 및 1급 소방안전관리대상물이 아닌 「공동주택관리법」 규정에 의한 의무관리대상인 공동주택은 2급 소방안전관리대상물에 해당된다.
⑤ 소방안전관리대상물의 관계인이 소방안전관리자를 선임한 경우에는 행정안전부령이 정하는 바에 따라 선임한 날부터 14일 이내에 소방본부장 또는 소방서장에게 신고하여야 한다.

21 「승강기안전관리법」상 승강기의 안전검사등에 관한 내용으로 틀린 것은?

① 행정안전부장관은 승강기의 관리주체가 정밀안전검사를 받았거나 정밀안전검사를 받은 경우 해당 연도의 수시검사를 면제할 수 있다.
② 정기 검사주기는 2년 이하로 하되, 승강기의 종류 및 사용연수 등을 고려하여 행정안전부령으로 정하는 바에 따라 승강기별로 검사주기를 다르게 할 수 있다.
③ 행정안전부장관이 실시하는 안전검사는 정기검사, 수시검사, 정밀안전검사가 있다.
④ 설치검사를 받은 날부터 15년이 지난 경우는 정밀안전검사를 받아야 한다.
⑤ 위 ④의 경우에는 정밀안전검사를 받고 그후 3년마다 정기적으로 정밀안전검사를 받아야 한다.

22 소방시설 설치 및 관리에 관한 법률에 관한 설명으로 옳지 않은 것은?

① 내용연수를 설정하여야 하는 소방용품은 분말 형태의 소화약제를 사용하는 소화기로 하며 그 소방용품의 내용연수는 3년으로 한다.
② 소방시설 등에 대한 자체점검은 작동점검, 종합점검으로 구분하며 종합점검은 최초점검과 그 밖의 종합점검으로 나누어진다.
③ 소방시설등의 점검 및 관리를 업으로 하려는 자 또는 「화재의 예방 및 안전관리에 관한 법률」 따른 소방안전관리업무의 대행을 하려는 자는 대통령령으로 정하는 업종별로 시·도지사에게 소방시설관리업 등록을 하여야 한다.
④ 특정소방대상물에서 사용하는 방염대상 물품은 원칙적으로 소방청장이 실시하는 방염성능검사를 받은 것이어야 한다.
⑤ 소방용품이란 소방시설 등을 구성하거나 소방용으로 사용되는 제품 또는 기기로서 대통령령으로 정하는 것을 말한다.

23 「전기사업법」상 용어에 관한 설명으로 맞는 것은?

① 전기사업이라 함은 발전사업·송전사업·변전사업·전기판매사업 및 구역전기사업을 말한다.
② 배전선로란 발전소와 전기수용설비, 변전소와 전기수용설비, 송전선로와 전기수용설비, 전기수용설비 상호 간을 연결하는 전선로와 이에 속하는 전기설비를 말한다.
③ 변전소란 변전소의 밖으로부터 전압 3만볼트 이상의 전기를 전송받아 이를 변성(전압을 올리거나 내리는 것 또는 전기의 성질을 변경시키는 것을 말한다)하여 변전소 밖의 장소로 전송할 목적으로 설치하는 변압기와 그 밖의 전기설비 전체를 말한다.
④ 구역전기사업자의 발전설비용량은 최대 2만5천킬로와트이다.
⑤ 저압이라 함은 교류에서는 750볼트 이하의 전압을 말한다.

24 시설물의 안전 및 유지 관리에 관한 특별법령상 시설물의 안전조치에 관한 설명으로 옳지 <u>않은</u> 것은?

① 민간관리주체가 어음·수표의 지급불능으로 인한 부도(不渡) 등 부득이한 사유로 인하여 안전점검을 실시하지 못하게 될 때에는 관할 시장·군수·구청장이 민간관리주체를 대신하여 안전점검을 실시할 수 있다.
② 안전진단전문기관, 유지관리업자 또는 국토안전관리원은 관리주체로부터 안전점검등의 실시에 관한 도급을 받은 경우에는 이를 하도급할 수 없다. 다만, 총 도급금액의 100분의 50 이하의 범위에서 전문기술이 필요한 경우 등 대통령령으로 정하는 경우에는 분야별로 한 차례만 하도급할 수 있다.
③ 관리주체는 제1종 시설물 또는 아파트를 제외한 2종 시설물에 대하여 정기적으로 정밀안전진단을 실시하여야 한다.
④ 국토안전관리원이나 안전진단전문기관이 정밀안전진단을 실시할 때에는 관리주체의 승인을 받아 다른 안전진단전문기관과 공동으로 정밀안전진단을 실시할 수 있다.
⑤ 안전점검은 정기안전점검 및 정밀안전점검으로 구분한다.

25 다음은 주택법령상 도시형 생활주택에 관한 내용이다. ( )에 들어갈 용어를 차례로 쓰시오.

> 도시형 생활주택이란 300세대 (㉠)의 국민주택규모에 해당하는 대통령령으로 정하는 주택으로서 (㉡), 단지형 연립주택, 단지형 다세대주택을 말한다(「주택법」 제2조 제20호, 「주택법 시행령」 제10조).

26 다음은 주택조합의 해산 등에 관한 내용이다. ( )에 알맞은 아라비아 숫자와 용어를 차례로 쓰시오.

> 1. 주택조합은 주택조합의 설립인가를 받은 날부터 (㉠)년이 되는 날까지 사업계획승인을 받지 못하는 경우 대통령령으로 정하는 바에 따라 총회의 의결을 거쳐 해산 여부를 결정하여야 한다.
> 2. 주택조합의 발기인은 조합원 모집신고가 수리된 날부터 2년이 되는 날까지 주택조합 설립인가를 받지 못하는 경우 대통령령으로 정하는 바에 따라 주택조합 가입 신청자 전원으로 구성되는 총회 의결을 거쳐 주택조합 사업의 (㉡) 여부를 결정하도록 하여야 한다.
> 3. 위 ① 또는 ②에 따라 총회를 소집하려는 주택조합의 임원 또는 발기인은 총회가 개최되기 (㉢)일 전까지 회의 목적, 안건, 일시 및 장소를 정하여 조합원 또는 주택조합가입 신청자에게 통지하여야 한다.

27 사업계획승인에 관한 「주택법 시행령」 제27조의 일부 내용이다. ( )에 들어갈 용어와 아라비아 숫자를 차례로 쓰시오.

> 「주택법」 제15조 제1항 단서에 따라 다음의 어느 하나에 해당하는 경우에 대해서는 이를 사업계획승인대상에서 제외한다.
> 1. 「국토의 계획 및 이용에 관한 법률」에 따른 (㉠) 또는 상업지역(유통상업지역은 제외한다)에서 (㉡)세대 미만의 주택과 주택 외의 시설을 동일 건축물로 건축하는 경우로서 해당 건축물의 연면적에 대한 주택연면적 합계의 비율이 (㉢)퍼센트 미만인 경우
> 2. 「농어촌정비법」에 따른 생활환경정비사업 중 농업협동조합중앙회가 조달하는 자금으로 시행하는 사업인 경우

28 다음은 공동주택관리법령상 동별 대표자 중임제한의 예외규정이다. ( )에 들어갈 아라비아 숫자와 용어를 차례로 쓰시오.

> 1. 동별 대표자는 한 번만 중임할 수 있다. 이 경우 보궐선거 또는 재선거로 선출된 동별 대표자의 임기가 (㉠)개월 미만인 경우에는 임기의 횟수에 포함하지 않는다(영 제13조 제2항).
> 2. 영 제11조 제1항 및 위 1.에도 불구하고 2회의 선출공고(직전 선출공고일부터 2개월 이내에 공고하는 경우만 2회로 계산한다)에도 불구하고 동별 대표자의 후보자가 없거나 선출된 사람이 없는 선거구에서 직전 선출공고일부터 (㉡)개월 이내에 선출공고를 하는 경우에는 동별 대표자를 중임한 사람도 해당 선거구 입주자등의 (㉢)의 찬성으로 다시 동별 대표자로 선출될 수 있다. 이 경우 후보자 중 동별 대표자를 중임하지 않은 사람이 있으면 동별 대표자를 중임한 사람은 후보자의 자격을 상실한다(영 제13조 제3항).

29 다음은 공동주택관리법령상 장기수선충당금과 장기수선계획에 관한 규정이다. ( )에 알맞은 아라비아 숫자와 용어를 차례로 쓰시오.

> 1. 입주자대표회의와 관리주체는 장기수선계획을 3년마다 검토하고 조정하되, 주요시설을 신설하는 등 관리여건상 필요하여 전체 입주자 과반수의 (㉠)를 얻은 경우에는 그 기간이 경과하기 전에 조정할 수 있다.
> 2. 공동주택의 (㉡)는 장기수선충당금을 사용자가 대신하여 납부한 경우에는 그 금액을 반환하여야 한다.

30 다음은 공동주택관리법령상 동별 대표자의 결격사유 내용 중의 일부이다. ( )에 알맞은 용어와 아라비아 숫자를 순서대로 쓰시오.

> 다음의 어느 하나에 해당하는 사람은 동별 대표자가 될 수 없으며 그 자격을 상실한다.
> 1. 이 법 또는 「주택법」, 「민간임대주택에 관한 특별법」, 「공공주택 특별법」, 「건축법」, 「집합건물의 소유 및 관리에 관한 법률」을 위반한 범죄로 (㉠) 이상의 실형선고를 받고 그 집행이 끝나거나(집행이 끝난 것으로 보는 경우를 포함한다) 집행이 면제된 날부터 2년이 지나지 아니한 사람
> 2. 이 법 또는 「주택법」, 「민간임대주택에 관한 특별법」, 「공공주택 특별법」, 「건축법」, 「집합건물의 소유 및 관리에 관한 법률」을 위반한 범죄로의 (㉡)형을 선고받은 후 2년이 지나지 아니한 사람

31 특별수선충당금의 적립 등에 관한 「민간임대주택에 관한 특별법」 제53조 제2항의 내용이다. ( )에 들어갈 용어를 쓰시오.

> 임대사업자가 법 제51조 제1항에 따른 민간임대주택을 양도하는 경우에는 특별수선충당금을 「공동주택관리법」 제11조에 따라 최초로 구성되는 (㉠)에 넘겨주어야 한다.

32 공공주택특별법령상 임대의무기간에 관한 내용이다. ( )에 들어갈 아라비아 숫자를 차례로 쓰시오.

> - 법 제50조의2(공공임대주택의 매각제한) ① 공공주택사업자는 공공임대주택을 5년 이상의 범위에서 대통령령으로 정한 임대의무기간이 지나지 아니하면 매각할 수 없다.
> - 시행령 제54조(공공임대주택의 임대의무기간) ① 법 제50조의2 제1항에서 "대통령령으로 정한 임대의무기간"이란 그 공공임대주택의 임대개시일부터 다음 각 호의 기간을 말한다.
>   1. 영구임대주택 : 50년
>   2. 국민임대주택 : (㉠)년
>   3. 〈생략〉
>   4. 통합공공임대주택 : (㉡)년
>   5~7. 〈생략〉

33 건축선에 따른 건축제한에 관한 「건축법」 제47조의 내용이다. ( )에 들어갈 용어와 아라비아 숫자를 쓰시오.

> 1. 건축물과 담장은 건축선의 (㉠)을 넘어서는 아니 된다. 다만, 지표 아래 부분은 그러하지 아니하다.
> 2. 도로면으로부터 높이 (㉡)미터 이하에 있는 출입구, 창문, 그 밖에 이와 유사한 구조물은 열고 닫을 때 건축선의 수직면을 넘지 아니하는 구조로 하여야 한다.

34 도시 및 주거환경정비법령상 정비사업 중 주거환경개선사업에 대한 내용이다. ( )에 들어갈 용어를 차례로 쓰시오.

> 도시저소득 주민이 집단거주하는 지역으로서 정비기반시설이 (㉠)열악하고 노후·불량건축물이 (㉡)하게 밀집한 지역의 주거환경을 개선하거나 단독주택 및 다세대주택이 밀집한 지역에서 정비기반시설과 공동이용시설 확충을 통하여 주거환경을 보전·정비·개량하기 위한 사업

35 다음은 전기사업법령상 임시사용의 기간에 대한 규정(시행규칙 제31조의 2 제2항)이다. ( )에 들어갈 알맞은 아라비아 숫자를 차례로 쓰시오.

> 전기설비의 임시 사용기간은 (㉠)개월 이내로 한다. 다만, 임시 사용기간에 임시사용의 사유를 해소할 수 없는 특별한 사유가 있다고 인정되는 경우에는 전체 임시사용기간이 (㉡)년을 초과하지 아니하는 범위에서 임시사용기간을 연장할 수 있다.

36 시설물의 안전관리에 관한 특별법령상 안전점검등에 관한 지침에 관한규정이다. ( )에 알맞은 용어를 쓰시오.

> (㉠)은 대통령령으로 정하는 바에 따라 안전점검·정밀안전진단 및 긴급안전점검의 실시시기·방법·절차 등의 안전점검등에 관한 지침을 작성하여 관보에 고시하여야 한다.

37 건축법령상 건축물의 피난안전구역에 대한 내용이다. 알맞은 아라비아 숫자를 ( )에 차례로 쓰시오.

> 준초고층 건축물에는 피난층 또는 지상으로 통하는 직통계단과 직접 연결되는 피난안전구역을 해당 건축물 전체 층수의 (㉠)분의1에 해당하는 층으로부터 상하 (㉡)개층 이내에 1개소 이상 설치하여야 한다. 다만, 국토교통부령으로 정하는 기준에 따라 피난층 또는 지상으로 통하는 직통계단을 설치하는 경우에는 그러하지 아니하다.

38 지능형 건축물의 인증에 관한 「건축법」 제65조의2 제6항 규정이다. ( )에 들어갈 아라비아 숫자를 차례로 쓰시오.

> 허가권자는 지능형 건축물로 인증을 받은 건축물에 대하여 제42조에 따른 조경설치면적을 100분의 (㉠)까지 완화하여 적용할 수 있으며, 제56조 및 제60조에 따른 용적률 및 건축물의 높이를 100분의 (㉡)의 범위에서 완화하여 적용할 수 있다.

39 건축법의 일부규정을 준용함에 따라 다음의 공작물을 축조하고자 하는 경우 특별자치시장·특별자치도지사, 시장·군수·구청장에게 신고를 하여야 한다.( )안에 들어갈 아라비아 숫자와 용어를 순서대로 각각 쓰시오.

> 1. 높이 2미터를 넘는 옹벽 또는 담장
> 2. 높이 (㉠)미터를 넘는 장식탑, 기념탑,(㉡), 광고탑, 광고판, 그 밖에 이와 비슷한 것
> 3. 높이 6미터를 넘는 굴뚝
> 4. 높이 6미터를 넘는 골프연습장 등의 운동시설을 위한 철탑, 주거지역·상업지역에 설치하는 통신용 철탑, 그 밖에 이와 비슷한 것
> 5. 높이 (㉢)미터를 넘는 고가수조나 그 밖에 이와 비슷한 것

40 「승강기 안전관리법」상 승강기 유지관리업에 관한 설명이다. ( )에 들어갈 용어를 맞게 쓰시오.

> 승강기 유지관리를 업으로 하려는 자는 행정안전부령으로 정하는 바에 따라 (㉠)에게 등록하여야 한다.

- 다음면에 계속 -

제9회 적중 실전모의고사

2 공동주택관리실무

41 공동주택관리법령상 관리사무소장의 손해배상책임에 관한 설명으로 옳은 것을 모두 고른 것은?

> ㉠ 주택관리사등은 관리사무소장의 업무를 집행하면서 과실로 입주자등에게 재산상의 손해를 입힌 경우에는 그 손해를 배상할 책임이 없다.
> ㉡ 임대주택의 경우 주택관리사등은 해당 공동주택의 관리사무소장으로 배치된 날부터 15일 이내에 임대사업자에게 보증보험 등에 가입한 사실을 입증하는 서류를 제출하여야 한다.
> ㉢ 주택관리사등이 손해배상책임 보장을 위하여 공탁한 공탁금은 주택관리사등이 해당 공동주택의 관리사무소장의 직을 사임하거나 그 직에서 해임된 날 또는 사망한 날부터 3년 이내에는 회수할 수 없다.
> ㉣ 500세대 미만의 공동주택에 관리사무소장으로 배치된 주택관리사 등은 손해배상책임을 보장하기 위하여 3천만원을 보장하는 보증보험 또는 공제에 가입하거나 공탁을 하여야 한다.

① ㉠ ② ㉠, ㉡ ③ ㉡, ㉢
④ ㉢, ㉣ ⑤ ㉠, ㉡, ㉢, ㉣

42 공동주택관리법령상 관리규약에 관한 설명으로 옳지 않은 것은?

① 공동체 생활의 활성화에 필요한 경비의 일부를 공동주택을 관리하면서 부수적으로 발생하는 수입에서 지원하는 경우, 그 경비의 지원은 관리규약으로 정하거나 관리규약에 위배되지 아니하는 범위에서 입주자대표회의 의결로 정한다.
② 공동생활의 질서를 문란하게 한 자에 대한 조치는 관리규약준칙에 포함되어야 한다.
③ 의무관리대상 전환 공동주택의 관리규약 제정안은 의무관리대상 전환 공동주택의 관리인이 제안하고, 그 내용을 전체 입주자등 과반수의 서면동의로 결정한다.
④ 관리규약의 개정은 입주자대표회의의 의결로 제안하고 투표자의 과반수가 찬성하는 방법에 따른다.
⑤ 입주자대표회의의 회장은 시장·군수·구청장에게 관리규약의 개정을 신고하는 경우 관리규약의 개정 제안서 및 그에 대한 입주자등의 동의서를 첨부하여야 한다.

43 「최저임금법」상 최저임금에 관한 설명으로 옳지 않은 것은?

① 최저임금액을 일·주 또는 월을 단위로 하여 최저임금을 정할 때에는 시간급으로도 표시하여야 한다.
② 근로자를 대표하는 자나 사용자를 대표하는 자는 고시된 최저임금안에 대하여 이의가 있으면 고시된 날부터 10일 이내에 대통령령으로 정하는 바에 따라 고용노동부장관에게 이의를 제기할 수 있다.
③ 최저임금의 사업 종류별 구분은 최저임금위원회의 심의를 거쳐 고용노동부장관이 정한다.
④ 최저임금의 적용을 받는 사용자는 대통령령으로 정하는 바에 따라 해당 최저임금을 그 사업의 근로자가 쉽게 볼 수 있는 장소에 게시하거나 그 외의 적당한 방법으로 근로자에게 널리 알려야 한다.
⑤ 고시된 최저임금은 다음 연도 3월 1일부터 효력이 발생하나, 고용노동부장관은 사업의 종류별로 임금교섭시기 등을 고려하여 필요하다고 안정하면 효력발생 시기를 따로 정할 수 있다.

44 「고용보험법」상의 실업급여에 관한 설명으로 옳지 않은 것은?

① 취업촉진수당은 실업급여에 포함되고, 취업촉진수당에는 이주비가 포함된다.
② 피보험기간이 5년인 35세의 구직급여 수급자격자의 소정급여일수는 210일이다.
③ 실업급여수급계좌의 해당 금융기관은 「고용보험법」에 따른 실업급여만이 실업급여수급계좌에 입금되도록 관리하여야 한다.
④ 실업급여를 받을 권리는 양도 또는 압류는 할 수 없으나 담보제공은 할 수 있다.
⑤ 실업급여로서 지급된 금품에 대하여는 국가나 지방자치단체의 공과금(「국세기본법」 또는 「지방세기본법」에 따른 공과금을 말한다)을 부과하지 아니한다.

45 「국민연금법」상 연금급여에 관한 설명으로 옳지 않은 것은?

① 「국민연금법」상 급여의 종류는 노령연금, 장애연금, 유족연금, 반환일시금의 4가지로 구분된다.
② 가입자 또는 가입자였던 자를 고의로 사망하게 한 유족에게는 사망에 따라 발생되는 유족연금 등의 일부를 지급하지 아니할 수 있다.
③ 급여는 수급권자의 청구에 따라 공단이 지급하며, 연금액은 지급사유에 따라 기본연금액과 부양가족연금액을 기초로 산정한다.
④ 수급권자가 사망한 경우 그 수급권자에게 지급하여야 할 급여 중 아직 지급되지 아니한 것이 있으면 그 배우자·자녀·부모·손자녀·조부모 또는 형제자매의 청구에 따라 그 미지급 급여를 지급한다.
⑤ 장애연금의 수급권자가 정당한 사유없이 「국민연금법」에 따른 공단의 진단요구에 응하지 아니한 때에는 급여의 전부 또는 일부의 지급을 정지할 수 있다.

46 공동주택관리법령상 공동주택의 관리규약준칙에 포함되어야 할 공동주택의 어린이집 임대계약에 대한 임차인 선정기준에 해당하지 않는 것은? (단, 그 선정기준은 「영유아보육법」에 따른 국공립어린이집 위탁체 선정관리 기준에 따라야 함)

① 임차인이 신청자격
② 임차인 선정을 위한 심사기준
③ 임대료 및 임대기간
④ 어린이집을 이용하는 입주자등 중 어린이집 임대에 동의하여야 하는 비율
⑤ 시장·군수·구청장이 입주자대표회의가 구성되기 전에 어린이집 임대계약을 체결하려 할 때 입주예정자가 동의하여야 하는 비율

47 공동주택관리법령상 선거관리위원회에 관한 설명으로 옳지 않은 것은?

① 선거관리위원회 위원장은 위원 중에서 호선한다.
② 300세대 이상인 공동주택은 「선거관리위원회법」에 따른 선거관리위원회 소속 직원 1명을 관리규약으로 정하는 바에 따라 위원으로 위촉한다.
③ 500세대 이상인 공동주택의 선거관리위원회는 입주자등 중에서 위원장을 포함하여 5명 이상 9명 이하의 위원으로 구성한다.
④ 선거관리위원회 위원장은 동별 대표자 후보자 또는 동별 대표자에 대한 범죄경력의 확인을 경찰관서의 장에게 요청하여야 한다. 이 경우 동별 대표자 후보자 또는 동별 대표자의 동의서를 첨부하여야 한다.
⑤ 선거관리위원회의 위원장은 동별 대표자의 결격사유 확인에 관한 사무를 수행하기 위하여 불가피한 경우 「개인정보 보호법 시행령」에 따른 주민등록번호가 포함된 자료를 처리할 수 있다.

48 민간임대주택에 관한 특별법령상 주택임대관리업에 관한 설명으로 옳은 것은?

① 자기관리형 주택임대관리업자의 자본금 기준은 1억5천만원 이상이다.
② 주택임대관리업에 등록한 자는 자본금이 증가된 경우 이를 시장·군수·구청장에게 신고하여야 한다.
③ 「공동주택관리법」을 위반하여 형의 집행유예를 선고받고 그 유예기간 중에 있는 사람은 주택임대관리업의 등록을 할 수 없다.
④ 시장·군수·구청장은 주택임대관리업자가 정당한 사유 없이 최종 위탁계약 종료일의 다음 날부터 1년 이상 위탁계약 실적이 없어 영업정지 처분을 하여야 할 경우에는 이에 갈음하여 1천만원 이하의 과징금을 부과할 수 없다.
⑤ 시장·군수·구청장은 주택임대관리업자가 영업정지기간 중에 주택임대관리업을 영위한 경우에는 영업정지를 갈음하여 1천만원 이하의 과징금을 부과할 수 있다.

49 「근로기준법」상 해고에 관한 설명으로 옳은 것은?

① 사용자가 긴박한 경영상 이유가 없어도 근로자를 원칙적으로 해고할 수 있다.
② 정부는 경영상 이유에 의해 해고된 근로자에 대하여는 생계안정, 재취업, 직업훈련 등 필요한 조치를 우선적으로 취하여야 한다.
③ 사용자는 근로자를 해고하려면 해고사유와 해고시기를 서면 또는 구두로 통지하여야 한다.
④ 사용자는 계속 근로한 기간이 3개월 미만인 근로자를 경영상의 이유에 의해 해고하려면 적어도 15일 전에 예고를 하여야 한다.
⑤ 부당해고의 구제신청은 부당해고가 있었던 날부터 15일 이내에 하여야 한다.

50 공동주택관리법령상 다음의 요건을 모두 갖춘 혼합주택단지에서 입주자대표회의와 임대사업자가 공동으로 결정하지 않고 각자 결정할 수 있는 사항은?

> • 분양을 목적으로 한 공동주택과 임대주택이 별개의 동(棟)으로 배치되는 등의 사유로 구분하여 관리가 가능할 것
> • 입주자대표회의와 임대사업자가 공동으로 결정하지 아니하고 각자 결정하기로 합의하였을 것

① 장기수선계획의 조정
② 주택관리업자의 선정
③ 공동주택 관리방법의 결정
④ 공동주택 관리방법의 변경
⑤ 관리비 등을 사용하여 시행하는 각종 공사

51 공동주택관리법령상 주택관리사 자격증을 발급받을 수 있는 주택 관련 실무경력기준을 충족시키지 **못하는** 자는?

① 주택관리사보 시험에 합격하기 전에 한국토지주택공사의 직원으로 주택관리업무에 종사한 경력이 3년인 자
② 주택관리사보 시험에 합격하기 전에 공무원으로 주택관련 인·허가 업무 등에 종사한 경력이 5년인 자
③ 주택관리사보 시험에 합격하기 전에 「공동주택관리법」에 따른 주택관리사단체의 직원으로 주택 관련 업무에 종사한 경력이 2년이고, 주택관리사보 시험에 합격한 후에 지방공사의 직원으로 주택관리업무에 종사한 경력이 3년인 자
④ 주택관리사보 시험에 합격한 후에 「주택법」에 따른 사업계획승인을 받아 건설한 70세대인 공동주택의 관리사무소장으로 근무한 경력이 3년인 자
⑤ 주택관리사보 시험에 합격한 후에 「공동주택관리법」에 따른 주택관리사단체의 직원으로 주택 관련 업무에 종사한 경력이 5년인 자

52 공동주택관리법령상 공동주택관리 분쟁조정위원회에 관한 설명으로 옳은 것은?

① 중앙분쟁조정위원회나 지방분쟁조정위원회를 구성할 때에는 성별을 고려하여야 한다.
② 공동주택(공용부분만 해당한다)의 유지·보수·개량 등에 관한 사항은 공동주택관리 분쟁조정위원회의 심의사항에 해당하지 않는다.
③ 국토교통부에 중앙분쟁조정위원회를 두고, 시·도에 지방분쟁조정위원회를 둔다.
④ 300세대인 공동주택단지에서 발생한 분쟁은 중앙분쟁조정위원회에서 관할한다.
⑤ 중앙분쟁조정위원회는 위원장 1명을 제외한 15명 이내의 위원으로 구성하고, 지방분쟁조정위원회는 위원장 1명을 제외한 10명 이내의 위원으로 구성한다.

53 다음에서 설명하고 있는 배수배관의 통기방식은?

- 봉수보호의 안정도가 높은 방식이다.
- 위생기구마다 통기관을 설치한다.
- 자기사이펀 작용의 방지효과가 있다.
- 경제성과 건물의 구조 등 때문에 모두 적용하기 어려운 점이 있다.

① 각개통기방식 ② 결합통기방식
③ 루프통기방식 ④ 신정통기방식
⑤ 섹스티아방식

54 건축물의 에너지절약설계기준에서 전기부문의 의무사항 중 대기전력자동차단장치에 관한 기준이다. 기준에서 명시하고 있는 ( )에 들어갈 콘센트 개수의 비율로 옳은 것은?

공동주택은 거실, 침실, 주방에는 대기전력자동차단장치를 1개 이상 설치하여야 하며, 대기전력자동차단장치를 통해 차단되는 콘센트 개수가 거실에 설치되는 전체 콘센트 개수의 ( )% 이상이 되어야 한다.

① 10 ② 20 ③ 30
④ 40 ⑤ 50

55 연결송수관설비의 화재안전성능기준(NFPC 502)이다. ( )에 들어갈 숫자를 옳게 나열한 것은?

제5조(배관 등) ① 연결송수관설비의 배관은 다음 각 호의 기준에 따라 설치하여야 한다.
1. 주배관은 구경 (㉠)mm 이상의 전용배관으로 할 것. 다만, 주배관의 구경이 100밀리미터 이상인 옥내소화전설비의 배관과는 겸용할 수 있다.
2. 지면으로부터의 높이가 31m 이상인 특정소방대상물 또는 지상 (㉡)층 이상인 특정소방대상물에 있어서는 습식설비로 할 것

① ㉠ 60, ㉡ 7   ② ㉠ 60, ㉡ 7
③ ㉠ 100, ㉡ 7 ④ ㉠ 90, ㉡ 11
⑤ ㉠ 100, ㉡ 11

56 공동주택관리법령상 공동주택시설의 안전관리에 관한 기준 및 진단사항으로 옳지 않은 것은?

① 우물의 위생진단은 연 2회 이상 실시한다.
② 주민운동시설의 안전진단은 연 2회 실시한다.
③ 노출배관의 동파방지 월동기진단은 연 1회 실시한다.
④ 주차장의 우기진단은 연 1회 실시한다.
⑤ 우물의 해빙기진단은 연 1회 실시한다.

57 고가수조방식을 적용하는 공동주택에서 각 세대에 공급되는 급수과정 순서로 옳은 것은?

㉠ 세대 계량기	㉡ 상수도본관
㉢ 양수장치(급수펌프)	㉣ 지하저수조
㉤ 고가수조	

① ㉠ → ㉣ → ㉤ → ㉢ → ㉡
② ㉡ → ㉣ → ㉢ → ㉤ → ㉠
③ ㉡ → ㉤ → ㉣ → ㉢ → ㉠
④ ㉣ → ㉢ → ㉤ → ㉡ → ㉠
⑤ ㉣ → ㉡ → ㉤ → ㉢ → ㉠

58 오수 등의 수질지표에 관한 설명으로 옳지 않은 것은?

① DO : 수중 용존산소량을 나타낸 것이며 이것이 클수록 정화능력이 떨어진다고 할 수 있다.
② BOD : 생물화학적 산소요구량으로 수중 유기물이 미생물에 의해서 분해될 때 필요한 산소량이다.
③ PH : 물이 산성인가 알칼리성인가를 나타내는 것이다.
④ SS : 입경 2mm 이하의 불용성의 뜨는 부유물질을 말한다.
⑤ COD : 화학적 산소요구량으로 수중 산화되기 쉬운 유기물을 산화제로 산화시킬 때 산화제에 상당하는 산소량이다.

59 LPG와 LNG에 관한 내용으로 옳지 않은 것은?

① LPG의 주성분은 탄소수 3~4의 탄화수소이다.
② LNG의 주성분은 메탄이다.
③ 기화된 LPG는 대기압 상태에서 공기보다 비중이 높다.
④ 기화된 LNG의 표준상태 용적당 발열량은 기화된 LPG보다 낮다.
⑤ 액체 상태의 LNG 비점은 액체 상태의 LPG보다 낮다.

60 먹는물 수질 및 검사 등에 관한 규칙상 수돗물 수질기준에 관한 내용이다. 옳지 않은 것은?

① 심미적 영향물질에 관한 기준 중 색도는 5도를 넘지 않아야 한다.
② 심미적 영향물질에 관한 기준 중 염소이온은 250mg/ℓ를 넘지 않아야 한다.
③ 소독제 및 소독부산물질에 관한 기준(샘물·먹는샘물·염지하수·먹는염지하수·먹는해양심층수 및 먹는물 공동시설의 물의 경우에는 적용하지 아니한다) 중 잔류염소(유리잔류염소를 말한다)는 2.0mg/ℓ를 넘지 않아야 한다.
④ 건강상 유해영향 무기물질에 관한 기준 중 질산성 질소는 10mg/ℓ를 넘지 않아야 한다.
⑤ 미생물에 관한 기준 중 총대장균군은 100㎖(샘물·먹는샘물, 염지하수·먹는염지하수 및 먹는해양심층수의 경우에는 250㎖)에 검출되지 아니할 것

61 양변기의 세정급수방식을 모두 고른 것은?

| ㉠ 세정밸브식 | ㉡ 하이탱크식 |
| ㉢ 로우탱크식 | ㉣ 고가수조식 |

① ㉠
② ㉠, ㉡
③ ㉠, ㉡, ㉢
④ ㉠, ㉢, ㉣
⑤ ㉠, ㉡, ㉢, ㉣

62 다음 조건에 따라 계산된 전기급탕가열기의 용량은(kW)?

- 급수온도 5℃, 급탕온도 45℃, 급탕량 300(L/hr)
- 물의 비중 1(kg/L), 물의 비열 4.2(kJ/kg·K), 가열기효율 70%
- 그 외의 조건은 고려하지 않는다.

① 9　　② 11　　③ 14
④ 17　　⑤ 20

63 실내공기질 관리법령상 신축 공동주택의 실내공기질 권고기준으로 옳은 것을 모두 고른 것은?

㉠ 폼알데하이드 $210\mu g/m^3$ 이하
㉡ 라돈 $148Bq/m^3$ 이하
㉢ 벤젠 $60\mu g/m^3$ 이하
㉣ 에틸벤젠 $400\mu g/m^3$ 이하
㉤ 자일렌 $900\mu g/m^3$ 이하
㉥ 스티렌 $500\mu g/m^3$ 이하

① ㉠, ㉡　　② ㉠, ㉢　　③ ㉡, ㉣
④ ㉢, ㉥　　⑤ ㉣, ㉤

64 다음 중앙집중식 난방방식 아파트의 가구별 난방비는 얼마인가? (단, 난방비는 ㎡당 단가를 구해서 각 가구별로 부과하며 난방열량계가 설치되어 있지 않음)

- 총가구수 : 200가구(가구별 공급면적 100㎡)
- 총연면적 : 20,000㎡
- 난방 및 급탕에 소요된 총원가 : 유류대·난방비 및 급탕용수비를 포함하여 총 25,000,000원
- 급탕비총액 : 5,000,000원

① 100,000원　　② 120,000원
③ 150,000원　　④ 180,000원
⑤ 200,000원

65 공동주택관리법령상 관리주체에 대한 회계감사에 관한 내용이다. ( )에 들어갈 숫자와 용어를 순서대로 쓰시오.

회계감사를 받아야 하는 공동주택의 관리주체는 매 회계연도 종료 후 (㉠)개월 이내에 다음 각 호의 재무제표에 대하여 회계감사를 받아야 한다.
1. 재무상태표
2. (㉡)
3. 이익잉여금처분계산서 (또는 결손금처리계산서)
4. 주석(註釋)

66 「산업재해보상보험법」상 요양급여에 관한 내용이다. ( )에 들어갈 숫자를 순서대로 쓰시오.

요양급여는 근로자가 업무상의 사유로 부상을 당하거나 질병에 걸린 경우에 그 근로자에게 지급하되, 부상 또는 질병이 (㉠)일 이내의 요양으로 치유될 수 있으면 요양급여를 지급하지 아니한다. 요양급여는 산재보험의료기관에서 요양을 하게 한다. 다만, 부득이한 경우에는 요양을 갈음하여 (㉡)를 지급할 수 있다.

67 공동주택관리법상 관리비 등의 공개의무에 관한 내용이다. ( )에 들어갈 숫자를 쓰시오.

의무관리대상 아닌 공동주택으로서 (㉠)세대 이상인 공동주택의 관리인은 다음 각 호의 관리비 등을 공동주택단지의 인터넷 홈페이지 및 동별 게시판(공동주택관리정보시스템은 제외한다)에 다음달 말일까지 공개해야 한다.
1. 관리비의 비목별 월별 합계액
2. 장기수선충당금
3. 각각의 사용료
4. 잡수입

68 「주택건설기준 등에 관한 규정」상 벽체 및 창호 등에 관한 내용이다. ( )에 들어갈 숫자를 쓰시오.

> (㉠)세대 이상의 공동주택을 건설하는 경우 벽체의 접합부나 난방설비가 설치되는 공간의 창호는 국토교통부장관이 정하여 고시하는 기준에 적합한 결로방지 성능을 갖추어야 한다.

69 「근로자퇴직급여보장법」의 용어정의에 관한 내용이다. ( )에 들어갈 용어를 쓰시오.

> (㉠)퇴직연금제도란 급여의 지급을 위하여 사용자가 부담하여야 할 부담금의 수준이 사전에 결정되어 있는 퇴직연금제도를 말한다.

70 남녀고용평등과 일·가정 양립지원에 관한 법령상 가족돌봄 등을 위한 근로시간 단축에 관한 내용이다. ( )에 들어갈 숫자를 쓰시오.

> 근로시간 단축의 기간은 (㉠)년 이내로 한다. 다만, 근로자가 가족의 질병, 사고, 노령으로 인하여 그 가족을 돌보기 위한 경우에 해당하는 근로자는 합리적 이유가 있는 경우에 추가로 (㉡)년의 범위 안에서 근로시간 단축의 기간을 연장할 수 있다.

71 공동주택관리법령상 주택관리업자의 관리상 의무에 관한 내용이다. ( )에 들어갈 숫자를 쓰시오.

> 주택관리업자는 관리하는 공동주택에 배치된 주택관리사등이 해임 그 밖의 사유로 결원이 된 때에는 그 사유가 발생한 날로부터 (㉠)일 이내에 새로운 주택관리사등을 배치하여야 한다.

72 「민간임대주택에 관한 특별법」상 용어정의에 관한 내용이다. ( )에 들어갈 숫자를 쓰시오.

> 임대사업자가 주택도시기금의 출자를 받아 건설 또는 매입하는 민간임대주택 등을 (㉠)년 이상 임대할 목적으로 취득하여 이 법에 따른 임대료 및 임차인의 자격 제한 등을 받아 임대하는 민간임대주택은 "공공지원 민간임대주택"에 해당한다.

73 물의 재이용 촉진 및 지원에 관한 법령상 빗물이용시설의 시설기준·관리기준에 관한 내용이다. ( )에 들어갈 숫자를 쓰시오.

> 1. 건축면적이 1만m² 이상의 건축법령상의 공동주택에 설치된 빗물의 집수시설, 여과장치, 저류조, 펌프·송수관·배수관 등의 빗물이용시설은 연 (㉠)회 이상 주기적으로 위생·안전 상태를 점검하고 이물질을 제거하는 등 청소를 할 것
> 2. 빗물사용량, 누수 및 정상가동 점검결과, 청소일시 등에 관한 자료를 기록하고 (㉡)년간 보존할 것(전자적 방법으로 기록·보존할 수 있다)

74 건강친화형 주택건설기준에 관한 용어의 정의 중 일부이다. 기준에서 명시하고 있는 ( )에 들어갈 용어를 쓰시오.

> (㉠)이란 오염물질이 적게 방출되는 건축자재를 사용하고 환기 등을 실시하여 새집증후군 문제를 개선함으로써 거주자에게 건강하고 쾌적한 실내환경을 제공할 수 있도록 일정수준 이상의 실내공기질과 환기성능을 확보한 주택으로서 의무기준을 모두 충족하고 …〈중략〉… 적합한 주택을 말한다.

75 다음은 급수배관의 피복에 관한 내용이다. ( )에 들어갈 용어를 쓰시오.

> 여름철 급수배관 내부에 외부보다 찬 급수가 흐르고 배관 외부가 고온다습할 경우 배관외부에 결로가 발생하기 쉽다. 또한 겨울철에 급수배관 외부 온도가 영하로 떨어질 때 급수배관계통이 동파하기 쉽다. 이러한 두 가지 현상을 방지하기 위해서는 급수배관에 방로와 (㉠)목적의 피복을 해야 한다.

76 승강기 안전관리법령상 관리주체는 승강기에 대하여 행정안전부장관이 실시하는 안전검사를 받아야 한다. 안전검사 중 정기검사에 관한 다음 내용 중 ( )에 들어갈 숫자를 쓰시오.

> 승강기 안전관리법 시행규칙 제54조(정기검사의 검사주기 등)
> ① 법 제32조 제1항 제1호 각목 외의 부분에 따른 정기검사의 검사주기는 1년(설치검사 또는 직전 정기검사를 받은 날부터 매 (㉠)년을 말한다)으로 한다.
> ② 승강기의 결함으로 중대한 사고 또는 중대한 고장이 발생한 후 2년이 지나지 않은 승강기의 경우에는 정기검사의 검사주기를 직전 정기검사를 받은 날부터 (㉡)개월로 한다.

77 건축물의 에너지절약설계기준 중 전기설비 부문에 관한 용어의 정의이다. 기준에서 명시하고 있는 ( )에 들어갈 용어를 쓰시오.

> (㉠)이란 부하설비 용량 합계에 대한 최대 수용전력의 백분율을 말한다.

78 전기안전관리 법령상 안전공사, 전기안전관리대행사업자가 전기안전관리업무를 대행할 수 있는 전기설비의 규모에 관한 내용이다. 법령에서 명시하고 있는 ( )에 들어갈 숫자를 쓰시오.

> 「신에너지 및 재생에너지 개발·이용·보급 촉진법」에 따른 신에너지와 재생에너지를 이용하여 전기를 생산하는 발전설비(이하 "신재생에너지 발전설비") 중 태양광발전설비 : 용량 (㉠)킬로와트 (원격감시·제어기능을 갖춘 경우 용량 (㉡)킬로와트) 미만인 것

79 건축법령상 건축설비의 설치 원칙에 관한 내용이다. 법령에서 명시하고 있는 ( )에 들어갈 용어를 쓰시오.

> 건축설비는 건축물의 안전·방화, 위생, 에너지 및 (㉠)의 합리적 이용에 지장이 없도록 설치하여야 하고, 배관피트 및 닥트의 단면적과 수선구의 크기를 해당 설비의 수선에 지장이 없도록 하는 등 설비의 유지·관리가 쉽게 설치하여야 한다.

80 전기안전관리법령상의 용어의 정의이다. 법령에서 명시하고 있는 ( )에 들어갈 용어를 쓰시오.

> "고압"이란 직류에서는 (㉠)볼트를 초과하고 7천볼트 이하인 전압을 말하고, 교류에서는 (㉡)볼트를 초과하고 7천볼트 이하인 전압을 말한다.

- 본 회차 시험 종료 -

제10회 적중 실전모의고사

| 문제지 유형 | 적중실전 모의고사 | 문제수 | 80문제 | 시험시간 | 09:30~11:10 (100분) | 응시번호 | | 성 명 | |

1 주택관리관계법규

01 다음은 건축법령상 가설건축물의 축조등에 관한 내용이다. 가장 맞지 <u>않는</u> 것은?

① 특별자치시장·특별자치도지사 또는 시장·군수·구청장은 가설건축물의 존치기간 만료일 3개월 전까지 해당 가설건축물의 건축주에게 존치기간 만료일, 존치기간 연장 가능 여부 등을 알려야 한다.
② 존치기간을 연장하려는 허가 대상 가설건축물의 건축주는 존치기간 만료일 14일 전까지 특별자치시장·특별자치도지사 또는 시장·군수·구청장에게 허가를 신청하여야 한다.
③ 존치기간을 연장하려는 신고 대상 가설건축물의 건축주는 존치기간 만료일 7일 전까지 특별자치시장·특별자치도지사 또는 시장·군수·구청장에게 신고하여야 한다.
④ 위 규정에도 불구하고 공장에 설치한 가설건축물 또는 농업·어업용 고정식 온실 등이고, 존치기간 연장이 가능한 가설건축물로서 건축주가 위 ②, ③의 구분에 따른 기간까지 특별자치시장·특별자치도지사 또는 시장·군수·구청장에게 그 존치기간의 연장을 원하지 않는다는 사실을 통지하지 아니하는 경우에는 기존 가설건축물과 동일한 기간으로 존치기간을 연장한 것으로 본다.
⑤ 신고해야 하는 가설건축물의 존치기간은 3년 이내로 하며, 존치기간의 연장이 필요한 경우에는 횟수별 3년의 범위에서 영 제15조 제5항 각 호의 가설건축물별로 건축조례로 정하는 횟수만큼 존치기간을 연장할 수 있다. 다만, 영 제5항 제3호의 공사용 가설건축물 및 공작물의 경우에는 해당 공사의 완료일까지의 기간으로 한다.

02 건축법령상 건축허가와 그 제한 등 및 취소에 관한 설명 중 틀린 것은?

① 허가권자는 숙박시설에 해당하는 건축물이 주거환경 등 주변환경을 감안할 때 부적합하다고 인정하는 경우 건축위원회의 심의를 거쳐 건축허가를 하지 아니할 수 있다.
② 국토교통부장관은 국토관리상 특히 필요하다고 인정하거나 주무부장관이 국방·문화재보존·환경보전 또는 국민경제상 특히 필요하다고 인정하여 요청하는 경우에는 허가권자의 건축허가를 제한하거나 허가를 받은 건축물의 착공을 제한할 수 있다.
③ 건축허가 또는 건축물의 착공을 제한하는 경우 그 제한기간은 1년 이내로 하되, 정당한 사유가 있으면 1년의 범위에서 그 제한 기간을 연장할 수 있다.
④ 시·도지사가 시장·군수·구청장의 건축허가 또는 건축물의 착공을 제한하는 경우에는 즉시 국토교통부장관에게 보고하여야 하며, 국토교통부장관은 제한의 내용이 지나치다고 인정하면 해제를 명할 수 있다.
⑤ 시·도지사는 지역계획 또는 도시계획상 특히 필요하다고 인정하는 경우에는 시장·군수·구청장의 건축허가를 제한하거나 허가를 받은 건축물의 착공을 제한할 수 있다.

03 건축물의 구조 등에 관한 기준으로 가장 **틀린** 것은?

① 구조안전을 확인한 건축물 중 건축물의 건축주가 해당 건축물의 설계자로부터 구조안전의 확인서류를 받아 착공신고를 하는 때에 그 확인서류를 허가권자에게 제출하여야 하는 경우(표준설계도서에 따라 건축하는 건축물은 제외) : 연면적이 200제곱미터(목구조 건축물의 경우에는 500제곱미터) 이상인 건축물
② 건축물의 설계자가 해당 건축물에 대한 구조의 안전을 확인하는 경우에 건축구조기술사의 협력을 받아야 하는 경우 : 3층 이상의 필로티 형식 건축물
③ 옥상광장 등의 난간높이 : 1.2미터 이상
④ 피난용 승강기 : 높이 31미터를 넘는 건축물
⑤ 구조안전을 확인한 건축물 중 건축물의 건축주가 해당 건축물의 설계자로부터 구조안전의 확인서류를 받아 착공신고를 하는 때에 그 확인서류를 허가권자에게 제출하여야 하는 경우(표준설계도서에 따라 건축하는 건축물은 제외) : 층수가 2층(주요구조부인 기둥과 보를 설치하는 건축물로서 그 기둥과 보가 목재인 목구조 건축물의 경우에는 3층) 이상인 건축물

04 「건축법」상 건축허가 없이 신고만으로 건축할 수 있는 경우로 알맞은 것은?

① 바닥면적의 합계가 100제곱미터인 증축·개축 또는 재축
② 「국토의 계획 및 이용에 관한 법률」에 의한 관리지역·농림지역 또는 자연환경보전지역 안에서 연면적 200제곱미터미만이거나 3층 미만인 건축물의 건축
③ 주요구조부의 해체가 없이 기둥을 3개 이상 수선하는 대수선
④ 건축물의 높이를 6미터 증축하는 건축물
⑤ 연면적의 합계가 150제곱미터인 건축물

05 주택법령상 주택조합에 관한 설명으로 옳은 것은?

① 국민주택을 공급받기 위하여 설립된 직장주택조합을 설립하는 경우 관할 시장·군수·구청장에게 신고하여야 하나, 해산하려는 경우에는 관할 시장·군수·구청장로부터 인가를 받아야 한다.
② 리모델링 주택조합이 주택단지 전체를 리모델링하는 경우에는 주택단지 전체 구분소유자 및 의결권의 각 80퍼센트이상의 동의와 각 동별 구분소유자 및 의결권의 각 50퍼센트 이상의 동의를 받아야 하며, 동을 리모델링하는 경우에는 그 동의 구분소유자 및 의결권의 각 80퍼센트 이상의 동의를 받아야 한다.
③ 총회의 의결을 하는 경우에는 조합원의 100분의 10 이상이 직접 출석하여야 한다. 다만, 창립총회 또는 국토교통부령으로 정하는 사항을 의결하는 총회의 경우에는 조합원의 100분의 20 이상이 직접 출석하여야 한다.
④ 금고 이상의 형의 집행유예를 선고받고 그 유예기간 중에 있는 사람은 조합임원이 될 수 없으나, 금고 이상의 형의 선고유예를 받고 그 선고유예기간 중에 있는 사람은 조합임원이 될 수 있다.
⑤ 지역주택조합은 「도시 및 주거환경정비법」을 준용하여 조합설립인가를 받은 날부터 30일 이내에 주된 사무소의 소재지에서 대통령령으로 정하는 사항을 등기하는 때에 성립한다.

06 「주택법」 제20조의 규정(주택건설사업 등에 의한 임대주택의 건설 등)에 관한 내용 중 틀린 것은?

① 사업주체가 법 제15조 제1항에 따른 호수 이상의 주택과 주택 외의 시설을 동일건축물로 건축하는 계획과 임대주택의 건설·공급에 관한 사항을 포함한 사업계획 승인신청서(「건축법」 제11조 제3항의 허가신청서를 포함한다)를 제출하는 경우 사업계획승인권자(건축허가권자를 포함한다)는 「국토의 계획 및 이용에 관한 법률」의 용도지역별 용적률 범위 안에서 특별시·광역시·특별자치시·특별자치도·시 또는 군의 조례로 정하는 기준에 따라 용적률을 완화하여 적용할 수 있다.
② 위의 규정에 따라 용적률을 완화하여 적용하는 경우 사업주체는 완화된 용적률의 60퍼센트 이하의 범위에서 대통령령으로 정하는 비율이상에 해당하는 면적을 임대주택으로 공급하여야 한다.
③ 위의 대통령령으로 정하는 비율이라 함은 50퍼센트 이상 75퍼센트 이하의 범위에서 시·도의 조례로 정하는 비율을 말한다.
④ 사업주체는 임대주택을 국토교통부장관, 시·도지사, 한국토지주택공사 또는 지방공사(이하 '인수자')에 공급하여야 하며 시·도지사가 우선 인수할 수 있다.
⑤ 위 ②~④에 따라 공급되는 임대주택의 공급가격은 「공공주택특별법」에 따른 공공건설임대주택의 분양전환가격에 산정기준에서 정하는 건축비로 하고, 그 부속토지는 인수자에게 기부채납한 것으로 본다.

07 다음은 주택법령상의 간선시설의 설치에 관한 사항이다. 틀린 것은?

① 간선시설에 관한 설치비용부담의무자는 그 설치의무자가 부담하는 것이 원칙이다.
② 상하수도시설, 도로는 지방자치단체가 설치해야 하고, 우체통은 국가가 설치해야 한다.
③ 사업주체가 대통령령으로 정하는 호수 [단독주택인 경우는 100호, 공동주택인 경우는 100세대(리모델링의 경우에는 늘어나는 세대수가 30세대)] 이상의 주택건설사업을 시행하는 경우 또는 대통령령으로 정하는 면적(1만제곱미터) 이상의 대지조성사업을 시행하는 경우 간선시설설치의무자는 각각 해당 간선시설을 설치하여야 한다.
④ 간선시설 설치의무자는 사업계획에서 정한 사용검사 예정일까지 해당 간선시설을 설치하지 못할 특별한 사유가 있을 때에는 사업계획승인권자의 통지를 받은 날부터 1개월 이내에 그 사유와 설치가능시기를 명시하여 해당 사업주체에게 통보하여야 하고 이 경우 사업주체가 자신의 부담으로 간선시설을 설치하는 경우 간선시설설치의무자와 간선시설의 설치비에 관한 상환계약을 체결하여야 한다.
⑤ 간선시설의 설치비상환계약에서 정하는 상환기간은 해당 사업의 사용검사일로부터 3년 이내로 한다.

08 다음 중 주택법령상 규정 중 가장 틀린 것은?

① 에너지절약형 친환경주택이란 저에너지 건물 조성기술 등 대통령령으로 정하는 기술을 이용하여 에너지 사용량을 절감하거나 이산화탄소 배출량을 저감할 수 있도록 건설된 주택을 말하며, 그 종류와 범위는 대통령령(주택건설기준 등에 관한 규정)으로 정한다.
② 지역주택조합이나 리모델링 주택조합은 그 설립인가를 받은 후에는 당해 조합의 구성원을 교체하거나 신규로 가입하게 할 수 없다.
③ 리모델링 주택조합은 「도시 및 주거환경정비법」을 준용하여 조합설립인가를 받은 날부터 30일 이내에 주된 사무소의 소재지에서 대통령령으로 정하는 사항을 등기하는 때에 성립한다.
④ 시장·군수 또는 구청장은 법 제15조에 따른 사업계획승인 신청(「도시 및 주거환경정비법」제50조에 따른 사업시행계획인가, 「건축법」제11조에 따른 건축허가를 포함한다)이 있는 날부터 20일 이내에 분양가심사위원회를 설치·운영하여야 한다.
⑤ 주택으로 쓰는 1개동의 바닥면적(2개 이상의 동을 지하주차장으로 연결하는 경우에는 각각의 동으로 본다) 합계가 660제곱미터 이하이고, 층수가 4개층 이하인 주택은 다세대주택이다.

09 다음 중 공동주택관리법령상 장기수선충당금과 민간임대주택에 관한 특별법령상 특별수선충당금에 관한 설명이다. 틀린 것은?

① 관리주체는 관리비등을 입주자대표회의가 지정하는 금융기관에 예치하여 관리하되, 장기수선충당금은 별도의 계좌로 예치·관리하여야 한다.
② 관리주체는 장기수선계획 수립대상인 공동주택에 대하여 주요시설의 교체 및 보수에 필요한 장기수선충당금을 당해 주택의 소유자로부터 징수하여 적립하여야 한다.
③ 임대사업자는 특별수선충당금을 사용하려면 미리 해당 임대주택이 있는 곳을 관할하는 시장·군수·구청장과 협의하여야 한다.
④ 특별수선충당금은 임대사업자 및 해당 민간임대이 있는 곳을 관할하는 시장·군수·구청장의 공동명의로 금융기관에 예치하여 따로 관리하여야 한다.
⑤ 장기수선충당금은 관리주체가 장기수선충당금 사용계획서를 장기수선계획에 따라 작성하고 시장·군수·구청장과 협의하여 사용한다.

10 다음은 공동주택관리법령상 입주자대표회의 임원에 대한 설명이다. 틀린 것은?

① 입주자대표회의는 입주자등의 소통 및 화합의 증진을 위하여 그 이사 중 공동체 생활의 활성화에 관한 업무를 담당하는 이사를 선임할 수 있다.
② 회장은 입주자대표회의를 대표하고, 그 회의의 의장이 된다.
③ 부회장이 없으므로 감사가 회장을 보좌하고, 회장이 부득이한 사유로 그 직무를 수행할 수 없을 때에는 관리규약에서 정하는 바에 따라 그 직무를 대행한다.
④ 회장 선출시 후보자가 1명인 경우에는 전체 입주자등의 10분의 1 이상이 투표하고 투표자 과반수의 찬성으로 선출한다.
⑤ 감사는 입주자등의 보통·평등·직접·비밀선거를 통하여 선출하되 후보자가 선출 필요인원을 초과하는 경우에는 전체 입주자등의 10분의 1 이상이 투표하고 후보자 중 다득표자 순으로 선출한다.

11 다음은 공동주택관리법령상 공동주택의 관리중 하자담보 책임 및 하자보수에 대한 설명이다. 맞는 것은?

① 입주자대표회의등은 하자보수보증금을 하자심사·분쟁조정위원회의 하자 여부 판정 등에 따른 하자보수비용 등 대통령령으로 정하는 용도로만 사용하여야 하며, 의무관리대상 공동주택의 경우에는 하자보수보증금의 사용 후 20일 이내에 그 사용내역을 국토교통부령으로 정하는 바에 따라 시·도지사에게 신고하여야 한다.
② 사업주체는 해당 공동주택의 전유부분을 입주자에게 인도한 때에는 국토교통부령으로 정하는 바에 따라 주택인도증서를 작성하여 입주자대표회의에게 인계하여야 한다.
③ 내력구조부별(「건축법」 제2조 제1항 제7호에 따른 건물의 주요구조부를 말한다. 이하 같다) 하자에 대한 담보책임기간은 5년 또는 10년이다.
④ 사업주체는 담보책임기간이 만료되기 30일 전까지 그 만료 예정일을 해당 공동주택의 입주자대표회의(의무관리대상 공동주택이 아닌 경우에는 「집합건물의 소유 및 관리에 관한 법률」에 따른 관리단을 말한다) 또는 해당 공공임대주택의 임차인대표회의에 서면으로 통보하여야 한다.
⑤ 사업주체는 하자보수를 청구받은 날부터 7일 이내에 그 하자를 보수하거나 하자보수계획을 입주자대표회의등 또는 임차인등에 서면(「전자문서 및 전자거래 기본법」 제2조 제1호에 따른 정보처리시스템을 사용한 전자문서를 포함한다)으로 통보하고 그 계획에 따라 하자를 보수하여야 한다.

12 공동주택관리법령상 다음 중 관리주체의 동의사항이 아닌 것은?

① 가축(장애인 보조견을 제외한다)을 사육함으로써 공동주거생활에 피해를 주는 행위
② 공동주택 관리방법의 제안
③ 환경친화적 자동차의 개발 및 보급 촉진에 관한 법률 제2조 제3호에 따른 전기자동차의 이동형 충전기를 이용하기 위한 차량무선인식장치[전자태그(RFID tag)를 말한다]를 콘센트 주위에 부착하는 행위
④ 공동주택에 광고물, 표지물 또는 표지를 부착하는 행위
⑤ 공동주택의 발코니 난간에 돌출물을 설치하는 행위

13 공동주택관리법령상 관리비에 포함하여 징수할 수 있는 항목 및 구성내역으로 옳은 것을 모두 고른 것은?

㉠ 관리기구가 사용한 전기료·통신료
㉡ 공동주택관리법 시행령 제40조 제2항 단서에 따른 안전진단실시비용
㉢ 지능형 홈네트워크 설비의 유지 및 관리에 직접 소요되는 비용
㉣ 건축물의 안전점검비용
㉤ 장기수선충당금

① ㉠, ㉡, ㉢　　② ㉠, ㉢, ㉣
③ ㉡, ㉢, ㉤　　④ ㉡, ㉢, ㉣
⑤ ㉡, ㉣, ㉤

14 민간임대주택에 관한 특별법령상 민간임대주택의 관리에 관한 설명으로 옳지 <u>않은</u> 것은?

① 임대사업자는 민간임대주택이 150세대 이상으로서 중앙집중식 난방방식의 공동주택에 해당하면 「공동주택관리법」에 따른 주택관리업자에게 관리를 위탁하거나 자체관리하여야 한다.
② 장기수선계획을 수립하여야 하는 민간임대주택의 임대사업자는 특별수선충당금을 사용검사일 또는 임시 사용승인일부터 1년이 지난 날이 속하는 달부터 「주택법」에 따른 사업계획 승인 당시 표준 건축비의 1만분의 1의 요율로 매달 적립하여야 한다.
③ 임차인대표회의는 회장 1명, 부회장 1명 및 감사 1명을 동별 대표자 중에서 선출하여야 한다.
④ 원칙적으로 임대사업자가 20세대 이상의 범위에서 대통령령으로 정하는 세대(20세대) 이상의 민간임대주택을 공급하는 공동주택단지에 입주하는 임차인은 임차인대표회의를 구성할 수 있다.
⑤ 위 ④의 경우 승강기가 설치된 공동주택단지는 임차인대표회의를 구성하여야 한다.

15 공공주택 특별법령상 공공주택에 관한 설명으로 옳은 것을 모두 고른 것은?

> ㉠ 국토교통부장관은 공공주택의 건설, 매입 또는 임차에 주택도시기금을 우선적으로 배정하여야 한다.
> ㉡ 다른 법령에 따른 개발사업을 하려는 자가 임대주택을 계획하는 경우 공공분양주택을 우선 고려하여야 한다.
> ㉢ 통합공공임대주택이란 국가나 지방자치단체의 재정이나 주택도시기금의 자금을 지원받아 최저소득 계층, 저소득 서민, 젊은 층 및 장애인·국가유공자 등 사회 취약계층 등의 주거안정을 목적으로 공급하는 공공임대주택을 말한다.
> ㉣ 국가·지방자치단체 또는 「공공기관의 운영에 관한 법률」에 따른 공기업 및 준정부기관은 그가 소유한 토지를 매각하거나 임대할 때 주택법 제30조 제1항 및 「민간임대주택에 관한 특별법」 제18조에도 불구하고 공공임대주택을 건설하려는 공공주택사업자에게 우선적으로 매각 또는 임대할 수 있다.

① ㉠, ㉡
② ㉢, ㉣
③ ㉠, ㉡, ㉢
④ ㉠, ㉢, ㉣
⑤ ㉡, ㉢, ㉣

16 화재의 예방 및 안전관리에 관한 법령에 관한 설명으로 가장 **틀린** 것은?

① 자위소방대(自衛消防隊) 및 초기대응체계의 구성, 운영·교육은 소방안전관리자의 업무에 속한다.
② 복합건축물(지하층을 제외한 층수가 11층 이상 또는 연면적 3만제곱미터 이상인 건축물)에 해당하는 특정소방대상물로서 그 관리의 권원(權原)이 분리되어 있는 특정소방대상물의 경우 그 관리의 권원별 관계인은 대통령령으로 정하는 바에 따라 법 제24조제1항에 따른 소방안전관리자를 선임하여야 한다.
③ 소방관서장은 화재예방강화지구 안의 소방대상물의 위치·구조 및 설비 등에 대한 화재안전조사를 연 1회 이상 실시할 수 있다.
④ 소방안전관리대상물의 관계인이 법 제24조에 따라 소방안전관리자 또는 소방안전관리보조자를 선임한 경우에는 행정안전부령으로 정하는 바에 따라 선임한 날부터 14일 이내에 소방본부장 또는 소방서장에게 신고하여야 한다.
⑤ 소방관서장은 화재안전조사를 실시하려는 경우 사전에 관계인에게 조사대상, 조사기간 및 조사사유 등을 우편, 전화, 전자메일 또는 문자전송 등을 통하여 통지하고 이를 대통령령으로 정하는 바에 따라 인터넷 홈페이지나 법 제16조제3항의 전산시스템 등을 통하여 7일 이상 공개하여야 한다.

17 도시 및 주거환경정비법령상 규정에 대한 설명으로 가장 **틀린** 것은?

① 정비기반시설은 도로·상하수도·구거(도랑)·공원·공용주차장·공동구(「국토의 계획 및 이용에 관한 법률」 제2조 제9호에 따른 공동구를 말한다), 그 밖에 주민의 생활에 필요한 열·가스 등의 공급시설로서 대통령령으로 정하는 시설을 말한다.
② 정비기반시설이 열악하고 노후·불량건축물이 밀집한 지역에서 주거환경을 개선하거나 상업지역·공업지역 등에서 도시기능의 회복 및 상권활성화 등을 위하여 도시환경을 개선하기 위한 사업은 재개발사업이다.
③ 조합장이 자기를 위하여 조합과의 소송을 할 때에는 이사가 조합을 대표한다.
④ 조합에 두는 이사의 수는 3명 이상으로 하고, 감사의 수는 1명 이상 3명 이하로 한다. 다만, 토지등소유자의 수가 100인을 초과하는 경우에는 이사의 수를 5명 이상으로 한다.
⑤ 재건축사업의 경우에는 정비구역에 위치한 건축물 및 그 부속토지의 소유자가 토지등소유자가 된다.

18 「도시재정비 촉진을 위한 특별법」상 재정비촉진지구의 지정에 관한 내용을 서술한 것으로 **잘못된** 것은?

① 시장·군수·구청장은 대통령령으로 정하는 바에 따라 재정비촉진계획 수립의 모든 과정을 총괄 진행·조정하게 하기 위하여 도시계획·도시설계·건축 등 분야의 전문가를 총괄계획가로 위촉할 수 있다.
② 재정비촉진지구라 함은 도시의 낙후된 지역에 대한 주거환경개선과 기반시설의 확충 및 도시기능의 회복을 광역적으로 계획하고 체계적이고 효율적으로 추진하기 위하여 지정하는 지구를 말한다.
③ 시장·군수·구청장은 특별시장·광역시장 또는 도지사에게 재정비촉진지구의 지정을 신청할 수 있다.
④ 재정비촉진지구 지정을 고시한 날부터 2년이 되는 날까지 제12조의 규정에 의한 재정비촉진계획이 결정되지 않은 경우, 그 2년이 되는 다음날 재정비촉진지구 지정의 효력이 상실된다. 다만, 시·도지사 또는 대도시시장은 당해 기간을 1년의 범위 내에서 연장할 수 있다.
⑤ 재정비촉진지구는 주거지형, 중심지형, 고밀복합형이 있다.

19 「전기사업법」상 규정에 대한 설명이다. 틀린 것은?

① 원칙적으로 동일인에게는 두 종류 이상의 전기사업을 허가할 수 없다.
② 저압이란 직류에서는 1,500볼트 이하의 전압을, 교류에서는 1,000볼트 이하의 전압을 말한다.
③ 한국전력거래소에 대하여 이 법과 「공공기관의 운영에 관한 법률」에 규정된 것을 제외하고는 「민법」 중 사단법인에 관한 규정을 준용한다.
④ 전기사업자는 다른 자의 토지의 지상 또는 지하 공간의 사용에 관하여 구분지상권의 설정 또는 이전을 전제로 그 토지의 소유자 및 「공익사업을 위한 토지 등의 취득 및 보상에 관한 법률」 제2조 제5호에 따른 관계인과 협의하여 그 협의가 성립된 경우에는 구분지상권을 설정 또는 이전한다.
⑤ 산업통상자원부장관은 전력수급의 안정을 위하여 전력수급기본계획을 5년 단위로 수립하여야 한다.

20 소방시설 설치 및 관리에 관한 법령상 소방시설등의 자체점검에 관한 내용으로 틀린 것은?

① 소방시설 등에 대한 자체점검은 작동점검, 종합점검으로 구분한다. 종합점검은 최초점검과 그 밖의 종합점검으로 나누어진다.
② 종합점검은 최초점검과 그 밖의 최종점검으로 나누어진다.
③ 자체점검중 작동점검은 소방시설등을 인위적으로 조작하여 소방시설이 정상적으로 작동하는지를 소방청장이 정하여 고시하는 소방시설등 작동점검표에 따라 점검하는 것을 말한다.
④ 종합점검 중 최초점검은 법 제22조제1항제1호에 따라 소방시설이 새로 설치되는 경우 「건축법」 제22조에 따라 건축물을 사용할 수 있게 된 날부터 60일 이내 점검하는 것을 말한다.
⑤ 특정소방대상물의 관계인은 그 대상물에 설치되어 있는 소방시설등이 이 법이나 이 법에 따른 명령 등에 적합하게 설치·관리되고 있는지에 대하여 스스로 점검하거나 관리업자등으로 하여금 정기적으로 점검하게 하여야 한다.

21 「집합건물의 소유 및 관리에 관한 법률」상 건물의 재건축 결의에 관한 설명으로 옳지 않은 것은?

① 재건축을 결의할 때에는 새 건물의 구분소유권의 귀속에 관한 사항은 각 구분소유자 사이에 형평이 유지되도록 정하여야 한다.
② 재건축 결의를 위한 관리단집회의 의사록에는 결의에 대한 각 구분소유자의 찬반 의사를 적어야 한다.
③ 재건축 결의는 구분소유자의 3분의 2 이상 및 의결권의 5분의 4 이상의 결의에 따른다.
④ 재건축에 참가할 것인지 여부를 회답할 것을 촉구받은 구분소유자가 촉구를 받은 날부터 2개월 이내에 회답하지 아니한 경우 재건축에 참가하지 아니하겠다는 뜻을 회답한 것으로 본다.
⑤ 재건축의 내용이 단지 내 다른 건물의 구분소유자에게 특별한 영향을 미칠 때에는 그 구분소유자의 승낙을 받아야 한다.

22 다음 중 「승강기 안전관리법」상 승강기의 제반 검사에 대한 설명이다. <u>틀린</u> 것은?

① 승강기의 제조·수입업자는 설치를 끝낸 승강기에 대하여 행정안전부령으로 정하는 바에 따라 행정안전부장관이 실시하는 설치검사를 받아야 한다.
② 정기검사는 설치검사 후 정기적으로 하는 검사. 이 경우 검사주기는 3년 이하로 한다.
③ 승강기 관리주체는 설치검사를 받은 날부터 15년이 지난 경우 해당 승강기에 대하여 정밀안전검사를 받아야 한다.
④ 법 제18조 제1호부터 제3호까지(수출을 목적으로 승강기를 제조하는 경우 등)의 어느 어느 하나에 해당하여 승강기안전인증을 면제받은 승강기는 안전검사를 면제할 수 있다.
⑤ 승강기의 제어반(制御盤) 또는 구동기(驅動機)를 교체한 경우 실시하는 검사는 수시검사에 속한다.

23 소방기본법령에 관한 내용으로 가장 <u>틀린</u> 것은?

① 관계인이란 소방대상물의 소유자·관리자 또는 점유자를 말한다.
② 소방대(消防隊)라 함은 화재를 진압하고 화재, 재난·재해 그 밖의 위급한 상황에서의 구조·구급활동 등을 하기 위한 소방공무원, 의무소방원, 의용소방대원으로 구성된 조직체를 말한다.
③ 소방대는 화재, 재난·재해, 그 밖의 위급한 상황이 발생한 현장에 신속하게 출동하기 위하여 긴급한 경우, 일반적인 통행에 쓰이지 아니하는 도로 위로 통행할 수 없다.
④ 관계인이 규정을 위반하여 정당한 사유없이 소방대가 현장에 도착할 때까지 사람을 구출하는 조치 또는 불을 끄거나 불이 번지지 아니하도록 조치를 하지 아니한 자는 100만원 이하의 벌금에 처한다
⑤ 소방신호 중 경계신호란 화재예방상 필요하다고 인정되거나 「소방기본법」 제14조의 규정에 의한 화재위험경보 시 발령한다.

24 시설물의 안전 및 유지관리에 관한 특별법령의 규정 내용으로 옳지 <u>않은</u> 것은?

① 관리주체는 소관 시설물에 사고가 발생한 경우에는 지체없이 응급안전조치를 하여야 하며, 대통령령으로 정하는 규모 이상의 사고가 발생한 경우에는 공공관리주체는 주무부처의 장 또는 관할 시·도지사 및 시장·군수·구청장에게, 민간관리주체는 관할 시장·군수·구청장에게 사고 발생 사실을 알려야 한다.
② 유지관리라 함은 완공된 시설물의 기능을 보전하고 시설물의 이용자의 편의와 안전을 높이기 위하여 시설물을 일상적으로 점검·정비하고 손상된 부분을 원상복구하며 경과시간에 따라 요구되는 시설물의 개량·보수·보강에 필요한 활동을 하는 것을 말한다.
③ 21층 이상의 공동주택은 제1종 시설물에 해당한다.
④ 관리주체는 제1종 시설물에 대하여 정기적으로 정밀안전진단을 실시하여야 한다.
⑤ 시설물의 안전점검 등 또는 성능평가를 대행하려는 자는 기술인력 및 장비 등 대통령령으로 정하는 분야별 등록기준을 시·도지사에게 안전진단전문기관으로 등록을 하여야 한다.

25 입주자대표회의 임원에 관한 「공동주택관리법 시행령」 내용이다. ( )에 맞는 아라비아 숫자와 용어를 차례로 쓰시오.

법 제14조제5항에 따라 입주자대표회의에는 다음 각 호의 임원을 두어야 한다(영 제12조 제1항).
㉠ 회장 1명
㉡ 감사 (㉠)명 이상
㉢ (㉡) 1명 이상

26 다음은 주택법령상 등록사업자의 결격사유이다. ( )에 들어갈 아라비아 숫자를 쓰시오.

> 법 제6조(등록사업자의 결격사유) 다음 각 호의 어느 하나에 해당하는 자는 제4조에 따른 주택건설사업 등의 등록을 할 수 없다.
>
> 1. 미성년자·피성년후견인 또는 피한정후견인
> 2. 파산선고를 받은 자로서 복권되지 아니한 자
> 3. 「부정수표 단속법」 또는 이 법을 위반하여 금고 이상의 실형을 선고받고 그 집행이 끝나거나(집행이 끝난 것으로 보는 경우를 포함한다) 집행이 면제된 날부터 (㉠)년이 지나지 아니한 자
> 4. 「부정수표 단속법」 또는 이 법을 위반하여 금고 이상의 형의 집행유예를 선고받고 그 유예기간 중에 있는 자
> 5. 제8조에 따라 등록이 말소(제6조 제1호 및 제2호에 해당하여 말소된 경우는 제외한다)된 후 (㉡)년이 지나지 아니한 자
> 6. 임원 중에 제1호부터 제5호까지의 규정 중 어느 하나에 해당하는 자가 있는 법인

27 다음은 「주택법 시행령」상의 주택조합의 조합원의 추가 모집등에 대한 규정이다. ( )에 들어갈 용어를 순서대로 쓰시오.

> 1. 조합원으로 추가 모집되거나 충원되는 자가 조합원 자격요건을 갖추었는지를 판단할 때는 해당 (㉠) 신청일을 기준으로 한다.
> 2. 조합원 추가모집의 승인과 조합원 추가모집에 따른 주택조합의 변경인가 신청은 법 제15조에 따른 (㉡) 신청일까지 하여야 한다.

28 다음은 주택법령상 조정대상지역 지정의 해제의 일부 내용이다. ( )에 알맞은 용어와 아라비아 숫자를 차례로 쓰시오.

> (㉠)은 조정대상지역 지정의 해제를 요청받은 경우에는 「주거기본법」 제8조에 따른 주거정책심의위원회의 심의를 거쳐 요청받은 날부터 (㉡)일 이내에 해제 여부를 결정하고, 그 결과를 해당 지역을 관할하는 시·도지사 또는 시장·군수·구청장에게 통보해야 한다.

29 다음은 공동주택관리법령상 의무관리대상 공동주택 전환 등에 대한 일부 내용이다. ( )에 맞는 아라비아 숫자를 차례로 쓰시오.

> 1. 법 제2조 제1항 제2호 마목에 따라 의무관리대상 공동주택으로 전환되는 공동주택(이하 "의무관리대상 전환 공동주택"이라 한다)의 관리인(「집합건물의 소유 및 관리에 관한 법률」에 따른 관리인을 말하며, 관리단이 관리를 개시하기 전인 경우에는 같은 법 제9조의3 제1항에 따라 공동주택을 관리하고 있는 자를 말한다. 이하 같다)은 대통령령으로 정하는 바에 따라 관할 특별자치시장·특별자치도지사·시장·군수·구청장(자치구의 구청장을 말하며 이하 같다. 이하 특별자치시장·특별자치도지사·시장·군수·구청장은 "시장·군수·구청장"이라 한다)에게 의무관리대상 공동주택 전환 신고를 하여야 한다. 다만, 관리인이 신고하지 않는 경우에는 입주자등의 (㉠)분의 1 이상이 연서하여 신고할 수 있다.
> 2. 의무관리대상 전환 공동주택의 입주자등은 법 제19조 제1호에 따른 관리규약의 제정 신고가 수리된 날부터(㉡)개월 이내에 입주자대표회의를 구성하여야 하며, 법 제19조 제2호에 따른 입주자대표회의의 구성 신고가 수리된 날부터 (㉢)개월 이내에 제5조에 따른 공동주택의 관리방법을 결정하여야 한다.

30 공동주택관리법 시행령 제 70조의(손해배상책임의 보장)에 관한 규정의 일부이다. ( )안에 들어갈 용어와 아라비아 숫자를 차례로 쓰시오.

> 관리사무소장으로 배치된 주택관리사 등은 법 제66조 제1항에 따른 손해배상책임을 보장하기 위하여 다음 각 호의 구분에 따른 금액을 보장하는 보증보험 또는 공제에 가입하거나 (㉠)을 하여야 한다.
> 1. 500세대 미만의 공동주택 : (㉡)천만원
> 2. 500세대 이상의 공동주택 : 5천만원

31 사전결정에 관한 건축법령상의 일부 내용이다. ( )에 들어갈 아라비아 숫자를 쓰시오.

> 사전결정신청자는 사전결정을 통지받은 날부터 (㉠)년 이내에 건축허가를 신청하여야 하며, 이 기간에 건축허가를 신청하지 아니하면 사전결정의 효력이 상실된다.

32 다음은 건축법령상 헬리포트 설치에 관한 규정이다. ( )에 알맞은 아라비아 숫자를 차례로 쓰시오.

> 건축법령상 층수가 11층 이상인 건축물로서 (㉠)층 이상인 층의 바닥면적의 합계가 (㉡)만제곱미터 이상인 건축물의 지붕을 평지붕으로 하는 건축물의 옥상에는 헬리포트를 설치하거나 헬리콥터를 통하여 인명 등을 구조할 수 있는 공간을 확보하여야 한다.

33 건축법령상 특수구조 건축물이란 다음의 어느 하나에 해당하는 건축물을 말한다. ( )에 들어갈 아라비아 숫자를 순서대로 쓰시오.

> 1. 한쪽 끝은 고정되고 다른 끝은 지지(支持)되지 아니한 구조로 된 보·차양 등이 외벽외벽(외벽이 없는 경우에는 외곽 기둥을 말한다)의 중심선으로부터 (㉠)미터 이상 돌출된 건축물
> 2. 기둥과 기둥 사이의 거리(기둥의 중심선 사이의 거리를 말하며, 기둥이 없는 경우에는 내력벽과 내력벽의 중심선 사이의 거리를 말한다. 이하 같다)가 (㉡)미터 이상인 건축물
> 3. 생략

34 건축법령상 이행강제금을 산정하기 위하여 위반 내용에 따라 곱하는 비율을 나열한 것이다. ( ) 안에 숫자를 차례로 쓰시오(단, 조례는 고려하지 않음).

> 1. 건폐율을 초과하여 건축한 경우 : 100분의 (㉠)
> 2. 용적률을 초과하여 건축한 경우 : 100분의 90
> 3. 허가를 받지 아니하고 건축한 경우 : 100분의 (㉡)
> 4. 신고를 하지 아니하고 건축한 경우 : 100분의 70

35 전기사업법령상 ( )에 들어갈 용어를 순서대로 쓰시오.

> 1. (㉠)(이)란 발전소로부터 송전된 전기를 전기사용자에게 배전하는 데 필요한 전기설비를 설치·운용하는 것을 주된 목적으로 하는 사업을 말한다.
> 2. (㉡)(이)란 발전소·변전소·개폐소 및 이에 준하는 장소와 전기를 사용하는 장소 상호간의 전선 및 이를 지지하거나 수용하는 시설물을 말한다.

36 다음은 공동주택관리법령상 동별대표자 선출요건이다 알맞은 용어를 차례로 쓰시오.

> 동별대표자는 서류 제출 마감일을 기준으로 다음의 요건을 갖춘 입주자(입주자가 법인인 경우에는 그 대표자를 말한다) 중에서 선거구 입주자등의 보통·평등·직접·비밀선거를 통하여 선출하는 것이 원칙이다.
> 1. 해당 공동주택단지 안에서 주민등록을 마친 후 계속하여 (㉠) 이상 거주하고 있을 것(최초의 입주자대표회의를 구성하거나 순차적으로 건설하는 공동주택단지에서입주자대표회의를 구성하기 위하여 동별 대표자를 선출하는 경우는 제외한다)
> 2. 해당 선거구에 (㉡)을 마친 후 거주하고 있을 것

37 주택법령상 사용검사시 입주예정자대표회의의 구성등에 관한 시행규칙 제22조의 내용이다. ( ) 안에 들어갈 아라비아 숫자를 순서대로 쓰시오.

> 사용검사권자는 입주예정자대표회의가 사용검사를 받아야 하는 경우에는 입주예정자로 구성된 대책회의를 소집하여 그 내용을 통보하고, 건축공사현장에 (㉠)일 이상 그 사실을 공고하여야 한다. 이 경우 입주예정자는 그 과반수의 동의를 얻어 (㉡)인 이내의 입주예정자로 구성된 입주예정자대표회의를 구성하여야 한다.

38 승강기 안전관리법령상 제조업 또는 수입업의 등록기준 등에 관한 규정이다. ( )에 들어갈 아라비아 숫자를 차례로 쓰시오.

> 1. 자본금(법인인 경우에는 납입자본금을 말하고, 개인인 경우에는 자산평가액을 말한다. 이하 같다)이 (㉠)억원 이상일 것
> 2. 제조업 또는 수입업을 하기 위하여 등록을 한 자(이하 "제조·수입업자"라 한다)는 그 사업을 폐업 또는 휴업하거나 휴업한 사업을 다시 시작한 경우에는 그 날부터 (㉡)일 이내에 시·도지사에게 신고하여야 한다.

39 분양신청을 하지 아니한 자 등에 대한 조치에 관한「도시 및 주거환경정비법」제73조 제1항에 관한 내용이다. ( )에 들어갈 아라비아숫자를 쓰시오.

> 사업시행자는 관리처분계획이 인가·고시된 다음 날부터 (㉠)일 이내에 다음 각 호에서 정하는 자와 토지, 건축물 또는 그 밖의 권리의 손실보상에 관한 협의를 하여야 한다. 다만, 사업시행자는 분양신청기간 종료일의 다음날부터 협의를 시작할 수 있다(법 제73조 제1항).
> 1. 분양신청을 하지 아니한 자
> 2. 분양신청기간 종료 이전에 분양신청을 철회한 자
> 3. 법 제72조 제6항 본문에 따라 분양신청을 할 수 없는 자
> 4. 법 제74조에 따라 인가된 관리처분계획에 따라 분양대상에서 제외된 자

40 다음은 공공주택특별법령상 규정이다. ( )에 알맞은 아라비아 숫자를 차례로 쓰시오. 공공주택사업자는 임차인이 다음의 어느 하나에 해당하는 경우에는 임대차계약을 해제 또는 해지하거나 재계약을 거절할 수 있다.

> 기간 내 입주의무, 임대료 납부 의무, 분납금 납부 의무 등 다음의 대통령령으로 정하는 의무를 위반한 경우
>
> 1. 공공주택사업자의 귀책사유 없이 법 제49조의2에 따른 표준임대차 계약서상의 임대차계약 기간이 시작된 날부터 (㉠)개월 이내에 입주하지 아니한 경우
> 2. 월 임대료를 (㉡)개월 이상 연속하여 연체한 경우
> 3. 분납임대주택의 분납금(분할하여 납부하는 분양전환금을 말한다)을 3개월 이상 연체한 경우

- 다음면에 계속 -

제10회 적중 실전모의고사

2 공동주택관리실무

41 공동주택관리법령상 관리비등 집행을 위한 사업자선정의 내용으로 옳지 <u>않은</u> 것은?

① 의무관리대상 공동주택의 관리주체 또는 입주자대표회의는 선정한 주택관리업자 또는 공사, 용역 등을 수행하는 사업자와 계약을 체결하는 경우 계약 체결일부터 1개월 이내에 그 계약서를 해당 공동주택단지의 인터넷 홈페이지 및 동별 게시판에 공개하여야 한다.
② 사업주체로부터 지급받은 공동주택 공용부분의 하자보수비용을 사용하여 보수하는 공사는 입주자대표회의가 사업자를 선정하고 집행하는 사항이다.
③ 하자보수보증금을 사용하여 직접 보수하는 공사는 입주자대표회의가 사업자를 선정하고 집행하는 사항이다.
④ 장기수선충당금을 사용하는 공사는 입주자대표회의가 사업자를 선정하고 관리주체가 집행하는 사항이다.
⑤ 잡수입의 취득(공동주택의 어린이집 임대에 따른 잡수입의 취득은 제외한다)은 입주자 대표회의가 사업자를 선정하고 관리주체가 집행하는 사항이다.

42 공동주택관리법령상 공동주택 회계관리에 관한 설명으로 옳지 <u>않은</u> 것은?

① 회계감사의 감사인은 회계감사 완료일부터 1개월 이내에 회계감사 결과를 해당 공동주택을 관할하는 시장·군수·구청장에게 제출하고 공동주택관리정보시스템에 공개하여야 한다.
② 사업주체 또는 의무관리대상 전환 공동주택의 관리인으로부터 공동주택의 관리업무를 인계받은 관리주체는 다음 회계연도가 시작되기 전까지의 기간이 6개월 미만인 경우로서 입주자대표회의 의결이 있는 경우에는 사업계획 및 예산안 수립을 생략할 수 있다.
③ 입주자등의 10분의 1 이상이 연서하여 감사인의 추천을 요구하는 경우 입주자대표회의는 감사인의 추천을 의뢰한 후 추천을 받은 자 중에서 감사인을 선정하여야 한다.
④ 관리주체는 해당 연도에 회계감사를 받지 아니하기로 서면동의를 받으려는 경우에는 회계감사를 받지 아니할 사유를 입주자등이 명확히 알 수 있도록 동의서에 기재하여야 하고, 동의서를 관리규약으로 정하는 바에 따라 보관하여야 한다
⑤ 관리주체는 감사인의 회계감사를 받은 경우에는 감사보고서 등 회계감사의 결과를 제출받은 날부터 1개월 이내에 입주자대표회의에 보고하고 해당 공동주택단지의 인터넷 홈페이지 및 동별 게시판에 공개하여야 한다.

43 공동주택관리법령상 공동주택관리에 관한 설명으로 옳지 않은 것은?

① 입주자대표회의가 관리사무소장의 업무에 부당하게 간섭하여 입주자등에게 손해를 초래하거나 초래할 우려가 있는 경우 관리사무소장은 시장·군수·구청장에게 이를 보고하고, 사실 조사를 의뢰할 수 있다.
② 입주자 등이 새로운 주택관리업자 선정을 위한 입찰에서 기존 주택관리업자의 참가를 제한하도록 입주자대표회의에 요구하려면 전체 입주자 등 과반수의 서면동의가 있어야 한다.
③ 공동주택 관리비리 신고센터는 신고서를 받은 날부터 15일 이내(보완기간은 제외한다)에 해당 지방자치단체의 장에게 신고사항에 대한 조사 및 조치를 요구하고, 그 사실을 신고자에게 통보하여야 한다.
④ 관리주체의 변경에 따른 새로운 관리주체는 기존 관리의 종료일까지 공동주택관리기구를 구성하여야 하며, 기존 관리주체는 해당 관리의 종료일까지 공동주택의 관리업무를 인계하여야 한다.
⑤ 주택관리업자는 관리하는 공동주택에 배치된 주택관리사 등이 해임 그 밖의 사유로 결원이 된 때에는 그 사유가 발생한 날부터 15일 이내에 새로운 주택관리사 등을 배치하여야 한다.

44 공동주택관리법령상 주택관리업자에 대한 행정처분이다. 영업정지를 갈음하여 1천만원 이하의 과징금을 부과할 수 있는 경우에 해당하는 것은?

① 고의 또는 과실로 공동주택을 잘못 관리하여 소유자 및 사용자에게 재산상의 손해를 입힌 경우
② 공동주택의 관리와 관련하여 입주자 등·관리주체·입주자대표회의·선거관리위원회(위원을 포함)가 부정하게 재물 또는 재산상의 이익을 취득하거나 제공한 경우
③ 입주자대표회의 및 관리주체가 관리비·사용료와 장기수선충당금을 이 법에 따른 용도 외의 목적으로 사용한 경우
④ 주택관리업자 및 주택관리사 등이 다른 자에게 자기의 성명 또는 상호를 사용하여 이 법에서 정한 사업이나 업무를 수행하게 한 경우
⑤ 영업정지기간 중에 주택관리업을 영위한 경우

45 근로기준법령상 임금채권에 관한 설명으로 옳지 않은 것은?

① 임금, 재해보상금, 그 밖에 근로관계로 인한 채권은 사용자의 총재산에 대하여 질권(質權)·저당권 또는 「동산·채권 등의 담보에 관한 법률」에 따른 담보권에 따라 담보된 채권 외에는 조세·공과금 및 다른 채권에 우선하여 변제되어야 한다. 다만, 질권·저당권 또는 「동산·채권 등의 담보에 관한 법률」에 따른 담보권에 우선하는 조세·공과금에 대하여는 그러하지 아니하다.
② 최종 3개월분의 임금 및 재해보상금에 해당하는 채권은 사용자의 총재산에 대하여 질권·저당권 또는 「동산·채권 등의 담보에 관한 법률」에 따른 담보권에 따라 담보된 채권, 조세·공과금 및 다른 채권에 우선하여 변제되어야 한다.
③ 「근로기준법」에 따른 임금채권은 1년간 행사하지 아니하면 시효로 소멸한다.
④ 평균임금이란 이를 산정하여야 할 사유가 발생한 날 이전 3개월 동안에 그 근로자에게 지급된 임금의 총액을 그 기간의 총일수로 나눈 금액을 말한다. 근로자가 취업한 후 3개월 미만인 경우도 이에 준하며, 산출된 금액이 그 근로자의 통상임금보다 적으면 그 통상임금액을 평균임금으로 한다.
⑤ 통상임금이란 근로자에게 정기적으로 일률적으로 소정근로 또는 총근로에 대하여 지급하기로 정한 시간급금액, 일급금액, 주급금액, 월급금액 또는 도급금액을 말한다.

46 노동조합 및 노동관계조정법령상 부당노동행위의 구제절차에 관한 설명으로 옳은 것은?

① 사용자의 부당노동행위로 인하여 그 권리를 침해당한 근로자 또는 노동조합은 노동위원회에 그 구제를 신청할 수 있다.
② 구제의 신청은 부당노동행위가 있은 날(계속하는 행위는 그 종료일)부터 6개월 이내에 이를 행하여야 한다.
③ 노동위원회의 구제명령, 기각결정 또는 재심판정은 중앙노동위원회에 대한 재심신청이나 행정소송 제기에 의하여 그 효력이 정지된다.
④ 지방노동위원회 또는 특별노동위원회의 구제명령 또는 기각결정에 불복이 있는 관계 당사자는 그 명령서 또는 결정서의 송달을 받은 날부터 10일 이내에 노사관계발전위원회에 그 재심을 신청할 수 있다.
⑤ 사용자가 행정소송을 제기한 경우에 관할 법원은 판결이 확정될 때까지 중앙노동위원회의 구제명령의 전부 또는 일부를 이행하도록 명할 수 없다.

47 퇴직급여보장법령상 퇴직금의 중간정산사유로 옳지 않은 것은?

① 무주택자인 근로자가 주거를 목적으로 「민법」 제303조에 따른 전세금 또는 「주택임대차보호법」 제3조의2에 따른 보증금을 부담하는 경우. 이 경우 근로자가 수 개의 사업에 근로하는 동안 1회로 한정한다.
② 퇴직금 중간정산을 신청하는 날부터 거꾸로 계산하여 5년 이내에 근로자가 「채무자 회생 및 파산에 관한 법률」에 따라 파산선고를 받은 경우
③ 사용자가 기존의 정년을 연장하거나 보장하는 조건으로 단체협약 및 취업규칙 등을 통하여 일정나이, 근속시점 또는 임금액을 기준으로 임금을 줄이는 제도를 시행하는 경우
④ 사용자가 근로자와의 합의에 따라 소정근로시간을 1일 1시간 또는 1주 5시간 이상 변경하여 그 변경된 소정근로시간에 따라 근로자가 3개월 이상 계속 근로하기로 한 경우
⑤ 「근로기준법」에 따른 근로시간의 단축으로 근로자의 퇴직금이 감소되는 경우

48 고용보험법령상 보험급여 결정등에 대한 심사청구 및 재심사 청구에 관한 설명으로 옳지 않은 것은?

① 고용노동부장관의 피보험자격의 취득·상실에 대한 확인에 이의가 있는 자는 직업안정기관의 장을 거쳐 고용보험심사관에게 피보험자격의 취득·상실 확인에 대한 심사청구를 하여야 한다.
② 심사 및 재심사의 청구는 시효중단에 관하여 재판상의 청구로 본다.
③ 심사의 청구는 원처분등의 집행을 정지시키지 아니한다. 다만, 심사관은 원처분등의 집행에 의하여 발생하는 중대한 위해(危害)를 피하기 위하여 긴급한 필요가 있다고 인정하면 직권으로 그 집행을 정지시킬 수 있다.
④ 고용보험심사관의 심사청구 결정에 이의가 있는 자는 심사청구에 대한 결정이 있음을 안 날부터 90일 이내에 고용보험심사위원회에 재심사를 청구할 수 있다.
⑤ 고용보험심사위원회는 고용노동부에 두며, 근로자를 대표하는 자 및 사용자를 대표하는 자 각 1명 이상을 포함한 15명 이내의 위원으로 구성한다.

49 공동주택관리법령상 공동주택관리의 분쟁조정에 관한 설명으로 옳지 <u>않은</u> 것은?

① 공동주택관리기구의 구성·운영 등에 관한 사항은 공동주택관리 분쟁조정위원회의 심의·조정사항에 해당된다.
② 500세대 이상의 공동주택단지에서 발생한 분쟁은 중앙 공동주택관리 분쟁조정위원회의 심의·조정사항에 해당된다.
③ 지방 공동주택관리 분쟁조정위원회는 해당 특별자치시·특별자치도·시·군·자치구의 관할 구역에서 발생한 분쟁 중 중앙 공동주택관리 분쟁조정위원회의 심의·조정대상인 분쟁 외의 분쟁을 심의·조정한다.
④ 조정안을 제시받은 당사자는 그 제시를 받은 날부터 60일 이내에 그 수락 여부를 중앙 공동주택관리 분쟁조정위원회에 서면으로 통보하여야 하며, 60일 이내에 의사표시가 없는 때에는 수락한 것으로 본다.
⑤ 중앙분쟁조정위원회는 신청된 사건의 처리절차가 진행되는 도중에 한쪽 당사자가 소를 제기한 경우에는 조정의 처리를 중지하고 이를 당사자에게 알려야 한다.

50 민간임대주택에 관한 특별법령상 용어에 관한 설명으로 옳지 <u>않은</u> 것은?

① 민간임대주택이란 임대 목적으로 제공하는 주택으로서 임대사업자가 「민간임대주택에 관한 특별법」 제5조에 따라 등록한 주택을 말하며, 민간건설임대주택과 민간매입임대주택으로 구분한다.
② 장기 일반민간임대주택이란 임대사업자가 공공지원민간임대주택이 아닌 주택을 10년 이상 임대할 목적으로 취득하여 임대하는 민간임대주택[아파트(「주택법」 제2조 제20호의 도시형 생활주택이 아닌 것을 말한다)를 임대하는 민간매입임대주택은 제외한다]을 말한다.
③ 주거지원대상자란 청년·신혼부부 등 주거지원이 필요한 사람으로서 국토교통부령으로 정하는 요건을 충족하는 사람을 말한다.
④ 임대사업자란 「공공주택 특별법」 제4조 제1항에 따른 공공주택사업자가 아닌 자로서 2호(戶) 이상의 민간임대주택을 취득하여 임대하는 사업을 할 목적으로 등록한 자를 말한다.
⑤ 단기민간임대주택이란 임대사업자가 6년 이상 임대할 목적으로 취득하여 임대하는 민간임대주택[아파트(「주택법」 제2조제20호의 도시형 생활주택이 아닌 것을 말한다)는 제외한다]을 말한다.

51 다음 중 부당노동행위에 해당하지 <u>않는</u> 것은?

① 근로자가 노동조합에 가입 또는 가입하려고 하였거나 노동조합을 조직하려고 하였거나 기타 노동조합의 업무를 위한 정당한 행위를 한 것을 이유로 그 근로자를 해고하거나 그 근로자에게 불이익을 주는 행위
② 근로자가 어느 노동조합에 가입하지 아니할 것 또는 탈퇴할 것을 고용조건으로 하거나 특정한 노동조합의 조합원이 될 것을 고용조건으로 하는 행위
③ 노동조합의 대표자 또는 노동조합으로부터 위임을 받은 자와의 단체협약체결 기타의 단체교섭을 정당한 이유없이 거부하거나 해태하는 행위
④ 근로자가 노동조합을 조직 또는 운영하는 것을 지배하거나 이에 개입하는 행위와 근로시간 면제한도를 초과하여 급여를 지급하거나 노동조합의 운영비를 원조하는 행위
⑤ 근로자가 근로시간 중에 사용자와 협의 또는 교섭하는 것을 사용자가 허용하고 또한 근로자의 후생자금 또는 경제상의 불행 기타 재액의 방지와 구제 등을 위하여 기금을 기부하거나 최소한 규모의 노동조합사무소를 제공하는 행위

52 공동주택관리법령상 공동주택의 장기수선충당금에 관한 설명으로 옳은 것을 모두 고른 것은?

> ㉠ 장기수선충당금의 요율·산정방법·적립방법 및 사용절차와 사후관리 등에 필요한 사항은 대통령령으로 정한다.
> ㉡ 해당 공동주택의 입주자 과반수의 서면동의가 있더라도 장기수선충당금을 하자분쟁조정 등의 비용으로 사용할 수 없다.
> ㉢ 관리주체는 공동주택의 사용자가 장기수선충당금의 납부확인을 요구하는 경우에는 지체 없이 확인서를 발급해 주어야 한다.
> ㉣ 장기수선충당금은 관리주체가 「공동주택관리법 시행령」 제31조 제4항 각 호의 사항이 포함된 장기수선충당금 사용계획서를 장기수선계획에 따라 작성하고 입주자대표회의의 의결을 거쳐 사용한다.
> ㉤ 장기수선충당금은 건설임대주택에서 분양전환된 공동주택의 경우에는 임대사업자가 관리주체에게 공동주택의 관리업무를 인계한 날부터 1년이 경과한 날이 속하는 달부터 매달 적립한다.

① ㉠, ㉤ ② ㉡, ㉣ ③ ㉠, ㉢, ㉣
④ ㉡, ㉢, ㉤ ⑤ ㉡, ㉣, ㉤

53 시설물의 안전 및 유지관리에 관한 특별법령에 의한 안전관리 내용으로 옳지 않은 것은?

① 관리주체는 시설물의 하자담보책임기간이 끝나기 전에 마지막으로 실시하는 정밀안전점검의 경우에는 안전진단전문기관이나 국토안전관리원에 의뢰하여 실시하여야 한다.
② B·C등급인 경우의 건축물 정밀안전점검의 실시시기는 3년에 1회 이상이다.
③ 정밀안전점검의 실시 주기는 이전 정밀안전점검을 완료한 날을 기준으로 한다.
④ 관리주체는 긴급안전점검에 따른 조치명령 또는 시설물의 중대한 결함 등에 대한 통보를 받은 날부터 2년 이내에 시설물의 보수·보강 등 필요한 조치에 착수해야 하며, 특별한 사유가 없으면 착수한 날부터 3년 이내에 이를 완료해야 한다.
⑤ 관리주체는 안전점검 및 긴급안전점검을 실시하려는 경우 이를 직접 수행할 수 없고 국토안전관리원, 안전진단전문기관 또는 유지관리업자에게 대행하게 하여야 한다.

54 다음의 장기수선계획의 수립기준 중에서 전면수리나 전면교체 수선주기가 다른 것은?

① 난방설비 자동제어기기
② 방화문
③ 자동화재설비 감지기
④ 예비전원 배전반
⑤ 지붕 금속기와 잇기

55 어린이놀이시설 안전관리법령상의 다음 내용 중 옳지 <u>않은</u> 것은?

① 관리주체는 설치검사 및 정기시설검사에 합격된 어린이놀이시설에 대해서는 이용자가 알 수 있도록 대통령령이 정하는 바에 따라 설치검사 및 정기시설검사에 합격되었음을 나타내는 표시를 하여야 한다.
② 관리주체는 설치검사나 정기시설검사에서 불합격 통보를 받았거나 안전진단에서 위험하거나 보수가 필요하다는 판정 통보를 받은 경우에는 그 통보를 받은 날부터 3개월 이내에 시설개선계획서를 관리감독기관의 장에게 제출하고 수리·보수 등 필요한 조치를 하여야 한다.
③ 관리주체는 안전점검을 월 1회 이상 실시하여야 한다.
④ 관리주체는 안전점검 결과 해당 어린이놀이시설이 어린이에게 위해를 가할 우려가 있다고 판단되는 경우에는 그 이용을 금지하고 1개월 이내에 안전검사기관에 안전진단을 신청하여야 한다.
⑤ 관리주체는 그가 관리하는 어린이놀이시설로 인하여 대통령령이 정하는 중대한 사고가 발생한 때에는 즉시 사용중지 등 필요한 조치를 취하고 해당 관리감독기관의 장에게 통보하여야 한다.

56 온수난방장치에 적용되는 팽창탱크에 관한 설명으로 옳지 <u>않은</u> 것은?

① 운전 중 장치내를 소정의 압력으로 유지하여 온수온도를 일정하게 유지하고, 팽창된 물의 배출을 막아 장치의 열손실을 방지한다.
② 운전 중 장치내의 온도상승으로 생기는 물의 체적팽창과 압력을 흡수한다.
③ 장치 휴지 중에도 배관계를 일정압력 이상으로 유지하여, 물의 누수 등으로 발생하는 공기의 침입을 방지한다.
④ 개방식 팽창탱크에 있어서는 장치내의 공기를 배출하는 공기배출구로 이용되고, 온수보일러의 도피관으로도 이용된다.
⑤ 밀폐형 팽창탱크에 있어서는 팽창이 발생하더라도 배관내의 압력변동은 거의 없으며, 기기의 내압 요구조건은 개방식보다 유리하다.

57 배관 중의 수격작용을 방지할 수 있는 방법과 가장 거리가 <u>먼</u> 것은?

① 감압밸브나 완폐쇄형 밸브를 설치한다.
② 급수의 공급압력을 낮춰 준다.
③ 밸브앞의 배관길이를 짧게 설계한다.
④ 양수펌프와 고가수조가 평면적으로 떨어져 있는 경우에 양수관의 수평배관을 가능한 높게 설치한다.
⑤ 공기실을 설치하거나 조압수조를 설치한다.

58 물의 재이용 촉진 및 지원에 관한 법령상 건축면적이 1만m² 이상인 공동주택에서 갖추어야 하는 빗물이용시설의 시설기준 및 관리기준에 관한 내용이다. <u>틀린</u> 것은?

① 지붕(골프장의 경우에는 부지를 말한다)에 떨어지는 빗물을 모을 수 있는 집수시설을 갖추어야 한다.
② 처음 내린 빗물을 배제할 수 있는 장치나 빗물에 섞여 있는 이물질을 제거할 수 있는 여과장치 등 처리시설을 갖추어야 한다.
③ 처리한 빗물을 일정 기간 저장할 수 있는 지붕의 빗물 집수 면적에 0.05m를 곱한 규모 이상의 용량 등 요건을 갖춘 빗물 저류조를 갖추어야 한다.
④ 연 1회 이상 주기적으로 빗물이용시설에 대한 위생·안전 상태를 점검하고 이물질을 제거하는 등 청소를 해야 한다.
⑤ 빗물사용량, 누수 및 정상가동 점검결과, 청소일시 등에 관한 자료를 기록하고 3년간 보존해야 한다(전자적 방법으로 기록·보존할 수 있다).

59 히트펌프에 관한 내용으로 옳지 않은 것은?

① 히트펌프는 저온 레벨의 열(공기, 지하수, 폐열 등)을 흡수하여 고온 레벨로 펌프-업(pump-up)한다는 데서 그 이름이 붙여진 것으로, 냉동기가 증발기의 흡열작용(냉각력)을 이용하는 것인데 반해, 히트펌프는 응축기의 방열을 이용하는 것이다.
② 히트펌프의 효율을 나타내는 COP는 압축기 일량에 대한 응축열로 나타내며, 증발온도가 높고 응축온도가 낮을수록 COP는 증대한다.
③ 히트펌프 1대로 냉방과 난방을 겸할 수 있어 설비의 이용효율이 높다
④ 공기열원 히트펌프는 겨울철 난방부하가 큰 날에는 외기온도도 낮으므로 상대적으로 성적계수(COP)가 가장 효율적이다.
⑤ 히트펌프 응축기에서 고온을 얻기 위해서는 응축온도(압력)가 높아야 하는데, 이때는 압축기, 압력용기, 배관 등의 내압 성능이나 윤활유의 고온에 의한 열화 등을 고려해야 한다.

60 배수관의 관경과 구배에 관한 내용으로 옳지 않은 것은?

① 동일한 유량에서 배수관경을 크게 하면 할수록 배수능력은 향상된다.
② 배관구배를 너무 급하게 하면 흐름이 빨라 고형물이 남는다.
③ 배관구배를 완만하게 하면 세정력이 저하된다.
④ 배수수평주관의 관경이 125mm일 경우 원활한 배수를 위한 배관 최소구배는 1/150로, 150mm일 경우 원활한 배수를 위한 배관 최소구배는 1/200로 한다.
⑤ 배수수평관의 관경이 클수록 구배를 작게 한다.

61 배수 및 통기배관 시공상의 주의사항으로 옳지 않은 것은?

① 위생기구 중에서 배수부하단위가 가장 큰 대변기는 수직관에서 가장 멀리 설치한다.
② 배수 및 통기수직주관은 되도록 수리 및 점검을 용이하게 하기 위하여 파이프 샤프트(pipe shaft)에 배관한다.
③ 배수관의 점검수리를 위해 필요한 곳에는 청소구(clean out) 설치한다.
④ 배수를 될 수 있는 대로 빨리 옥외 하수관으로 유출할 수 있도록 한다.
⑤ 배수관의 관경이 필요 이상으로 크면 오히려 배수능력이 저하되므로 유의한다.

62 승강기 안전관리법령상 승강기 안전관리자의 직무범위에 해당하지 않는 것은?

① 승강기 운행 및 관리에 관한 규정 작성
② 승강기 사고 또는 고장 발생에 대비한 비상연락망의 작성 및 관리
③ 승강기 정기검사 및 수시검사 실시에 관한 사항
④ 중대한 사고 또는 중대한 고장의 통보
⑤ 승강기 내에 갇힌 이용자의 신속한 구출을 위한 승강기 조작(다중이용 건축물의 승강기를 관리하는 승강기 안전관리자가 승강기관리교육을 받은 경우만 해당한다)

63. 다음 중 공동주택의 승강기 관리에 관한 설명으로 옳지 <u>않은</u> 것은?

① 승강기 관리주체는 그가 관리하는 승강기로 인하여 중대한 사고 또는 중대한 고장이 발생한 경우에는 한국승강기안전공단에 통보하여야 한다.
② 한국승강기안전공단은 사고 또는 고장을 통보받은 내용을 행정안전부장관, 시·도지사 및 승강기사고조사위원회에 보고하여야 한다.
③ 승강기의 관리주체는 중대한 사고 또는 중대한 고장이 발생한 경우에는 지체 없이 승강기가 설치된 건축물이나 고정된 시설물의 명칭 및 주소 등 사항을 공단에 알려야 한다.
④ 사고 발생일부터 7일 이내에 실시된 의사의 최초 진단 결과 1주 이상의 입원 치료가 필요한 부상자가 발생한 사고는 중대한 사고에 해당한다.
⑤ 정전 또는 천재지변으로 인해 이용자가 운반구에 갇히게 된 경우는 중대한 고장에 해당한다.

64. 피난기구의 화재안전성능기준(NFPC 301)의 승강식 피난기 및 하향식 피난구용 내림식사다리 설치기준에 관한 설명이다. 다음 중 틀린 것은?

① 승강식 피난기 및 하향식 피난구용 내림식사다리는 설치경로가 설치층에서 피난층까지 연계될 수 있는 구조로 설치한다.
② 하강구 내측에는 기구의 연결 금속구 등이 없어야 하며 전개된 피난기구는 하강구 수평투영면적 공간 내의 범위를 침범하지 않는 구조이어야 한다.
③ 대피실의 면적은 2제곱미터(2세대 이상일 경우에는 3제곱미터) 이상으로 하고, 하강구(개구부) 규격은 직경80센티미터 이상이어야 한다.
④ 대피실의 출입문은 60분+ 방화문 또는 60분 방화문으로 설치하고, 피난방향에서 식별할 수 있는 위치에 "대피실" 표지판을 부착한다.
⑤ 착지점과 하강구는 상호 수평거리 15센티미터 이상의 간격을 둔다.

65. 소방시설등의 자체점검시 아파트 세대별 점검방법에 관한 내용이다. 다음 ( )에 적합한 숫자를 쓰시오.

> • 관리자(관리소장, 입주자대표회의 및 소방안전관리자를 포함한다) 및 입주민(세대 거주자를 말한다)은 (㉠)년 이내 모든 세대에 대하여 점검을 해야 한다.
> • 관리자는 수신기에서 원격 점검이 불가능한 경우 매년 작동점검만 실시하는 공동주택은 1회 점검 시 마다 전체 세대수의 (㉡)퍼센트 이상, 종합점검을 실시하는 공동주택은 1회 점검 시 마다 전체 세대수의 (㉢)퍼센트 이상 점검하도록 자체점검 계획을 수립·시행해야 한다.

66. 감염병의 예방 및 관리에 관한 법령상 소독 관련 내용이다. ( )에 들어갈 용어를 쓰시오.

> 소독에 이용되는 방법으로는 소각, (㉠), 끓는 물 소독, 약물소독, 일광소독이 있다.

67. 시설물의 안전 및 유지 관리에 관한 특별법령상 용어에 관한 내용이다. ( )에 알맞은 용어를 쓰시오.

> "(㉠)"란 시설물의 안전 및 유지관리에 관한 정보를 체계적으로 관리하기 위하여 국토교통부장관이 시설물의 정보를 생산하는 자에 관한 정보를 종합관리하는 체계를 말한다.

68 「화재의 예방 및 안전관리에 관한 법률」에서 정하는 소방시설등의 자체점검의 구분과 그 대상, 점검자의 자격, 점검 방법·횟수 및 시기이다. ( )를 쓰시오.

> 3. 종합점검은 다음의 구분에 따라 실시한다.
>   가. 종합점검은 다음의 어느 하나에 해당하는 특정소방대상물을 대상으로 한다.
>   1) 스프링클러설비가 설치된 특정소방대상물
>   2) 물분무등소화설비[호스릴(hose reel) 방식의 물분무등 소화설비만을 설치한 경우는 제외한다]가 설치된 연면적 (㉠)㎡ 이상인 특정소방대상물(제조소등은 제외한다)

69 근로자퇴직급여 보장에 관한 사항이다. ( )에 적합한 숫자를 쓰시오.

> 1. 퇴직금제도를 설정하고자 하는 사용자는 계속근로기간 1년에 대하여 (㉠)일분 이상의 평균임금을 퇴직금으로 퇴직하는 근로자에게 지급할 수 있는 제도를 설정하여야 한다.
> 2. 사용자는 근로자가 퇴직한 경우에는 그 지급사유가 발생한 날부터 (㉡)일 이내에 퇴직금을 지급해야 한다.
> 3. 상시 근로자 (㉢)인 미만의 근로자를 사용하는 사업의 경우 사용자가 개별 근로자의 동의를 받거나 근로자의 요구에 따라 개인형 퇴직연금제도를 설정하는 경우에는 해당 근로자에 대하여 퇴직급여제도를 설정한 것으로 본다.

70 「지능형 홈네트워크설비 설치 및 기술기준」에서 정하는 용어에 관한 설명이다. ( )를 쓰시오.

> (㉠)란 전유부분에 설치되어 세대 내에서 사용되는 홈네트워크 사용기기들을 유무선 네트워크로 연결하고 세대망과 단지망 혹은 통신사의 기간망을 상호 접속하는 장치를 말한다.

71 장기수선계획과 장기수선충당금에 관한 내용이다. ( )에 들어갈 내용을 순서대로 쓰시오.

> 1. 장기수선충당금의 적립금액은 (㉠)으로 정한다.
> 2. 장기수선계획 조정은 (㉡)가 조정안을 작성하고, (㉢)가 의결하는 방법으로 한다.

72 공동주택관리법령상 계약서의 공개에 관한 규정이다. ( )에 들어갈 용어와 숫자를 순서대로 각각 쓰시오

> 의무관리대상 공동주택의 관리주체 또는 (㉠)는(은) 제7조 제1항 또는 「공동주택관리법」 제25조에 따라 선정한 주택관리업자 또는 사업자와 계약을 체결하는 경우 그 체결일부터 (㉡)개월 이내에 그 계약서를 해당 공동주택단지의 인터넷 홈페이지 및 동별 게시판에 공개하여야 한다.

73 국민건강보험법령상의 이의신청과 심판청구에 관한 설명이다. ( )에 들어갈 내용을 순서대로 쓰시오.

> 이의신청에 대한 국민건강보험공단의 결정에 불복이 있는 자는 (㉠)에 심판청구를 할 수 있다. 이 경우 심판청구는 처분이 있음을 안 날부터 (㉡)일 이내에 문서로 이를 하여야 하며 처분이 있은 날부터 (㉢)일을 경과하면 이를 제기하지 못한다.

74 다음 「근로기준법」의 내용 중 ( )에 알맞은 말을 쓰시오.

> - (㉠)이란 근로시간의 범위에서 근로자와 사용자 사이에 정한 근로시간을 말한다.
> - (㉡)란 1주 동안의 소정근로시간이 그 사업장에서 같은 종류의 업무에 종사하는 통상 근로자의 1주 동안의 소정근로시간에 비하여 짧은 근로자를 말한다.

75 다음은 공동주택관리법령상의 시설공사별 하자담보책임기간이다. ( )에 들어갈 적합한 하자담보책임기간을 순서대로 쓰시오.

> 식재공사 → (㉠)년
> 건물외부 석공사 → (㉡)년

76 「어린이놀이시설 안전관리법령」상의 안전교육에 관한 설명이다. ( )에 들어갈 내용을 순서대로 쓰시오.

> 관리주체는 다음 각 호의 구분에 따른 기간 이내에 어린이놀이시설의 안전관리에 관련된 업무를 담당하는 자로 하여금 안전교육을 받도록 하여야 한다.
> 1. 어린이놀이시설을 인도 받은 경우: 인도 받은 날부터 (㉠)개월
> 2. 안전관리자가 변경된 경우: 변경된 날부터 (㉡)개월
> 3. 안전관리자의 안전교육 유효기간이 만료되는 경우: 유효기간 만료일 전 (㉢)개월

77 공동주택관리법령상 담보책임의 종료에 관한 사항이다. ( )에 들어갈 내용을 순서대로 쓰시오 (필요하면 분수로 쓰시오).

> 사업주체와 다음의 구분에 따른 자는 하자보수가 끝난 때에는 공동으로 담보책임 종료확인서를 작성해야 한다. 이 경우 담보책임기간이 만료되기 전에 담보책임 종료확인서를 작성해서는 안 된다.
> 1. 전유부분: (㉠)
> 2. 공용부분: 입주자대표회의 회장(의무관리대상 공동주택이 아닌 경우에는 「집합건물의 소유 및 관리에 관한 법률」에 따른 관리인을 말한다) 또는 (㉡) 이상의 입주자(입주자대표회의 구성원 중 사용자인 동별 대표자가 과반수인 경우만 해당한다)

78 공동주택관리법령상 동별 대표자 후보자에 대한 범죄경력조회에 관한 내용이다. ( )에 들어갈 용어를 쓰시오.

> (㉠)은[선거관리위원회가 구성되지 아니하였거나 위원장이 사퇴, 해임 등으로 궐위된 경우에는 입주자대표회의의 회장을 말하며, 입주자대표회의의 회장도 궐위된 경우에는 관리사무소장을 말한다]은 제14조 제4항 각 호에 따른 동별 대표자의 결격사유 해당 여부를 확인하기 위하여 동별 대표자 후보자의 동의를 받아 범죄경력을 관계 기관의 장에게 확인하여야 한다.

79 공동주택관리법령상 경비원이 예외적으로 종사할 수 있는 업무에 관한 내용이다. ( )에 들어갈 용어를 순서대로 각각 쓰시오.

> 1. (㉠)와 이에 준하는 (㉡)의 보조
> 2. 재활용 가능 자원의 분리배출 감시 및 정리
> 3. 안내문의 게시와 우편수취함 투입
> 4. 도난, 화재, 그 밖의 혼잡 등으로 인한 위험발생을 방지하기 위한 범위에서 주차 관리와 택배물품 보관 업무

80 공동주택관리법령상 관리주체가 주민공동시설을 인근 공동주택단지 입주자 등도 이용할 수 있도록 허용하기 위한 절차에 관한 내용이다. ( )를 채우시오.

> ○ 「주택법」 제15조에 따른 사업계획승인을 받아 건설한 건설임대주택의 경우에는 다음 각 목의 어느 하나에 해당하는 방법으로 제안하고 과반의 범위에서 관리규약으로 정하는 비율 이상의 임차인의 동의를 받아야 한다.
> 가. (㉠)의 요청
> 나. 임차인 10분의 1 이상의 요청

― 본 회차 시험 종료 ―

국가전문자격시험 답안카드

성 명	
홍 길 동	

교시(차수) 기재란
( )교시·차 ① ② ③

문제지 형별 기재란
( )형 Ⓐ Ⓑ

선 택 과 목 1

선 택 과 목 2

수험번호								
0	1	3	2	9	8	0	1	
●	⓪	⓪	⓪	⓪	⓪	●	⓪	
①	●	①	①	①	①	①	●	
②	②	②	●	②	②	②	②	
③	③	●	③	③	③	③	③	
④	④	④	④	④	④	④	④	
⑤	⑤	⑤	⑤	⑤	⑤	⑤	⑤	
⑥	⑥	⑥	⑥	⑥	⑥	⑥	⑥	
⑦	⑦	⑦	⑦	⑦	⑦	⑦	⑦	
⑧	⑧	⑧	⑧	⑧	●	⑧	⑧	
⑨	⑨	⑨	⑨	●	⑨	⑨	⑨	

감독위원 확인
(인)

마킹주의	바르게 마킹 : ●
	잘못 마킹 : ⊗, ⊙, Ⓥ, ◎, Ⓟ, Ⓘ

──────(예 시)──────

수험자 유의사항

1. 시험 중에는 통신기기(휴대전화·소형 무전기 등) 및 전자기기(초소형 카메라등)를 소지하거나 사용할 수 없습니다.
2. 부정행위 예방을 위해 시험문제지에도 수험번호와 성명을 반드시 기재하시기 바랍니다.
3. 시험시간이 종료되면 즉시 답안작성을 멈춰야 하며, 종료시간 이후 계속 답안을 작성하거나 감독위원의 답안카드 제출지시에 불응할 때에는 당해 시험이 무효처리 됩니다.
4. 기타 감독위원의 정당한 지시에 불응하여 타 수험자의 시험에 방해가 될 경우 퇴실조치 될 수 있습니다.

답안카드 작성 시 유의사항

1. 답안카드 기재·마킹 시에는 반드시 검정색 사인펜을 사용해야 합니다.
2. 답안카드를 잘못 작성했을 시에는 카드를 교체하거나 수정테이프를 사용하여 수정할 수 있습니다.
   그러나 불완전한 수정처리로 인해 발생하는 전산자동판독불가는 불이익은 수험자의 귀책사유입니다.
   - 수정테이프 이외의 수정액, 스티커 등은 사용 불가
   - 답안카드 왼쪽(성명·수험번호 등)을 제외한 '답안란'만 수정테이프로 수정 가능
3. 성명란은 수험자 본인의 성명을 정자체로 기재합니다.
4. 해당차수(교시)시험을끝나고 해당 란에 마킹합니다.
5. 시험문제지 형별기재란은 시험문제지 형별을 기재하고, 우측 형별마킹란은 해당 형별을 마킹합니다.
6. 수험번호란은 숫자로 기재하고 아래 해당번호에 마킹합니다.
7. 시험문제지 형별 및 수험번호 등 마킹착오로 인한 불이익은 전적으로 수험자의 귀책사유입니다.
8. 감독위원의 날인이 없는 답안카드는 무효처리 됩니다.
9. 상단과 우측의 검은색 띠(▮▮▮) 부분은 낙서를 금지합니다.

부정행위 처리규정

시험 중 다음과 같은 행위를 하는 자는 당해 시험을 무효처리하고 자격별 관련 규정에 따라 일정기간 동안 시험에 응시할 수 있는 자격을 정지합니다.

1. 시험과 관련된 대화, 답안카드 교환, 다른 수험자의 답안·문제지를 보고 답안 작성, 대리시험을 치르거나 치르게 하는 행위, 시험문제 내용과 관련된 물건을 휴대하거나 이를 주고받는 행위
2. 시험장 내외로부터 도움을 받아 답안을 작성하는 행위, 공인어학성적 및 응시자격서류를 허위기재하여 제출하는 행위
3. 통신기기(휴대전화·소형 무전기 등) 및 전자기기(초소형 카메라 등)를 휴대하거나 사용하는 행위
4. 다른 수험자와 성명 및 수험번호를 바꾸어 작성·제출하는 행위
5. 기타 부정 또는 불공정한 방법으로 시험을 치르는 행위

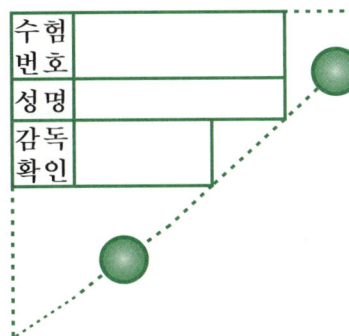

2025년도 제28회

주택관리사보 2차 시험 주관식 답안지

[수험자 유의사항]

1. 답안지 시험과목 및 문제 번호 등을 확인하고, 수험번호 및 성명을 해당란에 기재합니다. 답안지의 인적사항 기재란 이외 부분에 특정인을 암시하거나 답안과 관련 없는 특수한 표시를 하는 경우, 답안지 전체를 채점하지 않으며 "0"점 처리합니다.
2. 시험문제지 형별을 답안지 형별란에 기재합니다.
3. 수험자 인적사항 및 답안은 반드시 검정색 필기구만을 사용하여야 하며 연필, 기타 유색 필기구로 작성된 답안은 "0"점 처리합니다.
4. **답안 정정 시에는 두 줄(=)을 긋고 다시 기재하여야 하며 수정테이프 사용이 가능하고, 수정액을 사용할 경우 채점상의 불이익을 받을 수 있으므로 사용하지 마시기 바랍니다. 두 줄로 긋지 않은 답안은 정정하지 않은 것으로 간주합니다.**
5. 주관식 문제 답안 작성시 법령 등의 규정을 인용한 문제는 해당 규정의 정확한 표현대로 작성하는 경우에만 정답으로 인정함을 알려드립니다.
6. 답안지에 해당하는 ㄱ, ㄴ, ㄷ에 맞게 답안을 작성하셔야 합니다.
7. 문제에서 주어진 내용을 중복하여 작성하는 경우에는 **중복한 내용까지 답안으로 인정하여 정답으로 인정하지 않습니다.** [예: {(2)천(O), (2천)천(X), (2,000)천(X)}, {(방화)구조(O), (방화구조)구조(X)}]
8. 숫자를 작성하도록 요구하는 경우 아라비아 숫자로만 작성하고 한글로 작성한 숫자는 정답으로 인정하지 않습니다. [예: 2(O), 이(X)]
9. 주관식 문제에 아래와 같이 부분점수를 부여합니다.

부분점수	3괄호	3개정답(2.5점) 2개정답(1.5점) 1개정답(0.5점)
	2괄호	2개정답(2.5점) 1개정답(1점)
	1괄호	1개정답(2.5점)

형 번호	답 안 기 재					점수
49	ㄱ		ㄴ		ㄷ	
50	ㄱ		ㄴ		ㄷ	
51	ㄱ		ㄴ		ㄷ	
52	ㄱ		ㄴ		ㄷ	
53	ㄱ		ㄴ		ㄷ	
54	ㄱ		ㄴ		ㄷ	
55	ㄱ		ㄴ		ㄷ	
56	ㄱ		ㄴ		ㄷ	
57	ㄱ		ㄴ		ㄷ	
58	ㄱ		ㄴ		ㄷ	
59	ㄱ		ㄴ		ㄷ	
60	ㄱ		ㄴ		ㄷ	
61	ㄱ		ㄴ		ㄷ	
62	ㄱ		ㄴ		ㄷ	
63	ㄱ		ㄴ		ㄷ	
64	ㄱ		ㄴ		ㄷ	

※ 49 ~ 64번은 주택관리관계법규, 65 ~ 80번은 공동주택관리실무(뒷면에 작성)

번호	답 안 기 재						점수
65	ㄱ		ㄴ		ㄷ		
66	ㄱ		ㄴ		ㄷ		
67	ㄱ		ㄴ		ㄷ		
68	ㄱ		ㄴ		ㄷ		
69	ㄱ		ㄴ		ㄷ		
70	ㄱ		ㄴ		ㄷ		
71	ㄱ		ㄴ		ㄷ		
72	ㄱ		ㄴ		ㄷ		
73	ㄱ		ㄴ		ㄷ		
74	ㄱ		ㄴ		ㄷ		
75	ㄱ		ㄴ		ㄷ		
76	ㄱ		ㄴ		ㄷ		
77	ㄱ		ㄴ		ㄷ		
78	ㄱ		ㄴ		ㄷ		
79	ㄱ		ㄴ		ㄷ		
80	ㄱ		ㄴ		ㄷ		

국가전문자격시험 답안카드

( )년도 제( )회

마킹주의

바르게 마킹 : ●
잘못 마킹 : ⊗, ⊙, ⊘, ◐, ⊕

(예 시)

성 명
홍 길 동

교시(차수) 기재란
(교시·차) ① ② ③

문제지 형별 기재란
(형) Ⓐ Ⓑ

선 택 과 목 1

선 택 과 목 2

수험번호
0 1 3 2 9 8 0 1

감독위원 확인
㊞

수험자 유의사항

1. 시험 중에는 통신기기(휴대전화·소형 무전기 등) 및 전자기기(초소형 카메라 등)를 소지하거나 사용할 수 없습니다.
2. 부정행위 예방을 위해 시험문제지에도 수험번호와 성명을 반드시 기재하시기 바랍니다.
3. 시험시간이 종료되면 즉시 답안작성을 멈춰야 하며, 종료시간 이후 계속 답안을 작성하거나 감독위원의 답안카드 제출지시에 불응할 때에는 당해 시험이 무효처리 됩니다.
4. 기타 감독위원의 정당한 지시에 불응하여 타 수험자의 시험에 방해가 될 경우 퇴실조치 될 수 있습니다.

답안카드 작성 시 유의사항

1. 답안카드 기재·마킹 시에는 반드시 검정색 사인펜을 사용해야 합니다.
2. 답안카드를 잘못 작성했을 시에는 카드를 교체하거나 수정테이프를 사용하여 수정할 수 있습니다.
   그러나, 불완전한 수정처리로 인해 발생하는 전산자동판독불가는 수험자의 귀책사유입니다.
   - 수정테이프 이외의 수정액, 스티커 등은 사용 불가
   - 답안카드 왼쪽(성명·수험번호 등)을 제외한 '답안란'만 수정테이프로 수정 가능
3. 성명란은 수험자 본인의 성명을 정자체로 기재합니다.
4. 해당차수(교시)시험을 기재하고 해당 란에 마킹합니다.
5. 시험문제지 형별기재란은 시험문제지 형별을 기재하고, 우측 형별마킹란은 해당 형별을 마킹합니다.
6. 수험번호란은 숫자로 기재하고 아래 해당번호에 마킹합니다.
7. 시험문제지 형별 및 수험번호 등 마킹착오로 인한 불이익은 전적으로 수험자의 귀책사유입니다.
8. 감독위원의 날인이 없는 답안카드는 무효처리 됩니다.
9. 상단과 우측의 검은색 띠(▮▮▮) 부분은 낙서를 금지합니다.

부정행위 처리규정

시험 중 다음과 같은 행위를 하는 자는 당해 시험을 무효처리하고 자격별 관련 규정에 따라 일정기간 동안 시험에 응시할 수 있는 자격을 정지합니다.

1. 시험과 관련된 대화, 답안카드 교환, 다른 수험자의 답안·문제지를 보고 답안 작성, 대리시험을 치르거나 치르게 하는 행위, 시험문제 내용과 관련된 물건을 휴대하거나 이를 주고받는 행위
2. 시험장 내외로부터 도움을 받아 답안을 작성하는 행위, 공인어학성적 및 응시자격서류를 허위기재하여 제출하는 행위
3. 통신기기(휴대전화·소형 무전기 등) 및 전자기기(초소형 카메라 등)를 휴대하거나 사용하는 행위
4. 다른 수험자와 성명 및 수험번호를 바꾸어 작성·제출하는 행위
5. 기타 부정 또는 불공정한 방법으로 시험을 치르는 행위

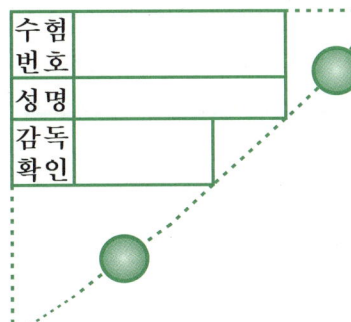

2025년도 제28회

주택관리사보 2차 시험 주관식 답안지

[수험자 유의사항]

1. 답안지 시험과목 및 문제 번호 등을 확인하고, 수험번호 및 성명을 해당란에 기재합니다. 답안지의 인적사항 기재란 이외 부분에 특정인을 암시하거나 답안과 관련 없는 특수한 표시를 하는 경우, 답안지 전체를 채점하지 않으며 "0"점 처리합니다.
2. 시험문제지 형별을 답안지 형별란에 기재합니다.
3. 수험자 인적사항 및 답안은 반드시 검정색 필기구만을 사용하여야 하며 연필, 기타 유색 필기구로 작성된 답안은 "0"점 처리합니다.
4. **답안 정정 시에는 두 줄(=)을 긋고 다시 기재하여야 하며 수정테이프 사용이 가능하고, 수정액을 사용할 경우 채점상의 불이익을 받을 수 있으므로 사용하지 마시기 바랍니다. 두 줄로 긋지 않은 답안은 정정하지 않은 것으로 간주합니다.**
5. 주관식 문제 답안 작성시 법령 등의 규정을 인용한 문제는 해당 규정의 정확한 표현대로 작성하는 경우에만 정답으로 인정함을 알려드립니다.
6. 답안지에 해당하는 ㄱ, ㄴ, ㄷ에 맞게 답안을 작성하셔야 합니다.
7. 문제에서 주어진 내용을 중복하여 작성하는 경우에는 중복한 내용까지 답안으로 인정하여 정답으로 인정하지 않습니다. [예: {(2)천(O), (2천)천(X), (2,000)천(X)}, {(방화)구조(O), (방화구조)구조(X)}]
8. 숫자를 작성하도록 요구하는 경우 아라비아 숫자로만 작성하고 한글로 작성한 숫자는 정답으로 인정하지 않습니다. [예: 2(O), 이(X)]
9. 주관식 문제에 아래와 같이 부분점수를 부여합니다.

부분점수	3괄호	3개정답(2.5점) 2개정답(1.5점) 1개정답(0.5점)
	2괄호	2개정답(2.5점) 1개정답(1점)
	1괄호	1개정답(2.5점)

형							
번호		답 안 기 재					점수
49	ㄱ		ㄴ		ㄷ		
50	ㄱ		ㄴ		ㄷ		
51	ㄱ		ㄴ		ㄷ		
52	ㄱ		ㄴ		ㄷ		
53	ㄱ		ㄴ		ㄷ		
54	ㄱ		ㄴ		ㄷ		
55	ㄱ		ㄴ		ㄷ		
56	ㄱ		ㄴ		ㄷ		
57	ㄱ		ㄴ		ㄷ		
58	ㄱ		ㄴ		ㄷ		
59	ㄱ		ㄴ		ㄷ		
60	ㄱ		ㄴ		ㄷ		
61	ㄱ		ㄴ		ㄷ		
62	ㄱ		ㄴ		ㄷ		
63	ㄱ		ㄴ		ㄷ		
64	ㄱ		ㄴ		ㄷ		

※ 49 ~ 64번은 주택관리관계법규, 65 ~ 80번은 공동주택관리실무(뒷면에 작성)

번호	답 안 기 재						점수
65	ㄱ		ㄴ		ㄷ		
66	ㄱ		ㄴ		ㄷ		
67	ㄱ		ㄴ		ㄷ		
68	ㄱ		ㄴ		ㄷ		
69	ㄱ		ㄴ		ㄷ		
70	ㄱ		ㄴ		ㄷ		
71	ㄱ		ㄴ		ㄷ		
72	ㄱ		ㄴ		ㄷ		
73	ㄱ		ㄴ		ㄷ		
74	ㄱ		ㄴ		ㄷ		
75	ㄱ		ㄴ		ㄷ		
76	ㄱ		ㄴ		ㄷ		
77	ㄱ		ㄴ		ㄷ		
78	ㄱ		ㄴ		ㄷ		
79	ㄱ		ㄴ		ㄷ		
80	ㄱ		ㄴ		ㄷ		

국가전문자격시험 답안카드

마킹주의

바르게 마킹: ●
잘못 마킹: ⊗, ⊙, ⊘, ◐, ①

(예 시)

성 명	홍 길 동

교시(차수) 기재란	
( )교시·차	① ② ③

문제지 형별 기재란	
( )형	Ⓐ Ⓑ

선 택 과 목 1

선 택 과 목 2

수 험 번 호								
0	1	3	2	9	8	0	1	
●	⓪	⓪	⓪	⓪	⓪	●	⓪	
①	●	①	①	①	①	①	●	
②	②	②	●	②	②	②	②	
③	③	●	③	③	③	③	③	
④	④	④	④	④	④	④	④	
⑤	⑤	⑤	⑤	⑤	⑤	⑤	⑤	
⑥	⑥	⑥	⑥	⑥	⑥	⑥	⑥	
⑦	⑦	⑦	⑦	⑦	⑦	⑦	⑦	
⑧	⑧	⑧	⑧	⑧	●	⑧	⑧	
⑨	⑨	⑨	⑨	●	⑨	⑨	⑨	

감독위원 확인

(인)

수험자 유의사항

1. 시험 중에는 통신기기(휴대전화·소형 무전기 등) 및 전자기기(초소형 카메라등)를 소지하거나 사용할 수 없습니다.
2. 부정행위 예방을 위해 시험문제지에도 수험번호와 성명을 반드시 기재하시기 바랍니다.
3. 시험시간이 종료되면 즉시 답안작성을 멈춰야 하며, 종료시간 이후 계속 답안을 작성하거나 감독위원의 답안카드 제출지시에 불응할 때에는 당해 시험이 무효처리 됩니다.
4. 기타 감독위원의 정당한 지시에 불응하여 타 수험자에 불응하여 타 수험자에 시험에 방해가 될 경우 퇴실조치 될 수 있습니다.

답안카드 작성 시 유의사항

1. 답안카드 기재·마킹 시에는 반드시 검정색 사인펜을 사용해야 합니다.
2. 답안카드를 잘못 작성했을 시에는 카드를 교체하거나 수정테이프를 사용하여 수정할 수 있습니다.
   그러나 불완전한 수정처리로 인해 발생하는 전산자동판독불가 등 불이익은 수험자의 귀책사유입니다.
   - 수정테이프 이외의 수정액, 스티커 등은 사용 불가
- 답안카드 왼쪽(성명·수험번호 등)을 제외한 '답안란'만 수정테이프로 수정 가능
3. 성명란은 수험자 본인의 성명을 정자체로 기재합니다.
4. 해당차수(교시)시험을 기재하고 해당 란에 마킹합니다.
5. 수험번호란은 숫자로 기재하고 아래 해당번호에 마킹합니다.
6. 시험문제지 형별기재란은 시험문제지 형별을 기재하고, 우측 형별마킹란에 해당 형별을 마킹합니다.
7. 시험문제지 형별 및 수험번호 등 마킹착오로 인한 불이익은 전적으로 수험자의 귀책사유입니다.
8. 감독위원의 날인이 없는 답안카드는 무효처리 됩니다.
9. 상단과 우측의 검은색 띠(▮▮▮) 부분은 낙서를 금지합니다.

부정행위 처리규정

시험 중 다음과 같은 행위를 하는 자는 당해 시험을 무효처리하고 자격별 관련 규정에 따라 일정기간 동안 시험에 응시할 수 있는 자격을 정지합니다.

1. 시험과 관련된 대화, 답안카드 교환, 다른 수험자의 답안·문제지를 보고 답안 작성, 대리시험을 치르거나 치르게 하는 행위, 시험문제 내용과 관련된 물건을 휴대하거나 이를 주고받는 행위
2. 시험장 내외로부터 도움을 받아 답안을 작성하는 행위, 공인어학성적 및 응시자격서류를 허위기재하여 제출하는 행위
3. 통신기기(휴대전화·소형 무전기 등) 및 전자기기(초소형 카메라 등)를 휴대하거나 사용하는 행위
4. 다른 수험자와 성명 및 수험번호를 바꾸어 작성·제출하는 행위
5. 기타 부정 또는 불공정한 방법으로 시험을 치르는 행위

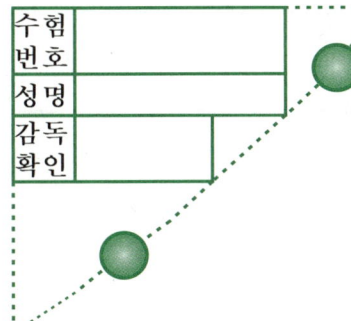

2025년도 제28회
주택관리사보 2차 시험 주관식 답안지

[수험자 유의사항]

1. 답안지 시험과목 및 문제 번호 등을 확인하고, 수험번호 및 성명을 해당란에 기재합니다. 답안지의 인적사항 기재란 이외 부분에 특정인을 암시하거나 답안과 관련 없는 특수한 표시를 하는 경우, 답안지 전체를 채점하지 않으며 "0"점 처리합니다.
2. 시험문제지 형별을 답안지 형별란에 기재합니다.
3. 수험자 인적사항 및 답안은 반드시 검정색 필기구만을 사용하여야 하며 연필, 기타 유색 필기구로 작성된 답안은 "0"점 처리합니다.
4. **답안 정정 시에는 두 줄(=)을 긋고 다시 기재하여야 하며 수정테이프 사용이 가능하고, 수정액을 사용할 경우 채점상의 불이익을 받을 수 있으므로 사용하지 마시기 바랍니다. 두 줄로 긋지 않은 답안은 정정하지 않은 것으로 간주합니다.**
5. 주관식 문제 답안 작성시 법령 등의 규정을 인용한 문제는 해당 규정의 정확한 표현대로 작성하는 경우에만 정답으로 인정함을 알려드립니다.
6. 답안지에 해당하는 ㄱ, ㄴ, ㄷ에 맞게 답안을 작성하셔야 합니다.
7. 문제에서 주어진 내용을 중복하여 작성하는 경우에는 중복한 내용까지 답안으로 인정하여 정답으로 인정하지 않습니다. [예: {(2)천(O), (2천)천(X), (2,000)천(X)}, {(방화)구조(O), (방화구조)구조(X)}]
8. 숫자를 작성하도록 요구하는 경우 아라비아 숫자로만 작성하고 한글로 작성한 숫자는 정답으로 인정하지 않습니다. [예: 2(O), 이(X)]
9. 주관식 문제에 아래와 같이 부분점수를 부여합니다.

부분점수	3괄호	3개정답(2.5점) 2개정답(1.5점) 1개정답(0.5점)
	2괄호	2개정답(2.5점) 1개정답(1점)
	1괄호	1개정답(2.5점)

형 번호		답 안 기 재					점수
49	ㄱ		ㄴ		ㄷ		
50	ㄱ		ㄴ		ㄷ		
51	ㄱ		ㄴ		ㄷ		
52	ㄱ		ㄴ		ㄷ		
53	ㄱ		ㄴ		ㄷ		
54	ㄱ		ㄴ		ㄷ		
55	ㄱ		ㄴ		ㄷ		
56	ㄱ		ㄴ		ㄷ		
57	ㄱ		ㄴ		ㄷ		
58	ㄱ		ㄴ		ㄷ		
59	ㄱ		ㄴ		ㄷ		
60	ㄱ		ㄴ		ㄷ		
61	ㄱ		ㄴ		ㄷ		
62	ㄱ		ㄴ		ㄷ		
63	ㄱ		ㄴ		ㄷ		
64	ㄱ		ㄴ		ㄷ		

※ 49 ~ 64번은 주택관리관계법규, 65 ~ 80번은 공동주택관리실무(뒷면에 작성)

번호	답 안 기 재						점수
65	ㄱ		ㄴ		ㄷ		
66	ㄱ		ㄴ		ㄷ		
67	ㄱ		ㄴ		ㄷ		
68	ㄱ		ㄴ		ㄷ		
69	ㄱ		ㄴ		ㄷ		
70	ㄱ		ㄴ		ㄷ		
71	ㄱ		ㄴ		ㄷ		
72	ㄱ		ㄴ		ㄷ		
73	ㄱ		ㄴ		ㄷ		
74	ㄱ		ㄴ		ㄷ		
75	ㄱ		ㄴ		ㄷ		
76	ㄱ		ㄴ		ㄷ		
77	ㄱ		ㄴ		ㄷ		
78	ㄱ		ㄴ		ㄷ		
79	ㄱ		ㄴ		ㄷ		
80	ㄱ		ㄴ		ㄷ		

국가전문자격시험 답안카드

성 명
홍 길 동

교시(차수) 기재란	
(교시·차)	① ② ③
문제지 형별 기재란	
(갑)	Ⓐ Ⓑ

선택 과목 1

선택 과목 2

수험번호							
0	1	3	2	9	8	0	1
●	⓪	⓪	⓪	⓪	⓪	●	⓪
①	●	①	①	①	①	①	●
②	②	②	●	②	②	②	②
③	③	●	③	③	③	③	③
④	④	④	④	④	④	④	④
⑤	⑤	⑤	⑤	⑤	⑤	⑤	⑤
⑥	⑥	⑥	⑥	⑥	⑥	⑥	⑥
⑦	⑦	⑦	⑦	⑦	⑦	⑦	⑦
⑧	⑧	⑧	⑧	⑧	●	⑧	⑧
⑨	⑨	⑨	⑨	●	⑨	⑨	⑨

감독위원 확인
㊞

마킹주의

바르게 마킹 : ●
잘못 마킹 : ⊗, ⊙, ⓥ, ①, ⊕

────── (예 시) ──────

수험자 유의사항

1. 시험 중에는 통신기기(휴대전화·소형 무전기 등) 및 전자기기(초소형 카메라등)를 소지하거나 사용할 수 없습니다.
2. 부정행위 예방을 위해 시험문제지에도 수험번호와 성명을 반드시 기재하시기 바랍니다.
3. 시험시간이 종료되면 즉시 답안작성을 멈춰야 하며, 종료시간 이후 계속 답안을 작성하거나 감독위원의 답안카드 제출지시에 불응할 때에는 당해 시험이 무효처리 됩니다.
4. 기타 감독위원의 정당한 지시에 불응하여 타 수험자의 시험에 방해가 될 경우 퇴실조치 될 수 있습니다.

답안카드 작성 시 유의사항

1. 답안카드 기재·마킹 시에는 반드시 검정색 사인펜을 사용해야 합니다.
2. 답안카드를 잘못 작성했을 시에는 카드를 교체하거나 수정테이프를 사용하여 수정할 수 있습니다.
   그러나 불완전한 수정처리로 인해 발생하는 전산자동판독불가 등 불이익은 수험자의 귀책사유입니다.
   - 수정테이프 이외의 수정액, 스티커 등은 사용 불가
3. 성명란은 수험자 본인의 성명을 정자체로 기재합니다.
4. 해당차수(교시)시험형별기재란은 해당 란에 마킹합니다.
5. 수험번호란은 숫자로 기재하고 해당번호에 마킹합니다.
6. 시험문제지 형별 및 수험번호 등 마킹착오로 인한 불이익은 전적으로 수험자의 귀책사유입니다.
7. 감독위원의 날인이 없는 답안카드는 무효처리 됩니다.
8. 상단과 우측의 검은색 띠(▮▮▮) 부분은 낙서를 금지합니다.

부정행위 처리규정

시험 중 다음과 같은 행위를 하는 자는 당해 시험을 무효처리하고 자격별 관련 규정에 따라 일정기간 동안 시험에 응시할 수 있는 자격을 정지합니다.

1. 시험과 관련된 대화, 답안카드 교환, 다른 수험자의 답안·문제지를 보고 답안 작성, 대리시험을 치르거나 치르게 하는 행위, 시험문제 내용과 관련된 물건을 휴대하거나 이를 주고받는 행위
2. 시험장 내외로부터 도움을 받아 답안을 작성하는 행위, 공인어학성적 및 응시자격서류를 허위기재하여 제출하는 행위
3. 통신기기(휴대전화·소형 무전기 등) 및 전자기기(초소형 카메라 등)를 휴대하거나 사용하는 행위
4. 다른 수험자와 성명 및 수험번호를 바꾸어 작성·제출하는 행위
5. 기타 부정 또는 불공정한 방법으로 시험을 치르는 행위

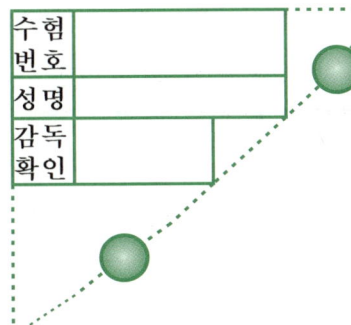

2025년도 제28회
주택관리사보 2차 시험 주관식 답안지

[수험자 유의사항]

1. 답안지 시험과목 및 문제 번호 등을 확인하고, 수험번호 및 성명을 해당란에 기재합니다. 답안지의 인적사항 기재란 이외 부분에 특정인을 암시하거나 답안과 관련 없는 특수한 표시를 하는 경우, 답안지 전체를 채점하지 않으며 "0"점 처리합니다.
2. 시험문제지 형별을 답안지 형별란에 기재합니다.
3. 수험자 인적사항 및 답안은 반드시 검정색 필기구만을 사용하여야 하며 연필, 기타 유색 필기구로 작성된 답안은 "0"점 처리합니다.
4. **답안 정정 시에는 두 줄(=)을 긋고 다시 기재하여야 하며 수정테이프 사용이 가능하고, 수정액을 사용할 경우 채점상의 불이익을 받을 수 있으므로 사용하지 마시기 바랍니다. 두 줄로 긋지 않은 답안은 정정하지 않은 것으로 간주합니다.**
5. 주관식 문제 답안 작성시 법령 등의 규정을 인용한 문제는 해당 규정의 정확한 표현대로 작성하는 경우에만 정답으로 인정함을 알려드립니다.
6. 답안지에 해당하는 ㄱ, ㄴ, ㄷ에 맞게 답안을 작성하셔야 합니다.
7. 문제에서 주어진 내용을 중복하여 작성하는 경우에는 중복한 내용까지 답안으로 인정하여 정답으로 인정하지 않습니다. [예: {(2)천(O), (2천)천(X), (2,000)천(X)}, {(방화)구조(O), (방화구조)구조(X)}]
8. 숫자를 작성하도록 요구하는 경우 아라비아 숫자로만 작성하고 한글로 작성한 숫자는 정답으로 인정하지 않습니다. [예: 2(O), 이(X)]
9. 주관식 문제에 아래와 같이 부분점수를 부여합니다.

부분점수	3괄호	3개정답(2.5점) 2개정답(1.5점) 1개정답(0.5점)
	2괄호	2개정답(2.5점) 1개정답(1점)
	1괄호	1개정답(2.5점)

형 번호		답 안 기 재					점수
49	ㄱ		ㄴ		ㄷ		
50	ㄱ		ㄴ		ㄷ		
51	ㄱ		ㄴ		ㄷ		
52	ㄱ		ㄴ		ㄷ		
53	ㄱ		ㄴ		ㄷ		
54	ㄱ		ㄴ		ㄷ		
55	ㄱ		ㄴ		ㄷ		
56	ㄱ		ㄴ		ㄷ		
57	ㄱ		ㄴ		ㄷ		
58	ㄱ		ㄴ		ㄷ		
59	ㄱ		ㄴ		ㄷ		
60	ㄱ		ㄴ		ㄷ		
61	ㄱ		ㄴ		ㄷ		
62	ㄱ		ㄴ		ㄷ		
63	ㄱ		ㄴ		ㄷ		
64	ㄱ		ㄴ		ㄷ		

※ 49 ~ 64번은 주택관리관계법규, 65 ~ 80번은 공동주택관리실무(뒷면에 작성)

번호	답 안 기 재					점수
65	ㄱ		ㄴ		ㄷ	
66	ㄱ		ㄴ		ㄷ	
67	ㄱ		ㄴ		ㄷ	
68	ㄱ		ㄴ		ㄷ	
69	ㄱ		ㄴ		ㄷ	
70	ㄱ		ㄴ		ㄷ	
71	ㄱ		ㄴ		ㄷ	
72	ㄱ		ㄴ		ㄷ	
73	ㄱ		ㄴ		ㄷ	
74	ㄱ		ㄴ		ㄷ	
75	ㄱ		ㄴ		ㄷ	
76	ㄱ		ㄴ		ㄷ	
77	ㄱ		ㄴ		ㄷ	
78	ㄱ		ㄴ		ㄷ	
79	ㄱ		ㄴ		ㄷ	
80	ㄱ		ㄴ		ㄷ	

국가전문자격시험 답안카드

(예 시)

마킹주의

바르게 마킹: ●
잘못 마킹: ⊗, ⊙, ⊘, ◐, ⊕

성 명
홍 길 동

교시(차수) 기재란
(1)교시·차 ① ② ③

문제지 형별 기재란
(가)형 Ⓐ Ⓑ

선 택 과 목 1

선 택 과 목 2

| 수험번호 |
| 0 1 3 2 9 8 0 1 |

감독위원 확인

(인)

수험자 유의사항

1. 시험 중에는 통신기기(휴대전화·소형 무전기 등) 및 전자기기(초소형 카메라등)를 소지하거나 사용할 수 없습니다.
2. 부정행위 예방을 위해 시험문제지에도 수험번호와 성명을 반드시 기재하시기 바랍니다.
3. 시험시간이 종료되면 즉시 답안작성을 멈춰야 하며, 종료시간 이후 답안을 작성하거나 감독위원의 답안카드 제출지시에 불응할 때에는 당해 시험이 무효처리 됩니다.
4. 기타감독위원의 정당한 지시에 불응하여 타 수험자의 시험에 방해가 될 경우 퇴실조치 될 수 있습니다.

답안카드 작성 시 유의사항

1. 답안카드 기재·마킹 시에는 반드시 검정색 사인펜을 사용해야 합니다.
2. 답안카드를잘못 작성했을 시에는 카드를 교체하거나 수정테이프를 사용하여 수정할 수 있습니다.
  그러나 불완전한 수정처리로 인해 발생하는 전산자동판독불가 등 불이익은 수험자의 귀책사유입니다.
  - 수정테이프 이외의 수정액, 스티커 등은 불가
- 답안카드 왼쪽(성명·수험번호 등)을 제외한 '답안란'만 수정테이프로 수정 가능
3. 성명란은 수험자 본인의 성명을 정자체로 기재합니다.
4. 해당차수(교시)시험형별을 기재하고 해당 란에 마킹합니다.
5. 수험번호란은 숫자로 기재하고 아래 해당번호에 마킹합니다.
6. 시험문제지 형별 및 시험번호 등 마킹착오로 인한 불이익은 전적으로 수험자의 귀책사유입니다.
7. 시험문제지 형별기재란에 표시된 형별과 동일한 문제지인지 확인하여야 합니다.
8. 감독위원의 날인이 없는 답안카드는 무효처리 됩니다.
9. 상단과 우측의 검은색 띠(▮▮▮) 부분은 낙서를 금지합니다.

부정행위 처리규정

시험 중 다음과 같은 행위를 하는 자는 당해 시험을 무효처리하고 자격별 관련 규정에 따라 일정기간 동안 시험에 응시할 수 있는 자격을 정지합니다.

1. 시험과 관련된 대화, 답안카드 교환, 다른 수험자의 답안·문제지를 보고 답안 작성, 대리시험을 치르거나 치르게 하는 행위, 시험문제 내용과 관련된 물건을 휴대하거나 이를 주고받는 행위
2. 시험장 내외로부터 도움을 받아 답안을 작성하는 행위, 공인어학성적 및 응시자격서류를 허위기재하여 제출하는 행위
3. 통신기기(휴대전화·소형 무전기 등) 및 전자기기(초소형 카메라 등)를 휴대하거나 사용하는 행위
4. 다른 수험자와 성명 및 수험번호를 바꾸어 작성·제출하는 행위
5. 기타 부정 또는 불공정한 방법으로 시험을 치르는 행위

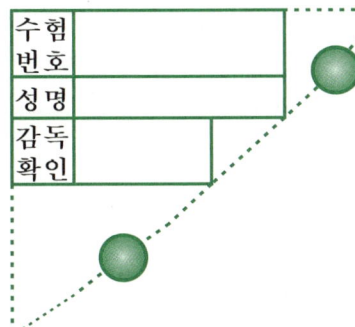

2025년도 제28회

주택관리사보 2차 시험 주관식 답안지

[수험자 유의사항]

1. 답안지 시험과목 및 문제 번호 등을 확인하고, 수험번호 및 성명을 해당란에 기재합니다. 답안지의 인적사항 기재란 이외 부분에 특정인을 암시하거나 답안과 관련 없는 특수한 표시를 하는 경우, 답안지 전체를 채점하지 않으며 "0"점 처리합니다.
2. 시험문제지 형별을 답안지 형별란에 기재합니다.
3. 수험자 인적사항 및 답안은 반드시 검정색 필기구만을 사용하여야 하며 연필, 기타 유색 필기구로 작성된 답안은 "0"점 처리합니다.
4. **답안 정정 시에는 두 줄(=)을 긋고 다시 기재하여야 하며 수정테이프 사용이 가능하고, 수정액을 사용할 경우 채점상의 불이익을 받을 수 있으므로 사용하지 마시기 바랍니다. 두 줄로 긋지 않은 답안은 정정하지 않은 것으로 간주합니다.**
5. 주관식 문제 답안 작성시 법령 등의 규정을 인용한 문제는 **해당 규정의 정확한 표현대로 작성하는 경우**에만 정답으로 인정함을 알려드립니다.
6. 답안지에 해당하는 ㄱ, ㄴ, ㄷ에 맞게 답안을 작성하셔야 합니다.
7. 문제에서 주어진 내용을 중복하여 작성하는 경우에는 중복한 내용까지 답안으로 인정하여 정답으로 인정하지 않습니다. [예: {(2)천(O), (2천)천(X), (2,000)천(X)}, {(방화)구조(O), (방화구조)구조(X)}]
8. 숫자를 작성하도록 요구하는 경우 아라비아 숫자로만 작성하고 한글로 작성한 숫자는 정답으로 인정하지 않습니다. [예: 2(O), 이(X)]
9. 주관식 문제에 아래와 같이 부분점수를 부여합니다.

부분점수	3괄호	3개정답(2.5점) 2개정답(1.5점) 1개정답(0.5점)
	2괄호	2개정답(2.5점) 1개정답(1점)
	1괄호	1개정답(2.5점)

형 번호		답 안 기 재					점수
49	ㄱ		ㄴ		ㄷ		
50	ㄱ		ㄴ		ㄷ		
51	ㄱ		ㄴ		ㄷ		
52	ㄱ		ㄴ		ㄷ		
53	ㄱ		ㄴ		ㄷ		
54	ㄱ		ㄴ		ㄷ		
55	ㄱ		ㄴ		ㄷ		
56	ㄱ		ㄴ		ㄷ		
57	ㄱ		ㄴ		ㄷ		
58	ㄱ		ㄴ		ㄷ		
59	ㄱ		ㄴ		ㄷ		
60	ㄱ		ㄴ		ㄷ		
61	ㄱ		ㄴ		ㄷ		
62	ㄱ		ㄴ		ㄷ		
63	ㄱ		ㄴ		ㄷ		
64	ㄱ		ㄴ		ㄷ		

※ 49 ~ 64번은 주택관리관계법규, 65 ~ 80번은 공동주택관리실무(뒷면에 작성)

번호	답 안 기 재						점수
65	ㄱ		ㄴ		ㄷ		
66	ㄱ		ㄴ		ㄷ		
67	ㄱ		ㄴ		ㄷ		
68	ㄱ		ㄴ		ㄷ		
69	ㄱ		ㄴ		ㄷ		
70	ㄱ		ㄴ		ㄷ		
71	ㄱ		ㄴ		ㄷ		
72	ㄱ		ㄴ		ㄷ		
73	ㄱ		ㄴ		ㄷ		
74	ㄱ		ㄴ		ㄷ		
75	ㄱ		ㄴ		ㄷ		
76	ㄱ		ㄴ		ㄷ		
77	ㄱ		ㄴ		ㄷ		
78	ㄱ		ㄴ		ㄷ		
79	ㄱ		ㄴ		ㄷ		
80	ㄱ		ㄴ		ㄷ		

국가전문자격시험 답안카드

마킹주의

바르게 마킹: ●
잘못 마킹: ⊗, ⊙, ⊘, ◐, ◑

성명	홍길동
교시(차수) 기재란	① ② ③
문제지 형별 기재란	갑 Ⓐ Ⓑ
선택과목 1	
선택과목 2	
수험번호	0 1 3 2 9 8 0 1

(예 시)

수험자 유의사항

1. 시험 중에는 통신기기(휴대전화·소형 무전기 등) 및 전자기기(초소형 카메라 등)를 소지하거나 사용할 수 없습니다.
2. 부정행위 예방을 위해 시험문제지에도 수험번호와 성명을 반드시 기재하시기 바랍니다.
3. 시험시간이 종료되면 즉시 답안작성을 멈춰야 하며, 종료시간 이후 계속 답안을 작성하거나 감독위원의 답안카드 제출지시에 불응할 때에는 당해 시험이 무효처리 됩니다.
4. 기타 감독위원의 정당한 지시에 불응하여 타 수험자의 시험에 방해가 될 경우 퇴실조치 될 수 있습니다.

답안카드 작성 시 유의사항

1. 답안카드 기재·마킹 시에는 반드시 검정색 사인펜을 사용해야 합니다.
2. 답안카드를 잘못 작성했을 시에는 카드를 교체하거나 수정테이프를 사용하여 수정할 수 있습니다.
  그러나 불완전한 수정처리로 인해 발생하는 전산자동판독불가 등 불이익은 수험자의 귀책사유입니다.
  - 수정테이프 이외의 수정액·수정스티커 등은 사용 불가
  - 답안카드 왼쪽(성명·수험번호 등)을 제외한 '답안란'만 수정테이프로 수정 가능
3. 성명란은 수험자 본인의 성명을 정자체로 기재합니다.
4. 해당차수(교시)시험을기재란은 해당 란에 마킹합니다.
5. 시험문제지형별기재란은 시험문제지 형별을 기재하고, 우측 형별마킹란에 해당 형별을 마킹합니다.
6. 수험번호란은 숫자로 기재하고 아래 해당번호에 마킹합니다.
7. 시험문제지 형별 및 수험번호 등 마킹착오로 인한 불이익은 전적으로 수험자의 귀책사유입니다.
8. 감독위원의 날인이 없는 답안카드는 무효처리 됩니다.
9. 상단과 우측의 검은색 띠(∎∎∎) 부분은 낙서를 금지합니다.

부정행위 처리규정

시험 중 다음과 같은 행위를 하는 자는 당해 시험을 무효처리하고 자격별 관련 규정에 따라 일정기간 동안 시험에 응시할 수 있는 자격을 정지합니다.

1. 시험과 관련된 대화, 답안카드 교환, 다른 수험자의 답안·문제지를 보고 답안 작성, 대리시험을 치르거나 치르게 하는 행위, 시험문제 내용과 관련된 물건을 휴대하거나 이를 주고받는 행위
2. 시험장 내외로부터 도움을 받아 답안을 작성하는 행위, 공인어학성적 및 응시자격서류를 허위기재하여 제출하는 행위
3. 통신기기(휴대전화·소형 무전기 등) 및 전자기기(초소형 카메라 등)를 휴대하거나 사용하는 행위
4. 다른 수험자와 성명 및 수험번호를 바꾸어 작성·제출하는 행위
5. 기타 부정 또는 불공정한 방법으로 시험을 치르는 행위

감독위원 확인 ㉑

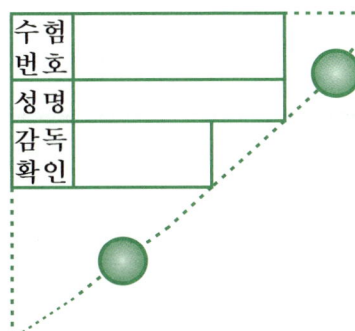

2025년도 제28회

주택관리사보 2차 시험 주관식 답안지

[수험자 유의사항]

1. 답안지 시험과목 및 문제 번호 등을 확인하고, 수험번호 및 성명을 해당란에 기재합니다. 답안지의 인적사항 기재란 이외 부분에 특정인을 암시하거나 답안과 관련 없는 특수한 표시를 하는 경우, 답안지 전체를 채점하지 않으며 "0"점 처리합니다.
2. 시험문제지 형별을 답안지 형별란에 기재합니다.
3. 수험자 인적사항 및 답안은 반드시 검정색 필기구만을 사용하여야 하며 연필, 기타 유색 필기구로 작성된 답안은 "0"점 처리합니다.
4. **답안 정정 시에는 두 줄(=)을 긋고 다시 기재하여야 하며 수정테이프 사용이 가능하고, 수정액을 사용할 경우 채점상의 불이익을 받을 수 있으므로 사용하지 마시기 바랍니다. 두 줄로 긋지 않은 답안은 정정하지 않은 것으로 간주합니다.**
5. 주관식 문제 답안 작성시 법령 등의 규정을 인용한 문제는 해당 규정의 정확한 표현대로 작성하는 경우에만 정답으로 인정함을 알려드립니다.
6. 답안지에 해당하는 ㄱ, ㄴ, ㄷ에 맞게 답안을 작성하셔야 합니다.
7. 문제에서 주어진 내용을 중복하여 작성하는 경우에는 중복한 내용까지 답안으로 인정하여 정답으로 인정하지 않습니다. [예: {(2)천(O), (2천)천(X), (2,000)천(X)}, {(방화)구조(O), (방화구조)구조(X)}]
8. 숫자를 작성하도록 요구하는 경우 아라비아 숫자로만 작성하고 한글로 작성한 숫자는 정답으로 인정하지 않습니다. [예: 2(O), 이(X)]
9. 주관식 문제에 아래와 같이 부분점수를 부여합니다.

부분점수	3괄호	3개정답(2.5점) 2개정답(1.5점) 1개정답(0.5점)
	2괄호	2개정답(2.5점) 1개정답(1점)
	1괄호	1개정답(2.5점)

형					
번호		답 안 기 재			점수
49	ㄱ		ㄴ	ㄷ	
50	ㄱ		ㄴ	ㄷ	
51	ㄱ		ㄴ	ㄷ	
52	ㄱ		ㄴ	ㄷ	
53	ㄱ		ㄴ	ㄷ	
54	ㄱ		ㄴ	ㄷ	
55	ㄱ		ㄴ	ㄷ	
56	ㄱ		ㄴ	ㄷ	
57	ㄱ		ㄴ	ㄷ	
58	ㄱ		ㄴ	ㄷ	
59	ㄱ		ㄴ	ㄷ	
60	ㄱ		ㄴ	ㄷ	
61	ㄱ		ㄴ	ㄷ	
62	ㄱ		ㄴ	ㄷ	
63	ㄱ		ㄴ	ㄷ	
64	ㄱ		ㄴ	ㄷ	

※ 49 ~ 64번은 주택관리관계법규, 65 ~ 80번은 공동주택관리실무(뒷면에 작성)

번호	답 안 기 재						점수
65	ㄱ		ㄴ		ㄷ		
66	ㄱ		ㄴ		ㄷ		
67	ㄱ		ㄴ		ㄷ		
68	ㄱ		ㄴ		ㄷ		
69	ㄱ		ㄴ		ㄷ		
70	ㄱ		ㄴ		ㄷ		
71	ㄱ		ㄴ		ㄷ		
72	ㄱ		ㄴ		ㄷ		
73	ㄱ		ㄴ		ㄷ		
74	ㄱ		ㄴ		ㄷ		
75	ㄱ		ㄴ		ㄷ		
76	ㄱ		ㄴ		ㄷ		
77	ㄱ		ㄴ		ㄷ		
78	ㄱ		ㄴ		ㄷ		
79	ㄱ		ㄴ		ㄷ		
80	ㄱ		ㄴ		ㄷ		

국가전문자격시험 답안카드

마킹주의

바르게 마킹: ●
잘못 마킹: ⊗, ⊙, ⊘, ◐, ①, ㉠

──── (예 시) ────

성 명	
홍 길 동	

교시(차수) 기재란	
( )교시·차	① ② ③

문제지 형별 기재란	
( )형	Ⓐ Ⓑ

선택과목 1

선택과목 2

수험번호: 0 1 3 2 9 8 0 1

감독위원 확인 ㊞

수험자 유의사항

1. 시험 중에는 통신기기(휴대전화·소형 무전기 등) 및 전자기기(초소형 카메라 등)를 소지하거나 사용할 수 없습니다.
2. 부정행위 예방을 위해 시험문제지에도 수험번호와 성명을 반드시 기재하시기 바랍니다.
3. 시험시간이 종료되면 즉시 답안작성을 멈춰야 하며, 종료시간 이후 계속 답안을 작성하거나 감독위원의 답안카드 제출지시에 불응할 때에는 당해 시험이 무효처리 됩니다.
4. 기타 감독위원의 정당한 지시에 불응하여 타 수험자의 시험에 방해가 될 경우 퇴실조치 될 수 있습니다.

답안카드 작성 시 유의사항

1. 답안카드 기재·마킹 시에는 반드시 검정색 사인펜을 사용해야 합니다.
2. 답안카드를 잘못 작성했을 시에는 카드를 교체하거나 수정테이프를 사용하여 수정할 수 있습니다.
   그러나 불완전한 수정처리로 인해 발생하는 전산자동판독불가 등 불이익은 수험자의 귀책사유입니다.
   - 수정테이프 이외의 수정액, 스티커 등은 사용 불가
   - 답안카드 왼쪽(성명·수험번호 등)을 제외한 '답안란'만 수정테이프로 수정 가능
3. 성명란은 수험자 본인의 성명을 정자체로 기재합니다.
4. 해당 차수(교시)시험을 기재하고 해당 란에 마킹합니다.
5. 시험문제지 형별기재란은 시험문제지 형별을 기재하고, 우측 형별마킹란은 해당 형별을 마킹합니다.
6. 수험번호란은 숫자로 기재하고 아래 해당번호에 마킹합니다.
7. 시험문제지 형별 및 수험번호 등 마킹착오로 인한 불이익은 전적으로 수험자의 귀책사유입니다.
8. 감독위원의 날인이 없는 답안카드는 무효처리 됩니다.
9. 상단과 우측의 검은색 띠(▐▐▐) 부분은 낙서를 금지합니다.

부정행위 처리규정

시험 중 다음과 같은 행위를 하는 자는 당해 시험을 무효처리하고 자격별 관련 규정에 따라 일정기간 동안 시험에 응시할 수 있는 자격을 정지합니다.

1. 시험과 관련된 대화, 답안카드 교환, 다른 수험자의 답안·문제지를 보고 답안 작성, 대리시험을 치르거나 치르게 하는 행위, 시험문제 내용과 관련된 물건을 휴대하거나 이를 주고받는 행위
2. 시험장 내외로부터 도움을 받아 답안을 작성하는 행위, 공인어학성적 및 응시자격서류를 허위기재하여 제출하는 행위
3. 통신기기(휴대전화·소형 무전기 등) 및 전자기기(초소형 카메라 등)를 휴대하거나 사용하는 행위
4. 다른 수험자와 성명 및 수험번호를 바꾸어 작성·제출하는 행위
5. 기타 부정 또는 불공정한 방법으로 시험을 치르는 행위

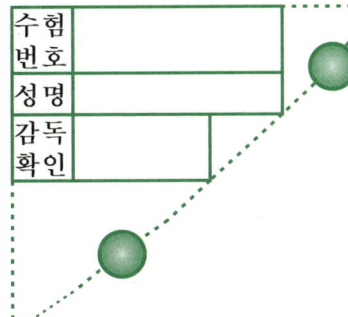

2025년도 제28회

주택관리사보 2차 시험 주관식 답안지

[수험자 유의사항]

1. 답안지 시험과목 및 문제 번호 등을 확인하고, 수험번호 및 성명을 해당란에 기재합니다. 답안지의 인적사항 기재란 이외 부분에 특정인을 암시하거나 답안과 관련 없는 특수한 표시를 하는 경우, 답안지 전체를 채점하지 않으며 "0"점 처리합니다.
2. 시험문제지 형별을 답안지 형별란에 기재합니다.
3. 수험자 인적사항 및 답안은 반드시 검정색 필기구만을 사용하여야 하며 연필, 기타 유색 필기구로 작성된 답안은 "0"점 처리합니다.
4. **답안 정정 시에는 두 줄(=)을 긋고 다시 기재하여야 하며 수정테이프 사용이 가능하고, 수정액을 사용할 경우 채점상의 불이익을 받을 수 있으므로 사용하지 마시기 바랍니다. 두 줄로 긋지 않은 답안은 정정하지 않은 것으로 간주합니다.**
5. 주관식 문제 답안 작성시 법령 등의 규정을 인용한 문제는 해당 규정의 정확한 표현대로 작성하는 경우에만 정답으로 인정함을 알려드립니다.
6. 답안지에 해당하는 ㄱ, ㄴ, ㄷ에 맞게 답안을 작성하셔야 합니다.
7. 문제에서 주어진 내용을 중복하여 작성하는 경우에는 중복한 내용까지 답안으로 인정하여 정답으로 인정하지 않습니다. [예: {(2)천(O), (2천)천(X), (2,000)천(X)}, {(방화)구조(O), (방화구조)구조(X)}]
8. 숫자를 작성하도록 요구하는 경우 아라비아 숫자로만 작성하고 한글로 작성한 숫자는 정답으로 인정하지 않습니다. [예: 2(O), 이(X)]
9. 주관식 문제에 아래와 같이 부분점수를 부여합니다.

부분점수	3괄호	3개정답(2.5점) 2개정답(1.5점) 1개정답(0.5점)
	2괄호	2개정답(2.5점) 1개정답(1점)
	1괄호	1개정답(2.5점)

형 번호		답 안 기 재					점수
49	ㄱ		ㄴ		ㄷ		
50	ㄱ		ㄴ		ㄷ		
51	ㄱ		ㄴ		ㄷ		
52	ㄱ		ㄴ		ㄷ		
53	ㄱ		ㄴ		ㄷ		
54	ㄱ		ㄴ		ㄷ		
55	ㄱ		ㄴ		ㄷ		
56	ㄱ		ㄴ		ㄷ		
57	ㄱ		ㄴ		ㄷ		
58	ㄱ		ㄴ		ㄷ		
59	ㄱ		ㄴ		ㄷ		
60	ㄱ		ㄴ		ㄷ		
61	ㄱ		ㄴ		ㄷ		
62	ㄱ		ㄴ		ㄷ		
63	ㄱ		ㄴ		ㄷ		
64	ㄱ		ㄴ		ㄷ		

※ 49 ~ 64번은 주택관리관계법규, 65 ~ 80번은 공동주택관리실무(뒷면에 작성)

번호	답 안 기 재						점수
65	ㄱ		ㄴ		ㄷ		
66	ㄱ		ㄴ		ㄷ		
67	ㄱ		ㄴ		ㄷ		
68	ㄱ		ㄴ		ㄷ		
69	ㄱ		ㄴ		ㄷ		
70	ㄱ		ㄴ		ㄷ		
71	ㄱ		ㄴ		ㄷ		
72	ㄱ		ㄴ		ㄷ		
73	ㄱ		ㄴ		ㄷ		
74	ㄱ		ㄴ		ㄷ		
75	ㄱ		ㄴ		ㄷ		
76	ㄱ		ㄴ		ㄷ		
77	ㄱ		ㄴ		ㄷ		
78	ㄱ		ㄴ		ㄷ		
79	ㄱ		ㄴ		ㄷ		
80	ㄱ		ㄴ		ㄷ		

(　　　)년도 제(　　)회 (　　　　　　)국가전문자격시험 답안카드

성 명

교시(차수) 기재란			
(　　)교시·차	①	②	③

문제지 형별 기재란		
(　　　)형	Ⓐ	Ⓑ

선 택 과 목 1

선 택 과 목 2

수 험 번 호							
⓪	⓪	⓪	⓪	⓪	⓪	⓪	⓪
①	①	①	①	①	①	①	①
②	②	②	②	②	②	②	②
③	③	③	③	③	③	③	③
④	④	④	④	④	④	④	④
⑤	⑤	⑤	⑤	⑤	⑤	⑤	⑤
⑥	⑥	⑥	⑥	⑥	⑥	⑥	⑥
⑦	⑦	⑦	⑦	⑦	⑦	⑦	⑦
⑧	⑧	⑧	⑧	⑧	⑧	⑧	⑧
⑨	⑨	⑨	⑨	⑨	⑨	⑨	⑨

감독위원 확인
㊞

1	① ② ③ ④ ⑤	21	① ② ③ ④ ⑤	41	① ② ③ ④ ⑤	61	① ② ③ ④ ⑤	81	① ② ③ ④ ⑤	101	① ② ③ ④ ⑤	121	① ② ③ ④ ⑤
2	① ② ③ ④ ⑤	22	① ② ③ ④ ⑤	42	① ② ③ ④ ⑤	62	① ② ③ ④ ⑤	82	① ② ③ ④ ⑤	102	① ② ③ ④ ⑤	122	① ② ③ ④ ⑤
3	① ② ③ ④ ⑤	23	① ② ③ ④ ⑤	43	① ② ③ ④ ⑤	63	① ② ③ ④ ⑤	83	① ② ③ ④ ⑤	103	① ② ③ ④ ⑤	123	① ② ③ ④ ⑤
4	① ② ③ ④ ⑤	24	① ② ③ ④ ⑤	44	① ② ③ ④ ⑤	64	① ② ③ ④ ⑤	84	① ② ③ ④ ⑤	104	① ② ③ ④ ⑤	124	① ② ③ ④ ⑤
5	① ② ③ ④ ⑤	25	① ② ③ ④ ⑤	45	① ② ③ ④ ⑤	65	① ② ③ ④ ⑤	85	① ② ③ ④ ⑤	105	① ② ③ ④ ⑤	125	① ② ③ ④ ⑤
6	① ② ③ ④ ⑤	26	① ② ③ ④ ⑤	46	① ② ③ ④ ⑤	66	① ② ③ ④ ⑤	86	① ② ③ ④ ⑤	106	① ② ③ ④ ⑤		
7	① ② ③ ④ ⑤	27	① ② ③ ④ ⑤	47	① ② ③ ④ ⑤	67	① ② ③ ④ ⑤	87	① ② ③ ④ ⑤	107	① ② ③ ④ ⑤		
8	① ② ③ ④ ⑤	28	① ② ③ ④ ⑤	48	① ② ③ ④ ⑤	68	① ② ③ ④ ⑤	88	① ② ③ ④ ⑤	108	① ② ③ ④ ⑤		
9	① ② ③ ④ ⑤	29	① ② ③ ④ ⑤	49	① ② ③ ④ ⑤	69	① ② ③ ④ ⑤	89	① ② ③ ④ ⑤	109	① ② ③ ④ ⑤		
10	① ② ③ ④ ⑤	30	① ② ③ ④ ⑤	50	① ② ③ ④ ⑤	70	① ② ③ ④ ⑤	90	① ② ③ ④ ⑤	110	① ② ③ ④ ⑤		
11	① ② ③ ④ ⑤	31	① ② ③ ④ ⑤	51	① ② ③ ④ ⑤	71	① ② ③ ④ ⑤	91	① ② ③ ④ ⑤	111	① ② ③ ④ ⑤		
12	① ② ③ ④ ⑤	32	① ② ③ ④ ⑤	52	① ② ③ ④ ⑤	72	① ② ③ ④ ⑤	92	① ② ③ ④ ⑤	112	① ② ③ ④ ⑤		
13	① ② ③ ④ ⑤	33	① ② ③ ④ ⑤	53	① ② ③ ④ ⑤	73	① ② ③ ④ ⑤	93	① ② ③ ④ ⑤	113	① ② ③ ④ ⑤		
14	① ② ③ ④ ⑤	34	① ② ③ ④ ⑤	54	① ② ③ ④ ⑤	74	① ② ③ ④ ⑤	94	① ② ③ ④ ⑤	114	① ② ③ ④ ⑤		
15	① ② ③ ④ ⑤	35	① ② ③ ④ ⑤	55	① ② ③ ④ ⑤	75	① ② ③ ④ ⑤	95	① ② ③ ④ ⑤	115	① ② ③ ④ ⑤		
16	① ② ③ ④ ⑤	36	① ② ③ ④ ⑤	56	① ② ③ ④ ⑤	76	① ② ③ ④ ⑤	96	① ② ③ ④ ⑤	116	① ② ③ ④ ⑤		
17	① ② ③ ④ ⑤	37	① ② ③ ④ ⑤	57	① ② ③ ④ ⑤	77	① ② ③ ④ ⑤	97	① ② ③ ④ ⑤	117	① ② ③ ④ ⑤		
18	① ② ③ ④ ⑤	38	① ② ③ ④ ⑤	58	① ② ③ ④ ⑤	78	① ② ③ ④ ⑤	98	① ② ③ ④ ⑤	118	① ② ③ ④ ⑤		
19	① ② ③ ④ ⑤	39	① ② ③ ④ ⑤	59	① ② ③ ④ ⑤	79	① ② ③ ④ ⑤	99	① ② ③ ④ ⑤	119	① ② ③ ④ ⑤		
20	① ② ③ ④ ⑤	40	① ② ③ ④ ⑤	60	① ② ③ ④ ⑤	80	① ② ③ ④ ⑤	100	① ② ③ ④ ⑤	120	① ② ③ ④ ⑤		

성 명	홍길동

교시(차수) 기재란
( )교시·차   ① ② ③

문제지 형별 기재란
(병)   Ⓐ Ⓑ

선 택 과 목 1

선 택 과 목 2

수험번호							
0	1	3	2	9	8	0	1
⓪	⓪	⓪	⓪	⓪	⓪	⓪	⓪
①	①	①	①	①	①	①	①
②	②	②	②	②	②	②	②
③	③	③	③	③	③	③	③
④	④	④	④	④	④	④	④
⑤	⑤	⑤	⑤	⑤	⑤	⑤	⑤
⑥	⑥	⑥	⑥	⑥	⑥	⑥	⑥
⑦	⑦	⑦	⑦	⑦	⑦	⑦	⑦
⑧	⑧	⑧	⑧	⑧	⑧	⑧	⑧
⑨	⑨	⑨	⑨	⑨	⑨	⑨	⑨

감독위원 확인
(인)

———— (예 시) ————

마킹주의

- 바르게 마킹 : ●
- 잘 못 마킹 : ⊗, ⊙, ⊘, ⓞ, ①

수험자 유의사항

1. 시험 중에는 통신기기(휴대전화·소형 무전기 등) 및 전자기기(초소형 카메라등)를 소지하거나 사용할 수 없습니다.
2. 부정행위 예방을 위해 시험문제지에도 수험번호와 성명을 반드시 기재하시기 바랍니다.
3. 시험시간이 종료되면 즉시 답안작성을 멈춰야 하며, 종료시간 이후 계속 답안을 작성하거나 감독위원의 답안카드 제출지시에 불응할 때에는 당해 시험이 무효처리 됩니다.
4. 기타 감독위원의 정당한 지시에 불응하여 타 수험자의 시험에 방해가 될 경우 퇴실조치 될 수 있습니다.

답안카드 작성 시 유의사항

1. 답안카드기재·마킹 시에는 반드시 검정색 사인펜을 사용해야 합니다.
2. 답안카드를 잘못 작성했을 시에는 카드를 교체하거나 수정테이프를 사용하여 수정할 수 있습니다.
  그러나 불완전한 수정처리로 인해 발생하는 전산자동판독불가는 등불이익은 수험자의 귀책사유입니다.
  - 수정테이프 이외의 수정액, 스티커 등은 불가
  - 답안카드 왼쪽(성명·수험번호 등)을 제외한 '답안란'만 수정테이프로 수정 가능
3. 성명란은 수험자 본인의 성명을 정자체로 기재합니다.
4. 해당차수(교시)시험을 올바르게 기재하고 해당 란에 마킹합니다.
5. 시험문제지 형별기재란은 시험문제지 형별을 기재하고, 우측 형별마킹란은 해당 형별을 마킹합니다.
6. 수험번호란은 숫자로 기재하고 아래 해당번호에 마킹합니다.
7. 시험문제지 형별 및 수험번호 등 마킹착오로 인한 불이익은 전적으로 수험자의 귀책사유입니다.
8. 감독위원의 날인이 없는 답안카드는 무효처리 됩니다.
9. 상단과 우측의 검은색(▮▮▮) 부분은 낙서를 금지합니다.

부정행위 처리규정

시험 중 다음과 같은 행위를 하는 자는 당해 시험을 무효처리하고 자격별 관련 규정에 따라 일정기간 동안 시험에 응시할 수 있는 자격을 정지합니다.

1. 시험과 관련된 대화, 답안카드 교환, 다른 수험자의 답안·문제지를 보고 답안 작성, 대리시험을 치르거나 치르게 하는 행위, 시험문제 내용과 관련된 물건을 휴대하거나 이를 주고받는 행위
2. 시험장 내외로부터 도움을 받아 답안을 작성하는 행위, 공인어학성적 및 공인인증자격을 허위로 기재하여 제출하는 행위
3. 통신기기(휴대전화·소형 무전기 등) 및 전자기기(초소형 카메라 등)를 휴대하거나 사용하는 행위
4. 다른 수험자와 성명 및 수험번호를 바꾸어 작성·제출하는 행위
5. 기타 부정 또는 불공정한 방법으로 시험을 치르는 행위

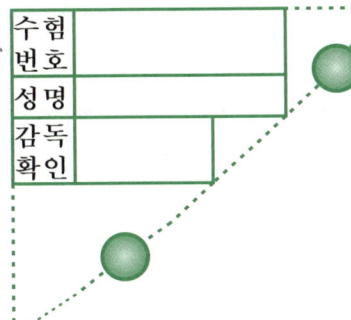

2025년도 제28회
주택관리사보 2차 시험 주관식 답안지

[수험자 유의사항]

1. 답안지 시험과목 및 문제 번호 등을 확인하고, 수험번호 및 성명을 해당란에 기재합니다. 답안지의 인적사항 기재란 이외 부분에 특정인을 암시하거나 답안과 관련 없는 특수한 표시를 하는 경우, 답안지 전체를 채점하지 않으며 "0"점 처리합니다.
2. 시험문제지 형별을 답안지 형별란에 기재합니다.
3. 수험자 인적사항 및 답안은 반드시 검정색 필기구만을 사용하여야 하며 연필, 기타 유색 필기구로 작성된 답안은 "0"점 처리합니다.
4. **답안 정정 시에는 두 줄(=)을 긋고 다시 기재하여야 하며 수정테이프 사용이 가능하고, 수정액을 사용할 경우 채점상의 불이익을 받을 수 있으므로 사용하지 마시기 바랍니다. 두 줄로 긋지 않은 답안은 정정하지 않은 것으로 간주합니다.**
5. 주관식 문제 답안 작성시 법령 등의 규정을 인용한 문제는 해당 규정의 정확한 표현대로 작성하는 경우에만 정답으로 인정함을 알려드립니다.
6. 답안지에 해당하는 ㄱ, ㄴ, ㄷ에 맞게 답안을 작성하셔야 합니다.
7. 문제에서 주어진 내용을 중복하여 작성하는 경우에는 **중복한 내용까지 답안으로 인정하여 정답으로 인정하지 않습니다.** [예: {(2)천(O), (2천)천(X), (2,000)천(X)}, {(방화)구조(O), (방화구조)구조(X)}]
8. 숫자를 작성하도록 요구하는 경우 아라비아 숫자로만 작성하고 한글로 작성한 숫자는 정답으로 인정하지 않습니다. [예: 2(O), 이(X)]
9. 주관식 문제에 아래와 같이 부분점수를 부여합니다.

부분점수	3괄호	3개정답(2.5점) 2개정답(1.5점) 1개정답(0.5점)
	2괄호	2개정답(2.5점) 1개정답(1점)
	1괄호	1개정답(2.5점)

형 번호	답 안 기 재			점수
49	ㄱ	ㄴ	ㄷ	
50	ㄱ	ㄴ	ㄷ	
51	ㄱ	ㄴ	ㄷ	
52	ㄱ	ㄴ	ㄷ	
53	ㄱ	ㄴ	ㄷ	
54	ㄱ	ㄴ	ㄷ	
55	ㄱ	ㄴ	ㄷ	
56	ㄱ	ㄴ	ㄷ	
57	ㄱ	ㄴ	ㄷ	
58	ㄱ	ㄴ	ㄷ	
59	ㄱ	ㄴ	ㄷ	
60	ㄱ	ㄴ	ㄷ	
61	ㄱ	ㄴ	ㄷ	
62	ㄱ	ㄴ	ㄷ	
63	ㄱ	ㄴ	ㄷ	
64	ㄱ	ㄴ	ㄷ	

※ 49 ~ 64번은 주택관리관계법규, 65 ~ 80번은 공동주택관리실무(뒷면에 작성)

번호	답 안 기 재					점수
65	ㄱ		ㄴ		ㄷ	
66	ㄱ		ㄴ		ㄷ	
67	ㄱ		ㄴ		ㄷ	
68	ㄱ		ㄴ		ㄷ	
69	ㄱ		ㄴ		ㄷ	
70	ㄱ		ㄴ		ㄷ	
71	ㄱ		ㄴ		ㄷ	
72	ㄱ		ㄴ		ㄷ	
73	ㄱ		ㄴ		ㄷ	
74	ㄱ		ㄴ		ㄷ	
75	ㄱ		ㄴ		ㄷ	
76	ㄱ		ㄴ		ㄷ	
77	ㄱ		ㄴ		ㄷ	
78	ㄱ		ㄴ		ㄷ	
79	ㄱ		ㄴ		ㄷ	
80	ㄱ		ㄴ		ㄷ	

국가전문자격시험 답안카드

마킹주의

바르게 마킹 : ●
잘못 마킹 : ⊗, ⊙, ⊘, ◐, ⊖

성 명	홍 길 동

교시(차수) 기재란
( ) 교시·차 ① ② ③

문제지 형별 기재란
( ) 형 Ⓐ Ⓑ

선 택 과 목 1

선 택 과 목 2

수 험 번 호
0 1 3 2 9 8 0 1
⓪ ① ⓪ ⓪ ⓪ ⓪ ⓪ ⓪
● ⓪ ① ① ① ① ⓪ ①
② ② ● ② ② ② ② ②
③ ③ ③ ● ③ ③ ③ ③
④ ④ ④ ④ ④ ④ ④ ④
⑤ ⑤ ⑤ ⑤ ⑤ ⑤ ⑤ ⑤
⑥ ⑥ ⑥ ⑥ ⑥ ⑥ ⑥ ⑥
⑦ ⑦ ⑦ ⑦ ⑦ ⑦ ⑦ ⑦
⑧ ⑧ ⑧ ⑧ ⑧ ● ⑧ ⑧
⑨ ⑨ ⑨ ⑨ ● ⑨ ⑨ ⑨

감독위원 확인
(인)

──────── (예 시) ────────

수험자 유의사항

1. 시험 중에는 통신기기(휴대전화·소형 무전기 등) 및 전자기기(초소형 카메라등)를 소지하거나 사용할 수 없습니다.
2. 부정행위 예방을 위해 시험문제지에도 수험번호와 성명을 반드시 기재하시기 바랍니다.
3. 시험시간이 종료되면 즉시 답안작성을 멈춰야 하며, 종료시간 이후 계속 답안을 작성하거나 감독위원의 답안카드 제출지시에 불응할 때에는 당해 시험이 무효처리 됩니다.
4. 기타 감독위원의 정당한 지시에 불응하여 타 수험자의 시험에 방해가 될 경우 퇴실조치 될 수 있습니다.

답안카드 작성 시 유의사항

1. 답안카드 기재·마킹 시에는 반드시 검정색 사인펜을 사용해야 합니다.
2. 답안카드를 잘못 작성했을 시에는 카드를 교체하거나 수정테이프를 사용하여 수정할 수 있습니다.
   그러나, 불완전한 수정처리로 인해 발생하는 전산자동판독불능 등 불이익은 수험자의 귀책사유입니다.
   - 수정테이프 이외의 수정액, 스티커 등은 사용불가
   - 답안카드 왼쪽(성명·수험번호 등)을 제외한 '답안란'만 수정테이프로 수정 가능
3. 성명란은 수험자 본인의 성명을 정자체로 기재합니다.
4. 해당차수(교시)시험을 기재하고 해당 란에 마킹합니다.
5. 수험번호란은 숫자로 기재하고 해당 란에 마킹합니다.
6. 시험문제지 형별기재란은 시험문제지 형별을 기재하고, 우측 형별마킹란에 해당 형별을 마킹합니다.
7. 시험문제지 형별 및 수험번호 등 마킹착오로 인한 불이익은 전적으로 수험자의 귀책사유입니다.
8. 감독위원의 날인이 없는 답안카드는 무효처리 됩니다.
9. 상단과 우측의 검은색 띠(▮▮▮) 부분은 낙서를 금지합니다.

부정행위 처리규정

시험 중 다음과 같은 행위를 하는 자는 당해 시험을 무효처리하고 자격별 관련 규정에 따라 일정기간 동안 시험에 응시할 수 있는 자격을 정지합니다.

1. 시험과 관련된 대화, 답안카드 교환, 다른 수험자의 답안·문제지를 보고 답안 작성, 대리시험을 치르거나 치르게 하는 행위, 시험문제 내용과 관련된 물건을 휴대하거나 이를 주고받는 행위
2. 시험장 내외로부터 도움을 받아 답안을 작성하는 행위, 공인어학성적 및 응시자격서류를 허위기재하여 제출하는 행위
3. 통신기기(휴대전화·소형 무전기 등) 및 전자기기(초소형 카메라 등)를 휴대하거나 사용하는 행위
4. 다른 수험자와 성명 및 수험번호를 바꾸어 작성·제출하는 행위
5. 기타 부정 또는 불공정한 방법으로 시험을 치르는 행위

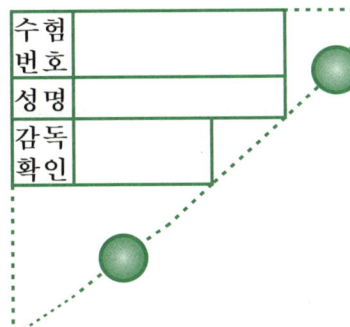

2025년도 제28회
주택관리사보 2차 시험 주관식 답안지

[수험자 유의사항]

1. 답안지 시험과목 및 문제 번호 등을 확인하고, 수험번호 및 성명을 해당란에 기재합니다. 답안지의 인적사항 기재란 이외 부분에 특정인을 암시하거나 답안과 관련 없는 특수한 표시를 하는 경우, 답안지 전체를 채점하지 않으며 "0"점 처리합니다.
2. 시험문제지 형별을 답안지 형별란에 기재합니다.
3. 수험자 인적사항 및 답안은 반드시 검정색 필기구만을 사용하여야 하며 연필, 기타 유색 필기구로 작성된 답안은 "0"점 처리합니다.
4. **답안 정정 시에는 두 줄(=)을 긋고 다시 기재하여야 하며 수정테이프 사용이 가능하고, 수정액을 사용할 경우 채점상의 불이익을 받을 수 있으므로 사용하지 마시기 바랍니다. 두 줄로 긋지 않은 답안은 정정하지 않은 것으로 간주합니다.**
5. 주관식 문제 답안 작성시 법령 등의 규정을 인용한 문제는 해당 규정의 정확한 표현대로 작성하는 경우에만 정답으로 인정함을 알려드립니다.
6. 답안지에 해당하는 ㄱ, ㄴ, ㄷ에 맞게 답안을 작성하셔야 합니다.
7. 문제에서 주어진 내용을 중복하여 작성하는 경우에는 중복한 내용까지 답안으로 인정하여 정답으로 인정하지 않습니다. [예: {(2)천(O), (2천)천(X), (2,000)천(X)}, {(방화)구조(O), (방화구조)구조(X)}]
8. 숫자를 작성하도록 요구하는 경우 아라비아 숫자로만 작성하고 한글로 작성한 숫자는 정답으로 인정하지 않습니다. [예: 2(O), 이(X)]
9. 주관식 문제에 아래와 같이 부분점수를 부여합니다.

부분점수	3괄호	3개정답(2.5점) 2개정답(1.5점) 1개정답(0.5점)
	2괄호	2개정답(2.5점) 1개정답(1점)
	1괄호	1개정답(2.5점)

형 번호			답 안 기 재				점수
49	ㄱ		ㄴ		ㄷ		
50	ㄱ		ㄴ		ㄷ		
51	ㄱ		ㄴ		ㄷ		
52	ㄱ		ㄴ		ㄷ		
53	ㄱ		ㄴ		ㄷ		
54	ㄱ		ㄴ		ㄷ		
55	ㄱ		ㄴ		ㄷ		
56	ㄱ		ㄴ		ㄷ		
57	ㄱ		ㄴ		ㄷ		
58	ㄱ		ㄴ		ㄷ		
59	ㄱ		ㄴ		ㄷ		
60	ㄱ		ㄴ		ㄷ		
61	ㄱ		ㄴ		ㄷ		
62	ㄱ		ㄴ		ㄷ		
63	ㄱ		ㄴ		ㄷ		
64	ㄱ		ㄴ		ㄷ		

※ 49 ~ 64번은 주택관리관계법규, 65 ~ 80번은 공동주택관리실무(뒷면에 작성)

번호	답안기재						점수
65	ㄱ		ㄴ		ㄷ		
66	ㄱ		ㄴ		ㄷ		
67	ㄱ		ㄴ		ㄷ		
68	ㄱ		ㄴ		ㄷ		
69	ㄱ		ㄴ		ㄷ		
70	ㄱ		ㄴ		ㄷ		
71	ㄱ		ㄴ		ㄷ		
72	ㄱ		ㄴ		ㄷ		
73	ㄱ		ㄴ		ㄷ		
74	ㄱ		ㄴ		ㄷ		
75	ㄱ		ㄴ		ㄷ		
76	ㄱ		ㄴ		ㄷ		
77	ㄱ		ㄴ		ㄷ		
78	ㄱ		ㄴ		ㄷ		
79	ㄱ		ㄴ		ㄷ		
80	ㄱ		ㄴ		ㄷ		

국가전문자격시험 답안카드

마킹주의

바르게 마킹: ●
잘못 마킹: ⊗, ⊙, ◐, ⓞ, ⊖

(예 시)

성 명	홍 길 동

교시(차수) 기재란
( ) 교시·차   ① ② ③

문제지 형별 기재란
( ) 형   Ⓐ Ⓑ

선 택 과 목 1

선 택 과 목 2

수험번호: 0 1 3 2 9 8 0 1

감독위원 확인 ㊞

수험자 유의사항

1. 시험 중에는 통신기기(휴대전화·소형 무전기 등) 및 전자기기(휴대용 개인정보 단말기(PDA)·소형 녹음기·전자사전·카메라 등)를 소지하거나 사용할 수 없습니다.
2. 부정행위 예방을 위해 시험문제지에도 수험번호와 성명을 반드시 기재하시기 바랍니다.
3. 시험시간이 종료되면 즉시 답안작성을 멈춰야 하며, 종료시간 이후 계속 답안을 작성하거나 감독위원의 답안카드 제출지시에 불응할 때에는 당해 시험이 무효처리 됩니다.
4. 기타 감독위원의 정당한 지시에 불응하여 타 수험자의 시험에 방해가 될 경우 퇴실조치 될 수 있습니다.

답안카드 작성 시 유의사항

1. 답안카드 기재·마킹 시에는 반드시 검정색 사인펜을 사용해야 합니다.
2. 답안카드를 잘못 작성했을 시에는 카드를 교체하거나 수정테이프를 사용하여 수정할 수 있습니다.
   그러나 불완전한 수정처리로 인해 발생하는 전산자동판독불가 등 불이익은 수험자의 귀책사유입니다.
   - 수정테이프 이외의 수정액, 스티커 등은 사용 불가
   - 답안카드 왼쪽(성명·수험번호 등)을 제외한 '답안란'만 수정테이프로 수정 가능
3. 성명란은 수험자 본인의 성명을 정자체로 기재합니다.
4. 해당차수(교시)시험을 기재하고 해당 란에 마킹합니다.
5. 시험문제지형별기재란은 시험문제지 형별을 기재하고, 우측 형별마킹란은 해당 형별을 마킹합니다.
6. 수험번호란은 숫자로 기재하고 아래 해당번호에 마킹합니다.
7. 시험문제지 형별 및 수험번호 등 마킹착오로 인한 불이익은 전적으로 수험자의 귀책사유입니다.
8. 감독위원의 날인이 없는 답안카드는 무효처리 됩니다.
9. 상단과 우측의 검은색 띠(▌▌▌) 부분은 낙서를 금지합니다.

부정행위 처리규정

시험 중 다음과 같은 행위를 하는 자는 당해 시험을 무효처리하고 자격별 관련 규정에 따라 일정기간 동안 시험에 응시할 수 있는 자격을 정지합니다.

1. 시험과 관련된 대화, 답안카드 교환, 다른 수험자의 답안·문제지를 보고 답안 작성, 대리시험을 치르거나 치르게 하는 행위, 시험문제 내용과 관련된 물건을 휴대하거나 이를 주고받는 행위
2. 시험장 내외로부터 도움을 받아 답안을 작성하는 행위, 공인어학성적 및 응시자격서류를 허위기재하여 제출하는 행위
3. 통신기기(휴대전화·소형 무전기 등) 및 전자기기(휴대용 개인정보 단말기(PDA)·소형 녹음기·카메라 등)를 휴대하는 행위
4. 다른 수험자와 성명 및 수험번호를 바꾸어 작성·제출하는 행위
5. 기타 부정 또는 불공정한 방법으로 시험을 치르는 행위

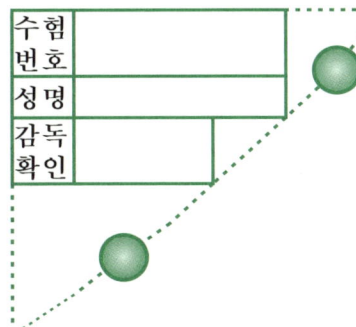

2025년도 제28회
주택관리사보 2차 시험 주관식 답안지

[수험자 유의사항]

1. 답안지 시험과목 및 문제 번호 등을 확인하고, 수험번호 및 성명을 해당란에 기재합니다. 답안지의 인적사항 기재란 이외 부분에 특정인을 암시하거나 답안과 관련 없는 특수한 표시를 하는 경우, 답안지 전체를 채점하지 않으며 "0"점 처리합니다.
2. 시험문제지 형별을 답안지 형별란에 기재합니다.
3. 수험자 인적사항 및 답안은 반드시 검정색 필기구만을 사용하여야 하며 연필, 기타 유색 필기구로 작성된 답안은 "0"점 처리합니다.
4. **답안 정정 시에는 두 줄(=)을 긋고 다시 기재하여야 하며 수정테이프 사용이 가능하고, 수정액을 사용할 경우 채점상의 불이익을 받을 수 있으므로 사용하지 마시기 바랍니다. 두 줄로 긋지 않은 답안은 정정하지 않은 것으로 간주합니다.**
5. 주관식 문제 답안 작성시 법령 등의 규정을 인용한 문제는 해당 규정의 정확한 표현대로 작성하는 경우에만 정답으로 인정함을 알려드립니다.
6. 답안지에 해당하는 ㄱ, ㄴ, ㄷ에 맞게 답안을 작성하셔야 합니다.
7. 문제에서 주어진 내용을 중복하여 작성하는 경우에는 중복한 내용까지 답안으로 인정하여 정답으로 인정하지 않습니다. [예: {(2)천(O), (2천)천(X), (2,000)천(X)}, {(방화)구조(O), (방화구조)구조(X)}]
8. 숫자를 작성하도록 요구하는 경우 아라비아 숫자로만 작성하고 한글로 작성한 숫자는 정답으로 인정하지 않습니다. [예: 2(O), 이(X)]
9. 주관식 문제에 아래와 같이 부분점수를 부여합니다.

부분점수	3괄호	3개정답(2.5점) 2개정답(1.5점) 1개정답(0.5점)
	2괄호	2개정답(2.5점) 1개정답(1점)
	1괄호	1개정답(2.5점)

형				
번호	답 안 기 재			점수
49	ㄱ	ㄴ	ㄷ	
50	ㄱ	ㄴ	ㄷ	
51	ㄱ	ㄴ	ㄷ	
52	ㄱ	ㄴ	ㄷ	
53	ㄱ	ㄴ	ㄷ	
54	ㄱ	ㄴ	ㄷ	
55	ㄱ	ㄴ	ㄷ	
56	ㄱ	ㄴ	ㄷ	
57	ㄱ	ㄴ	ㄷ	
58	ㄱ	ㄴ	ㄷ	
59	ㄱ	ㄴ	ㄷ	
60	ㄱ	ㄴ	ㄷ	
61	ㄱ	ㄴ	ㄷ	
62	ㄱ	ㄴ	ㄷ	
63	ㄱ	ㄴ	ㄷ	
64	ㄱ	ㄴ	ㄷ	

※ 49 ~ 64번은 주택관리관계법규, 65 ~ 80번은 공동주택관리실무(뒷면에 작성)

번호	답 안 기 재					점수
65	ㄱ		ㄴ		ㄷ	
66	ㄱ		ㄴ		ㄷ	
67	ㄱ		ㄴ		ㄷ	
68	ㄱ		ㄴ		ㄷ	
69	ㄱ		ㄴ		ㄷ	
70	ㄱ		ㄴ		ㄷ	
71	ㄱ		ㄴ		ㄷ	
72	ㄱ		ㄴ		ㄷ	
73	ㄱ		ㄴ		ㄷ	
74	ㄱ		ㄴ		ㄷ	
75	ㄱ		ㄴ		ㄷ	
76	ㄱ		ㄴ		ㄷ	
77	ㄱ		ㄴ		ㄷ	
78	ㄱ		ㄴ		ㄷ	
79	ㄱ		ㄴ		ㄷ	
80	ㄱ		ㄴ		ㄷ	

적중실전모의고사

정답 및 해설

제01회 정답 및 해설	2
제02회 정답 및 해설	11
제03회 정답 및 해설	20
제04회 정답 및 해설	27
제05회 정답 및 해설	35
제06회 정답 및 해설	43
제07회 정답 및 해설	50
제08회 정답 및 해설	58
제09회 정답 및 해설	67
제10회 정답 및 해설	75

제1회 실전모의고사

제1과목 주택관리관계법규									
01	02	03	04	05	06	07	08	09	10
③	②	③	④	④	③	①	③	②	③
11	12	13	14	15	16	17	18	19	20
③	④	②	①	④	⑤	③	⑤	⑤	④
21	22	23	24						
③	①	②	②						
25	㉠ 공용부분			33	㉠ 660 ㉡ 필로티				
26	㉠ 15 ㉡ 30			34	㉠ 한국토지주택공사 ㉡ 3				
27	㉠ 115 ㉡ 115			35	㉠ 통합공공임대주택				
28	㉠ 500			36	㉠ 10 ㉡ 3				
29	㉠ 장기일반민간임대주택 ㉡ 10			37	㉠ 90				
30	㉠ 공사감리자			38	㉠ 입주자대표회의				
31	㉠ 200			39	㉠ 3 ㉡ 4				
32	㉠ 위반면적 ㉡ 70			40	㉠ 산업통상자원부장관 ㉡ 전력수급 ㉢ 3				

01 자치관리기구에 의한 관리

① 요구가 있었던 날부터 6개월 이내에 자치관리기구를 구성한다.
② 자치관리로 변경할 경우에는 위탁관리의 종료일까지 자치관리기구를 구성하여야 한다.
④ 공동주택의 관리사무소장을 자치관리기구의 대표자로 선임한다.
⑤ 입주자대표회의 구성원은 자치관리기구의 직원을 겸할 수 없다.

02 사업계획승인 등

㉠ 주택건설사업계획의 승인을 받으려는 국가·지방자치단체·한국토지주택공사 또는 지방공사는 주택건설대지의 소유권을 확보하지 않아도 된다.
㉡ 사업계획승인을 받은 날부터 5년 이내에 공사에 착수하여야 한다.
㉢ 사업주체는 사업계획승인을 받아 시행하는 주택건설사업을 완료한 경우에는 주택에 대하여 시장·군수·구청장(국가·한국토지주택공사가 사업주체인 경우와 국토교통부장관의 승인을 받은 경우에는 국토교통부장관)의 사용검사를 받아야 한다.
㉣ 등록을 말소하여야 한다(당연 등록말소).

03 주택법령상 복리시설

㉠㉢㉤이 해당된다(모두 3개).
㉡ 다중생활시설은 건축법상 숙박시설이나 제2종근린생활시설이다.
㉣ 주차장은 부대시설이다.

04 주택의 공급

① 공공주택사업자가 사업주체로서 입주자를 모집하려는 경우에는 시장·군수·구청장의 승인을 받지 않는다.
② 「관광진흥법」에 따라 지정된 관광특구에서 건설·공급하는 공동주택으로서 해당 건축물의 층수가 50층 이상이거나 높이가 150m 이상인 경우는 분양가상한제의 적용대상이 아니다.
③ 국토교통부장관은 주택가격상승률이 물가상승률보다 현저히 높은 지역으로서 주택가격의 급등이 우려되는 지역에 대해서 분양가상한제 적용지역으로 지정할 수 있다.
⑤ 사업주체가 투기과열지구에서 건설·공급하는 주택은 전매(매매·증여나 그 밖에 권리의 변동을 수반하는 모든 행위를 포함하되, 상속의 경우는 제외한다)하거나 이의 전매를 알선할 수 없다.

05 매도청구

① 매도청구를 할 수 있다.
② 사업주체가 매도청구를 하기 위해서는 미리 대지소유자와 3개월 이상 협의해야 한다.
③ 사업주체가 주택건설대지면적 중 100분의 95에 대하여 사용권원을 확보한 경우, 사용권원을 확보하지 못한 대지의 모든 소유자에게 매도청구를 할 수 있다.
⑤ 건축물도 매도청구의 대상이 된다.

06 하자심사·분쟁조정위원회

하자분쟁조정위원회 위원장은 전체위원회, 분과위원회 또는 소위원회 회의를 소집하려면 특별한 사정이 있는 경우를 제외하고는 회의 개최 3일 전까지 회의의 일시·장소 및 안건을 각 위원에게 알려야 한다.

07 공동주택의 하자보수

② 하자보수보증금은 입주자대표회의가 사업주체의 하자담보책임이 종료됨에 따라 순차적으로 반환하는 것이다.
③ 입주자대표회의는 하자보수보증금을 사용한 때에는 그 날부터 30일 이내에 그 사용명세를 사업주체에게 통보하여야 한다.
④ 내력구조부별 하자에 대한 담보책임기간은 10년이다.
⑤ 주택의 인도일부터 15일 이내에 인도일의 현황을 관리주체에게 인계하여야 한다.

08 주택관리업자

① 시장·군수·구청장에게 등록하여야 한다.
② 등록이 말소되고 2년이 경과되지 아니한 때에 재등록할 수 없다.
④ 1년 이내의 영업정지를 명할 수 있는 사유이다.
⑤ 주택관리업자가 거짓 그 밖의 부정한 방법으로 등록을 한 때에는 등록을 말소하여야 한다.

09 주택관리사등

①, ③, ④, ⑤의 경우는 1년 이내의 기간을 정하여 그 자격을 정지시킬 수 있다.

10 통합심의위원회

③ 통합심의위원회의 검토 및 심의를 거친 경우에는 중앙도시계획위원회(국토교통부장관이 촉진지구를 지정한 경우에 한정한다) 및 시·도도시계획위원회의 검토 및 심의를 거친 것으로 본다.

11 공공임대주택의 임대조건

임대차계약을 체결한 날부터 1년 이내에 3회에 걸쳐 임대보증금의 증액분을 분할하여 납부할 수 있다.

12 공공주택사업자

④의 경우 100분의 50을 초과하여 출자·설립한 지방공단이 해당된다.

13 재정비촉진사업

② 택지개발촉진법에 따른 택지개발사업은 해당되지 아니한다.

- 재정비촉진사업 종류
1. 「도시 및 주거환경정비법」에 따른 주거환경개선사업, 재개발사업 및 재건축사업, 「빈집 및 소규모주택 정비에 관한 특례법」에 따른 가로주택정비사업, 소규모재건축사업 및 소규모재개발사업
2. 「도시개발법」에 따른 도시개발사업
3. 「도시재생 활성화 및 지원에 관한 특별법」에 따른 주거재생혁신지구의 혁신지구재생사업
4. 「공공주택 특별법」에 따른 도심 공공주택 복합사업
5. 「전통시장 및 상점가 육성을 위한 특별법」에 따른 시장정비사업
6. 「국토의 계획 및 이용에 관한 법률」에 따른 도시·군계획시설사업

14 동의를 받아야 하는 건축물 등의 범위

① 학교는 100제곱미터 이상이 기준이다.

15 건축행위

① 건축물이 없는 대지에 새로 건축물을 축조하는 것이 신축이다.
② 종전 규모보다 큰 규모로 축조하는 것은 신축이다.
③ 건축물의 주요구조부를 해체하지 아니하고 같은 대지의 다른 위치로 옮기는 것이 이전이다.
⑤ 개축이란 기존 건축물의 전부 또는 일부를 철거하고 그 대지에 종전과 같은 규모의 범위에서 건축물을 다시 축조하는 것을 말한다. 재축에 대한 설명이다.

16 건축신고의 대상

바닥면적의 합계가 85제곱미터 이내의 증축·개축 또는 재축이 해당된다. 다만, 3층 이상 건축물인 경우에는 증축·개축 또는 재축하려는 부분의 바닥면적의 합계가 건축물 연면적의 10분의 1 이내인 경우로 한정한다.

17 건축허가

건축물을 건축하거나 대수선하려는 자는 특별자치시장·특별자치도지사 또는 시장·군수·구청장의 허가를 받아야 한다. 다만, 층수가 21층 이상이거나 연면적의 합계가 10만㎡ 이상인 건축물[공장·창고 및 지방건축위원회의 심의를 거친 건축물(초고층 건축물은 제외)은 제외]을 건축하고자 특별시나 광역시에 건축하려면 특별시장이나 광역시장의 허가를 받아야 한다.

18 특별건축구역의 지정
공공주택지구는 국토교통부장관이 지정할 수 있는 지역이다.

19 청산금
소유권이전의 고시일의 다음날부터 5년간 행사하지 아니하면 소멸한다.

20 화재오인 신고지역
산업입지 및 개발에 관한 법률에 따른 산업단지는 화재의 예방 및 관리에 관한 법령상 화재예방강화지구 대상에 속한다.
〈화재로 오인할 만한 우려가 있는 불을 피우려는 자는 관할 소방본부장 또는 소방서장에게 신고하여야하는 대상〉
① 시장지역
② 공장·창고가 밀집한 지역
③ 목조건물이 밀집한 지역
④ 위험물의 저장 및 처리시설이 밀집한 지역
⑤ 석유화학제품을 생산하는 공장이 있는 지역
⑥ 그 밖에 시·도의 조례가 정하는 지역 또는 장소

21 1급 소방안전관리대상물
특급 소방안전관리대상물 아닌 경우로서 30층 이상(지하층은 제외한다.)이거나 지상으로부터 높이가 120미터 이상인 아파트는 1급 소방안전관리대상물이다.

22 자체점검 및 안전검사
ⓒ 관리주체는 자체점검 결과를 자체점검 실시일부터 10일 이내에 승강기 안전종합정보망에 입력해야 한다.
ⓒ 승강기 관리주체는 설치검사를 받은 날부터 15년이 지난 승강기에 대하여 정밀안전검사를 받아야 한다.

23 전력수급의 안정
전력수급기본계획은 5년 단위가 아니고 2년 단위로 이를 수립·시행한다.

24 관리인의 권한과 의무
관리인은 공용부분의 보존·관리 및 변경을 위한 행위를 선량한 관리자의 주의로 집합건물을 관리하여야 한다.

25 장기수선계획의 수립대상
300세대 이상의 공동주택을 건설·공급하는 사업주체는 대통령령으로 정하는 바에 따라 그 공동주택의 공용부분에 대한 장기수선계획을 수립하여 「주택법」에 따른 사용검사 또는 「건축법」에 따른 사용승인을 신청할 때에 사용검사권자에게 제출하고, 사용검사권자는 이를 그 공동주택의 관리주체에게 인계하여야 한다.

26 관리사무소장의 결원시 배치 등
① 주택관리업자는 관리하는 공동주택에 배치된 주택관리사등이 해임 그 밖의 사유로 결원이 된 때에는 그 사유가 발생한 날부터 15일 이내에 새로운 주택관리사 등을 배치하여야 한다.
② 자치관리시 입주자대표회의는 선임된 관리사무소장이 해임되거나 그 밖의 사유로 결원이 되었을 때에는 그 사유가 발생한 날부터 30일 이내에 새로운 관리사무소장을 선임하여야 한다.

27 장수명 주택 인증제도
1) **건폐율** : 조례로 정한 건폐율의 100분의 115를 초과하지 아니하는 범위에서 완화
2) **용적률** : 조례로 정한 용적률의 100분의 115를 초과하지 아니하는 범위에서 완화

28 공동주택성능등급의 표시
사업주체가 500세대 이상의 공동주택을 공급할 때에는 주택의 성능 및 품질을 입주자가 알 수 있도록 「녹색건축물 조성 지원법」에 따라 법에서 정하는 공동주택성능에 대한 등급을 발급받아 국토교통부령으로 정하는 방법으로 입주자 모집공고에 표시하여야 한다.

29 장기일반민간임대주택
장기일반민간임대주택이란 임대사업자가 공공지원민간임대주택이 아닌 주택을 10년 이상 임대할 목적으로 취득하여 임대하는 민간임대주택[아파트(「주택법」 제2조 제20호의 도시형 생활주택이 아닌 것을 말한다)를 임대하는 민간매입임대주택은 제외한다]을 말한다.

30 공사감리자의 정의
공사감리자란 자기의 책임(보조자의 도움을 받는 경우를 포함한다)으로 설계도서를 작성하고 그 설계도서에서 의도하는 바를 해설하며, 지도하고 자문에 응하는 자를 말한다.

31 용적률

용적률이란 대지면적에 대한 연면적의 비율을 말한다. 용적률을 산정할 때에는 지하층의 면적, 지상층의 부속용도인 주차용으로 쓰는 면적, 초고층 건축물과 준초고층 건축물에 설치하는 피난안전구역의 면적 및 건축물의 경사지붕 아래에 설치하는 대피공간의 면적은 제외된다. 따라서 용적률산정에 포함되는 연면적은 지상 2층 내지 5층의 공동주택 연면적(2,000㎡)이다. 대지면적이 1,000㎡이므로 용적률은 (2,000/1,000)×100 = 200%이다.

32 이행강제금

건축법 제80조(이행강제금)와 건축법 시행령 제115조의3(이행강제금의 탄력적 운영)의 규정에 따를 때, 신고를 하지 아니하고 건축된 건축물에 부과하는 이행강제금은「지방세법」에 따라 해당 건축물에 적용되는 1제곱미터의 시가표준액의 100분의 50에 해당하는 금액에 위반면적을 곱한 금액 이하의 범위에서 100분의 70을 곱한 금액으로 한다.

33 다중주택

건축법상 다중주택은 1개 동의 주택으로 쓰이는 바닥면적(부설 주차장 면적은 제외한다. 이하 같다)의 합계가 660제곱미터 이하이고 주택으로 쓰는 층수(지하층은 제외한다)가 3개 층 이하일 것. 다만, 1층의 전부 또는 일부를 필로티 구조로 하여 주차장으로 사용하고 나머지 부분을 주택 외의 용도로 쓰는 경우에는 해당 층을 주택의 층수에서 제외한다.

34 주택상환사채

1) 한국토지주택공사와 등록사업자는 액면 또는 할인의 방법으로 주택으로 상환하는 사채(주택상환사채)를 발행할 수 있다.
2) 주택상환사채의 상환기간은 3년을 초과할 수 없다.

35 통합공공임대주택의 정의

통합공공임대주택이란 국가나 지방자치단체의 재정이나 주택도시기금의 자금을 지원받아 최저소득 계층, 저소득 서민, 젊은 층 및 장애인·국가유공자 등 사회 취약계층 등의 주거안정을 목적으로 공급하는 공공임대주택을 말한다.

36 승강기의 설치 및 안전관리

① 설치공사업자는 승강기의 설치를 끝냈을 때에는 끝낸 날부터 10일 이내에 한국승강기안전공단에 승강기의 설치 신고를 하여야 한다.
② 관리주체는 승강기 안전관리자를 선임하였을 때에는 행정안전부령으로 정하는 바에 따라 3개월 이내에 행정안전부장관에게 그 사실을 통보하여야 한다.

37 분양신청공고

사업시행자는 사업시행계획인가의 고시가 있은 날(사업시행계획인가 이후 시공자를 선정한 경우에는 시공자와 계약을 체결한 날)부터 90일(대통령령으로 정하는 경우에는 1회에 한정하여 30일의 범위에서 연장할 수 있다) 이내에 일정한 사항을 토지등소유자에게 통지하고, 분양의 대상이 되는 대지 또는 건축물의 내역 등 대통령령으로 정하는 사항을 해당 지역에서 발간되는 일간신문에 공고하여야 한다.
최근 120일에서 90일로 개정됨

38 주택관리업자의 업무수행 간섭 금지

입주자대표회의는 주택관리업자가 공동주택을 관리하는 경우에는 주택관리업자의 직원인사·노무관리 등의 업무수행에 부당하게 간섭하여서는 아니된다.

39 정밀안전점검

최초로 실시하는 정밀안전점검은 시설물의 준공일 또는 사용승인일(구조형태의 변경으로 시설물로 된 경우에는 구조형태의 변경에 따른 준공일 또는 사용승인일을 말한다)을 기준으로 3년 이내(건축물은 4년 이내)에 실시한다. 다만, 임시 사용승인을 받은 경우에는 임시 사용승인일을 기준으로 한다.

40 전력산업기반 조성계획

산업통상자원부장관은 전력산업의 지속적인 발전과 전력수급의 안정을 위하여 전력산업의 기반조성을 위한 계획을 3년 단위로 수립·시행하여야 한다.

제2과목 공동주택관리실무

41	42	43	44	45	46	47	48	49	50
①	⑤	⑤	②	③	⑤	④	⑤	④	⑤
51	52	53	54	55	56	57	58	59	60
③	①	⑤	⑤	①	③	①	④	③	⑤
61	62	63	64						
⑤	④	③	②						

65	㉠ 1 ㉡ 1	73	㉠ 건강보험분쟁조정위원회
66	㉠ 등록 ㉡ 2	74	㉠ 30 ㉡ 지체없이
67	㉠ 15 ㉡ 10 ㉢ 5	75	㉠ 15 ㉡ 40 ㉢ 25
68	㉠ 1/10 ㉡ 과반수 ㉢ 추첨	76	㉠ 단지네트워크장비
69	㉠ 3 ㉡ 3 ㉢ 3	77	㉠ 210 ㉡ 49
70	㉠ 2/3 ㉡ 9	78	㉠ 폐쇄형 스프링클러헤드
71	㉠ 3	79	㉠ 80 ㉡ 0.2
72	㉠ 15	80	㉠ 1 ㉡ 안전진단

41 다중주택

① 학생 또는 직장인 등 여러 사람이 장기간 거주할 수 있는 구조로 되어 있는 것
② 독립된 주거의 형태를 갖추지 않은 것(각 실별로 욕실은 설치할 수 있으나, 취사시설은 설치하지 않은 것을 말한다)
③ 1개동의 주택으로 쓰이는 바닥면적(부설 주차장 면적은 제외한다)의 합계가 660m² 이하이고 주택으로 쓰는 층수(지하층은 제외한다)가 3개층 이하일 것. 다만, 1층의 전부 또는 일부를 필로티 구조로 하여 주차장으로 사용하고 나머지 부분을 주택 외의 용도로 쓰는 경우에는 해당 층을 주택의 층수에서 제외한다.
④ 적정한 주거환경을 조성하기 위하여 건축조례로 정하는 실별 최소 면적, 창문의 설치 및 크기 등의 기준에 적합할 것

42 세대구분형 공동주택

㉣과 ㉤은 세대구분형 공동주택의 설치시 시장·군수·구청장의 허가를 받거나 시장·군수·구청장에게 신고를 하고 설치하는 공동주택의 경우의 요건에 해당하는 사항이다.

43 주택임대관리업

자기관리형 주택임대관리업을 하는 주택임대관리업자(이하 자기관리형 주택임대관리업자)가 가입하여야 하는 보증상품은 다음의 보증을 할 수 있는 보증상품으로 한다.
1. 임대인의 권리보호를 위한 보증 : 자기관리형 주택임대관리업자가 약정한 임대료를 지급하지 아니하는 경우 약정한 임대료의 3개월분 이상의 지급을 책임지는 보증
2. 임차인의 권리보호를 위한 보증 : 자기관리형 주택임대관리업자가 임대보증금의 반환의무를 이행하지 아니하는 경우 임대보증금의 반환을 책임지는 보증

44 공동주택관리

② 관리주체는 감사인의 회계감사를 받은 경우에는 감사보고서 등 회계감사의 결과를 제출받은 날부터 1개월 이내에 입주자대표회의에 보고하고 해당 공동주택단지의 인터넷 홈페이지 및 동별 게시판에 공개하여야 한다. 한편, 회계감사의 감사인은 회계감사 완료일부터 1개월 이내에 회계감사 결과를 해당 공동주택을 관할하는 시장·군수·구청장에게 제출하고 공동주택관리정보시스템에 공개하여야 한다.

45 공동주택성능등급의 종류(「주택법」 제39조)

1. 경량충격음·중량충격음·화장실소음·경계소음 등 소음 관련 등급
2. 리모델링 등에 대비한 가변성 및 수리 용이성 등 구조 관련 등급
3. 조경·일조확보율·실내공기질·에너지절약 등 환경 관련 등급
4. 커뮤니티시설, 사회적 약자 배려, 홈네트워크, 방범안전 등 생활환경 관련 등급
5. 화재·소방·피난안전 등 화재·소방 관련 등급

46 공동주택 리모델링의 허가기준상 동의비율 – 리모델링주택조합의 경우

리모델링 설계의 개요, 공사비, 조합원의 비용분담 명세 사항이 적혀 있는 결의서에 주택단지 전체를 리모델링하는 경우에는 주택단지 전체 구분소유자 및 의결권의 각 75% 이상의 동의와 각 동별 구분소유자 및 의결권의 각 50% 이상의 동의를 받아야 하며(리모델링을 하지 않는 별동의 건축물로 입주자 공유가 아닌 복리시설 등의 소유자는 권리변동이 없는 경우에 한정하여 동의비율 산정에서 제외한다), 동을 리모델링하는 경우에는 그 동의 구분소유자 및 의결권의 각 75% 이상의 동의를 받아야 한다.

47 심사 및 재심사 청구

「국민연금법」상 심사청구에 대한 결정에 불복하는 자는 그 결정통지를 받은 날부터 90일 이내에 국민연금재심사위원회에 재심사를 청구할 수 있다.

48 피부양자
피부양자는 다음의 어느 하나에 해당하는 자 중 직장가입자에 의하여 주로 생계를 유지하는 자로서 보수 또는 소득이 없는 자를 말한다.
1) 직장가입자의 배우자
2) 직장가입자의 직계존속(배우자의 직계존속을 포함한다)
3) 직장가입자의 직계비속(배우자의 직계비속을 포함한다) 및 그 배우자
4) 직장가입자의 형제·자매

49 사용료
관리주체는 다음의 각 호의 비용에 대하여는 이를 관리비와 구분하여 징수하여야 한다.
1) 장기수선충당금
2) 하자의 원인이 사업주체외의 자에게 있는 경우에 그 자가 부담하는 안전진단 실시비용

50 계약관리
주민공동시설의 위탁, 물품의 구입과 매각, 잡수입의 취득(공동주택의 어린이집·다함께돌봄센터·공동육아나눔터 임대에 따른 잡수입의 취득은 제외한다), 보험계약 등은 관리주체가 사업자를 선정(계약의 체결을 포함한다)하고 집행하는 사항이다.

51 펌프의 양정
$[6m + 30m + (30m \times 0.4)] \times 0.01 = 48m \times 0.01 = 0.48Mpa$

52 수격작용의 방지대책
① 관 지름을 크게 하여 양액의 유속을 줄이고, 관성력을 떨어뜨린다.

> **수격작용**
> - 원인 : 정전 등으로 펌프 급정지, 플러시 밸브나 급수전 급조작, 관경 작을수록, 유속 빠를수록, 굴곡 많을수록, 감압밸브 사용시
> - 대책 : 수전류 등을 서서히 조작, 관경은 크게, 유속은 느리게(2m/s 이하), 가능한 직선배관으로, 공기실 설치(air chamber), 조입수조나 수격방지기 설치, 펌프에 플라이휠 설치, 자동수압 조절밸브 설치

53 급배수 위생설비
⑤ 결합통기관이 배수수직관과 통기수직관을 접속하는 것으로 배수수직관 내의 압력변동을 완화하기 위해 설치한다.

54 가스안전관리자
특정가스사용시설의 월 사용예정량이 4천m³를 초과하는 경우에는 안전관리총괄자 1명과 안전관리책임자 1명 이상이 선임되어야 한다.

55 도 로
공동주택을 건설하는 주택단지에는 폭 1.5m 이상의 보도를 포함한 폭 7m 이상의 도로(보행자전용도로, 자전거도로는 제외)를 설치하여야 한다. 다만, 다음의 어느 하나에 해당하는 경우에는 도로의 폭을 4m 이상으로 할 수 있다. 이 경우 해당 도로에는 보도를 설치하지 아니할 수 있다.
1) 해당 도로를 이용하는 공동주택의 세대수가 100세대 미만이고 해당 도로가 막다른 도로로서 그 길이가 35m 미만인 경우
2) 그 밖에 주택단지 내의 막다른 도로 등 사업계획승인권자가 부득이하다고 인정하는 경우

56 전기안전관리자
안전공사 및 대행사업자는 소속 기술인력 간에 담당하는 전기설비가 변경된 경우 기술인력별 전기설비대행 현황을 그 변경이 있는 날부터 30일 이내에 전력기술인단체에 통보하여야 한다.

57 자체점검
특급 소방안전관리대상물은 작동점검을 하지 않는다. 대신에 반기에 1회 이상 종합점검을 실시한다.

58 정밀안전검사
다음의 어느 하나에 해당하는 경우에 하는 검사. 이 경우 ③에 해당할 때에는 정밀안전검사를 받고, 그 후 3년마다 정기적으로 정밀안전검사를 받아야 한다.
1) 정기검사 또는 수시검사 결과 결함의 원인이 불명확하여 사고 예방과 안전성 확보를 위하여 행정안전부장관이 정밀안전검사가 필요하다고 인정하는 경우
2) 승강기의 결함으로 중대한 사고 또는 중대한 고장이 발생한 경우
3) 설치검사를 받은 날부터 15년이 지난 경우
4) 그 밖에 승강기 성능의 저하로 승강기 이용자의 안전을 위협할 우려가 있어 행정안전부장관이 정밀안전검사가 필요하다고 인정한 경우

59 피뢰설비

① 낙뢰 우려있는 건축물이나 높이 20m 이상 건축물 또는 높이 20m 이상의 공작물(건축물에 공작물을 설치하여 그 전체 높이가 20m 이상인 것 포함)에는 피뢰설비를 설치하여야 한다.
② 돌침은 건축물의 맨 윗부분으로부터 25cm 이상 돌출시켜 설치한다.
④ 피뢰설비의 인하도선을 대신하여 철골조의 철골구조물과 철근콘크리트조의 철근구조체 등을 사용하는 경우에는 건축물 금속구조체의 최상단부와 지표레벨 사이의 전기저항이 0.2Ω 이하가 되도록 전기적 연속성이 보장되어야 한다.
⑤ 측면낙뢰를 방지하기 위하여 높이가 60m를 초과하는 건축물에는 지면에서 건축물 높이의 4/5가 되는 지점부터 최상단부분까지의 측면에 수뢰부를 설치하여야 하며, 지표레벨에서 최상단부의 높이가 150m를 초과하는 건축물은 120m 지점부터 최상단부분까지의 측면에 수뢰부를 설치할 것. 다만, 건축물의 외벽이 금속부재로 마감되고, 금속부재 상호 간에 전기적 연속성이 보장되며 피뢰시스템 레벨등급에 적합하게 설치하여 인하도선에 연결한 경우에는 측면 수뢰부가 설치된 것으로 본다.

60 온돌 및 난방설비의 설치기준

바탕층이 지면에 접하는 경우에는 바탕층 아래와 주변 벽면에 높이 10cm 이상의 방수처리를 하여야 하며, 단열재의 윗부분에 방습처리를 하여야 한다.

61 온수난방

⑤ 온수난방은 보일러에서 공급되는 열매의 상태와 보일러로 들어오는 열매의 상태가 같은 온수이지만, 증기난방은 보일러에서 공급되는 쪽은 응축수로 열매의 형태가 변화한다.

62 결로

④ 콘크리트나 벽돌 건축물은 시공 당시의 가설 습도를 가지고 있으므로 단기간의 공사는 자체 수분의 발산으로 인하여 내부의 습도를 높여 주게 되므로 적절한 건축 자재의 건조조건 및 시간을 두어 자연건조를 유도해야 한다.

63 시설의 안전관리에 관한 기준 및 진단사항(공동주택관리법 시행규칙 제11조 제2항 관련)

구 분	대상시설	점검횟수
해빙기 진단	석축, 옹벽, 법면, 교량, 우물, 비상저수시설	연 1회 (2월 또는 3월)
우기진단	석축, 옹벽, 법면, 담장, 하수도, 주차장	연 1회(6월)
월동기 진단	연탄가스배출기, 중앙집중식 난방시설, 노출배관의 동파방지, 수목보온	연 1회 (9월 또는 10월)
안전진단	변전실, 고압가스시설, 도시가스시설, 액화석유가스시설, 소방시설, 맨홀(정화조의 뚜껑을 포함한다), 유류저장시설, 펌프실, 인양기, 전기실, 기계실, 어린이놀이터, 주민운동시설 및 주민휴게시설	매 분기 1회 이상
	승강기	「승강기제조 및 관리에 관한 법률」에서 정하는 바에 따른다.
	지능형 홈네트워크 설비	매월 1회 이상
위생진단	저수시설, 우물 및 어린이놀이터	연 2회 이상

64 담보책임기간

② 토목옹벽공사 : 5년

65 공동주택관리법

- 사업주체는 입주자대표회의 회장으로부터 주택관리업자의 선정을 통지받은 경우에 해당하게 된 날부터 1개월 이내에 해당 공동주택의 관리주체에게 공동주택의 관리업무를 인계하여야 한다.
- 기존 관리의 종료일까지 인계·인수가 이루어지지 아니한 경우 기존 관리주체는 기존 관리의 종료일(기존 관리의 종료일까지 새로운 관리주체가 선정되지 못한 경우에는 새로운 관리주체가 선정된 날을 말한다)부터 1개월 이내에 새로운 관리주체에게 공동주택의 관리업무를 인계하여야 한다.

66 필수 등록말소사유

- 거짓이나 그 밖의 부정한 방법으로 등록을(를) 한 경우
- 최근 3년간 2회 이상의 영업정지처분을 받은 자로서 그 정지처분을 받은 기간이 통산하여 12개월을 초과한 경우

67 분쟁조정위원회

- 중앙분쟁조정위원회는 위원장 1명을 포함한 15명 이내의 위원으로 구성한다.
- 주택관리사로서 공동주택의 관리사무소장으로 10년 이상 근무한 사람은 중앙분쟁조정위원회의 위원이 될 수 있다.
- 공동주택 관리사무소장으로 5년 이상 근무한 경력이 있는 주택관리사는 지방분쟁조정위원회의 위원이 될 수 있다.

68 회장 선출방법

- 후보자가 1명인 경우 : 전체 입주자등 1/10 이상이 투표하고 투표자 과반수 찬성으로 선출
- 후보자가 없거나 선출된 자가 없는 경우, 500세대 미만의 공동주택 단지에서 관리규약으로 정하는 경우 : 입주자대표회의 구성원 과반수의 찬성으로 선출하며, 입주자대표회의 구성원 과반수 찬성으로 선출할 수 없는 경우로서 최다 득표자가 2인 이상인 경우에는 추첨으로 선출한다.

69 주택관리업자 등에 관한 교육

- 주택관리업자(법인인 경우에는 그 대표자)는 주택관리업의 등록을 한 날부터 3개월 이내에 교육수탁기관으로부터 공동주택관리에 관한 교육과 윤리교육을 받아야 한다.
- 관리사무소장은 관리사무소장으로 배치된 날(주택관리사보로서 관리사무소장이던 사람이 주택관리사의 자격을 취득한 경우에는 그 자격취득일)부터 3개월 이내에 공동주택관리에 관한 교육과 윤리교육을 받아야 한다.
- 주택관리업자 등에 대한 교육기간은 3일로 한다.
- 공동주택의 관리사무소장으로 배치받아 근무 중인 주택관리사는 주택관리교육을 받은 후 3년마다 국토교통부령이 정하는 바에 따라 공동주택관리에 관한 교육과 윤리교육을 받아야 한다.

70 회계감사

- 300의무관리대상 공동주택의 관리주체는 대통령령으로 정하는 바에 따라 「주식회사 등의 외부감사에 관한 법률」에 따른 감사인의 회계감사를 매년 1회 이상 받아야 한다. 다만, 다음 각 호의 구분에 따른 연도에는 그러하지 아니하다.
  1) 300세대 이상인 공동주택: 해당 연도에 회계감사를 받지 아니하기로 입주자등의 3분의 2 이상의 서면동의를 받은 경우 그 연도
  2) 300세대 미만인 공동주택: 해당 연도에 회계감사를 받지 아니하기로 입주자등의 과반수의 서면동의를 받은 경우 그 연도
- 회계감사를 받아야 하는 공동주택의 관리주체는 매 회계연도 종료 후 9개월 이내에 재무상태표, 운영성과표, 이익잉여금처분계산서(또는 결손금처리계산서), 주석(註釋)에 대하여 회계감사를 받아야 한다.

71 리모델링의 허용요건

수직증축형 리모델링의 대상이 되는 건축물의 기존 층수가 15층 이상인 경우에는 최대 3개층 범위에서 증축하여야 한다.

72 구제신청

중앙노동위원회의 재심판정에 대하여 사용자나 근로자는 재심판정서를 송달받은 날부터 15일 이내에 「행정소송법」의 규정에 따라 소를 제기할 수 있다.

73 이의신청·심판청구

「국민건강보험법」상 이의신청에 대한 결정에 불복하는 자는 건강보험분쟁조정위원회에 심판청구를 할 수 있다. 이 경우 심판청구는 이의신청에 대한 결정이 있음을 안 날부터 90일 이내에 문서로 이를 하여야 하며 처분이 있은 날부터 180일을 경과하면 이를 제기하지 못한다.

74 전기안전관리자의 선임 및 해임

- 안전공사 및 대행사업자는 소속 기술인력 간에 담당하는 전기설비가 변경된 경우에는 기술인력별 전기설비담당 현황을 그 변경이 있는 날부터 30일 이내에 전력기술인단체에 통보해야 한다.
- 전력기술인단체는 선임 또는 해임신고를 한 자가 선임 또는 해임신고증명서의 발급을 요청하면 지체없이 전기안전관리자 선임(해임)신고증명서를 발급해야 한다.

75 하자보수보증금의 반환비율
- 사용검사일부터 2년이 경과된 때 : 하자보수보증금의 100분의 15
- 사용검사일부터 3년이 경과된 때 : 하자보수보증금의 100분의 40
- 사용검사일부터 5년이 경과된 때 : 하자보수보증금의 100분의 25

76 용어정의
단지 네트워크장비란 세대 내 홈게이트웨이와 단지서버간의 통신 및 보안을 수행하는 장비로서, 백본(back-bone), 방화벽(Fire Wall), 워크그룹스위치 등 단지망을 구성하는 장비를 말한다.

77 층간바닥
- 콘크리트 슬래브 두께는 210mm[라멘구조(보와 기둥을 통해서 내력이 전달되는 구조를 말한다)의 공동주택은 150밀리미터] 이상으로 할 것
- 각 층간 바닥의 경량충격음(비교적 가볍고 딱딱한 충격에 의한 바닥충격음을 말한다)및 중량충격음(무겁고 부드러운 충격에 의한 바닥충격음을 말한다)이 각각 49dB 이하인 구조일 것. 다만, 다음 각 목의 층간바닥은 그렇지 않다.
  ㉠ 라멘구조의 공동주택(인정받은 공업화주택은 제외한다)의 층간바닥
  ㉡ 위 ㉠의 공동주택 외의 공동주택 중 발코니,현관 등 국토교통부령으로 정하는 부분(발코니, 현관, 세탁실, 대피공간, 벽으로 구획된 창고, 그 외에 주택법에 따른 사업계획승인권자가 층간소음으로 인한 피해가능성이 적어 바닥충격음 성능기준 적용이 불필요하다고 인정하는 공간)의 층간바닥

78 용어정의
폐쇄형 스프링클러헤드란 정상상태에서 방수구를 막고 있는 감열체가 일정온도에서 자동적으로 파괴·용해 또는 이탈됨으로써 방수구가 개방되는 스프링클러헤드를 말한다.

79 승용 승강기의 설치기준
복도형인 공동주택에는 1대에 100세대를 넘는 80세대마다 1대를 더한 대수 이상을 설치하되, 그 탑승인원수는 4층 이상인 층의 세대당 0.2명(독신자용주택의 경우에는 0.1명)의 비율로 산정한 인원수 이상일 것

80 어린이놀이시설
관리주체는 안전점검 결과 어린이놀이시설이 어린이에게 위해를 가할 우려가 있다고 판단되는 경우 그 이용을 금지하고 1개월 이내에 안전검사기관에 안전진단을 신청한다. 다만, 어린이놀이시설을 철거하는 경우에는 안전진단 신청을 생략할 수 있다.

제2회 실전모의고사

제1과목 주택관리관계법규

01	02	03	04	05	06	07	08	09	10
④	①	④	②	①	②	⑤	④	③	①
11	12	13	14	15	16	17	18	19	20
⑤	⑤	③	②	④	③	③	⑤	②	④
21	22	23	24						
⑤	④	④	③						

25	㉠ 민법	33	㉠ 15 ㉡ 15
26	㉠ 국토교통부장관 ㉡ 공업화 주택	34	㉠ 2 ㉡ 무상
27	㉠ 15 ㉡ 25 ㉢ 20	35	㉠ 무창층 ㉡ 30 ㉢ 50
28	㉠ 3	36	㉠ 안전진단전문기관
29	㉠ 국토교통부장관	37	㉠ 25 ㉡ 20 ㉢ 5
30	㉠ 주택도시기금	38	㉠ 90
31	㉠ 이사 ㉡ 3 ㉢ 10	39	㉠ 배전사업 ㉡ 발전사업
32	㉠ 20 ㉡ 4 ㉢ 국토교통부장관	40	㉠ 관리주체 ㉡ 시공자

01 관리방법 등
배치권자는 관리사무소장을 배치할 때 주택관리사보는 500세대 미만만 배치할 수 있으나 주택관리사는 세대수에 관계없이 배치할 수 있다.

02 주택건설기준 등
② 유치원 및 어린이집은 위험물저장 및 처리시설 중 주유소(석유판매취급소를 포함)로부터 수평거리 50m 이상 떨어진 곳에 이를 배치하여야 한다.
③ 공동주택을 건설하는 주택단지에는 폭 1.5m 이상의 보도를 포함한 폭 7m 이상의 도로(보행자전용도로, 자전거도로는 제외한다)를 설치하여야 한다.
④ 10층 이상의 공동주택에는 적재하중이 0.9톤 이상인 화물용 승강기를 설치하여야 한다.
⑤ 난간의 높이는 바닥의 마감면으로부터 1.2m 이상, 난간의 간살의 간격은 안목치수 10cm 이하로 하여야 한다.

03 사용검사
사업주체는 요청을 받은 날부터 7일 이내에 의견을 통지하여야 한다.

04 투기과열지구
① 투기과열지구는 국토교통부장관 또는 시·도지사가 주택가격의 안정을 위하여 필요한 경우에 일정한 지역을 투기과열지구로 지정하거나 이를 해제할 수 있다.
③ 주거정책심의위원회의 심의를 거쳐 투기과열지구로 지정하거나 이를 해제할 수 있다.
④ 투기과열지구 안에서 전매제한을 위반하여 전매한 경우 처벌은 받지만, 그 전매계약이 무효가 되는 것은 아니다.
⑤ 2년이 아닌 반기마다 주거정책심의위원회의 회의를 소집하여 투기과열지구 지정의 계속 여부를 재검토하여야 한다.

05 용어의 정의
"주택"이란 세대의 구성원이 장기간 독립된 주거생활을 할 수 있는 구조로 된 건축물의 전부 또는 일부 및 그 부속토지를 말한다.

06 공동주택관리 분쟁조정위원회
중앙분쟁조정위원회는 위원장 1명을 포함한 15명 이내의 위원으로 구성하되, 성별을 고려하여야 한다.

07 주택관리업자 등의 교육
① 교육수탁기관은 교육실시 10일 전에 통보하여야 한다.
② 관리사무소장으로 배치받으려는 주택관리사등이 배치예정일부터 직전 5년 이내에 관리사무소장·공동주택관리기구의 직원 또는 주택관리업자의 임직원으로서 종사한 경력이 없는 경우에는 시·도지사가 실시하는 공동주택관리에 관한 교육과 윤리교육을 이수하여야 관리사무소장으로 배치받을 수 있다.
③ 관리사무소장은 관리사무소장으로 배치된 날부터 3개월 이내에 교육수탁기관으로부터 교육을 받아야 한다. 교육기간은 3일로 한다.
④ 국토교통부령이 정하는 바에 의하여 시·도지사로부터 공동주택관리에 관한 교육과 윤리교육을 받아야 한다.

08 관리규약

의무관리대상 전환 공동주택의 관리인이 관리규약의 제정 신고를 하지 아니하는 경우에는 입주자등의 10분의 1 이상이 연서하여 신고할 수 있다.

09 하자담보책임기간

철근콘크리트공사는 하자담보책임기간이 5년이고, 나머지는 3년이다.

10 장기수선계획

② 입주자대표회의 및 관리주체는 3년마다 장기수선계획을 검토하여야 한다.
③ 의무관리대상인 공동주택은 150세대 이상의 승강기가 설치된 공동주택 및 중앙집중식 난방방식의 공동주택 등이지만 장기수선계획의 수립대상 공동주택의 범위는 150세대 미만의 공동주택도 대상이다.
④ 입주자대표회의와 관리주체는 주요시설을 신설하는 등 관리여건상 필요하여 전체 입주자 과반수의 서면동의를 받은 경우에는 3년이 경과하기 전에 장기수선계획을 조정할 수 있다.
⑤ 장기수선계획은 공동주택의 전유부분이 아닌 공용부분과 입주자의 공동소유인 부대시설 및 복리시설을 대상으로 수립한다.

11 안전점검등의 실시시기

정기안전점검 결과 안전등급이 E등급(불량)으로 지정된 제3종시설물의 최초 정밀안전점검은 해당 정기안전점검을 완료한 날부터 1년내 이내에 실시하여야 한다.

12 임대주택의 관리

① 주택관리업자에게 관리를 위탁하거나 자체관리하여야 한다.
② 임대사업자가 민간임대주택을 자체관리하고자 할 경우 시장·군수·구청장의 인가를 받아야 한다.
③ 기술인력 및 장비기준을 적용할 때는 원칙적으로 둘 이상의 민간임대주택단지를 하나의 민간임대주택단지로 본다.
④ 회계감사 비용은 임차인 또는 임차인대표회의가 부담한다.

13 표준임대차계약서

전용면적이 85m제곱미터를 초과하는 경우에는 분양전환가격 산정기준을 포함하지 아니할 수 있다.

14 신고대상 건축물

바닥면적의 합계가 85m² 이내의 증축·개축 또는 재축이 건축신고의 대상이다. 다만, 3층 이상 건축물인 경우에는 증축·개축 또는 재축하려는 부분의 바닥면적의 합계가 건축물 연면적의 1/10 이내인 경우로 한정한다.

15 지하층

① 용적률을 산정할 경우 연면적에서 제외된다.
② 지하층은 건축물의 층수에 산입하지 아니한다.
③ 현행 「건축법」에 지하층 설치 의무규정은 없다.
⑤ 높이가 다른 경우에는 평균한 높이를 기준으로 하여 지하층 여부를 판단한다.

16 건축허가 등

국토교통부장관이나 특별시장·광역시장·도지사가 건축허가 또는 건축물의 착공을 제한하는 경우 그 제한기간은 2년 이내로 한다. 다만, 1회에 한하여 1년 이내의 범위에서 그 제한기간을 연장할 수 있다.주거환경정비법령상 재건축 안전진단

17 「건축법」이 적용되지 않는 건축물

고속도로 통행료 징수시설, 「문화유산의 보존 및 활용에 관한 법률」에 따른 지정문화유산이나 임시지정문화유산 또는 「자연유산의 보존 및 활용에 관한 법률」에 따라 지정된 천연기념물등이나 임시지정천연기념물, 임시지정명승, 임시지정시·도자연유산, 선로부지 안에 있는 플랫폼, 컨테이너를 이용한 간이창고(공장의 용도로만 사용되는 이동이 용이한 것) 등이 「건축법」이 적용되지 않는 건축물이다.
ㄱ. 군사시설은 건축법을 적용한다.
ㄹ. 주거용 건축물의 대지에 설치한 이동이 쉬운 컨테이너를 이용한 간이창고는 건축법을 적용한다. 컨테이너를 이용한 간이창고 중 '산업집적활성화 및 공장설립에 관한 법률'에 따른 공장의 용도로만 사용되는 건축물의 대지에 설치하는 것으로 이동이 쉬운것만 건축법을 적용하지아니한다.

18 승강기의 설치

높이 31미터를 초과하는 건축물은 비상용 승강기를 설치하여야 한다.

19 토지등 소유자 동의수 산정방법

1인이 둘 이상의 소유권을 소유하고 있는 경우 소유권의 수에 관계없이 토지등소유자를 1인으로 산정한다.

20 용어의 정의 등
① 우선사업구역에 대한 내용이다.
② 재정비촉진지구의 종류는 주거지형, 중심지형, 고밀복합형으로 구분한다.
③ 교지 확보를 위하여 지방자치단체가 소유하는 토지 등을 임대하는 경우에는 임대기간을 50년으로 하고, 50년 갱신기간의 범위 내에서 이를 연장할 수 있다.
⑤ 전통시장 및 상점가 육성을 위한 특별법에 의한 시장정비사업은 재정비촉진사업에 속한다.

21 화재안전조사 등
- 소방관서장은 화재안전조사를 실시하려는 경우 사전에 관계인에게 조사대상, 조사기간 및 조사사유 등을 우편, 전화, 전자메일 또는 문자전송 등을 통하여 통지하고 이를 대통령령으로 정하는 바에 따라 인터넷 홈페이지나 법 제16조제3항의 전산시스템 등을 통하여 7일 이상 공개하여야 한다.
- 화재안전조사 결과에 따른 조치명령으로 인하여 손실보상을 하여야 하는 경우, 손실보상금의 지급 또는 공탁의 통지에 불복하는 자는 지급 또는 공탁의 통지를 받은 날부터 30일 이내에 관할 토지수용위원회 또는 중앙토지수용위원회에 재결을 신청할 수 있다.

22 승강기의 유지관리업
① 자본금은 1억원 이상이어야 한다.
② 사업정지 처분을 갈음하여 1억원 이하의 과징금을 부과할 수 있다.
③ 과징금 통지를 받은 자는 20일 이내에 과징금을 시·도지사가 정하는 수납기관에 납부해야 한다. 다만, 천재지변이나 그 밖의 부득이한 사유로 납부기한까지 과징금을 낼 수 없을 때에는 그 사유가 없어진 날부터 7일 이내에 납부해야 한다.
⑤ 그 날부터 30일 이내에 시·도지사에게 신고하여야 한다.

23 전기공급의 거부사유
④의 경우 발전사업자에 한하여 전기의 공급을 거부할 수 있는 사유이다.

24 집합건물 등
공용부분을 변경하는 경우에는 구분소유자 및 의결권의 각 2/3 이상의 결의가 있어야 한다.

25 토지임대부 분양주택
토지임대부 분양주택에 관하여 「주택법」에서 정하지 아니한 사항은 「집합건물의 소유 및 관리에 관한 법률」, 「민법」 순으로 적용한다.

26 공업화 주택의 인정
국토교통부장관은 주요 구조부의 전부 또는 일부를 국토교통부령으로 정하는 성능기준 및 생산기준에 따라 맞춤식 등 공업화공법으로 건설하는 주택을 공업화 주택으로 인정할 수 있다.

27 하자보수보증금의 반환
① 다음의 구분에 따른 날(이하 이 조에서 '사용검사일'이라 한다)부터 2년이 경과된 때 : 하자보수보증금의 100분의 15
  ㉠ 「주택법」 제49조에 따른 사용검사(공동주택단지 안의 공동주택 전부에 대하여 같은 조에 따른 임시 사용승인을 받은 경우에는 임시 사용승인을 말한다)를 받은 날
  ㉡ 「건축법」 제22조에 따른 사용승인(공동주택단지 안의 공동주택 전부에 대하여 같은 조에 따른 임시 사용승인을 받은 경우에는 임시 사용승인을 말한다)을 받은 날
② 사용검사일부터 3년이 경과된 때 : 하자보수보증금의 100분의 40
③ 사용검사일부터 5년이 경과된 때 : 하자보수보증금의 100분의 25
④ 사용검사일부터 10년이 경과된 때 : 하자보수보증금의 100분의 20

28 매도청구
사업계획승인을 받은 사업주체는 해당 주택건설대지 중 사용할 수 있는 권원을 확보하지 못한 대지(건축물을 포함)의 소유자에게 그 대지를 시가(市價)로 매도할 것을 청구할 수 있다. 이 경우 매도청구대상이 되는 대지의 소유자와 매도청구를 하기 전에 3개월 이상 협의를 하여야 한다.

29 주택관리사단체
주택관리사단체를 설립하려면 공동주택의 관리사무소장으로 배치된 자의 5분의 1 이상을 발기인으로 하여 정관을 마련한 후 창립총회의 의결을 거쳐 국토교통부장관의 인가를 받아야 한다. 인가받은 정관을 변경하는 경우에도 또한 같다.

30 공공임대주택의 임대료

공공임대주택의 최초의 임대보증금과 월 임대료는 임차인이 동의한 경우에 임대차계약에 따라 상호 전환할 수 있다. 이 경우 최초의 임대보증금은 해당 임대주택과 그 부대시설에 대한 건설원가에서 주택도시기금의 융자금을 뺀 금액을 초과할 수 없다.

31 입주자대표회의 소집

입주자대표회의는 관리규약이 정하는 바에 따라 회장이 그 명의로 소집한다. 다만, 다음에 해당하는 때에는 회장은 해당일부터 14일 이내에 입주자대표회의를 소집하여야 하며, 회장이 회의를 소집하지 아니하는 경우에는 관리규약으로 정하는 이사가 그 회의를 소집하고 회장의 직무를 대행한다.
① 입주자대표회의 구성원 3분의 1 이상이 청구하는 때
② 입주자 등의 10분의 1 이상이 요청하는 때
③ 전체 입주자의 10분의 1 이상이 요청하는 때 (입주자대표회 의결사항 중 장기수선계획의 수립 또는 조정에 관한 사항만 해당한다)

32 용어의 정의

"특수구조 건축물"이란 다음의 어느 하나에 해당하는 건축물을 말한다.
1) 한쪽 끝은 고정되고 다른 끝은 지지(支持)되지 아니한 구조로 된 보·차양 등이 외벽의 중심선으로부터 3m 이상 돌출된 건축물
2) 기둥과 기둥 사이의 거리(기둥의 중심선 사이의 거리를 말하며, 기둥이 없는 경우에는 내력벽과 내력벽의 중심선 사이의 거리를 말한다)가 20m 이상인 건축물
3) 무량판 구조(보가 없이 바닥판·기둥으로 구성된 구조를 말한다. 이하 같다)를 가진 건축물로서 무량판 구조인 어느 하나의 층에 수직으로 배치된 주요구조부의 전체 단면적에서 보가 없이 배치된 기둥의 전체 단면적이 차지하는 비율이 4분의 1 이상인 건축물
4) 특수한 설계·시공·공법 등이 필요한 건축물로서 국토교통부장관이 정하여 고시하는 구조로 된 건축물

33 건축민원전문위원회

건축민원전문위원회는 신청인의 질의민원을 받으면 15일 이내에 심의절차를 마쳐야 한다. 다만, 사정이 있으면 건축민원전문위원회의 의결로 15일 이내의 범위에서 기간을 연장할 수 있다.

34 승강기의 사후관리

(1) 제조·수입업자는 관리주체 등으로부터 해당하는 부품 등의 제공을 요청받은 경우에는 특별한 이유가 없으면 2일 이내에 그 요청에 따라야 한다(법 제8조 제2항).
(2) 승강기 또는 승강기부품의 품질보증기간은 3년 이상으로 하며, 그 기간에 구매인 또는 양수인이 사용설명서에 따라 정상적으로 사용·관리했음에도 불구하고 고장이나 결함이 발생한 경우에는 제조·수입업자가 무상으로 유지관리용 부품 및 장비 등을 제공(정비를 포함한다)하여야 한다.

35 무창층

무창층이란 지상층 중 다음의 요건을 모두 갖춘 개구부(건축물에서 채광·환기·통풍 또는 출입 등을 위하여 만든 창·출입구, 그 밖에 이와 비슷한 것을 말한다)의 면적의 합계가 해당 층의 바닥면적(「건축법 시행령」 제119조제1항제3호에 따라 산정된 면적을 말한다. 이하 같다)의 30분의 1 이하가 되는 층을 말한다.
가. 크기는 지름 50센티미터 이상의 원이 통과할 수 있을 것
나. 해당 층의 바닥면으로부터 개구부 밑부분까지의 높이가 1.2미터 이내일 것
다. 도로 또는 차량이 진입할 수 있는 빈터를 향할 것
라. 화재시 건축물로부터 쉽게 피난할 수 있도록 창살이나 그 밖의 장애물이 설치되지 아니할 것
마. 내부 또는 외부에서 쉽게 부수거나 열 수 있을 것

36 하자 여부 판정 결과에 대한 이의신청

하자 여부 판정 결과에 대하여 이의가 있는 자는 하자 여부 판정서를 송달받은 날부터 30일 이내에 안전진단전문기관 또는 「변호사법」에 따라 등록한 변호사가 작성한 의견서를 첨부하여 국토교통부령으로 정하는 바에 따라 이의신청을 할 수 있다.

37 임차인 대표회의 등

(1) 임차인이 부담하는 임대보증금의 보증수수료는 25퍼센트를 부담한다.
(2) 원칙적으로 임대사업자가 20세대 이상의 민간임대주택을 공급하는 공동주택단지에 입주하는 임차인은 임차인 대표회의를 구성할 수 있다.
(3) 시·도지사가 지정하는 촉진지구 면적기준 중 국토의 계획 및 이용에 관한 법률 제6조 제1호에 따른 도시지역의 경우는 5천제곱미터 이상이다.

38 관리처분계획

사업시행자는 관리처분계획이 인가·고시된 다음날부터 90일 이내에 인가된 관리처분계획에 따라 분양대상에서 제외된 자와 토지, 건축물 또는 그 밖의 권리의 손실보상에 관한 협의를 하여야 한다.

39 전기사업 복수허가

- 배전사업과 전기판매사업을 겸업하는 경우
- 도서지역에서 전기사업을 하는 경우
- 「집단에너지사업법」에 따라 발전사업의 허가를 받은 것으로 보는 집단에너지사업자가 전기판매사업을 겸업하는 경우. 다만, 허가받은 공급구역에 전기를 공급하려는 경우로 한정한다.

40 비용부담

안전점검등과 성능평가에 드는 비용은 관리주체가 부담한다. 다만, 하자담보책임기간 내에 시공자가 책임져야 할 사유로 정밀안전진단을 실시하여야 하는 경우 그에 드는 비용은 시공자가 부담한다.

42 민간임대주택의 관리

임대사업자는 입주예정자의 과반수가 입주한 때에는 과반수가 입주한 날부터 30일 이내에 입주현황과 임차인대표회의를 구성할 수 있다는 사실 또는 구성하여야 한다는 사실을 입주한 임차인에게 통지하여야 한다. 다만, 임대사업자가 본문에 따른 통지를 하지 아니하는 경우 시장·군수·구청장이 임차인대표회의를 구성하도록 임차인에게 통지할 수 있다.

43 동별 대표자

다음의 어느 하나에 해당하는 사람은 동별 대표자가 될 수 없으며 그 자격을 상실한다.
1) 미성년자, 피성년후견인 및 피한정후견인
2) 파산자로서 복권되지 아니한 사람
3) 이 법 또는 「주택법」, 「민간임대주택에 관한 특별법」, 「공공주택 특별법」, 「건축법」, 「집합건물의 소유 및 관리에 관한 법률」을 위반한 범죄로 금고 이상의 실형 선고를 받고 그 집행이 끝나거나(집행이 끝난 것으로 보는 경우를 포함한다) 집행이 면제된 날부터 2년이 지나지 아니한 사람
4) 금고 이상의 형의 집행유예선고를 받고 그 유예기간 중에 있는 사람
5) 「공동주택관리법」, 「주택법」, 「민간임대주택에 관한 특별법」, 「공공주택 특별법」, 「건축법」, 「집합건물의 소유 및 관리에 관한 법률」을 위반한 범죄로 벌금형을 선고받은 후 2년이 지나지 않은 사람
6) 선거관리위원회 위원(사퇴하거나 해임 또는 해촉된 사람으로서 그 남은 임기 중에 있는 사람을 포함한다)
7) 공동주택의 소유자가 서면으로 위임한 대리권이 없는 소유자의 배우자나 직계존비속
8) 해당 공동주택 관리주체의 소속 임직원과 해당 공동주택 관리주체에 용역을 공급하거나 사업자로 지정된 자의 소속 임원. 이 경우 관리주체가 주택관리업자인 경우에는 해당 주택관리업자를 기준으로 판단한다.
9) 해당 공동주택의 동별 대표자를 사퇴한 날부터 1년(해당 동별 대표자에 대한 해임이 요구된 후 사퇴한 경우에는 2년)이 지나지 아니하거나 해임된 날부터 2년이 지나지 않은 사람
10) 관리비 등을 최근 3개월 이상 연속하여 체납한 사람
11) 동별 대표자로서 임기 중에 제6호(관리비 등을 최근 3개월 이상 연속하여 체납한 사람)에 해당하여 당연히 퇴임한 사람으로서 그 남은 임기(남은 임기가 1년을 초과하는 경우에는 1년을 말한다) 중에 있는 사람

제2과목 공동주택관리실무

41	42	43	44	45	46	47	48	49	50
⑤	①	①	②	⑤	③	⑤	①	⑤	③
51	52	53	54	55	56	57	58	59	60
⑤	③	②	③	②	③	②	③	①	⑤
61	62	63	64						
②	⑤	③	②						

65	⊙ 85 ⓒ 준주거	73	⊙ 10,000원
66	⊙ 과반수	74	⊙ 홈게이트웨이
67	⊙ 관리주체 ⓒ~② 입주자대표회의	75	⊙ 100 ⓒ 7 ⓒ 60
68	⊙ 120 ⓒ 60 ⓒ 60 ② 75	76	⊙ 60
69	⊙ 1/10	77	⊙ 0.25 ⓒ 350
70	⊙ 1 ⓒ 0.7 ⓒ 1	78	15회
71	⊙ 5분의 4	79	⊙ 30 ⓒ 60
72	⊙ 8 ⓒ 10	80	⊙ 6 ⓒ 65 ⓒ 45

41 공동주택관리

전유부분은 공동주택관리기구의 유지·보수 및 관리 등 대상이 아니다. 따라서 전유부분이 삭제되어야 맞는 지문이 된다.

44 행정처분

1. **필수적 등록말소**
   1) 최근 3년간 2회 이상의 영업정지처분을 받은 자로서 그 정지처분을 받은 기간이 통산하여 12월을 초과한 때
   2) 영업정지기간 중에 주택관리업을 영위한 경우
   3) 거짓이나 그 밖의 부정한 방법으로 등록한 경우
2. **필수적 영업정지**(1년 이내의 기간을 정하여 영업의 전부 또는 일부의 정지를 명하여야 함)
   1) 공동주택의 관리와 관련하여 입주자등·관리주체·입주자대표회의·선거관리위원회(위원을 포함)가 부정하게 재물 또는 재산상의 이익을 취득하거나 제공한 경우
   2) 입주자대표회의 및 관리주체가 관리비·사용료와 장기수선충당금을 이 법에 따른 용도 외의 목적으로 사용한 경우

45 공동주택관리

⑤ 주택관리사의 의무적 채용대상 공동주택이다.

46 리모델링 안전진단

세대의 주거전용면적이 85m² 미만인 경우에는 10분의 4 이내에서 증축이 가능하다.

47 문서보존기간

퇴직금 중간정산 관련 증명서류, 회계관련 장부 및 그 증빙서류는 5년 보존기간 문서이다.

48 관리사무소의 업무처리

아파트는 특수경비원(만 18세 미만 또는 만 60세 이상인 자, 피성년후견인, 피한정후견인 등은 특수경비원 결격사유에 해당함) 근무대상이 아닌 일반경비원(시설경비업무, 호송경비업무, 신변보호업무, 기계경비업무) 근무대상지이므로 경비원에 대한 나이제한이 없다. 참고로 「경비업법」상 특수경비업무란 공항(항공기를 포함) 등 대통령령이 정하는 국가중요시설(공항·항만, 원자력발전소 등의 시설 중 국가정보원장이 지정하는 국가보안목표시설과 「통합방위법」의 규정에 의하여 국방부장관이 지정하는 국가중요시설을 말한다)의 경비 및 도난·화재 그 밖의 위험발생을 방지하는 업무를 말한다(경비업법 제10조 제2항 참조).

49 근로자 퇴직급여 보장법

확정기여형 퇴직연금제도에 가입한 근로자는 주택구입 등 대통령령으로 정하는 사유가 발생하면 적립금을 중도인출할 수 있다. 그러나 확정급여형은 중도인출을 할 수 없다.

50 고용보험법

고용보험 보험관계의 성립 및 소멸에 대하여는 「고용보험 및 산업재해보상보험의 보험료징수 등에 관한 법률」로 정하는 바에 따른다.

51 급수설비의 소독 등 위생조치

소유자등은 세척·갱생·교체 등의 조치를 하였을 때에는 그 결과를 일반수도사업자에게 보고하고, 그와 관련된 자료를 3년 이상 보존하여야 한다.

52 급수펌프의 전양정

전양정 = 실양정 + 손실양정 + 샤워기 필요압력
= 51m + 9m + 7m − 6m(펌프가 흡입하려는 액체보다 6m 낮게 설치되어 있다) = 61m

53 펌프의 회전수 변화

회전수를 50% 줄이면, 유량은 50% 감소, 양정은 25%(75% 감소), 축동력은 12.5%(87.5% 감소)로 된다.

54 개인하수처리시설의 관리기준

설치된 오수처리시설과 정화조는 내부청소를 연 1회 이상 하여야 한다.

55 소방시설 등

공동주택 중에서 연립주택 및 다세대주택은 단독경보형 감지기를 설치하여야 하고, 아파트나 기숙사는 모든 층에 자동화재탐지설비를 설치하여야 한다.

56 화재예방

보일러 등의 위치·구조 및 관리와 화재예방을 위하여 불의 사용에 있어서 지켜야 하는 사항

종 류	내 용
보일러	• 보일러 본체와 벽·천장 사이의 거리는 0.6m 이상 되도록 하여야 한다. • 보일러를 실내에 설치하는 경우에는 콘크리트바닥 또는 금속 외의 불연재료로 된 바닥 위에 설치해야 한다. • 경유 등 액체연료를 사용하는 보일러의 연료탱크는 보일러 본체로부터 수평거리 1미터 이상의 간격을 두어 설치하여야 한다.
난 로	• 연통은 천장으로부터 0.6m 이상 떨어지고, 연통의 배출구는 건물 밖으로 0.6m 이상 나오게 설치해야 한다. • 가연성 벽·바닥 또는 천장과 접촉하는 연통의 부분은 규조토 등 난연성 또는 불연성 단열재로 덮어 씌워야 한다.
전기시설	• 전류가 통하는 전선에는 과전류차단기를 설치하여야 한다. • 전선 및 접속기구는 내열성이 있는 것으로 하여야 한다.
비고	• "보일러"란 사업장 또는 영업장 등에서 사용하는 것을 말하며, 주택에서 사용하는 가정용 보일러는 제외한다. • 보일러, 난로, 건조설비, 불꽃을 사용하는 용접·용단기구 및 노·화덕설비가 설치된 장소에는 소화기 1개 이상을 갖추어 두어야 한다.

57 온수난방

증기난방에 비하여 열용량이 크기 때문에 예열시간이 길고 연료소비량이 많으며 운전 정지시 동파우려가 있다.

58 기계환기설비

기계환기설비에서 발생하는 소음의 측정은 한국산업표준에 따르는 것을 원칙으로 한다. 측정위치는 대표길이 1m(수직 또는 수평 하단)에서 측정하여 소음이 40dB 이하가 되어야 하며, 암소음(측정대상인 소음 외에 주변에 존재하는 소음을 말한다)은 보정하여야 한다. 다만, 환기설비 본체(소음원)가 거주공간 외부에 설치될 경우에는 대표길이 1m(수직 또는 수평 하단)에서 측정하여 50dB 이하가 되거나, 거주공간 내부의 중앙부 바닥으로부터 1.0~1.2m 높이에서 측정하여 40dB 이하가 되어야 한다.

59 냉동기

냉동기의 성적계수가 클수록 냉방능력이 좋다.

60 실내공기질 관리

⑤ 신축 공동주택의 쾌적한 공기질 유지를 위한 실내공기질 권고기준은 환경부령으로 정한다. 신축 공동주택에는 유지기준은 그 규정이 없다.

신축 공동주택의 실내공기질 권고기준
2. 벤젠 30$\mu g/m^3$ 이하
3. 톨루엔 1,000$\mu g/m^3$ 이하
4. 에틸벤젠 360$\mu g/m^3$ 이하
5. 자일렌 700$\mu g/m^3$ 이하
6. 스티렌 300$\mu g/m^3$ 이하
7. 라돈 148Bq/m^3 이하

61 화재사고의 기준

산업통상자원부장관은 전기사고의 재발방지를 위하여 필요 인정시 안전공사 등으로 하여금 전기사고의 원인·경위 등에 관한 조사를 하게 할 수 있다. 여기서 "대통령령이 정하는 전기사고"란 다음의 어느 하나에 해당하는 사고를 말한다.
1) 중대한 사고
2) 전기로 인하여 발생한 것으로 추정되는 다음 각 목의 사고
   가. 사망자가 2명 이상이거나 부상자가 3명 이상인 화재사고
   나. 재산피해[해당 화재사고에 대하여 경찰관서나 소방관서에서 추정한 가액(價額)에 따른다]가 3억원 이상인 화재사고
   다. 그 밖에 제1호, 가목 또는 나목과 유사한 규모의 사고로서 해당 사고의 재발 방지를 위하여 사고의 원인·경위 등에 관한 조사가 필요하다고 인정하여 산업통상자원부장관이 지정하는 화재사고

62 전기안전관리자의 직무 범위

전기사업자 및 자가용전기설비의 소유자 또는 점유자는 그가 운용하는 전기설비로 인하여 산업통상자원부령이 정하는 중대한 사고가 발생한 경우에는 산업통상자원부령이 정하는 바에 따라 산업통상자원부장관에게 통보하여야 한다.

> **전기안전관리자의 직무의 범위**
> 1) 전기설비의 공사·유지 및 운용에 관한 업무 및 이에 종사하는 사람에 대한 안전교육
> 2) 전기설비의 안전관리를 위한 확인·점검 및 이에 대한 업무의 감독
> 3) 전기설비의 운전·조작 또는 이에 대한 업무의 감독
> 4) 전기안전관리에 관한 기록의 작성·보존
> 5) 공사계획의 인가신청 또는 신고에 필요한 서류의 검토
> 6) 다음 각 목의 어느 하나에 해당하는 공사의 감리업무
>   가. 비상용 예비발전설비의 설치·변경공사로서 총공사비가 1억원 미만인 공사
>   나. 전기수용설비의 증설 또는 변경공사로서 총공사비가 5천만원 미만인 공사
>   다. 「신에너지 및 재생에너지 개발·이용·보급 촉진법」에 따른 신에너지 및 재생에너지 설비의 증설 또는 변경 공사로서 총공사비가 5천만원 미만인 공사
> 7) 전기설비의 일상점검·정기점검·정밀점검의 절차, 방법 및 기준에 대한 안전관리규정의 작성
> 8) 전기재해의 발생을 예방하거나 그 피해를 줄이기 위하여 필요한 응급조치

63 주민공동시설의 면적

100세대 이상의 주택을 건설하는 주택단지에는 원칙적으로 다음 각 호에 따라 산정한 면적 이상의 주민공동시설을 설치하여야 한다.
1) **100세대 이상 1,000세대 미만** : 세대당 2.5㎡를 더한 면적
2) **1,000세대 이상** : 500㎡에 세대당 2㎡를 더한 면적

64 영상정보처리기기의 설치기준

카메라는 전체 또는 주요 부분이 조망되고 잘 식별될 수 있도록 설치하되, 카메라의 해상도는 130만 화소 이상일 것

65 하나의 건축물에 함께 건축가능한 예외

1) 도시형 생활주택과 주거전용면적이 85㎡를 초과하는 주택 1세대를 함께 건축하는 경우
2) 준주거지역 또는 상업지역에서 아파트형 주택과 도시형 생활주택 외의 주택을 함께 건축하는 경우

66 주택관리업자의 선정방법

의무관리대상 공동주택의 입주자 등이 공동주택을 위탁관리 할 것을 정한 경우에는 입주자대표회의는 다음 각 호의 기준에 따라 주택관리업자를 선정하여야 한다.
㉠ 전자입찰방식으로 할 것. 다만, 선정방법 등이 전자입찰방식을 적용하기 곤란한 경우로서 국토교통부장관이 정하여 고시하는 경우에는 전자입찰방식으로 선정하지 아니할 수 있다.
㉡ 다음 각 목의 구분에 따른 사항에 대하여 <u>전체 입주자등의 과반수의 동의</u>를 얻을 것
　가. 경쟁입찰: 입찰의 종류 및 방법, 낙찰방법, 참가자격 제한 등 입찰과 관련한 중요사항
　나. 수의계약: 계약상대자 선정, 계약 조건 등 계약과 관련한 중요사항
㉢ 그 밖에 <u>입찰의 방법 등 대통령령으로 정하는 방식</u>을 따를 것

67 관리주체 또는 입주자대표회의

1. 주민공동시설의 위탁, 물품의 구입과 매각, 잡수입의 취득, 보험계약 등 → 관리주체
2. 하자보수보증금을 사용하여 직접 보수하는 공사 → 입주자대표회의
3. 장기수선충당금을 사용하는 공사 → 입주자대표회의
4. 전기안전관리를 위한 용역 → 입주자대표회의

68 임산부의 보호

- 사용자는 임신 중의 여성에게 출산 전과 출산 후를 통하여 한 번에 둘 이상 자녀를 임신한 경우에는 120일의 출산전후휴가를 주어야 한다. 이 경우 휴가기간의 배정은 출산 후에 60일 이상이 되어야 한다.
- 사용자는 임신 중인 여성 근로자가 유산의 경험 등 대통령령으로 정하는 사유로 출산휴가를 청구하는 경우 출산 전 어느 때라도 휴가를 나누어 사용할 수 있도록 하여야 한다. 이 경우 출산 후의 휴가기간은 연속하여 한 번에 둘 이상 자녀를 임신한 경우에는 60일 이상이 되어야 한다.
- 출산휴가 중 한 번에 둘 이상 자녀를 임신한 경우에는 최초 75일은 유급으로 한다.

69 공동주택의 관리주체

- 의무관리대상 공동주택의 관리주체는 대통령령으로 정하는 바에 따라 「주식회사 등의 외부감사에 관한 법률」에 따른 감사인의 회계감사를 매년 1회 이상 받아야 한다. 다만, 다음 각 호의 구분에 따른 연도에는 그러하지 아니하다.

1) 300세대 이상인 공동주택: 해당 연도에 회계감사를 받지 아니하기로 입주자등의 3분의 2 이상의 서면동의를 받은 경우 그 연도
2) 300세대 미만인 공동주택: 해당 연도에 회계감사를 받지 아니하기로 입주자등의 과반수의 서면동의를 받은 경우 그 연도

70 발코니 등의 구조변경절차 및 설치기준
- 대피공간은 1시간 이상의 내화성능을 갖는 내화구조의 벽으로 구획되어야 하며, 벽·천장 및 바닥의 내부마감재료는 준불연재료 또는 불연재료를 사용하여야 한다.
- 대피공간에 창호를 설치하는 경우에는 폭 0.7m, 높이 1m 이상은 반드시 개폐가능하여야 하며, 비상시 외부의 도움을 받는 경우 피난에 장애가 없는 구조로 설치하여야 한다.

71 하자 관련 분쟁조정제도
사업주체는 사업주체와 다음 각 호의 구분에 따른 자는 하자보수가 끝난 때에는 공동으로 담보책임 종료확인서를 작성해야 한다. 이 경우 담보책임기간이 만료되기 전에 담보책임 종료확인서를 작성해서는 안 된다.
1. 전유부분: 입주자
2. 공용부분: 입주자대표회의 회장(의무관리대상 공동주택이 아닌 경우에는 「집합건물의 소유 및 관리에 관한 법률」에 따른 관리인을 말한다) 또는 5분의 4 이상의 입주자(입주자대표회의 구성원 중 사용자인 동별 대표자가 과반수인 경우만 해당한다)

72 장기수선계획 수립
건물 내부 페인트칠의 전면도장 수선주기는 8년이고, 전기자동차의 고정형 충전기의 전면교체 수선주기는 10년이다.

73 월간 세대별 장기수선충당금
[장기수선계획기간 중의 총수선비/(총공급면적×12×계획기간)]×세대의 공급면적
= [(60,000,000×10)/(50,000×12×10)] × 100 = 10,000원

74 용어정의
홈게이트웨이란 전유부분에 설치되어 세대 내에서 사용되는 홈네트워크 사용기기들을 유무선 네트워크로 연결하고 세대망과 단지망 혹은 통신사의 기간망을 상호 접속하는 장치를 말한다.

75 실내공기질 관리
- 적용대상인 공동주택은 아파트, 연립주택, 기숙사로서 100세대 이상으로 신축되는 것
- 신축 공동주택의 시공자는 주택 공기질 측정결과 보고를 작성하여 주민입주 7일 전까지 시장·군수·구청장에게 제출하고, 주민입주 7일 전부터 60일간 공동주택관리사무소 입구 게시판 등에 주민들이 잘 볼 수 있도록 공고해야 한다.

76 용어정의
중앙집중식 냉·난방설비: 건축물의 전부 또는 냉난방 면적의 60% 이상을 냉방 또는 난방함에 있어 해당 공간에 순환펌프, 증기난방설비 등을 이용하여 열원 등을 공급하는 설비를 말한다. 단, 산업통상자원부 고시 「효율관리기자재 운용규정」에서 정한 가정용 가스보일러는 개별 난방설비로 간주한다.

77 옥외소화전 노즐선단
- 최저 방수압력: 0.25MPa
- 최소 방수량: 350ℓ/min

78 각 최소 점검횟수
- 위생진단(저수시설, 우물): 2회
- 안전진단(지능형 홈네트워크 설비): 12회
- 우기진단(석축, 주차장, 담장): 1회

79 일반폐기물 처리기준
폐기물처리신고자와 광역폐기물처리시설 설치·운영자는 원칙상 30일 이내에 폐기물을 처리해야 함이 원칙이다. 다만, 폐기물처리 신고자가 고철을 재활용하는 경우에는 60일 이내에 폐기물을 처리해야 한다.

80 방음시설
공동주택이 「국토의 계획 및 이용에 관한 법률」에 따른 도시지역(주택단지면적이 30만㎡ 미만인 경우로 한정한다) 또는 「소음·진동관리법」에 따라 지정된 지역에 건축되는 경우로서 다음의 기준을 모두 충족하는 경우에는 그 공동주택의 6층 이상인 부분에 대하여는 방음시설을 설치하여 해당 공동주택의 건설지점의 소음도가 65dB 미만이 되도록 할 의무가 없다.
1. 세대 안에 설치된 모든 창호를 닫은 상태에서 거실에서 측정한 소음도(이하 실내소음도)가 45dB 이하일 것
2. 공동주택의 세대 안에 「건축법 시행령」에 따라 정하는 기준에 적합한 환기설비를 갖출 것

제3회 실전모의고사

제1과목 주택관리관계법규									
01	02	03	04	05	06	07	08	09	10
⑤	②	③	④	②	①	②	②	②	④
11	12	13	14	15	16	17	18	19	20
⑤	⑤	⑤	②	②	④	④	⑤	③	①
21	22	23	24						
④	④	①	④						

25	㉠ 80 ㉡ 소유권	33	㉠ 5층
26	㉠ 반기	34	㉠ 통합공공임대주택 ㉡ 4 ㉢ 1
27	㉠ 리모델링 기본계획	35	㉠ 고밀복합형
28	㉠ 5	36	㉠ 1
29	㉠ 사업주체, ㉡ 관리인	37	㉠ 30 ㉡ 14
30	㉠ 국토교통부장관	38	㉠ 5
31	㉠ 이행강제금	39	㉠ 2
32	㉠ 14 ㉡ 7	40	㉠ 10

01 리모델링
① 주택단지의 주택소유자 전원의 동의를 얻은 입주자대표회의가 시장·군수 또는 구청장의 허가를 받아 리모델링을 할 수 있다.
② 사용검사를 받은 후 15년 미만의 공동주택에 대하여는 증축하는 리모델링을 할 수 없다.
③ 주택단지 전체를 리모델링하고자 하는 경우에는 주택단지 전체 구분소유자 및 의결권의 각 75퍼센트 이상의 동의와 각 동별 구분소유자 및 의결권의 각 50퍼센트 이상의 동의를 얻어야 한다.
④ 내력벽의 철거에 의하여 세대를 합치는 리모델링이 아니어야 한다.

02 사업계획승인
② 사업계획승인권자는 사업주체가 경매·공매 등으로 인하여 대지소유권을 상실한 경우에는 그 사업계획의 승인을 취소할 수 있다. 단, 이 경우 주택분양보증이 된 사업은 제외한다. ④의 경우 사업주체가 국가, 지방자치단체, 한국토지주택공사 또는 지방공사인 경우만 총사업비의 20퍼센트의 범위에서의 사업비 증감시 변경승인을 안 받아도 된다. 사업주체가 주택조합이므로 받아야 하고 맞는 규정이다.

03 주택의 건설기준
경계벽을 무근콘크리트조로 할 경우 그 두께는 20센티미터 이상으로 하여야 한다.

04 입주자대표회의의 의결사항
관리규약의 제정안이 아닌 개정안의 제안이 의결사항이다.

05 관리주체의 업무
입주자대표회의가 회의를 개최한 때에 회의록을 작성하여 관리주체에게 보관하게 하여야 한다.

06 하자보수
사용검사일부터 3년이 경과된 때는 하자보수보증금의 100분의 40을 사업주체에게 반환하여야 한다.

07 주택관리사등의 결격사유
파산선고를 받은 자로서 복권되지 아니한 사람은 주택관리사 등이 될 수 없는 것이다.

08 주택관리업자
1) 공동주택의 관리를 업으로 하려는 자는 시장·군수·구청장에게 등록하여야 한다.
2) 등록을 하지 아니하고 주택관리업을 운영한 자 또는 거짓이나 그 밖의 부정한 방법으로 등록한 자에 대하여는 2년 이하의 징역 또는 2천만원 이하의 벌금에 처한다.
3) 시·도지사는 공동주택단지를 모범적으로 관리한 사례를 발굴·전파하기 위하여 매년 공동주택 모범관리단지를 선정할 수 있다.

09 임대차계약 해제·해지하거나 재계약 거절사유
표준임대차계약서상의 임대차계약기간이 시작된 날부터 3개월 이내에 입주하지 아니한 경우이다.

10 회계감사 등
① 회계감사에 따른 비용은 임차인 또는 임차인대표회의가 이를 부담하여야 한다.
② 임대사업자는 임대보증금 보증수수료를 1년 단위로 재산정하여 분할납부할 수 있다.
③ 임대사업자가 150세대 이상의 민간임대주택을 공급하는 공동주택단지 중 다음의 어느 하나에 해당하는 공동주택단지에 입주하는 임차인은 임차인대표회의를 구성하여야 한다.
  1) 300세대 이상의 공동주택단지
  2) 승강기가 설치된 공동주택 또는 중앙집중식 난방방식의 공동주택, 지역난방방식인 공동주택으로서 150세대 이상인 공동주택단지
⑤ 임대보증금에 대한 보증에 가입한 임대사업자가 가입 후 6개월이 아닌 1년이 지났으나 재산정한 보증수수료를 보증회사에 납부하지 아니하는 경우에는 보증회사는 그 보증계약을 해지할 수 있다.

11 안전점검 및 정밀안전진단
① 시설물의 하자담보책임기간이 끝나기 전에 마지막으로 실시하는 정밀안전점검의 경우에는 관리주체가 직접 실시할 수 없으며, 안전진단전문기관이나 국토안전관리원에 의뢰하여 실시하여야 한다.
② 안전점검은 정기안전점검과 정밀안전점검의 두 가지로 구분된다.
③ 관리주체는 16층 이상의 공동주택은 제1종 시설물이 아니라 제2종 시설물이므로 정기적으로 정밀안전진단을 실시하지 않는다.
④ 민간관리주체가 어음·수표의 지급불능으로 인한 부도(不渡) 등 부득이한 사유로 인하여 안전점검을 실시하지 못하게 될 때에는 관할 시장·군수·구청장이 민간관리주체를 대신하여 안전점검을 실시할 수 있다. 이 경우 안전점검에 드는 비용은 그 민간관리주체에게 부담하게 할 수 있다.

12 건축선
도시지역에서 4미터 이내의 범위 안에서 건축선을 따로 지정할 수 있다.

13 헬리포트등의 설치
층수가 11층 이상인 건축물로서 11층 이상인 층의 바닥면적의 합계가 1만제곱미터이상인 건축물의 옥상에는 헬리포트 등의 설치 공간을 확보하여야 한다.

14 용적률
용적률은 대지면적에 대한 연면적의 비율이다. 필로티 구조의 1층은 바닥면적에 산입하지 아니하므로 지상 1층의 면적은 연면적에서 제외된다. 또한 용적률을 산정할 때에는 지하층의 면적은 연면적에 산입하지 아니한다. 따라서 용적률산정에 포함되는 연면적은 2층 내지 6층의 바닥면적의 합은 2,000제곱미터이다. 따라서 용적률은 (2,000/500)×100 = 400퍼센트가 된다.

15 대지 안의 공지기준
연립주택(상업지역에서 건축하는 것은 제외)는 1.5 미터 이상 5미터 이하의 범위에서 당해 지방자치단체의 조례로 정하는 거리 이상을 띄어야 한다.

16 도시·주거환경정비기본계획
① 도시·주거환경정비 기본계획의 타당성 검토주기는 5년이다.
② 시장은 도시·주거환경정비 기본계획을 수립하고자 하는 때에는 14일 이상 주민에게 공람한다.
③ 도시·주거환경정비 기본계획의 작성기준 및 작성방법은 국토교통부장관이 정한다.
⑤ 도시·주거환경정비 기본계획은 10년 단위로 수립하여야 한다.

17 주택의 종류
ⓒ 다중주택은 단독주택에 속하는 '주택'이며 나머지 ㉠ 다중생활시설, ㉢ 오피스텔, ㉣ 기숙사는 '준주택'으로서 주택법령상 '주택'에 속하지 아니한다.

18 리모델링 기본계획
⑤ 리모델링 기본계획은 작성기준 및 작성방법 등은 국토교통부장관이 정한다.

19 소화설비
비상벨설비는 경보설비이다.

20 소방장비 및 소방용수시설
시·도지사가 소방력의 기준에 따라 관할구역 안의 소방력을 확충하기 위하여 필요한 계획을 수립하여야 한다.

21 자체점검
법 제32조 제1항에 따른 안전검사에 불합격한 승강기에 대하여는 자체점검의 전부 또는 일부를 면제할 수 있다.

22 용어의 정의
발전사업이란 전기를 생산하여 이를 전력시장을 통하여 전기판매사업자에게 공급함을 주된 목적으로 하는 사업을 말한다.

23 시설물의 종류
②,③,④,⑤는 제1종 시설물에 해당한다. 16층 이상의 공동주택은 제2종 시설물이다.

24 재건축
각각의 건물마다 그 구분소유자 및 의결권의 각 5분의4 이상의 다수에 의한 재건축 결의가 있어야 한다.

25 토지의 사용권원 등 확보
주택을 마련하기 위하여 주택조합설립인가를 받으려는 자는 다음의 요건을 모두 갖추어야 한다. 다만, 인가내용의 변경이나 주택조합의 해산의 경우에는 그러하지 아니하다.
(1) 해당 주택건설대지의 80퍼센트 이상에 해당하는 토지의 사용권원을 확보할 것
(2) 해당 주택건설대지의 15퍼센트 이상에 해당하는 토지의 소유권을 확보할 것

26 공동주택의 안전점검
의무관리대상 공동주택의 관리주체는 그 공동주택의 기능유지와 안전성 확보로 입주자 및 사용자를 재해 및 재난 등으로부터 보호하기 위하여 시설물의 안전 및 유지관리에 관한 특별법에 따른 지침에서 정하는 안전점검의 실시방법 및 절차 등에 따라 공동주택의 안전점검을 반기마다 실시하여야 한다.

27 리모델링 기본계획의 정의
리모델링 기본계획이란 세대수 증가형 리모델링으로 인한 도시과밀, 이주수요 집중 등을 체계적으로 관리하기 위하여 수립하는 계획을 말한다.

28 손해배상책임의 보장
1) 500세대 미만의 공동주택 : 3천만원
2) 500세대 이상의 공동주택 : 5천만원

29 관리규약의 제정
(1) 법 제18조 제2항에 따라 공동주택 분양 후 최초의 관리규약은 사업주체가 제안한 내용을 해당 입주예정자의 과반수가 서면으로 동의하는 방법으로 결정한다.
(2) 의무관리대상 전환 공동주택의 관리규약 제정안은 의무관리대상 전환 공동주택의 관리인이 제안하고, 그 내용을 전체 입주자등 과반수의 서면동의로 결정한다.

30 주택상환사채
주택상환사채를 발행하려는 자는 대통령령으로 정하는 바에 따라 주택상환사채발행계획을 수립하여 국토교통부장관의 승인을 받아야 한다.

31 이행강제금
허가권자는 시정명령을 받은 후 시정기간 내에 시정명령을 이행하지 아니한 건축주등에 대하여는 그 시정명령의 이행에 필요한 상당한 이행기한을 정하여 그 기한까지 시정명령을 이행하지 아니하면 이행강제금을 부과한다.

32 가설건축물의 존치기간
1) 허가대상 가설건축물 : 존치기간 만료일 14일 전까지 허가신청
2) 신고대상 가설건축물 : 존치기간 만료일 7일 전까지 신고

33 건축물의 층수산정
지하층은 건축물의 층수에 산입하지 아니하고, 층의 구분이 명확하지 아니한 건축물은 그 건축물의 높이 4미터 마다 하나의 층으로 보고 그 층수를 산정하며, 건축물이 부분에 따라 그 층수가 다른 경우에는 그 중 가장 많은 층수를 그 건축물의 층수로 본다. 따라서 가장 높은 20미터 건축물을 4미터 마다 하나의 층으로 산정하면 층수는 5층이 된다.

34 특별수선충당금 적립요율
(1) 영구임대주택, 국민임대주택, 행복주택, 통합공공임대주택 및 장기전세주택 : 국토교통부장관이 고시하는 표준건축비의 1만분의 4
(2) 위 (1)에 해당하지 아니하는 공공임대주택 : 「주택법」 제15조 제1항에 따른 사업계획승인 당시 표준건축비의 1만분의 1

35 중심지형 또는 고밀복합형 재정비촉진지구의 완화

재정비촉진계획 수립권자는 필요한 경우 중심지형 또는 고밀복합형 재정비촉진지구에 대하여 「초·중등교육법」에 따른 학교 시설기준과 「주택법」 및 「주차장법」에 따른 주차장 설치기준을 완화하는 내용으로 재정비촉진계획을 수립할 수 있다.

36 승강기안전인증의 신청금지기간

승강기안전인증이 취소된 승강기의 제조·수입업자는 취소된 날부터 1년 이내에는 같은 모델의 승강기에 대한 승강기 안전인증을 신청할 수 없다.

37 소방안전관리자

소방안전관리대상물의 관계인은 소방안전관리자를 소방안전관리자의 해임, 퇴직 등으로 해당 소방안전관리자의 업무가 종료된 경우는 소방안전관리자가 해임된 날, 퇴직한 날 등 근무를 종료한 날부터 30일 이내에 선임해야 하고, 소방안전관리대상물의 관계인이 소방안전관리자를 선임한 경우에는 선임한 날부터 14일 이내에 소방본부장이나 소방서장에게 신고하여야 한다.

38 청산금의 소멸시효

청산금을 지급(분할지급을 포함한다)받을 권리 또는 이를 징수할 권리는 법 제86조 제2항에 따른 이전고시일의 다음 날부터 5년간 이를 행사하지 아니하면 소멸한다.

39 전력수급기본계획

전력수급기본계획은 2년 단위로 수립·시행한다.

40 정밀안전진단의 시기

최초로 실시하는 정밀안전진단은 준공일 또는 사용승인일(준공 또는 사용승인 후에 구조형태의 변경으로 제1종시설물로 된 경우에는 최초 준공일 또는 사용승인일을 말한다) 후 10년이 지난 때부터 1년 이내에 실시한다.

제2과목 공동주택관리실무

41	42	43	44	45	46	47	48	49	50
④	③	⑤	③	③	④	③	③	⑤	②
51	52	53	54	55	56	57	58	59	60
①	⑤	②	③	②	⑤	②	④	②	①
61	62	63	64						
④	⑤	⑤	②						

65	㉠ 분기 ㉡ 시장·군수·(자치)구청장 또는 특별자치시장·특별자치도지사·시장·군수·(자치)구청장	73	㉠ 단지네트워크장비
66	㉠ 과반수 ㉡ 3분의 2	74	㉠ 0.6 ㉡ 1.5
67	㉠ 5 ㉡ 9	75	㉠ 1 ㉡ 승강기 안전종합정보망
68	㉠ 시·군·구도시계획위원회	76	㉠ 4,500 ㉡ 1,000
69	㉠ 25	77	㉠ 4.5
70	㉠ 30	78	㉠ 10
71	㉠ 징수심사위원회	79	㉠ 6 ㉡ 2
72	㉠ 관리인 ㉡ 10분의 1 or 1/10	80	㉠ 0.02 ㉡ 4.0

41 의무관리대상 전환 공동주택의 입주자대표회의 구성과 관리방법 결정시기

④ 의무관리대상 전환 공동주택의 입주자등은 관리규약의 제정 신고가 수리된 날부터 3개월 이내에 입주자대표회의를 구성하여야 하며, 입주자대표회의의 구성 신고가 수리된 날부터 3개월 이내에 공동주택의 관리 방법을 결정하여야 한다.

42 주택임대관리업의 결격사유

「민간임대주택에 관한 특별법」을 위반하여 형의 집행유예를 선고받은 사람은 집행유예 기간만 지나면 더 이상 결격사유 대상이 아니다.

> **주택임대관리업의 결격사유**
> 다음의 어느 하나에 해당하는 자는 주택임대관리업의 등록을 할 수 없다. 법인의 경우 그 임원 중 다음의 어느 하나에 해당하는 사람이 있을 때에도 또한 같다.
> 1) 파산선고를 받고 복권되지 아니한 자
> 2) 피성년후견인 또는 피한정후견인
> 3) 주택임대관리업의 등록이 말소된 후 2년이 지나지 아니한 자. 이 경우 등록이 말소된 자가 법인인 경우에는 말소 당시의 원인이 된 행위를 한 사람과 대표자를 포함한다.
> 4) 「민간임대주택에 관한 특별법」, 「주택법」, 「공공주택 특별법」 또는 「공동주택관리법」을 위반하여 금고 이상의 실형을 선고받고 집행이 종료(집행이 종료된 것으로 보는 경우를 포함)되거나 그 집행이 면제된 날부터 3년이 지나지 아니한 사람
> 5. 「민간임대주택에 관한 특별법」, 「주택법」, 「공공주택 특별법」 또는 「공동주택관리법」을 위반하여 형의 집행유예를 선고받고 그 유예기간 중에 있는 사람

43 공동주택의 관리방법
관리업무의 일부는 용역이 가능하지만, 전부를 해당 법령에서 인정하는 전문용역업체에 용역하는 것은 자치관리의 본질에 반하므로 할 수 없다.

44 급여의 제한
유족연금등의 수급권자가 될 수 있는 자를 고의로 사망하게 한 유족에게는 사망에 따라 발생되는 유족연금, 미지급급여, 반환일시금 및 사망일시금을 지급하지 아니한다.

45 연장근로의 제한
사용자는 특별한 사정이 있으면 고용노동부장관의 인가와 근로자의 동의를 받아 근로시간을 연장할 수 있다. 다만, 사태가 급박하여 고용노동부장관의 인가를 받을 시간이 없는 경우에는 사후에 지체 없이 승인을 받아야 한다.

46 주택관리업
공동주택의 관리를 업으로 하고자 하는 자는 시장·군수·구청장에게 등록한 자에 한하며, 등록사항에 변경이 있을 때는 변경사유 발생일로부터 15일 이내에 변경신고를 하여야 한다.

47 행위허가 또는 신고기준
③ 공동주택에 설치된 「방송통신설비의 기술기준에 관한 규정」 제3조 제1항 제15호의 이동통신구내 중계설비를 철거하는 행위는 입주자대표회의 동의를 받아서 시장·군수·구청장에게 신고하면 가능하다.

48 입주자 대표회의
동별 대표자의 임기는 2년으로 하고, 한 번만 중임할 수 있다. 다만, 보궐선거 또는 재선거로 선출된 동별 대표자의 임기는 다음의 구분에 따른다.
1) 모든 동별 대표자의 임기가 동시에 시작하는 경우: 2년
2) 그 밖의 경우: 전임자 임기(재선거의 경우 재선거 전에 실시한 선거에서 선출된 동별 대표자의 임기를 말한다)의 남은 기간

49 관리사무소장의 업무
시장·군수 또는 구청장이 공동주택의 내력구조부에 대한 안전진단 의뢰권자이다.

50 회계관리
② 관리주체는 회계감사를 받은 경우에는 감사보고서 등 회계감사의 결과를 제출받은 날부터 1개월 이내에 입주자대표회의에 보고하고 해당 공동주택단지의 인터넷 홈페이지 및 동별 게시판에 공개하여야 한다.

51 남녀고용평등과 일·가정 양립지원
사업주는 근로자가 배우자의 출산을 이유로 휴가를 청구하는 경우에 20일의 휴가를 주어야 하며, 이 경우 사용한 휴가기간은 유급으로 한다. 배우자 출산휴가는 근로자의 배우자가 출산한 날부터 120일이 지나면 청구할 수 없다. 배우자 출산휴가는 3회에 한정하여 나누어 사용할 수 있다.

52 용어정의
"출퇴근"이란 취업과 관련하여 주거와 취업장소 사이의 이동 또는 한 취업장소에서 다른 취업장소로의 이동을 말한다.

53 자체점검
간이스프링클러설비(주택전용 간이스프링클러설비는 제외한다) 또는 자동화재탐지설비가 설치된 특정소방대상물은 관계인도 기술인력에 해당되지만, 이에 해당되지 않는 특정소방대상물은 관계인이 기술인력에 해당되지 않으므로 점검할 수 없다.

54 홈네트워크 설비 설치 및 기술기준

홈네트워크장비란 홈네트워크망을 통해 접속하는 장치를 말하며 홈게이트웨이, 세대단말기, 단지네트워크장비, 단지서버로 구분한다. 한편, 홈네트워크 사용기기란 홈네트워크 망에 접속하여 사용하는 원격제어기기, 원격검침시스템, 감지기, 전자출입시스템, 차량출입시스템, 무인택배시스템,그 밖에 영상정보처리기기 장비를 말한다.

55 하자담보책임기간

ⓒ, ⓔ, ⓜ은 하자담보책임기간이 5년이다.

56 전 압

고압이란 직류에서는 1500V를 초과하고 7천V 이하인 전압을 말하고, 교류에서는 1000V를 초과하고 7천V 이하인 전압을 말한다.

57 배전설비와 수변전설비

전압강하는 길이에 비례하고 굵기에 반비례한다.

58 하자심사 및 분쟁조정제도

하자 여부 판정 결과에 대하여 이의가 있는 자는 하자 여부 판정서를 송달받은 날부터 30일 이내에 하자진단을 의뢰한 안전진단전문기관 또는 대통령령으로 정하는 관계 전문가(「변호사법」에 따라 등록한 변호사)가 작성한 의견서를 첨부하여 국토교통부령으로 정하는 바에 따라 이의신청을 할 수 있다.

59 가스안전관리자

특정가스사용시설의 사용자는 안전관리자를 선임 또는 해임하거나 안전관리자가 퇴직한 경우에는 지체없이 시장·군수·구청장에게 신고하고, 해임되거나 퇴직한 날부터 30일 이내에 다른 안전관리자를 선임하여야 한다.

60 신축 공동주택의 실내공기질 권고기준 (규칙 제7조의2 관련, [별표 4의2])

1. 폼알데하이드 210μg/m³ 이하
2. 벤젠 30μg/m³ 이하
3. 톨루엔 1,000μg/m³ 이하
4. 에틸벤젠 360μg/m³ 이하
5. 자일렌 700μg/m³ 이하
6. 스티렌 300μg/m³ 이하
7. 라돈 148Bq/m³ 이하

61 건축부문의 의무사항

벽체 내 표면 및 내부에서의 결로를 방지하고 단열재의 성능저하를 방지하기 위하여 단열조치를 하여야 하는 부위(창 및 문과 난방공간 사이의 층간 바닥 제외)에는 방습층을 단열재의 실내측에 설치하여야 한다.

62 안전관리계획 수립대상시설

- 중앙집중식 난방시설
- 발전 및 변전시설
- 위험물저장시설
- 경로당, 어린이놀이터에 설치된 시설
- 고압가스시설(액화석유가스 및 도시가스시설 포함)
- 소방시설
- 승강기 및 인양기
- 연탄가스배출기(세대별로 설치된 것 제외)
- 비상저수시설
- 옥상 및 계단 등의 난간
- 석축, 옹벽, 담장, 하수도
- 우물, 주차장
- 전기실, 기계실, 펌프실
- 맨홀, 정화조
- 지능형 홈네트워크 설비
- 주민운동시설
- 주민휴게시설

63 펌 프

단단펌프는 낮은 양정에 대한 안정적인 유량을 공급하는 것이고, 다단펌프는 고양정을 요구하는 곳에 주로 사용된다.

64 바닥구조와 층간소음

관리주체의 조치에도 불구하고 층간소음 발생이 계속될 경우에는 층간소음 피해를 입은 입주자등은 공동주택 층간소음관리위원회에 조정을 신청할 수 있다.

65 주택임대관리업자

「민간임대주택에 관한 특별법」은 주택임대관리업자의 현황신고에 관하여 주택임대관리업자는 분기마다 그 분기(이)가 끝나는 달의 다음 달 말일까지 자본금, 전문인력, 관리 호수 등 대통령령으로 정하는 정보를 시장·군수·(자치)구청장 또는 특별자치시장·특별자치도지사·시장·군수·(자치)구청장에게 신고하여야 한다.

66 공동관리

입주자대표회의는 공동주택을 공동관리하려는 경우에는 공동관리의 필요성 등 사항을 입주자 등에게 통지하고 다음의 구분에 따라 입주자 등의 서면동의를 받아야 한다.
- 단지별로 입주자 등 과반수의 서면동의를 받아야 한다.

67 선거관리위원회 구성

500세대 이상인 의무관리대상 공동주택의 경우 선거관리위원회는 입주자등 중에서 위원장을 포함하여 5명 이상 9명 이하의 위원으로 구성한다.

68 리모델링

시장·군수·구청장이 세대수가 증가되는 리모델링(50세대 이상으로 세대수가 증가하는 경우로 한정한다)을 허가하려는 경우에는 기반시설에의 영향이나 도시·군관리계획과의 부합 여부 등에 대하여 「국토의 계획 및 이용에 관한 법률」에 따라 설치된 시·군·구도시계획위원회의 심의를 거쳐야 한다.

69 연차유급휴가

사용자는 3년 이상 계속하여 근로한 근로자에게는 연차유급휴가에 최초 1년을 초과하는 계속근로연수 매 2년에 대하여 1일을 가산한 유급휴가를 주어야 한다. 이 경우 가산휴가를 포함한 총휴가일수는 25일을 한도로 한다.

70 구제명령

노동위원회의 구제명령의 이행기한은 사용자가 구제명령을 서면으로 통지받은 날부터 날로부터 30일 이내로 한다.

71 심사청구

가입자의 자격, 기준소득월액, 연금보험료, 그 밖의 「국민연금법」에 따른 징수금과 급여에 관한 국민연금공단 또는 국민건강보험공단의 처분에 이의가 있는 자는 그 처분을 한 국민연금공단 또는 국민건강보험공단에 심사청구를 할 수 있으며, 심사청구 사항을 심사하기 위하여 국민연금공단에 국민연금심사위원회를 두고, 국민건강보험공단에 징수심사위원회를 둔다.

72 관리규약 등의 신고

의무관리대상 전환 공동주택의 (관리인)은 관리규약의 제정 사항을 대통령령으로 정하는 바에 따라 시장·군수·구청장에게 신고하여야 하며, 신고한 사항이 변경되는 경우에도 또한 같다. 다만, 의무관리대상 전환 공동주택의 (관리인)이 관리규약의 제정 신고를 하지 않는 경우에는 입주자등의 (10분의1 or 1/10) 이상이 연서하여 신고할 수 있다.

73 지능형 홈네트워크 설비 설치 및 기술기준

단지 네트워크장비란 세대 내 홈게이트웨이(단 월패드가 홈게이트웨이 기능을 포함하는 경우는 월패드로 대체 가능)와 단지서버간의 통신 및 보안을 수행하는 장비로서, 백본, 방화벽, 워크그룹스위치 등을 말한다.

74 자동화재탐지설비 및 시각경보장치의 화재안전기준

1. 연기 감지기는 벽 또는 보로부터 0.6미터 이상 떨어진 곳에 설치할 것
2. 감지기(차동식분포형의 것을 제외한다)는 실내로의 공기 유입구로부터 1.5m 이상 떨어진 위치에 설치해야 한다.

75 승강기 안전관리법

관리주체는 승강기의 안전에 관한 자체점검을 월 1회 이상 하고, 그 결과를 승강기안전종합정보망에 입력하여야 한다.

76 전기안전관리업무의 대행규모

1. 안전공사 및 대행사업자 : 다음 각 목의 어느 하나에 해당하는 전기설비[둘 이상의 전기설비 용량의 합계가 4,500킬로와트 미만 경우로 한정한다]
   가. 용량 1,000kW 미만의 전기수용설비

77 주택에 설치하는 전기시설의 세대별 최소 용량

세대당 전용면적이 87㎡인 주택에 설치하는 전기시설의 세대별 최소 용량(kW)은 4.5이다.

78 승강기 설치기준

10층 이상인 공동주택의 경우에는 승용 승강기를 비상용 승강기의 구조로 하여야 한다.

79 소방안전관리자의 실무교육

소방안전관리자는 그 선임된 날부터 6개월 이내에 실무교육을 받아야 하며, 그 후에는 2년마다 1회 이상 실무교육을 받아야 한다. 소방안전관리자에 대한 실무교육시간은 8시간 이내이다.

80 건축자재의 오염물질 방출기준

구분 \ 오염물질 종류	폼알데하이드	총휘발성 유기화합물	톨루엔
실란트	0.02 이하	1.5 이하	0.08 이하
접착제		2.0 이하	
페인트		2.5 이하	
바닥재		4.0 이상	
벽지		4.0 이하	
퍼티		20.0 이하	
표면가공 목질판상제품	0.05 이하	0.4 이하	

제4회 실전모의고사

제1과목 주택관리관계법규									
01	02	03	04	05	06	07	08	09	10
④	④	②	⑤	②	⑤	④	④	③	①
11	12	13	14	15	16	17	18	19	20
②	①	④	④	⑤	⑤	④	②	⑤	⑤
21	22	23	24						
⑤	①	③	④						

25	㉠ 6 ㉡ 12	33	㉠ 1
26	㉠ 권리변동	34	㉠ 2 ㉡ 200 ㉢ 13
27	㉠ 기부채납	35	㉠ 2
28	㉠ 위임	36	㉠ 15년 ㉡ 3년
29	㉠ 30	37	㉠ 5 ㉡ 변성
30	㉠ 우수	38	㉠ 주거지원대상자
31	㉠ 70 ㉡ 70	39	㉠ 250퍼센트
32	㉠ 조경설치	40	㉠ 성능평가 ㉡ 유지관리 ㉢ 일상적

01 리모델링 기본계획

리모델링 기본계획의 작성기준 및 작성방법 등은 국토교통부장관이 정한다.

02 사업주체의 토지 등의 확보

국가·지방자치단체·한국토지주택공사 및 지방공사인 사업주체가 국민주택을 건설하는 경우에 토지나 토지에 정착한 물건 등을 수용 또는 사용할 수 있다.

03 주택조합

① 지역주택조합을 해산하고자 하는 때에도 미리 시장·군수·구청장의 인가를 받아야 한다.
③ 지역주택조합은 설립인가신청일부터 입주가능일까지 무주택 세대주이거나 85m² 이하의 주택을 1채에 한하여 소유한 세대주로 설립인가신청일 현재 동일한 생활권 지역에 6개월 이상 거주하는 자로 구성하여 시장·군수·구청장의 인가를 받아야 한다.
④ 2년 이내에 주택건설사업계획의 승인을 신청하여야 한다.
⑤ 주택조합의 가입을 신청한 자는 가입비등을 예치한 날부터 30일 이내에 주택조합 가입에 관한 청약을 철회할 수 있다.

04 도시형 생활주택

① 도시형 생활주택이란 300세대 미만의 국민주택규모에 해당하는 주택으로서 도시지역에 건설하는 단지형 연립주택, 단지형 다세대주택 및 아파트형 주택을 말한다.
② 하나의 건축물에는 도시형 생활주택과 그 밖의 주택을 함께 건축할 수 없으며, 단지형 연립주택 또는 단지형 다세대주택과 아파트형 주택을 함께 건축할 수 없다.
③ 단지형 다세대주택은 「건축법」에 따른 건축위원회의 심의를 받은 경우에는 주택으로 쓰는 층수를 5층까지 건축할 수 있다.
④ 도시형 생활주택과 주거전용면적이 85제곱미터를 초과하는 주택 1세대를 함께 건축하는 경우와와 준주거지역 또는 상업지역에서 아파트형 주택과 도시형 생활주택 외의 주택을 함께 건축하는 경우는 예외로 한다.

05 주택의 공급

① 시장·군수·구청장은 사업계획승인 신청이 있는 날부터 20일 이내에 주택의 분양가격을 심의하기 위하여 분양가심사위원회를 설치·운영하여야 한다.
③ 관광특구에서 건설·공급하는 공동주택으로서 해당 건축물의 층수가 50층 이상이거나 높이가 150m 이상인 경우 분양가상한제의 적용을 받지 아니한다.
④ 도시형 생활주택은 분양가상한제의 적용을 받지 아니한다.
⑤ 사업주체(공공주택사업자는 제외)가 입주자를 모집하고자 하는 경우에는 시장·군수·구청장의 승인(복리시설의 경우에는 신고를 말함)을 받아야 한다.

06 자치관리

입주자대표회의는 사유가 발생한 날부터 30일 이내에 새로운 관리사무소장을 선임하여야 한다.

07 공동주택의 관리비 등

300세대 이상인 공동주택의 관리주체는 매 회계연도 종료 후 9개월 이내에 재무제표에 대하여 「주식회사 등의 외부감사에 관한 법률」에 따른 감사인의 회계감사를 매년 1회 이상 받아야 한다.

08 장기수선충당금

① 관리주체는 장기수선충당금을 당해 공동주택의 사용검사일부터 1년이 경과한 날이 속하는 달부터 매월 적립하여야 한다. 다만, 분양전환승인을 받은 건설임대주택의 경우에는 임대사업자가 관리주체에게 관리업무를 인수인계한 날이 속하는 달부터 매월 적립한다.
② 분양되지 아니한 장기수선충당금은 사업주체가 부담한다.
③ 장기수선충당금을 해당 주택의 소유자로부터 징수하여 적립하여야 한다.
⑤ 장기수선충당금의 사용은 장기수선계획에 따른다.

09 관리주체 및 입주자대표회의

2회의 선출공고에도 불구하고 동별 대표자의 후보자가 없는 선거구의 경우에는 동별 대표자를 중임한 사람도 선출공고를 거쳐 해당 선거구 입주자등의 과반수 찬성으로 다시 동별 대표자로 선출될 수 있다.

10 임대사업자의 등록기준

민간임대주택으로 등록할 주택을 매입하기 위하여 매매계약을 체결한 자나 분양계약을 체결한 자가 임대사업자로 등록할 수 있다.

11 장기수선계획

② 중앙집중식 난방방식의 공동주택인 경우 150세대 이상일 필요가 없다.

장기수선계획 수립대상
1) 300세대 이상의 공동주택
2) 승강기가 설치된 공동주택
3) 중앙집중식 난방방식 또는 지역난방방식의 공동주택
4) 「건축법」 제11조에 따른 건축허가를 받아 주택 외의 시설과 주택을 동일 건축물로 건축한 건축물

12 공공임대주택의 매각제한

② 임대사업자가 아닌 공공주택사업자에게 매각하는 경우에 임대의무기간이 지나기 전에도 공공임대주택을 매각할 수 있다.
③ 국민임대주택은 공공임대주택의 임대개시일부터 30년이 지난 후에 매각할 수 있다.
④ 공공주택사업자가 국토교통부장관의 허가를 받아 임차인에게 분양전환하는 경우에 임대기간 이내에 매각할 수 있다.
⑤ 영구임대주택은 공공임대주택의 임대개시일부터 50년이 지나지 아니하면 매각할 수 없다.

13 용어의 정의

㉠ 지하층이란 건축물의 바닥이 지표면 아래에 있는 층으로서 그 바닥으로부터 지표면까지의 평균높이가 당해 층높이의 2분의1 이상인 것을 말한다.
㉤ 주요구조부란 내력벽·기둥·바닥·보·지붕틀 및 주계단을 말한다. 최하층 바닥은 주요구조부에서 제외된다.

14 층수의 산정방법

층의 구분이 불명확한 건축물에서는 높이 4미터마다 하나의 층으로 산정한다.

15 입지 및 규모의 사전결정제도

① 사전결정을 통지받은 날부터 2년 이내에 건축허가를 신청하여야 한다.
② 사전결정일부터 7일 이내에 사전결정을 신청한 자에게 송부하여야 한다.
③ 건축하고자 하는 자는 건축허가를 신청하기 전에 허가권자에게 당해 건축물을 해당 대지에 건축하는 것이 「건축법」 또는 다른 법령의 규정에 의하여 허용되는지의 여부에 대한 사전결정을 신청할 수 있다. 즉 임의적 절차이다.
④ 「환경영향평가법」에 따른 소규모 환경영향평가 대상사업인 경우 환경부장관이나 지방환경관서의 장과 소규모 환경영향평가에 관한 협의를 하여야 한다.

16 둘 이상의 지역·지구에 걸치는 경우

대지가 녹지지역에 걸치는 경우에는 각 지역·지구 또는 구역 안의 건축물과 대지에 관한 「건축법」의 규정을 적용한다. 다만, 녹지지역 안의 건축물이 방화지구에 걸치는 경우에는 방화지구의 건축물에 관한 「건축법」의 규정을 적용한다.

17 소방기본법령상 규정

④ 시·도지사가 소방자동차의 진입이 곤란한 지역 등 화재발생 시에 초기 대응이 필요한 지역으로서 대통령령으로 정하는 지역에 소방호스 또는 호스 릴 등을 소방용수시설에 연결하여 화재를 진압하는 시설이나 장치(비상소화장치)를 설치하고 유지·관리할 수 있다.

18 소방안전관리대상물이다.

가연성 가스를 100톤 이상 1천톤 미만 저장·취급하는 시설, 지하구, 문화재보호법 제23조에 따라 보물 또는 국보로 지정된 목조건축물은 2급 소방안전관리대상물이다.

19 재정비촉진계획

⑤ 시·도지사 또는 대도시 시장은 재정비촉진계획수립의 모든 과정을 총괄 진행·조정하게 하기 위하여 도시계획·도시설계·건축 등 분야의 전문가를 총괄계획가로 위촉할 수 있다.

20 분양신청

사업시행자는 사업시행계획인가의 고시가 있는 날(사업시행계획인가 이후 시공자를 선정한 경우에는 시공자와 계약을 체결한 날)부터 90일(대통령령으로 정하는 경우에는 1회에 한정하여 30일의 범위에서 연장할 수 있다) 이내에 분양대상자별 부담금의 추산액, 분양신청기간 등을 토지등소유자에게 통지하여야 한다.

21 승강기의 자체점검

관리주체는 관리하는 승강기에 대해 3개월의 범위에서 자체점검의 주기를 조정할 수 있다.

22 용어의 정의

특고압이란 7천볼트를 초과하는 전압을 말한다.

23 관리단집회 등

구분소유자는 그가 가지는 전유부분과 분리하여 대지사용권을 처분할 수 없음이 원칙이나, 규약으로 달리 정한 때에는 분리하여 처분할 수 있다.

24 정밀안전진단

최초로 실시하는 정밀안전진단은 준공일 또는 사용승인일(준공 또는 사용승인 후에 구조형태의 변경으로 제1종시설물로 된 경우에는 최초 준공일 또는 사용승인일을 말한다) 후 10년이 지난 때부터 1년 이내에 실시한다.

25 공공임대주택의 우선 분양전환 등

공공주택사업자는 공공건설임대주택의 임대의무기간이 지난 후 해당 주택의 임차인에게 제1항에 따른 우선분양전환 자격, 우선 분양전환 가격 등 우선 분양전환에 관한 사항을 통보하여야 한다. 이 경우 우선 분양전환 자격이 있다고 통보받은 임차인이 우선 분양전환에 응하려는 경우에는 그 통보를 받은 후 6개월(임대의무기간이 10년인 공공건설임대주택의 경우에는 12개월을 말한다) 이내에 우선 분양전환 계약을 하여야 한다.

26 리모델링의 특례

공동주택의 소유자가 리모델링에 의하여 전유부분의 면적이 늘거나 줄어드는 경우에는 「집합건물의 소유 및 관리에 관한 법률」에도 불구하고 대지사용권은 변하지 아니하는 것으로 본다. 다만, 세대수 증가를 수반하는 리모델링의 경우에는 권리변동계획에 따른다.

27 기반시설의 기부채납

사업계획승인권자는 사업계획을 승인할 때 사업주체가 제출하는 사업계획에 해당 주택건설사업 또는 대지조성사업과 직접적으로 관련이 없거나 과도한 기반시설의 기부채납(寄附採納)을 요구하여서는 아니 된다.

28 주택관리업자

주택관리업자의 지위에 관하여 「공동주택관리법」에 규정이 있는 것 외에는 「민법」 중 위임에 관한 규정을 준용한다.

29 중앙분쟁조정위원회

중앙분쟁조정위원회는 조정절차를 개시한 날부터 30일 이내에 그 절차를 완료한 후 조정안을 작성하여 지체없이 이를 각 당사자에게 제시하여야 한다.

30 장수명 주택 인증제도에 따른 완화

장수명 주택 인증제도에 따라 우수등급 이상의 등급을 인정받은 경우 「국토의 계획 및 이용에 관한 법률」에도 불구하고 장수명 주택 건폐율·용적률은 다음의 구분에 따라 조례로 그 제한을 완화할 수 있다.
1) **건폐율**: 조례로 정한 건폐율의 100분의 115를 초과하지 아니하는 범위에서 완화
2) **용적률**: 조례로 정한 용적률의 100분의 115를 초과하지 아니하는 범위에서 완화

31 정비사업조합

재건축사업의 추진위원회(가 조합을 설립하려는 때에는 주택단지의 공동주택의 각 동별 구분소유자의 과반수(복리시설로서 대통령령으로 정하는 경우에는 3분의 1 이상으로 한다) 동의(공동주택의 각 동별 구분소유자가 5 이하인 경우는 제외한다)와 주택단지의 전체 구분소유자의 100분의 70 이상 및 토지면적의 100분의 70 이상의 토지소유자의 동의를 받아 정관 등 서류를 첨부하여 시장·군수등의 인가를 받아야 한다.

32 지능형 건축물의 인증

허가권자는 지능형 건축물로 인증을 받은 건축물에 대하여 조경설치면적을 100분의 85까지 완화하여 적용할 수 있으며, 용적률 및 건축물의 높이를 100분의 115의 범위에서 완화하여 적용할 수 있다.

33 회계감사

회계감사의 감사인은 회계감사 완료일부터 1개월 이내에 회계감사 결과를 해당 공동주택을 관할하는 시장·군수·구청장에게 제출하고 공동주택관리정보시스템에 공개하여야 한다.

34 구조확인서류 제출대상

1) 층수가 2층[주요구조부인 기둥과 보를 설치하는 건축물로서 그 기둥과 보가 목재인 목구조 건축물(이하 "목구조 건축물"이라 한다)의 경우에는 3층] 이상인 건축물
2) 연면적이 200제곱미터(목구조 건축물의 경우에는 500제곱미터) 이상인 건축물. 다만, 창고, 축사, 작물 재배사는 제외한다.
3) 높이가 13미터 이상인 건축물

35 소방용품의 형식승인 취소

소방용품의 형식승인이 취소된 자는 그 취소된 날부터 2년 이내에는 형식승인이 취소된 동일 품목에 대하여 형식승인을 받을 수 없다.

36 승강기 정밀안전검사

승강기 관리주체는 해당 승강기가 설치검사를 받은 날부터 15년이 지난 경우에 해당하는 때에는 정밀안전검사를 받고 그 후 3년마다 정기적으로 행정안전부장관이 실시하는 정밀안전검사를 받아야 한다.

37 변전소

변전소의 밖으로부터 전압 5만 볼트 이상의 전기를 전송받아 이를 변성(전압을 올리거나 내리는 것 또는 전기의 성질을 변경시키는 것을 말한다)하여 변전소 밖의 장소로 전송할 목적으로 설치하는 변압기와 그 밖의 전기설비 전체를 말한다.

38 주거지원대상자

청년·신혼부부 등 주거지원이 필요한 사람으로서 국토교통부령으로 정하는 요건을 충족하는 사람을 말한다.

39 용적률

용적률이란 대지면적에 대한 연면적의 비율을 말한다. 용적률을 산정할 때에는 지하층의 면적, 지상층의 부속용도인 주차용으로 쓰는 면적, 초고층 건축물과 준초고층 건축물에 설치하는 피난안전구역의 면적 및 건축물의 경사지붕 아래에 설치하는 대피공간의 면적 등은 제외한다. 따라서 용적률산정에 포함되는 연면적은 지상 5개의 업무시설 바닥면적(2,500제곱미터)이다. 대지면적이 1,000제곱미터이므로 용적률은 (2,500/1,000)×100 = 250퍼센트이다.

40 성능평가, 유지관리

- 성능평가 : 시설물의 기능을 유지하기 위하여 요구되는 시설물의 구조적 안전성, 내구성, 사용성 등의 성능을 종합적으로 평가하는 것을 말한다.
- 유지관리 : 완공된 시설물의 기능을 보전하고 시설물이용자의 편의와 안전을 높이기 위하여 시설물을 일상적으로 점검·정비하고 손상된 부분을 원상복구하며 경과시간에 따라 요구되는 시설물의 개량·보수·보강에 필요한 활동을 하는 것을 말한다.

제2과목 공동주택관리실무

41	42	43	44	45	46	47	48	49	50
④	③	⑤	⑤	②	⑤	①	③	④	④
51	52	53	54	55	56	57	58	59	60
④	⑤	③	②	②	②	④	③	⑤	②
61	62	63	64						
④	③	⑤	⑤						
65	㉠ 감사			73	㉠ 베이퍼록(vapor-lock) 현상				
66	㉠ 12 ㉡ 7			74	㉠ 1.2 ㉡ 1				
67	㉠ 진폐보상연금			75	㉠ 4.5				
68	㉠ 반수 ㉡ 2/3			76	㉠ 22 ㉡ 0.3				
69	㉠ 500 ㉡ 3천			77	㉠ 2 ㉡ 5				
70	㉠ 1/10			78	㉠ 8 ㉡ 4				
71	㉠ 요양비			79	㉠ 3 ㉡ 1 ㉢ 6 ㉣ 1				
72	㉠ 0.1 ㉡ 1 ㉢ 0.01 ㉣ 0.2			80	㉠ 45 ㉡ 52				

41 동별 대표자

2회의 선출공고(직전 선출공고일부터 2개월 이내에 공고하는 경우만 2회로 계산한다)에도 불구하고 동별 대표자의 후보자가 없거나 선출된 사람이 없는 선거구에서 직전 선출공고일부터 2개월 이내에 선출공고를 하는 경우에는 동별 대표자를 중임한 사람도 해당 선거구 입주자등의 과반수의 찬성으로 다시 동별 대표자로 선출될 수 있다. 이 경우 후보자 중 동별 대표자를 중임하지 않은 사람이 있으면 동별 대표자를 중임한 사람은 후보자의 자격을 상실한다.

42 관리방법 결정

의무관리대상 공동주택 제외 신고를 하려는 입주자대표회의의 회장(직무를 대행하는 경우에는 그 직무를 대행하는 사람을 포함한다)은 입주자등의 동의를 받은 날부터 30일 이내에 시장·군수·구청장에게 국토교통부령으로 정하는 신고서를 제출해야 한다.

43 회의소집 의무

입주자대표회의는 관리규약으로 정하는 바에 따라 회장이 그 명의로 소집한다. 다만, 다음의 어느 하나에 해당하는 때에는 회장은 해당일부터 14일 이내에 입주자대표회의를 소집하여야 하며, 회장이 회의를 소집하지 아니하는 경우에는 관리규약으로 정하는 이사가 그 회의를 소집하고 회장의 직무를 대행한다.
1) 입주자대표회의 구성원 1/3 이상이 청구하는 때
2) 입주자 등의 1/10 이상이 요청하는 때
3) 전체 입주자의 1/10 이상이 요청하는 때(제2항 제14호 중 비용지출을 수반하는 장기수선계획의 수립 또는 조정에 관한 사항만 해당한다)

44 공동관리와 구분관리

공동주택을 공동관리나 구분관리할 것을 결정한 때에는 지체 없이 그 내용을 시장·군수 또는 구청장에게 통보하여야 한다.

45 회계감사

- 의무관리대상 공동주택의 관리주체는 대통령령으로 정하는 바에 따라 「주식회사 등의 외부감사에 관한 법률」에 따른 감사인의 회계감사를 매년 1회 이상 받아야 한다. 다만, 다음 각 호의 구분에 따른 연도에는 그러하지 아니하다.
  1) 300세대 이상인 공동주택: 해당 연도에 회계감사를 받지 아니하기로 입주자등의 3분의 2 이상의 서면동의를 받은 경우 그 연도
  2) 300세대 미만인 공동주택: 해당 연도에 회계감사를 받지 아니하기로 입주자등의 과반수의 서면동의를 받은 경우 그 연도

46 행위허가 및 신고 요건

⑤ 입주자대표회의의 동의를 얻은 후 신고를 하여야 한다.

47 손해배상책임

보증보험 또는 공제에 가입한 주택관리사등으로서 보증기간이 만료되어 다시 보증설정을 하려는 자는 그 보증기간이 만료되기 전에 다시 보증설정을 하여야 한다. 한편, 보증설정을 다른 보증설정으로 변경하려는 경우에는 해당 보증설정의 효력이 있는 기간 중에 다른 보증설정을 하여야 한다.

48 근로시간과 휴식

사용자가 유급휴가의 사용을 촉진하기 위하여 조치를 하였음에도 불구하고 근로자가 휴가를 사용하지 아니하여 소멸된 경우에는 사용자는 그 사용하지 아니한 휴가에 대하여 보상할 의무가 없고, 사용자의 귀책사유에 해당하지 아니하는 것으로 본다.

49 부당노동행위에 대한 구제절차

① (지방)노동위원회에 3개월 내에 구제신청을 하여야 한다. 이에 불복이 있는 경우는 중앙노동위원회에 송달을 받은 날로부터 10일 내에 하여야 하고, 이에 다시 불복이 있는 경우는 중앙노동위원회의 재심결정서를 송달받은 날로부터 15일 내에 행정소송을 제기할 수 있다.
② 부당노동행위이다.
③ 이행강제금 부과는 확정되기 전의 구제명령 불이행시에 부과되는 사전적 의무이행 확보수단이다.
⑤ 효력이 정지되지 아니한다.

50 산업재해보상보험

유족급여는 유족보상연금이나 유족보상일시금으로 하되, 유족보상일시금은 근로자가 사망할 당시 유족보상연금을 받을 수 있는 자격이 있는 자가 없는 경우에 지급한다. 한편 장해급여는 장해등급에 따라 장해보상연금 또는 장해보상일시금으로 하되, 장해보상연금 또는 장해보상일시금은 수급권자의 선택에 따라 지급한다.

51 BOD 부하

BOD 부하(g/day) = BOD(g/m³) × 유입수량(m³/day)
= 200ppm × 1,500m³/d
= 300kg/day

52 소방안전관리보조자의 최소 선임기준

㉠ 300세대 이상인 아파트의 경우 : 1명. 다만, 초과되는 300세대마다 1명 이상을 추가로 선임하여야 한다.
㉡ 300세대 이상인 아파트를 제외한 연면적이 1만5천m² 이상인 특정소방대상물의 경우 : 1명. 다만, 초과되는 연면적 1만5천m²마다 1명 이상을 추가로 선임하여야 한다.
㉢ 위 ㉠ 및 ㉡에 따른 특정소방대상물을 제외한 공동주택 중 기숙사 : 1명

53 옥내소화전설비의 수원

소화전설비의 화재안전성능기준(NFPC 102) 제4조
① 옥내소화전설비의 수원은 그 저수량이 옥내소화전의 설치개수가 가장 많은 층의 설치개수(두 개 이상 설치된 경우에는 두 개)에 2.6세제곱미터(호스릴옥내소화전설비를 포함한다)를 곱한 양 이상이 되도록 해야 한다.
따라서 옥내소화전의 표준방수량은 260ℓ/min 이고 20분간 방수하여야 하므로
1개의 소화전 용량 Q = 260 × 2 × 2(2개 이상은 2개로 함)
= 5,200ℓ × 2 = 5.2m³ × 2 = 10.4m³

54 하자담보책임기간

㉡, ㉣, ㉤은 하자담보책임기간이 5년이다.

55 배기설비

주택의 부엌·욕실 및 화장실에 설치하는 배기통은 연기나 냄새 등이 실내로 역류하는 것을 방지할 수 있도록 세대 안의 배기통에 자동역류방지댐퍼 또는 이와 동일한 기능의 배기설비 장치를 설치하거나 세대 간 배기통이 서로 연결되지 아니하고 직접 외기에 개방되도록 설치하여야 한다.

56 변압기 용량

변압기 용량 = 최대수용전력 = 시설용량 × 수용률
= 400 × 0.7 = 280 = 300[KVA]

57 수격작용 방지방법

양수펌프와 고가수조가 평면적으로 떨어져 있는 경우에 양수관의 수평배관을 가능한 낮게 설치하여 역류압을 줄인다.

58 소요 방열 면적

상당 방열 면적(EDR) = 손실부하(난방부하)/표준방열량
= 8100/450 = 18m²

59 급수설비에 대한 위생조치사항

소유자등은 일반검사 결과가 일반검사의 검사항목에 대한 검사기준을 2회 연속 초과하는 경우 전문검사를 하고, 급수관을 갱생하여야 한다. 다만, 전문검사 결과 갱생만으로는 내구성을 유지하기 어려울 정도로 노후한 급수관은 새 급수관으로 교체하여야 한다. 소유자등은 세척·갱생·교체 등의 조치를 하였을 때에는 그 결과를 일반수도사업자에게 보고하고, 그와 관련된 자료를 3년 이상 보존하여야 한다.

60 실내공기질 측정항목

이산화탄소는 공동주택의 실내공기질 권고기준에 해당하지 않고, 다중이용시설의 실내공기질 유지기준에 해당한다.

61 결로

열관류율과 투습성이 적은 단열재를 사용하고, 단열재 관통부 주위를 보강하여 결로를 방지한다. 실내·외 온도차를 적게 유지하고, 낮은 온도에 난방을 길게 하며, 고온측에 방습층 설치, 자연환기 및 강제배기 시스템을 구축하여 결로를 방지한다.

62 안전관리

건축물의 연면적은 지하층을 포함한 동별로 계산한다. 다만, 2동 이상의 건축물이 하나의 구조로 연된 경우와 둘 이상의 지하도상가가 연속되어 있는 경우에는 연면적의 합계를 말한다.

63 안전관리계획 수립대상시설
- 중앙집중식 난방시설
- 발전 및 변전시설
- 위험물저장시설
- 경로당, 어린이놀이터에 설치된 시설
- 고압가스시설(액화석유가스 및 도시가스시설 포함)
- 소방시설
- 승강기 및 인양기
- 연탄가스배출기(세대별로 설치된 것 제외)
- 비상저수시설
- 옥상 및 계단 등의 난간
- 석축, 옹벽, 담장, 하수도
- 우물, 주차장
- 전기실, 기계실, 펌프실
- 맨홀, 정화조
- 지능형 홈네트워크 설비
- 주민운동시설, 주민휴게시설

64 히트펌프
⑤ 증발기는 저열원으로부터 흡수한 열을 이용하여 저온, 저압의 습증기 상태의 냉매를 증발시켜 저온, 저압의 냉매 증기를 만든다. 응축기에서 보내진 고온, 고압의 액체상태의 냉매를 팽창시켜 저온, 저압의 기체와 액체가 혼합된 상태의 냉매를 만드는 것은 팽창밸브이다. 압축식 히트펌프가 가장 많이 사용되며, 히트펌프도 에어컨과 동일하게 사이클내에 냉매가 들어있으며, 냉매가 압축, 응축, 팽창, 증발 과정을 거치면서 열원으로부터 열을 흡수 또는 방출하게 된다.

65 관리업무의 인계·인수
사업주체는 공동주택의 관리업무를 해당 관리주체에 인계할 때에는 입주자대표회의의 회장 및 1명 이상의 감사의 참관 하에 인계자와 인수자가 인계·인수서에 각각 서명·날인하여 설계도서, 장비의 명세 등의 서류를 인계하여야 한다.

66 구직급여
- 구직급여는 이 법에 따로 규정이 있는 경우 외에는 그 구직급여의 수급자격과 관련된 이직일의 다음 날부터 계산하기 시작하여 12개월 내에 소정급여일수를 한도로 하여 지급한다.
- 실업의 신고일부터 계산하기 시작하여 7일간은 대기기간으로 보아 구직급여를 지급하지 아니한다.

67 진폐에 따른 보험급여의 종류
진폐에 따른 보험급여의 종류는 요양급여, 간병급여, 장의비, 직업재활급여, 진폐보상연금, 진폐유족연금으로 한다.

68 단체협약의 효력
- **일반적 구속력** : 하나의 사업 또는 사업장에 상시 사용되는 동종의 근로자 반수 이상이 하나의 단체협약의 적용을 받게 된 때에는 당해 사업 또는 사업장에 사용되는 다른 동종의 근로자에 대하여도 당해 단체협약이 적용된다.
- **지역적 구속력** : 하나의 지역에 있어서 종업하는 동종의 근로자 2/3 이상이 하나의 단체협약의 적용을 받게 된 때에는 행정관청은 당해 단체협약의 당사자의 쌍방 또는 일방의 신청에 의하거나 그 직권으로 노동위원회의 의결을 얻어 당해 지역에서 종업하는 다른 동종의 근로자와 그 사용자에 대하여도 당해 단체협약을 적용한다는 결정을 할 수 있다.

69 건축물 에너지소비 증명 대상
전체 세대수가 500세대 이상인 주택단지 내의 공동주택, 연면적 3천㎡ 이상의 업무시설의 소유자 또는 관리자가 건축물을 매매하거나 임대하려는 경우에는 거래계약서에 해당 건축물의 연간 에너지 소요량 또는 온실가스 배출량 등이 표시된 건축물 에너지효율등급 평가서를 첨부하여야 한다.

70 감사선출
감사의 후보자가 선출필요인원을 초과하는 경우 : 전체 입주자등 1/10 이상 투표하고 후보자 중 다득표자 선출

71 요양비
공단은 가입자나 피부양자가 보건복지부령으로 정하는 긴급하거나 그 밖의 부득이한 사유로 요양기관과 비슷한 기능을 하는 기관으로서 보건복지부령으로 정하는 기관에서 질병·부상·출산 등에 대하여 요양을 받거나 요양기관이 아닌 장소에서 출산한 경우에는 그 요양급여에 상당하는 금액을 보건복지부령으로 정하는 바에 따라 가입자나 피부양자에게 지급한다.

72 용어정의
중압이란 0.1Mpa 이상 1MPa 미만의 압력을 말한다. 다만, 액화가스가 기화되고 다른 물질과 혼합되지 아니한 경우에는 0.01MPa 이상 0.2MPa 미만의 압력을 말한다.

73 베이퍼록(vapor-ruck)현상

저비등점 액체 등을 이송할 경우 펌프의 입구측에서 발생되는 현상으로 일종의 액체의 비등현상에 의한 것이다. 대책으로는 흡입관 지름을 크게 하거나 펌프의 설치위치를 낮추거나 흡입배관을 단열처리함을 들 수 있다.

74 자연환기설비

자연환기설비는 설치되는 실의 바닥부터 수직으로 12m 이상의 높이에 설치하여야 하며, 2개 이상의 자연환기설비를 상하로 설치하는 경우 1m 이상의 수직간격을 확보하여야 한다.

75 전기시설의 세대별 최소 용량

주택에 설치하는 전기시설의 용량은 각 세대별로 3킬로와트(세대당 전용면적이 60제곱미터 이상인 경우에는 3킬로와트에 60제곱미터를 초과하는 10제곱미터마다 0.5킬로와트를 더한 값)이상이어야 한다. 따라서 세대당 전용면적이 82m²인 주택인 경우에는 4.5(kW)가 된다.

76 승용 승강기의 설치기준

계단실형인 공동주택에는 계단실마다 1대[한 층에 3세대 이상이 조합된 계단실형 공동주택이 22층 이상인 경우에는 2대] 이상을 설치하되, 그 탑승인원수는 동일한 계단실을 사용하는 4층 이상인 층의 세대당 0.3명(독신자용주택의 경우에는 0.15명)의 비율로 산정한 인원수(1명 이하의 단수는 1명으로 본다) 이상일 것

77 난방설비기준

공동주택의 난방설비를 중앙집중난방방식으로 하는 경우에는 난방열이 각 세대에 균등하게 공급될 수 있도록 4층 이상 10층 이하의 건축물인 경우에는 2개소 이상, 10층을 넘는 건축물인 경우에는 10층을 넘는 5개층마다 1개소를 더한 수 이상의 난방구획으로 구분하여 각 난방구획마다 따로 난방용 배관을 하여야 한다.

78 실무교육

1. 소방안전관리자는 그 선임된 날부터 6개월 이내에 실무교육을 받아야 하며, 그 후에는 2년마다 1회 이상 실무교육을 받아야 한다. 소방안전관리자에 대한 실무교육시간은 8시간 이내이다.
2. 소방안전관리보조자는 그 선임된 날부터 6개월(소방안전관리보조자로 지정된 사람의 경우 3개월) 이내에 실무교육을 받아야 하며, 그 후에는 2년마다 1회 이상 실무교육을 받아야 한다. 소방안전관리보조자에 대한 실무교육시간은 4시간이다.

79 소독의무

300세대 이상의 공동주택의 경우 공동주택을 관리·운영하는 자는 소독업의 신고를 한 자로 하여금 소독하게 하여야 하며, 이 경우 4월부터 9월까지는 3월에 1회 이상, 10월부터 3월까지는 6월에 1회 이상 소독을 실시하여야 한다.

80 층간소음

층간소음의 구분		층간소음의 기준 [단위: dB(A)]	
		주간 (06:00~22:00)	야간 (22:00~06:00)
직접충격 소음	1분간 등가소음도	39	34
	최고소음도	57	52
공기전달 소음	5분간 등가소음도	45	40

제5회 실전모의고사

제1과목 주택관리관계법규

01	02	03	04	05	06	07	08	09	10
②	③	③	⑤	④	②	②	③	①	⑤
11	12	13	14	15	16	17	18	19	20
⑤	①	④	①	⑤	④	⑤	①	③	④
21	22	23	24						
②	②	④	⑤						

25	㉠ 60 ㉡ 120
26	㉠ 40 ㉡ 75 ㉢ 40
27	㉠ 3 ㉡ 위임
28	㉠ 시가 ㉡ 4 ㉢ 3
29	㉠ 소유권이전등기 ㉡ 60
30	㉠ 결합건축
31	㉠ 국토교통부장관
32	㉠ 2 ㉡ 3
33	㉠ 7
34	㉠ 사단법인
35	㉠ 전대 ㉡ 3 ㉢ 3
36	㉠ 3
37	㉠ 300 ㉡ 2
38	㉠ 국토교통부장관
39	㉠ 관리인 ㉡ 과반수
40	㉠ 발전사업 ㉡ 전기판매사업자

01 하자담보책임

① 「주택법」 제66조에 따른 리모델링을 수행한 시공자는 수급인의 담보책임을 진다.
③ 내력구조부별(「건축법」 제2조 제1항 제7호에 따른 건물의 주요구조부) 하자에 대한 담보책임기간은 10년이다.
④ 태양광설비공사 등 신재생에너지 설비공사의 담보책임 기간은 3년이다.
⑤ 국가·지방자치단체·한국토지주택공사 및 지방공사인 사업주체의 경우에는 하자보수보증금을 예치하지 아니한다.

02 리모델링

주택단지 전체를 리모델링하고자 하는 경우에는 주택단지 전체의 구분소유자와 의결권의 각 3분의2 이상의 결의 및 각 동의 구분소유자와 의결권의 각 과반수의 결의가 있어야 한다.

03 사업계획승인과 주택건설공사

지방자치단체로부터 토지를 매수하거나 임차한 자가 그 매수 또는 임차일부터 2년 이내에 국민주택규모의 주택 또는 조합주택을 건설하지 아니한 때에는 환매하거나 임대계약을 취소할 수 있다.

04 전매제한의 예외

① 수도권안에서 이전하는 경우는 제외한다.
② 상속에 의하여 취득한 주택으로 세대원 전원이 이전하는 경우
③ 2년 이상의 기간 해외에 체류하고자 하는 경우
④ 세대원 전원이 해외로 이주하고자 하는 경우

05 주택건설용 토지의 취득

① 국가 또는 지방자치단체는 그가 소유하는 토지를 매각하거나 임대함에 있어서 국민주택규모의 주택을 50퍼센트 이상으로 건설하는 자에게 우선적으로 해당 토지를 매각하거나 임대할 수 있다.
② 사업주체가 국민주택용지로 사용하기 위하여 체비지의 매각을 요구한 때에는 도시개발사업시행자는 체비지 총면적의 50퍼센트의 범위 안에서 이를 우선적으로 사업주체에게 매각할 수 있다.
③ 국가인 사업주체는 주택건설사업을 위한 토지매수업무와 손실보상업무를 관할 지방자치단체의장에게 위탁할 수 있다.
⑤ 체비지의 양도가격은 국토교통부령으로 정하는 바에 따라 감정평가법인 등이 감정평가한 감정가격을 기준으로 한다. 다만, 주거전용면적 85제곱미터 이하의 임대주택을 건설하거나 주거전용면적 60제곱미터 이하의 국민주택을 건설하는 경우에는 「택지개발촉진법 시행규칙」 [별표]에 따라 산정한 원가를 기준으로 할 수 있다.

06 공동관리 및 구분관리

① 입주자대표회의가 시장·군수·구청장에게 통보하여야 한다.
③ 입주자대표회의는 구분관리 단위별 입주자등 과반수의 서면동의를 얻어 500세대 이상의 단위로 구분하여 관리할 수 있다.
④ 공동관리를 하는 경우에 세대수는 1천5백세대 이하로 하여야 한다.
⑤ 공동관리를 하는 경우에 단지수는 제한이 없다.

07 입주자대표회의

입주자대표회의에는 회장 1명, 감사 2명 이상, 이사 1명 이상의 임원을 두어야 한다.

08 관리규약

시·도지사가 관리규약의 준칙을 정하여야 한다.

09 공동주택의 관리비등

오물수거비가 아닌 경비비가 관리비의 비목이다.

10 관리사무소장의 배치

500세대 이상의 공동주택은 주택관리사만을 관리사무소장으로 배치하여야 한다.

11 용어정의

단기민간임대주택이란 임대사업자가 6년 이상 임대할 목적으로 취득하여 임대하는 민간임대주택[아파트(「주택법」 제2조제20호의 도시형 생활주택이 아닌 것을 말한다)는 제외한다]을 말한다.

12 주택조합의 가입철회 등

모집주체는 가입비등을 예치한 날부터 30일이 지난 경우 예치기관의 장에게 가입비등의 지급을 요청할 수 있다.

13 용어의 정의

① 공공매입임대주택은 공공주택사업자가 직접 건설하지 아니하고 매매 등으로 취득하여 공급하는 공공임대주택을 말한다.
② 행복주택 이란 국가나 지방자치단체의 재정이나 주택도시기금의 자금을 지원받아 대학생, 사회초년생, 신혼부부 등 젊은 층의 주거안정을 목적으로 공급하는 공공임대주택을 말한다.
③ 분양전환이란 공공임대주택을 공공주택사업자가 아닌 자에게 매각하는 것을 말한다.
⑤ 기존주택전세임대주택에 대한 설명이다. 장기전세주택이란 국가나 지방자치단체의 재정이나 주택도시기금의 자금을 지원받아 전세계약의 방식으로 공급하는 공공임대주택을 말한다.

14 건축허가의 제한

② 국토교통부장관은 국토관리를 위하여 특히 필요하다고 인정하는 경우 시장·군수·구청장의 건축허가를 제한할 수 있다.
③ 1회에 한하여 1년 이내의 범위에서 제한기간을 연장할 수 있다.
④ 허가권자에게 통보하여야 하며, 통보를 받은 허가권자는 지체없이 이를 공고하여야 한다.
⑤ 특별시장·광역시장·도지사는 시장·군수·구청장의 건축허가나 건축물의 착공을 제한한 경우 즉시 국토교통부장관에게 보고하여야 하며, 보고를 받은 국토교통부장관은 제한 내용이 지나치다고 인정하면 해제를 명할 수 있다.

15 건축법의 적용범위

철도역사는 「건축법」이 적용되는 건축물이다.

16 구조안전 확인서류의 제출 대상건축물

1) 층수가 2층(목구조 건축물의 경우에는 3층) 이상인 건축물
2) 연면적이 200제곱미터(목구조 건축물의 경우에는 500제곱미터) 이상인 건축물. 다만, 창고, 축사, 작물 재배사는 제외한다.
3) 높이가 13미터 이상인 건축물
4) 처마높이가 9미터 이상인 건축물
5) 기둥과 기둥 사이의 거리가 10미터 이상인 건축물
6) 건축물의 용도 및 규모를 고려한 중요도가 높은 건축물로서 국토교통부령으로 정하는 건축물
7) 국가적 문화유산으로 보존할 가치가 있는 건축물로서 연면적의 합계가 5천제곱미터 이상인 건축물
8) 특수구조 건축물
9) 단독주택 및 공동주택

17 공개공지

건폐율이 아닌 용적률에 관한 기준을 1.2배 이하의 범위에서 대지면적에 대한 공개공지등 면적비율에 따라 완화하여 적용한다.

18 지역 및 지구에서의 건축제한

② 시장·군수·구청장은 건축물의 용도 및 형태에 따라 동일한 가로구역 안에서의 건축물의 높이를 다르게 정할 수 있다.
③ 높이 10미터 이하의 부분은 정북방향으로의 인접대지경계선으로부터 1.5미터 이상 띄운다.
④ 2층 이하로서 높이가 8미터 이하인 건축물에 대하여는 일조 등의 확보를 위한 건축물의 높이제한에 관한 규정을 적용하지 아니할 수 있다.
⑤ 이 경우 인접대지 경계선으로부터 해당 건축물의 각 부분의 높이의 2분의1 이상을 띄운다.

19 소방지원활동등

집회·공연 등 각종 행사시 사고에 대비한 근접대기 등 지원활동은 소방지원활동에 속한다.

20 승강기의 설치 및 안전관리

설치공사업자는 승강기의 설치를 끝냈을 때에는 승강기의 설치를 끝낸 날부터 10일 이내에 한국승강기안전공단에 승강기의 설치신고를 해야 한다.

21 용어정의

① 송전선로란 발전소 상호간, 변전소 상호간, 발전소와 변전소간을 연결하는 전선로와 이에 속하는 전기설비를 말한다. 배전선로란 발전소와 전기수용설비, 변전소와 전기수용설비, 송전선로와 전기수용설비, 전기수용설비 상호간을 연결하는 전선로와 이에 속하는 전기설비를 말한다.
③ 고압이란 직류에서는 1,500볼트를 초과하고 7천볼트 이하인 전압을, 교류에서는 1,000볼트를 초과하고 7천볼트 이하인 전압을 말한다.
④ 전기사업을 하려는 자는 대통령령으로 정하는 바에 따라 전기사업의 종류별 또는 규모별로 산업통상자원부장관 또는 시·도지사(허가권자)의 허가를 받아야 한다.
⑤ 전기신사업을 하려는 자는 전기신사업의 종류별로 산업통상자원부장관에게 등록하여야 한다.

22 안전점검

A·B·C등급의 경우 정기안전점검은 반기에 1회 이상 실시한다.

23 정비예정구역 또는 정비구역의 해제

조합 설립인가를 받은 날부터 3년이 되는 날까지 사업시행계획인가를 신청하지 아니하는 경우

24 집합건물의 공유부분

원칙적으로 전유부분의 면적의 비율에 의한다.

25 건축분쟁전문위원회

건축분쟁위원회는 당사자의 조정신청을 받으면 60일 이내에, 재정신청을 받으면 120일 이내에 절차를 마쳐야 한다. 다만, 부득이한 사정이 있으면 건축분쟁위원회의 의결로 기간을 연장할 수 있다.

26 토지임대부 분양주택

토지임대부 분양주택의 토지에 대한 임대차기간은 40년 이내로 한다. 이 경우 토지임대부 분양주택 소유자의 75퍼센트 이상이 계약갱신을 청구하는 경우 40년의 범위에서 이를 갱신할 수 있다.

27 공탁금의 회수 등

- 손해배상책임을 보장하기 위하여 공탁한 공탁금은 주택관리사 등이 해당 공동주택의 관리사무소장의 직책을 사임하거나 그 직에서 해임된 날 또는 사망한 날부터 3년 이내에는 회수할 수 없다.
- 주택관리업자의 지위에 관하여 이 법에 규정이 있는 것 외에는 민법 중 위임에 관한 규정을 준용한다.

28 사용검사후 매도청구 등

① 주택(복리시설을 포함한다. 이하 이 조에서 같다)의 소유자들은 주택단지 전체 대지에 속하는 일부의 토지에 대한 소유권이전등기 말소소송 등에 따라 제49조의 사용검사(동별 사용검사를 포함한다. 이하 이 조에서 같다)를 받은 이후에 해당 토지의 소유권을 회복한 자(이하 이 조에서 "실소유자"라 한다)에게 해당 토지를 시가로 매도할 것을 청구할 수 있다.
② 주택의 소유자들은 대표자를 선정하여 제1항에 따른 매도청구에 관한 소송을 제기할 수 있다. 이 경우 대표자는 주택의 소유자 전체의 4분의 3 이상의 동의를 받아 선정한다.
〈이하 생략〉

29 저당권설정 등의 제한

사업주체는 주택건설사업에 의하여 건설된 주택 및 대지에 대하여는 입주자 모집공고 승인 신청일 이후부터 입주예정자가 그 주택 및 대지의 소유권이전등기를 신청할 수 있는 날 이후 60일까지의 기간 동안 입주예정자의 동의 없이 다음의 어느 하나에 해당하는 행위를 하여서는 아니 된다.
1) 해당 주택 및 대지에 저당권 또는 가등기담보권 등 담보물권을 설정하는 행위
2) 해당 주택 및 대지에 전세권·지상권 또는 등기되는 부동산임차권을 설정하는 행위
3) 해당 주택 및 대지를 매매 또는 증여 등의 방법으로 처분하는 행위

30 결합건축의 정의

결합건축이란 법 제56조에 따른 용적률을 개별 대지마다 적용하지 아니하고, 2개 이상의 대지를 대상으로 통합적용하여 건축물을 건축하는 것을 말한다.

31 범죄예방 기준

국토교통부장관은 범죄를 예방하고 안전한 생활환경을 조성하기 위하여 건축물, 건축설비 및 대지에 관한 범죄예방 기준을 정하여 고시할 수 있다.

32 사업지연으로 인한 시행자 변경지정

재정비촉진계획의 결정·고시일부터 2년 이내에 재정비촉진사업과 관련하여 해당 사업을 규정하고 있는 관계 법률에 따른 조합설립인가를 신청하지 아니하거나, 3년 이내에 해당 사업에 관하여 규정하고 있는 관계 법률에 따른 사업시행인가를 신청하지 아니한 경우에는 특별자치시장, 특별자치도지사, 시장·군수·구청장이 그 사업을 직접 시행하거나 총괄사업관리자를 사업시행자로 우선하여 지정할 수 있다.

33 화재안전조사

소방관서장은 화재안전조사를 실시하려는 경우 사전에 관계인에게 조사대상, 조사기간 및 조사사유 등을 우편, 전화, 전자메일 또는 문자전송 등을 통하여 통지하고 이를 대통령령으로 정하는 바에 따라 인터넷 홈페이지나 법 제16조제3항의 전산시스템 등을 통하여 7일이상 공개하여야 한다.

34 정비사업조합

조합에 관하여는 「도시 및 주거환경정비법」에 규정된 사항을 제외하고는 「민법」중 사단법인에 관한 규정을 준용한다.

35 임대차계약 해제등 사유

- 법 제49조의4를 위반하여 공공임대주택의 임차권을 다른 사람에게 양도하거나 공공임대주택을 전대한 경우
- 공공주택사업자의 귀책사유 없이 법 제49조의2에 따른 표준임대차계약서상의 임대차 계약기간이 시작된 날부터 3개월 이내에 입주하지 아니한 경우
- 월 임대료를 3개월 이상 연속하여 연체한 경우
- 분납임대주택의 분납금(분할하여 납부하는 분양전환금을 말한다)을 3개월 이상 연체한 경우

36 승강기 제조·수입업자의 품질보증기간

승강기 제조·수입업자는 승강기 또는 승강기부품을 판매하거나 양도했을 때에는 그 구매인 또는 양수인에게 사용설명서등의 자료를 제공해야 한다. 품질보증기간은 3년 이상으로 하며, 그 기간에 구매인 또는 양수인이 사용설명서에 따라 정상적으로 사용·관리했음에도 불구하고 고장이나 결함이 발생한 경우에는 제조·수입업자가 무상으로 유지관리용 부품 및 장비등을 제공해야 한다.

37 관리주체에 대한 회계감사

의무관리대상 공동주택의 관리주체는 회계감사를 매년 1회 이상 받아야 한다. 다만, 다음의 구분에 따른 연도에는 그러하지 아니하다
1) 300세대 이상인 공동주택: 해당 연도에 회계감사를 받지 아니하기로 입주자등의 3분의 2이상의 서면동의를 받은 경우 그 연도
2) 300세대 미만인 공동주택: 해당 연도에 회계감사를 받지 아니하기로 입주자등의 과반수의 서면동의를 받은 경우 그 연도

38 시설물의 안전 및 유지관리 기본계획

국토교통부장관은 시설물이 안전하게 유지관리될 수 있도록 하기 위하여 5년마다 시설물의 안전 및 유지관리에 관한 기본계획을 수립·시행하여야 한다.

39 공동주택의 관리규약

의무관리대상 전환 공동주택의 관리규약 제정안은 의무관리대상 전환 공동주택의 관리인이 제안하고, 그 내용을 전체 입주자등 과반수의 서면동의로 결정한다.

40 발전사업의 정의

발전사업이란 전기를 생산하여 이를 전력시장을 통하여 전기판매사업자에게 공급하는 것을 주된 목적으로 하는 사업을 말한다.

제2과목 공동주택관리실무

41	42	43	44	45	46	47	48	49	50
④	④	②	④	②	⑤	④	⑤	②	②
51	52	53	54	55	56	57	58	59	60
③	④	④	②	②	②	⑤	④	④	②
61	62	63	64						
③	②	④	③						

65	㉠ 300	73	㉠ 건강보험분쟁조정위원회 ㉡ 90 ㉢ 180
66	㉠ 반사판(디프렉타)	74	㉠ 5 ㉡ 5
67	㉠ 24 ㉡ 15	75	㉠ 15 ㉡ 10 ㉢ 15
68	㉠ 65 ㉡ 60	76	㉠ 2
69	㉠ 30 ㉡ 14 ㉢ 10	77	㉠ 5분의 4 ㉡ 20
70	㉠ 장애연금	78	㉠ 4 ㉡ 2
71	㉠ 장기수선계획 ㉡ 관리주체 ㉢ 입주자대표회의	79	㉠ 25 ㉡ 40
72	㉠ 고용노동부장관 ㉡ 교섭대표노동조합	80	㉠ 15

41 층간소음의 방지 등 노력의무

④ 층간소음관리위원회의 구성원은 매년 4시간의 층간소음 예방등교육을 이수해야 하며, 층간소음예방등교육의 수강비용은 잡수입에서 부담한다.

42 입주자대표회의

① 관리규약에서 입주자대표회의의 정원과 임원의 정원을 같은 수로 정한 경우에는 회장과 감사가 모두 선출된 후 남은 동별 대표자를 별도의 투표 또는 동의 절차 없이 이사로 선출한다.
② 장기수선계획의 수립 또는 조정에 관한 사항은 전체 입주자 과반수의 서면동의를 받아 그 동의 내용대로 의결한다.
③ 선거관리위원회 위원 결격사유에 해당한다.
⑤ 선거관리위원회 위원장은 위원 중에서 호선한다.

43 공동주택관리

선거관리위원회 위원장(선거관리위원회가 구성되지 아니하였거나 위원장이 사퇴, 해임 등으로 궐위된 경우에는 입주자대표회의의 회장을 말하며, 입주자대표회의의 회장도 궐위된 경우에는 관리사무소장을 말한다)은 동별 대표자 후보자에 대하여 동별 대표자의 자격요건 충족 여부와 결격사유 해당 여부를 확인하여야 하며, 결격사유 해당 여부를 확인하는 경우에는 동별 대표자 후보자의 동의를 받아 범죄경력을 관계 기관의 장에게 확인하여야 한다.

44 1차 행정처분기준

㉠ 중대한 과실로 공동주택을 잘못 관리하여 소유자 및 사용자에게 재산상의 손해를 입힌 경우 : 자격정지 3개월
㉡ 고의에 의한 하자로 입주자등에게 재산상의 손해를 가한 때 : 자격정지 6개월
㉢ 의무관리대상 공동주택에 취업한 주택관리사등이 다른 공동주택 및 상가·오피스텔 등 주택 외의 시설에 취업한 경우 : 자격취소
㉣ 다른 사람에게 자기의 명의를 사용하여 업무를 수행하게 한 때 : 자격취소
㉤ 조사 또는 검사를 거부·방해 또는 기피하거나 거짓으로 보고를 한 경우 : 경고
㉥ 주택관리사등이 업무와 관련하여 금품수수 등 부당이익을 취한 때 : 자격정지 6개월

45 단체교섭 및 단체협약

단체협약의 유효기간은 3년을 초과하지 않는 범위에서 노사가 합의하여 정할 수 있다. 단체협약에 그 유효기간을 정하지 아니한 경우 또는 3년을 초과하는 유효기간을 정한 경우에 그 유효기간은 3년으로 한다.

46 개인퇴직계좌

상시 10명 미만의 근로자를 사용하는 사업과 같이 소규모 사업장에 적용되는 특례사항이다.

47 구제명령 등의 효력

노동위원회의 구제명령, 기각결정 또는 재심판정은 중앙노동위원회에 대한 재심신청이나 행정소송 제기에 의하여 그 효력이 정지되지 아니한다.

48 주택임대관리업

자기관리형 주택임대관리업자는 전대료 및 전대보증금을 포함한 위·수탁계약서를 작성하여 주택의 소유자에게 교부하여야 한다.

49 관리주체의 업무

공동주택 공용부분의 담보책임 종료 확인은 입주자대표회의의 의결사항이다.

> **관리주체의 업무**
> 1) 공동주택의 공용부분의 유지·보수 및 안전관리
> 2) 공동주택단지 안의 경비·청소·소독 및 쓰레기 수거
> 3) 관리비 및 사용료의 징수와 공과금 등의 납부대행
> 4) 장기수선충당금의 징수·적립 및 관리
> 5) 관리규약으로 정한 사항의 집행
> 6) 입주자대표회의에서 의결한 사항의 집행
> 7) 그 밖에 국토교통부령으로 정하는 사항
>   ㉠ 공동주택관리업무의 공개·홍보 및 공동시설물의 사용방법에 관한 지도·계몽
>   ㉡ 입주자 등의 공동사용에 제공되고 있는 공동주택단지 안의 토지·부대시설 및 복리시설에 대한 무단 점유행위의 방지 및 위반행위시의 조치
>   ㉢ 공동주택단지 안에서 발생한 안전사고 및 도난사고 등에 대한 대응조치
>   ㉣ 하자보수청구 등의 대행

50 관리일반

② 관리주체가 사업자를 선정하고 집행하는 다음 각 목의 사항
  가. 청소, 경비, 소독, 승강기유지, 지능형 홈네트워크, 수선·유지(냉방·난방시설의 청소를 포함한다)를 위한 용역 및 공사
  나. 주민공동시설의 위탁, 물품의 구입과 매각, 잡수입의 취득(공동주택의 어린이집·다함께돌봄센터·공동육아나눔터 임대에 따른 잡수입의 취득은 제외한다), 보험계약 등 국토교통부장관이 정하여 고시하는 사항

51 급탕부하

급탕부하 = $5m^3 \times (70-10) \times 1,000 = 300,000 kcal/h$

52 시설물 안전관리계획

시·도지사가 정하는 관리규약준칙에 포함하여야 할 사항이다.

> **보충 〈안전관리계획 포함사항〉**
> 1. 시설별 안전관리자 및 안전관리책임자에 의한 책임점검사항
> 2. 국토교통부령이 정하는 시설의 안전관리에 관한 기준 및 진단사항
> 3. 점검 및 진단결과 위해의 우려가 있는 시설에 관한 이용제한 또는 보수 등 필요한 조치사항
> 4. 지하주차장의 침수 예방 및 대응에 관한 사항
> 5. 수립된 안전관리계획의 조정에 관한 사항
> 6. 그 밖에 시설안전관리에 관하여 필요한 사항

53 최저 필요압력

최상층 세정밸브의 최저필요압력에 해당하는 높이 H1 = 7m(대변기 세정밸브의 최소필요압력 0.07MPa은 수두 7m에 해당하므로), 배관마찰손실수두 H2 = 0.05MPa = 5mAq = 5m이므로 세정밸브에서 고가수조 밑면까지 높이는 12m 이상이어야 한다.

54 급탕설비

① 급탕설비에는 과압방지를 위한 팽창관 및 안전밸브외에도 과열방지를 위한 써모스텟 등의 다른 안전장치가 필요하다.
③ 직접가열식 중앙급탕법은 항상 새로운 물이 보일러를 거쳐 공급되므로 보일러 안에 스케일이 생길 염려가 있어서 내부에 방식처리가 필요하다.
④ 간접가열식 중앙급탕법은 보일러가 저탕조내의 가열코일과 직결하여 사용하므로 반드시 고압일 필요는 없으며 건물높이에 따른 수압은 저탕조에 미치므로 이를 고압에 견디도록 제작하여야 한다.
⑤ 배관도중에 마찰저항을 적게 하기 위해 글로브밸브보다 슬로스 밸브를 사용하는것이 좋다.

55 스프링클러 가압송수장치 방수성능

가압송수장치의 송수량은 0.1MPa의 방수압력 기준으로 80ℓ/min 이상의 방수성능을 가진 기준개수의 모든 헤드로부터의 방수량을 충족시킬 수 있는 양 이상의 것으로 해야 한다.

56 수선주기

①·③·④·⑤ 20년, ② 15년

57 하자분쟁조정위원회

하자분쟁조정위원회 위원장은 전체위원회, 분과위원회 또는 소위원회 회의를 소집하려면 특별한 사정이 있는 경우를 제외하고는 회의개최 3일 전까지 회의의 일시·장소 및 안건을 각 위원에게 알려야 한다.

58 통기관

신정통기관의 관경은 배수 수직관의 관경과 동일 지름으로 한다.

59 긴급안전조치

④ 관리주체는 긴급안전점검에 따른 조치명령 또는 시설물의 중대한 결함 등에 대한 통보를 받은 날부터 2년 이내에 시설물의 보수·보강 등 필요한 조치에 착수해야 하며, 특별한 사유가 없으면 착수한 날부터 3년 이내에 이를 완료해야 한다.

60 냉방설비 배기장치 설치공간기준

세대별 주거전용면적이 50㎡를 초과하는 경우로서 세대 내 거실 또는 침실이 2개 이상인 경우에는 거실을 포함한 최소 2개의 공간에 냉방설비 배기장치 연결배관을 설치 해야 한다.

61 역률

③ 저항만의 회로는 역률이 1에 가깝다.
① 피상전력에 대한 유효전력의 비를 역률이라고 한다.
② 피상전력은 유효전력과 무효전력의 대수합이다.
④, ⑤ 역률은 부하의 종류와 관계되며, 유도 리액턴스가 클수록 역률은 작아진다.

62 용어정의

② 활성오니용량(SV)를 말한다. 화학적 산소요구량(C.O.D ; Chemical Oxygen Demand) : 용존유기물을 화학적으로 산화시키는 데 필요한 산소량을 말한다.

63 어린이 놀이시설 안전관리법

정기시설검사를 받으려는 자는 정기시설검사의 유효기간이 끝나기 1개월 전(최초로 정기시설검사를 받으려는 경우에는 해당 어린이놀이시설에 대한 설치검사의 유효기간이 끝나기 1개월 전을 말한다)까지 행정안전부령으로 정하는 신청 서류를 갖추어 안전검사기관에 제출하여야 한다.

64 정기검사

정기검사를 받으려는 자는 정기검사 신청서에 전기안전관리자 선임신고증명서 사본을 첨부하여 검사를 받으려는 날의 7일 전까지 한국전기안전공사에 제출하여야 한다.

65 소방안전관리자

- 300세대 이상인 아파트
- 아파트를 제외한 연면적이 1만5천㎡ 이상인 특정소방대상물

66 건식스프링클러헤드

물과 오리피스가 분리되어 동파를 방지할 수 있는 스프링클러헤드를 말한다.

67 통보기한

- 사고발생 후 24시간 이내 전화 또는 팩스를 이용하여 통보하여야 한다.
통보자의 소속, 직위, 성명 및 연락처, 사고 발생 일시, 사고 발생장소, 전기설비 현황(사용전압 및 용량) 피해 현황(인명 및 재산)
- 사고발생 후 15일 이내 : [별지 제31호 서식]에 따라 통보하여야 한다.

68 생활진동 규제기준

시간대별 대상 지역	주간 (06:00~22:00)	심야 (22:00~06:00)
주거지역	65 이하	60 이하

69 근로자퇴직급여 보장

- 퇴직금제도를 설정하고자 하는 사용자는 계속근로기간 1년에 대하여 30일분 이상의 평균임금을 퇴직금으로 퇴직하는 근로자에게 지급할 수 있는 제도를 설정하여야 한다.
- 사용자는 근로자가 퇴직한 경우에는 그 지급사유가 발생한 날부터 14일 이내에 퇴직금을 지급해야 한다.
- 상시 근로자 10인 미만의 근로자를 사용하는 사업의 경우 사용자가 개별 근로자의 동의를 받거나 근로자의 요구에 따라 개인형 퇴직연금제도를 설정하는 경우에는 해당 근로자에 대하여 퇴직급여제도를 설정한 것으로 본다.

70 국민연금급여의 종류

1. 노령연금
2. 장애연금
3. 유족연금
4. 반환일시금

71 장기수선계획과 장기수선충당금
- 장기수선충당금의 적립금액은 장기수선계획으로 정한다.
- 장기수선계획 조정은 관리주체가 조정안을 작성하고, 입주자대표회의가 의결하는 방법으로 한다.

72 노동조합
- 노동조합을 설립하고자 하는 자는 일정사항을 기재한 신고서에 규약을 첨부하여 연합단체인 노동조합과 2 이상의 특·광·도·특별자치도에 걸치는 단위노동조합은 고용노동부장관, 2 이상의 시·군·구(자치구)에 걸치는 단위노동조합은 특별시장·광역시장·도지사, 그 외의 노동조합은 특별자치도지사·시장·군수·구청장(자치구)에게 제출하여야 한다.
- 원칙적으로 하나의 사업 또는 사업장에서 조직형태에 관계없이 근로자가 설립하거나 가입한 노동조합이 2개 이상인 경우 노동조합은 교섭대표노동조합을 정하여 교섭을 요구하여야 한다.

73 이의신청과 심판청구
이의신청에 대한 국민건강보험공단의 결정에 불복이 있는 자는 건강보험분쟁조정위원회에 심판청구를 할 수 있다. 이 경우 심판청구는 처분이 있음을 안 날부터 90일 이내에 문서로 이를 하여야 하며 처분이 있는 날부터 180일을 경과하면 이를 제기하지 못한다.

74 주택관리사 자격증의 교부
- 「공동주택관리법」 제65조에 따른 주택관리업자의 직원으로서 주택관리업무에의 종사경력 5년 이상
- 「주택법」에 따른 사업계획승인을 받아 건설한 50세대 이상의 공동주택의 관리사무소의 직원(경비원, 청소원 및 소독원은 제외)으로 주택관리업무에 종사경력 5년 이상

75 장기수선계획 주기
- 방화문 → 전면교체 15년
- 전기자동차의 고정형 충전기 → 전면교체 10년
- 옥상 비상문 자동개폐장치 → 전면교체 15년

76 검사불합격 시설 등의 이용금지 및 개선
관리주체는 설치검사나 정기시설검사에서 불합격 통보를 받았거나 안전진단에서 위험하거나 보수가 필요하다는 판정 통보를 받은 경우에는 그 통보를 받은 날부터 2개월 이내에 시설개선계획서를 관리감독기관의 장에게 제출하고 수리·보수 등 필요한 조치를 하여야 한다. 다만, 2개월 이내에 시설개선 등을 완료한 경우에는 시설개선계획서를 제출하지 아니할 수 있다.

77 담보책임의 종료
- 의무관리대상 공동주택인 경우에 사업주체와 입주자대표회의의 회장 또는 5분의 4 이상의 입주자(입주자대표회의의 구성원 중 사용자인 동별 대표자가 과반수인 경우만 해당한다)는 공용부분의 하자보수가 끝난 때에는 공동으로 담보책임종료확인서를 작성해야 한다.
- 입주자와 공용부분의 담보책임종료확인서를 작성하려면 입주자대표회의의 회장에게 입주자에 대한 서면통지 및 공동주택단지 안의 게시판에 20일 이상 게시할 것을 요청해야 하고, 전체 입주자의 5분의 4 이상과 담보책임 종료확인서를 작성한 경우에는 그 결과를 입주자대표회의등에 통보해야 한다.

78 시설물의 안전관리
- A등급 건축물의 정밀안전점검은 (4)년에 1회 이상 실시하여야 한다.
- 관리주체는 시설물의 안전 및 유지관리에 관한 특별법 제24조제1항에 따라 긴급안전점검에 따른 조치명령 또는 시설물의 중대한 결함 등에 대한 통보를 받은 날부터 (2)년 이내에 시설물의 보수·보강 등 필요한 조치에 착수해야 하며, 특별한 사유가 없으면 착수한 날부터 3년 이내에 이를 완료해야 한다.

79 폐기물처리
음식물류 폐기물을 스스로 감량하는 자는 단독 또는 공동으로 가열에 의한 건조에 의하여 부산물의 수분함량을 25% 미만으로 감량하여야 하고, 발효 또는 발효건조에 의하여 퇴비화·사료화 또는 소멸화하여 부산물의 수분함량을 40% 미만으로 처리하여야 한다.

80 어린이놀이시설의 정기시설검사 재검사 신청
① 설치검사의 결과 또는 정기시설검사의 결과에 대하여 이의가 있는 자는 해당 검사 결과를 통보받은 날부터 15일 이내에 행정안전부령으로 정하는 서류를 갖추어 해당 안전검사기관에 재검사를 신청할 수 있다.
② 재검사의 신청을 받은 안전검사기관은 신청을 받은 날부터 1개월 이내에 재검사를 실시하고, 그 결과를 신청인에게 알려야 한다.

제6회 실전모의고사

제1과목 주택관리관계법규

01	02	03	04	05	06	07	08	09	10
①	①	③	③	⑤	⑤	⑤	①	②	③
11	12	13	14	15	16	17	18	19	20
⑤	③	②	④	①	①	④	③	④	②
21	22	23	24						
③	⑤	②	⑤						

25	㉠ 3		33	㉠ 2
26	㉠ 지상권		34	㉠ 30 ㉡ 중앙건축위원회
27	㉠ 세대수 ㉡ 도시과밀		35	㉠ 1 ㉡ 2
28	㉠ 1 ㉡ 1		36	㉠ 소방청장 ㉡ 5
29	㉠ 주택가격상승률		37	㉠ 특정소방대상물
30	㉠ 40 ㉡ 20		38	㉠ 재건축사업 ㉡ 양호 ㉢ 공동주택
31	㉠ 국토교통부장관 ㉡ 10		39	㉠ 10 ㉡ 30
32	㉠ 16 ㉡ 3		40	㉠ 재단법인

01 주택의 전매행위제한 등
세대원 전원이 해외로 이주하거나 2년 이상의 기간 해외에 체류하고자 하는 경우 전매제한의 예외가 인정된다.

02 주택의 공급 등
시장·군수·구청장은 사업주체로부터 제출받은 표시 또는 광고의 사본을 사용검사가 있은 날부터 2년 이상 보관하여야 하며, 입주자가 열람을 요구하는 경우 이를 공개하여야 한다.

03 사업계획승인
330만제곱미터 이상의 규모로 택지개발사업 또는 도시개발사업을 추진하는 지역 안에서 주택건설사업을 시행하는 경우에는 국토교통부장관의 승인을 받아야 한다.

04 주택상환사채
등록사업자가 발행할 수 있는 주택상환사채의 규모는 최근 3년간의 연평균 주택건설 호수 이내로 한다.

05 주택조합
① 관할 시장·군수·구청장에게 신고하여야 한다.
② 주택조합(리모델링 주택조합은 제외한다)은 주택건설 예정 세대수(설립인가 당시의 사업계획서상 주택건설 예정 세대수를 말하되, 임대주택으로 건설·공급하는 세대수는 제외한다)의 50퍼센트 이상의 조합원으로 구성하되, 조합원은 20명 이상이어야 한다.
③ 리모델링 주택조합의 경우 공동주택의 소유권이 수인의 공유에 속하는 경우에는 그 수인을 대표하는 1명을 조합원으로 본다.
④ 창립총회 또는 국토교통부령으로 정하는 사항을 의결하는 총회의 경우에는 조합원의 100분의 20 이상이 직접 출석하여야 한다.

06 주택관리사등의 자격취소
공동주택의 관리업무와 관련하여 금고 이상의 형을 선고받은 경우에 자격을 취소하여야 한다.

07 자치관리기구
① 사업주체가 관리를 요구한 날부터 6개월 이내에 자치관리기구를 구성한다.
② 주택관리업자에게 위탁관리하다가 자치관리로 관리방법을 변경할 경우에는 그 위탁관리의 종료일까지 자치관리기구를 구성하여야 한다.
③ 자치관리기구의 직원을 겸임할 수 없다.
④ 공동주택의 관리사무소장을 자치관리기구의 대표자로 선임한다.

08 장기수선충당금
장기수선충당금은 주택의 소유자로부터 징수하여야 한다.

09 하자보수의 청구권자
1) 입주자
2) 입주자대표회의
3) 관리주체(하자보수청구 등에 관하여 입주자 또는 입주자대표회의를 대행하는 관리주체를 말한다)
4) 「집합건물의 소유 및 관리에 관한 법률」에 따른 관리단
5) 공공임대주택의 임차인 또는 임차인대표회의(임차인등)

10 주택임대관리업자의 당연 등록말소 사유
1) 거짓이나 그 밖의 부정한 방법으로 등록을 한 경우
2) 영업정지기간 중에 주택임대관리업을 영위한 경우 또는 최근 3년간 2회 이상의 영업정지처분을 받은 자로서 그 정지처분을 받은 기간이 합산하여 12개월을 초과한 경우
3) 다른 자에게 자기의 명의 또는 상호를 사용하여 이 법에서 정한 사업이나 업무를 수행하게 하거나 그 등록증을 대여한 경우

11 관리사무소장의 손해배상책임
주택관리사 등은 관리사무소장의 손해배상책임을 보장하기 위하여 가입한 보증보험을 공탁으로 변경하려는 경우에는 보증설정의 효력이 있는 기간 중에 하여야 한다.

12 공공임대주택의 임대의무기간 등
공공주택 특별법령상 공공임대주택의 최장기 임대의무기간은 50년이다.

13 건축물의 종류
오피스텔은 숙박시설이 아닌 일반 업무시설이다.

14 건축법의 적용대상지역
전면적 적용지역 제외한 지역에서 배제되는 규정은 「건축법」 제44조(대지와 도로의 관계)·동법 제45조(도로의 지정·폐지 또는 변경)·동법 제46조(건축선의 지정)·동법 제47조(건축선에 의한 건축제한)·동법 제51조(방화지구 안의 건축물) 및 동법 제57조(대지의 분할제한)이다.

15 대지의 분할제한
① 제1종 일반주거지역 : 60m²
② 일반상업지역 : 150m²
③ 근린상업지역 : 150m²
④ 준공업지역 : 150m²
⑤ 자연녹지지역 : 200m²

16 용도변경
①의 주거업무시설군에 속하는 업무시설을 상위군인 영업시설군에 속하는 판매시설로 용도변경하는 경우 특별자치시장·특별자치도지사 또는 시장·군수·구청장의 허가를 받아야 한다.
②~⑤는 신고를 하여야 한다.

17 이행강제금 등
허가권자는 시정명령을 받은 자가 이를 이행하지 아니하면 시정명령이 이행될 때까지 1년에 2회 이내의 범위에서 반복하여 이행강제금을 부과·징수할 수 있다.

18 바닥면적의 산정
용적률이란 대지면적에 대한 연면적의 비율을 말한다. 연면적은 하나의 건축물 각 층의 바닥면적의 합계로 하되, 용적률을 산정할 때에는 지하층의 면적, 지상층의 부속용도인 주차용으로 쓰는 면적, 초고층 건축물과 준초고층 건축물에 설치하는 피난안전구역의 면적 및 건축물의 경사지붕 아래에 설치하는 대피공간의 면적은 제외한다. 이 문제의 경우 용적률 산정에 포함된 연면적은 지상 3층의 바닥면적의 합계이다. 대지면적이 200제곱미터이고 용적률이 150퍼센트이므로 연면적은 300제곱미터가 된다. 따라서 연면적 300제곱미터를 3층으로 나누면 바닥면적은 100제곱미터가 된다.

19 관리처분계획의 작성기준
과밀억제권역에 위치한 재건축사업의 경우에는 토지등소유자가 소유한 주택수의 범위에서 3주택까지 공급할 수 있다. 다만, 투기과열지구 또는 조정대상지역에서 최초 사업시행계획인가를 신청하는 재건축사업의 경우에는 그러하지 아니하다.

20 용어의 정의 등
② 존치지역이란 재정비촉진지구에서 재정비촉진사업을 할 필요성이 적어 재정비촉진계획에 따라 존치하는 지역이다.

21 소방안전관리
소방안전관리대상물의 관계인은 소방안전관리자를 해임된 경우 해임된 날부터 30일 이내에 소방안전관리자를 선임하여야 한다.

22 유지관리업
유지관리업자는 그 사업을 폐업 또는 휴업하거나 휴업한 사업을 다시 시작한 경우에는 그 날부터 30일 이내에 시·도지사에게 신고하여야 한다.

23 한국전력거래소
한국전력거래소에 대하여 이 법 및 「공공기관의 운영에 관한 법률」에 규정된 것을 제외하고는 「민법」 중 사단법인에 관한 규정을 준용한다.

24 관리단의 집회
① 구분소유자의 5분의1 이상이 회의의 목적사항을 구체적으로 밝혀 관리단집회의 소집을 청구하면 관리인은 관리단집회를 소집하여야 한다. 이 정수는 규약으로 감경할 수 있다.
② 소집절차의 생략에는 구분소유자 전원의 동의를 요한다.
③ 규약의 설정, 변경 및 폐지는 구분소유자 및 의결권의 각 4분의3 이상이 찬성하여야 한다.
④ 관리인은 매년 회계연도 종료 후 3개월 이내에 정기관리단집회를 소집하여야 한다.

25 공동주택관리 분쟁조정위원회
중앙분쟁조정위원회의 위원장은 위원회의 회의를 소집하려면 특별한 사정이 있는 경우를 제외하고는 회의개최 3일 전까지 회의의 일시·장소 및 심의안건을 각 위원에게 서면(전자우편을 포함한다)으로 알려야 한다.

26 토지임대부 분양주택
토지임대부 분양주택을 공급받은 자가 토지소유자와 임대차계약을 체결한 경우 해당 주택의 구분소유권을 목적으로 그 토지 위에 임대차기간 동안 지상권이 설정된 것으로 본다.

27 리모델링기본계획
리모델링 기본계획이란 세대수증가형 리모델링으로 인한 도시과밀, 이주수요 집중 등을 체계적으로 관리하기 위하여 수립하는 계획을 말한다.

28 벌칙
주택관리사등의 자격을 취득하지 아니하고 관리사무소장의 업무를 수행한 자 또는 해당 자격이 없는 자에게 이를 수행하게 한 자는 1년 이하의 징역 또는 1천만원 이하의 벌금에 처한다.

29 투기과열지구
투기과열지구는 해당 지역의 주택가격상승률이 물가상승률보다 현저히 높은 지역으로서 그 지역의 청약경쟁률·주택가격·주택보급률 및 주택공급계획 등과 지역 주택시장 여건 등을 고려하였을 때 주택에 대한 투기가 성행하고 있거나 성행할 우려가 있는 지역 중 대통령령으로 정하는 기준을 충족하는 곳이어야 한다.

30 하자보수보증금 반환
입주자대표회의는 사업주체가 예치한 하자보수보증금을 다음 각 호의 구분에 따라 순차적으로 사업주체에게 반환하여야 한다.
1. 〈생략〉
2. 사용검사일부터 3년이 경과된 때: 하자보수보증금의 100분의 40
3. 〈생략〉
4. 사용검사일부터 10년이 경과된 때: 하자보수보증금의 100분의 20

31 공공주택 공급·관리계획
국토교통부장관은 공공주택의 원활한 건설, 매입, 관리 등을 위하여 「주거기본법」에 따른 10년 단위 주거종합계획과 연계하여 5년마다 공공주택 공급·관리계획을 수립하여야 한다.

32 제2종 시설물
제1종 시설물 외에 사회기반시설 등 재난이 발생할 위험이 높거나 재난을 예방하기 위하여 계속적으로 관리할 필요가 있는 시설물로서 다음의 어느 하나에 해당하는 시설물 등 대통령령으로 정하는 시설물
① 연장 100미터 이상의 도로 및 철도 교량
⑤ 16층 이상 또는 연면적 3만제곱미터 이상의 건축물

33 건축허가
건축위원회의 심의를 받은 자가 심의결과를 통지 받은 날부터 2년 이내에 건축허가를 신청하지 아니하면 건축위원회 심의의 효력이 상실된다.

34 특별건축구역 지정절차
국토교통부장관 또는 특별시장·광역시장·도지사는 지정신청이 접수된 경우에는 특별건축구역 지정의 필요성, 타당성 및 공공성 등과 피난·방재 등의 사항을 검토하고, 지정 여부를 결정하기 위하여 지정신청을 받은 날부터 30일 이내에 국토교통부장관이 지정신청을 받은 경우에는 국토교통부장관이 두는 건축위원회(이하 '중앙건축위원회'라 한다), 특별시장·광역시장·도지사가 지정신청을 받은 경우에는 각각 특별시장·광역시장·도지사가 두는 건축위원회의 심의를 거쳐야 한다.

35 관리비 등의 사업계획 및 예산안 수립

- 의무관리대상 공동주택의 관리주체는 다음 회계연도에 관한 관리비 등의 사업계획 및 예산안을 매 회계연도 개시 1개월 전까지 입주자대표회의에 제출하여 승인을 받아야 하며, 승인사항에 변경이 있는 때에는 변경승인을 받아야 한다.
- 의무관리대상 공동주택의 관리주체는 회계연도마다 사업실적서 및 결산서를 작성하여 회계연도 종료 후 2개월 이내에 입주자대표회의에 제출하여야 한다.

36 소방업무에 관한 종합계획

소방청장은 화재, 재난·재해 그 밖의 위급한 상황으로부터 국민의 생명·신체 및 재산을 보호하기 위하여 소방업무에 관한 종합계획을 5년마다 수립·시행하여야 하고, 이에 필요한 재원을 확보하도록 노력하여야 한다.

37 특정소방대상물

특정소방대상물이란 건축물 등의 규모·용도 및 수용인원 등을 고려하여 소방시설을 설치하여야 하는 소방대상물로서 대통령령으로 정하는 것을 말한다.

38 재건축사업

정비기반시설은 양호하나 노후·불량건축물에 해당하는 공동주택이 밀집한 지역에서 주거환경을 개선하기 위한 사업

39 전기공급 거부사유

전기를 대량으로 사용하려는 자가 다음에서 정하는 시기까지 전기판매사업자에게 미리 전기의 공급을 요청하지 아니하는 경우
가. 사용량이 5천킬로와트(「건축법 시행령」 [별표 1] 제14호 나목의 일반업무시설인 경우에는 2천킬로와트) 이상 1만킬로와트 미만인 경우 : 사용 예정일 1년 전
나. 사용량이 1만킬로와트 이상 10만킬로와트 미만인 경우 : 사용 예정일 2년 전
다. 사용량이 10만킬로와트 이상 30만킬로와트 미만인 경우 : 사용 예정일 3년 전
라. 사용량이 30만킬로와트 이상인 경우 : 사용 예정일 4년 전

40 한국승강기안전공단(공단)

공단에 관하여 이 법 및 「공공기관의 운영에 관한 법률」에서 규정한 사항을 제외하고는 「민법」 중 재단법인에 관한 규정을 준용한다.

제2과목 공동주택관리실무

41	42	43	44	45	46	47	48	49	50
②	④	⑤	⑤	⑤	①	④	③	③	③
51	52	53	54	55	56	57	58	59	60
⑤	⑤	⑤	①	①	③	⑤	①	③	③
61	62	63	64						
②	②	③	③						

65	㉠ 15 ㉡ 20	73	㉠ 20 ㉡ 5
66	㉠ 3천만	74	㉠ 서징(surging) 또는 서어징, 맥동, 써어징, 써징
67	㉠ 매 ㉡ 국토교통부장관	75	㉠ 10 ㉡ 윗부분
68	㉠ 10 ㉡ 조정조서	76	㉠ 1.6 ㉡ 2
69	㉠ 10분의 2 또는 2/10	77	㉠ 0.5
70	㉠ 5천만원	78	㉠ 50 ㉡ 1천 또는 1,000
71	㉠ 5 ㉡ 9	79	㉠ 방습층
72	㉠ 70 ㉡ 3	80	㉠ 5 ㉡ 65

41 국민연금법상의 권리구제 - 심사청구

심사청구는 그 처분이 있음을 안 날부터 90일 이내에 문서(「전자정부법」 제2조 제7호에 따른 전자문서를 포함한다)로 하여야 하며, 처분이 있은 날부터 180일을 경과하면 이를 제기하지 못한다.

42 국민건강보험법상의 급여의 제한

보험료는 가입자의 자격을 취득한 날이 속하는 달의 다음 달부터 가입자의 자격을 잃은 날의 전날이 속하는 달까지 징수한다.

43 층간소음의 기준

층간소음의 구분		층간소음의 기준[단위 : dB(A)]	
		주간 (06:00~22:00)	야간 (22:00~06:00)
직접 충격 소음	1분간 등가소음도	39	34
	최고소음도	57	52
공기 전달 소음	5분간 등가소음도	45	40

44 동별 대표자의 임기

동별 대표자의 임기는 2년으로 하되, 한 번만 중임할 수 있다.

45 문서의 보존(보관)기간

① 해당 계약체결일부터 5년 ② 2년
③ 3년 ④ 3년

46 경미한 행위

1) 창틀·문틀의 교체
2) 세대 내 천장·벽·바닥의 마감재 교체
3) 급·배수관 등 배관설비의 교체
4) 세대 내 난방설비의 교체(시설물의 파손·철거를 제외한다)
5) 구내통신선로설비, 경비실과 통화가 가능한 구내전화, 지능형 홈네트워크 설비, 방송수신을 위한 공동수신설비 또는 영상정보처리기기의 교체(폐쇄회로 텔레비전과 네트워크 카메라 간의 교체를 포함한다)
6) 보안등, 자전거보관소, 안내표지판, 담장(축대는 제외한다) 또는 보도블록의 교체
7) 폐기물보관시설(재활용품 분류보관시설을 포함한다), 택배보관함 또는 우편함의 교체
8) 조경시설 중 수목의 일부 제거 및 교체
9) 주민운동시설의 교체(다른 운동종목을 위한 시설로 변경하는 것을 말하며, 면적이 변경되는 경우는 제외)
10) 부대시설 중 각종 설비나 장비의 수선·유지·보수를 위한 부품의 일부 교체
11) 그 밖에 1) ~ 10)까지의 사항과 유사한 행위로서 시장·군수·구청장이 인정하는 행위

47 근로시간, 휴식, 임금 등

사용자는 휴일근로에 대하여는 다음 각 호의 기준에 따른 금액 이상을 가산하여 근로자에게 지급하여야 한다.
1) 8시간 이내의 휴일근로 : 통상임금의 100분의 50
2) 8시간을 초과한 휴일근로 : 통상임금의 100분의 100

48 회계감사

재무제표를 작성하는 회계처리기준은 국토교통부장관이 정하여 고시한다. 회계감사기준은 한국공인회계사회가 정하되, 국토교통부장관의 승인을 받아야 한다.

49 공동주택 등의 행위허가기준

공동주택의 용도폐지는 위해의 방지를 위하여 시장·군수·구청장이 부득이하다고 인정하는 경우로서 해당 동 입주자 2/3 이상의 동의를 받은 경우에 허가요건을 충족한다.

50 관리비

① 입주자대표회의 운영비는 징수대행 항목에 포함된다.
② 직영시에는 경비비는 경비원 인건비, 피복비 등 경비에 직접 소요되는 비용으로 하며, 소독비는 소독용품비 등 소독에 직접 소요되는 비용으로 한다.
③ 지능형 홈네트워크 설비 유지비는 용역시에는 용역금액, 직영시에는 지능형 홈네트워크 설비 관련 인건비, 자재비 등 지능형 홈네트워크 설비의 유지 및 관리에 직접 소요되는 비용이다. 다만, 전기료는 공동으로 사용되는 시설의 전기료에 포함한다.
④ 옥상방수공사비는 장기수선충당금으로 처리한다.
⑤ 냉난방 시설의 청소비, 소화기 충약비 등 공동으로 이용하는 시설의 보수유지비 및 제반 검사비는 수선유지비에 포함된다.

51 관리비등 집행을 위한 사업자선정

주민공동시설의 위탁, 물품의 구입과 매각, 잡수입의 취득(공동주택의 어린이집·다함께돌봄센터·공동육아나눔터 임대에 따른 잡수입의 취득은 제외한다), 보험계약 등 국토교통부장관이 정하여 고시하는 사항은 관리주체가 사업자를 선정하고 집행하는 사항이다.

52 남녀고용평등과 일·가정 양립지원에 관한 법률

사업주가 해당 근로자에게 가족돌봄 등을 위한 근로시간 단축을 허용하는 경우 단축 후 근로시간은 주당 15시간 이상이어야 하고 30시간을 넘어서는 아니 된다. 근로시간 단축의 기간은 1년 이내로 한다.

53 급수설비 상태검사의 구분 및 방법

현장조사 중 수압측정은 가장 높은 층의 냉수 수도꼭지를 하나 이상 측정(화장실의 수도꼭지를 표본으로 측정한다)하되, 건물이 여러 동일 경우에는 각 동마다 측정한다.

54 밸브

게이트밸브는 쐐기형의 디스크가 오르내림으로써 개폐목적으로 사용되는 밸브로서 밸브 판(밸브디스크)이 유체 흐름에 직각으로 미끄러져서 유체의 통로를 수직으로 막아 개폐를 한다. 밸브를 사용할 때는 완전히 열어 사용하고 일부만 열어 사용하게 되면 밸브 판의 후면에 심한 와류(渦流)를 일으켜서 밸브가 진동한다. 압력손실은 글로우브 밸브에 비해서 극히 작다. 대규모 플랜트나 길고 큰 배관에 널리 사용된다.

55 고층건축물의 화재안전성능기준(NFPC 604)

고층건축물의 옥내소화전설비의 수원은 그 저수량이 옥내소화전의 설치개수가 가장 많은 층의 설치개수(다섯 개 이상 설치된 경우에는 다섯 개)를 동시에 사용할 수 있는 양 이상이 되도록 해야 한다.

56 청소구 설치위치

1) 배수수평주관 및 배수수평지관의 기점부(굴곡부, 수평관의 최상단부)
2) 배수수직관의 최하단부
3) 배관이 45° 이상의 큰 각도로 방향을 바꾸는 곳
4) 관경이 100mm 이하인 배수수평관은 직진거리 15m 이내마다, 관경 100mm를 초과하는 경우에는 30m 이내에 1개소를 설치한다.
5) 가옥배수관과 부지하수관이 접속되는 곳(망홀설치시 제외 가능)
6) 각종 트랩 및 기타 막힐 우려가 많아 특히 필요하다고 생각하는 곳

57 빗물이용시설의 시설기준·관리기준

빗물이용시설은 연 2회 이상 주기적으로 빗물이용시설에 대한 위생·안전상태를 점검하고 이물질을 제거하는 등 청소를 하여야 한다.

58 급탕부하

[3000×4.2×(55-5)] / 3600 = 175(kW)
급탕부하는 시간당 필요한 온수를 얻는데 필요한 열량을 말한다.
Q = m×c×Δt
 (Q : 급탕부하, C : 물의 비열, m : 급탕량, Δt : 급수급탕 온도차)이므로
Q = 3,000kg/h×4.2×(60-10) = 630,000kJ/h
1kW = 1kJ/s 이므로 kJ/h 를 kW 로 고치려면 3,600으로 나누어야 한다. 1m³ = 1,000L = 1,000 kg
kJ을 kW로 단위환산을 하면
 kW/h = 630,000/3600 = 175 kW 이다.

59 최소 환기횟수

- 환기량(Q) = 180,000/[1.2×1.0×(26-16)] = 15,000
 (실내 발열량 50kW를 kJ/h로 환산하면
 50×3600초 = 180,000 kJ/h)
- 실내용적 = 20m×20m×5m = 2,000㎥
- 환기횟수 = 환기량 / 실내 용적 = 15,000 / 2,000 = 7.5

60 승강기 관리에 관한 교육의 내용 및 기간

1) 승강기 관리에 관한 교육의 내용 및 기간은 [별표 10]과 같다.
 ㉠ 다중이용 건축물의 승강기를 관리하는 승강기 안전관리자 : 교육기간 2일
 ㉡ 피난용 엘리베이터를 관리하는 승강기 안전관리자 : 교육기간 2일
 ㉢ 위의 ㉠, ㉡에 따른 승강기 안전관리자를 제외한 그 밖의 승강기 안전관리자 : 교육기간 1일
2) 승강기관리교육의 주기는 3년으로 한다.
3) 위 2)에도 불구하고 공단은 안전검사가 연기된 승강기를 관리하는 승강기 안전관리자에 대해서는 그 연기 사유가 없어진 날까지 승강기관리교육을 연기할 수 있다.
4) 승강기관리교육은 집합교육, 현장교육 또는 인터넷 원격교육 등의 방법으로 할 수 있다.

61 실내라돈 조사의 실시

환경부장관은 실내라돈조사의 실시 결과를 기초로 실내공기 중 라돈의 농도 등을 나타내는 지도(이하 라돈지도)를 작성할 수 있다. 환경부장관은 실내라돈조사의 실시 및 라돈지도의 작성 결과를 기초로 라돈으로 인한 건강피해가 우려되는 시·도가 있는 경우 「환경보건법」 제9조에 따른 환경보건위원회의 심의를 거쳐 해당 시·도지사에게 5년마다 라돈관리계획을 수립하여 시행하도록 요청할 수 있다. 이 경우 시·도지사는 특별한 사유가 없으면 지역주민들의 의견을 들어 관리계획을 수립하여야 한다.

62 자위소방대 및 초기대응체계

소방안전관리대상물의 소방안전관리자는 연 1회 이상 자위소방대를 소집하여 그 편성 상태 및 초기대응체계를 점검하고, 편성된 근무자에 대한 소방교육을 실시해야 한다. 이 경우 초기대응체계에 편성된 근무자 등에 대해서는 화재 발생 초기대응에 필요한 기본 요령을 숙지할 수 있도록 소방교육을 실시해야 한다.

63 최소 필요압력(MPa)

수전고가 10m이므로 우선 0.11MPa의 수압이 필요하고, 세면기의 최소 소요압 0.04MPa와 배관 마찰손실 0.03MPa가 더 필요하다. 따라서 수도본관 연결부분의 최소 필요압력은 0.11MPa + 0.04MPa + 0.03MPa = 0.18MPa   이상이어야 한다.

64 난방설비

온수의 유량을 균등하게 배분하기 위함이다.

65 하자보수보증금의 반환

1. 사용검사일부터 2년이 경과된 때 : 하자보수보증금의 100분의 15
4. 사용검사일부터 10년이 경과된 때 : 하자보수보증금의 100분의 20

66 이행강제금

노동위원회는 구제명령(구제명령을 내용으로 하는 재심판정을 포함한다)을 받은 후 이행기한까지 구제명령을 이행하지 아니한 사용자에게 3천만원 이하의 이행강제금을 부과한다.

67 하자보수보증금 사용내역과 지급내역 제공

시장·군수·구청장은 하자보수보증금 사용내역과 하자보수보증금 지급 내역을 매년마다 국토교통부령으로 정하는 바에 따라 국토교통부장관에게 제공하여야 한다.

68 임대주택분쟁조정위원회

1. 조정위원회는 위원장 1명을 포함하여 10명 이내로 구성하되, 조정위원회의 구성, 운영, 절차 등에 필요한 사항은 대통령령으로 정한다.
2. 임대사업자와 임차인대표회의가 조정위원회의 조정안을 받아들이면 당사자 간에 조정조서와 같은 내용의 합의가 성립된 것으로 본다.

69 공동주택관리에 관한 감독

공동주택의 입주자등은 입주자대표회의 등이 공동주택 관리규약을 위반한 경우 전체 입주자등의 10분의 2 또는 2/10 이상의 동의를 받아 지방자치단체의 장에게 입주자대표회의 등의 업무에 대하여 감사를 요청할 수 있다.

70 관리사무소장의 업무

공동주택관리법령에 따를 때 2,000세대의 공동주택에 관리사무소장으로 배치된 주택관리사가 관리사무소장의 업무를 집행하면서 고의 또는 과실로 입주자등에게 재산상 손해를 입히는 경우의 손해배상책임을 보장하기 위하여 5천만원의 금액을 보장하는 보증보험 또는 공제에 가입하거나 공탁하여야 한다.

71 선거관리위원회

500세대 이상인 의무관리대상 공동주택의 경우 선거관리위원회는 입주자등 중에서 위원장을 포함하여 5명 이상 9명 이하의 위원으로 구성한다.

72 요양급여와 휴업급여

휴업급여의 경우 1일당 지급액은 평균임금의 100분의 70에 상당하는 금액으로 한다. 다만, 취업하지 못한 기간이 3일 이내이면 지급하지 아니한다.

73 장기수선계획의 수립기준

장기수선계획의 수립기준
1. 소화펌프 전면교체 : 20년
2. 영상정보처리기기 전면교체 : 5년

74 용어정의

서징(surging) 또는 서어징, 맥동, 써어징, 써징 : 펌프를 운전할 때 송출압력과 송출유량이 주기적으로 변동하여 펌프입구 및 출구에 설치된 진공계, 압력계의 지침이 흔들고 토출배관에 진동과 소음이 발생되는 현상을 말한다.

75 온수온돌의 설치기준

바탕층이 지면에 접하는 경우에는 바탕층 아래와 주변 벽면에 높이 10cm 이상의 방수처리를 하여야 하며, 단열재의 윗부분에 방습처리를 하여야 한다.

76 가스사용시설의 시설·기술·검사기준

가스계량기($30m^3$/hr 미만인 경우만을 말한다)의 설치높이는 바닥으로부터 1.6m 이상 2m 이내에 수직·수평으로 설치하고 밴드·보호가대 등 고정장치로 고정시킬 것. 다만, 격납상자에 설치하는 경우, 기계실 및 보일러실(가정에 설치된 보일러실은 제외한다)에 설치하는 경우와 문이 달린 파이프 덕트 안에 설치하는 경우에는 설치 높이의 제한을 하지 아니한다.

77 비상급수시설 중 지하저수조에 관한 기준

고가수조저수량(매 세대당 0.25톤까지 산입한다)을 포함하여 매 세대당 0.5톤(독신자용 주택은 0.25톤) 이상의 수량을 저수할 수 있을 것

78 개인하수처리시설의 유지·관리

- 1일 처리용량이 $50m^3$ 이상인 오수처리시설(1개의 건물에 2 이상의 오수처리시설이 설치되어 있는 경우 그 용량의 합계가 $50m^3$ 이상인 것을 포함)
- 처리대상인원이 1천 또는 1,000명 이상인 정화조[1개의 건물에 2 이상의 정화조가 설치되어 있는 경우 그 처리대상인원의 합계가 1천 또는 1,000명 이상인 것을 포함한다]

79 방습층

습한 공기가 구조체에 침투하여 결로발생의 위험이 높아지는 것을 방지하기 위해 설치하는 투습도가 24시간당 $30g/m^2$ 이하 또는 투습계수 $0.28g/m^2 \cdot h \cdot mmHg$ 이하의 투습저항을 가진 층을 말한다.

80 옥외소화전설비의 소화전함, 배관 등 설치기준

- 옥외소화전설비에는 옥외소화전마다 그로부터 5미터 이내의 장소에 소화전함을 설치해야 한다.
- 호스는 구경 65밀리미터의 것으로 해야 한다.

제7회 실전모의고사

제1과목 주택관리관계법규

01	02	03	04	05	06	07	08	09	10
①	③	②	②	①	⑤	④	②	⑤	③
11	12	13	14	15	16	17	18	19	20
③	①	⑤	③	③	④	③	②	④	⑤
21	22	23	24						
④	③	④	④						

25	㉠ 공동주택	33	㉠ 수평투영면적
26	㉠ 주택청약종합저축	34	㉠ 1
27	㉠ 국민주택	35	㉠ 방재지구
28	㉠ 3 ㉡ 과반수	36	㉠ 전도 ㉡ 제1종 시설물
29	㉠ 시가	37	㉠ 60 ㉡ 3 ㉢ 5
30	㉠ 주거정책심의위원회	38	㉠ 4
31	㉠ 입주자대표회의	39	㉠ 소규모 전력중개사업 ㉡ 등록
32	㉠ 건축법	40	㉠ 4 ㉡ 3 ㉢ 2

01 주택건설대지의 처분제한

소유권이전등기를 신청할 수 있는 날은 사업주체가 입주예정자에게 통보한 입주가능일을 말한다.

02 투기과열지구

① 국토교통부장관이 투기과열지구를 지정하거나 해제할 경우에는 미리 시·도지사의 의견을 듣고 그 의견에 대한 검토의견을 회신하여야 한다.
② 투기과열지구로 지정된 지역의 시·도지사 또는 시장·군수·구청장은 투기과열지구 지정 후 해당 지역의 주택가격이 안정되는 등 지정사유가 없어졌다고 인정되는 경우에는 국토교통부장관 또는 시·도지사에게 투기과열지구 지정의 해제를 요청할 수 있다.
④ 투기과열지구에서 제한되는 전매에는 매매·증여나 그 밖에 권리의 변동을 수반하는 모든 행위를 포함하되, 상속의 경우는 제외한다.
⑤ 배우자에게 전매할 수 있다.

03 주택건설용지의 확보 및 매도청구

① 국민주택규모의 주택을 50퍼센트이상으로 건설하는 주택의 건설을 위해 국·공유지의 매수를 원하는 자에게 국가 또는 지방자치단체는 해당 토지를 우선 매각할 수 있다.
③ 1년이 아닌 2년 이내에 국민주택규모의 주택을 건설하기 위한 대지조성사업을 시행하지 아니한 경우 국가 또는 지방자치단체는 임대계약을 취소할 수 있다.
④ 체비지의 양도가격은 감정평가법인 등이 감정평가한 감정가격을 기준으로 한다. 다만, 85m² 이하의 임대주택을 건설하거나 60m² 이하의 국민주택을 건설하는 경우에는 「택지개발촉진법 시행규칙」에 의하여 정하는 조성원가를 기준으로 할 수 있다.
⑤ 매도청구할 수 있다.

04 입주자대표회의

5년이 아닌 2년이 지나지 아니한 사람은 동별 대표자가 될 수 없으며 그 자격을 상실한다.

05 관리비 등

의무관리대상 공동주택에 해당하는 공동주택의 입주자 및 사용자는 당해 공동주택의 유지관리를 위하여 필요한 관리비를 관리주체에게 납부하여야 한다.

06 하자심사·분쟁조정위원회

「민사소송법」이 아닌「민사조정법」을 준용한다. 조정등에 따른 서류송달에 관하여는 「민사소송법」의 규정을 준용한다.

07 공동주택의 안전점검 등

위해의 우려가 있다고 보고를 받은 공동주택에 대하여는 공동주택단지별 점검책임자의 지정 등 조치를 하고 매월 1회 이상 점검을 실시하여야 한다.

08 주택관리업
① 최근 3년간 2회 이상의 영업정지처분을 받은 주택관리업자로서 그 처분기간이 통산 12월을 초과한 경우에 당연 등록말소사유이다.
③ 거짓 그 밖의 부정한 방법으로 주택관리업등록을 한 때에는 반드시 등록을 말소하여야 한다.
④ 주택관리업자의 관리방법 및 업무내용 등을 위반하여 공동주택을 관리한 경우는 1년 이내의 영업정지처분을 할 수 있다.
⑤ 공동주택의 관리와 관련하여 부정하게 재물 또는 재산상의 이익을 취득하거나 제공한 경우는 1년 이내의 영업정지를 명하여야 한다(당연 영업정지).

09 특별수선충당금의 적립
「주택법」에 따른 사업계획 승인 당시 표준건축비의 1만분의 1의 요율로 매달 적립하여야 한다.

10 주택조합
지역주택조합 또는 직장주택조합의 설립인가를 받기 위하여 조합원을 모집하려는 자는 해당 주택건설대지의 50퍼센트 이상에 해당하는 토지의 사용권원을 확보하여 관할 시장·군수·구청장에게 신고하고, 공개모집의 방법으로 조합원을 모집하여야 한다.

11 공공임대주택의 전대제한
임대의무기간이 10년 이하인 공공임대주택 임차인의 세대구성원 모두가 입주 후 상속 또는 혼인으로 소유하게 된 주택으로 이전할 경우로서 공공주택사업자의 동의를 받은 경우에는 임차권을 양도하거나 전대할 수 있다.

12 건축협정
건축물의 소유자등은 전원의 합의로 건축물의 건축·대수선 또는 리모델링에 관한 건축협정을 체결할 수 있다.

13 건축허가
지구단위계획구역에서 건축물을 건축하고자 하는 자는 특별자치시장·특별자치도지사 또는 시장·군수·구청장의 허가를 받아야 한다.

14 대지와 도로와의 관계
연면적의 합계가 2천제곱미터(공장인 경우에는 3천제곱미터) 이상인 건축물(축사·작물재배사 그 밖에 이와 비슷한 건축물로서 건축조례로 정하는 규모의 건축물은 제외한다)의 대지는 너비 6미터 이상의 도로에 4미터 이상 접하여야 한다.

15 가설건축물의 건축
신고해야 하는 가설건축물의 존치기간은 3년 이내로 하며, 존치기간의 연장이 필요한 경우에는 횟수별 3년의 범위에서 영 제15조 제5항 각 호의 가설건축물별로 건축조례로 정하는 횟수만큼 존치기간을 연장할 수 있다.

16 건축선
지표면이 아닌 도로면으로부터 높이 4.5m 이하에 있는 창문 등은 열고 닫을 때 건축선의 수직면을 넘을 수 없다.

17 화재예방강화지구
시·도지사가 화재예방강화지구를 지정할 수 있다.

18 소방시설관리업등록
소방시설등의 점검 및 관리를 업으로 하려는 자 또는 「화재의 예방 및 안전관리에 관한 법률」 제25조에 따른 소방안전관리업무의 대행을 하려는 자는 대통령령으로 정하는 업종별로 시·도지사에게 소방시설관리업등록을 하여야 한다.

19 정밀안전검사
행정안전부장관은 승강기 관리주체가 정밀안전검사를 받았거나 정밀안전검사를 받아야 하는 승강기는 해당 연도의 정기검사를 면제할 수 있다.

20 용어의 정의
'저압'이란 직류에서는 1500볼트 이하의 전압을, 교류에서는 1000볼트 이하의 전압을 말한다.

21 시설물의 안전조치
① 시·도지사에게 안전진단전문기관으로 등록을 하여야 한다.
② 안전점검에 드는 비용은 그 민간관리주체에게 부담하게 할 수 있다.
③ 사용승인 후부터 최초 안전등급이 지정되기 전까지의 기간에 실시하는 정기안전점검은 반기에 1회 이상 실시한다.
⑤ 관리주체가 직접 실시할 수 없고 안전진단전문기관이나 국토안전관리원에 의뢰하여 실시하여야 한다.

22 정비사업조합
조합에 두는 이사의 수는 3명 이상으로 하고, 감사의 수는 1명 이상 3명 이하로 한다. 다만, 토지등소유자의 수가 100명을 초과하는 경우에는 이사의 수를 5명 이상으로 한다.

23 임대주택등의 건설 및 공급
건설되는 임대주택등 중 주거전용면적이 85제곱미터를 초과하는 주택의 비율은 50퍼센트 이하의 범위에서 대통령령으로 정한다.

24 대지사용권
구분소유자는 원칙적으로 그가 가지는 전유부분과 분리하여 대지사용권을 처분할 수 없다. 다만, 규약으로써 달리 정한 경우에는 그러하지 아니한다.

25 주택의 정의
주택이란 세대의 구성원이 장기간 독립된 주거생활을 할 수 있는 구조로 된 건축물의 전부 또는 일부 및 그 부속토지를 말하며, 단독주택과 공동주택으로 구분한다.

26 입주자저축
입주자저축이란 국민주택과 민영주택을 공급받기 위하여 가입하는 주택청약종합저축을 말한다.

27 국민주택의 정의
국민주택이란 다음의 어느 하나에 해당하는 주택으로서 국민주택규모 이하인 주택을 말한다.
1) 국가·지방자치단체, 「한국토지주택공사법」에 따른 한국토지주택공사 또는 「지방공기업법」에 따라 주택사업을 목적으로 설립된 지방공사가 건설하는 주택
2) 국가·지방자치단체의 재정 또는 「주택도시기금법」에 따른 주택도시기금으로부터 자금을 지원받아 건설되거나 개량되는 주택

28 장기수선계획 조정
입주자대표회의와 관리주체는 장기수선계획을 3년마다 검토하고 조정하되, 주요시설을 신설하는 등 관리여건상 필요하여 전체 입주자 과반수의 서면동의를 얻은 경우에는 그 기간이 경과하기 전에 조정할 수 있다.

29 사용검사 후 매도청구
주택(복리시설을 포함한다)의 소유자들은 주택단지 전체 대지에 속하는 일부의 토지에 대한 소유권이전등기 말소소송 등에 따라 사용검사(동별 사용검사를 포함한다)를 받은 이후에 해당 토지의 소유권을 회복한 자(실소유자)에게 해당 토지를 시가로 매도할 것을 청구할 수 있다.

30 분양가상한제 적용지역
국토교통부장관은 분양가상한제 적용지역으로 계속 지정할 필요가 없다고 인정하는 경우에는 주거정책심의위원회 심의를 거쳐 분양가상한제 적용지역의 지정을 해제하여야 한다.

31 기존 주택관리업자의 참가제한
입주자등은 기존 주택관리업자의 관리서비스가 만족스럽지 못한 경우에는 전체 입주자등 과반수의 서면동의가 있으면 새로운 주택관리업자 선정을 위한 입찰에서 기존 주택관리업자의 참가를 제한하도록 입주자대표회의에 요구할 수 있다. 이 경우 입주자대표회의는 그 요구에 따라야 한다.

32 다른 법률과의 관계
공공주택의 건설·공급 및 관리에 관하여 이 법에서 정하지 아니한 사항은 「주택법」, 「건축법」 및 「주택임대차보호법」을 적용한다.

33 바닥면적 산정
바닥면적은 건축물의 각 층 또는 그 일부로서 벽, 기둥, 그 밖에 이와 비슷한 구획의 중심선으로 둘러싸인 부분의 수평투영면적으로 한다.

34 계약서 공개
의무관리대상 공동주택의 관리주체 또는 입주자대표회의는 법 제7조제1항 또는 제25조에 따라 선정한 주택관리업자 또는 공사, 용역 등을 수행하는 사업자와 계약을 체결하는 경우 계약 체결일부터 1개월 이내에 그 계약서를 해당 공동주택단지의 인터넷 홈페이지 및 동별게시판에 공개하여야 한다.

35 건축허가

허가권자는「국토의 계획 및 이용에 관한 법률」에 따른 방재지구 및「자연재해대책법」에 따른 자연재해위험개선지구 등 상습적으로 침수되거나 침수가 우려되는 지역에 건축하려는 건축물에 대하여 지하층 등 일부 공간을 주거용으로 사용하거나 거실을 설치하는 것이 부적합하다고 인정되는 경우「건축법」이나 다른 법률에도 불구하고 건축위원회의 심의를 거쳐 건축허가를 하지 아니할 수 있다.

36 용어정의 등

- 긴급안전점검이란 시설물의 붕괴·전도 등으로 인한 재난 또는 재해가 발생할 우려가 있는 경우에 시설물의 물리적·기능적 결함을 신속하게 발견하기 위하여 실시하는 점검을 말한다.
- 관리주체는 제1종 시설물에 대하여 정기적으로 정밀안전진단을 실시하여야 한다.

37 손실보상

- 소방청장 등은 영 제13조에 따른 손실보상심의위원회의 심사·의결을 거쳐 특별한 사유가 없으면 보상금 지급 청구서를 받은 날부터 60일 이내에 보상금 지급 여부 및 보상금액을 결정하여야 한다.
- 손실보상을 청구할 수 있는 권리는 손실이 있음을 안 날부터 3년, 손실이 발생한 날부터 5년간 행사하지 아니하면 시효의 완성으로 소멸한다.

38 승강기의 안전검사

관리주체는 안전검사를 받지 아니하거나 안전검사에 불합격한 승강기를 운행할 수 없으며, 운행을 하려면 안전검사에 합격하여야 한다. 이 경우 관리주체는 안전검사에 불합격한 승강기에 대하여 안전검사에 불합격한 날부터 4개월 이내에 안전검사를 다시 받아야 한다.

39 전기신사업

1. 전기신사업은 전기자동차충전사업, 소규모전력중개사업, 재생에너지전기공급사업, 통합발전소사업, 재생에너지전기저장판매사업 및 송전제약발생지역전기공급사업을 말한다.
2. 전기신사업을 하려는 자는 전기신사업의 종류별로 산업통상자원부장관에게 등록하여야 한다.

40 재건축조합 동의 요건

재건축사업의 추진위원회가 주택단지가 아닌 지역이 정비구역에 포함된 때에는 주택단지가 아닌 지역의 토지 또는 건축물 소유자의 4분의3 이상 및 토지면적의 3분의 2이상의 토지소유자의 동의를 받아야 한다.

제2과목 공동주택관리실무 (7회)

41	42	43	44	45	46	47	48	49	50
④	⑤	③	④	④	④	⑤	①	②	②
51	52	53	54	55	56	57	58	59	60
③	①	③	②	②	②	④	③	④	①
61	62	63	64						
①	③	③	②						

65	㉠ 30	73	㉠ 사업주체 ㉡ 30일
66	㉠ 분기 ㉡ 국토교통부장관 ㉢ 30	74	㉠ 10분의 3 또는 3/10 ㉡ 10분의 4 또는 4/10
67	㉠ 임대사업자 ㉡ 주택임대관리업자	75	㉠ 에너지절약형 친환경 주택
68	㉠ 장기수선계획	76	㉠ 15 ㉡ 15
69	㉠ 2/3 ㉡ 1/2	77	㉠ 섹스티어 방식 (sextia system)
70	㉠ 3 ㉡ 1	78	㉠ 푸트밸브(foot valve)
71	㉠ 노동위원회 ㉡ 15	79	㉠ 250
72	㉠ 재판상 화해 ㉡ 조정조서	80	㉠ 30 ㉡ 0.5

41 공동주택관리

공동주택의 각 세대에는 발코니 등 세대 안에 냉방설비의 배기장치를 설치할 수 있는 공간을 마련하여야 한다. 다만, 중앙집중냉방방식의 경우에는 그러하지 아니하다. 세대 안에 냉방설비의 배기장치를 설치할 수 있는 공간이 마련된 공동주택의 경우 입주자등은 냉방설비의 배기장치를 설치하기 위하여 돌출물을 설치하는 행위를 하여서는 아니 된다.

42 심미적 영양물질에 관한 기준 항목

④ 질산성 질소는 건강상 유해영향 무기물질에 관한 기준 항목에 속한다.

43 과태료
③ 1년 이하의 징역 또는 1천만원 이하의 벌금에 해당한다.

44 관리규약의 제정 및 개정 신고
관리규약의 제정 및 개정 등 신고를 하려는 입주자대표회의의 회장은 관리규약이 제정·개정된 날부터 30일 이내에 신고서를 시장·군수·구청장에게 제출해야 한다.

45 임원
감사는 감사를 한 경우 감사보고서를 작성하여 입주자대표회의와 관리주체에게 제출하고 인터넷 홈페이지 및 동별게시판에 공개하여야 한다.

46 관리비리 신고센터의 설치
④ 7일 이내 → 15일 이내

47 임대주택분쟁조정위원회
① 위원회는 위원장 1명을 포함하여 10명 이내로 구성한다.
② 분쟁조정은 임대사업자와 임차인대표회의의 조정신청으로 개시한다. 위원회의 직권으로 개시할 수는 없다. 위원장은 회의개최일 2일 전까지 회의와 관련된 사항을 위원에게 알려야 한다.
③ 공공임대주택의 분양전환승인에 관한 사항은 공공주택사업자와 임차인대표회의의 조정신청대상에 해당하지 않는다.
④ 주택관리사가 된 후 관련 업무에 3년 이상 근무한 사람 1명 이상을 임대주택분쟁조정위원회의 위원장을 제외한 위원으로 시장·군수·구청장이 성별을 고려하여 임명하거나 위촉한다.

48 쟁의행위
노동조합은 사용자의 점유를 배제하여 조업을 방해하는 형태로 쟁의행위를 해서는 아니 된다.

49 최저임금의 적용
상용근로자뿐만 아니라 임시직·일용직·시간제 근로자, 외국인근로자 등 고용형태나 국적에 관계없이 「근로기준법」상 근로자이면 모두 포함된다.

50 연차 유급휴가
㉠ 사용자는 1년간 80퍼센트 이상 출근한 근로자에 대하여는 15일의 유급휴가를 주어야 한다.
㉡ 사용자는 계속하여 근로한 기간이 1년 미만인 근로자 또는 1년간 80퍼센트 미만 출근한 근로자에게 1개월 개근 시 1일의 유급휴가를 주어야 한다.
㉢ 사용자는 3년 이상 계속하여 근로한 근로자에게는 위 ㉠에 의한 휴가에 최초 1년을 초과하는 계속 근로연수 매 2년에 대하여 1일을 가산한 유급휴가를 주어야 한다. 이 경우 가산휴가를 포함한 총 휴가일수는 25일을 한도로 한다.

51 급여의 정지
㉠ 국외에 체류하는 경우
㉡ 「병역법」에 따른 현역병(지원에 의하지 아니하고 임용된 하사를 포함한다), 전환복무된 사람 및 군간부후보생에 해당하게 된 경우
㉢ 교도소, 그 밖에 이에 준하는 시설에 수용되어 있는 경우

52 구직급여의 소정급여일수

구 분		피보험기간				
		1년 미만	1년 이상 3년 미만	3년 이상 5년 미만	5년 이상 10년미만	10년 이상
이직일 현재 연령	50세 미만	120일	150일	180일	210일	240일
	50세 이상, 장애인	120일	180일	210일	240일	270일

53 안전점검 주기
의무관리대상 공동주택의 관리주체는 반기마다 안전점검을 실시하여야 한다. 다만, 16층 이상의 공동주택 및 사용연수, 세대수, 안전등급, 층수 등을 고려하여 대통령령으로 정하는 15층 이하의 공동주택에 대하여는 대통령령으로 정하는 자로 하여금 안전점검을 실시하도록 하여야 한다.
1) 「시설물의 안전 및 유지관리에 관한 특별법 시행령」 제9조에 따른 책임기술자로서 해당 공동주택단지의 관리직원인 자
2) 주택관리사 등이 된 후 국토교통부령으로 정하는 교육기관에서 「시설물의 안전 및 유지관리에 관한 특별법 시행령」 별표 5에 따른 정기안전점검교육을 이수한 자 중 관리사무소장으로 배치된 자 또는 해당 공동주택단지의 관리직원인 자
3) 「시설물의 안전 및 유지관리에 관한 특별법」 제28조에 따라 시·도지사에게 등록한 안전진단전문기관
4) 「건설산업기본법」 제9조에 따라 국토교통부장관에게 등록한 유지관리업자

54 저수조 설치기준

㉠ 5m³를 초과하는 저수조는 청소·위생점검 및 보수 등 유지관리를 위하여 1개의 저수조를 둘 이상의 부분으로 구획하거나 저수조를 2개 이상 설치하여야 하며, 1개의 저수조를 둘 이상의 부분으로 구획할 경우에는 한쪽의 물을 비웠을 때 수압에 견딜 수 있는 구조일 것

㉤ 저수조 내부의 높이는 최소 1m 80cm 이상으로 할 것. 다만, 옥상에 설치한 저수조는 제외한다.

55 대장균군

대장균군은 100mL에서 검출되지 않아야 적합한 음용수가 된다(「먹는물 수질기준 및 검사 등에 관한 규칙」 제2조 제1항 참조).

56 발포존

발포존에서는 배수수직관과 배수수평지관의 접속을 피하는 것이 바람직하다.

57 에너지절약설계기준의 일반사항

중앙집중식 냉·난방설비는 건축물의 전부 또는 냉난방 면적의 60% 이상을 냉방 또는 난방함에 있어 해당 공간에 순환펌프, 증기난방설비 등을 이용하여 열원 등을 공급하는 설비를 말한다. 단, 산업통상자원부 고시 「효율관리기자재 운용규정」에서 정한 가정용 가스보일러는 개별 난방설비로 간주한다.

58 급수설비

㉠ 수격작용을 방지하기 위하여 에어챔버를 설치한다. 통기관은 트랩의 봉수 파괴 방지 장치이다.

㉢ 체크밸브는 배관에 설치되어 유체가 오직 한쪽 방향으로만 흐르도록 하는 데 사용되고, 역류방지밸브라고도 한다. 밸브류 앞에 설치하여 배관 내의 흙, 모래 등의 이물질을 제거하기 위한 장치는 스트레이너라 한다.

㉤ 슬루스밸브는 밸브 본체가 직각으로 놓여 있어 밸브 시트에 대해 미끄럼 운동을 하면서 개폐하는 형식의 밸브로서 밸브를 전개(全開)하면 밸브 속에서 유체가 흐르는 방향이 변하지 않기 때문에 유체에 미치는 영향이 적다.

59 배관 이음장치

유니온은 같은 관경, 레듀서는 다른 관경의 배관을 연결하는 것이다.

60 압축식 냉동기의 구성

압축식 냉동기에서 냉방용 냉수를 만드는 곳은 증발기이다.

61 스위치

① 서킷브레이커 = 노퓨즈브레이커(no fuse breaker)
② 자동댐퍼 : 풍량조절장치
③ 나이프스위치 : 나이프형으로 배전반, 분전반에 사용한다.
④ 컷아웃스위치 : 일명 두꺼비집
⑤ 마그네트스위치(Magnet switch = 전자접촉기 = 교류전자개폐기) : 철판의 흡입력을 이용해 접점의 개폐를 자동제어한다. 개폐하는 회로의 전력이 큰 회로에 주접점으로 이용되어 빈번한 개폐조작에도 견뎌내는 구조로서 큰 부하로부터 제품보호가 가능하다.

62 정밀안전진단

설치 후 15년이 도래한 승강기는 정밀안전진단을 받아야 한다.

63 소화기 설치기준

③ 소화기구(자동확산소화기를 제외한다)는 거주자 등이 손쉽게 사용할 수 있는 장소에 바닥으로부터 높이 1.5미터 이하의 곳에 비치하고, 소화기구의 종류를 표시한 표지를 보기 쉬운 곳에 부착할 것. 다만, 소화기 및 투척용소화용구의 표지는 「축광표지의 성능인증 및 제품검사의 기술기준」에 적합한 축광식표지로 설치하고, 주차장의 경우 표지를 바닥으로부터 1.5미터 이상의 높이에 설치할 것

64 안전관리진단 주기

㉠ 위생진단위생진단(저수시설, 우물, 어린이놀이터)은 연 2회 이상이다.

㉡ 안전진단(소방시설, 주민운동시설 및 주민휴게시설)은 매 분기 1회 이상이다.

㉢ 우기진단(석축, 법면, 하수도, 주차장)은 연 1회이다.

65 의무관리대상 공동주택 전환

의무관리대상 공동주택 전환 신고를 하려는 자는 입주자등의 동의를 받은 날부터 30일 이내에 관할 특별자치시장·특별자치도지사·시장·군수·구청장(구청장은 자치구의 구청장을 말하며, 이하 "시장·군수·구청장"이라 한다)에게 국토교통부령으로 정하는 신고서를 제출해야 한다.

66 주택임대관리업자의 현황 신고

- 주택임대관리업자는 분기마다 그 분기가 끝나는 달의 다음 달 말일까지 자본금, 전문인력, 관리 호수 등 대통령령으로 정하는 정보[자본금, 전문인력, 사무실 소재지, 위탁받아 관리하는 주택의 호수·세대수 및 소재지, 보증보험 가입사항(자기관리형 주택임대관리업자만 해당한다)]를 시장·군수·구청장에게 신고하여야 한다. 이 경우 신고받은 시장·군수·구청장은 국토교통부장관에게 이를 보고하여야 한다.
- 주택임대관리업자로부터 정보를 신고받은 시장·군수·구청장은 신고받은 날부터 30일 이내에 국토교통부장관에게 보고하여야 한다.

67 관리주체

라. 임대사업자
마. 「민간임대주택에 관한 특별법」에 따른 주택임대관리업자(시설물 유지·보수·개량 및 그 밖의 주택관리 업무를 수행하는 경우에 한정한다)

68 장기수선계획

공동주택을 오랫동안 안전하고 효율적으로 사용하기 위하여 필요한 주요 시설의 교체 및 보수 등에 관하여 수립하는 장기계획을 말한다.

69 각종 공사 및 용역

- 원칙 : 해당 혼합주택단지 공급면적의 2/3 이상을 관리하는 입주자대표회의 또는 임대사업자가 결정
- 예외 : 다음 각 목의 요건에 모두 해당하는 경우에는 해당 혼합주택단지 공급면적의 1/2을 초과하는 면적을 관리하는 자가 결정한다.

70 육아휴직과 육아기 근로시간 단축

- 근로자는 육아휴직을 3회에 한정하여 나누어 사용할 수 있다.
- 근로자는 육아기 근로시간 단축을 나누어 사용할 수 있다. 이 경우 나누어 사용하는 1회의 기간은 1개월(근로계약기간의 만료로 1개월 이상 근로시간 단축을 사용할 수 없는 기간제근로자에 대해서는 남은 근로계약기간을 말한다) 이상이 되어야 한다.

71 차별적 처우의 시정신청과 시정명령 등의 확정

- 기간제근로자 또는 단시간근로자는 차별적 처우를 받은 경우 「노동위원회법」에 따른 노동위원회에 그 시정을 신청할 수 있다. 다만, 차별적 처우가 있은 날(계속되는 차별적 처우는 그 종료일)부터 6개월이 지난 때에는 그러하지 아니하다.
- 중앙노동위원회의 재심결정에 대하여 불복이 있는 관계 당사자는 재심결정서의 송달을 받은 날부터 15일 이내에 행정소송을 제기할 수 있다.

72 공동주택관리 분쟁조정

- 당사자가 중앙분쟁조정위원회의 조정안을 수락하거나 수락한 것으로 보는 때에는 그 조정서의 내용은 재판상 화해와(과) 동일한 효력을 갖는다. 다만, 당사자가 임의로 처분할 수 없는 사항에 관한 것은 그러하지 아니하다.
- 분쟁당사자가 지방분쟁조정위원회의 조정결과를 수락한 경우에는 당사자 간에 조정조서와(과) 같은 내용의 합의가 성립된 것으로 본다.

73 하자보수보증금의 사용 및 관리

- 입주자대표회의는 하자보수보증금을 사용한 때에는 그 날부터 30일 이내에 그 사용명세를 사업주체에게 통보하여야 하며, 의무관리대상 공동주택의 경우에는 하자보수보증금의 사용 후 30일 이내에 그 사용내역을 국토교통부령으로 정하는 바에 따라 시장·군수·구청장에게 신고하여야 한다.
- 하자보수보증금의 지급청구를 받은 하자보수보증서 발급기관은 청구일부터 30일 이내에 하자보수보증금을 지급하여야 한다.

74 리모델링

사용검사일(주택단지 안의 공동주택 전부에 대하여 임시사용승인을 받은 경우에는 그 임시 사용승인일을 말한다) 또는 사용승인일부터 15년[15년 이상 20년 미만의 연수 중 시·도의 조례로 정하는 경우에는 그 연수로 한다]이 지난 공동주택을 각 세대의 주거전용면적의 10분의 3 또는 3/10 이내(세대의 주거전용면적이 85m² 미만인 경우에는 10분의 4 또는 4/10 이내)에서 증축하는 행위. 이 경우 공동주택의 기능향상 등을 위하여 공용부분에 대하여도 별도로 증축할 수 있다.

75 에너지절약형 친환경 주택

사업계획승인을 받아 건설하는 아파트, 연립주택, 다세대주택을 건설하는 경우에는 주택의 총에너지사용량 또는 총이산화탄소배출량을 절감할 수 있는 에너지절약형 친환경 주택으로 건설하여야 한다.

76 수선주기

옥상 비상문 자동개폐장치의 전면교체 수선주기는 15년이고, 건물내부 지하주차장 바닥의 전면교체 수선주기는 15년이다.

77 섹스티어 방식(sextia system)

배수수직관의 중심통기를 유지하기 위하여 수직관과 수평지관이 접속하는 곳에 내부에 고정날개(배플 판)를 설치하여 배수수평지관에서 수직관으로 흐르는 배수에 제동을 걸면서 원심력을 일으키게 하는 이음쇠를 설치하고, 수직관 최하단부에는 특수형태의 45 곡관이음쇠(곡관 디플렉터)를 설치하여 배수하는 방식이다.

78 푸트밸브(foot valve)

수조보다 펌프의 위치가 높을 때 흡입배관 끝부분에 설치되는 밸브이며 체크밸브(역류방지밸브)가 내장되어 있어 펌프 정지 시에도 물이 빠지지 않는다. 펌프의 위치가 수조보다 낮을 때에는 푸트밸브를 설치하지 않으며 이물질이 들어가지 않도록 흡입배관 끝을 동망 등으로 씌운다.

79 점검인력 배치기준

점검인력 1단위가 하루 동안 점검할 수 있는 아파트등의 세대수(이하 "점검한도 세대수"라 한다)는 종합점검 및 작동점검에 관계없이 250세대로 한다.

80 환기설비기준

신축 또는 리모델링하는 30세대 이상의 공동주택 또는 건축물(이하 "신축 공동주택 등")은 시간당 0.5회 이상의 환기가 이루어질 수 있도록 자연환기설비 또는 기계환기설비를 설치해야 한다.

제8회 실전모의고사

제1과목 주택관리관계법규									
01	02	03	04	05	06	07	08	09	10
②	③	③	③	⑤	①	①	①	⑤	②
11	12	13	14	15	16	17	18	19	20
③	⑤	②	④	②	⑤	④	④	③	⑤
21	22	23	24						
①	②	④	④						

25	㉠ 10	33	㉠ 3 ㉡ 3 ㉢ 1
26	㉠ 3	34	㉠ 저압
27	㉠ 혼합주택단지 ㉡ 장기수선계획	35	㉠ 1 ㉡ 30
28	㉠ 건축법	36	㉠ 2 ㉡ 입주자
29	㉠ 6 ㉡ 국토교통부장관	37	㉠ 400 ㉡ 100 ㉢ 200
30	㉠ 5 ㉡ 경매 ㉢ 완료	38	㉠ 4 ㉡ 30
31	㉠ 대수선 ㉡ 개축	39	㉠ 1 ㉡ 3
32	㉠ 500	40	㉠ 1 ㉡ 입주자대표회의

01 건축법상 건축선

① 도로와 접한 부분에 건축물을 건축할 수 있는 선(건축선)은 대지와 도로의 경계선으로 한다.
③ 소요 너비에 못 미치는 너비의 도로인 경우에는 그 중심선으로부터 그 소요 너비의 2분의 1의 수평거리만큼 물러난 선을 건축선으로 한다.
④ 도지사의 사전승인은 필요 없다.
⑤ 도로의 반대쪽에 경사지, 하천, 철도, 선로부지, 그 밖에 이와 유사한 것이 있는 경우에는 그 경사지 등이 있는 쪽의 도로경계선에서 소요 너비에 해당하는 수평거리의 선을 건축선으로 한다.

02 건축법령상 건축분쟁전문위원회

당사자가 조정안을 수락하고 조정서에 기명날인하면 조정서의 내용은 재판상 화해와 동일한 효력을 갖는다. 다만, 당사자가 임의로 처분할 수 없는 사항에 관한 것은 그러하지 아니하다.

03 건축법령상 층수 산정

지하층은 일단 층수 산정에서 제외하고, 건축물의 높이는 건축법령에 의하여 산정한 것이므로 그대로 인정하고, 층의 구분이 명확하지 아니한 건축물은 4미터마다 1개층으로 산정하므로 두 건축물의 부분은 각각 4층과 6층으로 계산하며, 층의 높이가 다르면 많은 층수로 산정하므로 6층으로 본다.

04 건축신고 대상

㉠, ㉣, ㉤은 맞는 규정
㉡ 「국토의 계획 및 이용에 관한 법률」에 의한 관리지역, 농림지역 또는 자연환경보전지역에서 연면적 200제곱미터 미만이고 3층 미만인 건축물의 건축(단, 지구단위계획구역 등에서의 건축은 제외)
㉢ 연면적 200제곱미터 미만이고 3층 미만인 건축물의 대수선이 해당된다.

05 주택관리사 등 자격제도

① 시·도지사는 주택관리사보 자격시험에 합격하기 전이나 합격한 후 공무원으로서 주택 관련 업무에 5년 이상 종사한 자에 대하여 주택관리사 자격증을 발급한다.
② 주택관리사 등의 자격이 취소된 후 3년이 경과되지 아니한 자는 결격사유에 해당한다.
③ 의무관리대상 공동주택을 관리하는 임대사업자도 주택관리사를 해당 공동주택의 관리사무소장으로 배치할 수 있다.
④ 공동주택관리교육과 윤리교육기간은 3일로 한다.

06 하자담보책임 및 하자보수

① 법 제37조 제2항
② 입주자대표회의등 또는 임차인등은 공동주택에 하자가 발생한 경우에는 담보책임기간 내에 사업주체에게 하자보수를 청구하여야 하며, 이 경우 사업주체는 하자보수를 청구받은 날부터 15일 이내에 그 하자를 보수하거나 하자보수계획을 입주자대표회의등 또는 임차인등에 서면(「전자문서 및 전자거래 기본법」 제2조 제1호에 따른 정보처리시스템을 사용한 전자문서를 포함한다)으로 통보하고 그 계획에 따라 하자를 보수하여야 한다.
③ 사용검사일로부터 3년이 경과한 때에는 예치보증금의 100분의 40을 반환하여야 한다.
④ 내력구조부별 하자담보책임기간은 10년으로 정하여져 있으며, 공동주택 구조체의 일부 또는 전부가 붕괴된 경우도 내력구조부별 하자에 포함된다.
⑤ 공동주택을 증축·개축·대수선 행위와 리모델링을 수행한 시공자도 담보책임을 진다.

07 관리주체의 업무내용

원칙적으로 의무관리대상 공동주택의 관리주체는 대통령령으로 정하는 바에 따라 「주식회사 등의 외부감사에 관한 법률」 제2조제7호에 따른 감사인의 회계감사를 매년 1회 이상 받아야 한다. 다만, 다음의 구분에 따른 연도에는 그러하지 아니하다.
1) 300세대 이상인 공동주택: 해당 연도에 회계감사를 받지 아니하기로 입주자등의 3분의 2 이상의 서면동의를 받은 경우 그 연도
2) 300세대 미만인 공동주택: 해당 연도에 회계감사를 받지 아니하기로 입주자등의 과반수의 서면동의를 받은 경우 그 연도

08 입주자대표회의의 의결사항

관리규약 개정안의 제안만 해당하고, 제정안의 제안은 제외된다.

09 공동주택의 관리방법의 결정 등

입주자등은 기존주택관리업자의 관리 서비스가 만족스럽지 못한 경우에는 전체 입주자등 과반수의 서면동의가 있으면 새로운 주택관리업자 선정을 위한 입찰에서 기존주택관리업자의 참가를 제한하도록 입주자대표회의에 요구할 수 있다.

10 사업계획승인

② 위의 경우 리모델링의 경우에는 증가하는 세대수가 30세대 이상이 기준이다.

11 지역주택조합

조합원으로 추가모집되거나 충원되는 자가 조합원 자격요건을 갖추었는지를 판단할 때에는 해당 조합설립인가 신청일을 기준으로 한다.

12 토지임대부 분양주택

① 토지임대부 분양주택을 공급받은 자가 토지소유자와 임대차계약을 체결한 경우 해당 주택의 구분소유권을 목적으로 그 토지 위에 임대차기간 동안 지상권이 설정된 것으로 본다(「주택법」 제78조 제2항).
② 토지의 소유권은 법 제15조에 따른 사업계획의 승인을 받아 토지임대부 분양주택 건설사업을 시행하는 자가 가지고, 건축물 및 복리시설(福利施設) 등에 대한 소유권은 주택을 분양받은 자가 가진다.
③ 토지임대부 분양주택을 양수한 자는 임대차계약을 승계한다.
④ 토지임대료는 월별 임대료를 원칙으로 하되, 토지소유자와 주택을 공급받은 자가 합의한 경우 대통령령으로 정하는 바에 따라 임대료를 보증금으로 전환하여 납부할 수 있다.

13 주택의 공급 및 분양가격 등

① 분양가격은 택지비와 건축비로 구성(토지임대부 분양주택의 경우에는 건축비만 해당한다)되며 구체적인 명세, 산정방식, 감정평가기관 선정방법 등은 국토교통부령으로 정한다.
③,④ 사업주체(공공주택사업자는 제외한다)가 입주자를 모집하려는 경우 : 국토교통부령으로 정하는 바에 따라 시장·군수·구청장의 승인(복리시설의 경우에는 신고를 말한다)을 받아야 한다.
⑤ 시장·군수 또는 구청장은 법 제16조에 따른 사업계획승인 신청(「도시 및 주거환경정비법」 제50조에 따른 사업시행인가, 「건축법」 제11조에 따른 건축허가를 포함한다)이 있는 날부터 20일 이내에 법 제38조의4 제1항에 따른 분양가심사위원회를 설치·운영하여야 한다.

14 주택법령상 리모델링

특별시장·광역시장 및 대도시의 시장은 리모델링 기본계획을 수립하거나 변경하려면 14일 이상 주민에게 공람하고 지방의회의 의견을 들어야 한다.

15 민간임대주택의 관리
임대사업자는 입주예정자의 과반수가 입주한 때에는 과반수가 입주한 날부터 30일 이내에 입주현황과 임차인대표회의를 구성할 수 있다는 사실 또는 구성하여야 한다는 사실을 입주한 임차인에게 통지하여야 한다.

16 공공주택의 운영·관리
① 공공임대주택의 공공주택사업자가 임대료 증액을 청구하는 경우(재계약을 하는 경우를 포함한다)에는 임대료의 100분의 5 이내의 범위에서 주거비 물가지수, 인근 지역의 주택 임대료 변동률 등을 고려하여 증액하여야 한다.
② 임차인이 전용면적 85제곱미터 초과하는 공공임대주택에 입주하고 있는 경우에는 공공임대주택의 임대차계약 기간 중 다른 주택을 소유하게 된 경우라도 공공주택사업자는 임대차계약을 해제 또는 해지하거나 재계약을 거절할 수 없다.
③ 행복주택은 30년의 임대의무기간이 지나지 아니하면 매각할 수 없다.
④ 공공주택사업자가 임대차계약을 체결할 때 임대차계약 기간이 끝난 후 임대주택을 그 임차인에게 분양전환할 예정이면 「주택임대차보호법」 제4조 제1항에도 불구하고 임대차 계약기간을 2년 이내로 할 수 있다.

17 전기사업법상 용어
저압이란 직류에서는 1,500볼트 이하의 전압을, 교류에서는 1,000볼트 이하의 전압을 말한다.

18 집합건물의 소유 및 관리에 관한 법률상 제규정
전유부분이 속하는 1동의 건물의 설치 또는 보존의 흠으로 인하여 다른 자에게 손해를 입힌 경우에는 그 흠은 공용부분에 존재하는 것으로 추정한다.

19 시공자로 선정
토지등소유자가 조합을 통하지 아니하고 재개발사업을 시행하는 경우에는 사업시행계획인가를 받은 후 규약에 따라 건설업자 또는 등록사업자를 시공자로 선정하여야 한다

20 도시재정비촉진을 위한 특별법령상 용어
상업지역·공업지역 등으로서 토지의 효율적 이용과 도심 또는 부도심 등의 도시기능의 회복이 필요한 지구는 재정비촉진지구 중 "중심지형"에 해당된다.

21 소방기본법상 제규정
소방활동구역의 설정은 소방대장이 한다.

22 시설물의 안전 및 유지관리에 관한 특별법령상 제규정
제1종 및 제2종 시설물 중 D·E 등급 시설물의 정기안전점검은 해빙기·우기·동절기 전 각각 1회 이상 실시한다.

23 소방안전관리대상물
① 소방안전관리자를 두어야 하는 특정소방대상물 중 300세대 이상인 아파트는 소방안전관리보조자를 선임하여야 한다.
② 50층 이상(지하층을 제외한다)이거나 지상으로부터 높이가 200미터 이상인 아파트는 소방안전관리자를 선임하여야 하는 특급 소방안전관리대상물에 해당한다.
③ 소방안전관리대상물의 관계인이 소방안전관리자를 선임한 경우에는 선임한 날부터 14일 이내에 소방본부장이나 소장서장에게 신고하여야 한다.
⑤ 특정소방대상물의 관계인은 소방안전관리보조자를 해임한 경우 소방안전관리보조자를 해임한 날 부터 30일 이내에 소방안전관리보조자를 선임하여야 한다.

24 승강기 안전관리법령상 제규정
① 승강기 제조·수입업자는 승강기 관리주체로부터 승강기 유지관리용 부품의 제공을 요청받은 경우에는 특별한 이유가 없으면 2일 이내에 요청에 따라야 한다.
② 설치공사업자는 승강기의 설치를 끝냈을 때에는 행정안전부령으로 정하는 바에 따라 관할 시·도지사에게 그 사실을 신고하여야 한다.
③ 승강기 유지관리를 업으로 하려는 자는 행정안전부령으로 정하는 바에 따라 시·도지사게 등록하여야 한다.
⑤ 관리주체는 승강기의 안전에 관한 자체점검을 월 1회 이상 하고, 그 결과를 승강기 안전종합정보망에 입력하여야 한다.

25 정비계획의 입안을 위한 안전진단

정비계획의 입안권자는 제12조 제1항에도 불구하고 다음의 어느 하나에 해당하는 경우에는 안전진단을 실시하여야 한다.
㉠ 법 제14조에 따라 정비계획의 입안을 제안하려는 자가 입안을 제안하기 전에 해당 정비예정구역에 위치한 건축물 및 그 부속토지의 소유자 10분의 1 이상의 동의를 받아 재건축진단의 실시를 요청하는 경우
㉡ 법 제5조 제2항에 따라 정비예정구역을 지정하지 아니한 지역에서 재건축사업을 하려는 자가 사업예정구역에 있는 건축물 및 그 부속토지의 소유자 10분의 1 이상의 동의를 받아 재건축진단의 실시를 요청하는 경우 〈이하 생략〉

26 주택관리업자 등의 교육

공동주택의 관리사무소장으로 배치받아 근무 중인 주택관리사 등은 법 제70조 제1항 또는 법 제70조 제2항에 따른 교육을 받은 후 3년마다 국토교통부령으로 정하는 바에 따라 공동주택관리에 관한 교육과 윤리교육을 받아야 한다.

27 공동주택관리법상 용어의 정의

4. 혼합주택단지란 분양을 목적으로 한 공동주택과 임대주택이 함께 있는 공동주택단지를 말한다.
16. 장기수선계획(이)란 공동주택을 오랫동안 안전하고 효율적으로 사용하기 위하여 필요한 주요 시설의 교체 및 보수 등에 관하여 법 제29조 제1항에 따라 수립하는 장기계획을 말한다.

28 민간임대주택에 관한 특별법상 다른 법률과의 관계

민간임대주택의 건설·공급 및 관리 등에 관하여 이 법에서 정하지 아니한 사항에 대하여는 「주택법」, 「건축법」, 「공동주택관리법」 및 「주택임대차보호법」을 적용한다.

29 등록사업주체의 등록

주택건설사업 또는 대지조성사업의 등록을 하려는 자는 자본금 3억원 이상, 개인인 경우에는 자산평가액 6억원 이상 등의 요건을 갖추어 국토교통부장관에게 등록하여야 한다.

30 사업계획의 승인을 취소 사유

① 사업주체가 사업계획승인을 받은 후 5년 이내에 공사를 시작하지 아니한 경우(단, 분할승인의 경우 최초공구 외의 공구의 경우는 제외)
② 사업주체가 경매·공매 등으로 인하여 대지소유권을 상실한 경우
③ 사업주체의 부도·파산 등으로 공사의 완료가 불가능한 경우

31 건축법상 용어정의

10. 리모델링이란 건축물의 노후화를 억제하거나 기능 향상 등을 위하여 대수선하거나 건축물의 일부를 증축 또는 개축하는 행위를 말한다.

32 배전시설 설치공간의 확보

연면적이 500제곱미터 이상인 건축물의 대지에는 국토교통부령으로 정하는 바에 따라 전기사업자가 전기를 배전하는 데 필요한 전기설비를 설치할 수 있는 공간을 확보하여야 한다.

33 건축법령상 건축 허용오차

항 목	허용되는 오차의 범위
건축선의 후퇴거리	3퍼센트 이내
인접대지 경계선과의 거리	3퍼센트 이내
인접건축물과의 거리	3퍼센트 이내
건폐율	0.5퍼센트 이내(건축면적 5제곱미터를 초과할 수 없다)
용적률	1퍼센트 이내(연면적 30제곱미터를 초과할 수 없다)

34 일반용 전기설비

1. 저압에 해당하는 용량 75킬로와트(제조업 또는 심야전력을 이용하는 전기설비는 용량 100킬로와트) 미만의 전력을 타인으로부터 수전하여 그 수전장소(담·울타리 또는 그 밖의 시설물로 타인의 출입을 제한하는 구역을 포함한다. 이하 같다)에서 그 전기를 사용하기 위한 전기설비
2. 저압에 해당하는 용량 10킬로와트 이하인 발전설비

35 승강기의 유지관리업

1. 법 제39조 제1항 전단에 따라 승강기 유지관리업 등록을 하려는 자는 자본금이 1억원 이상이어야 한다.
2. 승강기 유지관리를 업으로 하기 위하여 등록을 한 자는 그 사업을 폐업 또는 휴업하거나 휴업한 사업을 다시 시작한 경우에는 그 날부터 30일 이내에 시·도지사에게 신고하여야 한다.

36 주택에 대한 표시 및 광고 사본의 제출 규정

사업주체는 공급하려는 주택에 대하여 대통령령으로 정하는 내용이 포함된 표시 및 광고(「표시·광고의 공정화에 관한 법률」 제2조에 따른 표시 또는 광고를 말한다. 이하 같다)를 한 경우 대통령령으로 정하는 바에 따라 해당 표시 또는 광고의 사본을 시장·군수·구청장에게 제출하여야 한다. 이 경우 시장·군수·구청장은 제출받은 표시 또는 광고의 사본을 제49조 제1항에 따른 사용검사가 있는 날부터 2년 이상 보관하여야 하며, 입주자가 열람을 요구하는 경우 이를 공개하여야 한다.

37 소방본부장 또는 소방서장의 동의 대상

1. 연면적(「건축법 시행령」 제119조제1항제4호에 따라 산정된 면적을 말한다. 이하 같다)이 400제곱미터 이상인 건축물이나 시설. 다만, 다음 각 목의 어느 하나에 해당하는 건축물이나 시설은 해당 목에서 정한 기준 이상인 건축물이나 시설로 한다.
   - 가. 「학교시설사업 촉진법」 제5조의2제1항에 따라 건축 등을 하려는 학교시설: 100제곱미터
   - 나. 별표 2의 특정소방대상물 중 노유자(老幼者) 시설 및 수련시설: 200제곱미터
   - 다. 「정신건강증진 및 정신질환자 복지서비스 지원에 관한 법률」 제3조제5호에 따른 정신의료기관(입원실이 없는 정신건강의학과 의원은 제외하며, 이하 "정신의료기관"이라 한다): 300제곱미터

38 공작물을 축조 신고 대상

① 높이 4미터를 넘는 장식탑, 기념탑, 첨탑, 광고탑, 광고판, 그 밖에 이와 비슷한 것
② 바닥면적 30미터를 넘는 지하대피호

39 관리비 등의 사업계획 및 예산안 수립 등

1. 의무관리대상 공동주택의 관리주체는 다음 회계연도에 관한 관리비등의 사업계획 및 예산안을 매 회계연도 개시 1개월 전까지 입주자대표회의에 제출하여 승인을 받아야 하며, 승인사항에 변경이 있는 때에는 변경승인을 받아야 한다.
2. 사업주체 또는 의무관리대상 전환 공동주택의 관리인으로부터 공동주택의 관리업무를 인계받은 관리주체는 지체 없이 다음 회계연도가 시작되기 전까지의 기간에 대한 사업계획 및 예산안을 수립하여 입주자대표회의의 승인을 받아야 한다. 다만, 다음 회계연도가 시작되기 전까지의 기간이 3개월 미만인 경우로서 입주자대표회의의 의결이 있는 경우에는 생략할 수 있다.

40 주택관리업자에 대한 행정처분절차

시장·군수 또는 구청장은 주택관리업자에 대하여 등록말소 또는 영업정지처분을 하려는 때에는 처분일 1개월 전까지 해당 주택관리업자가 관리하는 공동주택의 입주자대표회의에 그 사실을 통보하여야 한다.

제2과목 공동주택관리실무

41	42	43	44	45	46	47	48	49	50
①	④	⑤	③	③	③	②	②	③	②
51	52	53	54	55	56	57	58	59	60
②	①	②	②	④	④	④	③	③	⑤
61	62	63	64						
③	①	①	④						

65	㉠ 2 ㉡ 1/3	73	㉠ 비상문자동개폐장치
66	㉠ 1 ㉡ 3	74	㉠ 층상배관공법 ㉡ 5
67	㉠ 3	75	㉠ 10 ㉡ 국토교통부장관 ㉢ 10
68	㉠ 50 ㉡ 도시계획위원회	76	㉠ 폐열회수형 환기장치
69	㉠ 국민연금재심사위원회 ㉡ 5 ㉢ 10	77	㉠ 내화 ㉡ 방화
70	㉠ 6 ㉡ 150	78	㉠ 부하율
71	㉠ 25 ㉡ 20	79	㉠ 2
72	㉠ 과반수	80	㉠ 0.5 ㉡ 65

41 최저임금

최저임금은 사업의 종류별로 구분하여 정할 수 있는 바, 사업의 종류별 구분은 최저임금위원회의 심의를 거쳐 고용노동부장관이 정한다.

42 육아휴직급여와 출산전후휴가급여

출산전후휴가급여 등은 휴가 기간에 대하여 「근로기준법」의 통상임금(휴가를 시작한 날을 기준으로 산정한다)에 해당하는 금액을 지급한다.

43 쟁의행위

⑤ 사용자는 노동조합이 쟁의행위를 개시한 이후에만 직장폐쇄를 할 수 있다. 직장폐쇄를 할 경우에는 미리 행정관청 및 노동위원회에 각각 신고하여야 한다(법 제46조).

44 피부양자의 자격인정기준

피부양자는 다음 각 어느 하나에 해당하는 사람 중 직장가입자에게 주로 생계를 의존하는 사람으로서 소득 및 재산이 보건복지부령으로 정하는 기준 이하에 해당하는 사람을 말한다.
1. 직장가입자의 배우자
2. 직장가입자의 직계존속(배우자의 직계존속을 포함한다)
3. 직장가입자의 직계비속(배우자의 직계비속을 포함한다) 과 그 배우자
4. 직장가입자의 형제·자매

45 입주자대표회의의 구성과 임원의 업무범위

① 감사는 감사를 한 경우에는 감사보고서를 작성하여 입주자대표회의와 관리주체에게 제출하고 인터넷 홈페이지 및 동별 게시판 등에 공개하여야 한다.
② 동별 대표자가 임기 중에 동별 대표자의 결격사유에 해당하게 된 경우에는 당연히 퇴임한다.
④ 사용자인 동별 대표자는 회장이 될 수 없다. 다만, 입주자인 동별 대표자 중에서 회장 후보자가 없는 경우로서 선출 전에 전체 입주자 과반수의 서면동의를 얻은 경우에는 가능하다.
⑤ 회장이나 감사후보자가 없거나 선출된 자가 없어서 입주자대표회의 구성원 과반수의 찬성으로 선출하는 경우 입주자대표회의 구성원 과반수 찬성으로 선출할 수 없는 경우로서 최다득표자가 2인 이상인 경우에는 추첨으로 선출한다.

46 사업자 선정과 사업계획 및 예산안 수립

③ 장기수선충당금은 별도의 계좌로 예치·관리하여야 한다.

47 안전관리계획과 안전점검 및 안전진단

사용검사일부터 30년이 경과한 15층 이하의 공동주택에 대하여 반기마다 대통령령으로 정하는 자로 하여금 안전점검을 실시하도록 하여야 한다.

48 관리사무소장의 업무

관리사무소장은 안전관리계획의 조정을 3년마다 하되, 관리여건상 필요하여 입주자대표회의 구성원 과반수의 서면동의를 받은 경우에는 3년이 지나가기 전에 조정할 수 있다.

49 하자담보책임기간

ⓒ 홈통 및 우수관공사 : 5년

50 신고행위

지능형 홈네트워크설비의 교체는 허가나 신고를 요하지 않는다.

51 주택임대관리업

① 주택임대관리업자는 분기마다 그 분기가 끝나는 달의 다음 달 말일까지 자본금, 전문인력, 관리 호수 등 대통령령으로 정하는 정보[자본금, 전문인력, 사무실 소재지, 위탁받아 관리하는 주택의 호수·세대수 및 소재지, 보증보험 가입사항(자기관리형 주택임대관리업자만 해당한다), 계약기간, 관리수수료 등 위·수탁 계약조건에 관한 정보]를 시장·군수·구청장에게 신고하여야 한다.
③ 주택임대관리업자는 임대를 목적으로 하는 주택에 대하여 임대차계약의 체결에 관한 업무를 수행한다.
④ 위탁관리형 주택임대관리업자는 보증상품에 가입할 의무가 없다. 반면에 자기관리형 주택임대관리업자는 보증상품에 가입하여야 한다. 이 경우에도 시장·군수·구청장에게 신고할 사항은 아니며, 2년 이하의 징역이나 2천만원 이하의 벌금에 처하게 된다.
⑤ 자기관리형 주택임대관리업자는 전대료 및 전대보증금을 포함한 위·수탁계약서를 작성하여 주택의 소유자에게 교부하여야 한다.

52 산업재해보상보험법상 보험급여

> 보험급여의 종류는 다음 각 호와 같다. 다만, 진폐에 따른 보험급여의 종류는 요양급여, 간병급여, 장례비, 직업재활급여, 진폐보상연금 및 진폐유족연금으로 하고, 건강손상자녀에 대한 보험급여의 종류는 요양급여, 장해급여, 간병급여, 장례비, 직업재활급여로 한다.
> 1. 요양급여 2. 휴업급여 3. 장해급여
> 4. 간병급여 5. 유족급여 6. 상병(傷病)보상연금
> 7. 장례비 8. 직업재활급여

53 유체의 마찰저항

마찰손실계수, 배관길이, 유체의 속도, 유체의 밀도, 압력구배에 비례하고, 배관의 관경, 중력가속도, 비중량에 반비례한다.

> **원형관 경우**
> - 마찰손실수두 = [마찰손실계수×관의 길이×유체속도의 제곱]/[관의 직경×(2×중력가속도)]
>   = 압력구배/비중량
> - 마찰압력손실 = [마찰손실계수×관의 길이×밀도×유체속도의 제곱]/[관의 직경×2]

54 밸브

볼밸브가 밸브 중간에 위치한 볼의 회전에 의해 유체의 흐름을 조절한다. 한편, 릴리프 밸브는 밸브 입구쪽의 압력이 상승하여 미리 정해진 압력이 되었을 때, 자동적으로 밸브 디스크가 열리고 압력이 소정의 값으로 강하하면 다시 밸브 디스크가 닫히는 기능을 한다.

55 전기시설 용량

주택에 설치하는 전기시설의 용량은 각 세대별로 3kW(세대당 전용면적이 60㎡ 이상인 경우에는 3kW에 60㎡를 초과하는 10㎡마다 0.5kW를 더한 값) 이상이어야 한다. 따라서
85㎡ = 60㎡ + 10㎡ + 10㎡ + 5㎡
　　　= 3kW + 0.5kW + 0.5kW + 0.5kW = 4.5kW

56 급탕량

④ 800㎡ × 0.2인 = 160
　160 × 10L/d = 1,600L/d
　1.6㎥/d

57 트랩과 통기관

① 신정통기관은 가장 높은 곳에 위치한 기구의 물넘침선보다 150mm 이상에서 배수수직관에 연결한다.
② 도피통기관은 루프통기관을 도와서 통기능률을 향상시키기 위해 배수횡지관 최하류에서 통기수직관과 연결하는 통기관이다.
③ 통기밸브방식은 배수가 유하할 때 신정통기관 내는 부압이라는 것에 주목하여 공기의 흡입만이 이루어지고 배출을 하지 않는 역지기구를 설치한 밸브이다.
⑤ 배수수직관과 각층 배수수평지관의 접속부분에는 공기혼합이음쇠(소벤트 통기이음쇠)를, 배수수직관과 배수수평주관의 접속부분에는 공기분리이음쇠를 설치하여 배수하는 방식은 소벤트 방식이다. 한편 섹스티어 방식은 배수수직관의 중심통기를 유지하기 위해 수직관과 수평지관이 접속하는 곳에 섹스티어 이음쇠를, 수직관 최하단부에는 특수형태의 45곡관이음쇠를 설치하여 배수하는 방식이다.

58 급수설비

급수량 산정 시 시간최대 예상급수량은 시간평균 예상급수량의 1.5~2.0배로 한다.

59 펌프

③ 압력, 유량, 회전수, 소요동력 등이 주기적으로 변동하여 진동을 일으키는 현상으로서, 서징이 발생하면 기기의 불안정으로 위험이 초래되는 경우가 많다. 물온도와는 상관없다.

60 배관

엘보우, 밴드는 배관을 굽힐 때(즉, 배관 통로의 방향을 바꿀 때) 사용하고, 티(tees), 크로스(crosses), 와이(Y brancher 45도, Y brancher 90도)는 관을 도중에서 분기할 때 사용하는 배관이음장치다.

61 난방설비

③ 천장고가 높은 공간에는 복사난방이 적합하다.

62 워터해머

수온이 높은 곳에서 워터해머가 발생하기 쉽다.

63 전기배선 공사방법

① **금속관 공사** : 건물의 종류와 장소에 구애됨이 없이 시공이 가능하다. 접속점이 없는 연선이나 절연전선을 사용한다. 주로 철근콘크리트 건물의 매입배선 등에 사용되며, 화재에 대한 위험성이 적고, 전선에 이상이 생겼을 때 교체가 쉬우며 전선의 기계적 손상에 대해 안전하다. 습기, 먼지가 있는 장소에도 시공이 가능하나 증설은 힘들다.
② **목재몰드 공사** : 목재에 홈을 파서 홈에 절연전선을 넣고 뚜껑을 덮어 실시하는 공사. 애자사용 배선의 일부로서 콘센트, 스위치류 등의 인하선에 이용되는 정도이며, 옥내배선의 모든 부분에 이용되는 경우는 없다.
③ **애자사용 공사** : 건물의 천장, 벽 등에 놉애자, 핀애자, 애관, 클리트애자를 사용하여 전선을 지지하는 공사
④ **버스덕트 공사** : 공장, 빌딩 등에서 비교적 큰 전류를 통하는 저압 배전반 부근 및 간선에 많이 채택된다.
⑤ **경질비닐관 공사** : 중량이 가볍고 시공이 쉬우며 관 자체가 절연성이 우수해 화학공장 등에 사용가능하다. 단점은 열에 약하고 기계적 강도가 낮다.

64 유도등 및 유도표지의 화재안전성능기준(NFPC 303)

유도등의 비상전원은 유도등을 20분 이상 유효하게 작동시킬 수 있는 용량의 축전지로 설치해야 한다. 다만, 지하층을 제외한 층수가 11층 이상의 층이나 특정소방대상물의 지하층 또는 무창층의 경우에는 그 부분에서 피난층에 이르는 부분의 유도등을 60분 이상 유효하게 작동시킬 수 있는 용량으로 해야 한다.

65 세대구분형 공동주택의 설치

1. 구분된 공간의 세대수는 기존 세대를 포함하여 2세대 이하일 것
2. 세대구분형 공동주택의 세대수가 해당 주택단지 안의 공동주택 전체 세대수의 10분의 1과 해당 동의 전체 세대수의 1/3을 각각 넘지 않을 것. 다만, 특별자치시장·특별자치도지사, 시장·군수 또는 자치구의 구청장이 부대시설의 규모 등 해당 주택단지의 여건을 고려하여 인정하는 범위에서 세대수의 기준을 넘을 수 있다.

66 주택관리업

시장·군수 또는 구청장이 주택관리업등록의 말소 또는 영업의 정지를 하고자 하는 때에는 처분일 1개월 전까지 해당 주택관리업자가 관리하는 공동주택의 입주자대표회의에 그 사실을 통보하여야 하고, 영업정지에 갈음하여 과징금을 부과하고자 하는 경우에는 영업정지기간 1일당 3만원을 부과한다.

67 모성보호

사업주는 근로자가 인공수정 또는 체외수정 등 난임치료를 받기 위하여 휴가를 청구하는 경우에 연간 3일 이내의 휴가를 주어야 하며, 이 경우 최초 1일은 유급으로 한다. 다만, 근로자가 청구한 시기에 휴가를 주는 것이 정상적인 사업운영에 중대한 지장을 초래하는 경우에는 근로자와 협의하여 그 시기를 변경할 수 있다.

68 리모델링

시장·군수·구청장이 50세대 이상으로 세대수가 증가되는 리모델링을 허가하려는 경우에는 기반시설에의 영향이나 도시·군관리계획과의 부합 여부 등에 대하여 「국토의 계획 및 이용에 관한 법률」에 따라 설치된 시·군·구 도시계획위원회의 심의를 거쳐야 한다.

69 재심사청구와 시효

1. 심사청구에 대한 결정에 불복하는 자는 그 결정통지를 받은 날부터 90일 이내에 국민연금재심사위원회에 재심사를 청구할 수 있다.
2. 급여(반환일시금은 제외한다)를 받거나 과오납금을 반환받을 수 급권자 또는 가입자 등의 권리는 5년간, 반환일시금을 지급받을 권리는 10년간 행사하지 아니하면 각각 소멸시효가 완성된다.

70 시간외근로

사용자는 산후 1년이 지나지 아니한 여성에 대하여는 단체협약이 있는 경우라도 1일에 2시간, 1주에 6시간, 1년에 150시간을 초과하는 시간외근로를 시키지 못한다.

71 비율

- 사용검사일부터 5년이 경과된 때 : 하자보수보증금의 100분의 25
- 사용검사일부터 10년이 경과된 때 : 하자보수보증금의 100분의 20

72 공동주택의 관리방법

전체 입주자등의 10분의 1 이상이 제안하고 전체 입주자등의 과반수가 찬성

73 「주택건설기준 등에 관한 규정」상 출입문

1. 주택단지 안의 각 동 옥상 출입문에는 「소방시설 설치 및 관리에 관한 법률」 제40조제1항에 따른 성능인증 및 같은 조 제2항에 따른 제품검사를 받은 비상문자동개폐장치를 설치하여야 한다. 다만, 대피공간이 없는 옥상의 출입문은 제외한다.
2. 비상문자동개폐장치는 화재 등 비상시에 소방시스템과 연동(連動)되어 잠김 상태가 자동으로 풀려야 한다.

74 배수용 배관기준

배수용 배관은 배관을 해당 층의 바닥 슬래브 위에 설치하는 층상배관공법 또는 배관을 바닥 슬래브 아래에 설치하여 아래층 세대 천장으로 노출시키는 층하배관공법으로 설치할 수 있으며, 층하배관공법으로 설치하는 경우에는 일반용 경질(단단한 재질) 염화비닐관을 설치하는 경우보다 같은 측정조건에서 5dB 이상 소음 차단성능이 있는 저소음형 배관을 사용하여야 한다.

75 공동주택 관리비리 신고센터의 설치

- 신고센터로부터 신고사항에 대한 조사 및 조치 요구를 받은 지방자치단체의 장은 신속하게 해당 요구에 따른 조사 및 조치를 완료하고 완료한 날부터 10일 이내에 그 결과를 국토교통부장관에게 통보하여야 하며, 국토교통부장관은 통보를 받은 경우 즉시 신고자에게 그 결과의 요지를 알려야 한다.
- 국토교통부장관은 국토교통부에 공동주택 관리비리 신고센터를 설치한다.
- 신고센터는 신고서를 받은 날부터 10일 이내(보완기간은 제외한다)에 해당 지방자치단체의 장에게 신고사항에 대한 조사 및 조치를 요구하고, 그 사실을 신고자에게 통보하여야 한다.

76 폐열회수형 환기장치

난방 또는 냉방을 하는 장소의 환기장치로 실내의 공기를 배출할 때 급기되는 공기와 열교환하는 구조를 가진 것으로서 고효율인증제품 또는 KS B 6879(열회수형 환기장치) 부속서 B에서 정하는 시험방법에 따른 에너지계수 값이 냉방시 8 이상, 난방시 15 이상, 유효전열교환효율이 냉방시 45 % 이상, 난방시 70 % 이상의 성능을 가진 것을 말한다.

77 용어정의

- 내화구조란 화재에 견딜 수 있는 성능을 가진 구조로서 국토교통부령으로 정하는 기준에 적합한 구조를 말한다.
- 화염의 확산을 막을 수 있는 성능을 가진 구조로서 국토교통부령으로 정하는 기준에 적합한 구조를 말한다.

78 부하율

어떤 기간 중의 평균 수용전력과 최대 수용전력과의 비를 나타낸 것

79 어린이놀이시설의 설치검사

관리주체는 설치검사를 받은 어린이놀이시설이 시설기준 및 기술기준에 적합성을 유지하고 있는지를 확인하기 위하여 대통령령이 정하는 방법 및 절차에 따라, 안전검사기관으로부터 2년에 1회 이상 정기시설검사를 받아야 한다.

80 옥외소화전설비의 화재안전성능기준

호스접결구는 지면으로부터 높이가 0.5m 이상 1m 이하의 위치에 설치하고 특정소방대상물의 각 부분으로부터 하나의 호스접결구까지의 수평거리가 40m 이하가 되도록 설치해야 한다. 호스는 구경 65밀리미터의 것으로 해야 한다.

제9회 실전모의고사

제1과목 주택관리관계법규

01	02	03	04	05	06	07	08	09	10
④	②	②	④	①	③	④	③	③	④
11	12	13	14	15	16	17	18	19	20
②	⑤	②	①	④	⑤	②	②	④	③
21	22	23	24						
①	①	②	③						

25	㉠ 미만 ㉡ 아파트형 주택	33	㉠ 수직면 ㉡ 4.5
26	㉠ 3 ㉡ 종결 ㉢ 7	34	㉠ 극히 ㉡ 과도
27	㉠ 준주거지역 ㉡ 300 ㉢ 90	35	㉠ 3 ㉡ 1
28	㉠ 6 ㉡ 2 ㉢ 과반수	36	㉠ 국토교통부장관
29	㉠ 서면동의 ㉡ 소유자	37	㉠ 2 ㉡ 5
30	㉠ 금고 ㉡ 벌금	38	㉠ 85 ㉡ 115
31	㉠ 입주자대표회의	39	㉠ 4 ㉡ 첨탑 ㉢ 8
32	㉠ 30 ㉡ 30	40	㉠ 시·도지사

01 입지와 규모의 사전결정

사전결정을 통지받은 경우에는 「농지법」에 따른 농지전용허가등은 일정절차를 거쳐 의제된다.

02 건축법상 용어정의

㉠ 고층 건축물은 층수가 30층 이상이거나 높이가 120미터 이상인 건축물을 말한다.
㉡ 다중생활시설(바닥면적합계 500제곱미터 이상)은 숙박시설이다.
㉢ 「건축법 시행령」 제40조 제3항 제2호에 따라 건축물의 경사지붕 아래에 설치하는 대피공간의 면적은 용적률 산정시 연면적에서 제외한다.

03 공공지원 민간임대주택 공급촉진지구

촉진지구 안에서 국유지·공유지를 제외한 토지면적의 50% 이상에 해당하는 토지소유자의 동의를 받은 자는 지정권자에게 촉진지구의 지정을 제안할 수 있다.

04 주택건설용지등의 확보

사업주체가 국민주택용지로 사용하기 위하여 도시개발사업 시행자에게 체비지의 매각을 요구한 때에는 그 도시개발사업시행자는 대통령령으로 정하는 바에 따라 체비지의 총면적의 50퍼센트의 범위에서 이를 우선적으로 사업주체에게 매각할 수 있다.

05 사용검사

사용검사는 시장·군수·구청장등이 그 신청일부터 15일 이내에 하여야 한다.

06 도시형 생활주택

① 소형주택과 주거전용면적이 85제곱미터를 초과하는 주택 1세대를 함께 건축하는 경우는 가능하다.
② 300세대 미만의 국민주택규모에 해당하는 주택으로서 대통령령으로 정하는 주택을 말한다.
④ 단지형 연립주택은 건축위원회의 심의를 받은 경우에는 주택으로 쓰는 층수를 5개층까지 건축할 수 있다.
⑤ 하나의 건축물에는 단지형 연립주택 또는 단지형 다세대주택과 소형주택을 함께 건축할 수 없으며, 준주거지역 또는 상업지역이라고 예외가 있는 것은 아니다.

07 주택법령상 리모델링

시장·군수·구청장은 리모델링의 원활한 추진을 지원하기 위하여 리모델링 지원센터를 설치하여 운영할 수 있다.

08 토지임대부 분양주택

토지임대료를 보증금으로 전환하려는 경우 그 보증금을 산정할 때 적용되는 이자율은 「은행법」에 따른 은행의 3년 만기 정기예금 평균이자율 이상이어야 한다.

09 주택의 관리방법 등

의무관리대상 전환 공동주택의 관리규약 제정안은 의무관리대상 전환 공동주택의 관리인이 제안하고, 그 내용을 전체 입주자등 과반수의 서면동의로 결정한다.

10 공동주택의 관리규약

최초의 관리규약은 사업주체의 제안에 의하여 해당 입주예정자의 과반수가 서면으로 동의하는 방법으로 결정한다.

11 재개발사업

① 재건축사업의 경우 토지등소유자는 정비구역 안에 위치한 건축물 및 그 부속토지의 소유자를 말한다.
③ 재개발사업은 토지등소유자가 20인 미만인 경우에는 토지등소유자가 시행하거나 토지등소유자가 과반수의 동의를 받아 시장·군수 등, 토지주택공사 등, 건설업자, 등록사업자 또는 대통령령으로 정하는 요건을 갖춘 자와 공동으로 시행하는 방법으로 할 수 있다.
④ 정비계획의 입안권자는 재건축사업 정비계획의 입안을 위하여 법 제5조 제1항 제10호에 따른 정비예정구역별 정비계획의 수립시기가 도래한 때에 안전진단을 실시하여야 한다.
⑤ 토지등소유자가 재개발사업을 시행하는 경우에는 사업시행계획인가를 받은 후 규약에 따라 건설업자 또는 등록사업자를 시공자로 선정하여야 한다.

12 입주자대표회의의 의결사항

주민공동시설 위탁 운영의 제안은 입주자대표회의 의결사항이나, 어린이집, 공동육아나눔터, 다함께돌봄센터는 제외한다.

13 공동주택의 관리방법

의무관리대상 공동주택의 입주자 등이 공동주택을 자치관리할 것을 정한 경우에는 입주자대표회의는 관리사무소장을 자치관리기구의 대표자로 선임하고 자치관리기구를 구성하여야 한다.

14 관리인 등

② 관리인은 매년 회계연도 종료 후 3개월 이내에 정기관리단집회를 소집하여야 한다.
③ 구분소유자가 10인 이상일 경우에는 관리인의 선임이 강제된다.
④ 관리인에게 부정한 행위나 그 밖에 그 직무를 수행하기에 적합하지 아니한 사정이 있을 때에는 각 구분소유자는 관리인의 해임을 법원에 청구할 수 있다.
⑤ 재건축 결의에 찬성하지 않은 구분소유자가 참가여부에 대한 촉구를 받고도 일정기한내 회답하지 않은 경우 재건축에의 참가하지 아니하겠다는 뜻을 회답한 것으로 본다.

15 공공주택 특별법령상 용어의 정의

영구임대주택이란 국가나 지방자치단체의 재정을 지원받아 최저 소득계층의 주거 안정을 위하여 50년 이상 또는 영구적인 임대를 목적으로 공급하는 공공임대주택을 말한다.

16 건축법령상 하나 이상의 필지의 일부를 하나의 대지로 할 수 있는 경우

1) 하나 이상의 필지의 일부에 대하여 도시·군계획시설이 결정·고시된 경우 : 그 결정·고시된 부분의 토지
2) 하나 이상의 필지의 일부에 대하여 「농지법」 제34조에 따른 농지전용허가를 받은 경우 : 그 허가받은 부분의 토지
3) 하나 이상의 필지의 일부에 대하여 「산지관리법」 제14조에 따른 산지전용허가를 받은 경우 : 그 허가받은 부분의 토지
4) 하나 이상의 필지의 일부에 대하여 「국토의 계획 및 이용에 관한 법률」 제56조에 따른 개발행위허가를 받은 경우 : 그 허가받은 부분의 토지
5) 법 제22조에 따른 사용승인을 신청할 때 필지를 나눌 것을 조건으로 건축허가를 하는 경우 : 그 필지가 나누어지는 토지

17 건축법령상 용어의 정의

주요구조부라 함은 내력벽·기둥·바닥·보·지붕틀 및 주계단을 말한다. 다만, 사이기둥·최하층바닥·작은보·차양·옥외계단 기타 이와 유사한 것으로 건축물의 구조상 중요하지 아니한 부분을 제외한다.

18 재정비촉진계획의 수립 및 결정

재정비촉진지구 지정을 고시한 날부터 2년이 되는 날까지 재정비촉진계획이 결정되지 아니하면 그 2년이 되는 날의 다음날에 재정비촉진지구 지정의 효력이 상실된다. 다만, 시·도지사 또는 대도시 시장은 해당 기간을 1년의 범위에서 연장할 수 있다.

19 생활안전활동

단전사고시 비상전원 또는 조명의 공급은 생활안전활동에 속한다.

20 관리의 권원이 분리된 특정소방대상물의 소방안전관리

지하층을 제외한 층수가 11층 이상인 복합건축물은 관리의 권원이 분리된 특정대상물의 소방안전관리대상이다.

21 승강기의 안전검사 등

행정안전부장관은 승강기의 관리주체가 정밀안전검사를 받은 경우 또는 정밀안전검사를 받아야 하는 경우 해당 연도의 정기검사를 면제할 수 있다.

22 소방용품의 내용연수

내용연수를 설정하여야 하는 소방용품은 분말형태의 소화약제를 사용하는 소화기로 하며 그 소방용품의 내용연수는 10년으로 한다.

23 전기사업법상 용어정의

① 전기사업이라 함은 발전사업·송전사업·배전사업·전기판매사업 및 구역전기사업을 말한다.
③ 변전소란 변전소의 밖으로부터 전압 5만 볼트 이상의 전기를 전송받아 이를 변성(전압을 올리거나 내리는 것 또는 전기의 성질을 변경시키는 것을 말한다)하여 변전소 밖의 장소로 전송할 목적으로 설치하는 변압기와 그 밖의 전기설비 전체를 말한다.
④ 구역전기사업자의 발전설비용량은 최대 3만5천킬로와트이다.
⑤ 저압이라 함은 교류에서는 1,000볼트 이하의 전압을 말한다.

24 시설물의 안전조치

관리주체는 제1종 시설물에 대하여만 정기적으로 정밀안전진단을 실시하여야 한다. 제2종 시설물은 모두 정기적인 정밀안전진단 대상이 아니다.

25 도시형 생활주택

도시형 생활주택이란 300세대 미만의 국민주택규모에 해당하는 대통령령으로 정하는 주택으로서 아파트형 주택, 단지형 연립주택, 단지형 다세대주택을 말한다(「주택법」 제2조 제20호, 「주택법 시행령」 제10조).

26 주택조합의 해산 등

1. 주택조합은 주택조합의 설립인가를 받은 날부터 3년이 되는 날까지 사업계획승인을 받지 못하는 경우 대통령령으로 정하는 바에 따라 총회의 의결을 거쳐 해산 여부를 결정하여야 한다.
2. 주택조합의 발기인은 조합원 모집신고가 수리된 날부터 2년이 되는 날까지 주택조합 설립인가를 받지 못하는 경우 대통령령으로 정하는 바에 따라 주택조합 가입 신청자 전원으로 구성되는 총회 의결을 거쳐 주택조합 사업의 종결여부를 결정하도록 하여야 한다.
3. 위 ① 또는 ②에 따라 총회를 소집하려는 주택조합의 임원 또는 발기인은 총회가 개최되기 7일 전까지 회의 목적, 안건, 일시 및 장소를 정하여 조합원 또는 주택조합 가입 신청자에게 통지하여야 한다.

27 사업계획승인대상 예외

「주택법」 제15조 제1항 단서에 따라 다음의 어느 하나에 해당하는 경우에 대해서는 이를 사업계획승인대상에서 제외한다.
1. 「국토의 계획 및 이용에 관한 법률」에 따른 준주거지역 또는 상업지역(유통상업지역은 제외한다)에서 300세대 미만의 주택과 주택 외의 시설을 동일 건축물로 건축하는 경우로서 해당 건축물의 연면적에 대한 주택연면적 합계의 비율이 90퍼센트 미만인 경우
2. 「농어촌정비법」에 따른 생활환경정비사업 중 농업협동조합중앙회가 조달하는 자금으로 시행하는 사업인 경우

28 동별 대표자 중임제한의 예외

1. 동별 대표자는 한 번만 중임할 수 있다. 이 경우 보궐선거 또는 재선거로 선출된 동별 대표자의 임기가 6개월 미만인 경우에는 임기의 횟수에 포함하지 않는다(영 제13조 제2항).
2. 영 제11조 제1항 및 위 1.에도 불구하고 2회의 선출공고(직전 선출공고일부터 2개월 이내에 공고하는 경우만 2회로 계산한다)에도 불구하고 동별 대표자의 후보자가 없거나 선출된 사람이 없는 선거구에서 직전 선출공고일부터 2개월 이내에 선출공고를 하는 경우에는 동별 대표자를 중임한 사람도 해당 선거구 입주자등의 과반수의 찬성으로 다시 동별 대표자로 선출될 수 있다. 이 경우 후보자 중 동별 대표자를 중임하지 않은 사람이 있으면 동별 대표자를 중임한 사람은 후보자의 자격을 상실한다(영 제13조 제3항).

29 장기수선충당금과 장기수선계획

1. 입주자대표회의와 관리주체는 장기수선계획을 3년마다 검토하고 조정하되, 주요시설을 신설하는 등 관리여건상 필요하여 전체 입주자 과반수의 서면동의를 얻은 경우에는 그 기간이 경과하기 전에 조정할 수 있다.
2. 공동주택의 소유자는 장기수선충당금을 사용자가 대신하여 납부한 경우에는 그 금액을 반환하여야 한다.

30 동별 대표자의 결격사유

다음의 어느 하나에 해당하는 사람은 동별 대표자가 될 수 없으며 그 자격을 상실한다.
1. 이 법 또는 「주택법」, 「민간임대주택에 관한 특별법」, 「공공주택 특별법」, 「건축법」, 「집합건물의 소유 및 관리에 관한 법률」을 위반한 범죄로 금고 이상의 실형 선고를 받고 그 집행이 끝나거나(집행이 끝난 것으로 보는 경우를 포함한다) 집행이 면제된 날부터 2년이 지나지 아니한 사람
2. 이 법 또는 「주택법」, 「민간임대주택에 관한 특별법」, 「공공주택 특별법」, 「건축법」, 「집합건물의 소유 및 관리에 관한 법률」을 위반한 범죄로 벌금을 선고받은 후 2년이 지나지 아니한 사람

31 특별수선충당금

임대사업자가 법 제51조 제1항에 따른 민간임대주택을 양도하는 경우에는 특별수선충당금을 「공동주택관리법」 제11조에 따라 최초로 구성되는 입주자대표회의에 넘겨주어야 한다.

32 임대의무기간

1. 영구임대주택 : 50년
2. 국민임대주택 : 30년
3. 행복주택 : 30년
4. 통합공공임대주택 : 30년
5. 장기전세주택 : 20년
6. 제1호부터 제5호까지의 규정에 해당하지 않는 공공임대주택 중 임대 조건을 신고할 때 임대차 계약기간을 6년 이상 10년 미만으로 정하여 신고한 주택 : 6년
7. 제1호부터 제5호까지의 규정에 해당하지 않는 공공임대주택 중 임대 조건을 신고할 때 임대차 계약기간을 10년 이상으로 정하여 신고한 주택 : 10년
8. 제1호부터 제7호까지의 규정에 해당하지 않는 공공임대주택 : 5년

33 건축법상 건축선

1. 건축물과 담장은 건축선의 수직면을 넘어서는 아니 된다. 다만, 지표 아래 부분은 그러하지 아니하다.
2. 도로면으로부터 높이 4.5미터 이하에 있는 출입구, 창문, 그 밖에 이와 유사한 구조물은 열고 닫을 때 건축선의 수직면을 넘지 아니하는 구조로 하여야 한다.

34 주거환경개선사업

도시저소득 주민이 집단거주하는 지역으로서 정비기반시설이 극히 열악하고 노후·불량건축물이 과도하게 밀집한 지역의 주거환경을 개선하거나 단독주택 및 다세대주택이 밀집한 지역에서 정비기반시설과 공동이용시설 확충을 통하여 주거환경을 보전·정비·개량하기 위한 사업

35 전기사업법령상 임시 사용기간

전기설비의 임시 사용기간은 3개월 이내로 한다. 다만, 임시 사용기간에 임시사용의 사유를 해소할 수 없는 특별한 사유가 있다고 인정되는 경우에는 전체 임시 사용기간이 1년을 초과하지 아니하는 범위에서 임시 사용기간을 연장할 수 있다.

36 안전점검등에 관한 지침

국토교통부장관은 대통령령으로 정하는 바에 따라 안전점검·정밀안전진단 및 긴급안전점검의 실시 시기·방법·절차 등의 안전점검등에 관한 지침을 작성하여 관보에 고시하여야 한다.

37 건축물의 피난안전구역

준초고층 건축물에는 피난층 또는 지상으로 통하는 직통계단과 직접 연결되는 피난안전구역을 해당 건축물 전체 층수의 2분의 1에 해당하는 층으로부터 상하 5개층 이내에 1개소 이상 설치하여야 한다. 다만, 국토교통부령으로 정하는 기준에 따라 피난층 또는 지상으로 통하는 직통계단을 설치하는 경우에는 그러하지 아니하다.

38 지능형 건축물의 인증

허가권자는 지능형 건축물로 인증을 받은 건축물에 대하여 제42조에 따른 조경설치면적을 100분의 85까지 완화하여 적용할 수 있으며, 제56조 및 제60조에 따른 용적률 및 건축물의 높이를 100분의 115의 범위에서 완화하여 적용할 수 있다.

39 건축법상 신고대상 공작물
1. 높이 2미터를 넘는 옹벽 또는 담장
2. 높이 4미터를 넘는 장식탑, 기념탑, 첨탑, 광고탑, 광고판, 그 밖에 이와 비슷한 것
3. 높이 6미터를 넘는 굴뚝
4. 높이 6미터를 넘는 골프연습장 등의 운동시설을 위한 철탑, 주거지역·상업지역에 설치하는 통신용 철탑, 그 밖에 이와 비슷한 것
5. 높이 8미터를 넘는 고가수조나 그 밖에 이와 비슷한 것

40 승강기 유지관리업자
승강기 유지관리를 업으로 하려는 자는 행정안전부령으로 정하는 바에 따라 시·도지사에게 등록하여야 한다.

제2과목 공동주택관리실무

41	42	43	44	45	46	47	48	49	50
④	④	⑤	④	②	⑤	②	③	②	⑤
51	52	53	54	55	56	57	58	59	60
①	①	①	③	⑤	②	②	①	⑤	③
61	62	63	64						
③	⑤	①	③						

65	㉠ 9 ㉡ 운영성과표	73	㉠ 2 ㉡ 3
66	㉠ 3 ㉡ 요양비	74	㉠ 건강친화형 주택
67	㉠ 50	75	㉠ 방동
68	㉠ 500	76	㉠ 1 ㉡ 6
69	㉠ 확정기여형	77	㉠ 수용률
70	㉠ 1 ㉡ 2	78	㉠ 1천 ㉡ 3천
71	㉠ 15	79	㉠ 정보통신
72	㉠ 10	80	㉠ 1,500 ㉡ 1,000

41 관리사무소장의 손해배상책임
㉠ 주택관리사등은 관리사무소장의 업무를 집행하면서 고의 또는 과실로 입주자등에게 재산상의 손해를 입힌 경우에는 그 손해를 배상할 책임이 있다.
㉡ 임대주택의 경우 주택관리사등은 손해배상책임을 보장하기 위한 보증보험 또는 공제에 가입하거나 공탁을 한 후 해당 공동주택의 관리사무소장으로 배치된 날에 임대사업자에게 보증보험 등에 가입한 사실을 입증하는 서류를 제출하여야 한다.

42 관리규약 개정
1) 입주자대표회의의 의결로 제안하고 전체 입주자 등의 과반수가 찬성
2) 전체 입주자 등의 1/10 이상이 제안하고 전체 입주자 등의 과반수가 찬성

43 최저임금
고시된 최저임금은 다음 연도 1월 1일부터 효력이 발생한다. 다만, 고용노동부장관은 사업의 종류별로 임금교섭시기 등을 고려하여 필요하다고 안정하면 효력발생 시기를 따로 정할 수 있다.

44 실업급여
실업급여를 받을 권리는 양도 또는 압류하거나 담보로 제공할 수 없다. 그리고 지정된 실업급여수급계좌의 예금 중 대통령령으로 정하는 액수 이하의 금액에 관한 채권은 압류할 수 없다.

45 연금급여
다음의 어느 하나에 해당하는 사람에게는 사망에 따라 발생되는 유족연금 등을 지급하지 아니한다.
1) 가입자 또는 가입자였던 자를 고의로 사망하게 한 유족
2) 유족연금등의 수급권자가 될 수 있는 자를 고의로 사망하게 한 유족
3) 다른 유족연금등의 수급권자를 고의로 사망하게 한 유족연금등의 수급권자

46 어린이집 임대계약에 대한 임차인 선정기준
「영유아보육법」에 따른 국공립어린이집 위탁체선정 관리기준에 따라야 한다.
1) 임차인의 신청자격
2) 임차인 선정을 위한 심사기준
3) 어린이집을 이용하는 입주자 등 중 어린이집 임대에 동의하여야 하는 비율
4) 임대료 및 임대기간
5) 그 밖에 어린이집의 적정한 임대를 위하여 필요한 사항

47 선거관리위원회
② 500세대 이상인 공동주택은 「선거관리위원회법」에 따른 선거관리위원회 소속 직원 1명을 관리규약으로 정하는 바에 따라 위원으로 위촉할 수 있다.

48 주택임대관리업

① 자기관리형 주택임대관리업자의 자본금 기준은 2억원 이상이다.
② 주택임대관리업에 등록한 자가 등록한 사항을 변경하거나 말소하고자 할 경우 시장·군수·구청장에게 신고하여야 한다. 다만, 자본금의 증가 등 국토교통부령으로 정하는 경미한 사항은 신고하지 아니하여도 된다.
④ 시장·군수·구청장은 주택임대관리업자가 정당한 사유 없이 최종 위탁계약 종료일의 다음날부터 1년 이상 위탁계약 실적이 없어 영업정지처분을 하여야 할 경우에는 이에 갈음하여 1천만원 이하의 과징금을 부과할 수 있다.
⑤ 시장·군수·구청장은 주택임대관리업자가 영업정지기간 중에 주택임대관리업을 영위한 경우에는 그 등록을 말소하여야 한다.

49 해 고

① 사용자가 경영상 이유에 의하여 근로자를 해고하려면 긴박한 경영상의 필요가 있어야 한다.
③ 사용자는 근로자를 해고하려면 해고사유와 해고시기를 서면으로 통지하여야 한다.
④ 사용자는 근로자를 해고(경영상 이유에 의한 해고를 포함한다)하려면 적어도 30일 전에 예고를 하여야 하고, 30일 전에 예고를 하지 아니하였을 때에는 30일분 이상의 통상임금을 지급하여야 한다. 다만, 다음의 어느 하나에 해당하는 경우에는 그러하지 아니하다.

> **예고해고의 적용예외**
> 1) 근로자가 계속 근로한 기간이 3개월 미만인 경우
> 2) 천재·사변, 그 밖의 부득이한 사유로 사업을 계속하는 것이 불가능한 경우
> 3) 근로자가 고의로 사업에 막대한 지장을 초래하거나 재산상 손해를 끼친 경우로서 고용노동부령으로 정하는 사유에 해당하는 경우

⑤ 부당해고의 구제신청은 부당해고가 있었던 날부터 3개월 이내에 하여야 한다.

50 혼합주택단지

장기수선충당금 및 특별수선충당금을 사용하는 주요시설의 교체 및 보수에 관한 사항 또는 관리비 등을 사용하여 시행하는 각종 공사 및 용역에 관한 사항을 입주자대표회의와 임대사업자가 각자 결정할 수 있다.

51 주택관리사 자격증 경력기준

주택관리사보 시험에 합격하기 전에 한국토지주택공사의 직원으로 주택관리업무에 종사한 경력이 5년 이상인 자여야 주택 관련 실무 경력기준을 충족시킬 수 있다.

52 공동주택관리 분쟁조정위원회

② 공동주택(공용부분만 해당한다)의 유지·보수·개량 등에 관한 사항은 공동주택관리 분쟁조정위원회의 심의사항에 해당한다.
③ 국토교통부에 중앙분쟁조정위원회를 두고, 시·군·구에 지방분쟁조정위원회를 둔다.
④ 500세대 이상인 공동주택단지에서 발생한 분쟁은 중앙분쟁조정위원회에서 관할한다.
⑤ 중앙분쟁조정위원회는 위원장 1명을 포함한 15명 이내의 위원으로 구성하고, 지방분쟁조정위원회는 위원장 1명을 포함한 10명 이내의 위원으로 구성한다.

53 배수배관의 통기방식

각개통기방식은 위생기구마다 통기관을 설치하는 것으로 봉수보호의 안정도가 높고 자기사이펀 작용의 방지효과가 있어 가장 바람직한 방식이지만 비용이 많이 드는 단점이 있다.

54 대기전력자동차단장치

공동주택은 거실, 침실, 주방에는 대기전력자동차단장치를 1개 이상 설치하여야 하며, 대기전력자동차단장치를 통해 차단되는 콘센트 개수가 거실에 설치되는 전체 콘센트 개수의 30% 이상이 되어야 한다.

55 연결송수관설비의 기준

1) 주배관은 구경 100mm 이상의 전용배관으로 할 것. 다만, 주배관의 구경이 100밀리미터 이상인 옥내소화전설비의 배관과는 겸용할 수 있다.
2) 지면으로부터의 높이가 31m 이상인 특정소방대상물 또는 지상 11층 이상인 특정소방대상물에 있어서는 습식설비로 할 것

56 공동주택시설의 안전관리에 관한 기준 및 진단사항

주민운동시설의 안전진단은 매분기 1회 이상 실시한다.

57 급수과정 순서

상수도 본관 → 지하저수조 → 양수장치(급수펌프) → 고가수조 → 세대 계량기

58 수질지표

수중 용존산소량을 나타낸 것이며 이것이 클수록 정화능력도 크다고 할 수 있다.

59 LPG와 LNG

기화된 LPG는 대기압 상태에서 공기보다 비중이 크고 발열량이 커서 누설시 인화·폭발의 위험성이 크다.

60 수돗물 수질기준(먹는물 수질 및 검사 등에 관한 규칙)

소독제 및 소독부산물질에 관한 기준(샘물·먹는샘물·염지하수·먹는염지하수·먹는해양심층수 및 먹는물 공동시설의 물의 경우에는 적용하지 아니한다) 중 잔류염소(유리잔류염소를 말한다)는 4.0mg/ℓ를 넘지 않아야 한다.

61 양변기의 세정급수방식

㉠, ㉡, ㉢ : 하이탱크식, 로우탱크식, 세정밸브식
㉣ : 급수방식의 종류에 속한다.

62 전기급탕가열기의 용량

(급탕량 × 비열 × 온도차) / (3,600 × 효율) = (300 × 4.2 × 40) / (3,600 × 0.7) = 20

63 실내공기질 권고기준

㉢ 벤젠 30μg/m³ 이하
㉣ 에틸벤젠 360μg/m³ 이하
㉤ 자일렌 700μg/m³ 이하
㉥ 스티렌 300μg/m³ 이하

64 난방비

난방비는 난방 및 급탕에 소요된 원가(유류대·난방비 및 급탕용수비)에서 급탕비를 뺀 금액이다. 그러므로 전체 난방비는 25,000,000 − 5,000,000 = 20,000,000원
이를 전체 공급면적에 나눠주면 가구별 난방비는

$$\frac{20,000,000}{20,000} \times 100 = 100,000원$$

65 회계감사

회계감사를 받아야 하는 공동주택의 관리주체는 매 회계연도 종료 후 9개월 이내에 다음 각 호의 재무제표에 대하여 회계감사를 받아야 한다.
2. 운영성과표

66 요양급여

요양급여는 근로자가 업무상의 사유로 부상을 당하거나 질병에 걸린 경우에 그 근로자에게 지급하되, 부상 또는 질병이 3일 이내의 요양으로 치유될 수 있으면 요양급여를 지급하지 아니한다. 요양급여는 산재보험의료기관에서 요양을 하게 한다. 다만, 부득이한 경우에는 요양을 갈음하여 요양비를 지급할 수 있다.

67 관리비 등의 공개의무

의무관리대상 아닌 공동주택으로서 50세대 이상인 공동주택의 관리인은 다음 각 호의 관리비 등을 공동주택단지의 인터넷 홈페이지 및 동별 게시판(공동주택관리정보시스템은 제외한다)에 다음 달 말일까지 공개해야 한다.

68 벽체 및 창호

500세대 이상의 공동주택을 건설하는 경우 벽체의 접합부위나 난방설비가 설치되는 공간의 창호는 국토교통부장관이 정하여 고시하는 기준에 적합한 결로방지 성능을 갖추어야 한다.

69 용어정의

확정기여형 퇴직연금제도란 급여의 지급을 위하여 사용자가 부담하여야 할 부담금의 수준이 사전에 결정되어 있는 퇴직연금제도를 말한다.

70 근로시간 단축

근로시간 단축의 기간은 1년 이내로 한다. 다만, 근로자가 가족의 질병, 사고, 노령으로 인하여 그 가족을 돌보기 위한 경우에 해당하는 근로자는 합리적 이유가 있는 경우에 추가로 2년의 범위 안에서 근로시간 단축의 기간을 연장할 수 있다.

71 주택관리업자의 관리상 의무

주택관리업자는 관리하는 공동주택에 배치된 주택관리사등이 해임 그 밖의 사유로 결원이 된 때에는 그 사유가 발생한 날로부터 15일 이내에 새로운 주택관리사등을 배치하여야 한다.

72 용어정의

임대사업자가 주택도시기금의 출자를 받아 건설 또는 매입하는 민간임대주택 등을 10년 이상 임대할 목적으로 취득하여 이 법에 따른 임대료 및 임차인의 자격 제한 등을 받아 임대하는 민간임대주택은 "공공지원 민간임대주택"에 해당한다.

73 빗물이용시설의 시설기준·관리기준

1. 건축면적이 1만제곱미터 이상의 건축법령상의 공동주택에 설치된 빗물의 집수시설, 여과장치, 저류조, 펌프·송수관·배수관 등의 빗물이용시설은 연 2회 이상 주기적으로 위생·안전 상태를 점검하고 이물질을 제거하는 등 청소를 할 것
2. 빗물사용량, 누수 및 정상가동 점검결과, 청소일시 등에 관한 자료를 기록하고 3년간 보존할 것(전자적 방법으로 기록·보존할 수 있다)

74 용어정의

"건강친화형 주택"이란 오염물질이 적게 방출되는 건축자재를 사용하고 환기 등을 실시하여 새집증후군 문제를 개선함으로써 거주자에게 건강하고 쾌적한 실내환경을 제공할 수 있도록 일정수준 이상의 실내공기질과 환기성능을 확보한 주택으로서 의무기준을 모두 충족하고 … 〈중략〉 … 적합한 주택을 말한다.

75 급수배관의 피복

여름철 급수배관 내부에 외부보다 찬 급수가 흐르고 배관 외부가 고온다습할 경우 배관외부에 결로가 발생하기 쉽다. 또한 겨울철에 급수배관 외부 온도가 영하로 떨어질 때 급수배관계통이 동파하기 쉽다. 이러한 두 가지 현상을 방지하기 위해서는 급수배관에 방로와 방동목적의 피복을 해야 한다.

76 승강기 정기검사

① 법 제32조 제1항 제1호 각목 외의 부분에 따른 정기검사의 검사주기는 1년(설치검사 또는 직전 정기검사를 받은 날부터 매 1년을 말한다)으로 한다.
② 승강기의 결함으로 중대한 사고 또는 중대한 고장이 발생한 후 2년이 지나지 않은 승강기의 경우에는 정기검사의 검사주기를 직전 정기검사를 받은 날부터 6개월로 한다.

77 용어정의

수용률이란 부하설비 용량 합계에 대한 최대 수용전력의 백분율을 말한다.

78 안전관리업무의 대행규모

1. 안전공사 및 대행사업자 : 다음 각 목의 어느 하나에 해당하는 전기설비(둘 이상의 전기설비 용량의 합계가 4,500kW 미만의 경우로 한정한다)
   가. 전기수용설비 : 용량 1천킬로와트 미만인 것
   나. 「신에너지 및 재생에너지 개발·이용·보급 촉진법」에 따른 신에너지와 재생에너지를 이용하여 전기를 생산하는 발전설비(이하 "신재생에너지 발전설비") 중 태양광 발전설비 : 용량 1천킬로와트(원격감시·제어기능을 갖춘 경우 용량 3천킬로와트) 미만인 것
   다. 전기사업용 신재생에너지 발전설비 중 연료전지발전설비(원격감시·제어기능을 갖춘 것으로 한정한다) : 용량 500킬로와트 미만인 것
   라. 그 밖의 발전설비(전기사업용 신재생에너지 발전설비의 경우 원격감시·제어기능을 갖춘 것으로 한정한다) : 용량 300킬로와트(비상용 예비발전설비의 경우에는 용량 500킬로와트) 미만인 것

79 용어정의

건축설비는 건축물의 안전·방화, 위생, 에너지 및 정보통신의 합리적 이용에 지장이 없도록 설치하여야 하고, 배관피트 및 닥트의 단면적과 수선구의 크기를 해당 설비의 수선에 지장이 없도록 하는 등 설비의 유지·관리가 쉽게 설치하여야 한다.

80 용어정의

"고압"이란 직류에서는 1,500볼트를 초과하고 7천볼트 이하인 전압을 말하고, 교류에서는 1,000볼트를 초과하고 7천볼트 이하인 전압을 말한다.

제10회 실전모의고사

제1과목 주택관리관계법규

01	02	03	04	05	06	07	08	09	10
①	③	④	③	③	③	③	②	⑤	③
11	12	13	14	15	16	17	18	19	20
④	②	②	⑤	④	③	③	①	⑤	②
21	22	23	24						
③	②	③	③						

25	㉠ 2 ㉡ 이사	33	㉠ 3 ㉡ 20
26	㉠ 2 ㉡ 2	34	㉠ 80 ㉡ 100
27	㉠ 조합설립인가 ㉡ 사업계획승인	35	㉠ 배전사업 ㉡ 전선로
28	㉠ 국토교통부장관 ㉡ 40	36	㉠ 3개월 ㉡ 주민등록
29	㉠ 10 ㉡ 3	37	㉠ 10 ㉡ 10
30	㉠ 공탁 ㉡ 3	38	㉠ 2 ㉡ 30
31	㉠ 2	39	㉠ 90
32	㉠ 11 ㉡ 1	40	㉠ 3 ㉡ 3

01 가설건축물의 축조등

특별자치도지사 또는 시장·군수·구청장은 가설건축물의 존치기간 만료일 30일 전까지 해당 가설건축물의 건축주에게 존치기간 만료일, 존치기간 연장 가능여부 등을 알려야 한다.

02 건축허가와 그 제한 등 및 취소

건축허가 또는 건축물의 착공을 제한하는 경우 그 제한기간은 2년 이내로 하되, 1회에 한하여 1년의 범위에서 그 제한기간을 연장할 수 있다.

03 건축물의 구조 등에 관한 기준

고층건축물에 건축물에 설치하는 승용 승강기 중 1대 이상을 대통령령으로 정하는 바에 따라 피난용 승강기로 설치하여야 한다. 높이 31미터를 넘는 건축물은 비상용 승강기 설치기준이다.

04 건축법상 신고대상

건축신고 : 다음에 해당하는 건축물은 허가대상이라 하더라도 미리 특별자치시장·특별자치도지사 또는 시·군·구청장에게 신고함으로서 건축허가를 받은 것으로 본다.
1. 바닥면적의 합계가 85제곱미터 이내의 증축·개축·재축. 다만, 3층 이상 건축물인 경우에는 증축·개축 또는 재축하려는 부분의 바닥면적의 합계가 건축물 연면적의 10분의 1 이내인 경우로 한정한다.

2. 「국토의 계획 및 이용에 관한 법률」에 의한 관리지역·농림지역 또는 자연환경보전지역 안에서 연면적 200제곱미터 미만이고 3층 미만인 건축물의 건축. 다만, 다음의 어느 하나에 해당하는 구역에서의 건축은 제외한다.
   1) 지구단위계획구역
   2) 방재지구 등 재해취약지역으로서 다음의 어느 하나에 해당하는 구역(영 제11조 제1항)
      ㉠ 국토의 계획 및 이용에 관한 법률 제37조에 따라 지정된 방재지구(防災地區)
      ㉡ 급경사지 재해예방에 관한 법률 제6조에 따라 지정된 붕괴위험지역
   3) 연면적 200제곱미터 미만이고 3층 미만인 건축물의 대수선
   4) 주요구조부의 해체가 없는 등 대통령령으로 정하는 아래의 대수선
      ㉠ 내력벽의 면적을 30제곱미터 이상 수선하는 것
      ㉡ 기둥을 3개 이상 수선하는 것
      ㉢ 보를 3개 이상 수선하는 것
      ㉣ 지붕틀을 3개 이상 수선하는 것
      ㉤ 방화벽 또는 방화구획을 위한 바닥 또는 벽을 수선하는 것
      ㉥ 주계단·피난계단 또는 특별피난계단을 수선하는 것
   5) 그 밖에 소규모 건축물로서 대통령령이 정하는 건축물의 건축
      ㉠ 연면적의 합계가 100제곱미터 이하인 건축물
      ㉡ 건축물의 높이를 3미터 이하의 범위 안에서 증축하는 건축물
      ㉢ 법 제23조 제4항의 규정에 의한 표준설계도서에 의하여 건축하는 건축물로서 그 용도·규모가 주위환경·미관상 지장이 없다고 인정하여 건축조례로 정하는 건축물
      ㉣ 「국토의 계획 및 이용에 관한 법률」제36조 제1항 제1호 다목의 규정에 의한 공업지역, 동법 제51조 제3항의 규정에 의한 제2종 지구단위계획구역(산업·유통형에 한한다) 및 「산업입지 및 개발에 관한 법률」에 의한 산업단지안에서 건축하는 2층 이하인 건축물로서 연면적의 합계가 500제곱미터 이하인 공장
      ㉤ 농업이나 수산업을 경영하기 위하여 읍·면지역(특별자치시장·특별자치도지사·시장·군수가 지역계획 또는 도시·군계획에 지장이 있다고 지정·공고한 구역은 제외한다)에서 건축하는 연면적 200제곱미터 이하의 창고 및 연면적 400제곱미터 이하의 축사, 작물재배사, 종묘배양시설, 화초 및 분재 등의 온실

05 주택법령상 주택조합

① 국민주택을 공급받기 위하여 설립된 직장주택조합은 어느 경우든 관할 시장·군수·구청장에게 신고하여야 한다.
② 리모델링 주택조합이 주택단지 전체를 리모델링하는 경우에는 주택단지 전체 구분소유자 및 의결권의 각 75퍼센트 이상의 동의와 각 동별 구분소유자 및 의결권의 각 50퍼센트 이상의 동의를 받아야 하며, 동을 리모델링하는 경우에는 그 동의 구분소유자 및 의결권의 각 75퍼센트 이상의 동의를 받아야 한다.
④ 금고 이상의 형의 집행유예를 선고받고 그 유예기간 중에 있는 사람과 금고 이상의 형의 선고유예를 받고 그 선고유예기간 중에 있는 사람은 모두 조합임원이 될 수 없다.
⑤ 리모델링 주택조합은 「도시 및 주거환경정비법」을 준용하여 조합설립인가를 받은 날부터 30일 이내에 주된 사무소의 소재지에서 대통령령으로 정하는 사항을 등기하는 때에 성립한다.

06 주택법상 임대주택의 건설 등

대통령령으로 정하는 비율이라 함은 30퍼센트 이상 60퍼센트 이하의 범위에서 시·도의 조례로 정하는 비율을 말한다.

07 간선시설의 설치

사업주체가 대통령령으로 정하는 호수 [단독주택인 경우는 100호, 공동주택인 경우는 100세대(리모델링의 경우에는 늘어나는 세대수를 기준으로 한다)] 이상의 주택건설사업을 시행하는 경우 또는 대통령령으로 정하는 면적(1만6천500제곱미터) 이상의 대지조성사업을 시행하는 경우 간선시설 설치의무자는 각각 해당 간선시설을 설치하여야 한다.

08 주택법령상 용어의 정의 등

지역주택조합이나 직장주택조합은 그 설립인가를 받은 후에는 당해 조합의 구성원을 교체하거나 신규로 가입하게 할 수 없다.

09 장기수선충당금 및 특별수선충당금

장기수선충당금은 관리주체가 장기수선충당금 사용계획서를 장기수선계획에 따라 작성하고 입주자대표회의의 의결을 거쳐 사용한다.

10 입주자대표회의 임원

이사는 회장을 보좌하고, 회장이 사퇴 또는 해임으로 궐위된 경우 및 사고나 그 밖에 부득이한 사유로 그 직무를 수행할 수 없을 때에는 관리규약에서 정하는 바에 따라 그 직무를 대행한다.

11 하자담보책임 및 하자보수

① 입주자대표회의등은 하자보수보증금을 하자심사·분쟁조정위원회의 하자 여부 판정 등에 따른 하자보수비용 등 대통령령으로 정하는 용도로만 사용하여야 하며, 의무관리대상 공동주택의 경우에는 하자보수보증금의 사용 후 30일 이내에 그 사용내역을 국토교통부령으로 정하는 바에 따라 시장·군수·구청장에게 신고하여야 한다.
② 사업주체는 해당 공동주택의 전유부분을 입주자에게 인도한 때에는 국토교통부령으로 정하는 바에 따라 주택인도증서를 작성하여 관리주체(의무관리대상 공동주택이 아닌 경우에는 집합건물의 소유 및 관리에 관한 법률에 따른 관리인)에게 인계하여야 한다.
③ 내력구조부별(「건축법」 제2조 제1항 제7호에 따른 건물의 주요구조부를 말한다. 이하 같다) 하자에 대한 담보책임기간은 10년이다.
⑤ 사업주체는 하자보수를 청구받은 날부터 15일 이내에 그 하자를 보수하거나 하자보수계획을 입주자대표회의등 또는 임차인등에 서면(「전자문서 및 전자거래 기본법」 제2조 제1호에 따른 정보처리시스템을 사용한 전자문서를 포함한다)으로 통보하고 그 계획에 따라 하자를 보수하여야 한다.

12 관리주체의 동의사항

입주자대표회의의 의결사항이다.

13 관리비

㉠은 일반관리비, ㉢은 지능형 홈네트워크 설비 유지비, ㉣은 수선유지비로서 각각 관리비의 구성항목에 속한다.
관리주체는 다음의 비용에 관하여는 이를 관리비와 구분하여 징수하여야 한다.
1. 장기수선충당금
2. 공동주택관리법 시행령 제40조 제2항 단서에 따른 안전진단실시비용

14 민간임대주택의 관리

승강기가 설치된 공동주택으로서 150세대 이상인 공동주택단지가 임차인대표회의를 구성하여야 한다.

15 공공임대주택의 건설 등

㉡의 경우 다른 법령에 따른 개발사업을 하려는 자가 임대주택을 계획하는 경우 공공임대주택을 우선 고려하여야 한다.

16 화재예방강화지구 등
소방관서장은 화재예방강화지구 안의 소방대상물의 위치·구조 및 설비 등에 대한 화재안전조사를 연 1회 이상 실시해야 한다.

17 조합의 임원 등
조합장이 자기를 위하여 조합과의 소송을 할 때에는 감사가 조합을 대표한다.

18 재정비촉진지구의 지정
시·도지사 또는 대도시시장은 대통령령으로 정하는 바에 따라 재정비촉진계획 수립의 모든 과정을 총괄진행·조정하게 하기 위하여 도시계획·도시설계·건축 등 분야의 전문가를 총괄계획가로 위촉할 수 있다.

19 전력수급기본계획 등
산업통상자원부장관은 전력수급의 안정을 위하여 전력수급기본계획을 2년 단위로 수립하여야 한다.

20 자체점검
종합점검은 최초점검과 그 밖의 종합점검으로 나누어진다.

21 집합건물의 소유 및 관리에 관한 법률상 건물의 재건축
재건축 결의는 구분소유자의 5분의 4 이상 및 의결권의 5분의 4 이상의 결의에 따른다.

22 승강기의 안전검사 등
정기검사는 설치검사 후 정기적으로 하는 검사. 이 경우 검사주기는 2년 이하로 한다.

23 소방활동
소방대는 화재, 재난·재해, 그 밖의 위급한 상황이 발생한 현장에 신속하게 출동하기 위하여 긴급한 경우, 일반적인 통행에 쓰이지 아니하는 도로 위로 통행할 수 있다.

24 시설물의 종류 등
21층 이상의 공동주택은 제2종 시설물에 해당한다. 공동주택은 16층 이상인 경우 제2종 시설물에 해당하며, 제1종 시설물은 없다.

25 입주자대표회의 임원
법 제14조 제5항에 따라 입주자대표회의에는 다음 각 호의 임원을 두어야 한다(영 제12조 제1항).
㉠ 회장 1명
㉡ 감사 2명 이상
㉢ 이사 1명 이상

26 주택법령상 등록사업자의 결격사유
법 제6조(등록사업자의 결격사유) 다음 각 호의 어느 하나에 해당하는 자는 제4조에 따른 주택건설사업 등의 등록을 할 수 없다.
1) 미성년자·피성년후견인 또는 피한정후견인
2) 파산선고를 받은 자로서 복권되지 아니한 자
3) 「부정수표 단속법」 또는 이 법을 위반하여 금고 이상의 실형을 선고받고 그 집행이 끝나거나(집행이 끝난 것으로 보는 경우를 포함한다) 집행이 면제된 날부터 2년이 지나지 아니한 자
4) 「부정수표 단속법」 또는 이 법을 위반하여 금고 이상의 형의 집행유예를 선고받고 그 유예기간 중에 있는 자
5) 제8조에 따라 등록이 말소(제6조 제1호 및 제2호에 해당하여 말소된 경우는 제외한다)된 후 2년이 지나지 아니한 자
6) 임원 중에 제1호부터 제5호까지의 규정 중 어느 하나에 해당하는 자가 있는 법인

27 주택조합의 조합원의 추가 모집등
1) 조합원으로 추가 모집되거나 충원되는 자가 조합원 자격요건을 갖추었는지를 판단할 때는 해당 조합설립인가신청일을 기준으로 한다.
2) 조합원 추가모집의 승인과 조합원 추가모집에 따른 주택조합의 변경인가 신청은 법 제15조에 따른 사업계획승인신청일까지 하여야 한다.

28 조정대상지역 지정의 해제
국토교통부장관은 조정대상지역 지정의 해제를 요청받은 경우에는 「주거기본법」 제8조에 따른 주거정책심의위원회의 심의를 거쳐 요청받은 날부터 40일 이내에 해제 여부를 결정하고, 그 결과를 해당 지역을 관할하는 시·도지사 또는 시장·군수·구청장에게 통보해야 한다.

29 의무관리대상 공동주택 전환 등

1) 법 제2조 제1항 제2호 마목에 따라 의무관리대상 공동주택으로 전환되는 공동주택(이하 "의무관리대상 전환 공동주택"이라 한다)의 관리인(「집합건물의 소유 및 관리에 관한 법률」에 따른 관리인을 말하며, 관리단이 관리를 개시하기 전인 경우에는 같은 법 제9조의3 제1항에 따라 공동주택을 관리하고 있는 자를 말한다. 이하 같다)은 대통령령으로 정하는 바에 따라 관할 특별자치시장·특별자치도지사·시장·군수·구청장(자치구의 구청장을 말하며 이하 같다. 이하 특별자치시장·특별자치도지사·시장·군수·구청장은 "시장·군수·구청장"이라 한다)에게 의무관리대상 공동주택 전환 신고를 하여야 한다. 다만, 관리인이 신고하지 않는 경우에는 입주자등의 10분의 1 이상이 연서하여 신고할 수 있다.
2) 의무관리대상 전환 공동주택의 입주자등은 법 제19조 제1호에 따른 관리규약의 제정 신고가 수리된 날부터 3개월 이내에 입주자대표회의를 구성하여야 하며, 법 제19조 제2호에 따른 입주자대표회의의 구성 신고가 수리된 날부터 3개월 이내에 제5조에 따른 공동주택의 관리 방법을 결정하여야 한다.

30 관리사무소장 손해배상 책임 보장

관리사무소장으로 배치된 주택관리사 등은 법 제66조 제1항에 따른 손해배상책임을 보장하기 위하여 다음 각 호의 구분에 따른 금액을 보장하는 보증보험 또는 공제에 가입하거나 공탁을 하여야 한다.
1. 500세대 미만의 공동주택 : 3천만원
2. 500세대 이상의 공동주택 : 5천만원

31 사전결정

사전결정신청자는 사전결정을 통지받은 날부터 2년 이내에 건축허가를 신청하여야 하며, 이 기간에 건축허가를 신청하지 아니하면 사전결정의 효력이 상실된다.

32 헬리포트 설치

건축법령상 층수가 11층 이상인 건축물로서 11층 이상인 층의 바닥면적의 합계가 1만제곱미터 이상인 건축물의 지붕을 평지붕으로 하는 건축물의 옥상에는 헬리포트를 설치하거나 헬리콥터를 통하여 인명 등을 구조할 수 있는 공간을 확보하여야 한다.

33 특수구조 건축물

1) 한쪽 끝은 고정되고 다른 끝은 지지(支持)되지 아니한 구조로 된 보·차양 등이 외벽(외벽이 없는 경우에는 외곽 기둥을 말한다)의 중심선으로부터 3미터 이상 돌출된 건축물
2) 기둥과 기둥 사이의 거리(기둥의 중심선 사이의 거리를 말하며, 기둥이 없는 경우에는 내력벽과 내력벽의 중심선 사이의 거리를 말한다. 이하 같다)가 20미터 이상인 건축물

34 이행강제금

1) 건폐율을 초과하여 건축한 경우 : 100분의 80
2) 용적률을 초과하여 건축한 경우 : 100분의 90
3) 허가를 받지 아니하고 건축한 경우 : 100분의 100
4) 신고를 하지 아니하고 건축한 경우 : 100분의 70

35 용어정의

1) 배전사업이란 발전소로부터 송전된 전기를 전기사용자에게 배전하는 데 필요한 전기설비를 설치·운용하는 것을 주된 목적으로 하는 사업을 말한다.
2) 전선로란 발전소·변전소·개폐소 및 이에 준하는 장소와 전기를 사용하는 장소 상호간의 전선 및 이를 지지하거나 수용하는 시설물을 말한다.

36 동별대표자 선출요건

1. 해당 공동주택단지 안에서 주민등록을 마친 후 계속하여 3개월 이상 거주하고 있을 것(최초의 입주자대표회의를 구성하거나 순차적으로 건설하는 공동주택단지에서 입주자대표회의를 구성하기 위하여 동별 대표자를 선출하는 경우는 제외한다)
2. 해당 선거구에 주민등록을 마친 후 거주하고 있을 것

37 사용 검사시 입주예정자대표회의 구성

사용검사권자는 입주예정자대표회의가 사용검사를 받아야 하는 경우에는 입주예정자로 구성된 대책회의를 소집하여 그 내용을 통보하고, 건축공사현장에 10일 이상 그 사실을 공고하여야 한다. 이 경우 입주예정자는 그 과반수의 동의를 얻어 10인 이내의 입주예정자로 구성된 입주예정자대표회의를 구성하여야 한다.

38 제조업 또는 수입업의 등록기준

1) 자본금(법인인 경우에는 납입자본금을 말하고, 개인인 경우에는 자산평가액을 말한다. 이하 같다)이 2억원 이상일 것
2) 제조업 또는 수입업을 하기 위하여 등록을 한 자(이하 "제조·수입업자"라 한다)는 그 사업을 폐업 또는 휴업하거나 휴업한 사업을 다시 시작한 경우에는 그 날부터 30일 이내에 시·도지사에게 신고하여야 한다.

39 권리의 손실보상 협의

사업시행자는 관리처분계획이 인가·고시된 다음날부터 90일 이내에 다음 각 호에서 정하는 자와 토지, 건축물 또는 그 밖의 권리의 손실보상에 관한 협의를 하여야 한다. 다만, 사업시행자는 분양신청기간 종료일의 다음날부터 협의를 시작할 수 있다(법 제73조 제1항).

40 임대차계약을 해제 등 사유

기간 내 입주의무, 임대료 납부 의무, 분납금 납부 의무 등 다음의 대통령령으로 정하는 의무를 위반한 경우
1) 공공주택사업자의 귀책사유 없이 법 제49조의2에 따른 표준임대차 계약서상의 임대차계약기간이 시작된 날부터 3개월 이내에 입주하지 아니한 경우
2) 월 임대료를 3개월 이상 연속하여 연체한 경우
3) 분납임대주택의 분납금(분할하여 납부하는 분양전환금을 말한다)을 3개월 이상 연체한 경우

〈이하 생략〉

제2과목 공동주택관리실무

41	42	43	44	45	46	47	48	49	50
⑤	②	③	①	③	①	①	①	④	④
51	52	53	54	55	56	57	58	59	60
⑤	③	⑤	②	②	⑤	④	④	④	①
61	62	63	64						
①	③	⑤	③						

65	㉠ 2 ㉡ 50 ㉢ 30	73	㉠ 건강보험분쟁조정위원회 ㉡ 90 ㉢ 180
66	㉠ 증기소독	74	㉠ 소정근로시간 ㉡ 단시간근로자
67	㉠ 시설물통합정보관리체계	75	㉠ 3 ㉡ 5
68	㉠ 5,000	76	㉠ 3 ㉡ 3 ㉢ 3
69	㉠ 30 ㉡ 14 ㉢ 10	77	㉠ 입주자 ㉡ 4/5
70	㉠ 홈게이트웨이	78	㉠ 선거관리위원회 위원장
71	㉠ 장기수선계획 ㉡ 관리주체 ㉢ 입주자대표회의	79	㉠ 청소 ㉡ 미화
72	㉠ 입주자대표회의 ㉡ 1	80	㉠ 임대사업자

41 관리비등 집행을 위한 사업자선정

주민공동시설의 위탁, 물품의 구입과 매각, 잡수입의 취득(공동주택의 어린이집, 다함께돌봄센터, 공동육아나눔터 임대에 따른 잡수입의 취득은 제외한다), 보험계약 등 국토교통부장관이 정하여 고시하는 사항은 관리주체가 사업자를 선정하고 집행하는 사항이다.

42 관리비 등의 사업계획 및 예산안 수립 등

사업주체 또는 의무관리대상 전환 공동주택의 관리인으로부터 공동주택의 관리업무를 인계받은 관리주체는 다음 회계연도가 시작되기 전까지의 기간이 3개월 미만인 경우로서 입주자대표회의 의결이 있는 경우에는 사업계획 및 예산안 수립을 생략할 수 있다.

43 공동주택관리

③ 15일 이내 → 10일 이내

44 과징금

②, ③ : 1년 이내의 기간을 정하여 영업의 전부 또는 일부의 정지를 명하여야 한다
④, ⑤ : 등록을 말소하여야 한다.

45 임금채권
「근로기준법」에 따른 임금채권은 3년간 행사하지 아니하면 시효로 소멸한다.

46 부당노동행위의 구제절차
② 6개월 이내에 → 3개월 이내에
③ 노동위원회의 구제명령, 기각결정 또는 재심판정은 중앙노동위원회에 대한 재심신청이나 행정소송 제기에 의하여 그 효력이 정지되지 아니한다.
④ 중앙노동위원회에 그 재심을 신청할 수 있다.
⑤ 사용자가 행정소송을 제기한 경우에 관할 법원은 중앙노동위원회의 신청에 의하여 결정으로써, 판결이 확정될 때까지 중앙노동위원회의 구제명령의 전부 또는 일부를 이행하도록 명할 수 있으며, 당사자의 신청에 의하여 또는 직권으로 그 결정을 취소할 수 있다.

47 퇴직금 중간정산
무주택자인 근로자가 주거를 목적으로 「민법」 제303조에 따른 전세금 또는 「주택임대차보호법」 제3조의2에 따른 보증금을 부담하는 경우. 이 경우 근로자가 하나의 사업에 근로하는 동안 1회로 한정한다.

48 심사청구 및 재심사 청구
① 피보험자격의 취득·상실 확인에 대한 심사의 청구는 근로복지공단을, 실업급여 및 육아휴직 급여와 출산전후휴가 급여등에 관한 처분에 대한 심사의 청구는 직업안정기관의 장을 거쳐 심사관에게 하여야 한다.

49 분쟁조정
④ 중앙분쟁조정위원회는 조정절차를 개시한 날부터 30일 이내에 그 절차를 완료한 후 조정안을 작성하여 지체 없이 이를 각 당사자에게 제시하여야 한다. 다만, 부득이한 사정으로 30일 이내에 조정절차를 완료할 수 없는 경우 중앙분쟁조정위원회는 그 기간을 연장할 수 있다. 이 경우 그 사유와 기한을 명시하여 당사자에게 서면으로 통지하여야 한다. 조정안을 제시받은 당사자는 그 제시를 받은 날부터 30일 이내에 그 수락 여부를 중앙분쟁조정위원회에 서면으로 통보하여야 한다. 이 경우 30일 이내에 의사표시가 없는 때에는 수락한 것으로 본다.

50 용어정의
"임대사업자"란 「공공주택 특별법」에 따른 공공주택사업자가 아닌 자로서 1호(戶) 이상의 민간임대주택을 취득하여 임대하는 사업을 할 목적으로 「민간임대주택에 관한 특별법」에 따라 등록한 자를 말한다.

51 부당노동행위
근로자가 노동조합을 조직 또는 운영하는 것을 지배하거나 이에 개입하는 행위와 근로시간 면제한도를 초과하여 급여를 지급하거나 노동조합의 운영비를 원조하는 행위. 다만, 근로자가 근로시간 중에 제24조 제2항에 따른 활동을 하는 것을 사용자가 허용함은 무방하며, 또한 근로자의 후생자금 또는 경제상의 불행 그 밖에 재해의 방지와 구제 등을 위한 기금의 기부와 최소한의 규모의 노동조합사무소의 제공 및 그 밖에 이에 준하여 노동조합의 자주적인 운영 또는 활동을 침해할 위험이 없는 범위에서의 운영비 원조행위는 예외로 한다(「노동조합 및 노동관계조정법」 제81조 제4호).

52 장기수선충당금
ⓒ 장기수선충당금의 사용은 장기수선계획에 따른다. 다만, 해당 공동주택의 입주자과반수의 서면동의가 있는 경우에는 다음의 용도로 사용할 수 있다.
- 하자분쟁 조정 등의 비용
- 하자진단 및 감정에 드는 비용
- 비용을 청구하는 데 드는 비용

ⓜ 장기수선충당금은 건설임대주택에서 분양전환된 공동주택의 경우에는 임대사업자가 관리주체에게 공동주택의 관리업무를 인계한 날이 속하는 달부터 적립한다.

53 안전관리
관리주체는 안전점검 및 긴급안전점검을 국토안전관리원, 안전진단전문기관 또는 유지관리업자에게 대행하게 할 수 있다.

54 수선주기
①, ③, ④, ⑤ 20년, ② 15년

55 어린이놀이시설의 관리주체
관리주체는 설치검사나 정기시설검사에서 불합격 통보를 받았거나 안전진단에서 위험하거나 보수가 필요하다는 판정 통보를 받은 경우에는 그 통보를 받은 날부터 2개월 이내에 시설개선계획서를 관리감독기관의 장에게 제출하고 수리·보수 등 필요한 조치를 하여야 한다.

56 개방형 팽창탱크

개방형 팽창탱크에 있어서는 팽창이 발생하더라도 배관내의 압력변동은 거의 없으며, 기기의 내압 요구조건은 밀폐식보다 유리하다. 한편, 밀폐형 팽창탱크에 있어서는 팽창량을 블래더에 의해 분리된 공기쿠션으로 흡수하여야 하므로 배관압력이 약간 증가된다. 따라서 기기의 내압 한계보다 낮게 운전되도록 사전에 기술적인 검토가 필요하다.

57 수격작용

양수펌프와 고가수조가 평면적으로 떨어져 있는 경우에 양수관의 수평배관을 가능한 낮게 설치하여 역류압을 줄인다.

58 빗물이용시설의 시설기준

연 2회 이상 주기적으로 빗물이용시설에 대한 위생·안전 상태를 점검하고 이물질을 제거하는 등 청소를 해야 한다.

59 히트펌프

공기열원 히트펌프는 겨울철 난방부하가 큰 날에는 외기온도도 낮으므로 성적계수(COP)가 저하될 우려가 있다.

60 배수관의 관경과 구배

동일한 유량에서 배수관경을 필요 이상으로 크게 하면 할수록 수심이 얕아져 유속이 감소하므로, 고형물을 밀어내는 힘이 부족하여 물만 흘려버리므로 배수능력은 저하된다. 반대로 관경이 너무 적으면 수심이 깊어져 통기가 부족하므로, 기압변동이 생겨서 트랩에 나쁜 영향을 준다. 또 구배가 너무 급하면 유속이 증가하여 수심이 얕아지므로 고형물은 남고 물만 흐르게 되며, 구배가 너무 적을 때는 수심은 증가하나 유속이 작아져 고형물을 밀어내는 힘이 감소한다.

61 배수통기배관

위생기구 중에서 배수부하단위가 가장 큰 대변기는 수직관에 가깝게 설치한다.

62 승강기 정기검사 및 수시검사

승강기 정기검사 및 수시검사 실시에 관한 사항은 행정안전부장관의 안전점검 사항 내용이다.

63 공동주택의 승강기 관리

운행 중 정지된 고장으로서 이용자가 운반구에 갇히게 된 경우(정전 또는 천재지변으로 인해 발생한 경우는 제외한다)는 중대한 고장이다.

64 승강식 피난기 및 하향식 피난구용 내림식사다리 설치기준

③ 대피실의 면적은 2제곱미터(2세대 이상일 경우에는 3제곱미터) 이상으로 하고, 하강구(개구부) 규격은 직경60센티미터 이상이어야 한다.

65 소방시설등의 자체점검시 아파트 세대별 점검방법

- 관리자(관리소장, 입주자대표회의 및 소방안전관리자를 포함한다) 및 입주민(세대 거주자를 말한다)은 (2)년 주기로 모든 세대에 대하여 점검을 해야 한다.
- 관리자는 수신기에서 원격 점검이 불가능한 경우 매년 작동점검만 실시하는 공동주택은 1회 점검 시마다 전체 세대수의 (50)퍼센트 이상, 종합점검을 실시하는 공동주택은 1회 점검 시마다 전체 세대수의 (30)퍼센트 이상 점검하도록 자체점검 계획을 수립·시행해야 한다.

66 증기소독

끓는 물 소독은 소독할 물건을 30분 이상 섭씨 100도 이상의 물속에 넣어 살균해야 한다. 증기소독은 유통증기(流通蒸氣)를 사용하여 소독기 안의 공기를 빼고 1시간 이상 섭씨 100° 이상의 습열소독을 해야 한다.

67 시설물통합정보관리체계

시설물의 안전 및 유지관리에 관한 정보를 체계적으로 관리하기 위하여 국토교통부장관이 시설물의 정보를 생산하는 자에 관한 정보를 종합관리하는 체계를 말한다.

68 종합점검 실시

1) 법 제22조제1항제1호(소방시설 등이 신설된 특정소방대상물)에 해당하는 특정소방대상물
2) 스프링클러설비가 설치된 특정소방대상물
3) 물분무등소화설비[호스릴(hose reel) 방식의 물분무등 소화설비만을 설치한 경우는 제외한다]가 설치된 연면적 5,000㎡ 이상인 특정소방대상물(제조소등은 제외한다)

69 근로자퇴직급여 보장

1) 퇴직금제도를 설정하고자 하는 사용자는 계속근로기간 1년에 대하여 30일분 이상의 평균임금을 퇴직금으로 퇴직하는 근로자에게 지급할 수 있는 제도를 설정하여야 한다.
2) 사용자는 근로자가 퇴직한 경우에는 그 지급사유가 발생한 날부터 14일 이내에 퇴직금을 지급해야 한다.
3) 상시 근로자 10인 미만의 근로자를 사용하는 사업의 경우 사용자가 개별 근로자의 동의를 받거나 근로자의 요구에 따라 개인형 퇴직연금제도를 설정하는 경우에는 해당 근로자에 대하여 퇴직급여제도를 설정한 것으로 본다.

70 홈게이트웨이

전유부분에 설치되어 세대 내에서 사용되는 홈네트워크 사용기기들을 유무선 네트워크로 연결하고 세대망과 단지망 혹은 통신사의 기간망을 상호 접속하는 장치를 말한다.

71 장기수선계획과 장기수선충당금

1) 장기수선충당금의 적립금액은 장기수선계획으로 정한다.
2) 장기수선계획 조정은 관리주체가 조정안을 작성하고, 입주자대표회의가 의결하는 방법으로 한다.

72 계약서의 공개

의무관리대상 공동주택의 관리주체 또는 입주자대표회의는 선정한 주택관리업자 또는 공사, 용역 등을 수행하는 사업자와 계약을 체결하는 경우 계약 체결일부터 1개월 이내에 그 계약서를 해당 공동주택단지의 인터넷 홈페이지 및 동별 게시판에 공개하여야 한다. 이 경우 「개인정보 보호법」에 따른 고유식별정보 등 개인의 사생활의 비밀 또는 자유를 침해할 우려가 있는 정보는 제외하고 공개하여야 한다.

73 이의신청과 심판청구

이의신청에 대한 국민건강보험공단의 결정에 불복이 있는 자는 건강보험분쟁조정위원회에 심판청구를 할 수 있다. 이 경우 심판청구는 처분이 있음을 안 날부터 90일 이내에 문서로 이를 하여야 하며 처분이 있은 날부터 180일을 경과하면 이를 제기하지 못한다.

74 근로기준법

- 소정근로시간이란 근로시간의 범위에서 근로자와 사용자 사이에 정한 근로시간을 말한다.
- 단시간근로자란 1주 동안의 소정근로시간이 그 사업장에서 같은 종류의 업무에 종사하는 통상 근로자의 1주 동안의 소정근로시간에 비하여 짧은 근로자를 말한다.

75 하자담보책임기간

식재공사 → 3년
건물외부 석공사 → 5년

76 안전교육

1) 어린이놀이시설을 인도 받은 경우 : 인도 받은 날부터 3개월
2) 안전관리자가 변경된 경우 : 변경된 날부터 3개월
3) 안전관리자의 안전교육 유효기간이 만료되는 경우 : 유효기간 만료일 전 3개월

77 담보책임의 종료

1) **전유부분** : 입주자
2) **공용부분** : 입주자대표회의의 회장(의무관리대상 공동주택이 아닌 경우에는 「집합건물의 소유 및 관리에 관한 법률」에 따른 관리인을 말한다) 또는 4/5 이상의 입주자(입주자대표회의의 구성원 중 사용자인 동별 대표자가 과반수인 경우만 해당한다)

78 범죄경력조회

선거관리위원회 위원장은[선거관리위원회가 구성되지 아니하였거나 위원장이 사퇴, 해임 등으로 궐위된 경우에는 입주자대표회의의 회장을 말하며, 입주자대표회의의 회장도 궐위된 경우에는 관리사무소장을 말한다]은 제14조 제4항 각 호에 따른 동별 대표자의 결격사유 해당 여부를 확인하기 위하여 동별 대표자 후보자의 동의를 받아 범죄경력을 관계 기관의 장에게 확인하여야 한다.

79 경비원이 예외적으로 종사할 수 있는 업무

㉠ 청소, ㉡ 미화

80 인근 공동주택단지 입주자등의 주민공동시설 이용의 허용

「주택법」 제15조에 따른 사업계획승인을 받아 건설한 건설임대주택의 경우에는 다음 각 목의 어느 하나에 해당하는 방법으로 제안하고 과반의 범위에서 관리규약으로 정하는 비율 이상의 임차인의 동의를 받아야 한다.
가. (임대사업자)의 요청
나. 임차인 10분의 1 이상의 요청

한방에 합격은 경록이다

제1회 시험부터 수많은 합격자를 배출한 전문성 - 경록

시험장에서
눈을 의심할 만큼,
진가를 합격으로 확인하세요

정가 35,000원

1회 시험부터 수많은 합격자를 배출한 독보적 교재
경록 주택관리사
적중실전모의고사 2차

17년연속98%
독보적 정답률

발 행	2025년 5월 16일
인 쇄	2025년 5월 12일
연 대	최초 부동산학 연구논문에서부터 현재까지 (1957년 원전 ~ 현재)
편 저	경록 주택관리사 교재편찬위원회, 신한부동산연구소 편
발행자	이 성 태 / 李 星 兌
발행처	경록 / 景鹿
주 소	서울시 강남구 영동대로 114길 7 (삼성동 91-24) 경록메인홀
문 의	02)3453-3993 / 02)3453-3546
홈페이지	www.kyungrok.com
팩 스	02)556-7008
등 록	제16-496호
ISBN	979-11-93559-76-5 14590

대표전화 1544-3589

이 책의 무단전재·복제를 금함

최초로 부동산학을 정립한 부동산학의 모태(원조)로서 부동산전문교육 1위 인증(한국부동산학회)
시험최적화 대한민국 1등 교재 (100인의 부동산학 대학교수진, 2021)
대한민국 부동산교육 공헌대상(한국부동산학회)
4차산업혁명대상(대한민국 국회)
고객만족대상(교육부)
고객감동 1위(중앙일보)
고객만족 1위(조선일보)
고객감동경영 1위(한국경제)
한국소비자만족도 1위(동아일보) 등 석권

이 책은 저작권법에 의해 저작권이 보호됩니다. 무단전재 및 복제행위는 이 법 제136조에 의해 5년 이하의 징역 또는 5,000만원 이하의 벌금에 처하거나 병과(倂科)할 수 있습니다.

부동산전문교육 68년 전통과 노하우

개정법령 및 정오사항 등은 경록 홈페이지에서 서비스됩니다.